Oser Das Gewissen lernen

VW

Fritz Oser

Das Gewissen lernen

Probleme intentionaler Lernkonzepte im Bereich der moralischen Erziehung

Mit einem Vorwort von Konrad Widmer

Walter-Verlag Olten und Freiburg im Breisgau

Der Druck der vorliegenden Dissertation
wurde durch einen Beitrag der Universität Zürich
bzw. der Adele-Koller-Knüsli-Stiftung
und des Jacques-Huber-Fonds in
verdankenswerter Weise unterstützt.

Gesamtherstellung in den Werkstätten des Walter-Verlags
Printed in Switzerland

ISBN 3-530-62800-x

Vorwort

Seit es Erziehung und seit es Denken über Erziehung gibt, ist von Gewissensbildung die Rede. Je nach dem Weltbild einer Epoche, je nach aktuellen gesellschaftlichen Ereignissen und je nach dem Menschenbild des einzelnen Erziehers ist diese Rede unterschiedlich gewichtet. Sie hat heute eine mehrfache Aktualität:

Politische Aktualität der Gewissensbildung

Spätestens seit der Renaissance - allerdings mit vielen Schwankungen - hat in der ganzen westlichen Welt eine Strömung zunehmender Demokratisierung der Gesellschaft stattgefunden. Diese Welle hat, geballt und konzentriert, nach dem zweiten Weltkrieg vorerst im Staat, dann in der Kirche und neuestens in der Wirtschaft und in der Schule zu grundlegenden Aenderungen der Einstellungen und des Verhaltens geführt. Zunehmende Demokratisierung aber bedeutet zunehmende Freiheit und damit zunehmende Verantwortung und Toleranz, ja zunehmende Möglichkeit von Schuld für jeden Einzelnen. Freiheit, Verantwortung, Toleranz und Schuld sind im theoretischen Bereich Probleme der Theologie und der Philosophie, im praktischen Handlungsvollzug erwachsen sie aus jener Persönlichkeitsdimension, die umgangssprachlich als "Gewissen" bezeichnet wird. Aus dem Gewissen handeln heisst, in - wenn auch begrenzter - Freiheit entscheiden, Zuständigkeitsbereiche in die eigene Verantwortung übernehmen und individuelle und kollektive Schuld innerlich verarbeiten. Das ist heute mehr als früher Auftrag jedes Menschen. Damit wird "das Gewissen lernen" zur zentralen pädagogischen Aufgabe unserer Zeit. Wie aber soll Gewissen gelehrt werden?

Pädagogische Aktualität der Gewissensbildung

Wie immer Erziehung und Schule verstanden werden wollen, es geht neben der Gestaltung eines sinnerfüllenden Jetzt immer auch um die Vorbereitung des jungen Menschen auf die Zukunft. Und diese Zukunft bedeutet Befähigung zu freiheitlicher Entscheidung, zu Verantwortung, zu Toleranz und zu Schuldverarbeitung. All dies realisiert sich in besonders eindrücklicher Weise im zwischenmenschlichen Vollzug. So ist denn in den letzten Jahren der Begriff des "sozialen Lernens" ins Zentrum der pädagogischen Diskussion gerückt. Soziales Lernen meint jedoch nicht konditioniertes Sozialverhalten oder internalisierte Normenkonformität, sondern reflektierte und damit verantwortete Anpassung, ja reflektierter und damit verantworteter Widerstand aus der Gewissensdimension, meint tragende emotive Beziehungen in der Begegnung mit dem Du und dem Wir. Wie aber soll Rollenübernahme aus Ueberzeugung, wie soll verantworteter Widerstand, wie soll Begegnung gelernt und damit auch gelehrt werden?

Die Widersprüchlichkeit vieler Bemühungen um die Gewissensbildung

Gewissensverhalten ist emotives und zugleich kognitives Entscheiden aufgrund von Normüberzeugung in Vorwegnahme der Zukunft und ineins damit emotive Befindlichkeit als Folge von konkretem Handeln oder Nichthandeln. Die Geschichte der Pädagogik zeigt uns in der Frage der Gewissensbildung eine eigenartige Antinomie: - Es gibt über die Jahrhunderte hinweg eine Vielzahl von Theorien, die Begriffe explizieren, Relationen bestimmen und daraus Ziele formulieren. Diese Theorien sind deduziert aus theologischen, moralphilosophischen und anthropologischen Theoremen. Sie zeichnen sich meist aus durch logische Konsistenz, durch ein tiefes Misstrauen gegenüber der empirischen Betrachtung, vor allem aber durch ihre Diktion auf oberster Abstraktionsebene. Ihre abstraktiven Zielformulierungen wie "Selbstverwirklichung", "Freiheitsvollzug", "Verantwortungsbereitschaft" usw. sind zwar überzeugend; sie bleiben aber Utopie, weil niemand weiss, wie sie zu verwirklichen sind und weil sie nicht auf die Ebene konkreter pädagogischer Verhaltensalternativen überführt werden. - Umgekehrt gibt es und gab es schon je eine Fülle von pädagogischen Rezepten, wie denn die Kinder zu ehrlichen, wahrhaftigen, verantwortungsbewussten und entscheidungsfreudigen Menschen erzogen werden können. In diesen Rezepten spiegeln sich gesellschaftliche und weltanschauliche Normvorstellungen; meist sind sie aufgrund persönlicher Erfahrungen von Eltern und Lehrern auf einer Wertrangordnung aufgereiht. Zur Abschirmung vor möglicher Verunsicherung werden solche pragmatischen Erziehungslehren und solche umgangsübliche Erziehungsrezepte aus Misstrauen oft dem Versuch der theoretischen Begründung entzogen.
Oberflächliche Pragmatik einerseits und Zielforderungen auf hoher Abstraktionsebene andererseits haben im Bereich der Diskussion um das Gewissen Theorie und Praxis immer mehr voneinander getrennt, eine Trennung, die sowohl für eine mögliche theoretische Legitimation als auch für den konkreten pädago-

gischen Vollzug sich verheerend auswirkt; denn pädagogisches Handeln muss in der Verantwortung vollzogenes und durch Reflexion begründetes Handeln sein. Man kann pädagogisch verantwortlich nur dann handeln, wenn man sich dieser Verantwortung bewusst ist. Das heisst nichts anderes, als dass man über die konkreten Ziele reflektiert, auf die hin Kinder erzogen werden wollen, aber auch über den möglichen Weg, der begangen werden kann und begangen werden darf. So wird das Nachdenken und das Handeln im Bereich der Gewissensbildung der Kinder zugleich zur Gewissensbildung des Erziehers selber.

Zum Versuch der Verbindung von Theorie und Praxis in der Gewissensbildung

An dieser Stelle setzt Fritz Osers Werk ein. Seine Grundfrage lautet: Kann Gewissen gelernt werden, kann man im Unterricht Gewissen intentional lehren? Zur Beantwortung dieser Fragen greift er weit zurück in die Geschichte des philosophisch-moralischen Denkens. Er entwickelt ein differenziertes bildungstheoretisches Konzept, das es ermöglicht, eine Vielzahl von relevanten Theorien zu analysieren und auf ihre pädagogische Bedeutung hin zu prüfen: Theorien des emotionalen Lernens, tiefenpsychologische, kognitionspsychologische Theorien und Theorien der Einstellungsveränderung. In wissenschaftstheoretisch sorgfältigen Ueberlegungen geht der Verfasser dem komplexen Problem des Zusammenhangs zwischen Theorie und Praxis in der Gewissensbildung auf den Grund, und er versucht die Frage zu beantworten, was in diesem Bereich Unterricht ist und was Unterricht vermag. Damit sind die philosophischen, die psychologischen und die bildungstheoretischen Voraussetzungen geschaffen, um eine neuartige Strategie des Gewissenlehrens aufzuzeigen. In dieser Strategie - dargestellt an konkreten Inhalten und aufgebaut auf den späten Erkenntnissen der Curriculumforschung - wird die theoretische Grundlage umgesetzt in Lernziele auf verschiedenen Ebenen und in praktisch-didaktisches Handeln im Unterricht. Die Entwicklung dieser Strategie, ihre empirische Verwirklichung und teilweise Ueberprüfung öffnet den Weg für ein pädagogisches Denken, das im Bereich der moralischen Erziehung bzw. der Gewissensbildung neu ist: Das reziproke Vorstellen notwendiger "praktischer" Philosophie, notwendiger Theorie des wirklichen Handelns und notwendiger Ueberführung in konkrete pädagogische Handlungsmöglichkeiten im Unterricht.

Prof. Dr. Konrad Widmer
Pädagogisches Institut der Universität Zürich

Inhaltsverzeichnis

Kapitel 2

VORLAEUFIGE HYPOTHESENBILDUNGEN
ZUM KONZEPTUELLEN ARBEITSAUFRISS

Kapitel 3

DIE WICHTIGKEIT EMOTIONALER DYNAMIK FUER DIE EFFIZIENZ DES "GEWISSENLERNENS"

Kapitel 4

FUNKTIONALE GEWISSENSMODELLE UND DIE FRAGE DER ERZIEHUNGSWISSENSCHAFTLICHEN ADAPTATION

Kapitel 5

PROJEKT: GEWISSEN UND VERHALTENSABWEICHUNG

LEGITIMATION DER DIDAKTISCHEN STRUKTURIERUNG, PLANUNG, ERSTELLUNG UND EVALUATION EINES LERNKONZEPTS

Das schlechte Gewissen

Das schlechte Gewissen ist gut,
und das gute Gewissen ist schlecht.
Denn das gute Gewissen
ist ein gutgemachtes schlechtes Gewissen.
Wie sagt man doch:
Ein gutes Gewissen
ist ein sanftes Ruhekissen.
Dann ist das schlechte Gewissen
ein unruhiges Kissen,
auf dem man nicht einschläft,
von dem man aufschreckt
und nachdenkt
über das Halbgelungene,
über das Gute,
das man unterlassen hat.
Was man getan und gesagt,
lässt einen nicht zur Ruhe kommen,
man wird erfinderisch,
wagt etwas
und beseitigt die guten Sprichwörter
und frommen, nichtssagenden Redensarten
und wird wieder glaubhaft.

(Wilhelm Gössmann)

Problemstellung und Einleitung

Die Grundfrage der vorliegenden Arbeit lautet: Kann geplanter Unterricht einen Beitrag zur Gewissensbildung leisten. Nicht dass daran gezweifelt wird, dass bei jeder Interaktion zwischen Erwachsenen und Kindern, zwischen Kinder und Kindern, also bei allen Sozialisationsvorgängen Gewissen "entwickelt" bzw. "gelernt" werde. Wir sind dauernd dem Spannungsfeld von Erfahrungen ausgesetzt, welche den Charakter von Lernsituationen haben. Aber uns interessiert die Aufgabe, ohne Kasuistik, ohne fixierte Normvorgaben, anhand weitgefasster inhaltlicher Bestimmungen (Verhaltensabweichung) Gewissensbildung intentional zu planen.

Aus meinem ehemaligen Lehrertagebuch entnehme ich folgende Aussagen: Heute hat X mit dem Reagenzglas eine Dummheit gemacht. Er wollte die Mischung mit Wasser verdünnen. Da spritzte der ganze Säurebrei an die Decke des Schulzimmers. Die Schüler sind alle erschrocken. Es war einen Augenblick lang ganz still im Zimmer.

Ich habe alle zusammengerufen und ihnen ins Gewissen geredet: Sich an die Regeln halten (s. Versuchsanweisung), Sicherheitsvorschriften einhalten (Reagenzglas schief weghalten, so dass niemand gefährdet wird) ... Ich habe von Verantwortung gesprochen, von Schutz für das Leben. Wir haben die richtige Haltung eingeübt. Wir haben diskutiert über die Gefährdung des Augenlichts des andern und über Schuld und Schuldigwerden, "ohne dass man etwas dafür kann" ...

Diese Situation macht deutlich, dass allgemeine "Qualifikationen" wahrscheinlich vom Gewissen gesteuert sind. Man könnte von moralischen Qualifikationen sprechen. Was hier zudem auch auffällt, ist die Unmittelbarkeit der Situation, die Echtheit der Auseinandersetzung. Aber genau das genügt nicht. Es besteht die Gefahr, dass dadurch Gewissensbildung dem Zufall der Situation überlassen wird. Wenn es nicht darum geht, der kommenden Generation die Einordung in die bestehende Gesellschaft durch Regeldrill zu befehlen, sondern, in der Beziehung zum Bestehenden, Gesellschaft in Auseinandersetzung mit konkreten Situationen zu verbessern, so müssen die moralischen Standards zwar in Situationen wie der obigen erprobt und reflektiert werden können, aber es muss auch die Möglichkeit geben, diese Situationen bewusst zu schaffen. Gewissen lernen können dann im weitesten Sinne heissen, Sensibilität gegenüber der Veränderbarkeit von Beziehungen und deren Kodifikation durch mögliche Normierung bewusst geplant entwickeln.

Das Versprechen, in der Schule könne das Kind moralische Standards so lernen, dass also ein relativ autonom funktionierendes Gewissen entstehe, stösst aber auf erhebliche Einwände. Nicht nur, dass sich die bei der familialen Sozialisation erforschten Entstehungsbedingungen von Ueber-Ich-Kontrollen mit grösster Sorgfalt auf die Situation des Unterrichts applizieren lassen, die Intentionalität der schulischen Situationen verändert das Lernklima grundsätzlich. Dies wiederum führt zur Annahme, dass kognitive Lernprozesse allein für den Aufbau von Gewissensschemata notwendig seien, dass Unterricht nichts anderes als die Bindung an Normen zu relativieren bzw. zu hinterfragen habe.
Das oben erwähnte Versprechen ist aber auch deshalb fragwürdig, weil alle ausserhalb der Organisation Schule vorkommenden moralischen Normen und Werte heftigen ideologiekritischen Diskussionen unterliegen. Das führt einerseits zu grosser Unsicherheit in der Zielsetzung, anderseits zum Bewusstsein, dass inhaltliche Bestimmung des Gewissens sowohl von philosophischen, theologischen, soziologischen als auch politischen Positionen abhängig ist, und dass die diesen Bereichen inhärenten Spannungstendenzen mit in den unterrichtlichen Prozess hineinfliessen. Die Diskriminierung verbotener Handlungen und die dahinter liegenden Normen und ihre Generalisierung auf neue Situationen als Möglichkeit einer relativ von eigenen Entscheidungen abhängigen Konformität korreliert sehr wahrscheinlich selbst bei scheinbar noch so wertfreien funktionalen Lernabläufen (z.B. Spielregeln einhalten lernen) mit diesen inhaltlichen Positionen.
Das Fach "Gewissensbildung" bzw. "moralische Erziehung" (Sittenlehre) hat denn auch in unseren Schulen eher einen ridikülen Beigeschmack. Es besteht sogar die Absicht, es zu eliminieren oder durch die sog. "Sozialkunde", "Lebenskunde", "politische Schulung" etc. zu ersetzen. Es gibt viele curriculare Ansätze zum Problem des "sozialen Verhaltens", aber kaum solche zum Problem "Gewissensbildung"[1]. Schon 1951 schreibt F. Baumgarten-Tramer: "Keine Art des Unterrichtens wird so vernachlässigt wie diejenige der moralischen Erziehung - der Grundlage des Miteinanderlebens der Menschen ..."[2]
In gleichem Masse, wie konkrete Curricula zur Bildung des Gewissens fehlen, häufen sich in der Literatur die allgemeinen Ratschläge, wie das Gewissen zu

1) als Ausnahme vgl. P.McPhail, H. Chapman, J.R.Ungoed-Thomas: Moral Education. London 1972.
2) F. Baumgarten-Tramer: Ueber eine Methode der moralischen Erziehung der Kinder. In: Schweizer Erziehungsrundschau Nr.10/1951, S.181.

"entfalten" sei, häufen sich Aussagen über das Phänomen des Gewissens und in letzter Zeit auch wiederum Untersuchungen, wie sich bei Kindern das Gewissen in den verschiedensten inhaltlichen Bereichen entwickelt hat.[1] Würde ein Lehrer etwa die Frage stellen, wie soll ich das Gewissen meiner Kinder schulen, so könnte er etwa die folgende Antwort erhalten: "Zur Entfaltung des Gewissens gehören, anthropologisch gesprochen,

1. intuierendes Werterfassen. Max Scheler sprach vom Wertefühlen, was in der Ausschliesslichkeit nicht zutrifft,
2. Wertwählen durch persönliches Sich-Entscheiden und
3. Wertverwirklichung durch Vollzug oder Ausführung des Entscheides."[2]

Was kann ein Lehrer mit solchen Aussagen anfangen?
Wenn er weiterbohrt und fragt: Wie soll ich dies in meiner Stunde unter konkreten Bedingungen, mit konkreten Mitteln in konkreten Lernschritten und konkreten Bildungsstrategien verwirklichen, dann bekommt er zur Antwort, die Hauptsache der Gewissensbildung stehe den Eltern zu, im übrigen sei jede Anweisung, die er gebe, jedes unterrichtliche Unterfangen Gewissensbildung, und er habe ja genug Möglichkeiten, im Schulalltag auf das Verhalten der Kinder korrigierend einzuwirken. Auch die Verhaltenspsychologen geben kaum richtungsweisende Hilfen. Zwar hat man zu unterscheiden gelernt zwischen der Entwicklung moralischen Verhaltens und der Entwicklung moralischer Vorstellungen. Zwar weiss man, dass das Kind Moralität durch Versuch und Irrtum, durch direktes Lehren oder durch Identifikation "lernt", dass es fünf Stufen der Sozialisierung im Bereich der Moral gibt,[3] dass der Lernvorgang der Moral das Kernstück der modernen Psychologie als besondere Form der Adaptation lebendiger

---

1) Damit sind Untersuchungen zum moralischen Urteil gemeint, wie sie J.Piaget schon in den 40er Jahren in vortrefflicher Weise vorgelegt hat.

2) W. Heinen: Das Gewissen. Sein Werden und Wirken in Freiheit. Würzburg 1971, S.105.

3) Vgl. L.J. Cronbach: Die Entwicklung des Charakters. In: Einführung in die Pädagogische Psychologie. Weinheim 1971, S. 676/677.
"Der amoralische Mensch ignoriert alle Werte, die über unmittelbares Vergnügen und Missvergnügen hinausgehen. Der sich nach dem Nutzen richtende Mensch erkennt die ethischen Werte oder Gruppennormen, wendet sie aber nicht an, um sich selbst zu beurteilen. Konformität kann für ihn ein Mittel, aber kein Zweck sein. Der konventionelle Mensch möchte sich so verhalten wie die andern, dieses Ziel ist ihm wichtiger als irgendein abstrakter Moralbegriff. ... Der Mensch mit einem rationalen Charakter fühlt sich einigen grundlegenden Werten fest verbunden, aber er weiss, wie sie zusammenpassen, und hält nur wenige Normen für unverletzlich. Der rationale, altruistische Mensch klebt weder am Beispiel der Gruppe noch an abstrakten Moral - 'Gesetzen'. In einer Konfliktsituation ist für ihn vor allem Ueberlegung erforderlich."

Organismen an die soziale Umwelt darstellt usw., aber sobald es um konkrete Unterrichtsplanung, um Lernkonzepte oder Verhaltenstrainingsprogramme geht, entstehen Schwierigkeiten in der Wahl oberster Ziele, in der Wahl der Inhalte und in der Wahl der Vorgehensweisen. Schon das dialektische Feld externer sozialer Kontrolle/interner Verhaltenssteuerung, soziale Beeinflussung/Anpassung an moralische Normen macht die ganze Problematik ersichtlich.
Soll erzogen werden, dass Anpassung Voraussetzung für Emanzipation von sozialen Normen ist, soll Uebereinstimmung mit überlieferten Normen und Werten auch die Innovation normativer Systeme miteinbeziehen?
Sobald sich solche Fragen auf den konkreten Unterricht beziehen, kann man sich auch nicht mehr distanzieren von den Inhalten, die das Verhalten steuern, um sich bloss auf den Modus der normativ orientierenden Verhaltensregulierung zu beschränken.[1] Denn mit seinem Gewissen muss der Mensch so viele Situationen bewältigen, Reaktionen in Sprache und Handlung vornehmen, Pläne aushecken, Entscheidungen fällen, Konsequenzen voraussehen und tragen, seine Umwelt beurteilen und verändern, und dies immer nach dem sittlich besseren Faktum hin, nach ethisch "guten" Massstäben.
Zurück zu unserer Fragestellung, sie lautet somit: Ist es möglich, Lernprozesse zur Gewissensbildung durch Unterrichtsmodelle für den Lehrer, durch vorgeplante Verhaltenssequenzen, durch Curricula, die stets modifizierbar sind, durch offen strukturiertes Unterrichten in den Griff zu bekommen in einer Welt, wo das richtige Funktionieren des Gewissens über Tod und Leben entscheiden kann (Atomforschung, Krieg, Strassenverkehr, Umweltverschmutzung, Wohnungsnot, enger Lebensraum etc.)? Ist es möglich, "dass diese Kunst, wahre Sittlichkeit und Frömmigkeit einzuflössen, genau bestimmt und in den Schulen eingeführt werde",[2] ist es möglich, Gewissensbildung intentional zu planen? Natürlich kann dieses Unterfangen, bzw. diese Untersuchung nur exemplarisch durchgeführt werden. Gelingt es uns aber, konkrete Ergebnisse vorzulegen, so könnten diese wegweisend sein für den Aufbau konzeptueller Lernmöglichkeiten, die bis heute fast durchgehend dem Einfluss der Literatur, den zufälligen Hinweisen von Erziehern, den Reaktionen der Eltern, den offenen und geheimen Verführern der Medien, der

---

1) Vgl. H. Fend: Konformität und Selbstbestimmung. Weinheim 1971, S.17.
2) J.H. Comenius: Grosse Unterrichtslehre. Ausgabe G.A. Lindner. Wien, Leipzig 1907, S.181. Wir fügen hier diese Stelle an, obwohl wir uns der sprachlich-hermeneutischen Differenz bewusst sind. Denn Comenius glaubte tatsächlich in den "sechzehn Grundregeln" die sittliche Bildung (Gewissensbildung) genau festlegen zu können.

"bitteren" Erfahrung und dem Druck der sozialen Umgebung überlassen worden sind.

Wir meinen: Das Gewissen im Endzustand soll letztlich so sein, dass der Mensch in der Gesellschaft auch dann bestehen kann, wenn er in die Fragwürdigkeit seines oder anderer Verhalten tritt, wenn er Schwierigkeiten überwinden muss, wenn er in Konflikt gerät mit verschiedenen Motivationskräften gegenüber bestehenden Normen.

Auf der Suche nach schon vorhandenen Lernkonzepten zu unserem Thema, habe ich die unten abgedruckte Bildungsstrategie gefunden. Sie ist geeignet, unsere Fragestellung zu illustrieren. Sie stammt aus dem Religionsbuch "Freue dich" für die 4. Klasse der Volksschule.[1)] Wir geben sie hier unverändert wider, um daran den Aufbau unserer Arbeit erläutern zu können.

Entscheidungen treffen

Lockrufe

a) Die Mutter gibt dir den Auftrag, Brot einzukaufen, sie wartet darauf.

b) Othmar bleibt vor diesem Wegweiser stehen. Othmar überlegt:

Die gute Stimme

Othmar muss sich entscheiden!

a) Drei Stimmen rufen:
   - Geh zur Bäckerei!
   - Geh zum Marktplatz!
   - Geh zum Spielplatz!

b) Von woher rufen sie?
   Unterstreiche die richtige Antwort:
   - Vom Nachbarhaus?
   - Vom Elternhaus?

---

1) K. Stieger u.a.: Freue dich! Arbeitsbuch für die Mittelstufe 4.Klasse. Luzern 1970, S.93ff.

- Aus dem eigenen Herzen?
- Von der Strasse?

c) Nur eine Stimme ist richtig und gut.
Diese Stimme nennt man das "Gewissen"; die andern Stimmen sind "die bösen Neigungen".

d) Die gute Stimme ruft so:

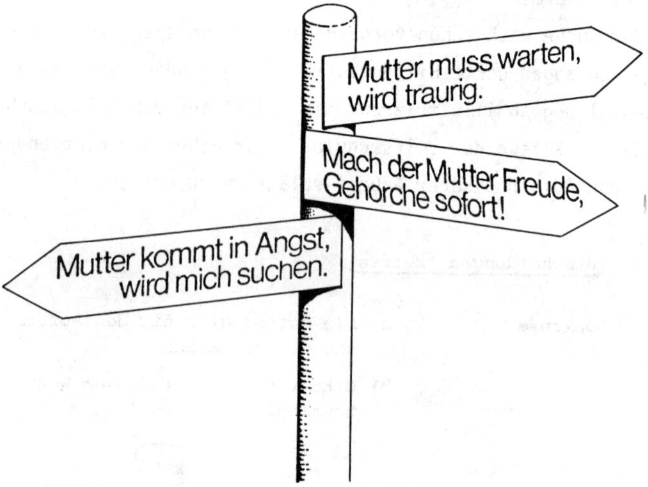

Aufgaben:

Ueberlege folgende Fälle!

- Du hast einen Franken bekommen und kannst beim Bäcker oder auf dem Marktplatz für dich eine Schokolade kaufen. Ein Kamerad bittet dich, auf den Spielplatz zu kommen, es fehle noch ein Knabe für das Spiel.
- Der Lehrer macht die Klasse auf den Markttag aufmerksam und erwartet am andern Tag ein inhaltsreiches Gruppengespräch über Marktangebote, Tagespreise, Marktgespräche der Händler und Käufer. Du aber möchtest lieber mit Erich, dem Maulhelden, zum Bäcker einkaufen gehen oder auf dem Spielplatz die Torstangen abmontieren, weil in einer Stunde die gegnerische Mannschaft trainieren will.

Aufgabe 1:
In welchem Fall sagt die gute Stimme: "Geh auf den Spielplatz und nicht zur Bäckerei und nicht auf den Marktplatz!" Zeichne Wegtafeln!

Aufgabe 2:
In welchem Fall sagt die gute Stimme: "Geh auf den Marktplatz und nicht auf den Spielplatz und nicht zur Bäckerei!" Zeichne Wegtafeln!

Wir fragen uns: Welche Experimente müssen vorangehen, damit ein solches Lernkonzept positive Ergebnisse zeitigt? Welche Evaluationsmethoden garantieren eine genügende Kontrolle? Welche didaktischen und lernpsychologischen Fragen müssen erörtert werden? Welche ethischen Implikationen sind transparent zu machen? usw. Solche und ähnliche Fragestellungen und die Absicht des Durchschaubarmachens der in jedem Lernkonzept zur moralischen Erziehung verborgenen Intention haben zur Strukturierung der Kapitel und Abschnitte dieser Schrift geführt:

In einem ersten Kapitel stehen bildungs- und wissenschaftstheoretische Vorüberlegungen im Vordergrund. Es geht unter anderem darum, scharfe Unterscheidungen möglicher Forschungsebenen vorzunehmen. Der historische Exkurs dient dazu, die philosophisch-ethischen Strömungen, welche sich immer wieder in den Bestrebungen zur moralischen Erziehung niederschlagen, zu erhellen. Am Ende der historischen Anreihung steht der Begriff der "analytischen Ethik", welche durch die "vorschreibende Sprache" die Funktion moralischer Grundsätze bestimmt. Das Theorie-Praxis-Problem wird an den Thesen von G. Stachel erhellt.

Im zweiten Kapitel werden allgemeine Hypothesen zur Inhaltlichkeit, zum Begriff "emotionales Klima", zum Faktum der Intensität, zur Zielformulierung, zum Vorverständnis, zur lernpsychologischen Hilfestellung, zur Messung der Veränderbarkeit des Gewissens usw. formuliert. Diese Hypothesen sind für die weitere Arbeit richtungweisend.

Im dritten Kapitel geht es um die Frage der emotionalen Bindung an Normen, damit Gewissen überhaupt als solches funktionieren kann. Zwar können Konflikte kognitiv gelöst werden, aber die Rolle des Gewissens ist damit noch lange nicht ausgelastet. Die in diesem Zusammenhang entwickelten heuristischen Prozessmodelle wollen dieser Tatsache Rechnung tragen.

Das vierte Kapitel beschäftigt sich mit der Frage, ob funktionale Gewissensmodelle wie dasjenige von S. Freud, C.G. Jung, M. Heidegger, J. Piaget etc. für die intentionale Erziehung fruchtbar gemacht werden können. Besonders interessant dürfte dabei die Gegenüberstellung analytischer und konstruktionistischer Theorien sein. Der Aufbau eigenständiger Handlungsregulation wird am Thema Schuld und Schuldbewältigung erörtert.

Das fünfte Kapitel schliesslich beschäftigt sich mit den Vorüberlegungen zur Erstellung, mit der theoretischen Legitimation und Verbesserung, mit der Evaluation und Kontrolle einer konkreten selbst entwickelten Lernstrategie zum Thema "Gewissen und Verhaltensabweichung". Die Arbeit ist an dieser Nahtstelle

abgebrochen. Sie weist den Weg zu einem grösseren empirischen Evaluationsprojekt.
Der Stil der vorliegenden Schrift dürfte teils als hermeneutisch und transzendental-kritisch, teils als pragmatisch im Sinne der Aktionsforschung (theorieentwickelnd) bezeichnet werden. Wissenschaftstheoretiker werden mir vielleicht vorwerfen, dass ich hie und da von der rein deskriptiven zur normativen Sprache gewechselt hätte, dass ich mich statt mit einfachen Exempeln zu begnügen in Abstraktionen versteige, dass statt der empirischen Tatsache auch Intuition im Entwickeln von heuristischen Modellen im Spiele sei, dass da und dort ein Bekenntnis die Objektivität der Aussagen zu trüben trachte. Dies alles sei im Sinne der Konvergenzargumentation als Schwäche zugegeben. Wenn Wissenschaftlichkeit aber die Intersubjektivität des Denkens und Handelns meint, dann können auch normative Aussagen wissenschaftlich legitimiert werden.
Es sei auch zugegeben, dass eine solche Untersuchung nie vollständig abgeschlossen werden kann. Sie bleibt im Fragmentarischen stecken, weil die Reichweite des thematischen Radius jeden individuellen Gesichtskreis zu sprengen droht. Nur komplexe Teams wissenschaftlicher Sachbearbeiter könnten eine solche Fragestellung nahezu ausreichend abhandeln. Wenn es mir aber gelungen ist, Probleme zu artikulieren, Fragen aufzuwerfen und zu beantworten, Aussagen in Wenn-Dann-Relationen zu bringen, so hoffe ich, dass damit ein Anlass zum Aufbruch der Forschung im Bereich der moralischen Erziehung gegeben ist.

Zu danken habe ich Herrn Prof. Dr. K.Widmer für alle Hilfeleistung, für die Literaturverweise, für das Vertrauen, den praktischen Teil anzugehen, nicht zuletzt auch für die mir übertragene Verantwortung, im Seminar "Die Schulklasse im Feld sozialer Beziehungen" über mehrere Semester eine Projektgruppe zum Thema dieser Arbeit führen zu dürfen.
Dankbar bin ich auch den Mitassistenten, Mitstudenten und meiner Frau für alle Anregungen und Korrekturen.

Fritz Oser

Kapitel 1

Bildungs- und wissenschaftstheoretische Vorüberlegungen zum Thema: Intentionale Gewissensbildung

A. Ebenen der Forschungsdimensionen

1. Verdeckte Ebenen

Eine resignative Aussage im Bereich normativer Gewissensbildung könnte etwa so lauten: Letztlich kann der Erzieher die soziale Bereitschaft, seines Zöglings, ein dynamisches bzw. autonomes Gewissen zu erwerben, nicht beeinflussen. Dieser Aussage steht die Tatsache gegenüber, dass absichtliches Lernen ("intentional") für die meisten Bereiche der Erziehung viel wirksamer ist als zufälliges ("incidental"), weil durch Rückmeldung der Erfolg der angegebenen Intention entweder direkt durch sichtbare Prozesse oder indirekt über Sozialisationsindikatoren festgestellt werden kann.[1] Auf diese Weise wird der Erzieher durch Ueberprüfung von Fakten seinen eingeschlagenen Weg korrigieren und den Lernprozess intensivieren oder bremsen können.

Wie aber lassen sich oberste "ethische" (normative) Ziele wie Emanzipation, Erziehung zur Auswahl, zur Demokratie, zur herrschaftsfreien Kommunikation, zur Veränderung, zur Autonomie[2] verwirklichen, Ziele, die ganz unbeschwert mit den Gesinnungslehren traditioneller Erziehungskompendien und Lehrbüchern systematischer Pädagogik verglichen werden können[3], allerdings mit dem Unterschied, dass das eigentliche Problem "in der Definition von Rollen, Zielen und Idealen in der Gesellschaft im ganzen und nicht so sehr in deren Repräsentation in den Schulen"[4] liegt? Weil diese Ziele übergreifend sind, liegt die Frage nahe, was sie mit absichtlichem Lernen und im besonderen mit intentionaler Gewissensbildung zu tun haben. Man kann z.B. berechtigterweise daran zweifeln, ob Demokratie oder Emanzipation in der Schule direkt erlernbar sei.

Ein weiteres Problem stellt sich: In der traditionellen Gesinnungslehre (Führungslehre) wird die Gewissensbildung als Hauptziel der ethischen Erziehung formuliert, und ethische Erziehung ist das Fundament der Erziehung. Wir kennen die Ausdrücke

---

1) Vgl. J.S. Bruner: Ueber die "Unreife" in unserer Zeit (Immaturity - its uses, nature, and management). In: Zs. f. Pädagogik, 6(1972), S. 790/791.
2) Vgl. S.B. Robinsohn: Bildungsreform als Revision des Curriculum. Neuwied/ Berlin 1969, S. 18/19.
3) Vgl. etwa: H. Henz: Lehrbuch der systematischen Pädagogik. Freiburg u.a. 1964, S. 63/64 usw.
4) J.S. Bruner: a.a.O., S. 795.

wie: Erziehung zum Guten, Wahren, Schönen (griech. Antike), der sittliche Mensch (Pestalozzi), der harmonische Mensch (Schleiermacher), der freie Mensch (Bollnow), der emanzipierte Mensch (Mollenhauer) usw. Dies schlägt sich in Aussagen nieder wie: "Die allgemeine Pädagogik ist eine systematische Anweisung zur Ausübung der Kunst der Erziehung, und das heisst hier, wie wir kurz sagen können: der Kunst, die Menschen zum Guten zu führen."[1] Oder: "Zur ethischen Erziehung gehört planmässige Selbstbeobachtung und Gewissenserforschung. Nur so kann das Gewissen jenes gutgeschliffene Instrument bleiben (oder werden), das es seiner Natur nach als menschliches Lenkinstrument sein soll."[2]
Welchen Wert haben solche Aussagen für die Gewissensbildung? Sie werden ja zusehends in einer Weise relativiert, dass schon der Begriff der "Gewissensfreiheit", wie verschieden er auch definiert wird, impliziert, dass das "Gute" eben nicht so eindeutig auszumachen ist, auch dann nicht, wenn ich übergreifende ethische Regeln rational über die Moral, bzw. über das System von Regeln einer bestimmten Gruppe, stelle. In der kritischen Theorie kann das zu Aussagen führen wie: "Damit, dass jeder nach seinem Gewissen handelt, hört weder das Chaos noch das Elend auf, welches daraus hervorgeht. Die formale Anweisung, mit sich selbst im Reinen zu bleiben, einen widerspruchslosen Willen zu haben, bildet keine Richtschnur, welche den Grund der moralischen Unruhe beheben könnte. Gibt es auch nur eine Schandtat, die nicht schon einmal mit gutem Gewissen begangen worden wäre?"[3]
Aus dem bisher Gesagten zeichnen sich mindestens vier Ebenen ab: Die Ebene absichtlichen oder zufälligen Lernens, die Ebene ethischer (moralischer) Ziele, die Ebene des traditionellen Normverständnisses als Begründung der Pädagogik schlechthin, die Ebene der Frage nach der Gültigkeit moralischer Normen und Werte und der dezisiven Verantwortung im Neusetzen und kritischen Hinterfragen dieser moralischen Normen und Werte als Voraussetzung für die Gewissensbildung. Es gibt noch eine fünfte Ebene, von der wir bis jetzt noch nicht gesprochen haben: Es ist die Ebene des "Gewissens" als hypothetisches Konstrukt mit vielen Modellansätzen in den verschiedenen wissenschaftlichen Zweigen. Diese fünfte Ebene wird in dieser Arbeit eine zentrale Stellung einnehmen. Wir müssen uns dabei

---

1) C. Nelson: System der Philosophischen Ethik und Pädagogik. Göttingen/Hamburg 1949, S. 337.
2) H. Henz: Lehrbuch der systematischen Pädagogik. Freiburg u.a. 1964, S. 64.
3) M. Horkheimer: Materialismus und Moral. In: Kritische Theorie, Frankfurt 1968, S. 81.

aber bewusst sein, dass kaum ein Bereich der Erziehung so komplex ist wie das "Lernen des Gewissens"[1], kaum ein Bereich so behaftet mit Kulturgeschichte, abhängig von der inneren Struktur der Gesellschaft und dabei so unklar formuliert, was die konkrete Erziehung bzw. das konkrete Lernen betrifft. Ich möchte hier einige grundlegende Voraussetzungen zu den fünf Ebenen darlegen.

2. Die Ebene absichtlichen Lernens

Alles Handeln, das im Felde der Erziehung stattfindet, macht notwendig, dass der Handelnde die Bedingungen, die vorausgesetzt werden, einigermassen kennt.[2] Man spricht in diesem Fall von einem Ziel, das über bestimmte Wege erreicht werden soll und antizipierend festgesetzt worden ist. Die Antizipation besteht aus der Annahme möglicher oder erwarteter Situationen oder Verhaltenskomplexe, die mit Intentionen verbunden werden. "Kurz: Die Situation, in der gehandelt wird, ist in der Vorstellung des Handelnden, seine Antizipation der Handlungsabläufe, immer in irgendeiner Weise strukturiert."[3] Es gibt nun die Tatsache, dass dem Handelnden die Antizipationen nicht immer voll bewusst werden, oder umgekehrt, dass der in der Erziehung Handelnde nicht immer voll bewusst antizipert, obwohl ohne dieses kein Handeln - der Begriff Handeln ist hier komplexer gemeint als z.B. Verhalten - möglich wird. Je unbewusster nun erzieherisches Handeln vor sich geht, umso stärker sind die Regeln, die seiner Struktur zugrunde liegen, institutionalisiert, d.h. umso intensiver wirken festgefügte, bzw. nicht mehr reflektierte Bedingungen, die die Intentionen in genau geregelte (institutionalisierte) Bahnen leitet. Ob bewusst oder unbewusst, erzieherisches Handeln ist aber immer auf vorwegnehmendes Planen von Bedingungen angewiesen.
Wird das, was in der Handlungssituation implizit ist, nämlich die notwendigen Bedingungen, explizit ins Aug gefasst, so sprechen wir von der Theorie. Theorie meint strukturierte Annahmen über Bedingungen, Situationen, Ursachen, Wirkungen etc., welche an Handlungskontexte gebunden sind, und insofern ist Erziehungshandlung auf die Theorie angewiesen. Die Theorie aber, bestehend aus Intentionen

---

1) Wir brauchen in dieser Arbeit die Begriffe "Gewissensbildung" , "Gewissenserziehung" immer im Sinne umfassenden Lernens, d.h. als Funktion von Anlage, Reifung, Umwelt- und Erziehungsfaktoren. Brauchen wir hingegen den Begriff "Gewissen lernen", so meinen wir absichtliches Lernen (intentional), also Lernen, das sich nach hypothetischen vorgeplanten Lernstrategien richtet.
2) Vgl. K. Mollenhauer: Theorien zum Erziehungsprozess. München 1972, S. 17 ff.
3) K. Mollenhauer: a.a.O., S. 17.

des Handelns, aus Selbstbild und Fremdbild des Handelnden, aus Handlungsmedien und institutionalisierten Handlungsregeln usw.[1] ist ihrerseits auf einen Begründungszusammenhang angewiesen, der sich nicht allein mit dem Regress auf die einzelne Handlung zufrieden geben kann.[2]
Gewissensbildung nun meint: Handeln im Felde der Erziehung, und zwar so, dass der Erziehende sowohl antizipiert, was das Endresultat - nämlich ein autonomes Gewissen - ist, als auch welches der Weg zu diesem Ziel sein könnte. Auch hier gilt: je unbewusster eine Handlung in irgend einem Gewissensfeld vor sich geht, umso weniger autonom ist dieses Gewissen. Jede Planung intentionaler Gewissensbildung muss daher im Auge haben, dass ein grosser Unterschied besteht zwischen einem Erziehungshandeln, das mit Vorstellungen über Konkretes operiert (z.B. einem chemischen Labor) und solchem, das aus Vorstellungen über Phänomene, die nur über Indikatoren beschreibbar sind (Gewissen lernen). Zwar ist erzieherisches Handeln so oder so notwendig, aber im zweiten Fall sind die antizipierenden Bedingungen nicht so leicht zu setzen, vor allem dann, wenn man unter Gewissen verschiedenes verstehen kann, wie moralische Urteile, das Schuldbewusstsein, das innere Erleben der Moralität, das moralische Verhalten oder alle vier zusammen.[3]

3. Die Ebene ethischer bzw. moralischer Ziele

Die Frage der ethischen bzw. moralischen Ziele ist verbunden mit der Frage, wie weit es notwendig und sinnvoll ist, diese Ziele zu operationalisieren oder nicht. Wenn sie nicht operationalisierbar, d.h. nicht umsetzbar in Merkmale des Erziehungshandelns im weitesten Sinne sind, dann ist es leicht, sie zu verwerfen (falsifizieren) bzw. zu verteidigen (rectifizieren). Ihr Geltungsanspruch ist dann nicht mehr pädagogischer, sondern rein theoretisch-kommunikativer oder rationaler oder ideologischer Natur. Mollenhauer zeigt dies am Beispiel der Emanzipation: "Was sich aus dem heute vielfach postulierten allgemeinen Erziehungsziel 'Emanzipation' im detaillierten Kontext pädagogischen Handelns als

---

1) K. Mollenhauer: a.a.O., S. 18.
2) Vgl. die folgenden Titel und den Teil "Das Theorie-Praxis-Verhältnis", S.91ff.
3) Vgl. J.H. Huijts: Gewissensbildung. Köln 1969, S. 136.

Zwischen- oder Teilziele ergibt, kann keine Theorie mit Bestimmtheit sagen, es sei denn, das, was für den Begriff 'Emanzipation' als unverzichtbar behauptet wird, nämlich die Chance für Individuen und Gruppen, ihr Handeln selbst zu bestimmen, würde aufgegeben (aus diesem Grunde auch ist 'Emanzipation' als Erziehungsziel nicht operationalisierbar; Emanzipation ist ein kommunikativer Begriff)."[1] Nun aber müssen wir mit Mollenhauer nicht übereinstimmen. Denn insofern Erziehung Kommunikation voraussetzt, ist Emanzipation ein Erziehungsbegriff, und insofern muss er in irgendeiner Weise operationalisiert werden können, z.B. als Relativierung einer Regel durch Antizipation der Folgen bei Einhaltung bzw. Nichteinhaltung. Wenn im Bereich politischer Aktivitäten der Frau das Ziel "Emanzipation" nicht operationalisierbar wäre, dann bliebe alles beim alten. Wir würden im tiefsten Patriarchalismus stecken bleiben, und erzieherisches Handeln bliebe in Effektivität und Evaluation dem Zufall überlassen.Wir können die These aufstellen, dass Gewissen nur dann z.B. den gesellschaftlichen Forderungen gemäss als autonom erlernt wird, wenn Erzieher die ethisch-moralischen Ziele in den verschiedensten Bereichen der Lebenswelt und der damit zusammenhängenden pädagogischen Felder operationalisieren können. Denn eine moralische Norm, die sich nicht in der kommunikativen Realität bewährt, kann im Extremfall Angstneurosen bewirken, weil sie als etwas unheimlich Unbekanntes in der Wirklichkeit nicht erprobt werden muss. Trotz dieser Forderung bleibt die Relevanz oberster Ziele bestehen, sie decken nach wie vor in einer bestimmten Weise das operationalisierte Lernziel ab. Allerdings müssen wir vom behavioristischen Begriff der Operationalisierung, wo nur beobachtbares Verhalten, welches gemessen werden kann, als alleiniger Lernfortschritt angesehen wird, wegkommen. In diesem Sinne gibt G. Stachel eine viel weiter gefasste Definition: "Die dem scholastischen Denken (und seiner Nachfolge) gewohnte Wesensdefinition sagt aus, was ein (Erkenntnis-)Gegenstand in sich und an und für sich ist (oder als was er erscheint) - die operationale Definition zeigt an, was ein Gegenstand bewirkt oder wie er bewirkt wird. Solche wirkensbezogene Definition trifft sich mit der Wesensdefinition, insofern das Wirken vom Wesen bestimmt wird (Verweis auf Thomas v. A. De ente et essentia, I). In der Praxis klaffen jedoch beide Arten des Definierens sprachlich weit auseinander und verraten diametrale Unterschiede der Denk- und Lebensstrukturen."[2] Und zur

1) K. Mollenhauer: a.a.O., S. 51.
2) G. Stachel: Operation - operationale Ziele - Praxisbezug. Bemerkungen zu einem religionspädagogischen und theologischen Problem. Dokumentationspapier 1973, S. 2.

Anschauung sei die von Stachel zitierte Bonbongeschichte von W. Müller[1] angeführt: Der Lehrer fragt die Schüler, was ein Bonbon sei. Verschiedene Antworten lauten: Wenn's gut schmeckt, wenn man's geschenkt bekommt. Der Lehrer hingegen setzt seine Wesensdefinition: Ein Bonbon ist eine aus Zucker und Aromastoff zusammengesetzte Flüssigkeit.
Operationalität meint das Situative, das im System der moralischen Verflochtenheit Bewirkte. Die Frage nach dem Wesen dieses Bewirkten kann allerdings durch die Operationalität motiviert werden.
Ein Beispiel solcher Operationalisierung gibt uns der biblische Schriftsteller in Lukas 10.25-37, wo es um das sog. Doppelgebot geht (Gott lieben, den Nächsten lieben). Es heisst da: "Doch jener wollte sich rechtfertigen und fragte Jesus: 'Wer ist mein Nächster?' Und Jesus nahm das Wort und sprach: 'Ein Mensch ging von Jerusalem nach Jericho hinab und fiel Räubern in die Hände ...'"(28-30).
Es wird hier nicht eine Wesensdefinition gegeben, sondern ein Fall aufgezeigt, der im besonderen situativen Bezugsfeld so oder so gelöst worden ist, wobei der Fall nicht zulässt, dass er als Regel einer Kasuistik gebraucht werden kann.
Vielleicht liegt es gerade daran, dass die Gewissensbildung so sehr dem zufälligen Lernen überlassen wird, weil man die ethisch-moralischen Regeln nicht zu operationalisieren wagt (oder vermag oder will), also z.B. das gute Tun nicht umsetzen kann, und/oder aber weil Ethik immer nur als begleitendes, also sekundäres Handeln gesehen wird, das mehr oder weniger verpflichtend sein kann.
Wir werden die Aufgabe haben, zu zeigen, dass einerseits Erziehungsprozesse immer gekoppelt sind mit ganzen Komplexen von ethischen Zielen, dass anderseits die Bedingungen geschaffen werden müssen, um einzelne Ziele extrapolieren und operationalisieren zu können.

4. Die Ebene des traditionellen Normverständnisses als Begründung der Pädagogik

Ethik als "die Lehre vom Guten, von den Prinzipien des Handelns und von den sittlichen Werten"[2] wurde in der Tradition als die praktische Disziplin der

1) In: b:e, 10.5.1972, S. 14-18. Zit. bei Stachel, a.a.O. S. 3.
2) F. Dorsch: Psychologisches Wörterbuch, Berlin 1963.

Philosophie betrachtet. Sie hat in dieser Funktion immer schon die Erziehung normierend beeinflusst und/oder bestimmend festgelegt. Ob ich mein Handeln an den sittlichen Weisungen, hervorgegangen aus den Geboten der jüdisch-christlichen Tradition, ausrichte und sowohl die biblische Ethik, die menschliche Natur, die Tradition der Kirche, als auch die empirischen Befunde im Bereich aussertheologischer Wissenschaften als Quellen für die Findung dieser sittlichen Weisungen betrachte[1], ob ich im Sinne Kants dem zu Erziehenden einen "Kompass" vermittle, mit dem es möglich wird, Situationen instrumentell zu bewältigen, indem ich frage, ob ich meine persönliche Maxime zu einem Gesetz für alle machen könnte[2], ob im Sinne Schleiermachers eine Situationsethik postuliert wird, wo das Vorgegebene mitentscheidend wird für das unterstützende bzw. gegenwirkende erzieherische Handeln[3], ob der letzte Sinn der Handlung in der freimachenden Entscheidung des Menschen liegt, der damit über sich selbst hinausgreift (transzendiert)[4], ob ich oberste Sinngebung jeweils aus theologischen, deontologischen, utilitaristischen[5] oder kritizistischen[6] Denksystemen her begründe und von da her die Erziehungs- bzw. Gesellschaftstheorie reflektiere, wichtig ist, dass erzieherisches Handeln immer schon von der Ethik her begründet worden ist, dass diese Ethik normierende Kraft besitzt, dass es viele Lernbereiche gibt, die nur indirekt auf solche Ethik zurückzuführen sind und dass Ableitungen nur unter bestimmten intentionalen Gesichtspunkten möglich werden. Hier spricht man dann von Sittenlehre, von Lebenskunde oder von intentionaler Gewissensbildung. Gefahr besteht dann, wenn Handeln als Lernen völlig von einer ethischen Sinnstruktur abgelöst wird.

---

1) Vgl. J. Gründel/H. van Oyen: Ethik ohne Normen. Zu den Weisungen des Evangeliums. Freiburg 1970.
2) Vgl. I. Kant: Grundlegung zur Metaphysik der Sitten. Stuttgart 1970
3) Vgl. F. Schleiermacher: Pädagogische Schriften. Die Vorlesungen aus dem Jahre 1826, Hrg. E. Weniger, Düsseldorf und München 1966 2, S. 55/56: "In der Theorie haben wir nun aber nichts anderes zu tun, als die gegenwirkende und unterstützende pädagogische Tätigkeit aufzustellen und deren gegenseitiges Verhältnis nachzuweisen; dem Leben selbst haben wir dann zu überlassen, was in jedem Augenblick getan werden solle. Die Theorie leistet nur den Dienst, welchen das besonnene Bewusstsein überall in der Praxis leistet; denn wo wahre Besonnenheit ist, da wird auch im Leben immer auf den Komplex der Aufgabe gesehen, nicht auf den Augenblick allein.- Diese Schwierigkeit wäre also - und nicht nur für diesen Gegensatz, sondern für jeden ähnlich - gelöst dadurch, dass wir sagen, was in jedem Augenblick zu tun sei, unterstützen oder gegenwirken, das hängt ab von der Aufforderung, die der Moment mit sich bringt."
4) Vgl. K. Jaspers: Philosophie 3. Band: Metaphysik. Berlin u.a. 1956.
5) Vgl. W.K. Frankena: Analytische Ethik. München 1972.
6) Vgl. K. Holzkamp: Kritische Psychologie. Frankfurt 1972.

Vielleicht hat gerade dieses letztere Faktum dazu beigetragen, dass das Lernen des Gewissens immer in der mehr oder weniger emotionalen Uebernahme solcher oberster pädagogischer Sinn-Normen bestand, nicht aber aus konkreten Lernprozessen. Weil die Pädagogik die ethische Praxis der Philosophie wurde, überliess man - vielleicht auch im Namen einer gewissen Haltung der Liberalität oder der Gewissensfreiheit - der Begeisterung, was eigentlich hätte konkretisiert werden sollen. Eine genaue Abgrenzung der Begriffe, wie sie etwa von erfahrungswissenschaftlicher Seite immer wieder gefordert wird, hilft nicht weiter. "Normen (also Anweisungen für das Verhalten), Werte (also abstrakte Begriffe bzw. Kriterien, an denen die Normen orientiert werden) und Werturteile (d.h. Sätze, in denen Gegenständen, Beziehungen oder Handlungen Wert zugesprochen wird) würden nicht hinreichend auseinandergehalten, was eine rationale Diskussion der Wert- und Normenproblematik mindestens erschwere. Sätze über das Sollen würden als Sätze über Seiendes ausgegeben, oder es würde irrtümlicherweise beansprucht, aus der Analyse des Seienden Sollens-Forderungen ableiten zu können."[1]
Oberste ethische Sinn-Normen der Erziehung sind nicht so eindeutig in den Griff zu bekommen, vor allem in ihrer Wirkung. Man muss zur Kenntnis nehmen, dass diese auch dann besteht, wenn die Sinn-Normen nicht operationalisiert werden können. Das ist auch der Grund, warum Erziehungs- und Lernziele nach wie vor durch sie abgestützt werden können. Andererseits aber entbindet uns das nicht der Verpflichtung, ihre Komplexität aufzufächern, um sie zu konkretisieren.[2]
Ein weiteres kommt dazu: Ob ich heute als Wissenschaftler die Sinnfrage stelle und damit mich selber im System "reduziere" und verstehbar mache, ist etwas anderes, als wenn ich Lernprozesse antizipierend plane. Es bestehen hier zwei Kategorien des Vorgehens. Wenn ich sie gegenseitig austausche, das eine mit den Kategorien des andern erfassen möchte, so entstehen hypothetische Konstrukte, die nicht mehr intersubjektiv überprüfbar sind.
Das heisst aber wie gesagt nicht, dass das Lernen des Gewissens - weil direkt der sinngebenden Normierung unterstehend, nicht prozess- und erfahrungswissenschaftlich geplant werden kann.[3] Ueberprüfbare Verhaltensanweisungen sind

---

1) K. Mollenhauer: a.a.O., S. 45.
2) Wenn z.B. in der Mitte des letzten Jahrhunderts die Lehrerseminarien als Stätten eines neuen Geistes mit vaterländischer Begeisterung und einem Glauben an die Kraft rationaler Perfektibilität bezeichnet und die Lehrer zu Priestern des Volkes, zu Propheten eines kommenden besseren Zustandes erhoben worden sind, so hat solche Normierung gewissensrichtende Kraft, aber man bekommt sie lernmässig nicht in den Griff.
3) Vgl. S.35/36 dieser Arbeit.

konzeptuell immer möglich, wenn die Kommunikationszusammenhänge, in denen Heranwachsende leben, phänomenologisch rekonstruiert werden und wenn theoretisch Komponenten und Faktoren erkannt werden, die die Konstituierung von "Lebenswelt" in gesellschaftlichen Sitten- und Normkomplexen garantieren. Trotzdem aber behalten die philosophischen, theologischen oder ideologischen Kategorien ihre eigene normierende Kraft. - Es gibt in diesem Zusammenhang noch ein anderes Phänomen, das es zu beachten gilt:

Bei Untersuchungen über das Lehrerverhalten im Bereich der Erziehungspsychologie[1] wurde festgestellt, dass unbewusst grosse Teile des Lernens des Gewissens aus dem didaktischen Dreieck herausgenommen und der L-S-Interaktion vorbehalten worden sind. Hier wäre allerdings die Möglichkeit geboten, Lernprozesse zu intendieren durch sog. Lehrerverhaltenstraining, wo z.B. durch Anweisungen zum sozial-integrativen Verhaltensstil indirekt auch Einflussnahme auf die Gewissensbildung genommen wird. So zeigt W. Correll[2], sich auf Anderson beziehend, dass der IDQ (Integrations-Dominations-Quotient) des Lehrers tatsächlich auf den IDQ seiner Schüler einwirkt, ja dass die Schüler den IDQ des Lehrers in relativ kurzer Zeit übernehmen. Lehrer mit hohem IDQ werden nach Corrells Untersuchungen in kurzer Zeit Schülergruppen haben, die relativ mehr integratives Verhalten zeigen, während Schüler von einem Lehrer mit niedrigem IDQ mehr misstrauische, autoritäre, rechthaberische Verhaltensmerkmale imitieren. "Wenn es also darum geht, eine aufgeschlossene, begeisterungsfähige, arbeitsfreudige Gruppe von Schülern zu haben, die in der Lage ist, auf ihre eigenen Mitglieder zu hören und abweichende Auffassungen zu tolerieren, so kommt es darauf an, dass der Lehrer zunächst einen IDQ von etwa 1,9 entwickelt, so dass er damit rechnen kann, dass die Schüler diese Einstellung nach und nach übernehmen."[3]

---

1) Vgl. R. Tausch/A.-M. Tausch: Erziehungspsychologie, Göttingen 1971[6].

2) W. Correll: Unterrichtsdifferenzierung und Schulorganisation. Hannover 1971[2]. Correll bezieht sich auf H.H. Anderson: The measurement of domination and of socially integrative behavior in teachers contacts with children. Child dev. 10. 73 ff, 1935.

3) W. Correll: a.a.O., S. 57.
Correll unterscheidet zwischen dominantem und integrativem Verhalten:
Dominatives Verh.:
"1. Das Dc-Verh., d.h. dominatives Verh. mit sichtbarem Konflikt zw. L+S
2. Das Dn-Verh., d.h. dominatives Verh. ohne Konflikt
3. Das Dt-Verh., d.h. dominatives Verh. mit einer Tendenz zur Zusammenarbeit zwischen L+S" (S. 52)
Integratives Verh.:
"1. Das In-Verh., d.h. integratives Verh. ohne spontane Zusammenarbeit zw. L+S
2. Das It-Verh., d.h. integratives Verh. mit spontaner Bereitschaft zur Zusammenarbeit bei L+S." (S. 53)
Correll gibt die Formel für den IDQ folgendermassen an: $IDQ = \frac{\Sigma i}{\Sigma d}$ (S. 54)

Für die Gewissensbildung resultiert hieraus - vorsichtig formuliert - folgendes: Innerhalb intentionaler Lernprozesse im Bereich von Uebernehmen und Anwenden von Regeln und Normen ist das Lehrerverhalten eine zu beachtende Variable. Innerhalb des Bereiches von unterrichtsbegleitender (also nicht intentionaler) Gewissensbildung dürfte das Lehrerverhalten sogar die ausschlaggebende Variable sein. Das alles aber beweist im Grunde genommen wiederum die verändernde Kraft oberster ethischer Sinn-Normen, auch dann, wenn diese nicht operationalisiert werden und/ oder werden können.

5. Die Frage nach der Gültigkeit moralischer Normen und Werte

Die Annahmen über die Gültigkeit der Normen und Werte im Gefüge der Gesellschaft gehören zum eigentlichen Vorverständnis für alle Untersuchungen im Bereich intentionaler Gewissensbildung. Wenn Piaget[1)] annimmt, dass jede Moral ein System von Regeln sei, und dass das Wesen der Sittlichkeit darin bestehe, dass das Individuum Achtung für diese Regeln empfinde, wenn er annimmt, dass zwischen moralischer Erfahrung und moralischem (sprachlichem, theoretischem) Denken, und innerhalb desselben wiederum zwischen einer Moral der Heteronomie, der objektiven Verantwortlichkeit (der einseitigen Achtung entstammend) und einer Moral des inneren Gesetzes, der subjektiven Verantwortlichkeit (der gegenseitigen Achtung entstammend) unterschieden werden müsse, so sagt er damit wohl etwas aus über die Struktur der Normen und Werte an sich,als auch über das Lernen von Strukturen. Denn Sittlichkeit kann man im Sinne Heideggers[2)] als eine Grundbefindlichkeit aufgrund gelernter Dispositionen bezeichnen, die in der phänomenalen Auswirkung des Gewissens ihren indikatorischen Niederschlag hat. Die Herkunft, Erhaltung und Modifizierung dieses Systems wird bei Piaget,im Gegensatz zu anderen oft traditionelleren Denksystemen, allein der Gesellschaft zugeschrieben. Das führt zur Annahme, dass die Untersuchungen über die moralischen Urteile bei Kindern letztlich das Problem der Beziehungen zwischen dem gesellschaftlichen Leben und dem rationalen Bewusstsein berührt. Es zeigt sich so sein Interesse an den Strukturen der sittlichen Normierungen, ohne dass er z.B. theologische Prämissen als Vorstellung der Dissonanz von Heil und Unheil in der Welt, von Sünde und

---

1) Vgl. J. Piaget: Das moralische Urteil beim Kinde. Zürich 1954, S. 7, 197, u.a.
2) Vgl. F.J. Scheidt: Gewissen und Wert. In: Gewissen und Gewissensbildung. Donauwörth 1968, S. 89 ff.

Urschuld, von der totalen Verworfenheit des Fleisches annimmt. Piaget hat seinen eigenen Strukturalismus - sofern es den Strukturalismus überhaupt gibt. Und der Standpunkt des Strukturalismus zu den sittlichen Normierungen kann für diese Untersuchung - Gewissensbildung durch intentionales Lernen - von entscheidender Bedeutung sein. Denn Strukturen beschreiben und erklären (deuten). "Sie sind und sie machen verständlich. Sie befassen sich mit Einzelphänomenen und weisen ihnen eine Stelle in einem Gesamtzusammenhang an."[1) 2)]
Wenn die Strukturalisten - wie damals schon die Gestalttheoretiker[3)] - die menschlichen Schöpfungen analysieren, weil sie glauben, dass es sich dabei um Bedeutungssysteme im Sinne von Kommunikation und Selbstauslegung (Struktur - Sinn - Bedeutung) handelt, die alle durch Transformationssysteme untereinander verbunden sind und operative, regulative und probabilistische Elemente enthalten, so befreien sie sie zugleich von aller missverstandenen Substantialität und von allen mechanistischen Funktionen.[4)] Will man den Strukturalismus kennzeichnen, so kann man das nur aufgrund unzureichender Merkmale. Wir versuchen einige anzugeben:[5)]

a) Das Interesse für das Detail, wobei zu betonen ist, dass der Strukturalist, je mehr er sich mit dem Detail auseinandersetzt, das Ganze im Auge hat, also auf das System gerichtet ist.
b) Der Versuch, in der Fülle der chaotischen Einzelphänomene das Gemeinsame zu erheben, das erst Kommunikation der Individualitäten ermöglicht und zugleich das "Nichtreduzierbare" gegen das Allgemeine absetzt.
c) Das Weglassen des Dogmatismus und das unvoreingenommene Sichhingeben dem Spiel der Elemente und ihrer Beziehungen.
d) Die Annahme, dass der Mensch symbolfähig ist und dadurch kommunizieren kann. Die Suche, dem Funktionieren des menschlichen Geistes auf die Spur

---

1) H. von Hentig: Strukturen, die zugleich abbilden und deuten. In Magier oder Magister? Stuttgart 1972, S. 71
2) Wir werden am Schluss unserer Arbeit zur Ueberzeugung gelangen, dass von diesem Vorverständnis der sittlichen Normierungen her viele Lernprozesse überhaupt erst geplant werden können. Vgl. S.362ff.
3) Vgl. D. Katz: Gestaltpsychologie. Basel/Stuttgart 1969 , S. 93 ff.
4) Vgl. H. Rombach: Substanz, System, Struktur. Die Ontologie des Funktionalismus und der philosophische Hintergrund der modernen Wissenschaft. Freiburg 1965/66 II. S. 521.
5) Vgl. G. Schiwy: Sittliche Normierungen im Strukturalismus. In: A. Hertz (Hrg.): Moral. Maintz 1972, S. 152 ff.

zu kommen, wobei Bedeutung nicht durch Wiederholung, sondern durch Differenzierung entsteht.

e) Das Gespür für die "Struktur", d.h. dafür, dass man sich der Dynamik der Struktur überlässt und sie nicht durch Systematisierung bzw. Festlegung sinnlos macht.

Zusammenfassend: "Der Strukturalist braucht für seine Arbeit ein Gespür für die Kommunikation des Menschen mittels symbolischer Systeme, die Einstellung toleranter Offenheit gegenüber der Verschiedenheit dieser Symbolbildungen, eine geduldige Leidenschaft für die Details eines symbolischen Vorganges, ohne dabei den Zusammenhang, in dem er nur richtig verstanden werden kann, aus dem Auge zu verlieren. Schliesslich zwingen die Kommunikationsvorgänge den Strukturalisten immer wieder, der Dynamik ihrer Bedeutungen gerecht zu werden, was von ihm die Tugend der wachen Aufmerksamkeit und der kritischen Anpassung an je neue Situationen verlangt."[1] Für das sittliche Handeln und die Erziehung zu sittlichem Handeln liegen die Konsequenzen in der Auseinandersetzung und zugleich in der Bildung von Strukturen der Normen und Werte. Denn "die Intelligenz erweist sich als eine Strukturierung, die den Austauschprozessen zwischen den Subjekten und den näheren oder entfernteren Gegenständen ihrer Umwelt bestimmte Formen aufdrückt. Ihre Originalität besteht wesentlich in der Eigenart der Formen, die sie zu diesem Zwecke schafft."[2] Sittliche Intelligenz hat demzufolge einen eigenen Charakter. Merkmale hierfür legt G. Schiwy wie folgt dar:[3]

a) Strukturanalyse vermag dort am meisten zu leisten, wo der Systemcharakter der sittlichen Handlung oder moralischer Imperative nicht offensichtlich ist und der Eindruck zufälligen bzw. willkürlichen Draufloshandelns besteht. Es wird also angenommen, dass in jedem Fall ein ethisches System besteht, von dem die einzelne sittliche Normierung und Sanktion ausgeht.[4] Damit ist auch gesagt, dass der einzelne sittliche Akt Kommunikationscharakter hat, wobei aber die ethische Sprache eines bestimmten Individuums erst dann verstanden wird, wenn

---

1) G. Schiwy: a.a.O., S. 158/159.
2) J. Piaget: Psychologie der Intelligenz. Zürich 1947, S. 189.
3) G. Schiwy: a.a.O., S. 159 ff.
4) G. Schiwy verweist auf C.L. Lévi-Strauss, der in seinen "Les structures élémentaires de la parenté", Paris 1947, aus einer Vielfalt von Heiratsregeln einige wenige Prinzipien herausarbeitet.

der Stellenwert einer Handlung im Gesamt des Lebens, d.h. in dem ihm eigenen Bezugsrahmen und Wertkosmos rekonstruiert werden kann. Hierzu genügt eine repräsentative Auswahl, um die jeweilige ethische "Grammatik" erstellen zu können.

b) Die Strukturanalyse bezieht sich immer auch auf das Verhältnis verschiedener ethischer Systeme individueller oder kollektiver Art zueinander. Man geht dabei von der Hypothese aus, "dass die Systeme in der Regel nicht nur miteinander verwandt sind durch mehr oder weniger bewussten äusseren Kontakt oder vielleicht sogar durch Herkunftsbeziehungen, sondern dass die gleiche innere Struktur in allen tätig ist, eine Struktur, die dem menschlichen Geist universell ist."[1)] Es muss also wohl Möglichkeiten geben, die verschiedenen ethischen Systeme ineinander zu übersetzen, d.h. Kommunikation ist über die Systeme hinaus möglich. Vielleicht lassen sich an diesem Ort auch die Arbeiten der analytischen Ethik ansiedeln. Analytische Ethik zeichnet sich aus durch die klare Differenzierung ethischer Aussagen, durch Verzicht auf philosophischen Jargon, durch Praxisbezogenheit (Probleme des Alltags werden angeführt) und durch Absage an eine Weltanschauung.[2)]

c) Die Grundstruktur ethischer Systeme ist für den Strukturalisten nicht das gleiche wie die Grundstruktur der Natur (Naturgesetz). Vielmehr vermutet er, dass im Menschen eine Art innerer Zwang sei, mit dem er seinem Handeln Kohärenz gebe, ein System richtiger/falscher Akte entwerfe, sich binärer Oppositionen (gut/böse) bediene und damit das Interesse am Formalen bekunde, das die verschiedenen inhaltlichen Unterschiede moralischer Anweisungen verbindet.

d) Bei der sprachlichen Vermittlung von Moralsystemen oder auch bei deren Erfassung spielt der Sprachcode eine eminente Rolle. Schiwy führt das Versagen unserer offiziellen Moral und das Auseinanderklaffen von moralischer Theorie und sittlicher Praxis auf das Versagen der "Moralprediger" in der Wahl des Sprachcodes zurück. Ihr Spezialcode verstehe weder die Unter- noch die Mittelschicht[3)] (elaborierter/restringierter Code).

---

1) G. Schiwy: a.a.O., S. 161.
2) Vgl. W.K. Frankena: Analytische Ethik. München 1972.
3) Vgl. W. Niepold: Sprache und soziale Schicht. Berlin 1971.
Vgl. auch B. Bernstein: Lernen und soziale Struktur. In: B. Bernstein u.a. Lernen und soziale Struktur. Amsterdam 1970, S. 7-33.

Zusammenfassend sagt er: "Eine Strukturanalyse ethischer Systeme begreift diese als Kommunikation, die sich wie Sprache organisiert und sich der Sprache bedient. Daraus ergibt sich der Systemcharakter jeden sittlichen Handelns, das nur verstanden werden kann, wenn es auf den ihm eigenen Wertkosmos (Code) bezogen und dieser nach Möglichkeit auf das ihm zugrunde liegende Organisationsprinzip (binäre Opposition) reduziert wird. Da sich dieses nach strukturalistischer Auffassung dem 'objektiven Denken' (Lévi-Strauss) verdankt, scheint es möglich, alle moralischen Systeme füreinander durchlässig zu machen, wenigstens im Hinblick auf ihr formales Aufbauprinzip, das den Inhalt indes stärker zu bestimmen scheint, als man bisher angenommen hat."[1)]

Welches sind nun die Ansätze zu einer allgemeinen Strukturethik:

a) Im Gefolge der Prager Schule, im Gefolge von Husserl und Scheler[2)] könnte man heute bei der Bestimmung des sittlich Guten, des verpflichtenden Charakters und der Wege der Realisierung den Systemcharakter so zur Geltung bringen, dass das Fragmentarische der ethischen Systeme aufgezeigt wird, um Fehlurteile, falsche Prinzipien und falsche Imperative zu verhindern (Selbstkritik und Widerspruchsgeist sind dabei Voraussetzung).

b) Die Strukturethik will die Entfaltung der eigenen Struktur begünstigen. Abbau der allgemeinen Normativität bedeutet aber nicht Destruktion, sondern Reduktion. Es ist leichter, die Norm zu finden, als sich selbst unter das eigene Mass zu stellen, was auch viel anspruchsvoller ist. "Eine Strukturethik wird das Individuum wie die Kollektive nicht zuerst dazu anhalten, die allgemeinen Normen zu beachten, sondern dazu, die Eigenstrukturen zur Entfaltung zu bringen. Entfaltung heisst, alle Momente der Struktur soweit zur Geltung kommen zu lassen, wie sie dem Leben der Struktur dienen. Eine Struktur lebt dann, wenn sie zunimmt an Eigengestalt und Freiheit."[3)]

Eine solche Aussage hat für das Lernen des Gewissens höchste Konsequenz, denn damit werden Richtungen für Lernkonzepte im Sinne des Vorverständnisses festgelegt, und Modelle, wie sie etwa G. Wienecke[4)]

---

1) G. Schiwy: a.a.O., S. 163, 164. Vgl. auch S. 337-372 dieser Arbeit.
2) Vgl. M. Scheler: Reue und Wiedergeburt. In: Vom Ewigen im Menschen. Bern 1954,4.
3) G. Schiwy: a.a.O., S. 166. Vgl. S.365 dieser Arbeit.
4) G. Wienecke: Unterrichtsplanung mit Schülern. In: Pädagogische Rundschau 12/1972.

oder der Grenchner Arbeitskreis[1] vorlegt, wo der Unterricht entweder mit den Schülern geplant und so das ethische Gefüge der Klasse durch planendes Handeln modifiziert wird, oder aber Bedingungen geschaffen werden, damit der Schüler eigene ethische Strukturen aufbauen kann, gewinnen an Bedeutung. Im übrigen wird die Entfaltung der eigenen strukturalen Normierung nicht ohne Konflikt abgehen. Dass diese Reibungen nicht tödlich sind, sondern handelnd aufeinander abgestimmt werden, gerade darin besteht ja das Sittliche. Es richtet sich nicht nach einem absoluten Vollkommenheitsideal, sondern es schafft, wie jede lebendige Struktur ihr Ideal selbst von Stufe zu Stufe in Verantwortung und Entscheidung.

c) Strukturalisten wie Chomsky, Lévi-Strauss, Rombach, Schiwy verstehen Freiheit nicht als Willkür oder idealistische Illusion, sondern als "Möglichkeit, die eigene Struktur entfalten zu müssen."[2] Eine Voraussetzung dazu ist die Kreativität, die freies Handeln innerhalb eines Regelsystems möglich macht. Chomsky spricht von Kombination von Freiheit und Zwang.[3]

Es sei nun noch einmal auf den Unterschied zwischen der strukturalen Ethik und einem sich auf Autorität beziehenden ethischen Ansatz hingewiesen. Bei der Autorität handelt es sich darum, dass ich mir in Sachen des Wissens und der Gewissensentscheidung von den Trägern dieser Autorität "dreinreden" lassen muss. Im Bereich der Kirchen z.B. entscheiden dann die Amtsträger aufgrund der

---

1) Es handelt sich um folgende Bücher für die Hand des Schülers: Freunde nenne ich euch (1973), Freue dich (1970), Folge mir nach (1969), Ich bin das Leben (1970). Darin wurden für jedes Schuljahr Bildungsstrategien (Bildungsreihen) u.a. im Bereich der Gewissensbildung (Curriculum RU) erstellt. Eine Bildungsreihe könnte man als inhaltliche Lernstrategie definieren, welche nach taxonomischen Klassifikationsprinzipien erstellt wird. Man kann auch sagen: Eine Bildungsreihe ist eine taxonomische Klassifikation von Inhalten, die mit schulischen Verhaltensanweisungen gekoppelt wird und wenn möglich eine schulische Realerfahrung bedingt. (Lernstrategie). Vgl. S.27f, S.207ff und das Kapitel 5 in dieser Schrift.
2) G. Schiwy: a.a.O., S. 167.
3) Vgl. N. Chomsky: Sprache und Geist, S. 184; bei Schiwy zit. a.a.O., S. 166/167.

ihnen zugesprochenen praesumptio verae cognitionis[1], indem sie Entscheidungen in ethisch-moralischen Situationen durch normative Ableitungen dem Einzelnen abnehmen. Dem steht Mündigkeit und die Freiheit vom Gesetz gegenüber, Mündigkeit, die nicht nur beinhaltet, dass ich dieses Gesetz relativiere und kritisch betrachte, sondern auch, dass ich eigene Gesetze struktural finde, aufbaue und begründe. Wiederum im Bereich der Kirche könnte man sagen, dass dies das eigentliche christliche Ethos ausmacht, weil Christus das Gesetz, welches in kasuistischer Verfächerung zwischen Gott und den Menschen geschoben worden ist, aufhebt bzw. - theologisch gesprochen - erfüllt[2], und statt dessen den Mut zur Mündigkeit als grenzenlose Nächstenliebe frei von jeder Zensur oder Abschirmung uns aufgibt.[3] (Vgl. Röm 8,21; Gal 5,1 etc.[4]) Wenn die traditionelle Moraltheorie oft das Ur-Gewissen vom Situationsgewissen unterscheidet, wobei das Situationsgewissen fast rationalistisch der Kardinaltugend der "Klugheit"[5] gleichgesetzt worden ist, während Ur-Gewissen die "Stimme Gottes", das "Göttliche im Menschen", das "objektive Gesetz Gottes" im Menschen wirkend, den platonisch-mystischen Begriff der Entelechie oder, in der mittelalterlichen Mystik, die "scintilla animae" bedeutet, so ergibt das für das Lernen des Gewissens den entscheidenden Begründungshintergrund. Denn eine ontogenetische Entwicklung wird abgelehnt. Lernen ist praktisch verunmöglicht oder eben nur dem nichtintentionalen Feld überlassen, oder, wie G. Stachel vermeint, eher

---

1) Vgl. R. Egenter: Gewissen, Autorität und Freiheit. In: Kat. Blätter 11/1969, S. 646. Abgesehen davon, dass Egenter eine falsche Einschätzung von Autorität hat - richtige Autorität lebt nämlich vom Inhalt, den sie vertritt, ohne auf einen besonderen assensus religiosus pochen zu müssen - muss er doch zugeben: "Wer im Bereich des authentischen Lehramtes dem kirchlichen Autoritätsträger folgt, geht ein geringeres Risiko ein als derjenige, der seiner eigenen Anschauung folgt. Aber Risiko bleibt auch das erstere; denn es liegt nur eine praesumptio verae cognitionis vor, die nicht einfach davon entbindet, nach den Gründen für eine lehramtliche Behauptung zu fragen. Damit ist schon gesagt, dass eine Aussage des authentischen Lehramtes falsch sein kann. Ganz so selten scheinen solche Ausnahmen von der Regel in der Geschichte der Kirche nicht zu sein. Dafür bietet die Geschichte von der kirchlichen Ehelehre, ebenso wie die Geschichte der Lehre von der Religionsfreiheit beeindruckende Belege."

2) Vgl. H. Braun: Jesus. Stuttgart/Berlin 1969. "... der Mensch soll aus dem konkreten Anspruch nicht entweichen dürfen in die garantierende Sicherheit eines Paragraphen." (S. 95)

3) Vgl. R. Egenter: a.a.O., S. 648/649.

4) Röm 8,21: "... auch sie, die Schöpfung, werde einst von der verderblichen Sklaverei erlöst werden für die Freiheit, das herrliche Gut der Kinder Gottes." Gal 5,1: "Damit wir frei seien, hat Christus uns frei gemacht. So stehet fest und lasst euch nicht wieder unter das Joch der Knechtschaft beugen!"

5) Vgl. F. Furger: Gewissen und Klugheit. Luzern/Stuttgart 1965, z.B. S.21/22.

formal als material bedeutend.[1] Was letzteres heisst, kann zwar nicht genau ausgemacht werden, aber bei einem solchen Vorverständnis haben Begriffe aus dem erziehungswissenschaftlichen Bereich, wie Lerneffizienz, Verhaltenskontrolle, Verhaltensmessung, Motivation etc. keine Wirkkraft mehr. Sie gleiten ab in allgemeine präskriptive Aussagen wie: Zur intentionalen Gewissensbildung "gehören die entsprechenden Lehrstücke im Katechismus ...". Oder: "Die intentionale Gewissensbildung wird sich um die Betrachtung besonders ergiebiger Texte des Evangeliums mühen, in denen das 'neue Gesetz' besonders deutlich ist ...". Oder: "Aufgabe einer intentionalen Gewissensbildung muss es auch sein, eine Wertordnung der Gebote und Verbote sichtbar werden zu lassen. Hier können beispielsweise in der Katechese die zentralen neutestamentlichen Aussagen über die Liebe Gottes zu den Menschen (Röm 5,8; 8,32.35; Eph 2,4f; Jo 3,16f) den anderen neutestamentlichen Aussagen über unseren Auftrag der Liebe unter uns Menschen gegenübergestellt werden (Röm 12, 9-21; 13, 8-10; 1 Kor 13, 1-8, 13; 16,14; Gal 5,6.13f 22f; Kol 3, 12-14; 1 Tim 1,5) ... etc."[2] Solche Aussagen könnten beliebig vermehrt werden. Natürlich meint der Autor, dass die inhaltliche Seite eines Lernvorganges automatisch das Gewissen bilde. Aber das Verständnis von Autorität und Autonomie ist so, dass letztlich das Lernen nur noch der normativ begeisternden Kraft überlassen werden kann, d.h. Operationalisierung durch den Sprachakt wird schon im Entdeckungszusammenhang nicht gesucht (unmöglich gemacht), weil eben das Vorverständnis diesen Vorgang gar nicht sichtbar machen will, weil die "Autorität", auf die ich mich beziehe, als starrer Komplex vor die Probleme des Lernenden gestellt wird. Oder zusammengefasst: Weil ich nicht im Sinne des Strukturalismus Ethik als ein dynamisches Kommunikationssystem betrachte, dem ich selber angehöre und aufgegeben bin.

Wenn hier die kirchliche Autorität exemplarisch ausgewählt worden ist, so deswegen, weil der Religionsunterricht eines der wenigen Felder ist, wo bis anhin versucht worden ist, bewusst Gewissenlernen möglich zu machen. Natürlich formulieren Moraltheologen Gewissen als etwas sehr Komplexes. Aber generell gesehen wird die Verantwortung nicht genügend delegiert, so dass die Struktur der Ethik

---

1) Vgl. G. Stachel: Thesen zur Gewissensbildung - die Möglichkeiten des Lehrers. In: Kat. Blätter 11/1969, S. 662. Stachel zeigt auf, dass der Gewissensbegriff des Theologen G. Ebeling, der auf der Totalität des zur Sprachekommens und auf der "unausweichlichen" Entscheidung vor der Fraglichkeit der eigenen Identität beruht, stärker den Geschenk-(Gnaden-)Charakter betone als etwa die scholastische Theologie, und damit auch durch grössere Passivität gekennzeichnet sei. Vgl. dazu den Verweis Stachels: G. Ebeling: Theologische Erwägungen über das Gewissen. In: Wort und Glaube, Tübingen 1960, S. 429-446. Vgl. auch in dieser Arbeit die Ausführungen zu den Thesen Stachels, S.105ff.

2) E. Cloer: Gewissen und Gewissensbildung. In: Kat. Blätter 11/1969, S. 657.

auch zu wenig Mittel für Transformation und Selbstregulierung sein kann. Es wird zu wenig gesehen, dass je nach Situation ein anderes Beziehungssystem, das zugleich verschieden und isomorph ist, vorliegt. Erst in der Freiheit derjenigen, die die moralisch-ethische Verflochtenheit der Begegnung struktural analysieren, wird das möglich, was unter einem Erziehungsziel verstanden werden kann: "Unter einem Erziehungsziel wird eine Norm verstanden, die eine für Educanden als Ideal gesetzte psychische Disposition (oder ein Dispositionsgefüge) beschreibt und vom Erzieher fordert, er solle so handeln, dass der Educand befähigt wird, dieses Ideal so weit wie möglich zu verwirklichen."[1] Das aber sollte jede inhaltliche Betrachtung einer Sache apriori möglich machen.

6. Die Ebene hypothetischer Konstrukte mit vielen Modellansätzen

Eine weitere Ebene in unserer Betrachtungsweise bilden die Modellansätze, wo Gewissen ausgesprochen als hypothetisches Konstrukt bezeichnet werden kann (Freud, Jung, Heidegger, Festinger, Piaget etc.). Sie werden im Kapitel 4, S.261 aufgezeigt. Hier geht es lediglich um einige wissenschaftstheoretische Ueberlegungen. Es lässt sich sagen, dass unsere Untersuchung auf der Annahme beruht, dass Gewissen dann als gelernt, d.h. als verändert angenommen werden kann, wenn quasi auf "unterrichtsexperimenteller" Ebene (Lernstrategie) festgestellte Verhaltensmerkmale in transferalen Feldern neu zur Anwendung gebracht werden. Die Realisierung dieser unterrichtlichen Prozesse und die Erfassung von Gewissensveränderung anhand solcher Modelle kann mit Wenn-Dann-Beziehungen ausgedrückt werden. Wenn die Resultate negativ ausfallen, weil die aufgestellten Bedingungen, d.h. die Wenn-Bestimmungen nicht auf die Dann-Bestimmungen genügend bezogen sind (in unserem Fall mit den im Lernziel aufgestellten Intentionen), so können wir sagen: Es ist nicht möglich, prozessual diesen Lernvorgang antizipierend vorzuplanen. Dann müssten wir den Vorgang der Gewissensbildung auf das Interaktionsverhalten von Personen mit Sozialisationscharakter als sekundären Lernprozess reduzieren. Wir dürften dann aus Gründen fehlender kausaler Relevanz nichts aussagen über den intentionalen Lernprozess im Bereich des Gewissens. Die Ebene der traditionellen Gewissensmodelle (Freud, Jung, Heidegger, Piaget etc.) hätte in diesem Sinne für uns keine Bedeutung.

1) W. Brezinka: Was sind Erziehungsziele? In: Zs. für Pädagogik 4/1972, S. 550.

B. Historischer Exkurs

1. Einleitung

Soviele Denker es gibt, soviele Modelle der Ethik bzw. des Bewusstseins des Sittlichen gibt es. Dies darf nicht zur resignativen Annahme führen, die Wahrheit sei nur relativ und die Philosophie deshalb unnütz. Wer die Prämisse setzt, die Philosophie beanspruche für sich, die Wahrheit aufzudecken, verkennt, dass jede Theorie je nach gesellschaftlicher Aktualität immer nur einzelne wichtige Aspekte eines Phänomens erhellen kann. Ein historischer Abriss vermag deshalb nur rudimentär einige wichtige Denkmodelle des Gewissens darzustellen, wobei Gewissen als Begriff, wie er heute aufscheint, gar nicht immer vorkommt und selbstverständlich auch nicht mit intentionaler Bildungsabsicht gekoppelt ist. Wir können daher auf den wenigen Seiten, die uns dafür zur Verfügung stehen, bloss Verständnisbarrieren abbauen und nicht mehr. Dies wird uns bewusst, wenn wir z.B. die umfangreiche "Geschichte der Ethik als philosophische Wissenschaft" von F. Jodl[1)] zur Hand nehmen. Man könnte den Gewissensbegriff aus jeder Ethik durch hermeneutisch-logisches Ableiten herausarbeiten, insofern dies sinnvoll wäre, um sprachlich den jeweiligen Sinn verständlich machen zu können und damit philosophische Kommunikation als sittliche Haltung zu ermöglichen.

Kriterien unserer Auswahl sind a) die Wichtigkeit der in späterer Zeit immer wieder auftauchenden Denkmodelle, b) die Gegensätzlichkeit, wenn dialektisch in einem Fall davon ausgegangen wird, dass die Welt von Gott geschaffen bzw. auf Sinn hin geordnet, im andern Fall aber dem Zufall und den Gesetzen des Stoffes überlassen sei, und c) die Unterscheidung einerseits in Aussagen über Wertvorstellungen wie Gewissen, Freiheit, Urteile etc. und anderseits in qualifizierende und normierende Sinngebung dieser Aussagen (z.B. was ist gut, was ist böse; was ist das Gute, was ist das Böse; warum ist das Gute gut, das Böse bös etc.)[2)].

---

1) Wien 1912, 1. Auflage.
2) Ich halte mich bei diesen Ausführungen wesentlich an die Aufzeichnungen von E. Stadter: Psychoanalyse und Gewissen. Stuttgart 1970, S. 15 ff.

2. Das Sokratische Daimonion

Die gelebte Wirklichkeit sokratischen Denkens und Fühlens bringt schon am Anfang europäischer Geistesgeschichte einen Gewissensbegriff, der sowohl die politische, wie auch die ethisch-personale Mündigkeit mit als oberstes Ziel impliziert: das "Daimonion" (δαιμόνιον). Es ist das "Dämonische", das "göttliche" Element des Geistes, das dann zum Zuge kommt, wenn der Handelnde lernt, sich seinen inneren Kräften zu überlassen.[1] Platon[2] und Xenophon lassen den Sokrates das Daimonion als eine auf göttliche Eingebung zurückgeführte innere Stimme bezeichnen. Diese innere Stimme ist warnend und sagt nach Platon nur, was Unzweckmässiges oder Ungerechtes nicht getan werden soll, nicht aber antreibt, oder sogar nicht einmal zu etwas Positivem rät. "Mir aber ist dieses von meiner Kindheit an geschehen, eine Stimme nämlich, welche jedesmal, wenn sie sich hören lässt, mir von etwas abredet, was ich tun will, zugeredet aber hat sie mir nie."[3] Und: "... dennoch aber hat mir weder, als ich des Morgens von Hause ging, das Zeichen des Gottes widerstanden, noch auch als ich hier die Gerichtsstätte betrat, noch auch irgendwo in der Rede, wenn ich etwas sagen wollte. Wiewohl bei anderen Reden es mich oft mitten im Reden aufhielt. Jetzt aber hat es mir nirgends bei dieser Verhandlung, wenn ich etwas tat oder sprach, im mindesten widerstanden."[4]
Bei Xenophon[5] hingegen raten die Götter durch dieses Zeichen dem Menschen auch, was er im Hinblick auf die Entschlüsse des Lebens tun soll. All dies aber verweist grundsätzlich darauf, dass nach Sokrates das geistige Selbst des Individuums das Siegel der ausserweltlichen Macht trage, "deren Gegenwart der Vernunft und dem Gewissen vernehmbar wird. Sie ragt unmittelbar in das Bewusstsein herein. Dieser 'Kontakt' macht den besten Teil humaner Existenz aus."[6]
Dass Sokrates die Behauptung aufstellte, das Daimonion sei als Göttliches im Menschen vernehmbar, brachte ihm den Vorwurf ein, er verführe die Jugend[7], er sei ein Verderber der Sitten. Dies brachte ihn schliesslich zu Fall und zum Trinken des Schirlingbechers. Die Haltung, angesichts des Todes nicht die Flucht zu ergreifen, war nur möglich aus dem tiefen Glauben an das Göttliche, das im Menschen selbst vernehmbar ist.

---

1) Vgl. E. Stadter: a.a.O., S. 17/18.
2) Platon, Apol. 31c 4-32n3; 40a4-c3 etc., entnommen aus: Historisches Wörterbuch der Philosophie, Basel 1972.
3) Entnommen aus, Platon: Apologie. Hamburg 1957, S. 22.
4) Entnommen aus, Platon: Apologie. Hamburg 1957, S. 29/30.
5) Vgl. Xenophon: Memorabilien.
6) E. Stadter: a.a.O., S. 17.
7) Vgl. Platon: Apologie. a.a.O., S. 14.

Für unsere Frage nach der Planbarkeit des Lernens von Gewissen stellt sich das Problem, wie weit die Theorie von Sokrates, die je nach Interpretation den Menschen mehr oder weniger nah zur Göttlichkeit stellt, als oberste Sinn-Norm verwendbar ist. Die idealistische Interpretation nennt das Daimonion das Göttliche selbst, das durch einen metaphysischen Einbruch in den Menschen gelangt, sich in ihm entfalten muss. Die mehr realistische Interpretation sieht, dass hier die Gefahr der Hybris entsteht, nämlich, dass zwar eben die Stimme im Menschen warnt, dass er aber nicht selber das Göttliche schon zur Verfügung habe. Sie betont viel stärker die sokratischen Begriffe der Selbsterkenntnis, der Verantwortung und der Freiheit.

Bei der zweiten Interpretation, so meine ich, lassen sich besser Selbsterkenntnis und vernünfiges Handeln als Lernprozesse planen, wobei die Frage offen bleibt, wie die wirkende pro- und reaktive Kraft der inneren Stimme entsteht. Ist mit dem Daimonion so etwas wie die "göttliche" Anlage im Menschen gemeint, die zur Entfaltung gebracht werden muss durch menschlichen Umgang und Dialog? "Erkenne dich selbst" könnte man heute etwa so formulieren: Mache dir deine Verhaltenstendenzen im Interaktionssystem der Gesellschaft bewusst und versuche, sie zu steuern. Selbsterkenntnis, Erziehung zur Klugheit, Freiheit und Verantwortung sind also tatsächlich erlernbar. Aber schon hier, an dieser frühen Stelle der Arbeit taucht jene Frage auf, die uns am meisten beschäftigen wird: Wie muss der Lernprozess beschaffen sein, dass Gewissen nicht nur als Selbsterkenntnis oder vernünftige Ueberlegung in Erscheinung tritt, sondern als "innere Stimme" unter Umständen wider die Vernunft und wider die Selbsterkenntnis als echtes Daimonion wirkt?

Eine Antwort auf diese Frage erfordert neue Theorien (Theorien des Lernens und/oder der Sozialisation und/oder der Psychoanalyse etc.), die hier noch nicht aufgeführt werden können. Das Daimonion aber müssen wir an dieser Stelle in seiner geistesgeschichtlichen Wichtigkeit zur Kenntnis nehmen als Sinn-Norm, die ihre Wirkkraft bis heute fundamental ausgeübt hat. Immer wieder taucht diese sokratische Vorstellung auf, zumal verschiedenste, später zum Teil auch psychoanalytische Modelle immer auch einen unbeeinflussbaren Teil, ein sog. ethisches Gewissen oder ein Ur-Gewissen oder einen Archetypus Gewissen etc., postuliert haben.[1)] Dieser unbeeinflussbare Teil hebt sich wesentlich vom sog. moralischen Gewissen ab.[2)] Man darf also formulieren: Ueberall wo angenommen wird, dass wir nicht bloss aus Körper und Vernunft bestehen, sondern einen Teil dessen in

---

1) Vgl. die Ausführungen über Heideggers Gewissensbegriff S.307-315.
2) Vgl. die Ausführungen über C.G. Jung, S.277-302.

uns tragen, das uns geschaffen hat (ob dies nun mit unsterbliche Seele, mit Friede, mit göttlicher Funke, mit absolute Liebe etc. bezeichnet wird), klingt das sokratische Daimonion, wenn auch weit verändert, wieder an.

3. Platon und die Idee des Guten

Wer bei Platon den Begriff des Gewissens sucht, wird eher enttäuscht. Gewissen geht bei ihm auf in der gesamten Ethik. Ethik aber meint, dass die Vordergründigkeit der Welt durch die Vernunft zum wahren Wesen hin durchstossen werden kann und muss. Weil die Betrachtung reiner mathematischer Formen (Dreieck, Quadrat, etc.) sich auf keine Erfahrung in der Natur abstützen kann, nimmt dies Platon zum Beweis, dass die Vernunft bestimmte Inhalte aus sich selber hat und dass damit unser Denken die Sphäre des Ueberzeitlichen, Vollkommenen, der absoluten Gültigkeit berührt: Die Welt der Idee. Durch seine "Tugend" vergegenwärtigt sich der Mensch die ideellen Seinsgesetze. Dabei muss hinzugefügt werden, dass für Plato nicht das Gute und die damit verkoppelte Lust zu erstreben ist, sondern dass alle Lust erst durch das Gute legitimiert werden kann. Damit gewinnt das Sittliche eine Existenz, die über aller Flucht der Erscheinungen steht. Die Idee des Guten hält die Welt zusammen, ist das Mass, ist "Sonne", die Leben und Licht spendet, relativiert menschliche Macht und ist höchstes Erkenntnisobjekt. Dabei wird der Tod das ethische Zuchtmittel Nummer eins (Grenzsituation), der Lohn und Strafe für das Leben nach dem Richtmass des Guten verheisst. Im Hinblick auf das Gewissen lässt sich aus diesem Zusammenhang sagen: "Unser Bewusstsein verfügt 'im voraus' über Massstäbe und Ordnungsbezüge, in denen wir alles schöpferische Gestalten und sittliche Handeln messen. Das Gewissen - Platon sagt dafür 'Vernunft' - wäre dann ein Organ, kraft dessen der einzelne offen ist für schlechthin gültige, zeitlose Wertnormen."[1]
Um diese Aussage zu verstehen und ihre Konsequenzen für die Geschichte der Ethik in Philosophie und Theologie zu erahnen, muss man sich vor Augen halten, wie sehr Aussagen aus der Ethik auf einer Weltvorstellung beruhen, die einen betont statischen, d.h. ungeschichtlichen Einschlag hat. Die Natur hat keine Evolution; innerhalb ihres festgeschaffenen Gefüges gibt es wohl den Kreislauf von Tod und Wiedergeburt, aber niemals den Kosmos als Produkt der experimentierenden Natur. Wir werden später sehen, wie sehr christlich-ethisches Wertverständnis in Konflikt gerät, wenn diese ontologische Sinn-Norm relativiert wird.

---

1) E. Stadter: a.a.O., S. 21.

Zur Lehre Platos ist noch anzufügen: Entfaltung des Gewissens steht in engem Verhältnis mit seiner berühmten Tugendlehre. Gerechtigkeit und Heiligkeit sind Begriffe, in denen sich einerseits sowohl das richtige Verhalten gegen die Welt und sich selbst und anderseits das Göttliche manifestiert. Gerechtigkeit wird zum Zentralbegriff aller sittlichen Eigenschaften des Menschen, als steuernde Instanz. Die Lernbarkeit der Tugend wird insofern eingeschränkt, als aufgrund von Veranlagung oder Stand nicht jeder "Heiligkeit" erreichen kann. Je höhere sittliche Forderungen gestellt werden, desto mehr Menschen bleiben hinter diesen Idealen zurück. Damit ist auch angedeutet, dass bei Platon die Lehrbarkeit des Sittlichen trotz sorgfältiger Ausbildung (Staat) nicht immer eindeutig angenommen werden kann.

4. Aristoteles und die Eudaimonia

Für das Lernen des Gewissens sei hier nur ein Gesichtspunkt aristotelischer Ethik hervorgehoben, nämlich dass er, in Kontroverse zu Platon zwar die Vernunft für die Sittlichkeit voraussetzt, aber sie ihr nicht gleichsetzt. Gutsein verbindet sich bei ihm mit der Tätigkeit. Also: Sittlichkeit besteht im Tun des Sittlichen und damit auch im Lernen und Gewöhnen dessen, was man Sitte nennt, zumal die oberste Sinngebung des Lebens der Begriff der Eudaimonia (Glückseligkeit) bildet, welcher mit Lust, also dem Gegenteil von Schmerz verbunden ist. Zwar streben nicht alle Menschen nach der gleichen Lust, zumal es in allen kommunikativen Feldern Unterschiede gibt. Aber in der Lust und in der guten Mitte, sie richtig zu gebrauchen, sieht Aristoteles eine Urkraft, die alle Menschen in sich haben, eine "göttliche" Urkraft. Sie macht es möglich, Sittlichkeit zu lernen, denn Tugend besteht im guten Handeln in Bezug auf Lust und Schmerz (Dienstfunktion). Das Ziel aber ist der gute <u>und</u> glückliche Mensch. Wenn wahr ist, dass man einerseits wegen Unbequemlichkeit und Schmerz das sittlich Gute vermeiden und anderseits aus Lust das sittlich Schlechte tun kann, so gibt es keinen andern Weg als über die Gewöhnung im Zusammenwirken von Gefühl und Willen, die gute Mitte zu finden. Entscheidend fruchtbar sind also die Komponenten "Tätigkeit", "Eudaimonia" und "Luststreben".

Dass die aristotelische Ethik sehr prozessual gedacht ist, könnte sie entscheidend fruchtbar machen für den Prozess des Gewissensbildung. Was schön, angenehm und notwendig zugleich ist, wird angestrebt, weil in ihm menschliches Handeln real werden kann.

Dazu ein weiterer Aspekt: "Wenn es nun angenehm ist, sein eigenes Wesen zu erkennen, diese Kenntnis aber nicht möglich ist ohne einen andern, den Freund, so braucht, wer sich selbst genügt, die Freundschaft, um sich selber zu erkennen."[1]

Es wird also hier sowohl die Hilfeleistung bei der Erziehung zur Tugend postuliert als auch die Zweckhaftigkeit der Tugend (nämlich im politischen Leben ein wertvoller Mensch zu sein und Selbsterkenntnis zu üben[2]) angegeben. Wir könnten beinahe versucht sein, mit dieser Weltschau allein unser Lernkonzept begründen zu wollen.[3]

5. Die Stoa und die Uebereinstimmung mit dem Naturgesetz

Vernunft und/oder Gott sind für den Stoiker nicht ausserhalb der Dinge, sondern sie wohnen den Dingen inne. Der Weltlogos ist identisch mit der in der Materie wirkenden Naturkausalität. Es folgt daraus, dass sich der Einzelne mit seinem ganzen Wesen in Uebereinstimmung mit dem "Immanenzgesetz" zu bringen hat, denn die Natur enthält ja selbst eine Regel, eine Norm. Das Sittengesetz wird so identisch mit dem Naturgesetz, auch wenn es rein metaphysisch erst mit dem vernunftbegabten Menschen in Erscheinung tritt. Die Natur enthält also nichts dem Menschen feindliches, sondern das Weltgesetz, das sich im Wissen spiegelt. Trotz des materialistisch verstandenen Weltgebäudes ist der Stoiker eigentlich ein Metaphysiker, weil er sich staunend der grossen Ordnungsgewalt des Alls aussetzt. "Das sittliche Prinzip äussert sich mittels des Imperativs, in Uebereinstimmung mit dem Kosmos das Dasein zu gestalten. Die Formel lautet: 'conservatio sui', Selbstbewahrung. Wenn der Handelnde sich unter das universale Gesetz stellt, 'bewahrt' er sein besseres Selbst und gewinnt die harmonische Einheit mit dem All-Leben."[4] Allerdings wäre es falsch, sich vorzustellen, der Stoiker überlasse sich einer Kette von Zufällen; vielmehr kommt die menschliche Persönlichkeit mit ins Spiel, die durch ihren Willen sich nicht den Affekten und Gefühlen (Lust) überlässt, sondern in "Gemütsruhe" die Vernunft als Gesetz des Lebens anwenden, d.h. in Uebereinstimmung mit den Gesetzen der Natur bringen muss.

---

1) Aristoteles: Magna Moralia. F. Dirlmeier (Hrg.), Darmstadt 1958, S. 89.
2) Vgl. Aristoteles: a.a.O., S. 5.
3) Vgl. M.S. Shellens: Das sittliche Verhalten zum Mitmenschen im Anschluss an Aristoteles. Hamburg 1958.
4) E. Stadter: a.a.O., S. 21.

Ob der Ansatz der Stoa für uns in einer Weise fruchtbar sein wird, kann noch nicht beantwortet werden. (Sittlichkeit und Gewissen sind ja nicht identisch.) Jedenfalls entdecken wir Ansätze strukturalen Denkens, mit Attributen der Deckung gleicher bzw. ähnlicher Elemente (Isomorphie) als Prinzip "wonach die sich im Gehirn herausbildenden Felder in ihren dynamischen Aspekten der phänomenalen Erlebnisstruktur entsprechen."[1] Was auch als Merkmale dargestellt werden kann, sind die realen Bezüge des Sittlichen zum Gesetzmässigen. Mehr lässt sich aber nicht sagen.[2]

6. Der Neuplatonismus und die Emanation

Zwei Bewegungen sind typisch für das Weltbild des Neuplatonismus: Alles "emaniert" von einem Ursprung, gleichsam von oben her, aus dem Göttlichen, stufenweise hinein in den reinen Geist, in die stoffgebundene Seele und zuletzt in die leblose Materie. Zugleich gibt es eine Gegenbewegung: die Entfremdung und das sich Entfernen sollen durch Rückkehr zu dem Ur-einen, zum Ursprung wieder gutgemacht werden. Emanation aus dem vielfältigen göttlichen Bereiche und Rückkehr zum Ursprung erfährt der Mensch als grosse Kraftwirkungen in sich.

Bis auf den heutigen Tag tauchen die Grundelemente des Neuplatonismus immer wieder auf, nicht zuletzt bei der "religiösen Philosophie" (Transzendentalphilosophie) von K. Jaspers und in der Psychologie C.G. Jungs, aber auch in den Heilslehren östlicher Religionen. Im ethischen Bereich herrscht Entsprechung zum Grundentwurf des Weltbaus: Der Mensch erfährt in sich eine göttliche Kraft, die ihn auf den Grund verweist, von dem er ausgegangen ist. Der Neuplatoniker spricht von der "scintilla animae", welche das bessere Selbst oder das bessere Ich darstellt. Das bessere Ich verweist über das sterbliche Ich, über sich selbst, hinaus. Es ist das Richtmass, das in der Seele gegenwärtig ist. Die Modalitäten der Aktivität innerhalb dieses Wiederaufsuchens des verlassenen Anfangs sind "Selbstfindung" und "Selbstverwirklichung". In diesen beiden nimmt der Mensch Anteil am Göttlichen, konkretisiert er, was in ihm angelegt ist, spiegelt sich der im Kosmos erahnte Prozess der Rückkehr zum Absoluten. Die Rückkehr zu sich selbst, wird Rückkehr zum Ursprung.

Gewissensbildung, wenn wir etwas grob folgern, entspräche damit den Anweisungen und Bedingungen, welche Selbstfindung und Selbstverwirklichung ermöglichen.

---

1) E.R. Hilgard/G.H. Bower: Theorien des Lernens I. Stuttgart 1971², S. 293.
2) Vgl. in diesem Zusammenhang auch Hobbes und Holbach.

Gewissen lernen entspräche der Sinn-Norm der Selbstfindung und der Selbstverwirklichung als Handeln des Einzelnen in Richtung auf den Ursprung. Ob damit etwas Relevantes für das konkrete pädagogische Handlungsfeld gesagt ist, kann in dieser Arbeit nicht ausgeführt werden.

7. Das Alte Testament: Gott sieht ins Herz des Menschen

Wenn wir ein paar wenige Bemerkungen zum Thema "Das Gewissen in jüdischer Sicht"[1] anbringen, so deshalb, weil hier ein ganz anderer, sehr eigenwilliger und ganzheitlicher Ansatz vorliegt. Im Alten Testament - besonders im vorhellenistischen Zeitraum - ist der Begriff des Gewissens nicht zu finden. Das ist auf die besondere Art der Verkoppelung von Staat und Religion, von Gesetz und Gott als Gesetzgeber, von Mensch und Gott in der Beziehung zueinander zurückzuführen. "Als sie nun hörten, wie Gott der Herr in der Abendkühle im Garten wandelte, verbarg sich der Mensch mit seinem Weibe vor dem Angesichte Gottes des Herrn unter den Bäumen im Garten. Und Gott der Herr rief dem Menschen und sprach zu ihm: Wo bist du? Er sprach: Ich hörte dich im Garten; da fürchtete ich mich, weil ich nackt bin, und verbarg mich."[2] Gewissen bedeutet hier: Der Mensch ist von Gott angerufen. Er kann auf diesen Anruf hören (horchen)[3], dann ist er gehorsam. Unge-horsamsein heisst, den Anruf nicht wahrnehmen wollen, die Antwort schuldig bleiben. Es geht hier also um eine intensive Beziehung, eine äusserst praktikable Operationalisierung des Phänomens Gewissen, ja sogar eine Art präskriptive Modellvorstellung, ohne das Phänomen explizit erklären zu wollen. Denn das Ge- und Mit-wissen wird hier die Stimme Gottes im Menschen, welche das Leben in allen Entscheidungssituationen bestimmend zu gestalten vermag. Gewissen ist damit nicht bloss ein Phänomen, das sich beschreiben lässt, sondern es ist der existentielle Vollzug einer Kommunikation mit Gott. Deshalb wird auch immer wieder vom "Innern" des Menschen gesprochen. Das Innere ist nicht die Seele, das Modell Seele-Geist-Körper wird erst später im hellenistischen Denken entwickelt. Das Innere ist der ganze Mensch vor Gott, die Totalität und die Performanz des menschlichen Seins. Sprachlich treten diese Beziehungsaspekte als Bewegung (Fuss), als Handeln (Hand), als inneres Leben (Herz, Nieren, Eingeweide) auf. Dabei aber ist zu achten, dass die Stimme, die spricht, nicht die

---

1) Vgl. R.I.Z. Werblowsky: Das Gewissen in jüdischer Sicht. In: E. Blum: Das Gewissen. Zürich 1958, S. 89 ff.
2) Gen 3, 8-10.
3) Vgl. C. Maurer: σύνοιδα, συνείδησις In: Theologisches Wörterbuch zum Neuen Testament. Hrg. G. Friedrich, Stuttgart 1966, 7. Band, S. 906.

Stimme des Innern ist, sondern die Stimme zum Innern. "Die Wahrheit kommt nicht aus dem Herzen, wenn sie auch ins Herz hinein soll: 'und diese Worte, die ich dir heute gebiete, sollen dir ins Herz geschrieben sein!"[1] Herz und guter bzw. böser Trieb sind die am meisten gebrauchten Chiffern für die obgenannten Funktionen. "Entweder sprechen sie (die Rabbinen) wie das AT vom 'Herzen', oder sie schreiben die Funktion des (zum Guten mahnenden) Gewissens dem 'guten Trieb' (jȇsär tȏbh) zu, der, dem 'bösen Trieb' (jȇsär ra') entgegengesetzt, den Menschen zu allem Guten antreibt ..."[2]

Wenn wir nun fragen, wie praktikabel im erzieherischen bzw. intentionalen Sinn die alttestamentliche Vorstellung des "Herzens" als ganzer, Gott gehorchender Mensch ist, so scheint es, dass sich eigenartigerweise gerade dieses Denkmodell äusserst gut zum Aufbau einer Lernkonzeption eignet. Denn damit das Herz (Gewissen) durch das Gottesgesetz angefordert ist, muss es dieses Gesetz verinnerlichen, und dies kann nur geschehen, wenn es das Ziel des "gewissenhaften" jüdischen Menschen ist, die Torah zu lernen. Damit ereignet sich, um mit Freud zu sprechen, die Introjektion oder die Internalisation von Normen und Werten, die sowohl für die unmittelbare Lebensgestaltung als auch für das gesellschaftlich-staatliche Funktionieren dieselbe Grundlage ist. "Ich, der Herr, erforsche das Herz und prüfe die Nieren."[3] Oder schon vorher: "Denn dieses Gesetz, das ich dir heute gebe, ist für dich nicht zu schwer und nicht zu ferne. Nicht im Himmel ist es, dass du sagen könntest: Wer steigt uns in den Himmel hinauf, um es uns zu holen... Auch nicht jenseits des Meeres ist es, dass du sagen könntest: Wer fährt über das Meer, um es uns zu holen ... Sondern ganz nahe ist dir das Wort, in deinem Munde und in deinem Herzen, dass du danach tun kannst."[4]

Wichtig, so haben wir gesagt, ist auch die Dialektik vom guten und bösen Trieb. Das Feld, wo der Kampf der beiden ausgetragen wird, ist das "Innere", das "Herz" im Menschen. Beide Triebe aber sollen dem Anspruch Gottes gemäss, dem Gesetz dienstbar gemacht werden. Der schlechte Trieb ist also nicht dazu da, ausgerottet zu werden; es geht um Dienstbarmachung und Transformation. R. Werblowsky[5] spricht im Freud'schen Sinn gar von Sublimation. Er glaubt, der schlechte Trieb sei die Libido, die vitale Energie oder spezifisch der Geschlechtstrieb.

---

1) R.I.Z. Werblowsky: a.a.O., S. 96 (Deut VI, 6).
2) O. Kuss: Der Römerbrief. Erste Lieferung. Regensburg 1963[2], S. 77.
3) Jer XVII, 9. (röm. Numerierung bei Werblowsky verwendet).
4) Deut XXX, 11-14. zit. bei Werblowsky, a.a.O., S. 97.
5) Werblowsky: a.a.O., S. 105/106/107.

Er meint, dass das religionsgeschichtlich Bedeutsame an der Lehre von den zwei Trieben eine psychologische Reduktion des ursprünglich metaphysisch verstandenen Dualismus von Gut und Böse sei. Den guten Trieb bezeichnet er als regulatives Prinzip, mittels dessen der Mensch den bösen Trieb meistert, beherrscht, integriert und heiligt. Der gute Trieb könne mit der Thora gleichgesetzt werden. Deswegen auch die Annahme, dass das Kind bis zum 13. Lebensjahr dem schlechten Trieb unterworfen sei. Denn die religiöse Volljährigkeit setzt mit dem Studium der Thora im dreizehnten Lebensjahr ein. Die Thora wird aus diesem Grunde auch das "Gegengift" zum schlechten Trieb bezeichnet. Beides aber ist von Gott geoffenbarte Ordnung.

Wir fassen abschliessend zusammen:
Der Spielraum des Gewissens im AT ist durch das Gesetz bestimmt. Jedes Abweichen bzw. Hinausgehen über das Gesetz, wie es etwa in der nachprophetischen Periode der halachische Frömmigkeitstypus[1] entwickelt hat, ist letztlich ein "Mehr-in-das-Gesetz-Hineingehen". Die Bibel gibt das göttlich geoffenbarte Gesetz, das, je mehr es internalisiert ist, desto besser jene Auseinandersetzung mit Gott in Entscheidungssituationen ermöglicht. Abgesehen davon, dass das Gesetz dazu verleitet, für alles und jedes sog. kasuistische Paragraphen zu entwickeln, stellt sich die Frage, wie weit heute noch diese Gesetzlichkeit den jüdischen Menschen bestimmen kann, wie weit sie aber auch den Menschen von der Gottesbegegnung abhält, wie weit sich das Gesetz zwischen Gott und den Menschen geschoben hat.[2]

Der alttestamentliche Gewissensbegriff ist wesentlich anders als der hellenistische. Er ist viel stärker von konkreten Inhalten bestimmt. Ebenfalls ist er weniger ein individualistisches Phänomen als eine auf die Gesamtheit eines Stammes und eines Volkes gerichtete Komplexität. Charakteristisch ist die Beziehung zu Gott, die durch den Bund gefestigt ist und in der Thora manifestiert wird. Gewissenserlebnisse werden geschildert in den Chiffern "Herz", "Nieren", "guter und böser Trieb" etc. Durch das Gewissen ist immer der ganze Mensch angesprochen. "Das Gewissen ist stets auf Gott bezogen als Hören seiner Anrede, Aufnahme seines Willens, Bewusstsein des eigenen Standes, der eigenen Verantwortung vor Gott, des göttlichen Gerichts."[3] Erst Augustinus und Thomas von

---

1) Vgl. Werblowsky: a.a.O., S. 115. halachisch: Sammlung von normativen Religionsgesetzen ausserbiblischer Tradition, erst um 200 n.Chr. aufgeschrieben.
2) Vgl. H. Braun: Jesus. Stuttgart 1969, S. 86 ff, 104 ff, 146 ff.
3) "Sacramentum Mundi", Theologisches Lexikon für die Praxis, Band 2, Freiburg 1968, Sp. 382.

Aquin gelingt die Verbindung des griechischen mit dem alttestamentlichen und neutestamentlichen Gewissensverständnis.

8. Das Neue Testament: Die Freiheit der Bindung

O. Kuss[1] und andere haben die Stellen ausgezählt, in denen der Begriff "Gewissen" im NT vorkommt. (Gewissen: συνείδησις) In den paulinischen Hauptbriefen, im Römerbrief und in den Korintherbriefen taucht er 14mal auf.[2] Auch die Verbalform "ich bin mir nichts bewusst" (1 Kor 4,4) wird zum Gewissensbegriff gerechnet. In den Pastoralbriefen findet sich der Begriff 6mal und im übrigen NT 10mal.[3]

Im ersten Ansatz ist der συνείδησις-Begriff bei Paulus ähnlich wie der Begriff des "Herzens" im AT. Der Mensch spürt in sich eine Instanz, welche sein Tun an den sittlichen Forderungen misst und beurteilt. Diese Instanz ist das Gewissen. Paulus gibt keine systematische Theorie des Gewissens, sondern beschreibt ebenfalls Gewissenserlebnisse. Diese schildern, wie jeder Mensch in jeder Situation zwischen Gutem und Bösem, Recht und Unrecht unterscheiden kann. Das Gewissen weiss sich verantwortlich vor Gott. Entscheidend neu ist dabei, dass συνείδησις nicht nur das Bewusstsein der Gebote, sondern auch das Bewusstsein der Gnade Gottes bedeutet. "Wir weigern uns schmählicher Heimlichkeit und gehen nicht mit Arglist um, noch fälschen wir Gottes Wort, sondern durch offene Verkündigung der Wahrheit bieten wir uns vor Gottes Angesicht dem Gewissensurteil eines jeden Menschen dar."[4] Daraus folgt zwingend, dass die vielen alttestamentlichen Gesetze auf den Kern der sittlichen Normen reduziert werden, und ebenso, dass das Gewissen nicht nur anklagt, sondern auch freispricht und lobt.[5] Hervorzuheben ist ein weiterer dialektischer Punkt: dasgute Gewissen macht von den Menschen frei, kann aber keine Urteilssicherheit von Gott her verlangen. "Doch mir liegt sehr wenig daran, dass ich von euch oder von einem menschlichen Gerichtstag gerichtet werde - ich kann mich nicht einmal selbst richten: ich bin mir ja keiner Sache bewusst; aber damit bin ich noch nicht gerechtfertigt, sondern der mich richtet, ist der Herr. Darum sollt ihr über

1) Vgl. O. Kuss: Der Römerbrief. Regensburg 1963², S. 76.
2) Röm 2,15; 9,1; 13,5; 1 Kor 8,7.10.12; 10,25.27.29 (2mal); 2 Kor 1,12; 4,2; 5,11.
3) Apg 23,1; 24,16; Hebr 9,9.14; 10,2.22; 13,18; 1 Petr 2,19; 3,16.21.
4) 2 Kor 4,2. (Alle Bibelstellen stammen aus dem "Neuen Testament", übersetzt und erklärt von O. Karrer. München 1959.)
5) Vgl. Röm 2, 15b; 1 Kor 8,7; 2 Kor 1,12.

nichts vor der Zeit richten, ehe der Herr kommt: Er wird ans Licht bringen, was im Finstern verborgen ist, 'wird offenbar machen die bewegenden Absichten der Herzen', und dann wird einem jeden sein Lob von Gott werden."[1]
Wenn also das Gewissen vor Gott selbst keine absolute Sicherheit erlangen kann, vermittelt es aber dennoch auch ausserhalb der Offenbarung, was gut und böse ist durch das Gesetz der Natur. Deshalb ist es auch fehlbar, entspricht aber immer einer sittlichen Norm.[2] Das heisst mit anderen Worten, dass auch die Heiden und alle Völker ein Gewissen haben. "Im Christen (aber) ist es tätig im Heiligen Geist (Röm 9,1), durch die Kraft der Auferstehung Christi (1 Petr 3,21), kann nicht durch Opfer gereinigt und vervollkommnet werden, sondern erst durch Christi Blut, kraft ewigen Geistes (Hebr 9,9.14)."[3] Damit tritt der Autoritätsbegriff mit ins Spiel. Das Gewissen untersteht der Autorität Gottes.[4] Es ist Gottes Stimme, die spricht. Wenn das aber so ist, warum gibt es dann das schwache Gewissen[5], das sich darin manifestiert, dass sich Mitglieder der Gemeinde von den andern Mitgliedern, die mit dem Urteil des Apostels übereinstimmen, unterscheiden?[6] Nach Paulus manifestiert sich darin gerade der Wille Gottes; und die Konsequenz ist klar: auch wenn das Gewissen schwach ist, verpflichtet es absolut[7], ja das Heil kann von diesem Gewissensentscheid abhängen[8], und wir selber haben die Pflicht, jegliches Gewissen zu respektieren.[9] Einzig wenn es um die Vermeidung eines Aergernisses geht, muss auch bei Rücksicht auf die Person des andern sich die Freiheit des eigenen Entscheidens durchsetzen.[10]

---

1) 1 Kor 4,3-5.
2) Vgl. Röm 2,14.15: "Denn wenn Heiden, die das Gesetz nicht haben, aus natürlichem Antrieb das Gebotene tun, so sind sie, wiewohl sie das Gesetz nicht haben, sich selbst Gesetz: sie geben zu erkennen, dass ihnen das vom Gesetz gemeinte Werk im Herzen geschrieben steht; ihr Gewissen gibt davon Zeugnis..."
3) "Sacramentum Mundi", Theologisches Lexikon für die Praxis, Band 2, Freiburg 1968, Sp. 382.
4) Vgl. Röm 13,4.5; Vgl. Röm 2,15.
5) Vgl. 1 Kor 8,7.12; 1 Kor 8,9.10.11.
6) Vgl. 1 Kor 8,7-13; 1 Kor 10,25.30.
7) Vgl. 1 Kor 8,7.
8) Vgl. 1 Kor 8,12: "Wenn ihr euch so an den Brüdern versündigt und ihr unsicheres Gewissen verletzt, versündigt ihr euch an Christus."
9) Vgl. 1 Kor 8,13: "Wenn deshalb die Speise meinem Bruder zum Anstoss wird, so will ich nie und nimmer von dem Fleische essen, um meinem Bruder nicht Anstoss zu bereiten." (Vgl. auch 1 Kor 10,23-33)
10) Vgl. 1 Kor 10,28.29: "Aber wenn jemand euch sagt: 'Das ist vom Geopferten', so esset nicht davon - mit Rücksicht auf den, der euch darauf hingewiesen hat um des Gewissens willen - nicht das eigene Gewissen meine ich, sondern das des anderen. Denn warum sollte ich meine Freiheit von dem Gewissen eines anderen richten lassen?"

Zwei Begriffe sind damit eng mit dem paulinischen Gewissensverständnis gekoppelt: Der Begriff der Freiheit und der Begriff des Glaubens. Nach des Apostels Ueberzeugung ist der Mensch ursprünglich frei. Diese menschliche Freiheit verliert er in dem Mass, in dem er auf sich selber geworfen ist. Deshalb der Ruf: "Ihr aber, Brüder, seid zur Freiheit gerufen."[1] Das heisst, die verlorene Freiheit muss wiedergefunden werden. "Nach dem Apostel Paulus vollzieht der Mensch als Geschöpf die ihm von Gott gewährte Freiheit in der freien Bindung an Gott und seine Schöpfung. Er vollzieht sich im Dank. Er ver-dankt sich Gott; das ist seine Freiheit. Darin ist er ja von sich weg und zugleich bei sich."[2] Die Freiheit, die der Mensch durch sich selber will, macht ihn nicht frei, weil er auf sich selbst geworfen ist, d.h., weil es eine eigen-mächtige und eigen-süchtige Freiheit ist. Diese bindet ihn an sich selbst. "Sie lässt ihn ja in ihrem Vollzug an sich selber, an die Mächte der Welt, an das Gesetz verfallen und letztlich an den ent-täuschenden Tod."[3] Dagegen steht: "Wenn euch der Sohn frei macht, werdet ihr wirklich frei sein."[4] Das ist eine andere Freiheit, eine Bindung. Diese kommt nicht aus der Schöpfung, sondern von Gott selber. Denn Freiheit, die sich selbst lebt, ist nicht Freiheit. Und Christus - und damit stehen wir im Zentrum dialektischer paulinischer Theologie - hat nicht sich selbst zu gefallen gelebt. "Er gab sich frei für Gott. Seine Freiheit war sein Gehorsam gegen ihn und seine Hingabe an ihn bis zu dem, dass er die Lästerungen, die Gott galten, aus dem Mund und der Hand der Menschen auf sich nahm und darunter am Kreuz starb."[5] Damit ist Freiheit Freiheit der Liebe. Freiheit wird in diesem Zusammenhang aber auch eine Bestimmung der sittlichen Persönlichkeit und des sittlichen Lebens. Sie meint Freiheit von Gesetz, Sünde, Tod und böser Macht durch Bindung an Jesus Christus.[6]

Damit sind auch die Inhalte des Gewissens festgelegt. Sie werden nur durch eine Grenze (siehe oben) eingeengt: "Wenn durch mein freies Verhalten das Gewissen - und dazu das falsch orientierte Gewissen! - des Bruders beunruhigt oder gar verletzt wird. Dann gebietet die Liebe, in der die Freiheit lebt, der Freiheit,

---

1) Gal 5,13.
2) H. Schlier: Zur Freiheit gerufen. Das paulinische Freiheitsverständnis. In: Geist und Leben. Würzburg 6/1970, S. 427.
3) ebd. S. 427.
4) Jo 8,36.
5) H. Schlier: a.a.O., S. 428.
6) Vgl. auch: K.H. Schelkle: Theologie des Neuen Testamentes. Düsseldorf 1970, S. 143 ff.

auf sich zu verzichten. Die echte Freiheit erweist sich zuletzt im Verzicht auf die Freiheit aus Liebe ..."[1]

Der zweite nachzuholende Aspekt des Gewissens - so haben wir gesagt - ist der Glaube. Der Inhalt des Glaubens ist der Inhalt des Gewissens. Weil Gott als Urheber die sog. Freiheit möglich macht, ist diese Freiheit mein Glaube und mein Gewissen. Das kommt darin zum Ausdruck, dass Paulus seinen Beweisgang im Korintherbrief vom Gewissen, im Römerbrief aber vom Glauben her konstruiert, wo alle Eigenschaften, z.B. auch die urteilende Kraft, dem Glauben zugeschrieben werden.[2] So scheint es, dass eigentlich in den Pastoralbriefen der Gewissensbegriff eher eingeengt wird auf den Pistis (πίστις)-Begriff. Denn hier wird Gewissen gleichsam der Wächter des Glaubens[3] und nicht mehr, was bedeutet, dass es einfach ein Organ des religiösen Lebens darstellt, das die Geheimnisse des Glaubens[4] als Inhalt der apostolischen Offenbarung der Wahrheit kontrolliert.[5]

Zusammenfassend: In den paulinischen Briefen haben wir zum erstenmal in der Geschichte einen Gewissensbegriff, der zwar nicht ex definitione festgelegt, sondern aus konkreten Gewissenserlebnissen entstanden und theologisch genau reflektiert worden ist. Paulus weitet diesen Begriff aus. Das vordergründige volkstümliche böse Gewissen und der hellenistisch-jüdische ἔλεγχος[6] wird zum Selbstbewusstsein und erkennenden Handeln. Die griechische Schau vom denkenden Menschen wird mit der hebräischen willensbetonten Tradition verbunden und stösst in die Problematik von Akt, Sein und Wissen vor. Dabei aber geht es ihm nicht in erster Linie um das Gewissen schlechthin, sondern um den ganzen Menschen und um die neuen, durch die Offenbarung bestimmten Inhalte: "Indem er den Mensch als von dem einzig wahren, aber gnädigen Gott in Jesus Christus anerkannt verkündigt, ergibt sich ihm die Möglichkeit, die Konflikte des in sich gespaltenen Menschen nicht nur in verschärftem Masse zu sehen, sondern unter die Verheissung der Heilung zu stellen."[7]

Es wäre nun noch zu fragen, wie weit Paulus selbst von hellenistischen Schriften, besonders von Philo von Alexandrien, der als erster alttestamentliches und hellenistisches Denken miteinander verschmolz, beeinflusst worden ist. Im

---

1) H. Schlier: a.a.O., S. 434 (vgl. 1 Kor 9).
2) Vgl. O. Kuss: a.a.O., S. 81.
3) Vgl. 1 Tim 1, 5.19; 2 Tim 1,3; Tit 1,15 etc.
"Dem Reinen ist alles rein, aber den Befleckten, Glaubenslosen ist nichts rein, sondern ihr Denken und ihr Gewissen ist befleckt." (Tit 1,15)
4) Vgl. 1 Tim 3,9: "... sondern das Geheimnis des Glaubens mit reinem Gewissen hüten."
5) Vgl. 2 Kor 4,2; Röm 14,23.
6) der Beweis; das Ueberführen eines Sünders.
7) C. Maurer: a.a.O., S. 916/917.

allgemeinen wird eine solche direkte Beeinflussung verneint,[1] immerhin aber ist zu bemerken, dass bei Philo schon die Zweiaspektigkeit des Gewissens (Seele-Geist; Synderesis-Conscientia) schon klar zutage tritt. Denn einerseits spricht er vom Gewissen, das Gott allein dem Menschen ins Herz gelegt hat, und anderseits von einem Denkmodell, das den Geist betont, der den wahren Menschen ausmacht, der als Herrscher und König, dann wieder als Richter und Preisverteiler in den Lebenskämpfen eine Rolle übernimmt, der auch Zeuge und Ankläger sein kann und die Zunge im Zügel hält. Zwar ist auch hier das Gewissen rückwärts gewandt, da es nur die vergangenen Handlungen beobachtet. Aber trotzdem ist psychologisch gesehen eine Art Theoriemodell entstanden, das Rollen im gesellschaftlich-staatlichen Bereich für die Funktion des Bewusstseins und der Vernunft internalisierend übernimmt, zumal eine eigentlich phänomenologische Beschreibung des Gewissens erst bei Seneca[2] (gest. 65 n.Chr.) auftaucht.

In sprachanalytischer Hinsicht wird bei der Darstellung des Gewissensbegriffs im NT und insbesondere bei Paulus klar, wie sehr dieser mit einer theologischen Semiotik belastet wird. Gewissen heisst letztlich doch Uebernahme einer Botschaft, heisst inhaltliche Verankerung des Denkens in den Chiffern der Offenbarung. Es liegt natürlich dieser Ansicht eine Einstellung zugrunde, die Leben immer in Hinblick auf Gott gestaltet, die Entscheidungen in Hinblick auf die geoffenbarte Botschaft vornimmt, die selbst noch das Leiden vom gestorbenen und auferstandenen Jesus her interpretiert.

Für das Lernen des Gewissens im intentionalen Sinn kann hier natürlich nur religiöse Unterweisung in Frage kommen. Denn die religiöse Unterweisung beschäftigt sich mit den Inhalten der Offenbarung. Wie weit nun diese Inhalte (und damit alle andern Inhalte möglicher Sinn- und Weltverständigung) das Gewissen prägen und/oder präformieren, wie wirksam ihre handlungsorientierte Kraft ist, kann nicht ohne empirische Untersuchungen einerseits, den Schuld-

---

1) Vgl. O. Kuss: a.a.O., S.78.
2) O. Kuss zitiert eine Stelle von Seneca: Ueber den Zorn. 3,36 (Uebersetzt von Moser/von Scheffer), S.78: "Dies pflegte Sextius zu tun: war der Tag vorüber, so fragte er sich, wenn er sich zur nächtlichen Ruhe begab: Welches Uebel deiner Seele hast du heute geheilt? Welchem Laster hast du Widerstand entgegengesetzt? Von welcher Seite bist du besser geworden? Der Zorn wird nachlassen und gemässigter sein, wenn er weiss, er müsse jeden Tag vor seinen Richter treten. Was ist also schöner als diese Gewohnheit, den ganzen Tag genau zu durchgehen? Und was für ein Schlaf folgt auf diese Selbstprüfung? Wie ruhig, tief und ungestört wird er sein, wenn die Seele, gelobt und gemahnt, ihr eigener geheimer Beobachter und Richter über ihr Tun und Wesen eine Erkenntnis ausspricht? Ich mache von dieser Fähigkeit Gebrauch und stelle mich täglich vor mir selbst zur Verantwortung." (Seneca beruft sich auf Sextius - geb. 70 v.Chr. - und dieser sich wiederum auf die Pythagoräer).

begriff andererseits[1] festgestellt werden. Man muss jedenfalls bedenken, dass Gewissensbildung auch ohne religiöse Unterweisung statthaben muss. Im Zuge einer moraltheologischen Ausrichtung des Religionsunterrichts, wo die Regeln menschlichen Verhaltens genau normativ festgelegt worden sind, hat man praktisch jede religiöse Unterweisung als Gewissensbildung bezeichnet. Inwiefern dies zutrifft, inwiefern theologische Sprache und ihre gesprochene Perfomanz in der Verkündigung verhaltenssteuernd wirken kann (ich meine natürlich in unserer Zeit), ob bei Operationalisierung von Offenbarungsinhalten die selben menschlichen Grundsituationen und Verhaltenskomplexe angesprochen würden wie bei der Zergliederung irgendeiner Ideologie oder einer Weltinterpretation nach den Regeln der Lernzielfindung, ob Verhaltensabweichungen in der Gesellschaft korrigiert werden können oder ob diese Inhalte, wie schon gesagt, "nur" sinngebend die jeweilige Situation zu interpretieren vermögen, alle diese Fragen werden in dieser Arbeit noch zur Genüge zur Sprache kommen. Im jetzigen Zeitpunkt lassen sich aus dem bisher Gesagten folgende Forderungen ableiten:

a) Die Bindung an eine Person (in diesem Falle Jesus) wird durch den Aufbau einer <u>Beziehung</u> zu dieser Person gewährleistet. "Beziehung definiert sich als dynamischer Verhaltensaustausch, gekoppelt mit Wertschätzungs- (Wärme, Zuneigung) bzw. Geringschätzungs- (Kälte, Abneigung) Komponenten. Sie enthält alle Dimensionen emotionaler Merkmale, wie Freundlichkeit, Unfreundlichkeit; Furcht und Angst, Unbefangenheit und Vertrauen; Erniedrigung und Verwirrung, Anerkennung und Unterstützung; Langeweile, Interesse; oder allgemein Abstossungs- bzw. Annäherungstendenzen."[2]
(Die Jesus-Beziehung z.B. des Unterstufenkindes wird folgendermassen aufgebaut:
- Imitation des Verhaltens der Personen um Jesus.
- Imitation der Person Jesus selbst.
- Imitation des Verhaltensaustauschs des Katecheten.
- Verarbeitung der Ereignisse um Jesus, emotiv und kognitiv etc.)

b) Befreiung vom Gesetz durch Liebe ist zu operationalisieren, indem die jeweiligen Verhaltenssituationen verhaltensanalytisch untersucht und dann transformiert und/oder deduziert und/oder dialektisch durch die Inhalte der Botschaft abgedeckt werden.

---

1) Vgl. S.383ff dieser Arbeit.
2) F. Oser: Die Jesus-Beziehung. Olten 1973, S. 25.

c) Gewissen kann erst dort mit Sicherheit festgestellt werden, wo Verhaltens- oder Einstellungsänderung aufgrund einer Beziehung indikatorisch gemessen werden kann.

Diese Schlussbemerkungen sind auch für die beiden folgenden Abschnitte (Augustinus, Thomas von Aquin) von besonderer Bedeutung. Wir haben sie hier vorwegnehmend angebracht, weil in kaum einem Bereich der Erziehung - vielleicht irrtümlicherweise - von bestimmten Inhalten per se so viel erwartet wird.

9. Augustinus: Personalisierung und Dialogisierung

"Es kommt also darauf an, dass Gottesliebe und Weltliebe auf rechte Weise verbunden werden, auf die Ordnung der Liebe (virtus est ordo amoris). Diese Ordnung heisst, das uti und frui nicht zu vertauschen, nämlich alles in der Welt nur im Sinne des uti zu lieben, nicht seiner selbst wegen zu geniessen. Es zeigt sich jedoch, dass Gott uns schon in der Welt Güter gibt, die ihrer selbst wegen zu erstreben sind, wie Weisheit, Freundschaft, dass andere wegen irgend etwas notwendig sind, wie Lehre, Speise, Trank. Wir können gar nicht anders: Dieses frui ist cum delectatione uti. Wenn das Geliebte anwesend ist, bringt es die Freude daran notwendig mit sich. In den Retractiones nimmt Augustin ausdrücklich zurück: Er habe vom sichtbaren Körper gesagt, ihn lieben sei Gottentfremdung (alienari). Aber es sei keine Gottentfremdung, die körperlichen Gestalten zum Lobe Gottes zu lieben."[1)]

Dieser Abschnitt zeigt sofort zwei ganz neue Dimensionen gegenüber den klassisch griechischen Weltbildern:

a) Die unpersönlichen Ideen Platos, das Ur-Eine der Neuplatoniker, der Weltlogos der Stoiker (ewiges Gesetz) sind jetzt - der Einfluss paulinischer Theologie wird deutlich - personalisiert in Gott. Die abstrakten Grössen sind die operativen Pläne des personalen Schöpfers, dessen konzentriertes Abbild seiner Weisheit sein Sohn ist, der menschgewordene Logos.

b) Das personalistische Element, die Emotionalität, die Liebe, die Totalität menschlicher Kräftebezüge wird sichtbar im göttlichen Ordnungsbezug.[2)]

---

1) K. Jaspers: Die grossen Philosophen. München 1959[2], S. 366/367.
2) Vgl. H.U.v. Balthasar: Herrlichkeit. Band II, Einsiedeln 1962, S. 114.

Aus diesen beiden Dimensionen folgen vier Ableitungen[1]:

1. Die drei-einige Seinserfahrung des menschlichen Aktes besteht in den Stufen Substanz, cogitatio und Ueberschreitung der Wirklichkeit des Seins im Transzendieren.
2. Freiheit ergibt sich, weil die Ueberlegenheit der letzten Stufe angestrebt werden muss, und Ordnung entsteht, weil alle Stufen in einem Zusammenhang stehen. Freiheit und Ordnung sind ontologisch nicht gegeneinander ausspielbar.
3. Der Mensch befindet sich nicht auf der obersten Stufe allein. Er ist nicht absolut. Er bewegt sich innerhalb der Hierarchie Sein-Leben-Geist (Substanz-cogitatio-Transzendenz), zumal für ihn diese hierarchische Tendenz in Auseinandersetzung mit Welt und Gesellschaft andauernd sichtbar wird. Die hierarchische Tendenz zwingt das Denken sogar, weiter zu steigen, sich zu übersteigen in ein "ruhendes, identisches Sein", in das "Sein alles Seienden", in das "Leben alles Lebenden", in den "Geist alles Geistigen", damit für Augustin in die Gottperson, die dem Menschen in allem überlegen ist.
4. Und damit kommen wir zum Kerngedanken seiner Ueberlegungen: Das Irdische misst die Vernunft "am Ewigen, das Vergängliche am Unvergänglichen, das Relative am Absoluten. Diese 'ewigen Massstäbe' (rationes aeternae), die 'Geltungen' (regulae) und 'idealen Strukturen' (ideae) des Geistes wurzeln in der ewigen Gesetzlichkeit (lex aeterna) des innergöttlichen Seins und Lebens."[2]

Dass aus dieser Sicht die Gewissensauffassung wesentlich schon zutage tritt, erkennen wir, wenn nun das Gewissen über das den Kosmos durchwaltende Gesetz hindurch in einen personalen Bezugsrahmen tritt, denn der Mensch wird jetzt von Gott als ein Du angesprochen[3], als ein Du, das "antwortet", indem das natürliche Gesetz von ihm angenommen wird. Für E. Stadter sind es vor allem die "Personalisierung" und "Dialogisierung" des Gewissensverständnisses, die mit Augustinus auch zugleich eine neue Auffassung christlichen Selbstverständnisses mit sich bringt. Beide implizieren wie gesagt einen starken emotionalen Aspekt: Nicht nur die Vernunft gleicht sich jener der Welt innewohnenden

---

1) Vgl. H.U.v. Balthasar: Herrlichkeit. Band II, Einsiedeln 1962, S. 114.
2) E. Stadter: a.a.O., S. 24.
3) Vgl. auch den Gewissensbegriff im AT S. 58ff.

Gesetzlichkeit an, auch Gefühl und Gemüt, welche das Gesollte nebst aller Erkenntnis auch empfinden, sind, wie schon oben angedeutet, Mittel dieser Personalisierung und Dialogisierung. Wenn sich das Gewissen jetzt einem Partner verpflichtet weiss, so ist anzunehmen, dass sich der Prozess der Bildung bzw. des Lernens dieses Gewissens auf den Dialog mit diesem Partner hin richtet, dass damit, wenn es den kommunikativen Bedingungen dieser Welt verpflichtet bleibt, eine neue Gerichtetheit und eben Verpflichtetheit, also eine Intensivierung der Gewissenswirkkraft bzw. - kapazität entsteht.

Vielleicht sieht man kaum irgendwo wie bei Augustinus, wie sich Ethik als Praxis der Philosophie, bei aller Schwierigkeit der Ueberprüfung der Deduktions- bzw. Zusammenhangsproblematik, durch die Inhalte einer Weltbetrachtung bzw. Seinsauffassung komplett ändert. Weil es Augustinus verstanden hat, im Bereiche ethischen Denkens altes griechisches Gedankengut mit der nachpaulinischen Theologie zu verbinden, nimmt er in der Geschichte der Entwicklung des Phänomenologieverständnisses des Gewissens einen bedeutenden Platz ein. In dieser Geschichte - Leben nach den ideellen kosmischen Gesetzen, Personalisierung und Dialogisierung mit Gott, materialistische und mechanistische Auffassung des Gewissens (psychischer Apparat, black box etc.), Sozialisations-, Kommunikations- und Interaktionsverständnis menschlichen Handelns - steht Augustinus unserer letztgenannten Epoche sehr nahe.[1)]

10. Thomas von Aquin: Synderesis und Conscientia

"Wie in dem auf das tätige Wirken angelegten Seelenteil das Urgewissen niemals irrt, so irrt in dem auf das schauende Erkennen angelegten Seelenteil die Einsicht in die Urgrundsätze niemals."[2)] Dieser Satz bringt eine Synthese des Gewissensbegriffes, wie sie der Aquinate in den meisten Streitfragen des Mittelalters gültig zu formulieren verstanden hat. Synderesis und conscientia,

---

1) Es ist wichtig, hier zur Kenntnis zu nehmen, dass der augustinische Gewissensbegriff nicht an der conscientia hängt. J. Stelzenberger zeigt in seiner Studie zur Geschichte der Moraltheologie: Conscientia bei Augustinus. Paderborn 1959 (Zit. bei E. Stadter a.a.O., S.99), dass in den Confessiones eine ganze Reihe Umschreibungen des Gewissensphänomens vorkommen (Stelzenberger S.146 f).

2) Thomas von Aquin: Questiones disputatae de veritate 16,1; angeführt und übersetzt von J. Pieper, in: Th. von Aquin: Ordnung und Geheimnis. München 1949, S. 45.

seit den Anfängen der Scholastik im Sprachgebrauch, von Hieronymus übernommen und auf den Syneidesisbegriff zurückzuführen, meinen einesteils Urgewissen, als das was Logistikon (Vernunft), Thymocidés (Streben) und Epithymetikon (Begehrlichkeit) zusammenhält und umspannt, also Weisheitsgrund und Grundkraft und anderseits ein Mitwissen über das eigene Selbst.[1] Dabei ist die Unterscheidung zwischen der praktischen und der theoretischen Vernunft wichtig. Die theoretische richtet sich auf die Erkenntnis des Wahren, die praktische auf das Wissbare in bezug auf das Tun.[2] Denn der Geist empfängt die Wirklichkeit, er schafft sie nicht aus sich selbst. Er wird von ihr gemessen. "Durch den Habitus der Synderesis legt sie (die praktische Vernunft) ein erstes Urteil ab über das Ziel des Willens, dann kümmert sie sich um die Wahl der Mittel, die dem Ziel proportioniert sein sollten und spricht in der Tugend der Klugheit das letzte konkrete Urteil über das Anzustrebende. Dem Menschen wird also durch die Vernunft das Gesetz des eigenen Wesens bekannt und durch sie die Tätigkeit mensuriert. Wir verstehen daher, dass der Aquinate die durch die Synderesis und die Klugheit recht ausgerichtete Vernunft zur Regel der Sittlichkeit erhebt. Ziel und Mittel müssen mit dieser Mensur übereinstimmen."[3]
Wir merken: Ein stark differenziertes und stark dialektisches Denken, das vom Handlungsablauf bestimmt ist, bringt wesentliche Merkmale der aristotelischen Philosophie zum Vorschein. Wir können von Wesensphilosophie sprechen, denn "Wesensformen" und "Wesensgestalten" als Prinzipien der Dinge strukturieren und ordnen die Wirklichkeit. Unter diesen Prinzipien gibt es, wie wir das schon bei der Vernunft gesehen haben, theoretische und praktische. Die theoretischen Prinzipien haben durch die Vernunft Anteil am Göttlichen. Der göttliche Gesamtplan wird erkannt in der Synderesis als göttlicher Ordnungswillen, als das Gute schlechthin. Die praktischen Prinzipien richten sich auf die lex naturalis, also auf die einmalige Verwirklichung und Wirklichkeit gewordene Daseinshierarchie, welche "von der Materie zum Leben, vom Tier zum Menschen, vom Reich der reinen Geister bis zu Gott"[4] reicht. Es geht nun - ähnlich wie bei Augustinus -

---

1) Vgl. W. Arnold: Das Gewissen in der seelisch-geistigen Entwicklung des Menschen. In: Das Gewissen als freiheitliches Ordnungsprinzip. Würzburg 1962, S.16.
2) Vgl. A.M. Meier: Das peccatum mortale ex toto genere suo. Regensburg 1966, S.134. Er zitiert Summa Theologica I quastio 79 a. 12c: Nam intellectus speculativus est, qui quod apprehendit, non ordinat ad opus, sed ad solam veritatis considerationem: practicus vero intellectus dicitur, qui hoc quod apprehendit, ordinat ad opus.
3) Vgl. A.M. Meier: a.a.O., S.134.
4) E. Stadter: a.a.O., S.27.

darum, dass der Mensch das ewige Gesetz im Natürlichen erkennt und von hier aus sein richtiges Handeln bestimmt d.h. in logischem Schluss ableitet. Denn richtiges Handeln heisst, das Gute tun. Somit wird das Ewige Gesetz als der tiefste Grund des Sittlichen erkannt. Denn "das, was dem Menschen gut ist, ist also nicht nur deshalb und dadurch gut, dass es dem Wesen des Menschen entspricht, die Gutheit liegt im Wesen des Gegenstandes selbst, in seiner Seinsfülle und der besonderen Anordnung innerhalb der vielen Seienden, die von Gottes Weisheit verfügt ist."[1)]

Wir haben gesagt, Thomas' Denken sei dialektisch. Wir sehen das aus den Bezugspaaren in seinem Sprachgebrauch: lex aeterna, lex naturalis; innerer und äusserer Akt; das Gewollte und das Ziel, theoretische und praktische Vernunft, theoretischer (massempfangender) und praktischer (massgebender) Glaube usw. Dabei sieht er die Komplexität und die genauen Phasen des menschlich-sittlichen Handelns, dessen Kriterien

1. die spezifische Natur des Menschen,
2. die praktische Vernunft als unmittelbare Mensur des Handelns,
3. das letzte Ziel, auf das der Mensch gerichtet ist und
4. das Ewige Gesetz

sind. Warum aber ist dieses dialektische Spannungsverhältnis, in dem sich der Einzelne eingeklemmt sieht? Thomas von Aquin würde so antworten: Der Mensch steht innerhalb der Hierarchie ausgehend von Gegenständen mit geringer Aktualität bis zu Gott, der reiner Akt ist, mitten drin (vgl. Augustinus). Er kann aber niemals losgelöst vom Kosmos betrachtet werden. Dieses Mittendrinstehen impliziert, dass er intentional ein Ziel anstrebt. Dieses aber ist die gleichsam schon im Menschen innewohnende Finalität Gottes selbst, die von der "ersten Vollkommenheit" zur "zweiten" hinüberzuführen vermag. Innerhalb dieser Dialektik steht auch das Gewissen. Als Synderesis erkennt es unmittelbar die Grundprinzipien der natürlichen Sittlichkeit, als Conscientia oder noch besser als Gabe des Verstandes - theoretisch wie praktisch - gibt es "unmittelbar Einsicht in das, was die natürliche Erkenntnis des Ewigen Gesetzes übersteigt."[2)] Dazu bedarf es

1. der Tugend der Klugheit,
2. des Willens, der sich auf das Gute als möglichen Akt (aristotelische Tätigkeit) erstreckt, und

---

1) A.M. Meier: a.a.O., S.139.
2) A.M. Meier: a.a.O., S. 142.

3. der Caritas, welche übernatürliche, spontane Kraft ist, die alles zusammenfasst, alle Kräfte und Tugenden koordiniert und den einzelnen Akt "verdienstlich" bzw., nach Thomas, heilswirkend macht.

Die Conscientia ist also vielgestaltig, vielseitig: "Dicitur enim conscientia testificari, ligare vel instigare, vel etiam accusare, vel etiam remordere sive reprehendere."[1] Man kann die Tugenden, die ausser den von der griechischen Lehre übernommenen natürlichen Tugenden wie Weisheit, Gerechtigkeit, Mässigkeit und Tapferkeit bei Thomas auch die "übernatürlichen" Tugenden wie Glaube, Liebe und Hoffnung umfassen[2], als Dispositionen zum Tun des Guten verstehen. Sie garantieren zugleich die Willensfreiheit als Voraussetzung aller Moral, denn nur freie in Vernunft ausgeführte Handlungen sind gut. Zum inhaltlichen Aspekt, zum guten Tun, zum Gebot Gottes d.h. zu dem was mit der anerkennbaren, von Gott geschaffenen Wertordnung der Dinge übereinstimmt, muss also auch der freie Willensentscheid, der mit der Vernunftordnung in Beziehung steht, gesehen werden. Wille selber ist an sich nicht gut und böse, wenn er auch als solcher dem Guten und Bösen unterliegt. Vielmehr ist es die praktische Vernunft, die im Habitus der Synderesis und mit dem sittlichen Wissen (Mit-Wissen) beurteilt, ob ein Ziel gut oder schlecht ist. Somit haben wir alle Kriterien der Funktion des Gewissens, wie Thomas sie sieht, in ihrer ganzen Komplexität aufgezeichnet. Gewissen liegt also einerseits zwischen der ersten Erkenntnis und dem ersten Streben zur Ausführung des moralischen Aktes. Es ist Urteil der Synderesis, feste Intention des Willens auf ein Ziel, Prozess der Beratung und Zustimmung bzw. Ablehnung und endgültige Wahl des entsprechenden Mittels. Es ist anderseits Beurteilung des Aktes, Beurteilung der finis operantis und finis operis, der Mittel und Ziele des moralisch vollzogenen Aktes.

Thomas gibt ein sehr komplexes psychologisches Bild des handelnden Menschen. Und es stellt sich die Frage, inwiefern für unsere Suche der intentionalen Gewissensbildung thomistisches Denken eine Grundlage sein könnte. Was uns sicher dienen kann ist seine Auffächerung des Aktes. Jedenfalls sind wir mit E. Stadter[3] nicht derselben Meinung, wenn er sagt, dass dem modernen theologischen Denken die thomistische Lehre, weil sie den Kosmos als "fix und fertig" annimmt, zum Verhängnis geworden sei. Auch leitet sich aus Thomas' Lehre keineswegs ab, das

---

1) Thomas Aquinas: Summa Theologica. I.79.13.(zit. bei R.I.Z. Werblowsky: Das Gewissen in jüdischer Sicht. In: Das Gewissen, Zürich 1958, S.92)
2) Vgl. E.v.Aster: Geschichte der Philosophie. Stuttgart 1960, S.162.
3) E. Stadter: a.a.O., S.28/29.

Gewissen tauche im Menschen fix und fertig auf, ohne Entwicklung, ohne Evolution. Evolution sieht Thomas im Schreiten des Menschen zur höheren Stufe innerhalb der Hierarchie Materie, Geist, Transzendenz. Die Komplexität thomistischen Denkens verbietet also obige Annahme. Bei allen alten Denkern ist das Weltbild geprägt von dem in den Zeitabschnitten menschlicher Geschichte angenommenen Weltverständnis. Das heisst nicht, dass dieses Denken nicht ein wichtiger Schritt in der geistigen Entwicklung bedeutet hat, und dass es nicht modifizierbar ist. Auf den thomistischen Gewissensbegriff angewendet wäre in grober Analyse immerhin zu sagen, dass das, was er unter Vernunft, Klugheit, Tugend und Conscientia bezeichnet lernbar ist, während Synderesis eher als Vorgegebenes, kaum Veränderbares aufzufassen wäre.

11. Englischer Empirismus: Uebereinstimmung oder Nichtübereinstimmung mit dem Gesetz

Der englische Empirismus - so differenziert die einzelnen Vertreter auch sein mögen - bricht endgültig mit der Vorstellung von der angeborenen Sittlichkeit, der angeborenen Ideen, der Dialogisierung und Personalisierung mit Gott und der übernatürlichen Offenbarung des Gesetzes. Denn für ihn gibt es keine praktische Wahrheit ohne Zweifel (Locke), keine Sittlichkeit ohne Begründung und keine Regel, die nicht schon mit gutem Gewissen übertreten worden ist.[1] Sittlich-Gutes und Sittlich-Böses sind Uebereinstimmungen oder Nichtübereinstimmungen mit dem Gesetz, das dem Menschen entweder gute oder üble Folgen, Belohnung oder Bestrafung verheisst. Das Gesetz selber richtet sich nach dem Zweck der Uebereinkunft. Für J. Locke, der sich in vielem von den anderen Empiristen abhebt, gibt es drei Gesetzesarten: das göttliche, bürgerliche und das öffentliche Meinungsgesetz. Obwohl die meisten Ethiken der englischen Philosophie eudämonistisch konzipiert sind, also Glück, Wohlfahrt, Lust und Unlust gleichsam die Prinzipien von Gut und Böse sind, ist für J. Locke der Begriff des göttlichen Gesetzes wichtig. Er anerkennt zwar keine angeborene Gottesvorstellung, sagt aber, dass wir Gott mit unserem Verstande und dem, was wir erfahren, soweit erkennen und kennenlernen, als dies dem Zweck und Glück unseres Daseins dienlich sei. Man kann deshalb auch nicht von einem radikalen englischen Hedonismus sprechen. Denn das nur auf Glück und Genuss gerichtete Gesetz wird durch dasjenige der Naturordnung und dasjenige der öffentlichen Meinung ergänzt, wo-

---

1) Vgl. Zitat aus M. Horkheimer S. 34 dieser Arbeit.

bei das letztere nur über Sanktionen möglich macht, dass für jeden Menschen das gleiche "gut" sein kann. Im Gegensatz zu Th. Hobbes, der die These aufstellt, dass der Mensch ein Egoist sei, der nach dem Vorteil strebe, nach Besitz, Güter und Lust, dass ein "Kampf aller gegen alle bestehe" und aus Gründen der Sicherheit ein Gesetz als Recht aller auf alles (status civilis) entstände, das durch den Willensakt einzelner zustande komme (Parlament) oder einzelner zerstört werde (Revolution), ist bei J. Locke die Fassung dieses lustbetonten Zustandes nicht mehr bloss individualistisch, sondern sozial.[1)]

Dass der Empirismus somit auch mit aller mittelalterlichen Tradition, mit der ganzen platonisch-aristotelischen Metaphysik bricht und sich in Frontstellung gegen die Tradition begibt, steht ausser Zweifel. Der Grundsatz, dass Aussagen, alle Werte, die Religion, das Recht an der Erfahrung, ja an der Sinneserfahrung gemessen werden müssen, relativiert alle ewigen Wahrheiten und alle Transzendenz. Im Zeitlichen, Räumlichen und Menschlichen geht der Prozess des Wissens und Erkennens vor sich. E. Stadter meint sogar, dass hier eine der massivsten Schrumpfungen der Ethik stattgefunden habe. "Was sich als vorteilhaft und brauchbar erweist, wird dem Moralcodex als 'sittlicher' Wert einverleibt. Die Verinnerlichung sozialer Verhaltensmassstäbe heisst dann 'Gewissen'. Im Grunde beherrscht der Mechanismus des Glückverlangens sämtliche Daseinsäusserungen. Das angeblich 'Sittliche' entpuppt sich als verkapptes Genuss- und Profitstreben."[2)]

Zu dieser Aussage von E. Stadter ist zu bemerken, dass noch heute in philosophischen und vor allem theologischen Kreisen die Reaktion auf den englischen Empirismus sehr negativ ist. Dass hier aber Probleme zum Aufbruch gelangten, die noch heute relevant sind, z.B. das Theorie-Praxis-Problem, wissenschaftslogische Probleme, methodologische Probleme usw., dass empirische Wissenschaften, nicht zuletzt die Technik und ihre Metasprachen, auf diesem Boden Ausgang nehmen konnten, sollte immerhin Beachtung finden. Der Empirismus kann zwar mit seinen teleologischen Prinzipien einer analytischen Ethik nicht ganz standhalten, aber er hat dennoch Gesichtspunkte entwickelt, die gerade für das Lernen des Gewissens von Wichtigkeit sein können: Da ist z.B. das Problem der Erfahrung -nicht als Reduktion auf sie - sondern als Ausgangspunkt induktiver

---

1) Er anerkennt auch, dass die Lehre Jesu Christi, die entscheidenste und klarste moralische Forderung aller Zeiten enthalte, dass mit ihr alle moralische Praxis und alle philosophische Wirkkraft abgeschlossen sei. Das Dogmatische spielt bei ihm keine Rolle.

2) E. Stadter: a.a.O., S.30.

Arbeitsweisen und Theoriebildungen.[1] Am Begriff Abstraktion (s. auch Substanz- oder Kausalbegriff) liesse sich dies gut zeigen. Er besagt nämlich, dass man aus gleichgearteten Vorstellungen das Gemeinsame hervorhebe und das Verschiedene fallenlasse. Natürlich gibt es dabei Schwierigkeiten in der Bestimmung des Gemeinsamen, aber wir werden sehen, dass es noch grössere Schwierigkeiten bei der Deduktion von Verhaltensanweisungen aus allgemeinen Ideen gibt, dass es vielleicht viel gefährlicher ist, wenn man vor irgend einen empirischen Befund verschiedene Zugpferde (im Bereich der Globalziele oder der Sinn-Normen und Werte im Sinne von Begründungen und/oder Bestätigungen) spannen kann.

Was für unser Anliegen der intentionalen Gewissensbildung von Bedeutung sein könnte, ist nicht die Begründung (Sensualismus, Skeptizismus, Utilitarismus) des Empirismus, sondern sein formaler Denkansatz, der immerhin der experimentellen Forschung in unserem Jahrhundert zu einem entscheidenden Ansatz verholfen hat, zumal angenommen werden darf, dass sowohl Darwin wie Freud u.a. letztlich ihre Wurzeln im englischen Empirismus haben.
Wir werden bei unseren Unterrichtsexperimenten wiederum auf einige Probleme des Empirismus zu sprechen kommen.

12. Kant: Der kategorische Imperativ

Auch bei I. Kant finden wir nicht ein Gewissensmodell expressis verbis vor. Aber seine "Kritik der praktischen Vernunft" und seine Grundlegung zur Metaphysik der Sitten" beschäftigen sich im Sinne der Praxis der Philosophie so intensiv mit den Problemen der Ethik, dass davon gesprochen werden darf, Kant halte die Entwicklung der Empiristen auf und gebe - trotz der Störung der alten Philosophie - den Werten der Metaphysik eine neue Begründung. Dass wir wiederum zwischen der Darstellung der ethischen Prinzipien, d.h. den inhaltlichen Aspekten der Gewissensfrage und der apriorisch angenommenen Funktion des Gewissens, nicht scharf trennen, tut an dieser Stelle nichts zur Sache.
Kant schreibt: "Der Mensch fühlt in sich selbst ein mächtiges Gegengewicht gegen alle Gebote der Pflicht, die ihm die Vernunft so hochachtungswürdig vorstellt, an seinen Bedürfnissen und Neigungen, deren ganze Befriedung er unter dem Namen der Glückseligkeit zusammenfasst. Nun gebietet die Vernunft, ohne

---

1) Vgl. meine Ausführungen zum Erfahrungsbegriff S.210ff und S.441ff.

doch dabei den Neigungen etwas zu verheissen, unnachlässlich, mithin gleichsam mit Zurücksetzung und Nichtachtung jener so ungestümen und dabei so billig erscheinenden Ansprüche (die sich durch kein Gebot wollen aufheben lassen) ihre Vorschriften. Hieraus entspringt aber eine natürliche Dialektik, d.i. ein Hang, wider jene strengen Gesetze der Pflicht zu vernünfteln und ihre Gültigkeit, wenigstens ihre Reinigkeit und Strenge in Zweifel zu ziehen und sie wo möglich unsern Wünschen und Neigungen angemessener zu machen, d.i. sie im Grunde zu verderben und um ihre ganze Würde zu bringen, welches denn doch selbst die gemeine praktische Vernunft am Ende nicht gutheissen kann."[1] Wenn der Mensch also unter dem kategorischen Gebot der Moral steht, und wenn die Achtung vor dem Gebot nicht aus Gründen des Hedonismus oder der Utilitarität, sondern der Achtung an sich vor dem Gebot besteht, so ist wohl das Gewissen der Ort, wo solche Auseinandersetzung statthat. Das Sollensphänomen gründet also in der Vernunft an sich ohne Rücksicht auf Neigung und Lust, und man spricht in diesem Falle von ethischem Rigorismus, welcher aber gerade dem Gewissen durch die Zuhilfenahme des ethischen Formalismus eine Stütze wird. Der ethische Formalismus setzt sich nicht mit einer Hierarchie von Werten auseinander, sondern fasst jede einzelne Situation ins Auge, in der nicht die Wirkung, sondern eine Grundgesetzlichkeit dem Willen unterstellt wird. "Was kann das aber wohl für ein Gesetz sein, dessen Vorstellung, auch ohne auf die daraus erwartete Wirkung Rücksicht zu nehmen, den Willen bestimmen muss, damit dieser schlechterdings und ohne Einschränkung gutheissen könne? Da ich den Willen aller Antriebe beraubt habe, die ihm aus der Befolgung irgend eines Gesetzes entspringen könnten, so bleibt nichts als die allgemeine Gesetzmässigkeit der Handlungen überhaupt übrig, welche allein dem Willen zum Prinzip dienen soll, d.i. ich soll niemals anders verfahren, als so, dass ich auch wollen könne, meine Maxime solle ein allgemeines Gesetz werden."[2] Dies ist eine der berühmtesten Aussagen von I. Kant. Wille wird nach ihm dann gut, wenn er rein ist, wenn die Vernunft apriorisch das Gesetz anwendet und der Mensch erst auf diese Weise ethisch autonom wird. Das heisst natürlich, dass der Mensch selbst weiss, was gut ist und das heisst auch, dass er im Anspruch des Gewissens mit Hilfe des oben erwähnten formalen "Kompasses" keinen fremden Gesetzgeber anerkennen soll, also keine heteronome Moral übernehmen muss. Dabei spielt die Vernunft eine wesentliche Rolle. Sie ist das göttlich Wirkende im Menschen, sie ist zugleich aber auch nicht Willkür, sondern etwas Bindendes. Das Bindende in der Vernunft wird

1) I. Kant: Grundlegung zur Metaphysik der Sitten. Stuttgart 1970, S.45.
2) I. Kant: a.a.O., S.40.

durch die "Postulate" Unsterblichkeit, Freiheit, Gott überhöht. Unsterblichkeit deswegen, weil der Mensch nicht vollkommen ist und sich mehr oder weniger dem Vollkommenen (Gott) nähern kann.[1] Freiheit, weil sie ein Postulat des Sollens ist, das ohne Rückversicherung in den Mitteln Lust oder Neigung zu geschehen hat im Sinne des oben erwähnten ethischen Formalismus. Und Gott, weil er der "Einige" und das "Urbild des Guten" ist. Er ist der Absolutheitsanspruch des Sittlichen schlechthin. Was wäre die bedingungslose Forderung des Gewissens, wenn nicht ein völlig überrationales transzendentes Wesen hinter ihr steht!

Vielleicht hat Kant die Forderung des Gewissens in sich selber sehr intensiv empfunden, denn nur so ist erklärbar, wie er selber dem sittlichen Anspruch nachlebt und seine Ethik im Sinne einer kritischen Philosophie aufbaut.[2] Er spricht deswegen auch von der "Gesinnung, aus reiner Pflicht zu handeln", er spricht davon, wie schwierig, ja schlechterdings unmöglich es sei, diese Gesinnung in praktischen Beispielen zu erläutern, da es ja nicht auf die sichtbaren Handlungen, sondern auf die unsichtbaren Prinzipien, welche der Idee des Guten entsprechen, ankomme. Da diese Gesinnung mit Glauben zu tun hat oder besser gesagt mit der Annahme, dass die Ideen apriori, d.h. ohne die genaue Erfahrungsvermittlung mit der Vernunft angenommen werden, ist sie Gewissensgesinnung, und der kategorische Imperativ als Faktum der Vernunft auch Teil des im Menschen sprechenden Gewissens. Denn "die vernünftige Natur existiert als Zweck an sich selbst", oder "handle so, dass du die Menschheit sowohl in deiner Person, als in der Person eines jeden andern jederzeit zugleich als Zweck, niemals bloss als Mittel brauchst", meint doch: handle nach dem Teil des Gewissens, der dir diese Forderung einleuchtend mit dem Absolutheitsanspruch eines Göttlichen, eben mehr als im hypothetischen Imperativ, kategorisch einsichtig macht.

Vielleicht ist die kantische Forderung für unser Unterfangen "Das Gewissen lernen" von einem grossen und fruchtbaren Ansatz, wenn sich die Formel "handle nur nach derjenigen Maxime, durch die du zugleich wollen kannst, dass sie ein allgemeines Gesetz werde" in irgend einer Weise operationalisieren lässt. Denn es wird hier sichtbar, dass nicht bloss ethische Werte, sondern auch ethische Funktionen formal gelernt werden können. Ethische Funktionen aber sind Gewissensfunktionen. Sie implizieren den unbewussten, den emotionalen und den vernünftigen Teil der Person. Eigenartigerweise scheinen Kants Forderungen viel besser schulisch realisierbar zu sein als die der Empiristen, weil sie den Ab-

---

1) Vgl. Darlegungen über Augustin und Darlegungen über Thomas von Aquin, S.69ff.
2) Vgl. E. Stadter: a.a.O., S.31.

straktionsbegriff formal und zugleich auch apriorisch festlegen. Gewissen lernen meint doch Funktionen lernen, die situativ d.h. handelnd ins Feld der Entscheidung geraten und/oder pro- und reaktiv sich durch ihr verdecktes Vorhandensein zu Worte melden. Zwar spricht Kant selten von Gewissen als "Mittelding zwischen Gott und Mensch" und er spricht auch von einem "wundersamen Vermögen in uns", das sich immer meldet, sofern der Mensch bei der Handlung im Gebrauch der Freiheit war. Er spricht auch von Reue, die "keinen Zeitunterschied anerkennt, und nur fragt, ob die Begebenheit mir als Tat angehöre, als dann aber immer dieselbe Empfindung damit moralisch verknüpft, sie mag jetzt geschehen, oder vorlängst geschehen sein."[1] Kant behandelt also das Gewissen als Faktum per se. Das soll uns aber nicht hindern, auf dem Hintergrund seiner Ethik die Frage der Gewissenserziehung einzubringen.

13. Abschliessende Bemerkungen

Wenn wir hier die Reihe der ethischen bzw. philosophischen Gewissensmodelle abbrechen, so im Bewusstsein, dass dies a) einen sehr groben historischen Ueberblick darstellt, und b) dass wir eine Fortsetzung bis in unsere Zeit hinein zu leisten hätten. Dies kann aber nicht der Sinn dieser Arbeit sein. Sie setzt den Schwerpunkt in anderer Richtung.
Immerhin könnte etwa noch aufmerksam gemacht werden auf die Konzeption Nietzsches, der aus seinem Gott-ist-tot-Theorem heraus fordert, dass der Mensch selbständig gleichsam ins Nichts hinein Werte setze. Oder dann die Konzeption Hegels und seiner Schüler. Er stellt die Erhabenheit des Gewissens über das konkrete Gesetz und den Inhalt der Pflicht gleichsam in den Bereich unmittelbaren Wissens als göttliche Stimme, in den Bereich des absoluten Geistes (nicht in Staat und Sittlichkeit, sondern in Religion). Oder es müsste auch hingewiesen werden auf Feuerbach. Für ihn ist das Gewissen das Du in mir, eine Art Echo als Racheruf des Verletzten.[2] Dürfen und Nicht-Dürfen geschehen aus Egoismus und/oder Glückseligkeitstrieb und zwar stets mit Hilfe der Fähigkeit der Gefühlsnachbildung. Es müsste später hingewiesen werden auf Fichte, Schelling, Husserl, Hartmann, Freud usw. Mit dem letztgenannten beginnt die Zeit, wo sittliches Verhalten "Ausdruck biologischer Bedürfnisse, psychologischer Mechanismen und sozio-

---

1) I. Kant: Kritik der praktischen Vernunft. Stuttgart 1970, S.157-159.
2) Vgl. F. Jodl: Geschichte der Ethik... Wien 1912[1], Band II, S.255.

logischer Relationen"[1] ist. Wir können mit diesem Ueberblick nur dreierlei zeigen:

a) Die modellhafte Vorstellung von Welt spiegelt sich immer in der jeweiligen Ethik und damit in all ihren Funktionen, wovon eine das Gewissen ist.[2]

b) Die wesentlichsten Unterschiede der Auffassungen liegen vor allem darin, dass die einen Vertreter einen transzendentalen Gewissensbegriff (mit allen Schattierungen) annehmen, während die anderen aufgrund aller gelernten oder gemachten Erfahrungen und aufgrund physiologischer Voraussetzungen jedes übernatürliche Wirken im Gewissen ablehnen.

c) Je nach Praktikabilität der ethischen Ableitungen aus den verschiedenen Weltbildern können wir bestimmte Elemente für einen zeitgemässen Gewissensbegriff fruchtbar werden lassen. Eine vollständige Abdeckung durch eine der obigen philosophischen Auffassungen ist nicht möglich.

---

1) Vgl. E. Stadter: a.a.O., S.33.

2) Die kosmische Wirklichkeit der Griechen spiegelt sich in den ewigen, von der Natur zu übernehmenden Prinzipien. Der personale christliche Gott ist mehr als ein abstraktes Prinzip, die ethische Verpflichtung ihm gegenüber viel intensiver, weil einem Du verpflichtet. Die mechanistische Auffassung der Empiristen und ihren verfeinert denkenden Angänger wirft die ganze ethische Verantwortung auf den Menschen und seine Fähigkeit zurück, weil dieser nur so den "Mechanismus" des Gewissens steuern lerne. Die kritische Philosophie stellt die Vernunft als tragende Kraft bei der Bewältigung von Entscheidungen, die dem kategorischen Imperativ unterstellt sind, an oberster Stelle. etc.

C. Probleme der sprachlich-begrifflichen Repräsentation

1. Begriffsexplikation

Belastet und/oder befruchtet mit dieser grossen Tradition der Aussagen über Ethik und Gewissen einerseits und gedrängt vom Vorverständnis der empirisch-theoretischen Pädagogik, die alle Interdependenz von Theorie und Praxis als Grundlage der Erkenntnis, also der Repräsentation der beobachtbaren Erziehungswirklichkeit in Hypothesen und Theorien anerkennt, anderseits, stellt sich die Frage der sprachlich-begrifflichen Repräsentation auf einzigartig aktuelle Weise. Im Bereich des Lernens des Gewissens handeln zu können (zumindest durch Antizipation der praktischen Entscheidung), bedingt, dass das Obligat der sprachlich-begrifflichen Repräsentation eindeutig wird. "Genauso wie ein Bildhauer seine Einfälle material verwirklichen muss, und erst diese Gegenstand einer ästhetischen Betrachtung sein können, genauso muss man in der Erkenntnis- und Wissenschaftstheorie die sprachliche Repräsentation bestimmter Gebiete D_i der Welt, bzw. der Beobachtungen und/oder Messungen der Phänomene aus D_i, betrachten und nicht etwa 'Objekte an sich' oder das 'Denken an sich'."[1] Wie aber kann eine Dimension wie die des Gewissens den Sprachen der Wissenschaft (Objektsprache und Metasprache) unterzogen und damit einem notwendigen Präzisierungsprozess ausgesetzt werden? Das kann angegeben werden, wenn wir betrachten, wie die Umgangssprache durch die wissenschaftliche Fachsprache (Episprache) zur theoretischen Sprache geführt wird. W. Leinfellner[2] gibt hiefür drei wichtige Kriterien an:

1. Die Mehrdeutigkeit der Umgangssprache muss ausgeschaltet werden.
2. Die unbestimmte Logik der Umgangssprache (zwei- oder mehrwertige Logik, Wahrscheinlichkeitslogik, plausibles Schliessen usw.) muss eliminiert werden.
3. Symbolisierung und Formalisierung verhelfen zur Präzisierung der Umgangssprache.

Noch etwas weiter und klarer fassen R. Schmitt[3] und R. Lautmann[4] das Verfahren

---

1) W. Leinfellner: Einführung in die Erkenntnis- und Wissenschaftstheorie. Mannheim 1967, S.15.
2) ebd. S.24/25.
3) Vgl. R. Schmitt: Religiöse Erziehung - ohne Erfolg? Weinheim 1971, S.5f.
4) Vgl. R. Lautmann: Wert und Norm. Opladen 1971², S.10ff.

der Begriffspräzisierung. Sie beziehen sich dabei auf R. Carnap[1] und C. G. Hempel[2], welche ein mehrstufiges Verfahren entwickelt haben, das normativ wohl richtig ist, anderseits angesichts der komplexen Begriffe wie Gewissen, Wert, Norm usw. aus praktikablen Gründen nicht ganz genügen kann. Sie unterscheiden zwischen einem vagen Ausgangsbegriff, der vieldeutig ist (Explikandum) und einem eindeutigen präzisen Endbegriff (Explikat). Der letztere muss einer Reihe von Kriterien standhalten. "Die Kriterien bestehen darin, dass das Explikat

a) dem Begriff ähnlich,
b) exakt, also nicht mehrdeutig, nicht vage und konsistent im Gebrauch
c) fruchtbar,
d) einfach

sein soll. Die Explikation im engeren Sinne bedeutet, das Explikat nach diesen Kriterien zu bearbeiten."[3]

Zu a), Kriterium der Aehnlichkeit: Das zu Explizierende (Explikandum) muss möglichst nahe dem üblichen Sprachgebrauch entsprechen.
Zu b), das Kriterium der Exaktheit: Der Ausdruck (Explikat) muss den Regeln, die anzizipierend im Vorverständnis festgelegt werden, entsprechen und sich von anderen Ausdrücken des selben Problemkomplexes unterscheiden.
Zu c), das Kriterium der Fruchtbarkeit: Die präzisen Begriffe sollen für möglichst viele Gesetzesaussagen Verwendung bzw. Anwendung finden.
Zu d), das Kriterium der Einfachheit: Jede Aussage gewinnt, wenn sie auf das Notwendige reduziert wird, Transparenz in bezug auf die Komplexität.

Diese Kriterien sind zwar trivialer im Anspruch als die Leinfellner'schen Merkmale, aber sie sind, obwohl sie, wie gesagt, dem wissenschaftlichen Anspruch nicht ganz genügen, praktikabler.
Noch allgemeiner formuliert B. Meile ebenfalls vier Kriterien, mit den bis jetzt genannten teilweise überschneidend:

"1. Theoretische Erkenntnis ist nur als begriffliche Repräsentation von Wirklichkeit möglich, wenn Kriterien der Operativität (Anwendbarkeit) und der Operationalität (Widerspruchsfreiheit) gelten sollen.
2. Wenn die 'Welt' wissenschaftlich überhaupt erfasst werden kann, muss sie logisch aufgebaut sein, i.e. die Bedingungen für die Ein-eindeutigkeit der Abbildungstransformation von Objektbereichen in ein sprachliches Modell.

---

1) Schmitt bezieht sich auf: R. Carnap: Logical Foundations of Probability. Chicago 1951².
2) Vgl. C.G. Hempel: Fundamentals of Concept Formation in Empirical Science. Chicago 1964², S.6-13.
3) R. Lautmann: a.a.O., S.11.

3. Die Denkfähigkeit und damit die wissenschaftliche Erkenntnis sind abhängig von der Entwicklung der Sprache. Begriffe, die verbalisierten Vertreter menschlicher Repräsentanzen, sind die Elemente für die Abbildung der Wirklichkeit.
4. Die alltägliche Sprache ist ein vorläufiges, vorwissenschaftliches Modell der Wirklichkeit, wenn sie auch nicht durchwegs operativen (Inkonsistenz des Gebrauches) und operationalen (Mehrdeutigkeit von Ausdrücken) Kriterien genügt."[1)]

Ohne Unterschied allgemeiner Erziehungswissenschaft und empirischer Pädagogik an dieser Stelle herausschälen zu wollen, liegt doch fest, dass diese angeführten Kriterien[2)] für unsere Arbeit grosse Bedeutung erhalten müssen. Die Gründe hiefür liegen auf der Hand:

a) Wir wollen eine Theorie entwickeln, wie Gewissen intentional gelernt werden kann. Eine wissenschaftliche Theorie aber besteht immer aus einem System von Aussagen, die nach bestimmten Kriterien geordnet sind. Sie umfasst Beschreibungen, Erklärungsversuche, Voraussagen und Hypothesen, d.h. Behauptungen, die durch Begründungszusammenhänge falsifiziert oder bestätigt bzw. korrigiert werden, also nichts Endgültiges darstellen. Theorien informieren über Komplexitäten in werturteilsfreier Form. Werden Wertungen vorgenommen, so sind sie in gleicher Weise begründbar wie die Theorie als Aussagesystem selbst (was selbstverständlich einschliesst, dass sie auch Wertungen beschreiben können). Die Theorie bestätigt sich in der Ableitbarkeit von Hypothesen und in ihrer Forderungslosigkeit (sie gibt nicht an, ob jemand sein Verhalten verändern <u>soll</u>).[3)]
b) Wir wollen diese Theorie entwickeln, damit die Zukunft unserer Erziehung in einem Mikrobereich nicht dem blossen Gutdünken und dem Zufall ausgeliefert wird. Wir sind uns dabei bewusst, dass Ausschnitthaftigkeit im Sinne der Spezialisierung als Preis für unser Unterfangen bezahlt werden muss. Begrenzter Objektbereich und Problemausschnitte sind aber notwendig, damit das Postulat der intersubjektiven Ueberprüfung einigermassen gewährleistet werden kann. Zu grosse Forschungszusammenhänge laufen Gefahr, die sprachliche Konsistenz zu verlieren.

---

1) B. Meile: Voraussetzungen der empirischen Pädagogik. In: Zs.f.Pädagogik, 5 (1972), S. 714.
2) Vgl. W. Leinfellner: a.a.O., S.14-17. Die Reihenfolge der Obligate wissenschaftlicher Erkenntnis wird so dargestellt: Anthropologisches Obligat, Obligat der sprachlich-begrifflichen Repräsentation, Prozessobligat, spieltheoretisches Obligat.
3) Vgl. W. Brezinka: Von der Pädagogik zur Erziehungswissenschaft. Weinheim 1972², S. 13.

c) Wir müssen in unserem Forschungsfeld sehr viele Ebenen unterscheiden,[1)] gesamthaft gesehen mindestens aber drei verschieden grosse Systemfelder zueinander in Beziehung setzen:
- den inhaltlichen Bereich (ausgehend von Anthropologie, Philosophie, Theologie, Gesellschaftstheorie etc. die Ethik, Moral, die Normkomplexe, die Wertgefüge),
- den funktionalen Bereich (allgemeine Psychologie, Tiefenpsychologie, Lernpsychologie, Sozialisationstheorien),
- und den erzieherischen Bereich (Erziehungswissenschaft, Analyse der historischen Situation, Ziele der Erziehung als "Endzustände" der Persönlichkeit und erwünschte soziale Veränderung, praktische Gesichtspunkte: Regeln, Empfehlungen, Anweisungen für erzieherisches Handeln etc.[2)]

Jeder dieser drei Bereiche pflegt seine eigenen Sprachgewohnheiten. Sie einfach unbesehen vom einen auf den anderen zu übertragen, würde den oben aufgestellten Kriterien der sprachlich-begrifflichen Repräsentation zuwiderlaufen. Zeichnerisch, in einem Diagramm dargestellt, werden die Beziehungen deutlich:

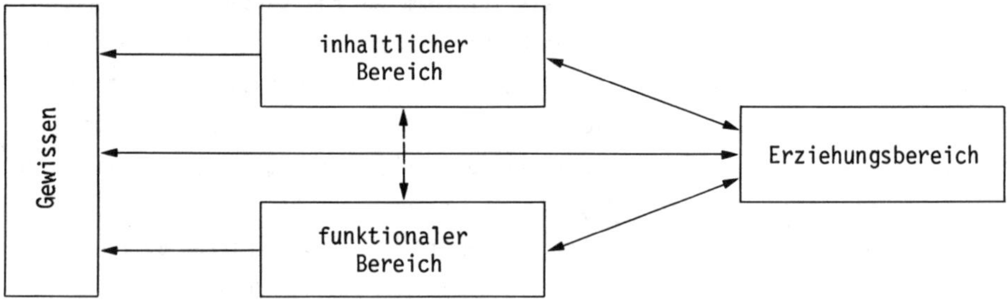

Da ja schon innerhalb der Erziehungswissenschaft die Klage laut ist, dass die pädagogischen Aussagesysteme im ganzen gesehen sehr divergent sind, weil ihnen die gemeinsame wissenschaftstheoretische Grundlage fehlt (Vermengung von wissenschaftlichen Faktoren mit philosophischen Sätzen, politische Forderungen mit erziehungspraktischen Anweisungen etc.[3)], um wieviel mehr müssen sprachliche und

1) Vgl. Kapitel 1, S. 33ff.
2) Vgl. W. Brezinka: a.a.O., S.193.
3) Vgl. W. Brezinka: a.a.O., S.17.

methodologische Entscheidungen getroffen werden zwischen den drei oben angeführten Wissenschaftsbereichen. Das kann an einem einfachen Beispiel aufgezeigt werden:
Die Gesetzesgebote im AT, aufgestellt von Moses auf Geheiss Gottes (Ex. 20), werden in der Disziplin theologischer Moral und Exegese sprachlich ganz anders bewältigt als etwa die einer Neurose zugrunde liegende Erfahrungsgestalt (durch Uebertretung des Gesetzes entstanden) in der Psychoanalyse oder die operationalisierte Form eines dieser Gebote im RU. Ja es geht sogar soweit, dass in der Unterscheidung von Tatsachen und Werturteilen die sprachlogisch sauberen Aussagesysteme je nach funktionaler Betrachtungsweise wissenschaftsimmanent stark verändert werden, und umgekehrt, dass durch die einzelnen Inhalte die Denksysteme unbemerkt ihren Konstellationscharakter verschieben. Analysen in dieser Hinsicht stehen noch aus. Umso mehr ist hier äusserste Vorsicht am Platze, zumal zu bedenken ist, dass viele Theorien, sei es in mehr hermeneutischem, empirischem oder transzendental-kritischem Ansatz, das Phänomen Gewissen in den Griff zu bekommen versuchen.

2. Modelle analytischer Ethik

H. Albert meint, dass das analytische Programm so unumstösslich sei, weil es letztlich auf den Entschluss hinauslaufe, eine bestimmte Tätigkeit als Philosophie auszuüben, gleichgültig, ob sie mit dem, was man traditionellerweise mit Philosophie bezeichnet, übereinstimmt.[1)] Er meint auch, dass Meta-Ethik auf ethische Systeme angewandt neutral sei und lediglich die Aufgabe habe, die Sprache der Moral zu klären. Diese Neutralität der sprachlich-begrifflichen Repräsentation im Metabereich hat ihre Grenzen, wo Prinzipien wissenschaftlicher Methodologie begründet (z.B. Poper'sches Falsifikationsgesetz) werden. Sie hat auch ihre Grenze da, wo festgestellt wird, dass es verschiedene meta-ethische Auffassungen, verschiedene Modelle sprachanalytischen Vorgehens gibt. Diese Modelle wollen alle ethischen Systeme überprüfen. Die Grenze wird also sichtbar, wenn diese Modelle sich nicht auf Analyse beschränken, sondern Vorschläge implizieren, wie man normierend auf das Verhalten und auf die Kritik des Verhaltens verändernd einwirken kann. [2)]

---

1) Vgl. H. Albert: Ethik und Meta-Ethik. In: Konstruktion und Kritik. Hamburg 1972, S.127ff.
2) Vgl. den nächsten Abschnitt dieser Arbeit: Das Theorie-Praxis-Problem.

Einige Modelle analytischer Ethik sollen kurz in ihrer methodologischen Funktion und ihrer sprachlichen Eigenheit aufgezeigt werden:

W. Frankena[1] z.B. stellt folgendes Schema normativer Urteile auf:

"I. Ethische oder moralische Urteile

A. Moralische Verpflichtungsurteile

1. Spezielle, z.B. (unter der Voraussetzung, dass die Begriffe in ihrer moralischen Bedeutung gebraucht werden):
   a. Ich sollte jetzt nicht aus dem Gefängnis fliehen.
   b. Sie sollten Missionar werden.
   c. Was er tat, war falsch.
2. Allgemeine, z.B.:
   a. Wir sollten uns an unsere Vereinbarungen halten.
   b. Liebe ist die Erfüllung des moralischen Gesetzes.
   c. Alle Menschen haben ein Recht auf Freiheit.

B. Moralische Werturteile

1. Spezielle, z.B.:
   a. Mein Grossvater war ein guter Mensch.
   b. Xaver war ein Heiliger.
   c. Er ist für seine Tat verantwortlich.
   d. Ihr Charakter ist bewundernswert.
   e. Sein Beweggrund war gut.
2. Allgemeine, z.B.:
   a. Wohlwollen ist eine Tugend.
   b. Eifersucht ist ein niederer Beweggrund.
   c. Nur ein Heiliger könnte solche Gedankenlosigkeit verzeihen.
   d. Der vorbildliche gute Mensch trinkt und raucht nicht.

II. Aussermoralische Werturteile, z.B.:

   a. Das ist ein guter Wagen.
   b. Vergnügen ist etwas in sich Gutes.
   c. Sie hatte kein sehr schönes Leben.
   d. Die Demokratie ist die beste Regierungsform."

Während sich die Klassifikation von Frankena mehr auf die sprachliche Differenzierung moralischer Aussagen konzentriert, meint die Klassifikation der ethischen Probleme durch C.D. Broad mehr die inhaltliche Seite der Ethik.[2] Für

---

1) W.K. Frankena: Analytische Ethik. München 1972, S.28
2) Vgl. W. Stegmüller: Hauptströmungen der Gegenwartsphilosophie. Stuttgart 1969, S.504ff.

Broad bedeutet Ethik im philosophischen Sinne mehr die wissenschaftliche Behandlung moralischer Phänomene. Seine Einteilung ist denn auch ganz anders als diejenige von Frankena. Er unterscheidet:

1. Moralische Urteile
2. Moralische Emotionen
3. Moralisches Wollen

Die Aussage, dass man ein Versprechen einhalten solle gehört zu 1. (moralische Urteile). Die seelische Reaktion auf eine Handlung z.B. die Reue oder die Selbstverachtung, so und nicht anders gehandelt zu haben, gehört zu 2. (moralische Emotionen). Das Wählen zwischen Möglichkeiten des Handelns gehört zu 3. (moralisches Wollen). Obwohl auch bei Broad die Klärung moralischer Urteile im Vordergrund steht, sind doch seine Kriterien anders formuliert. Sie lauten etwa:

a) Eine Aussage beinhaltet eine vertretene Meinung, die wahr oder falsch sein kann (nicht bloss eine veränderbare Emotion).
b) Eine Aussage betrifft betroffene Personen und eine Beziehung zwischen ihnen und nicht bloss meine eigenen Wünsche und Gefühle.
c) Eine ethische Aussage ist als Behauptung immer zugleich etwas Einmaliges und Einzigartiges und auch etwas jedermann Vertrautes (z.B. das Verhalten des A war schlecht und hätte nicht vorkommen sollen).

Broads Klassifikation gibt deswegen Probleme auf, weil sie einerseits eine starke psychologische Dimension innerhalb aller moralischer Urteile entdeckt, anderseits aber sein sprachliches Instrumentarium, weil es ein philosophisches ist, nicht ausreicht, dieser Dimension gerecht zu werden. So ist der Unterschied zwischen moralischem Wollen und moralischer Emotion wohl auf seine Beispiele angewandt richtig, psychologisch gesehen aber unzureichend. Dieses Problem scheint H. Albert[1] zu bewältigen, indem er zwar ebenso betont, dass normative Aussagen - für ihn sind alle moralischen Urteile eine wichtige Teilklasse normativer Aussagen - nicht einfach eine Anweisung darstellen, sondern ein bestimmtes Verhalten, "eine positive oder negative, bzw. relativ positive oder negative Stellungnahme (Bewertung) oder eine bestimmte Handlung (auch: Unterlassung), sowie die entsprechenden Imperative oder Resolutive"[2], indem er aber auch den Begriff der "rationalen Diskussion" einführt. Rationale Diskussion meint, dass man auf die impliziten Verhaltensnormen zurückgreift und bei Uneinigkeit auch diese zu

---

1) Vgl. H. Albert: Ethik und Meta-Ethik. In: Konstruktion und Kritik. Hamburg 1972, S.127ff.
2) ebd. S.146.

begründen oder zu hinterfragen sucht. Wenn es sich dann herausstellt, dass ein Handeln und die damit verbundenen normativen Impulse von einem Ziel abgeleitet wird, das zwar unterstellt wird, aber keine Allgemeingültigkeit beansprucht, so bezeichnet Albert diese Aussagen als "quasi - normativ". Quasi - normative Aussagen unterscheiden sich somit von normativen Aussagen, deren Gültigkeit allgemein anerkannt bzw. behauptet wird. Moralische Urteile dürfen also nicht quasi - normativ sein. Dagegen gibt es - immer nach H. Albert - Mindestanforderungen, "die an moralische Aussagen zu stellen sind." Diese Mindestanforderungen gelten als ebenfalls klassifizierte Bedingungen, die sie als echt normative Aussagen charakterisieren:

Durch die Verwendung einer solchen Aussage

1) zeichnet man die Sachlage, auf die sie sich bezieht, in positiver oder negativer (oder relativ positiver oder negativer) Weise für das Verhalten (d.h. die Stellungnahme)oder das Handeln aus;
2) unterstellt man dabei eine Norm (Wertstandard oder Handlungsmaxime), die ein entsprechendes Verhalten fordert, als gültig, nimmt also allgemeine Anerkennung für sie und damit auch für diese Aussage in Anspruch;
3) und gibt damit der (normativen) Erwartung Ausdruck, dass die Adressaten dieser Aussage sich mit dieser Norm und damit auch mit der Aussage selbst identifizieren oder versuchen, Gründe dagegen vorzubringen, die Anspruch auf allgemeine Anerkennung machen können."[1)]

Diese Bedingungen sind eindeutig viel operativer bzw. viel funktionaler als eine blosse Aussage - Klassifikation wie diejenige von Frankena. Sie vermögen dem Anliegen, dass Emotionen und Wollen berücksichtigt werden, eher zu genügen. Sie stellen eine Art Operationalisierung der Definition der Moral von V. Kraft dar. V. Kraft zeigt auf, dass Moral die beiden Komponenten Norm und Wert voraussetzt, und er sagt, dass die Moral ein Handeln verlange "aus dem Bewusstsein der Verpflichtung, eines allgemeinen Sollens und nicht aus egoistischen Motiven, zur Herbeiführung persönlicher Vorteile oder zur Vermeidung eigener Nachteile."[2)]
Er sagt auch, dass es für die Moral im Gegensatz zum Recht keine Strafen, sondern nur Schuldgefühle und Reue gebe. Die Bedingungen von H. Albert fangen diese Kriterien in logischer Grammatik auf und geben ihnen einen anwendbaren Charakter.

---

1) H. Albert: a.a.O., S.148
2) V. Kraft: Die Grundlagen der Erkenntnis und der Moral. Berlin 1968, S.94

C.L. Stevenson würde einwenden, dass bei H. Albert die emotive Bedeutung von Ausdrücken, ganz besonders von moralischen Aussagen zu wenig berücksichtigt werde. Nach ihm haben nämlich sprachliche Ausdrücke nicht nur eine deskriptive Bedeutung, d.h. sie rufen nicht nur Vorstellungen, Annahmen, Glaubensakte usw. hervor, sondern auch emotionale Reaktionen, also Gefühle und Haltungen.[1] Damit aber tauchen dieselben Probleme auf wie bei der Klassifikation von C.D. Broad. Denn Gefühle und Haltungen gehören in den Bereich der Dispositionen (attitude), und diese werden mit einer eigenen wissenschaftlich-psychologischen Sprache bewältigt. Das kommt sehr schön bei den sog. Ueberredungsdefinitionen zum Ausdruck (persuasive definitions): Hier wird versucht, die Haltung des Hörers zu ändern, indem die emotive Bedeutung eines Ausdrucks beibehalten, die deskriptive jedoch geändert wird. Um solche Veränderungen - so wichtig sie gerade für die Gewissensbildung sein mögen - messen zu können, genügt sehr wahrscheinlich die Theorie von Stevenson nur im Ansatz.

Als letztes sei die Klassifikation der moralischen Inhalte der nicht-kognitiven Theorie von R.M. Hare dargelegt.[2] Hare gibt eine feinsinnige sprachliche Analyse der verschiedensten sog. Imperativ-Modi, wie etwa der Begriffe "gut" und "sollte". Er zeigt auf, dass die Moralsprache zur "vorschreibenden Sprache" gehört. Er vergleicht zuerst die "vorschreibende Sprache" mit anderen Sprachen und dann die Sprache der Moral mit anderen Arten vorschreibender Sprache. Er geht davon aus, dass Handlungen moralische Grundsätze am besten sichtbar machen, weil es die Funktion moralischer Grundsätze sei, Verhalten zu bestimmen. Er kommt zu einer systematischen Einteilung vorschreibender Sprache:[3]

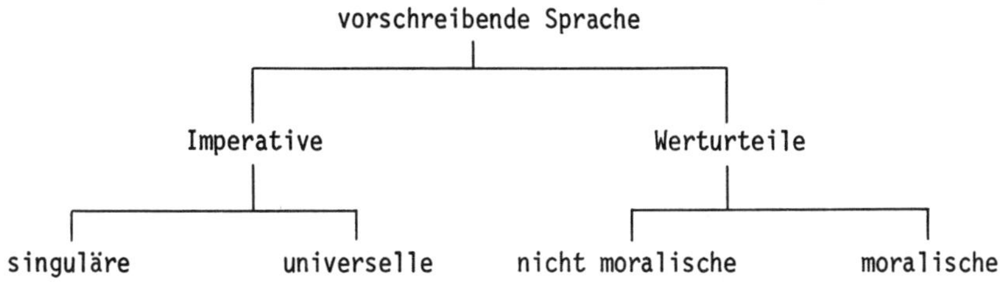

1) Vgl. W. Stegmüller: a.a.O., S.514.
2) Vgl. R.M. Hare: Die Sprache der Moral. Frankfurt 1972.
3) ebd. S.21.

Den Vergleich zwischen der Sprache der Werte und dem imperativen Modus (zwei verschiedene Sprachformen) führt Hare durch, indem er herauszufinden versucht, welchen Veränderungen die eine unterzogen werden muss, bevor sie die Funktion der anderen erfüllen kann, und wie angemessen diese Funktion überhaupt erfüllt werden kann, nachdem die Veränderung eingetreten ist. Ethische Forschung ist letztlich für Hare die Wissenschaft, die zeigt, dass moralische Urteile Gründe liefern, dass jemand in einer Weise eher handelt als in einer anderen. Dazu verhilft die sprachliche Diskrimination.

Hare liefert uns damit eine Position, welche einerseits die methodologische Möglichkeit der Sprache der Moral nicht übersteigt, anderseits unserem Verständnis von Theorie-Praxis entspricht. Diese Position hebt sich auch in richtiger Weise von der Psychologie ab, denn diese "möchte menschliches Verhalten und Erleben möglichst angemessen erfassen, d.h. es nach Konstanz und Veränderlichkeit beschreiben und wenn möglich messen, die Bedingungen von Konstanz und Veränderlichkeit feststellen und den künftigen Verlauf, soweit es geht, vorhersagen."[1)]

Entsprechend der Skizze auf S. 84 hätten wir nun den "inhaltlichen Bereich" (Hare) vom "funktionalen Bereich" eindeutig abgehoben. Wir haben nun nur noch die Aufgabe, die jeweilige sprachliche Uebereinstimmung der Bereiche sorgfältig aufeinander abzustimmen. Dabei können wir uns an L. Wittgensteins[2)] These halten, dass mittels der Abbildfunktion der Sprache Modelle der Wirklichkeit im logischen Raum entstehen, für deren wiederholte Zuordnung zur Wirklichkeit es strenger Isomorphie-Kriterien bedarf. Wittgenstein interessiert ja nicht das fertige Verhältnis von logischer Form und gegenständlicher Wirklichkeit, sondern die Verfahrensweise, wie Sprachzeichen, menschliche Handlung und Gegenstand eine Einheit werden.[3)]

Wir haben schon gesagt, dass die drei Felder S.84 in ihrer sprachlichen Bewältigung je anders erfasst werden. Entweder man ist sich von vornherein dieses Unterschiedes bewusst, indem man ihn begründet, oder aber man versucht innerhalb der verschiedenen Systemfelder die Uebereinstimmung der logischen Strukturen[4)] intern und der empirischen Wirklichkeit extern sprachlich zu finden. Dieselbe Wirklichkeit würde dann in drei verschiedenen logischen Räumen erhellt, was in der Praxis enorme Schwierigkeiten bereiten dürfte.[5)]

---

1) H. Thomae/H. Feger: Einführung in die Psychologie. Bern und Stuttgart 1969. S.1.
2) Vgl. W. Stegmüller: a.a.O., S.524ff.
   Vgl. W. Leinfellner: a.a.O., S.179f.
3) Vgl. K. Prange: Können-Ueben-Wissen. Zur Problematik des Lernens in der Sprachphilosophie L. Wittgensteins. In: Päd. Rundschau 10/1972, S.719.
4) Vgl. unsere Ausführungen S.337ff.
5) Vgl. unsere Ausführungen S.503-507.

D. Das Theorie-Praxis-Problem

1. Problemstellung

Warum stellt sich gerade im Bereich der Gewissenserziehung die Frage des Theorie-Praxis-Bezugs mit so scharfer Deutlichkeit? Zur Erziehungs- und Unterrichtswirklichkeit gesellt sich im Normalfalle eine wissenschaftliche Artikulation auf den im 1. Abschnitt S. 33-50 dieses Kapitels dargestellten verschiedensten Ebenen, sodass die ursprünglich umgangssprachlich vermittelte Theorie, die so oder so hinter jedem praktisch-kommunikativen Handeln steht, durch abgesicherte, legitimierte und systematische Wissenschaftszusammenhänge ersetzt wird. Nun haben aber alle Theorien - wie wir im letzten Abschnitt aufgezeigt haben - ihre eigene Sichtweise, d.h. sie konstituieren auf die je eigene Weise die Praxis, denn das von ihnen ermittelte Feld wird schon durch Auswahl und Bezugsentscheidung so abgegrenzt, dass die darin dargestellte Kooperation dezisiven Charakter hat. Theorie ist selber Funktion des jeweiligen anthropologischen Vorverständnisses, und dasselbe lässt sich vom praktischen Handeln sagen. Meistens nun decken sich die motivierenden Ansätze nicht und man spricht von der Divergenz handlungsorientierender Funktion praktischer Theorie und handlungsorientierter Praxis.[1]

2. Gestörtes Theorie-Praxis-Gleichgewicht

Hier liegt der Ansatz, warum im Bereiche der Gewissenserziehung kaum je eine fruchtbare Theorie-Praxis-Relation gewährleistet ist. Wenn S.K.-H. Schäfer[2] zwischen einer Praxis als Gegenstand der Theorie (technisches Interesse), einer Praxis als Voraussetzung der Theorie (praktisches Interesse) und einer Praxis als veränderbare theoretisch-praktische Wirklichkeit (emanzipatorisches Interesse) unterscheidet, so müsste dies im pädagogischen Feld ja nochmals je unterteilt werden, weil das Gleichgewicht, wie wir im historischen Exkurs gesehen

---

1) Vgl. H. Moser: Programmatik einer kritischen Erziehungswissenschaft. In: Zs. f. Pädagogik 5/1972, S.650/651. Moser bezieht sich bei den Darstellungen dieses Gedankens auf A. Wellmer: Kritische Gesellschaftstheorie und Positivismus. Frankfurt 1969.

2) S.K.-H. Schäfer: Didaktik zwischen Autorität und Emanzipation. In: Kritische Erziehungswissenschaft und kommunikative Didaktik. Heidelberg 1971.

haben, durch Ueberbetonung ethischer Theorien aus dem Bereiche der spekulativen Philosophie gestört ist, und weil viele psychologischen Theoriemodelle wie z.B. dasjenige von Freud für die Praxis der kommunikativ-konkreten Lernsituation vorerst gar nicht tauglich sind.[1)]

Die Folge davon ist, dass im Grunde genommen zwei Wissenschaften nebeneinander einherlaufen. J. Habermas sieht dies ganz deutlich, wenn er im Zusammenhang mit dem Positivismus sagt: "... aus dem Fluss der erfahrungswissenschaftlichen Rationalität sind die Verunreinigungen, die Abwässer der Emotionalität abgefiltert und in einem Staubecken hygienisch abgesperrt - eine imponierende Masse subjektiver Wertqualitäten. Jeder einzelne Wert erscheint als die sinnlose Zusammenballung von Sinn, einzig mit dem Stigma der Irrationalität gezeichnet, dass der Vorrang des einen Wertes vor dem anderen, also die Verbindlichkeit, die er fürs Handeln beansprucht, schlechterdings nicht begründet werden kann. So führt denn auf dieser Stufe Ideologiekritik unfreiwillig den Beweis, dass das Fortschreiten einer auf technische Verfügung erfahrungswissenschaftlich beschränkten Rationalisierung erkauft wird mit dem proportionalen Anwachsen einer Masse von Irrationalität im Bereich der Praxis selber. Denn Orientierung verlangt Handeln nach wie vor. Aber nun wird sie zerteilt in eine rationale Vermittlung von Techniken und Strategien und in eine irrationale Wahl sogenannter Wertsysteme. Der Preis für die Oekonomie der Mittelwahl ist frei gesetzter Dezisionismus in der Wahl der obersten Ziele."[2)] Allerdings gewinnt man bei Durchsicht der Literatur über das Gewissen wie schon erwähnt den etwas gegenteilig akzentuierten Eindruck, nämlich dass in der Vielzahl oberster Ziele eine praktische Entscheidung als eine Annahme von Werten für pädagogisches Handeln nicht möglich ist, weil die rationale Erörterung verwirrend abstrakt und auch verwirrend vieldeutig ist.

Was für den Empiristen übrig bleibt, ist dann tatsächlich, in Bezug auf die oberste Ebene, im Habermas'schen Sinne, nur mehr Ideologiekritik, welche die Vernunft vor der Entscheidung um des technologisch rationalen Verhaltens willen trennt.[3)]

---

1) Man muss sich bewusst sein, dass sich heute viele Erziehungswissenschaftler emotional apologetisch gegen jegliche empirische Forschung im Bereich der Ethik und der Gewissensbildung stellen, genauso wie etwa die meisten Theologen die soziologische Fragestellung ihrer Materie als "Verengung" und "Horizontalismus" bezeichnen. Vgl. auch S. 268-276 dieser Arbeit.

2) J. Habermas: Theorie und Praxis. Frankfurt 1971, S.318.

3) Vgl. ebd. S.326/327.

3. Die drei Ebenen in neuer Sicht

Damit wären die S.84 aufgezeichneten drei Ebenen auf andere Weise deutlich gemacht. Sie bedingen sich gegenseitig: Vernunft als metaphysisch bezogene Ethik (inhaltlicher Bereich), technologisch rationales Theoretisieren (funktionaler Bereich) und praktisches Handeln (erzieherischer Bereich). Ethische Ideen müssen Kriterien für die Bewährung ethischer Systeme liefern, während technologisch rationale Theorien Kriterien liefern für die Bewährung und Verbesserung bzw. Veränderung konkreten Handelns. Das Handeln selber aber bewirkt, dass die Verflechtung der Ebenen in je neuer Weise garantiert wird. Habermas meint, dass erst jene Vernunft die transzendierende Kraft aus dem Bewusstsein der eigenen materialistischen Verflechtung gewinne, die sich bei allem Interesse am rationalen Fortschritt der Reflexion zur Mündigkeit immer gewiss sei. "Wissenschaft als Produktivkraft wirkt, wenn sie in Wissenschaft als Kraft der Emanzipation einströmt, so heilsam, wie sie Unheil stiftet, sobald sie den technisch unverfügbaren Bereich der Praxis ihrer ausschliessenden Kontrolle unterziehen will."[1]

Was hier gesagt ist, meint also oberste Begründung in Abhängigkeit technologisch verfügbarer Theorie-Praxis als Ganzes vom Begriff der Emanzipation her. Wenn V. Kraft sagt, dass die moralischen Normen schon lange ausgebildet seien, ja dass sie seit den Anfängen unserer Kulturgeschichte, seit Hammurapi, seit den zehn Geboten durch die jüdischen Propheten, seit der antiken und der christlichen Ethik, seit der Aufklärung genügend dargestellt worden seien (vgl. unseren historischen Exkurs bis hin zu S.Freud), dass es also nur auf die Begründung ankomme, so verweist er damit bewusst auf die Erzieher, welche wissen sollten, auf welche Autorität sie sich stützten, wenn sie denen die Moral "einpflanzen" (Kraft), die sie noch nicht aus eigener Einsicht lernen könnten.[2] Begründung der Normen impliziert also, dass ich sie als Verwirklichungstendenzen der Werte erkenne und sie so mitten in die technologisch-methodologisch akzentuierte Theorie hineinstelle.

---

1) Vgl. J. Habermas: a.a.O., S.332/333.
2) Vgl. V. Kraft: Die Grundlagen der Erkenntnis und der Moral. Berlin 1968, S.92ff.

4. Exploration der geisteswissenschaftlichen Sichtweisen zur Elimination oder zur Transformation?

Wenn K. Popper den normativen Teil der wissenschaftlichen Arbeiten als ethisch relevante Sinngebung bei wissenschaftlicher Forschung extrapolieren möchte, so umgeht er die notwendige Verständigung über Massnahmen des Erziehungshandelns (Sozialtechnologie), die selber von der Technologie her nicht mehr geleistet werden kann: "Denn es geht ja gerade darum, Sinn und Grenzen aller sozialtechnologischen Massnahmen selbst noch aufgrund von Argumenten festzulegen."[1] Das kann durch die sog. "kritische Argumentation", die die Kommunikation der Wissenschaftler möglich machen soll - solange Philosophie im Sinne Marx' nicht, weil sie sich schon verwirklicht hat, überflüssig werde - geschehen.[2] Das heisst, es wird institutionalisiert, was als einzige Möglichkeit des übergreifenden Erkenntnisinteresses tatsächlich extrapoliert werden muss, nicht aber um es zu eliminieren, sondern um es zu transformieren. Wenn Extrapolation die Erledigung der geisteswissenschaftlichen Begründung der Hermeneutik und Dialektik meint, so wird nicht verstanden, dass auch die "kritische Philosophie" sich ihre Masstäbe setzt, um die Gültigkeit der Kritik zu legitimieren. Naturwissenschaftlich-technologische Rationalität ist in ihrer Exaktheit wohl nicht auf den übergreifenden Bereich der Geltung und Begründung dieses naturwissenschaftlich-technischen Bereichs anzuwenden.

5. Verteidigung der obersten Sinnebene

Dass die strukturalen Gesetzmässigkeiten und deren sprachlich-begriffliche Repräsentation im Sinne wissenschaftlicher Rationalität auf jeder Ebene eigen sind, haben wir im letzten Abschnitt schon dargelegt. Dabei blieb aber noch vielleicht der Zweifel über Sinn und Nicht-Sinn der obersten Sinn-Normen offen. K.-O. Apel erinnert daran, dass die sog. bewährten Methoden wertfreier szientifischer Rationalisierung heute viel leichter in den Dienst der Legitimation

---

1) K.O. Apel: Transformation der Philosophie. Band I, Sprachanalytik, Semiotik. Frankfurt 1973, S.15.
2) ebd. S.17.

von Herrschaftsverhältnissen gestellt werden können, als die "hinterweltlerischen" philosophisch-theologischen Disziplinen. Er zeigt auch auf, dass diejenigen, die die Vollendung der Aufklärung propagieren durch Kulturkritik, Metaphysikkritik und Gesellschaftskritik in ihrer Argumentation eben gerade nicht wertfreie szientifisch-technologische Rationalität anwenden, sondern sich verstricken in methodologische Probleme normativer Philosophie.
Dass für eine saubere deskriptive Pädagogik zwar Tatbestände, Motive und Zielvorstellungen einer bestimmten Beeinflussung auf Menschen ohne Wertung aller dieser Absichten und Ideale zu erfolgen hat, ist vorerst vom Standpunkt szientifisch-methodologischer Problematik her relevant.[1] Aber gerade diese Einstellung muss ja wieder von irgendwo anders her begründet sein. Nicht dass philosophische Pädagogik durch Ableitung zu einer theoretischen Pädagogik gemacht werden will, denn letztere ist bezogen auf Empirie, d.h. konkretes pädagogisches Handeln. Vielmehr verhielte sich die theoretische Pädagogik gegenüber der philosophischen - so M.J. Langeveld - wie ein idealer Gastgeber: "Sie ist in seinem Hause willkommen, er will gern alles von ihr wissen, sie darf sich frei - wohlverstanden wie ein gesitteter Gast - in seinem Hause bewegen, indes bleibt er für alles, was in seinem Hause geschieht verantwortlich. Für ihn sind die Losungen 'Die Pädagogik wird philosophisch sein oder überhaupt nicht sein' und 'Die Pädagogik wird empirisch sein oder überhaupt nicht sein' beide gleich wahr."[2] Es geht also um Vermittlung, wobei die je eigenen Gesetzmässigkeiten erkannt und je eigen angewandt werden sollen; es geht auch um Transformation, wobei sprachlogische Prozesse Kommunikation ermöglichen, also Hilfe leisten, auf jeder drei drei S. 84 genannten Ebenen Begegnung zu ermöglichen. Reflexion der Methodologie einer Sinngebung ist anders als Reflexion einer Methodologie der Theoriebildung und wieder anders als Reflexion einer Aufzeichnung von kommunikativem Handeln (Erziehungsvorgang). Alle drei aber durchdringen sich in der eben dargestellten sprachlichen Vermittlung. Letztlich aber muss man, wenn man am Sozialisationsprozess teilnimmt und "kommunikative" Kompetenz erworben hat, die Partizipation des "Schon-in-der-Wahrheitsein" durch transzendentale Reflexion garantieren können.[3] Das hindert uns nicht, dass wir eine Entscheidung für oder gegen eine Hypothese durch das Experiment (Lernstrategie) und das theoretische

---

1) Vgl. A. Fischer: Deskriptive Pädagogik. In: Denkformen und Forschungsmethoden der Erziehungswissenschaft (Hrg. S. Oppolzer), München 1966, S.83ff.
2) M.J. Langeveld: Der Ansatzpunkt der systematischen Pädagogik. In: Denkformen und Forschungsmethoden der Erziehungswissenschaft (Hrg. S. Oppolzer), München 1966, S.103.
3) Vgl. K.-O. Apel: a.a.O., S.61.

Einbetten der Ergebnisse eines Experiments (Evaluation) vollziehen oder den Erkenntniswert einer Wenn-Dann-Relation auf der methodologischen Theorie-Praxis-Ebene anerkennen. Die Letztbegründung in der Argumentationsgemeinschaft bzw. Verständigungsgemeinschaft der Wissenschaftler, die Sinnverständigung kann in unserer Zeit nur insofern transzendentale Selbstvergewisserung der Wahrheit sein, als dies bedeutet, "dass jeder von uns für alle substanziell gehaltvollen Erkenntnisse auf empirische Erfahrung und unbegrenzte Verständigung mit anderen über Sinn und Wahrheitsgeltung der Erfahrung angewiesen ist."[1)]

6. Die Neufassung des Prozessobligats

Damit wären wir bei einer Neufassung des sog. Prozessobligats, welches ursprünglich besagt, "dass der erste Anfang der Erkenntnis die deskriptive Erfassung der Wahrnehmungen, Messungen ist, dass man dann zur begrifflich-theoretischen Darstellung (Repräsentation) aufsteigt und schliesslich wieder zur Erfahrung zurückkehrt, d.h. die theoretischen Konstruktionen müssen an der Empirie bestätigt werden."[2)] Die hier implizit zum Ausdruck gebrachte Meinung, dass es nicht sinnvoll sei, das Entstehen von Hypothesen ausserhalb des eigenen Rahmens, also ausserhalb von Theorien, Hypothesen und Hypothesenhierarchien zu reflektieren, wird von uns damit prinzipiell durch die kommunikative Sinndimension erweitert. Die Sinnverständigung kann nicht weggelassen werden in einer Welt, wo der "discours" ein Anliegen einer demokratischen Verständigungsgemeinschaft ist. Das bedeutet: Selbst wenn es uns gelingt theoretisch und technologisch zu zeigen, wie Gewissen gelernt wird, fühlen wir uns verpflichtet, die Inhalte, Ziele und Prozesse der nicht-methodologischen sozialen und anthropologischen Diskussion auszuliefern.

7. Widerlegung der wissenschaftstheoretischen Position von A. Martinet

Um unsere Position noch eindeutiger darzulegen, wollen wir versuchen, einen anderen wissenschaftstheoretischen Ansatz, nämlich den von A. Martinet in seinem Buch "Grundzüge der allgemeinen Sprachwissenschaft" zu widerlegen. Er schreibt in der Einleitung: "Wir nennen eine Darstellung wissenschaftlich, wenn sie auf der Beobachtung der Tatsachen beruht, ohne eine Auswahl unter diesen Tatsachen

---

1) Vgl. K.-O. Apel: a.a.O., S. 61
2) W. Weinfellner: Einführung in die Erkenntnis- und Wissenschaftstheorie. Mannheim 1962, S. 16.

im Namen gewisser ästhetischer oder moralischer Grundsätze vorzuschlagen. 'Wissenschaftlich' steht also im Gegensatz zu 'normativ'. Der Sprachwissenschaft geht es um wissenschaftliche, nicht um normative Betrachtung; das muss besonders nachdrücklich betont werden, denn den Gegenstand dieser Wissenschaft bildet eine Tätigkeit des Menschen, und so ist die Versuchung gross, die unparteiische Beobachtung aufzugeben, um eine bestimmte Verhaltensweise zu empfehlen, nicht mehr aufzuzeigen, wie tatsächlich gesprochen wird, sondern zu bestimmen, wie gesprochen werden sollte."[1])

Man tut hier so, als ob eine Deskription ohne Auswahlkriterium und die Reflexion darauf möglich wäre. Man tut so, als ob Wissenschaft nur Deskription wäre und alle diejenigen, die die normativen Aussagen reflektieren, dies bloss im umgangssprachlichen Bereich täten. Man tut so, als ob die Aussage "wissenschaftlich steht also im Gegensatz zu normativ" nicht implizite ein szientistisches Credo wäre, das einfach nicht weiter hinterfragt werden müsste. Natürlich ist ein Unterschied, ob ich beobachte oder ob ich das Beobachtete werte (normativ oder nicht normativ). Aber wenn man dem Normativen (und damit auch der Moral) jede Begründung abschlägt, so bleibt sie entweder herkömmlich und jeder Veränderung abhold, oder aber sie ist auf Autoritäten angewiesen.[2]) Es besteht zwar ein Unterschied zwischen Sein und Sollen. Aber auch Forderungen, wie das oben erwähnte szientistische Credo sind eine Art Tatsachen, wenn sie anerkannt werden. Sie müssten dann als "normative Tatsachen" bezeichnet werden. Sie sind empirisch feststellbar, und metasprachlich werden sie als Tatsachen behandelt. Aber als eine bloss deskriptive Wissenschaft kann sie ihre eigenen Entscheidungen nicht aus sich selbst begründen. Hier fehlt die Sinnverständigung und die Letztbegründung als transzendentale Selbstvergewisserung dessen, was ich als Ergebnis meiner Entscheidungen technologisch-rational in den Griff bekommen habe, und dies notwendigerweise auf Schritt und Tritt des wissenschaftlichen Arbeitsprozesses.

8. Gefahr der Spaltung von Mensch und Welt

Hier wird also noch ein weiterer Gedanke sichtbar: In dem oben erwähnten szientistischen Credo wird menschliche Sprache zu einem blossen Objekt, und damit

---

1) A. Martinet: Grundzüge der allgemeinen Sprachwissenschaften. Stuttgart 1963. (Französische Erstausgabe, Paris 1960), S.14ff.
2) Vgl. V. Kraft: a.a.O., S.101.

auch der Mensch zu einem Objekt. Beide sind herausgerissen aus dem Fluss der Kommunikation, und diese Haltung beruht auf dem Konzept der Spaltung von Mensch und Welt.[1] Natürlich kann dieser Ansatz in der erwähnten Schrift gar nicht durchgehalten werden, zumal "normativ" ja in einem unwissenschaftlich negativen Sinne gebraucht wird, und man so tut, als ob alle Tatsachenaussagen schon wissenschaftliche Aussagen per se seien. Ohne Schwierigkeit liesse sich das Modell der drei Ebenen, das ich oben aufgezeichnet habe, in dieser Schrift anwenden. Wir können das in dieser Arbeit nicht tun. Zusammenfassend lässt sich aber auch hier zeigen: Transformation durch übergreifende sprachliche Sinndeutung in kommunikativen Austausch ist mehr als blosse Unterscheidung von normativen Aussagen und Tatsachenaussagen. Man weiss heute zudem, dass dann der Charakter einer Forderung entsteht, wenn in den Tatsachen eine Absicht enthalten ist. Die Erkenntnis, dass eine bestimmte Zielsetzung zu verwirklichen ist, um eine andere möglich zu machen, "gibt doch eine Bestimmung für das Handeln, nicht in der Weise, dass es ein solches Handeln unbedingt bewirkt, sondern dass sie die Art eines künftigen Handelns angibt."[2] Weil es notwendig ist, zur Erreichung des Zieles die <u>Anweisung</u> zu erfüllen, handelt es sich um eine Forderung. Kenntnis der Forderung zur Erfüllung der Absicht wird im <u>Ueberschauen</u> (oberste Ebene) der Situation zu einer teleologischen Begründung, erst im kommunikativen Handeln und der jeweiligen stetigen Bereitschaft zum "discours" aber eine deontologische. Auch hier wieder sei auf die Lernstrategie am Schlusse der Arbeit hingewiesen: Erst ihre "theoretische" Evaluation und die Kritik ihrer Erprobung machten die obersten Sinn-Normen eindeutig transparent.

9. Die wissenschaftstheoretische Position des ZEM

Wenn wir nun ein negatives Beispiel wissenschaftstheoretischer Praxis-Theorie-Position kurz dargestellt haben, so möge nun auch ein komplexeres und umfassenderes zu Worte kommen:

Das ZEM (Zielebenenmodell) des Freiburger Forschungsinstituts (J. Eigenmann, A. Strittmatter)[3] impliziert, dass durch die Gegenüberstellung der Begriffe

---

1) Vgl. P. Freire: Pädagogik der Unterdrückten. Stuttgart 1970², S.78.
2) Vgl. V. Kraft: a.a.O., S.108.
3) Sonderdruck aus: K. Aregger, U. Isenegger (Hrg.) Curriculumprozess: Beiträge zur Curriculumkonstruktion und -implementation. Ebac-Projekt, Bericht 8/9. Darin: J. Eigenmann, A. Strittmatter: Ein Zielebenenmodell zur Curriculumkonstruktion (ZEM). Vgl. auch S.210 ff., dort im Zuge der Deduktionsproblematik.

"Theorie" und "Praxis" die Relevanzfrage des pädagogischen Anliegens gestellt wird. Zwar kann nach der Meinung der Autoren mit dem "Theorie-Praxis-Verhältnis" sowohl praxisnahe und praxisferne Forschung als auch das Verhältnis zwischen wissenschaftlichen und nichtwissenschaftlichen (praktischen) Aktivitäten gemeint sein.[1] Aber das ZEM selber unterscheidet für den eigenen wissenschaftlichen Prozess der Zielfindung die Felder "Leitideen" (Feld A), Dispositionsziele (Feld B), Lernziele (Feld C) und ein zusätzliches Feld D für Zielfindungs- bzw. Erklärungs- und Begründungsprozesse, die nicht in A enthalten sind.[2] In einem Schema dargestellt, sieht das so aus:

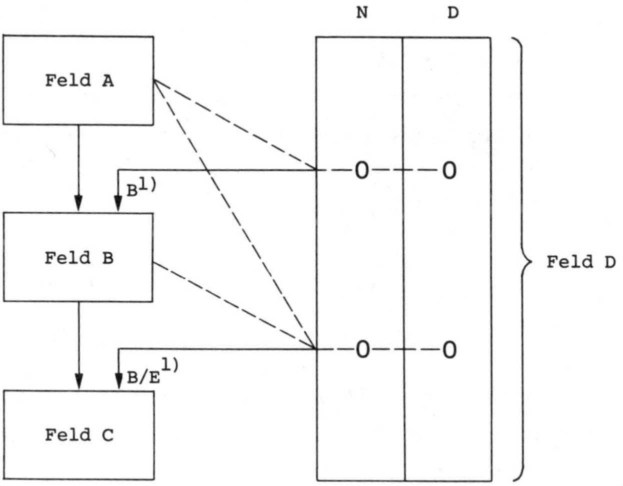

1) B = Begründung
   E = Erklärung

Leitideen (Feld A) als normative Aussagen, begründen entweder den inhaltlich-thematischen Bereich des Zielfindungsobjekts oder den Bereich methodologischer Auseinandersetzung.[3] Sie beschreiben den Themenbereich, das System als Analyse der Situation oder die gesamte Lernsituation. Sie überprüfen die Lernbedürfnisse und die Zielbestimmungen, sie begründen die Zielbestimmungen und alle notwendigen Vorentscheidungen. Den Dispositionszielen (Feld B) liegt die Annahme zugrunde, dass sich Unterricht in relativ überdauernden psychischen Dispositionen niederschlägt. Die Ebene der operationalisierten Lernziele (Feld C) sind schliesslich

1) J. Eigenmann/A. Strittmatter: a.a.O., S.78/79.
2) ebd. S. 110/111.
3) ebd. S. 112.

Hypothesen zur Erreichung eines bestimmten Verhaltensdispositionsziels. Wichtig für uns ist aber vor allem der wissenschaftstheoretische Zusammenhang dieser Ebenen: "Aufgrund der Leitideen, der Verhaltensdispositionsziele und des Feldes D können die Lernziele normativ begründet werden. Die sachrelevante Begründung bzw. Erklärung kann nur auf empirischem Wege erfolgen."[1)] Und: "Weil Aussagen gesucht werden, welche erklärenden Charakter ausweisen, steigen die Anforderungen an die Fachkompetenzen. Da durch das ZEM einerseits die Wissenschaften nach der Begründung von Lernzielen befragt werden, anderseits Auswirkungen (aufgrund von Evaluationsergebnissen) an die Wissenschaften zurückgemeldet und als Probleme aufgegeben werden, entwickelt sich eine enge Verbindung von Theorie und Praxis."[2)]
Hier ist nun etwas in den wissenschaftlichen Prozess eingeflossen, das die kommunikative Kompetenz des Menschen als Möglichkeit von Sinnverständigung und Verständigungsgemeinschaft aufhellt. Die wissenschaftstheoretische Position wird bindend.

10. Ueberprüfung der Thesen zur Gewissensbildung von G. Stachel auf die wissenschaftstheoretische Position

Wir wollen abschliessend unsere nun deutlich aufgezeigte Position an einem Aussagekomplex zur Gewissensbildung verifizieren. Dabei kommt es uns nicht auf Sinninterpretation allein und hermeneutische Feinarbeit im Gesamten an. Vielmehr soll erkannt werden, ob und wie die hier aufgezeigte und im ersten Teil dieses Abschn. S.93-96 dargestellte wissenschaftstheoretische Position zu erkennen ist, ob sie Sinnverständigung und methodologische Theoriebildung sprachlich durch das pädagogisch praktische Handeln vermittelt.
Es handelt sich um Thesen unter folgendem Titel: "Thesen zur Gewissensbildung - die Möglichkeit des Lehrers" von G. Stachel.[3)]
Stachel setzt in seiner Einleitung zu den Thesen quasi voraus, dass das Gewissen aus einer Anlage heraus bildbar ist. Die Unterscheidung der traditionellen Theologie von Urgewissen (synderesis) und Situationsgewissen (conscientia) lasse für das erstere eher formale, für das zweite eher materiale Bildung zu, denn Urgewissen meine "Stimme Gottes", das "ins Herz geschriebene Gesetz" etc.,

1) J. Eigenmann/A. Strittmatter: a.a.O., S.117.
2) ebd. S.121.
3) G. Stachel: Thesen zur Gewissensbildung - die Möglichkeit des Lehrers. In: Katechetische Blätter 11/1969, S.662ff.

während Situationsgewissen in der Geschichte der Theologie eher mit dem Begriff der Klugheit zu identifizieren sei. Stachel bezieht sich dann vor allem auf den durch "Totalität" gekennzeichneten Gewissensbegriff G. Ebelings. Für Ebeling[1)] habe das Gewissen nicht den Charakter eines Organs, sondern meine den ganzen Menschen, insofern er "zur Sprache komme", zur Entscheidung "unausweichlich" aufgerufen, andauernd aber auch vor die "Fraglichkeit" seiner Identität mit sich selbst gestellt werde. Obwohl diese theologische Position mehr den passiven Gnadencharakter des Gewissens betone, sei das Gewissen für Ebeling als Teilhabe am Sprachgeschehen effektiv bildbar. Er schreibt anschliessend in der Einleitung: "Der praktische Theologe kann und muss hier nichts entscheiden. Es muss ihm gestattet sein, mit dem, was für seine pädagogisch-seelsorgerliche Erfahrung 'positiv' gegeben ist, pragmatisch umzugehen, freilich bereit, sich von einer besseren Systematik jederzeit zur richtigen Sprache und tieferer Einsicht anleiten zu lassen."[2)]
Wir wollen hier die Thesen im Original wiedergeben, weil wir uns verschiedentlich auf sie zu beziehen haben und so die Auseinandersetzung dem Leser besser gelingen dürfte:

" 1. Anlagen entfaltet man nicht durch Vermittlung einer Theorie ihres Tätigwerdens. Das im Kind angelegte Gewissen entfaltet sich in der konkreten Gewissensentscheidung. Das Gewissen wird tätig: a) bevor die Entscheidung fällt und die Handlung ausgeführt (unterlassen wird), b) nach der Ausführung (Unterlassung) der Handlung. Eine Theorie der sittlichen Entscheidungen, eine spezielle Ethik, kann sinnvoll erst dann vorgelegt werden, wenn der Schüler auf Erfahrungen zurückblickt, die er an konkreten Entscheidungen gewonnen hat.

2. Der Erzieher trägt also zur Gewissensbildung bei, indem er a) im konkreten Fall zur Entscheidung verhilft oder sie ermöglicht, b) Entscheidungen, die der Schüler getroffen (unterlassen) hat, mit ihm wertend reflektiert. In beiden Fällen ist nicht so sehr von Normen abzuleiten, als zur unverstellten Sicht der menschlichen Wirklichkeit anzuleiten. Gewissensbildung erfolgt induktiv.

3. 'Sittliches' Verhalten ohne freies Mitwirken des Schülers anzuerziehen, ist Dressur. Bei der Erziehung von Kindern sind gewisse Dressuren unerlässlich und im Hinblick auf spätere Einsicht und Zustimmung gerechtfertigt. Von dauerhaftem Wert ist jedoch nur jene erzieherische Hilfe, die zur wenigstens teilweise freien Entscheidung verhilft. Gute Erziehung zwingt also nicht, sie motiviert. Motive sind nicht gleichwertig; ihr Wert wird bestimmt nach dem Mass an Freiheit, das sie dem Entscheidenden ermöglichen.

---

1) Stachel bezieht sich auf: Theologische Erwägungen über das Gewissen. In: Wort und Glaube. Tübingen 1960, S.429/446.
2) G. Stachel: a.a.O., S.662.

4. Freiheit verwirklicht sich grundsätzlich dort, wo sich der Entscheidende von primitivem Egoismus löst und zum sozialen Auftrag des Menschen hinwendet. Besonders wertvoll sind darum jene Motive, die vom berechtigten Anspruch des andern oder der menschlichen Gesellschaft her ihre Motivationskraft beziehen. Die Motivation vom Willen Gottes her ist umgreifend und bleibt meist latent wirksam. Direkte religiöse Motivationen werden im allgemeinen zu häufig eingesetzt.

5. Dem Lehrer (Katecheten) ist bei der Gewissensbildung nur eine begrenzte Hilfe möglich, weil er nicht 'Lebensgefährte' seiner Schüler ist, ganz besonders, weil er nicht die für das Erwachen des Gewissens grundlegenden Liebeserfahrungen der Kleinkind-Zeit vermittelt, sie auch nicht eigentlich ersetzt oder ergänzt. Seiner eingeschränkten Rolle fällt jedoch insofern besondere Bedeutung zu, als andere Helfer versagen und der Einfluss anderer Faktoren der Gewissensbildung (zum Beispiel der Beichte) zurückgeht.

6. Der Lehrer bildet das Gewissen seiner Schüler:
a) durch sein eigenes Verhalten und durch gelegentliche Motivation dieses Verhaltens; zu solcher Motivation ist er dann verpflichtet, wenn sie von seinen Schülern zu Recht gefordert wird;
b) durch Beobachtung und Beeinflussung des schulischen Verhaltens seiner Schüler und dessen Aufhellung im Erziehungsgespräch; in solchem Gespräch werden vor allem auch neue Entscheidungsmöglichkeiten aufgedeckt;
c) durch Gespräche über ausserschulisches Verhalten der Schüler oder anderer Menschen, soweit der Unterricht dazu legitimen Anlass gibt; unrecht ist es, die Privatsphäre oder den Intimbereich des Schülers aufzudecken oder gar aufzubrechen;
d) bei der Behandlung von Texten der Bibel oder der Literatur, bei der Darstellung und gesprächsweisen Erfassung von Vorgängen der Geschichte oder der Gegenwart, sofern in diesen sittliche Entscheidungen getroffen oder verweigert, Freiheit und Verantwortung angetreten oder Versagen fixiert ist.

7. Das konkrete Material der Gewissensbildung, wie es eben dargestellt wurde, ist jedoch nicht Anlass zum Moralisieren oder Verallgemeinern. Es wird als Wirklichkeit zunächst schlicht hingenommen und vorsichtig gedeutet. Das Gespräch über solche Wirklichkeit entdeckt Motive des Verhaltens, Möglichkeiten zur Entscheidung, Hemmungen, Störungen, Festgelegtsein, Einflüsse aus der Vergangenheit des einzelnen und der Gesellschaft, zukünftige Möglichkeiten, die sich aus einem bestimmten Verhalten ergeben. Dabei wird sittliches Verhalten als geschichtliches Verhalten erkannt, das Gewissen als Organ zur Entscheidung in einer konkreten geschichtlichen Situation entdeckt, der Blick auf die Fülle der Möglichkeiten jedes Augenblicks gerichtet.

8. Die Wertung ist weitgehend dem Schüler selbst überlassen. Auftretende Fehlwertungen werden nach ihren Motiven befragt und gegebenenfalls ruhig aufgeklärt. Nicht jede Fehlwertung und jedes Fehlverhalten müssen alsbald aufgeklärt werden! Der Lehrer vermeide eine

falsche Eindeutigkeit seines eigenen Urteils. Die mögliche Vielfalt der Wege ist grundsätzlich im Auge zu behalten. Generalisierende moralische Wertungen sind von geringem Nutzen, besonders wenn es sich um ein verallgemeinerndes 'Verurteilen' handelt: besser positive Normen entfalten und negativ formulierte Urteile umkehren.

9. Gott erscheint nicht als transzendenter Gesetzgeber oder als der im Einzelfall von aussen Gebietende, sondern als der, der Freiheit ermöglich und gewährt, der die Welt freigesetzt hat, der aber die Freiheit der Notwendigkeit sich zu entscheiden konfrontiert und insofern im Gewissen 'spricht'. Als das Gute selbst und die Liebe selbst ist er die Verwirklichung des Guten und dem Tätigwerden der Liebe immanent. Wo die Liebe ist, dort ist Gott.

10. Gewissensbildung ist an die psychologischen und soziologischen Vorgegebenheiten geknüpft. Was einem Kind oder jungen Menschen auf Grund seines Alters unerreichbar ist, was in der Gesellschaft nicht angelegt ist, dazu kann auch nicht erzogen werden. Auch der Lehrende bleibt an seine eigenen sozialen und psychischen Möglichkeiten gebunden. Es gibt auch eine Gewissensbildung der Gesellschaft, von der der einzelne getragen wird und auf die sein Verhalten einwirkt. Gewissensbildung ist nüchtern (das heisst: im Horizont des Möglichen) zu betreiben. Sie bedient sich der innerhalb des Erreichbaren sinnvollen Methoden. Sie kennt kein geschlossenes Konzept und keinen abgerundeten Erfolg.

11. Jede Möglichkeit, die Kraft eigener Entscheidung verwirklicht worden ist, entlässt aus sich neue Möglichkeiten der Entscheidung. Sie ermöglicht auch andern, die mit dem Sich-Entscheidenden Kontakt haben, sich von neuem zu entscheiden. Wo Gewissensbildung einmal begonnen hat, geht sie alsbald leichter und erfolgversprechender von statten.

12. Fehlverhalten ist unvermeidlich. Es darf vom Erzieher weder bagatellisiert, noch in deprimierender Form verurteilt werden. Strafen seien massvoll und einsichtig. Das Schulderlebnis ist ein wichtiger Einsatzpunkt der Gewissensbildung. Verarbeitung von Schuld, Umkehr und Wiedergutmachung sind eine kräftige Hinwendung zur sittlichen Entscheidung.

13. Ratschläge, Anregung von Vorsätzen, Warnungen sind auf ihre Befolgbarkeit und auf tatsächliches Befolgen zu kontrollieren. Werden sie nicht befolgt, so wirken sie frustrierend. Sie hemmen die Gewissensbildung oder wirken gewissensverbildend.

14. Grundsätzlich sind erzieherische Eingriffe, selbst Ratschläge dort unangemessen, ja unrecht, wo erwartet werden darf, dass sich der Schüler selbständig dafür entscheidet, das Rechte zu tun und das Schlechte zu lassen. In der Regel ist - liebende Präsenz des Er-

ziehers vorausgesetzt - sparsame, zurückhaltende Erziehung die wirksamere Erziehung.

15. Die Kindern häufig anerzogene Vorstellung von den 'vollkommenen Erwachsenen' ist verlogen. Kindern und jungen Menschen ist ein realistischer Blick auf die Erwachsenenwelt zu vermitteln. Eigene Fehler sind zuzugeben; der Lehrer entschuldigt sich ungescheut, wenn er etwas falsch gemacht hat.

16. Die hervorragenden Eigenschaften richtiger Hilfe bei der Gewissensbildung sind folgende: Gelassenheit, Humor, Nüchternheit, Respekt vor der Freiheit - aber auch Konsequenz, Mut zu entschiedenem Rat und zur gelegentlichen Weisung. Ueberlegenheit, Ordnungskraft, Sicherheit. Nie darf vergessen werden, dass Gewissensbildung von der Erfahrung empfangener und geschenkter Liebe lebt, also im Raum der Schule nur unterstützt werden kann."

Die vorliegenden Thesen geben ein typisches Bild von auf Gewissensbildung bezogenen Aussagen im Bereich praktischer Theologie. Es sind Behauptungen, was Gewissensbildung sei und wie Gewissensbildung vor sich gehe, und wir haben schon auf S.79 erwähnt, dass in diesem Feld meistens nicht etwa die oberste Sinnverständigungsebene fehlt, sondern die technologisch-methodische Ebene, die Ebene der Deskription, der Begriffe, Tatsachen und Gesetze, der Verifikation und Falsifikation von Unterrichtshypothesen, der theoretischen Konstrukte und der Vorhersagen, der Reduktion und der pragmatischen Modelle oder allgemein der Kontingenzen. Es ist die Ebene erziehungswissenschaftlicher Forschung und didaktischer Theorie, die meistens dann zu kurz kommt, wenn nicht erziehungswissenschaftliche Disziplinen in ihrem Bereich "Anregungen" für den konkreten Unterricht geben. Die empirische Erziehungswissenschaft mag zwar immer wieder in das andere Extrem, dasjenige der Rationalität der Theorien verfallen. Hier gilt: "die (unkritische) Rationalität anerkennt nicht, was sie ausgrenzt, sie leugnet es einfach - und eben dies ruft nach neuen Ritualisierungen der Gleichheit und des Fortschritts, der Objektivität und der Leistung."[1)]

Wir möchten nun Punkt für Punkt reflektieren und a) je einige allgemeine Bemerkungen zu einzelnen Thesen machen,
b) den wissenschaftstheoretischen Standpunkt, der sich dahinter verbirgt,

---

1) H.v.Hentig: Cuernavaca oder: Alternativen zur Schule? Stuttgart 1971, S.27.

durch Inhaltsanalyse und hermeneutische Kritik festzustellen versuchen.

Zu These 1:

Die Aussage überzeugt. Der erste Satz beinhaltet eine verdeckte konkrete Verhaltensanweisung, der zweite die negative Form davon, wobei impliziert wird, dass eine Theorie der sittlichen Entscheidungen vorhanden ist, da sie ja "später", d.h. wenn der Schüler auf Erfahrungen zurückblickt, angewendet werden kann. Was aber fehlt, sind methodologische Aussagen. Sie werden aktuell, wenn folgende Fragestellung in den Vordergrund tritt: Welche Bedingungen müssen geschaffen werden, damit jeder Schüler einer Klasse Entscheidungen treffen kann? Wie kann ich validieren, wie Gewissen in Funktion tritt, d.h. über welche Indikatoren lässt sich Verhalten auf den Anspruch des Gewissens zurückführen, bei einer konkreten Entscheidung eines Schülers? Wie habe ich Garantie, dass gemachte Erfahrungen assoziativ ins Feld des Unterrichts "gerissen" werden, und wie kann ich diese Erfahrungen zur Sprach bringen, damit in verknüpfendem Lernen "die spezielle Ethik" auf jeder Stufe entsprechend dem Strukturniveau des Schülers in Selbsttätigkeit zur Sprache kommt?
Wir sehen also deutlich: Hier fehlt eine Theorie des Unterrichtsvorgangs, eine Theorie, die an der Praxis gemessen werden kann.[1)]

Zu These 2:

Auch diese These überzeugt auf den ersten Blick. Was heisst aber zur Entscheidung verhelfen, wenn ich nicht weiss, wie ich Bedingungen schaffe, damit der einzelne Entscheidungen treffen kann? Zur Entscheidung verhelfen ist ein didaktischer Vorgang, den man benennen kann. Ueber sprachliche Hinweisreize, zur Bereitstellung von Instrumentarien für den Schüler zur Analyse von Fallstudien, bis zur Identifikation (im Sinne von emotionalen Lernzielen) mit Menschen bzw. mit positiven und negativen Vorbildern usw. müssen die Möglichkeiten solcher Hilfen angegeben werden. Was heisst "nicht so sehr von Normen abzuleiten" und "induktives Vorgehen"? Heisst das, letztlich von Lebenssituationen auf Normen schliessen, oder heisst das, in andauernder Auseinandersetzung mit einer bestehenden Ordnung meine Handlungen reflektieren zu lernen?

---

1) Das zeigt sich deutlich im abgedruckten Unterrichtsbeispiel von G. Stachel: "Das Gewissen". In: Kat. Blätter 11/1969, S.665ff. Es handelt sich um ein mäeutisches Unterrichtsgespräch, wo der Lehrer über 95% der Zeit selber redet und die Schüler hie und da schüchtern auf eine Frage reagieren oder eine Bemerkung einstreuen.

Auch bei These 2 lässt sich sagen: Es liegt wohl eine Theorie oberster Sinnverständigung vor, aber keine Theorie des unterrichtlichen Handelns. Eine Theorie der Entscheidung betrifft nicht bloss den normativ gemeinten Vorgang im und/oder des Schülers, sondern auch den Handlungsprozess, den wir Unterricht nennen. Entscheidungstheorien sollten nicht bloss präskriptiv eingesetzt werden, sondern mindestens vom Lehrer auch deskriptiv im Sinne der antizipierenden Unterrichtsanalyse eingesetzt werden. "Dennoch bestand in den vergangenen Jahren wachsendes Interesse an einer deskriptiven Entscheidungstheorie, welche berichtet und analysiert, wie Menschen tatsächlich Entscheidungen fällen, was sie davon abhält, rationale Entscheidungen zu treffen, und unter welchen Bedingungen sie vergleichsweise rationale Entscheidungen fällen werden. Der deskriptive Ansatz bedarf noch beträchtlicher Entwicklung und muss von der individuellen Ebene auf die der Organisation gehoben werden."[1]

Zu These 3:

Das Problem Erziehungszwang, Motivation, Mass an Freiheit kann in Aussagesätzen als oberste Sinnverständigung tatsächlich so allgemein formuliert werden. Aber beim Satz "Bei der Erziehung von Kindern sind gewisse Dressuren unerlässlich ..." zeigt sich wiederum, wie schwebend und basisfern diese Sinnverständigung wird, wenn sie sich nicht auf eine Theorie des Handelns abstützt. Sind mit Dressur instrumentelle Verhaltensmuster gemeint, die als Reaktion auf Reize so oft miteinander verbunden werden, "dass Ketten von Aktivitäten entstehen, die die Anpassung des Organismus an die Umgebung aufrechterhalten?"[2] Wie ist das Verhältnis von Entwicklungsstufe und instrumentellem Lernen, von Entwicklungsstufe und einsichtigem Lernen, von Entwicklungsstufe und Imitationsverhalten? Wann ist Verhaltensanweisung motiviert, wann ist sie Zwang usw. Auch hier wie bei These 1 und 2 fehlt die Theorie des pädagogischen Handelns, der Verifikation und Falsifikation von Vorhersagen, die dieses Handeln betreffen. Zielbegründungen genügen nicht, wenn nicht die gleichzeitigen Zielformulierungen eindeutige Ueberprüfbarkeit des Vorgehens ermöglichen. Erkenntnis und Erkenntnissituationen dürfen nicht auseinanderfallen. Zu meinen, dass nur die digitalen[3] Kommunikationsinhalte zur Sprache kommen sollen, wäre ein Fehlschluss.
Gerade bei der analogen[4] Kommunikationsmodalität ist theoretische Reflexion am

---

1) A. Etzioni: Soziologie der Organisation. München 1971³, S.13.
2) E. Stones: Psychologie des Lernens und Lehrens. Weinheim 1972.
3) Sachliche Behauptungen und deren Beurteilung betreffend.
4) Beziehungen und unmittelbare Reaktionen betreffend.

Platze, ansonst man über Inhalte zu reden meint, während man Beziehungen zur Sprache bringt.[1)]

Zu These 4:

Darin steckt die Behauptung, dass Erziehungshandeln sozial-kommunikatives Handeln ist. Wir können uns damit voll einverstanden erklären. Zwar ist damit wiederum nur die normative Ebene gemeint, deren Verbindlichkeit ohne Theorie des unterrichtlichen Handelns, ohne Technologie und saubere Evaluationsmöglichkeit Gefahr läuft, irrational zu werden. Das zeigt sich in den beiden letzten Sätzen. Es sind Behauptungen, welche Gesellschaft und christliche Botschaft voneinander trennen. Sehr wahrscheinlich kann der Wille Gottes überhaupt nicht motivierend wirken (digital), vielmehr müsste man sagen, dass Beziehungen wirken, Beziehungen zu Menschen und zu Gott (analog). Denn der Begriff des Dialogs meint, dass Lehrer wie Schüler im Objekt, dem sie sich zuwenden, vermittelt sind. Und dieses Vermitteltsein muss genau so reflektiert werden, wie die philosophische Frage, wann sich Freiheit verwirklicht.

Zu These 5:

Sie meint, dass beim Vorgang der Gewissensbildung Variablen berücksichtigt werden müssen, die für den Lehrer nicht beeinflussbar sind (intervenierende Variablen).[2)] Dass hier aber Dezisionismus in der Wahl der obersten Ziele im Spiele ist, liegt auf der Hand. Wie gefährlich das ist, zeigt die Tatsache, dass betont wird, der Lehrer könne Liebeserfahrungen des Kleinkindes nicht ergänzen und ersetzen, er sei nicht "Lebensgefährte" des Schülers, er habe eine eingeschränkte Rolle. Dies macht ein nichtdialogisches, nichtkommunikatives Verhältnis zum Schüler sichtbar. Müsste nicht für den Lehrer gelten: Im Augenblick des beginnenden Unterrichts trete ich mit meiner ganzen Existenz ein in das Beziehungsfeld Mensch-Mensch, in den Dialog? "Dialog kann freilich nicht existieren, wo es an der tiefen Liebe für Welt und Menschen fehlt. Die Benennung der Welt als Akt der Schöpfung und Neuschöpfung ist nicht möglich, wo dieser Vorgang nicht von Liebe durchdrungen ist. Liebe ist zugleich die Begründung des

---

1) Vgl. P. Watzlawick, J.H. Beavin, D.O. Jackson: Menschliche Kommunikation. Formen, Störungen, Paradoxien. Bonn, Stuttgart 1969, S.61ff.
2) Kleinkindzeit, Familienstatus, Sozialstatus, andere Faktoren der Gewissensbildung usw.

Dialogs und der Dialog selbst."[1] Bin ich also für die Zeit, die mir zum Unterricht zur Verfügung steht nicht voll und ganz Lebensgefährte? Spielen nicht auch bei mir die intervenierenden Variablen? - jeder Dialog hat auf Vorgegebenes Rücksicht zu nehmen.
Wir sind unvermittelt in die Interpretation der Erziehungswirklichkeit[2] eingetreten, also wiederum in eine Auseinandersetzung auf der obersten Zielebene. Wir wollen damit bestätigen, dass diese Reflexion wichtig ist, aber dass sie uns nicht davon befreit, wissenschaftliche Reflexion auf der zweiten Stufe zu vollziehen. Und gerade im Bereich der von These 5 gegebenen Zusammenhänge bedarf es zum einen "einer genauen phänomenologischen Rekonstruktion von Kommunikationszusammenhängen, in denen heranwachsende Individuen lernen und handeln; zum anderen bedarf es eines - wie immer vorläufigen - theoretischen Rahmens, in dem Komponenten und Faktoren identifiziert werden können, die als die gesellschaftlichen Konstitutionsbedingungen für Lebenswelten angenommen werden können."[3]

<u>These 6,7 und 8:</u>

In den Feldern Lehrerverhalten, schulisches Verhalten und ausserschulisches Verhalten, das in Dokumenten (Medien) sichtbar wird, sollen Entscheidungsmöglichkeiten ohne Moralisieren, wobei die Wertung dem Schüler selbst überlassen werden soll, aufgedeckt werden. Hier liegen konkretere Verhaltensanweisungen vor, wobei eindeutig Schüler über 10 Jahre ins Auge gefasst werden. Wir bewegen uns also endlich auf der zweiten Ebene, der Theorie unterrichtlichen Verhaltens. Die Gewinnung dieser vorgelegten didaktischen Kategorien wird aber weder begründet noch validierbar gemacht. Entscheidungsfelder und Bedingungsfelder sind durcheinandergemischt. Was ist z.B. mit der Aussage gemeint: "Der Lehrer bildet das Gewissen seiner Schüler durch sein eigenes Verhalten und durch gelegentliche Motivation dieses Verhaltens." Ist das eine didaktische Phrase oder verbirgt sich tatsächlich ein unterrichtstheoretischer Ansatz? Nirgends so schön wie hier lässt sich das Malaise der Theoriefeindlichkeit auf der zweiten Ebene der Handlungsvorgänge zeigen. Als Modelle einer pädagogischen Intention können diese Sollens-Aussagen ("Der Lehrer vermeide eine falsche Eindeutigkeit seines eigenen Urteils" etc.) wohl nicht gelten. Didaktische Anweisungen sind letztlich Lernziele

---

1) P. Freire: a.a.O., S.95/96.
2) Vgl. E. Weniger: Didaktik als Bildungslehre. Teil 1. Die Theorie des Bildungsinhaltes und des Lehrplans. Weinheim 1956², S.66ff.
3) K. Mollenhauer: Theorien zum Erziehungsprozess. München 1972, S.41.

für den Lehrer. Lernziele aber müssen "einer doppelten Fragestellung und Bewertung unterzogen werden. Man muss fragen, wie sich die einzelnen Unterrichtsziele der Lernbereiche in Hinsicht auf jene allgemeineren Lernziele fruchtbar auswirken und wie die allgemeinen Ziele in den einzelnen Lernbereichen in konkrete Unterrichtsziele zu übersetzen oder zu übertragen sind."[1] Diese Prozesse aber sind stets intersubjektiv überprüfbar zu machen. Die Prinzipien effektiver Unterrichtsgestaltung im Bereiche der Gewissensbildung bedürfen der theoretischen Absicherung, weil sonst die Praxis unkontrollierbar wird.[2]

---

1) Deutscher Bildungsrat: Strukturplan für das Bildungswesen. Stuttgart 1970, S.84.

2) Wir verweisen hier nochmals auf das Unterrichtsbeispiel von G. Stachel, das im Anhang seiner Thesen steht. In der Einleitung zur Stunde sagt der Autor: "Die Stunde sucht das Gewissen weder als Zentrum mit angeborenen Einsichten, noch als Ergebnis von Geboteeinprägung, sondern als urteilendes Organ mitmenschlicher Liebe zu verstehen. Sie geht von Erfahrungen aus, nicht von Schrifttexten oder literarischen Zeugnissen. Deshalb wird auch in Darbietung und Gespräch die Umgangssprache gebraucht. Die sprachliche Form soll unmittelbar verstanden werden, so dass sich die Schüler mit dem Gesagten identifizieren, ohne 'übersetzen' zu müssen.
Als erste Erfahrung wird das Erkennen der Mutter eingeführt (jene Urgeborgenheit, die der 131 Psalm ausspricht: 'Wie ein gestilltes Kind bei seiner Mutter, so still ist meine Seele in mir.' (Sie wurde in einer parallelen Mädchenklasse rascher erfasst, als von den Jungen, wohl weil die interessierte Fremdbeobachtung den Mädchen leichter möglich ist.) - Geschwisterliebe im Vorschulalter dient als Beispiel für Liebe, die man einem anderen erweist und die froh macht. - Das derart auf Harmonie gestimmte Gewissen kann durch die mit dem Schulbeginn einsetzenden Rohheiten gestört werden. - Die letzte Erfahrung setzt im Bereich sittlicher Entscheidungsmöglichkeit der Altersphase an. Ein alterstypischer Verstoss gegen mitmenschliche Liebe wird entfaltet. (Aufschlussreich ist, dass die Jungen nicht den Verrat, aber die körperliche Brutalität als gravierend empfinden.)"
Hier wird von Erfahrung gesprochen und angenommen, als läge tatsächlich ein intensiver Unterrichtsvorgang vor. Schaut man aber genauer hin, so handelt es sich um ein ca. einstündiges Gespräch, das so beginnt: "Wie ein neugeborenes Kind ist, wisst ihr vielleicht. Es schläft die meiste Zeit. Es schreit, wenn ihm etwas fehlt. Es trinkt, es wird gewickelt. Und es wächst. Ja, wann merkt man an einem Kind, dass es ein Herz hat? Dass in ihm menschliche Regungen sich ereignen? ..." Es handelt sich um ein Gespräch, in dem der Lehrer die Zügel klar in der Hand hält, keine Kontrolle über Schüleraktivität und Lernergebnis vorliegt, keine effektiven Entscheidungen getroffen werden, keine Verarbeitungen durchgeführt werden. Ja nicht einmal eine unterrichtstheoretische Reflexion liegt vor, einzig einige inhaltliche Angaben. Hier kann tatsächlich kaum von kontrollierter Unterrichtspraxis gesprochen werden.

These 9:

Hier wird versucht, eine inhaltliche Frage zu operationalisieren, wobei wieder wie bei These 1 nur eine Verallgemeinerung als pädagogischer Grundsatz zustande kommt. Oberste Sinnverständigung müsste selber auch wieder eine breitere Begründung erfahren. Handlungsorientierte Funktion praktischer Theorie kann sich nicht mit der Theorie handlungsorientierter Praxis decken, weil im vorliegenden Fall letztere gar nicht vorhanden ist.

These 10:

Soziologische und psychologische Vorgegebenheiten werden in Erwägung gezogen, diesmal aber allgemeiner als in These 5. These 10 ist in sich voller Widerspruch. Das wird besonders in den letzten drei Sätzen sichtbar. Wie sind sinnvolle Methoden anwendbar, wenn kein geschlossenes Konzept möglich ist? Was heisst sinnvolle Methoden, was heisst geschlossenes Konzept, was ist mit abgerundetem Erfolg gemeint?
Sobald Anweisungen über Gewissensbildung im Gemeinfeld allgemein pädagogisch normativer Sprache schweben, werden sie dizisionistisch oder dogmatisch. Es wiederholt sich, was wir bei den anderen Thesen bereits ausgeführt haben.

These 11:

Der Autor versucht, deduktiv eine Folgerung aus der Theorie der Entscheidung abzuleiten. Diese Folgerung ist nicht logisch relevant. Sie entspricht nicht unbedingt den schulpraktischen Erfahrungen. Sie ist weder begründet noch theoretisch unterbaut. Auch hier gilt, dass von uns nicht allein die Instrumentalisierung der Vernunft, wie die empirisch-analytische Wissenschaftsposition sie darstellt, gemeint ist, aber auch selbst nicht Aussagen auf unterster Zielebene, ohne theoretische Hinterfragung akzeptiert werden. Dass hier das Deduktionsproblem[1)], welches als Versuch definiert werden kann, "einen Ableitungszusammenhang zwischen gesellschaftlich und zumeist höchst abstrakt formulierten Normen und unterrichtstheoretisch erfassbaren Lernzielen herzustellen,"[2)] weder reflektiert noch gelöst ist, ist entschuldbar.

1) Vgl. S. 233-251 dieser Schrift.
2) A.L. Meyer: Einführung in die Curriculum-Methodologie. München 1972, S.15.

Thesen 12, 13 und 15:

Diese Thesen handeln ganz allgemein vom Verhalten und Fehlverhalten von Lehrern und Schülern, welche durch Sollensformeln beurteilt und verändert werden müssen. Die Thesen 12 und 13 bringen aber einen ganz neuen Aspekt, nämlich das Strafen von Fehlverhalten und die Verhaltenskontrolle. Damit ist sehr wahrscheinlich nicht unterrichtliches Verhalten im Prozess der intentionalen Gewissensbildung gemeint, als vielmehr erzieherisches Verhalten bei nichtintentionaler Gewissensbildung. Warum diese Punkte hier auftauchen, ist nicht auszumachen. Meint der Autor echtes Verhaltenstraining als Prozess des Lernens des Gewissens oder meint er den allgemeinen Unterricht, der ja, wie jede erzieherische Situation, immer irgendwie das Gewissen bildet? Intention und Ziel dieser Aussagen sind auf keine konkrete Praxis ausgerichtet. Deshalb würde eine Strukturanalyse von Unterrichtsvorgängen und Unterrichtsinhalten sehr wahrscheinlich nicht zu gleichen Aussagen führen.[1] Ebenfalls aber würden Reflexionen im Bereich emanzipierender analytischer Ethik je andere Aussagen zum Thema Bagatellisierung oder Verurteilung von Fehlverhalten, zum Thema Strafen, zur Kontrolle von Anweisungen etc. ergeben.

Thesen 14 und 16:

Es handelt sich um allgemeine Verhaltensanweisungen, die nicht auf Konkretes bezogen sind. Sie werden von Behauptungen eskortiert wie z.B. "In der Regel ist - liebende Präsenz vorausgesetzt - sparsame, zurückhaltende Erziehung die wirksamere Erziehung." Der zweite Teil der These 16 wiederholt empfehlend These 5, wobei hier nochmals in viel stärkerer Form der Raum geschenkter Liebe (Familie) gegen den Schulraum abgehoben wird.

Zusammenfassend ist zu sagen:
Die Thesen von G. Stachel schweben zwischen Verhaltensanweisungen, die die Praxis meinen, und obersten ethischen Erziehungszielen. Sie sind unscharf. Theoriefremdheit ist feststellbar: Sowohl die Hinterfragung auf oberster Ebene als die eigentliche Theorie der Verhaltensanweisung, auch auch die Theorie zur direkten Praxisbewältigung sind nur angetupft. Zwar sind die Stachel'schen Thesen von allem, was auf diesem Gebiet zu finden ist, wohl das beste. Aber sie können zu wenig effektiv eingesetzt werden. Oberste Begründungszusammenhänge sind

---

1) Vgl. unsere Ausführungen zum Isomorphieproblem S.347.

eher noch implizit zu finden.
Letztlich geht aus seiner präskriptiven Sprache hervor, dass sie sich selber nicht immer reflektiert, dass die mittleren und unteren Ebenen zu wenig abgesichert werden. Damit haben wir aber nur den wissenschaftstheoretischen Wert der Thesen beurteilt, nicht den Wert de facto, der wie gesagt hoch anzuschlagen ist.

11. Schlussbemerkungen

Abschliessend sei zur wissenschaftstheoretischen Position gesagt:
Jede Didaktik im Bereich der Gewissensbildung hat sowohl Theorie der Inhalte wie auch Theorie des Unterrichts zu sein. Inhalte und Handeln verlangen aber auch nach oberster Sinnverständigung. Praxis soll immer gesehen werden als hinterfragtes Handeln, das seine letzte Kompetenz von Intentionen im Bereich anthropologischer oder erziehungstheoretischer Aussagen erhält. Erst in der Begegnung von Praxis (Gewissen lernen) und Sinnverständigung (normative Aussagen über das Gewissen) haben Theorien der Ableitung, des Handelns, der Begründung etc. ihren effektiven Stellenwert. Weil im Bereich der Gewissensbildung objektivierbare Lernprozesse so schwer zu extrapolieren sind, weil diese Prozesse so schwer zu "quantifizieren" sind[1], fehlt es im allgemeinen nicht an obersten ethischen Zielen, auch nicht an konkreten schulischen Entscheiden, aber es fehlt an klar vorgezeichneten hypothetischen Lernprozessen, die theoretisch begründbar sind und experimentelle Ergenisse liefern. Deshalb sei der letzte Teil dieser Arbeit ein "Experiment" im Bereich intentionaler Gewissensbildung.[2]

---

1) Vgl. das Evaluationskonzept zu unserer Lernstrategie S.541-546.
2) Vgl. 5, S. 413.

Kapitel 2

Vorläufige Hypothesenbildungen zum konzeptuellen Arbeitsaufriss

FRAGESTELLUNG VOM UNTERRICHT (VON DER BASIS) HER

1. Definitionen und die darin enthaltenen theoretischen Konstrukte

Wer von Gewissensbildung redet, kann grundsätzlich zwei Dinge meinen, nämlich eine Analyse dessen, was vorgeht, wenn das Gewissen entsteht einerseits, und, was konkret getan werden soll und/oder kann, damit auf dem Weg intentionaler Beeinflussung[1] zu einem sog. richtigen oder emanzipierten oder dynamischen oder sozialintegrativen Gewissen erzogen werden kann. Für beide Arten von wissenschaftlichem Vorgehen - die Interpendenz ist uns wohl bewusst - gibt es sowohl gemeinsame informatorische Erkenntnisbereiche, wie auch spezielle methodologisch divergierende Aspekte. Im ersten Fall stehen mehr Beobachtungs- und Interpretationsprobleme, im zweiten mehr experimentelle, lernstrategische, curriculare und Evaluationsvorgänge, sowie Fragen der Lern- und Erziehungspsychologie im Mittelpunkt. In dieser Arbeit interessiert, wie gesagt, der zweite Bereich. Es geht um das Problem: Lässt sich die Gewissensbildung in Handlungsstrategien oder, mit anderen Worten, in vorgeplante Lernprozesse einbetten, sodass einer Erzieherperson etwas in die Hand gegeben werden kann, womit sie beispielsweise eine Einstellungsveränderung oder gar eine Verhaltensänderung im Bereich der Moral erreichen kann.
Nun stellt sich natürlich sofort die Frage: Was ist das, ein Gewissen? Wir möchten hier einige Definitionen herausgreifen, und uns die Frage stellen, wie weit sie für einen Lernprozess im oben erwähnten Sinne anwendbar sind.[2]

- "Das Gewissen liegt eben im Gesamtgefüge des Menschen an der Nahtstelle zwischen dem Selbstsein und dem Ueber-sich-hinaus-sein auf das Nicht-ich: auf das Du, die Welt, Gott. Wir bezeichnen das Gewissen vorläufig als die persönliche Instanz der Verantwortung."[3]

---

1) Nach W. Schulz wäre mit Intentionalität die Frage verbunden, welche pädagogischen Absichten im Unterrichtsprozess, in der Unterrichtsplanung, in den Ratschlägen der Unterrichtslehren erkennbar sind. Vgl. P.Heimann/O.Gunter/ W.Schulz: Unterricht, Analyse und Planung. Hannover 1965 (1972[6]), S.25.
2) Die am meisten gebrauchten Theoriemodelle (Freud, Jung, Adler, Piaget, Heidegger etc.) werden erst an späterer Stelle dieser Arbeit berücksichtigt.
3) G. Griesl: Gewissen. Ursprung - Entfaltung - Bildung. Augsburg 1970, S.9.

- "Im Gewissen spricht eine Stimme zu mir, die ich selbst bin ... Im Gewissen habe ich Distanz von mir ... Das Gewissen ist das Fordernde, das im Aufschwung das Sein mit dem Bewusstsein der Wahrheit ergreifen lässt. Es ist das Verbietende, das sich in den Weg stellt, wenn ich das Sein verlieren kann ... Hat Gewissen mich zur Unterscheidung gebracht, fordert es, mich zu entscheiden: nicht da zu sein, wie ich nun einmal bin, sondern zu ergreifen, als was ich sein will ..."1)

- "Des Gewissens Stimme ist nicht Gottes Stimme. Im Sprechen des Gewissens ist gerade das Schweigen der Gottheit. Sie bleibt hier wie überall verborgen. Im Gewissen sehe ich mich auf Transzendenz gewiesen, aber bleibe auf mich gestellt. Die Gottheit hat mir die Freiheit und damit die Verantwortung nicht dadurch genommen, dass sie selbst sich nun zeigt ..."2)

- "In den Regungen des Gewissens, in seinen Warnungen, Beratungen und Verurteilungen nimmt das geistige Auge des Glaubens von jeher die Umrisslinien eines unsichtbaren, unendlichen Richters wahr. Diese Regungen scheinen wie eine wortfreie, natürliche Sprache, die Gott mit der Seele redet, und deren Weisungen das Heil dieser individuellen Seele und der Welt betreffen."3)

- "Christlich gesehen, darf ich mein Gewissen nicht nur daraufhin befragen, wie ich mich der Zeit und der Welt gegenüber richtig verhalten habe, sondern ich muss mich fragen, wie meine Entscheidung und mein Verhalten ein Geschenk für die Welt, ein Ausdruck der Gemeinschaft Gottes mit der Welt sein kann."4)

- "Das Gewissen, die sittliche Anlage des Menschen, ist mit Erkenntnis und Freiheit der subjektive Quellgrund des Guten. Das Gewissen ist in seiner Schärfe und Zartheit Ausdruck für die Werthöhe der sittlichen Person. Seine Eindringlichkeit, sein intaktes Sich-Melden nach dem grossen Wertabfall, nach der Sünde, zeigt wenigstens den vergangenen sittlichen Wert und die potentielle Wertmächtigkeit jetzt und hier."5)

- "Das Datum oder das Vorgegebene im Gewissen ist nicht nur die allgemeine Personstruktur, wie August Vetter sie aufgezeigt hat, sondern die konkrete Strukturvariante der einzelnen Personen in ihrer psychosomatischen Verfassung, in ihrem Eingebettetsein in die konkrete Familie, Landschaft, Gesellschaft, in Staats- und kirchliches Gemeindegefüge mit seinen Ermöglichungen, Spannungen, Behinderungen."6)

- "In strukturpsychologischer Sicht aber bilden Gewissen und Gemüt primär einen Spannungsbezug im personalen Selbstsein, worin sich

---

1) K. Jaspers: Philosophie II. Berlin 1965, S. 268/269/270.
2) Ebd. S. 272.
3) M. Scheler: Reue und Wiedergeburt. In: Das Gewissen als Problem. Darmstadt 1966, S. 92.
4) K. Hemmerle: Haben die Haltetaue ausgedient? - Die Frage nach dem Gewissen. In: Zs. neue Stadt 12/1972, S. 24.
5) B. Häring: Das Gesetz Christi. Moraltheologie. Freiburg i.Br. 1954^3, S. 178.
6) W. Heinen: Das Gewissen; sein Werden und Wirken in Freiheit. Würzburg 1971, S. 103.

die Haltungsachse oder bildlich gesprochen das 'Rückgrat' des menschlichen Gesamtgefüges widerspriegelt; ihre vertikale Beziehung und Bindung ermöglicht allererst den Aufbau der Persönlichkeit."[1)]

- "Gewissen ist die Bezeichnung für interne Selbstkritik auf Grund derer ein Individuum auch dann mit einem Verhalten unzufrieden sein kann, wenn es seine äusseren Ziele erreicht."[2)]

- "Verhalten ist auf irrationale Weise vom Gewissen bestimmt, wenn das Individuum sich nach Werten richtet, die mehr emotional als rational begründet sind."[3)]

- "Bei der Entwicklung des 'Gewissens muss das Kind lernen, eine Eigenkontrolle auszuüben, eigene Masstäbe für sein Verhalten zu entwickeln und sein eigenes Verhalten zu sanktionieren'."[4)]

- "Nach Eysenck ist 'Gewissen' eine konditionierte Angstreaktion auf bestimmte Situationen und Verhaltensweisen, die dadurch entstehen, dass aggressive Handlungen mit Strafen verbunden werden."[5)]

- "Echte Moralität zeigt sich in einem Verhalten, das den sozialen Standards entspricht und das ausserdem freiwillig vom Individuum vollzogen wird. Sie tritt dann auf, wenn Autorität von aussen nach innen verlagert wird, und ist also nur dann möglich, wenn das Verhalten von innen gelenkt, nicht von aussen erzwungen ist."[6)]

- "Dieser Ruf 'bei sich zu sein', als erste Regung des Gewissens, tritt erst auf, wenn der Mensch in die Fragwürdigkeit seines Verhaltens eintritt."[7)]

- "Der Grundzug aller Vorgänge aber, bei denen das Gewissen beteiligt und in Funktion getreten ist,ist die Störung der Harmonie durch einen Konflikt und die Tendenz nach Wiederherstellung dieser gestörten Harmonie, nach Lösung des Konfliktes."[8)]

- "Am Befolgen oder Nichtbefolgen der Instruktion, die sich mit der allgemeinen Norm für eine bestimmte Verhaltensweise deckt, wird das Vorhandensein oder Fehlen von moralischen Fähigkeiten - oder des 'Gewissens' festgestellt bzw. der Grad der Abweichung gemessen."[9)]

---

1) A. Vetter: Die Person in strukturpsychologischer Sicht. In:Das Gewissen als Problem. Darmstadt 1966, S.225.
2) L.J. Cronbach: Einführung in die päd. Psychologie. Weinheim 1971, S.673.
3) ebd. S.673.
4) R.R.Sears/E.E.Maccoby/H.Levin: Pattern of Child Rearing. Evanston 1957. Zit. bei Paray S.21.
5) E.B. Hurlock: Die Entwicklung des Kindes. Weinheim 1971[2], S.471.
6) ebd. S.470.
7) H. Lück: Die Funktion des Gewissens. In: Moral braucht Normen. (Hrg. F. Schlösser) Limburg 1970, S.79.
8) N. Scholl: Das Gewissen des Kindes. Stuttgart 1956, S.46.
9) E. Parey: Die Entwicklung des "moralischen Bewusstseins". In:b:e 5/1969,S.22.

- "Das Gewissen ist ein Bewertungs- und Steuerungsmechanismus für individuelle Handlungen. Es kann als Ansammlung kulturbedingter Regeln gesehen werden, die vom Individuum internalisiert wurden. Gewissen und moralisches Bewusstsein sind abhängig von sozialer Erfahrung ..."[1)]

- "Das Gewissen ist ein Bewertungs- und Steuerungsmechanismus, der sich auf solche Verhaltensbereiche auswirkt, bei denen durch soziale Erfahrung der kognitiven Darstellung und Bewertung des kindlichen Verhaltens ein substantieller Wert beigelegt wurde."[2)]

- "Das moralische Gewissen wird in der eigenen Innerlichkeit erfahren als bedrängendes und andrängendes Aufmerksamgemachtwerden auf einen lösungsbedürftigen Zwiespalt zwischen moralischer Verpflichtung und einem dawiderstehenden intendierten, ergriffenen oder bereits aktualisierten Inhalt. Die moralische Bindung kann durchaus erst anhand des Zwiespalterlebens bei ihrer Missachtung bewusst werden. - Selbständig oder auch in einem mutualistischen Verhältnis zueinander erscheinen zwei Manifestationsformen:
a) eine aktive, die sich in intermittierenden, akthaften Aggressionen entäussert, und
b) eine zuständliche. Diese spezifische Zuständlichkeit ist nach aussen hin geprägt durch eine latente Bereitschaft zu Gewissensaktivität, während sie nach innen das Innesein des Aufmerksamgemachtseins, des Aufgerufenseins ist."[3)]

- "Das Gewissen enthält selbst keine Normen, sondern nimmt zu Normen und Maximen Stellung. Dennoch ist es kein Tat-, sondern nur ein Erkenntnisprinzip, denn es 'motiviert' nicht, sondern 'ruft' den Menschen in fehlgehender Motivation nur an. Darum bedarf es zur 'Sittlichkeit' über das Gewissen hinaus einer Gewissensbefolgungsbereitschaft, die das Phänomen der 'Entschlossenheit' ausmacht. Das Gewissen ist machtlos, wenn der 'Wille' nicht folgt."[4)]

- "Davon ausgehend, dass das Gewissen psychologisch als ein Produkt von Sozialisations- bzw. Lernprozessen aufgefasst werden kann, versteht die Psychologie unter Gewissensbildung den Prozess der Ausbildung eines Systems von Werten, die den moralischen Standards einer je-spezifischen Sozietät entsprechen."[5)]

- "Von dem Gewissen können wir annehmen, wie John Dewey gesagt hat, dass es eine berechtigte Autorität in der Lenkung des Verhaltens besitzt. Wenn das Gewissen eines Menschen umfassende Richtlinien

---

1) E. Parey: a.a.O., S.21.
2) J. Avonfreed: Conduct and conscience. New York 1968. Zit. bei Paray, a.a.O., S.21.
3) E. Wick: Zur Psychologie der Reue. Bern/Stuttgart 1971, S.17/18.
4) Lexikon der Pädagogik. Freiburg/Basel 1970, S.136.
5) ebd. S.138.

für das Ganze (oder nahezu Ganze) seines Verhaltens enthält, ist es offensichtlich eine vereinigende Kraft ..."[1]

- "Gewissen ist für uns überall dort nachweisbar, wo der Mensch, im Kontakt mit der Welt, sich zu einer Antwort auf die Frage veranlasst fühlt, die diese Welt stellt."[2]

- "Das Gewissen erscheint meiner Auffassung nach als ein äusserst komplexes Gebilde mit vielen Aspekten und Entwicklungsstadien, das man gewissermassen nur durch eine Differentialdiagnose von anderen Erscheinungen unterscheiden kann. Aufgrund des bisherigen Nachdenkens der Menschheit und der eigenen Erfahrungen und Ueberlegungen darf man es als das moralische Allgemeingefühl der Seele im Sinne eines Gleichgewichts- und Ganzheitsgefühls bezeichnen, das zugleich als Summe der moralischen Menschheitserfahrungen betrachtet werden kann."[3]

Wenn wir alle diese Definitionen (philosophische, theologische, anthropologische, strukturpsychologische, tiefenpsychologische, verhaltens- und instruktionspsychologische und entwicklungspsychologische) durchgehen und uns fragen, was helfen sie uns bei der Erstellung von Lernkonzepten, die verhindern, dass Gewissen nur unbewusst gelernt[4] wird, so stehen wir mit einer gewissen Unsicherheit da. Wir merken zwar, sie haben einen Sinn, sie sind absolut notwendig. Aber wie helfen sie die Erziehungswirklichkeit verändern?

---

1) G.W. Allport: Gestalt und Wachstum in der Persönlichkeit. Meisenheim am Glan 1970, S.295.
2) J.H. Huijts: Gewissensbildung. Köln 1964, S.9.
3) E. Böhler: Das Gewissen im Wirtschaftsleben. In: Das Gewissen. Zürich 1958, S.55.
4) W. Schulz macht uns auf folgendes Faktum aufmerksam: "Immer grösser wird der Anteil an Informationsbeständen und Verhaltensmustern, der nicht mehr im Kontext des gesellschaftlichen Alltags mitgelernt werden kann, durch Sozialisation ohne primär erzieherische Absicht. Gelegentliche Kommunikation zum Zwecke absichtsvoller Lehre reicht ebenfalls nicht aus." W. Schulz: Unterricht zwischen Funktionalisierung und Emanzipationshilfe. In: H.Ruprecht, H.-K.Beckmann, F.v.Cube, W.Schulz: Modelle grundlegender didaktischer Theorien. Hannover 1972, S.156.

Eine Quelle der Moral für das Kind ist Autorität. Das Kind lernt Verhaltensstile kennen, indem es sie von Autoritäten imitiert oder von Autoritäten her begründet, auch wenn diese Autoritäten nicht Person-, sondern Sach- und Situationskompetenzen sind. Nehmen wir an, ein Ziel hiesse: "Die Schüler sollen ... auch erfahren, dass das sachlich Richtige in der Wirklichkeit oft nicht auf den ersten Blick erkannt werden kann, sondern oft mühsam gefunden werden muss!"[1] Was nützen mir hier die Gewissensdefinitionen? Vermögen sie ein solches unterrichtliches Ziel abzudecken? Ja, ist das schon Gewissen, wenn die Schüler im Unterricht erfahren, dass ...?
Die oben genannten Definitionen sind für den Lernvorgang im Bereich des Aufbaus von Gewissen deshalb auf den ersten Blick nicht verwendbar, weil sie immer - im übrigen gleich wie das Wort Gewissen selbst - hypothetische Konstrukte darstellen. Wenn wir von einem hypothetischen Konstrukt sprechen, so sagen wir zugleich, dass dieses in beobachtbare Gegebenheiten eingeklemmt werden muss, oder genauer, dass die einem bestimmten Verhalten vorauslaufenden Bedingungen und die nachfolgenden Wirkungen auf etwas schliessen, das wir mit "Gewissen", "Herz" oder nach anderen Definitionen mit "Instanz" bezeichnen.[2] Es geht also vorerst um eine Beschreibung, nicht um eine Erklärung.
Damit kommen wir schon zu einer ersten wichtigen Hypothese: Gewissen als regulatives Prinzip bezieht sich immer auf bestimmte Inhalte.[3] Es ist zugleich nur hinter moralischen Inhalten als formales Prinzip verborgen. Wir werden nie sagen können, das Gewissen sei erlernt ohne zugleich zu sagen, an welchen Inhalten und Gehalten es tatsächlich erlernt worden ist. Die Definitionen bekommen alle erst einen Sinn, wenn sie sich funktional (operationalisiert) auf bestimmte moralische Inhalte beziehen. Ohne diese stehen sie als Konstrukte im Leeren. Es ist ja bezeichnend für den Konstrukt - (oder Struktur) Begriff, dass er nur auf Situationen übertragen erst verständlich wird.
Wir können nun deshalb auch, um unseren konzeptuellen Aufriss im pädagogischen Problemfeld besser kennzeichnen zu können, auch von einer praktischen Schulstunde ausgehen, weil hier sich die Inhalte stärker manifestieren und der

1) A. Höfer: Die sittliche Unterweisung bei Jugendlichen. In: Lebensfragen - Glaubensfragen. 1. Band, Salzburg 1971, S.16.
2) Zur Erklärung des Begriffs "Hypothetisches Konstrukt", s. Funkkolleg päd. Psychologie, Heft 2, Weinheim 1972. Schmidt: Rel. Erziehung ohne Erfolg.
3) Vgl. den Abschnitt: "Der Aufbau eigenständiger Handlungsregulation und die inhaltliche Bestimmung des Gewissens durch Schuld." S.383-410.
Vgl. auch die inhaltlichen Zuordnungen der Lernstrategie: Gewissen und Verhaltensabweichung. S.503-540.

Strukturbegriff eher verdeckt ist. Wir werden damit sehr wahrscheinlich auch eine Ausweitung des ganzen Problemkreises erreichen.

2. Aufzeichnung des Problemfeldes von der Basis des Unterrichts her

Eine Lehrerin möchte im Bereich der Gewissensbildung - es darf bemerkt werden, dass Gewissensbildung als Fach in den Lehrplänen kaum existiert, dass sie aber normativ in den Präambeln zu Lehrplänen gefordert wird[1) - die Schüler zum Teilen anhalten, das heisst mit ihnen das Teilen von Eigenem aus freien Stücken üben. Teilen ist hier als eine sog. humane oder christliche Verhaltensforderung gemeint, nicht als Teilen von Mengen im Mathematikunterricht. Ich teile mit einem andern, weil ich mein Bedürfnis befriedigt habe, der andere aber noch nicht; ich teile, weil ich mehr als der andere meine Bedürfnisse befriedigen könnte; ich teile, weil ich mich freue, wenn sich der andere freut, also in reiner Selbstlosigkeit usw. (Ueber solche ethische Taxonomien und ihre Begründung sei an späterer Stelle genau berichtet.[2)])
Die Lehrerin ist nun so vorgegangen:
Alle Schüler der ersten Klasse der Volksschule durften von zuhause Spielsachen mit in den Unterricht bringen. Sie spielten in der Stunde zuerst mit ihren eigenen Spielsachen. Dann versuchte die Lehrerin durch sprachliche Hinweisreize die Schüler dazuzubringen, sich gegenseitig die Spielsachen zu überlassen, einen Tausch einzugehen. Durch bestimmte Verstärkungsmethoden gelang dies ohne weiteres selbst zur Freude der Kinder. Nun wurden alle Spielsachen zusammengelegt und jedes Kind durfte sich für eine bestimmte Zeit etwas aussuchen und mit seinem liebsten Kameraden damit spielen. Hier war die Zeit wichtig. Nach dieser zum voraus festgelegten Zeit alle wieder das Spielzeug zurückbringen. Dies wurde einigemale wiederholt. Jetzt folgte die normative Aussteuerung und Wertsetzung des kindlichen Handelns mittels eines Erzähltextes. Die Kinder durften sich im Halbkreis um den Spielzeughaufen setzen, und die Lehrerin erzählte die Geschichte von einem Kinde das zuerst nicht geteilt hatte und dann unglücklich geworden ist, später aber mit einem Kameraden sein Spielzeug geteilt hat und dann glücklich und froh geworden ist.
Nun werden die Schüler aufgefordert, ihr Spielzeug miteinander für immer zu teilen, und zwar geschah dies immer wieder mit dem Hinweis, es bereite grosse

---

1) Vgl. die Hinweise in dieser Arbeit auf S. 38ff.
2) Vgl. auch S.476 und S. 523/524.

Freude, wenn man teile, und es sei gerecht, wenn man teile. Diejenigen, die vieles hätten, sollten also denjenigen geben, die wenig hatten. Einige Kinder folgten der Aufforderung, andere weigerten sich mit dem Hinweis, dass die Mutter sie ermahnt hätte, das Spielzeug ja wiederum "ganz" zurückzubringen. Die Lehrerin zwang die Schüler nicht, aber sie sagte deutlich, es sei gerecht, wenn man miteinander teile, sodass sich alle freuen könnten am Spiel.
Sie erzählte nun als zweite Geschichte die Legende vom hl. Martin. Martin sieht von seinem Pferd aus den kranken Bettler am Boden liegen. Er schneidet mit dem Schwert seinen Rock entzwei. Er teilt seinen Rock mit dem kranken Bettler. Der Bettler freut sich, weil Martin so gut zu ihm ist.
Als letztes werden jene Schüler gelobt bzw. in ihrem Verhalten sekundär positiv verstärkt, welche mit ihren Kameraden ihre Spielsachen in gerechter Weise "wie der hl. Martin" geteilt hatten, damit sich alle freuen können.
Dieser unterrichtliche Vorgang dauerte zirka eine Stunde.
Die Verhaltensdisposition für diese Stunde könnte (jetzt einmal ohne ethische oder gesellschafts- bzw. erziehungstheoretische Begründung) so formuliert werden: Von seinem Mehr (nicht nur Ueberschuss) an materiellen Gütern und damit an Handlungsmöglichkeiten in der Welt jenen aus "Gerechtigkeitsgründen" geben, die weniger haben. Das Lektionsziel wurde so formuliert: Der Schüler soll von seinem Mehr an Spielsachen mit andern, die weniger, oder keine Spielsachen haben, aus "freien Stücken" teilen lernen.
Diese Stunde hat bei einer bestimmten Anzahl von Eltern Entrüstung hervorgerufen. Sie beschwerten sich beim Schulrektor, sie beschwerten sich bei der Lehrerin, und was hier vorgefallen war, wurde von verschiedensten sozialen Gruppen (Lehrerschaft, Vereine, Parteigruppen, Pfarrhaus, etc.) insgeheim diskutiert und teilweise aufs heftigste missbilligt oder als gerecht gebilligt. Leider lassen sich über dieses Geschehen natürlich keine empirischen Daten festhalten, denn aus Rücksicht auf die Stellung der Leherin konnte der Fall nicht weiter untersucht werden.
Wir aber können anhand dieses Falles den Untersuchungshorizont ziemlich genau abstecken. Es lässt sich vorläufig sagen: Die Lehrerin wollte im Bereich der intentionalen Gewissensbildung die Kinder eine regulative Vorschrift bzw. eine Maxime lernen lassen. Weil es aber in diesem Bereich sozusagen keine curricularen Pläne, keine Richtlinien mit entsprechender Hinterfragung, keine Lernstrategien und keine Unterrichtsbeispiele gibt, hat sie sich selber ein Ziel gesetzt, und dieses Ziel durch die oben aufgezeigte Konkretisierung zu erreichen versucht. Wenn aber solche Curricula bzw. Lernstrategien bzw. Unterrichtsbeispiele im Be-

reich des Lernens von Moral und der damit verbundenen Entwicklung des Gewissens (Lernen des Gewissens) geplant werden sollen - auch diese Notwendigkeit dürfte zuerst noch von einer Sozialethik her zu begründen sein, denn wenn Normierung gewisse Ziele setzen will, Richtlinien geben will, so ist sie hier Mittel einer angestrebten Ordnung im Bereiche der Moral; sie stellt Mindestanforderungen an das moralische Verhalten und möchte sich vom Bewerten her ableiten - wenn also Lernen des Gewissens geplant werden soll, müssen folgende Themenkreise berücksichtigt werden:

3. Die Frage der Wertbezüge

Wenn der Schüler ethisches und moralisches Verhalten lernt, ist das zugleich auch schon Gewissensbildung? Es könnte ja sein, dass eine Phänomenologie des Gewissens zu ganz anderen Ergebnissen käme, dass sie z.B. feststellen könnte: damit Gewissen als Ueber-Ich (Freud) in richterlichen Funktionen einen bestimmten Strengestandard entwickelt, der das Funktionieren einer Person in einer bestimmten Gesellschaft garantiert, sind Wertbezüge des Verhaltens notwendig, die in jedem Falle mit Schuld und Strafe etwas zu tun haben (und dies vielleicht sogar im Bereich des Realitätsprinzips), weil die Qual der Gewissensvorwürfe mit der Angst des Kindes vor dem Liebesverlust, der allmählich durch eine moralische Instanz ersetzt wird, meistens absolut korreliert. Vermögen überhaupt unterrichtliche Vorgänge diese Instanz aufzubauen und/oder zu verändern, wenn man Gewissen bestimmt, "als die prospektive und reaktive Befindlichkeit unserer Seele, die dann in Aktion tritt, wenn übernommene oder individuelle Verhaltensmuster mit den Komponenten einer Situation konfrontiert werden"?[1]

Wir müssen also hier eine Gegenthese zu Hypothese 1 aufstellen. Dort wird gesagt, dass Gewissen nur an und mit bestimmten Inhalten funktioniert. Wir formulieren daher als Hypothese 2:

Das Vermitteln und Lernen von moralischen Inhalten bedingt noch lange nicht die Funktion des Gewissens. Dazu bedarf es bestimmter "Wertbezüge" oder ein sog. emotionales Klima (Bindungen, Beziehungen, Annäherungs- und Abstossungstendenzen, Motivationskomplexe, Angst und Furcht etc.).

---

1) K. Widmer: Gewissensbildung im Pubertätsalter. In: Gewissen im päd. Feld. Olten 1973, S. 53.

4. Die Frage der inhaltlichen Entscheidung

Wenn das Lernen von Moral und Ethik das Gewissen "bildet", so sagt dies noch nichts aus über die Auswahl der moralischen-normativen Inhalte. Woher nimmt die Lehrerin in unserem Beispiel ihr Lektionsziel und wie begründet sie dieses? Welche inhaltlichen Implikationen würden also dem Anspruch genügen: es ist notwendig, dass das Kind das "Gewissen lernt", und wie ist das Verhältnis von moralischer Norm und schulischem Verhaltensaustausch, m.a.W. welches sind die Deduktions- und Implementationsprobleme? Die Begründung der moralischen Regeln und Normen bringt auch das Problem der Konsensbildung zum Vorschein. Das sehen wir im vorliegenden Unterrichtsentwurf ganz deutlich: Einige Eltern reagieren aggressiv, weil sie sich selber mit der vielleicht vom neuen Testament oder einem sozialistischen Idealismus hergeleiteten Regel des Teilens von einem "Mehr" an Spielsachen nicht einverstanden erklären; wenn sie dazu noch so argumentieren, dass sie der Lehrerin Eigentumsdelikt vorwerfen oder pädagogisches Unverständnis, weil sie den Objektbezug[1] des Kindes zu gewissen Lieblingsgegenständen gewaltsam zerstören wolle, so wird gerade die Gewissensbildung in diesem religiös-ethischen Bereich äusserst problematisch. Man kann natürlich sagen, die Schule soll sich auf jene Gewissensbereiche bzw. gewissenstypologische Sektoren beschränken, die nichts mit Religion und Politik zu tun haben, sie müsse sich neutral[2] verhalten und könne höchstens das sog. Sachgewissen und Wertgewissen beeinflussen. Man dürfe zwar Sozialkundecurricula[3] erstellen, aber sie sollten wertfrei sein, oder sie sollten die Gesellschaft nicht umkrempeln usw. Mit anderen Worten das Eigenweltgewissen, das soziale Gewissen und das religiös-moralische Wertgewissen dürfen also höchstens mit sog. "wertfreien" Inhalten, rein kognitiv konfrontiert werden und vom transzendenten Gewissen möge man im Unterricht mit aller Deutlichkeit abstandnehmen.[4] Aber hier stellt sich sofort wieder die

---

1) Vgl. R. Spitz: z.B. Hospitalismus I, In: G. Bittner/E. Schmid-Lords (Hrg.): Erziehung in früher Kindheit. München 1968, S. 77 ff. (Vom Säugling zum Kleinkind)

2) Vgl. etwa im Sinne einer extremen Auslegung des Art.27.2 der Schweiz.Bundesverfassung: "Die öffentlichen Schulen müssen von den Angehörigen aller Bekenntnisse ohne Beeinträchtigung ihrer Glaubens- und Gewissensfreiheit besucht werden können."

3) Vgl. unsere Ausführungen: Bemerkungen zum Fach Sittenlehre (Gesellschaftslehre, Lebenskunde, Sozialkunde) S. 555 ff.

4) Diese Gewissenstypologie stammt aus der schon zitierten Schrift von K. Widmer: a.a.O., S. 55/56.

Frage, was heisst wertfrei, und vor allem, wenn wir einen grossen Inhaltskatalog zusammenstellen, wer hilft entscheiden in einem bestimmten gesellschaftlichen System?

Hypothese 3 lautet also: Die Inhalte entscheiden mit, wie stark ihre Wertbezüge, die die Intensität des Gewissens formen, durch Lernen zustande kommen! Die Entscheidung über Inhalte muss daher wissenschaftlich genau überprüft werden.

5. Taxonomien

Wenn wir von Inhalt sprechen, so ist es auch notwendig, dass hier Klassifikationen und Taxonomien aufgestellt werden, wobei man sich mit bestimmten philosophischen Trends auseinanderzusetzen hat, sehr wahrscheinlich aber am besten Taxonomien der analytischen Ethik übernimmt.[1] In unserem Unterrichtsbeispiel würde damit die Frage aufgeworfen, welches ist die Reihenfolge der moralisch-ethischen Inhalte, der Globalziele und die Reihenfolge der Verhaltensveränderungen im Unterricht. Und wie begründen wir diese Reihenfolge.

Wenn Frankena z.B. sagt, dass man in der normativen Ethik "zu einem System akzeptabler (A) moralischer Verpflichtungsurteile und (B) moralischer Werturteile, sowie in zweiter Linie zu einem System akzeptabler (C) aussermoralischer Werturteile zu gelangen"[2] versucht, so stellen wir uns die Frage, wie verhält sich eine solche Klassifikation im Bereich unterrichtlicher Inhaltsklassifikationen, im Bereich der Klassifikation der Lernziele, die ja irgendwie abhängig sind von den moralischen oder ethischen Urteilen.[3] Die Stunde jener Lehrerin könnte sehr wahrscheinlich unter "spezielle moralische Verpflichtungsurteile" (A) eingereiht werden.

Und eine zusätzliche Frage in diesem Bereich: Gehören sowohl moralische Verpflichtungsurteile wie moralische Werturteile zum Bereich des Gewissens?

Hypothese 4 lautet also: Durch die Klassifikation von Inhalten, Global- und Verhaltenszielen, welche die Gestaltung einer Wertstrategie zum Thema Gewissen

---

1) Vgl. Die Darstellung der verschiedenen Modelle in unserer Arbeit S. 85-90.

2) W.K. Frankena: Analytische Ethik. München 1972, S. 28. Vgl. S.86 ds. Arbeit.

3) Der Unterschied zwischen ethischem und moralischem Verhalten wird von E.B. Hurlock: Moralische Entwicklung und Erziehung, in: Die Entwicklung des Kindes. Weinheim 1971[2], S. 469 dargestellt. Sie zeigt auf, dass unter Moralität die Uebereinstimmung mit den moralischen Regeln einer Gruppe gemeint ist, während ethisches Verhalten mehr umfasst, nämlich allgemeinmenschliche Verhaltensregeln. "Wer ethisch handelt, handelt gewöhnlich auch

erst ermöglichen, wird das Lernen des Gewissens, verbunden mit den Wertbezügen, wahrscheinlich effizienter.

6. Das Vorverständnis als Wirkfaktor

Zu unserem Unterrichtsbeispiel stellen sich weitere Fragenkreise: Wenn die Lehrerin also eine Entscheidung trifft, die für sie so unangenehme Konsequenzen hat, was hat sie dabei für eine Vorstellung von Gewissen? Oder etwas breiter gefragt, welche psychologischen, anthropologischen, theologischen Sozialisations- oder Persönlichkeitsmodelle des Gewissens liegen ihrem Denken zugrunde, also woher leitet sie ihren gewissensbildnerischen Impetus ab, welches ist ihr Vorverständnis? Die auf S. 101 ff dargestellten Definitionen gewinnen neu an Bedeutung. Aber auch die Schrift von O. Baumhauer, "Das Vor-Urteil des Gewissens"[1] muss beigezogen werden. Baumhauer versucht darin einige solche Modelle darzustellen und die jeweiligen erzieherischen oder bildungsmässigen Konsequenzen normativ zu formulieren. Aus "S. Freuds Funktion des Ueber-Ichs" wird die "Auseinandersetzung mit Schuld und Autorität", aus "C.G. Jungs Gewissensarchetypus" wird die "Selbstwerdung als Naturprozess und Aufgabe" etc.[2]
Gerade diese Ableitungen haben pädagogisch normierenden Charakter, und es muss untersucht werden, ob sie wissenschaftlich haltbar sind.
Unsere 5. Hypothese lautet: Das Vorverständnis des Erziehers, das sich zum Teil unausgesprochen, zum Teil in vielen Definitionen und Modellen manifestiert, wird entscheidend für die Effizienz seiner Unterrichtsstrategien. Hier leitet sich eine Begründung formaler und inhaltlicher Absichten zu kategorialem Lernverständnis ab.

---

moralisch, aber moralisches Verhalten ist nicht immer ethisch. Ein moralischer Mensch mag mit den Standards seiner speziellen Gruppe übereinstimmen, aber diese Standards werden vielleicht nicht von Mitgliedern anderer Gruppen anerkannt. Das Verhalten eines Diebes hält vielleicht die Bande, zu der er gehört, für 'moralisch', weil er sich mit den Gewohnheiten dieser Bande in Uebereinstimmung befindet. Im allgemeinen aber würde die Gesellschaft als Ganzes dieses Verhalten nicht als ethisch bezeichnen." (S. 469) Mir scheint der Unterschied, den E.B. Hurlock macht, in Bezug auf die Erziehungs- und Handlungswissenschaft relevant. Die Untersuchungen von C.G. Jung (vgl. S.277ff) und M. Heidegger (vgl. S.307ff) haben bei anderen Wissenschaftszweigen zu ähnlichen Resultaten geführt.

1) Limburg 1970
2) Vgl. unsere Ausführungen in dieser Arbeit S. 268ff und 299ff.

7. Die Frage der Zielentscheidung (Zielkatalog)

Bei unserem Unterrichtsbeispiel stellt sich auch die Frage, wie der Globalzielkatalog für unterrichtliches Vorgehen im Bereiche Moral bzw. Gewissen zusammengestellt und begründet wird. Obwohl die Zielfindung im Interessenbereich des Curriculums steht, möchte ich diese Frage hier als das Hauptproblem der ganzen intentionalen Gewissensbildung darstellen. Ich meine nicht bloss die inhaltliche Entscheidung, wie wir sie auf S.124/125 erwähnt haben. Wir sehen aus den Reaktionen der Eltern: Globalziele haben etwas zu tun mit einer Ethik bzw. einer Gesellschaftstheorie, deren Teil diese Ethik ist. Nun gibt es aber die verschiedensten Richtungen. Ein Anhänger der handlungsdeontologischen Theorie wird schwerlich ein Globalziel anerkennen, das etwa so lautet: Verschiedene Regeln, die den sittlichen Verhaltensstandard ausmachen, auf konkrete Entscheidungssituationen als normierender Raster anlegen lernen. Ein Anhänger des ethischen Egoismus begründet eine Verpflichtung damit, dass sie für ihn das grösstmögliche Uebergewicht an guten gegenüber schlechten Folgen habe, dass er moralische Urteile nach seinem eigenen Vorteil bemisst oder aber sein Urteil daran bemisst, was der Person, zu der er spricht, den grösstmöglichen Vorteil bringt. Während der reine Handlungsagapist meint, dass wir in jeder Situation unsere Pflicht dadurch bestimmen, dass wir uns über die Situation Klarheit verschaffen und uns dann fragen, was dem Gesetz der Liebe am meisten entspreche usw. Für die Begründung unseres Globalzielkatalogs sind solche Standortsbestimmungen als zusätzliche Vorverständnisdeklaration sinnvoll.

Dazu gehören auch die Theorien moralischer Werte[1] und damit die Frage, welche Charaktereigenschaften sollen wir ausbilden. "Es liegt auf der Hand, dass viele Antworten auf diese Frage möglich sind, Antworten, die in den verschiedenen Theorien über Regeln und Prinzipien moralischer Verpflichtung, die wir oben erörtert haben, entsprechen. Eine egoistische Charakterlehre wird behaupten, wir sollten jene Eigenschaften kultivieren, die unserem eigenen Wohl am meisten förderlich sind. Eine utilistische Charakterlehre dagegen wird darauf sehen, dass wir dann und nur dann eine Eigenschaft ausbilden sollten,

---

1) Vgl. auch unsere Ausführungen: Exkurs über das Problem der Werte im Zusammenhang mit dem "Lernprozess Gewissen" S. 123 und S. 256ff.

wenn sie zu einem Handeln führt, das dem grössten allgemeinen Wohl mindestens so zuträglich ist wie ein Handeln, das von einer beliebigen anderen Eigenschaft bestimmt wird. Diese beiden Auffassungen sind teleologische Charakterlehren; denn sie besagen, eine Charaktereigenschaft solle dann und nur dann ausgebildet werden, wenn ihre Ausbildung zu dem grössten Uebergewicht von Gutem gegenüber Schlechtem für den Handelnden, für eine Gesellschaft oder die ganze Welt beiträgt. Ihnen stehen die deontologischen Charakterlehren gegenüber, die der regeldeontologischen Auffassung entsprechen. Sie behaupten, dass gewisse Charakterzüge einfach als solche sittlich gut und auszubilden sind, unabhängig von dem aussermoralischen Wert, den sie möglicherweise haben oder herbeiführen."[1]

Mit diesem Zitat wollen wir zeigen, dass bei jeder Zielbestimmung innerhalb der Tugenden erster und zweiter Ordnung, der christlichen Weisungen, der ethischen Prinzipien oder der sittlichen Ideale etc. prima-facie-Begründungen ins Spiel gebracht werden müssen, die gegeneinander abgewogen zu einem Versuch demokratischen Konsensus' was den Zielkatalog anbelangt hinführen sollen. Es sei aber zugleich angemerkt, dass dieser Zielkatalog nicht nur von oben her gewonnen wird, sondern auch auf Grund sozial-ethischer Bedürfnisse in der Struktur der Klassen-, Spiel- und Familiengemeinschaft und der Gesellschaft empirisch als Bestehendes gesammelt werden muss.[2] Erst so ist es ja möglich, mittels "des Lernen des Gewissens" die Veränderung von moralisch nicht relevanten gesellschaftlichen Verhaltensstrukturen zu intendieren. Denn man kann Erziehungs- und Bildungsziele nicht als "autonome" Bestandteile eines Erziehungs- und Bildungssystems definieren, gleichsam neutral bzw. objektiv, denn sie erfüllen gerade im Bereiche der Moral und der Ethik gesellschaftliche Funktionen. Diese müssen umschrieben werden als Interaktionssysteme, welche nach bestimmten Normen die öffentliche wie private Sphäre des Lebens, welche zunehmend mehr auseinandertreten, regeln, oder wenn wir in Kategorien der Bildung reden, andauernd auf irgend ein Ziel hin verändern. Damit ist auch die Frage der moralischen Verantwortlichkeit und der Willensfreiheit gestellt. Es ist ein Unterschied, ob ich sage, dass jemand nur dann für sein

---

1) W. Frankena: a.a.O, S. 80.
2) Vgl. unsere Ausführungen: Das Deduktionsproblem als Grenzbereich, S. 233ff.

Handeln verantwortlich sei, wenn er nicht anders handeln könnte, falls er eine andere Entscheidung getroffen hätte,[1] was einem Determinismus entsprechen würde, oder, jemand sei dann für ein Handeln verantwortlich, wenn er auch wirklich eine andere Entscheidung hätte treffen können d.h., wenn er Alternativen als Möglichkeiten denkend vorwegnimmt, um dann "im Sprung über sich selber hinaus" (Jaspers) zu einer Entscheidung kommt und dadurch frei wird. Damit wird Entscheidung mehr als ein Ergebnis einerseits vorheriger Ursachen, Wünsche, Charaktereigenschaften, Ueberzeugungen, Umwelteinflüsse, Anlage und anderer Einflussfaktoren, anderseits des eigenen Wollens.
Wieder tritt die Verbindung mit dem Gewissen auf, denn Verantwortung ist ja eine Funktion jener - um mit Freud zu reden - richterlichen Instanz, wenn auch mehr im autonomen als im heteronomen Sinn.
Wir werden, um damit das Feld der Globalzielkataloge und Begründungen einsichtig abzustecken, immer wieder zu fragen haben, wie diese Ziele zu begründen sind und was sie mit dem Gewissen zu tun haben, und wir werden gegebenenfalls eine ganze Reihe von Falsifikationsversuche anlegen. Wir können zwar nicht ein ganzes Curriculum Gewissensbildung bzw. sittliche Erziehung erstellen, aber wir werden unsere Position bei den einzelnen Zielen unserer Experimente immer klar zu hinterfragen haben.
Unsere 6. Hypothese lautet: Der durch das Vorverständnis geprägte Zielkatalog muss sowohl von einer ethischen Sinnverständigung (ethischen Theorie) als auch von konkreten Bedürfnissen (ethische Praxis) her begründend abgeleitet werden.[2]

---

1) Vgl. Aristoteles, G.E. Moore etc.
2) Der praktisch-ethische Zielkatalog müsste durch standardisierte Beobachtung bzw. Befragung zustande kommen. Das kann in dieser Arbeit nicht geleistet werden. Hingegen kann versucht werden, aus einer Darstellung der sittlichen Unterweisung, die Dispositionsziele oberster ethischer Verständigung zu extrapolieren. In der Arbeit "Die sittliche Unterweisung bei Jugendlichen" von A. Höfer (In: Lebensfragen-Glaubensfragen) lassen sich etwa folgende Dispositionsziele finden:
   - Das unmündige Gewissen (Befehlsmoral) zu einem mündigen überführen.
   - Neben oder gegenüber der Moral der Autorität die Moral der Sachlichkeit entwickeln.
   - Im Unterricht, in den verschiedenen Wirklichkeitsbereichen das Richtige, Sinnhafte, Sachgerechte als das Verpflichtende sehen.
   - Erfahren, dass das sachlich Richtige in Wirklichkeit oft nicht auf den ersten Blick erkannt werden kann.
   - Erfahren, dass es oft mehrere Möglichkeiten gibt, richtig zu handeln.
   - Darüber nachdenken, was im Einzelfall Pflicht oder Uebertretung (Sünde) ist.
   - Erfahren, dass die Dimension der sittlichen Tat nicht bloss vom moralischen Realismus, sondern von der eigenen Gesinnung abhängig ist.

8. Die lernpsychologische Fragestellung

Wenn Unterrichtsentwürfe innerhalb verfahrensorientierter Curricula erstellt und evaluiert werden, müssen wichtige Bereiche der Lernpsychologie herangezogen werden, um die Vorgehensweisen überprüfen und begründen zu können. Es genügt nicht, Methoden der Unterrichtsbeobachtung zu entwickeln, m.a.W. den Unterrichtsvorgang zum Forschungsobjekt zu erheben; es muss das Verhältnis der empirischen Didaktik zur Psychologie des Lernens vorausgehend erörtert werden.[1] Wir wollen dies hier anhand zweier Problemkreise andeuten. Weitere Ausführungen sind zu finden bei den Darlegungen zum Aufbau der kognitiven moralischen Strukturen (S.316ff) und bei der motivationspsychologischen Evaluation der Unterrichtsstrategie (S.455ff). Hier geht es nun darum, dass das Feld unserer ganzen Forschungsabsicht einigermassen konkret abgesteckt wird.

A. Wellek schreibt in seiner Schrift "Polaritäten der Kernschicht",[2] dass die Erinnerung für das Gewissen eine eminente Rolle spielt. Dabei unterscheidet er interessanterweise zwischen Gedächtnis und Erinnerung: "Erinnerung ist: was sich mir merkt, das heisst einprägt. Gedächtnis ist aktiv in der Aneignung und im Behalten; Erinnerung ist pathisch - sie geschieht. Und, was eben damit zusammenhängt: Gedächtnis ist kalt, manchmal auch streng, ja hart, unerbittlich - das haben schon Kirkegaard und, in anderer Weise, Nietzsche gesehen -; Erinnerung ist warm und meist sogar mild und freundlich, und hierin der Phantasie (und der Hoffnung), nicht dem Intellekt verwandt ... Nach allem folgt charakterologisch: Erinnerung ist dem Gemüt, Gedächtnis dem Gewissen zugewandt."[3]

- Sich von kindlichem Realismus und infantiler Gebotegläubigkeit befreien und persönliche Begründung ins Spiel bringen.
- Nach persönlichem Gewissen entscheiden lernen und dabei die objektive Sittlichkeit im Auge behalten. usw. usw.

Wenn solche Ziele aus allgemeinen Aussagen zur moralischen Erziehung extrapoliert werden, so heisst das noch nicht, dass sie nun auch dem praktischen Lernen des Gewissens, dem Handeln im Unterricht, den Bedürfnissen der Kinder entsprechen. Sie sind hier auch weder klassifiziert noch den verschiedenen Zielebenen zugeteilt. Aber sie geben eine mögliche Sinnverständigung, wenn Entscheidungen getroffen und begründet werden müssen.

1) Vgl. M. Koskenniemi: Elemente der Unterrichtstheorie. München 1971.
2) In: Das Gewissen als Problem. Darmstadt 1966.
3) Ebd. S. 185/186.

Er zeigt weiterhin auf, dass das Gedächtnis sich Gegenstände in Erinnerung aneignen kann, um auf ihnen drohend zu beharren, um gegen sie die versöhnlichen Tendenzen der Erinnerung zu verteidigen. Es entstehe eine dynamische dramatische Synthese, eine Art Zweikampf. Wellek meint also, dass hinter dem Gedächtnis das Gewissen stehe, aber auch die Verdrängungstendenz als Entlastungstendenz, die selber aber keine sittliche Instanz wie das Gewissen sei. Er folgert: "Wiederum erweist sich hier das Gemüt mit der Erinnerung als das weibliche (und kindhafte), das Gewissen mit dem Gedächtnis als einer möglichen Anklageinstanz als das männliche Prinzip."[1)]
Wir sehen an dieser Stelle davon ab, wie nun Wellek die Struktur des Gewissens "polar" zum Gemüt im Konstruktmodell erfasst,[2)] um jetzt zu zeigen, dass die lernpsychologischen Befunde des "Behalten, Erinnern und Vergessen" seinen Aussagen kontrollierend und vergleichend entgegengehalten werden müssen, umsomehr in dieser Schrift das zentrale Anliegen die intentionale Gewissensbildung ist.
Es liegt auf der Hand, dass - insofern wir die Hypothese anerkennen, dass Gewissen weitgehend "gelernt" werden kann - wir uns mit dem Vorgang dieses Lernens und den entsprechenden Gesetzmässigkeiten befassen müssen. Im vorliegenden Fall geht es also um die mnestischen Funktionen, die gleichsam Voraussetzung des Lernens sind, "und weil die Leistungsphase (Reproduktion, Wiedererkennen, Rekonstruktion) der Abschnitt des Lernprozesses ist, aus dem erschlossen wird, ob Lernen stattgefunden hat,"[3)] so werden die Probleme des Zerfalls und der Veränderung von Spuren, die Organisation von Gedächtnisinhalten, die Dynamik des Behaltens und der Reproduktion bzw. des Vergessens ganz besonders interessieren. Wir werden sehen, dass die Speichermodelle zur Erklärung der Funktion internalisierter Regeln nicht ausreichen, wenn es nicht gelingt, die zeitlichen Attribute und das Funktionieren der Abrufsignale mit einem von der dynamischen Psychologie entworfenen Modell, das zugleich ein Gerüst von Wertgerichtetheiten mit der Möglichkeit der Reaktualisierung von Erfahrungen in emotionalen Feldern impliziert, zu erklären.[4)] Wenn sich

---

1) In: Das Gewissen als Problem. Darmstadt 1966, S. 186.
2) Vgl. Der Ansatz der Gestaltpsychologen, S.350 in dieser Schrift.
3) R. Bergius: Psychologie des Lernens. Stuttgart/Berlin 1971, S. 186.
4) Vgl. Merkmale emotionalen Lernens, S.160 und Erkenntnis über das Problem der Werte im Zusammenhang mit dem "Lernprozess Gewissen", S.256ff.

die Psychologie des Lernens vorwiegend mit den Erinnerungsvorgängen in der Weise beschäftigt, als ob es sich dabei nur um kognitive Speicherungs- und Steuerungsprozesse handle, so fehlt diejenige Dimension, die das Funktionieren des Gewissens, bei dem ja gerade unbewusste Erinnerungsreaktionsvorgänge eine grosse Rolle spielen, ermöglicht.

Unsere 7. Hypothes lautet: Die lernpsychologischen Befunde können bedeutende Hilfe leisten, den Prozess intentionalen Lernens des Gewissens überprüfbar in den Griff zu bekommen.

9. Unterrichtsforschung: Das Messen von emotionalen Vorgängen über Indikatoren moralischer Reaktionen

Als letzter Problemkreis sei derjenige der Unterrichtsforschung bzw. Unterrichtsbeobachtung erwähnt. Wir müssen in diesen Bereich einmünden, weil wir ein Unterrichtsbeispiel als Ausgangspunkt unseres konzeptuellen Aufrisses gewählt haben.

Wenn wir unsere Lernstrategie vom Standpunkt einer Unterrichtstheorie begründen, wenn wir als Untersuchungsabsicht das "Lernen des Gewissens" evaluieren wollen, so ist es notwendig, dass wir aus den verschiedenen Theoriemodellen des Unterrichtsvorganges jene begründend auswählen, die eine Klassifikation der zu messenden Verhaltensveränderungen am ehesten zulassen. Die der Klassifikation zugrunde liegenden Taxonomien (in Bezug auf Umweltfaktoren, Schülerfaktoren, Lehrerfaktoren, Unterrichtsregelungsfaktoren, inhaltliche Faktoren, sozialer Interaktionsfaktoren, etc.) sind nach den Ergebnissen dieser Evaluation je regelkreisartig neu zu revidieren und zu konzipieren, wobei die Erfassung nichtkognitiver Variablen z.B. durch Einstellungsmessung für unser Vorhaben besonders ausschlaggebend sein dürfte. Diese nichtkognitiven Variablen werden nur über Indikatoren emotionaler Regung erfassbar sein. Das dürfte einige Schwierigkeiten bieten. Dass dabei die Bereiche der Erziehungspsychologie beigezogen werden müssen, dürfte schon deshalb auf der Hand liegen, weil das Ausmass der Individualisierung und Differenzierung des Lehrer-Schüler-Verhältnisses analog dem Eltern-Kind-Verhältnis für das Lernen des Gewissens steht.

Unsere 8. Hypothese lautet: Nur über Verhaltens- bzw. Einstellungsmessungen im Bereich der Unterrichtsforschung lassen sich Veränderungen des Gewissens sowohl im schulischen als auch im ausserschulischen Raum nach vollzogenen Lernprozessen klar ermitteln (Evaluationsproblem).

10. Zusammenfassung

Damit dürfte unser Forschungsfeld, an dessen Ende ein Quasi-Experiment mit einer Schulklasse steht, einigermassen abgesteckt sein. Selbstverständlich werden Fragen der Anlage, Reifung und geistigen Entwicklung, Fragen der Analyse von Charakter- und Einstellungsveränderung und Fragen der Methodik mit einfliessen. Auch soll immer wieder auf den Unterschied aufmerksam gemacht werden, ob ich von Gewissen oder von moralischem Urteil oder von moralischem Bewusstsein oder von moralischem Verhalten oder von sittlichem Wertbewusstsein spreche. Auch der Unterschied, ob ich das Lernen von Regeln, Normen und Werten oder das Lernen des Gewissens, das als Disposition funktional aufgefasst werden kann, meine, soll beachtet werden.
Die bis jetzt aufgeführten Hypothesen zur Gewissensbildung im Sinne intentionalen Vorgehens seien nochmals anders angeordnet und etwas ausführlicher zusammengefasst:

- Damit Gewissen tatsächlich als verändert überprüfbar re- und proaktiv wirksam wird, genügen Bewusstseinsprozesse im Sinne der Informationsvermittlung nicht. Vielmehr müssen Bedingungen geschaffen werden, die das Kind zu Erfahrungen motiviert, welche strukturale Verhaltensstile und die damit verkoppelten Einstellungen notwendig machen. Diese Verhaltensstile hängen von konkreten Verhaltensweisen ab (Erfahrungen), welche nur dann wirksam werden, wenn sie entweder emotional überlagert werden oder aber im Sinne des Verhaltenstrainings solange transferiert werden, bis die, über genau festzulegende Indikatoren, Gewissen als bei Verhaltensabweichungen wirksame verhaltensrichtende Kraft festgestellt werden kann.
- Emotionale Ueberlagerung bedingt den sog. Beziehungsbegriff, bzw., dass Bindung und/oder Angst mit den Normen mitgelernt werden.
  Erst wenn in einer Lernstrategie aufgrund von Erfahrungen kognitive moralische Schemata aufgebaut werden, welche die Reflexion dieser Erfahrung ermöglichen, haben wir eine Chance, dass diese Prozesse in einer bestimmten Lebenssituation als übergreifende Disposition zur Anwendung gelangen.
- Normative Hinweise im nur verbalen Bereich sind nicht wirksam oder sicher weniger wirksam als konkretes Verhaltenstraining mit anschliessender Bildungsstrategie in Bezug auf die Gewissensfunktion.
- Im Sinne des Lernvorganges gibt es zwei mögliche Vorgehensweisen:
  a) Wir haben die Absicht, allgemeine Fähigkeiten zu schulen, die eine allge-

Disposition zum Ziele haben. Traditionellerweise hat man dabei von Kräfteschulung gesprochen. Kräfte sind Qualifikationen, die in einem bestimmten Bezugsfeld zur Anwendung gelangen. Solche übergreifende Qualifikationen werden anhand verschiedener Inhalte entwickelt. Zu nennende Qualifikationen sind z.B.: Ehrfurcht zeigen, Dankbarkeit zum Ausdruck bringen können, Demut haben können, das Mitleiden zeigen können, sich einfühlen in die Situation eines anderen können, etc.

b) Wir haben die Absicht, Haltungen aufzubauen, die sich auf vorgegebene Normen, Regeln oder Werte beziehen. (Inhalte) Es handelt sich dabei nicht mehr nur um globale Verhaltensstile, sondern um inhaltlich bezogene Haltungen, die ebenfalls dispositional zur Verfügung stehen. Solche Haltungen sind etwa: Das Versprechen halten können, das Spielen mit Spielsachen teilen können, die Wahrheit sagen können (wenn sie eine Verhaltensabweichung beinhaltet), Uebertretungen von Gesetzen und Geboten eingestehen und/oder reflektieren können, Schaden gutmachen können, Regeln einhalten können, gerecht, d.h. sachlich mit komplexer multifaktoreller Beurteilung entscheiden können, Neid überwinden können, etc.

- Sensibilität und IQ stehen nicht in derselben korrelativen Abhängigkeit mit der Gewissensintensität.
- Mittel der Gewissensbildung im intentionalen Sinn sind: einerseits die Erlebnisfunktionen und die erlebnisbildenden Instrumente, anderseits, wie schon gesagt, die auf der Erfahrung aufbauenden Lernstrategien, welche in Unterrichtseinheiten aufgegliedert sind. Ueber Verhaltens- und Einstellungsmessung sollen sie evaluiert werden.

Das Kapitel "Funktionale Gewissensmodelle und die Frage der erziehungswissenschaftlichen Adaption" (S. 223 ff) wird zusätzliche wichtige Unterlagen zum Verständnis der Lernprozesse im Sinne unserer Fragestellung liefern.

Kapitel 3

Die Wichtigkeit emotionaler Dynamik für die Effizienz des «Gewissenlernens»

A. Der Bereich des emotionalen Klimas

1. Die Begriffe "emotional" und "affektiv"

Fast die meisten Autoren, die den Begriff der Gewissensbildung phänomenologisch-normativ angehen, betonen an irgendeiner Stelle ihrer Werke die Wichtigkeit des emotionalen Klimas bei der Entstehung des Gewissens. Der Begriff "emotionales Klima" ist unexakt, und es wird unsere Aufgabe sein, ihn genau einzugrenzen und transparent zu machen, d.h. aus ihm einen Raster zu erstellen, mit dem verschiedenste Aussagen intersubjektiv überprüft werden können. Ganz besonders wird uns dieser Begriff Probleme aufgeben, wenn wir uns die Frage stellen, ob das Lernen von Regeln, Normen und Werten im sittlichen Bereich auch schon das beinhaltet, was wir mit dem sehr differenzierten Funktionieren des Gewissens meinen; mit anderen Worten, ob Lernen von Regeln, Normen und Werten einschliesst, dass beim Sich-Verhalten mit Regeln, Normen und Werten, also bei Entscheidungen im konkret inhaltlichen Gesellschaftsfeld das Gewissen als pro- bzw. reaktive Urteilsinstanz funktioniert und besonders, wovon abhängig ist, mit welcher Intensität es funktioniert. Wir nehmen also hier Stellung zu den Hypothesen 2 und 3 des konzeptuellen Aufrisses(s. letztes Kapitel).

Es wird nun notwendig sein, vorerst einmal die Begriffe "emotional" und "affektiv" abzuklären, und dies deswegen, weil es seit Blooms[1] Taxonomien zum festen Bestand der Erziehungswissenschaft geworden ist, von affektiven Lernzielen zu sprechen, während der Begriff "emotional" meistens auf die Erziehung schlechthin angewandt wird. So heisst etwa der Titel eines Aufsatzes von S. Feldmann-Duda/K. Feldmann "Emotionale Erziehung in der Schule",[2] während der Autor R. Schmitt eine seiner Arbeiten mit "Das Gewicht der Information bei der Verwirklichung 'affektiver' Erziehungsziele"[3] überschreibt.

2. Definitionen

Im Wörterbuch zur Psychologie[4] lesen wir unter "Emotion": "Auch 'Gemütsbe-

---

1) D.R.Krathwohl/B.S.Bloom/B.B.Masia: Taxonomy of Educational objectives. The Classification of Educational Goals. Handbook II: Affektiv Domain 1964 (bis 1967 drei Nachdrucke).
2) In: Westermanns Pädagogische Beiträge. Heft 1, Jan 72, S.19-27.
3) In: Realistische Erziehungswissenschaft. Festschrift für Heinrich Roth. Hannover 1972, S.305-320.
4) Wörterbuch der Psychologie. Taschenbuchausgabe. München 1968.

wegung' (alte Bezeichnung); manchmal gleichbedeutend mit Gefühl verwendet. Bezeichnung für eine Reihe von Vorgängen und Zuständen, die aus sichtbaren Reaktionen oder aus dem Erlebnis erschlossen werden. Es handelt sich um komplexe Organismuszustände, die von verschiedenen physiologischen Veränderungen (z.B. Atem, Drüsen- und Kreislaufveränderungen) und von starken Gefühlen z.B. Lust oder Unlust begleitet sind und die sich in einem Handlungsimpuls äussern, der nach der Ausführung eines bestimmten Handelns oder Verhaltens drängt. Bei Emotionen kann es zu einer zeitweisen Beeinträchtigung des klaren Denkens, oder des angemessenen Handelns kommen (Trieb). (Man unterscheidet verschiedene Arten von Emotionen. Die Einteilungsversuche sowie die Theorien selbst hinterlassen einen durchaus mehrdeutigen Eindruck, so dass eine eindeutige Bestimmung des Emotionsbegriffs gegenwärtig unmöglich erscheint.)" Zum Begriff "affektiv" lesen wir im selben Wörterbuch: "Allgemeine Bezeichnung für den gefühlsmässigen (oder emotionalen) Aspekt der Erfahrung bzw. des Erlebens. Tritt meist im Zusammenhang mit anderen Bezeichnungen auf, z.B. affektiver Zustand (Bezeichnung für besondere Erregung), affektive Tönung des Erlebens (besondere Hervorhebung gefühlsmässiger bzw. emotionaler Momente im Erleben bzw. Erkennen), affektive Assoziation (Vorstellungen werden aufgrund eines ihnen gemeinsam zugeordneten Gefühls miteinander verknüpft). In der Fachsprache wird affektiv oftmals durch das Wort emotional ersetzt. Die Verwendung schwankt zwischen der auf Selbstbeobachtung begründeten Bedeutung und derjenigen, die sich aufgrund eindeutiger physiologischer psychologischer Indikatoren (Masse der Affektivität oder Emotionalität) ergibt."

Diese beiden Definitionen helfen vorerst einmal nicht weiter, aber sie machen auf ein Phänomen aufmerksam, das beim Umgang mit den Begriffen oft zu wenig berücksichtigt wird: Der Begriff "affektiv" wird sozusagen immer mit kognitiver Verhaltensäusserung bzw. -steuerung verbunden, während der Begriff "emotional" eher mit den Worten Stimmungen, Gefühle, Erlebnisse ein mehr eigenständiges Wertgefüge zu haben scheint.

B. Affektive Lernziele

Wir wollen nun zuerst den Begriff affektiv (affektive Lernziele) genauer abgrenzen. Wir haben oben gesagt, dass er meistens mit Kognitionen in Verbindung steht. Er stellt dadurch eine bestimmte Dimension anderer Vorgänge dar. Es wird sich zeigen, dass diese Dimension qualitativen Charakter hat. Wir möchten dies an drei Beispielen belegen:

1. Die Modelle von Sybille und Klaus Feldmann

S. und K. Feldmann geben drei Modelle an, welche die Ergebnisse der Erforschung der Affekte und Emotionen für Sozialisationsprogramme fruchtbar machen könnten. Dabei ist zu bemerken, dass auch sie die Begriffe "Emotion" und "Affekt" nicht eindeutig unterscheiden.

a) Modell 1:

"Emotionen können als 'Motive' und 'Bewertungen' aufgefasst werden, über deren Ursachen und Wirkungen das Individuum meist nicht Bescheid weiss. Emotionen werden oft als unbezweifelbar 'wahre' und 'echte' Folgen von Wahrnehmungen und Handlungen erlebt, obwohl sie Ursachen und veränderbare Bewertungen von Wahrnehmungen sind. Emotionen, Kognitionen und soziale Aktionen sind interdependente Interpretationen von Wirklichkeit."[1] Die Nichtbeachtung dieser Zusammenhänge führe - so weiterhin Feldmann - zu Misserfolg bei Verhaltens- und Einstellungsänderungen.

b) Modell 2:

"Durch Veränderung von Situationselementen (diskriminierenden Stimuli) kann die Bewertung der Situation und damit die emotionale Lage der Beteiligten gewandelt werden." Damit sind natürlich erzieherisch bedingte Beziehungen zwischen Lehrern und Schülern im sog. Verhaltensaustausch gemeint. Feldmann rät dabei zu rein äusserlichen Merkmalen solcher Beziehungsdynamik wie das gegenseitige Duzen, das sich nicht-Halten an Normen und Regeln; der Lehrer gibt keine Verhaltensanweisungen (Befehl), sondern spricht nur freundlich mit den Schülern etc.[2]

---

1) S. und K. Feldmann: a.a.O., S.26/27.

2) In Schriften wie "Erziehungspsychologie" von R. und A.Tausch, Göttingen 1971[6], oder "Psychologie der Erziehungsstile" von Th.Hermann, Göttingen 1966, findet man natürlich relevantere Aussagen zu diesem Problem. Vgl. in dieser Arbeit z.B. S.462ff.

c) <u>Modell 3</u>:

"Vorbereitung auf Katastrophensituationen. Ein Individuum wird nur dann in Katastrophen- und Stress-Situationen rationale Strategien anwenden und prosoziales Verhalten zeigen, wenn es auf solche Situationen durch Beobachtungslernen, Rollenspiel und sonstige Uebungen vorbereitet wurde und wenn Organisationen und latente Interaktionsstrukturen für solche Fälle zur Verfügung stehen."

Als Mittel werden soziale Grenzsituationen diskutiert wie Sitzenbleiben, als Schülerin ein Kind bekommen, Eltern sterben etc., um so Solidarität zu simulieren und für Katastrophensituationen als "organisatorische Innovationen" Sicherheitsgefühle zu prädisponieren.

Die beiden Autoren Feldmann vertreten gesamthaft gesehen ein wichtiges Anliegen: sie wollen die Dimension der Affekte in verschiedenen Bereichen des Unterrichts durchsichtig machen. Aber das gelingt ihnen nicht überall. Mit Phrasen von der "Innovationsbereitschaft", der "Demokratisierung" etc. allein kann nicht sichtbar gemacht werden, welche wissenschaftliche, ja empirisch genaue Rolle nun eigentlich der Affektbereich bei den verschiedensten Verhaltenssituationen spielt. Was aber klar geworden ist: Sie meinen Emotion=Affekt immer gemeinsam mit etwas anderem, mit kognitivem, vitalem, psychomotorischem oder pathischem Verhalten. Das wird besonders sichtbar aus ihrer Liste von Technologien und Techniken für eine emotionale Erziehung. Mit Ausnahme des ersten Punktes werden Dimensionen untersucht oder prophylaktische bzw. analytische Vorgehensweisen propagiert. Die Tabelle läuft von positiver Verstärkung von erwünschten Emotionen über Beobachtungslernen anhand von Filmen, in denen Modellpersonen ihre Emotionen sichtbar werden lassen, Desensibilisierung bei Angst, Entspannungsübungen im körperlichen Bereich oder durch autogenes Training, Rollenspiel und Simulationsspiele von Alternativlösungen bei Problemsituationen, gruppendynamische Trainings, Analyse von Texten mit emotionalem Gehalt, künstlerische Produktion und andere Techniken und Technologien. Abgesehen davon, dass diese Angaben ungeordnet und in keinem Zusammenhang zueinander stehen, führen sie in ganz verschiedene Arten des Lernens und geben viel zu wenig genaue Indikatoren für affektives bzw. emotionales Verhalten an.

2. Die Taxonomie affektiver Lernziele von D.R.Krathwohl, B.S.Bloom und B.B.Masia

Chr. Möller in ihrer Schrift "Technik der Lehrplanung"1) und R.Messner/P.Posch in "Perspektiven für einen neuen Lehrplan"2) referieren beide die affektive Lernzieltaxonomie von Krathwohl, Bloom und Masia. Es geht um den Grad der Verinnerlichung eines Lernzieles, also um die affektive Dimension bestimmter Verhaltensformen. Der Stärkegrad dieser Dimension scheint dabei im Mittelpunkt zu stehen. "Haben wir den affektiven Lernbereich als den Bereich der psychischen Kräfte (Trieb-, Interessen-, Werthaltungs- und Einstellungsbereich) bezeichnet, so ist der Begriff des Stärkegrades angemessen und entspricht durchaus dem in der psychologischen Literatur bekannten Terminus, der etwa als 'Stärke der vitalen Triebe' beschrieben und zu messen versucht wurde (vgl. Rohracher 1965, S. 385)."3) Die Taxonomie zeigt sich hierbei darin, dass Verhaltensweisen mit geringem Stärkegrad sich abheben von sehr stark verinnerlichten Verhaltensweisen (hoher Stärkegrad).
Die Zusammenfassung dieser affektiven Lernzieltaxonomie sieht so aus:

1.00 Beachtung. Empfänglichkeit und Aufmerksamkeit für bestimmte Phänomene.

1.10 Kenntnisnahme. Blosses zur Kenntnisnehmen (nicht Kennfähigkeit) von Situationen, Phänomenen, Gegenständen etc.

1.20 Aufnahmebereitschaft. Annahme von Situationsgegebenheiten ohne den Versuch, auszuweichen.

1.30 Kontrollierte oder selektive Aufmerksamkeit. Bevorzugung und Auswahl von Phänomenen.

2.00 Beantwortung. Freiwilliges Aufsuchen eines Gegenstandsbereiches und Erfahrung erster Befriedigung in der Beschäftigung damit.

2.10 Einwilligung zur Beantwortung. Erste Reaktion im Sinne einer Antwort ohne volle Bereitschaft.

2.20 Bereitschaft zur Beantwortung. Das Antwortverhalten geschieht ohne Furcht vor Bestrafung, in freier Verantwortlichkeit.

2.30 Befriedigung bei der Beantwortung. Empfinden von Befriedigung im Antwortverhalten, das sichtbar wird über Indikatoren Lust, Freude, angenehmes Gefühl, etc.

---

1) Chr.Möller: Technik der Lernplanung. Weinheim u.a. 1969, S.141.
2) In: Didaktische Impulse. Wien 1971, S.9-51.
3) Chr.Möller: a.a.O., S.141.

3.00 Werten. Konstantes Verhalten in entsprechenden Situationen aufgrund der Bindung an einen Wert (nicht aufgrund von Autorität).

3.10 Wertannahme. Identifikation mit bestimmten Werten aufgrund des konstanten Wertverhaltens (auch von aussen bestätigt).

3.20 Bevorzugung eines Wertes. Normierung des Verhaltens durch die Verpflichtung gegenüber bestimmter Werte (hoher Auswahl- und Wünschbarkeitsgrad).

3.30 Bindung an einen Wert. Hoher Identifikation mit Werten, starke Ueberzeugungstendenzen, personale Wertträgerrolle.

4.00 Wertzuordnung. Systematisierung der Werte, Bestimmung (der Werte) untereinander, Festsetzung oberster, alles bestimmender Werte.

4.10 Wertgeneralisierung. Besitz von Werturteilen über eigene Wertobjekte, Abstraktion und Symbolisierung der Wertobjekte, Generalisierung in Klassen von Werten.

4.20 Errichtung eines Wertsystems. Hierarchisierung aller Werte in über- und untergeordneten Klassen.

5.00 Festlegung der Persönlichkeit durch einen Wert oder Wertkomplex. Ausbildung grundlegender Eigenheiten sowie einer Weltanschauung, die das Verhalten bestimmt und Antworten auf globale Lebensfragen möglich macht.

5.10 Generalisierter Wertkomplex. Fähigkeit, die komplexe Umwelt zu vereinheitlichen, Fähigkeit zu konsequentem und effektvollem Handeln.

5.20 Weltanschauungsbildung. "Integration der Wertungen zu einer Weltanschauung."[1)]

Hier scheint sich nun das, was wir schon im ersten Beispiel gesehen haben, noch deutlicher abzuheben: Aufnahmebereitschaft z.B. als affektives Ziel ist nur eine Dimension von etwas "anderem", ich möchte sagen, ein Merkmal von Verhaltensvorgängen. Krathwohl möchte diese Merkmal mit anderen kognitiven Vorgängen in Verbindung bringen. Man kann sich die Frage stellen, ob diese "Dimensionierung" nicht auch der grundsätzlich anderen Art von Lernen zugesprochen werden kann, nämlich dem sog. emotionalen Lernen. Das würde bedingen, dass emotionales Lernen nicht identisch ist mit der blossen Erfüllung sog. affektiver Lernziele.

---

1) Vgl. Chr. Möller: a.a.O., S.149/150.

Es würde bedeuten, dass emotionales Lernen eine eigene Struktur hat, wie kognitives Lernen. Wir müssten zusätzlich die Frage aufwerfen, wie dieselbe affektive Dimensionierung diesen beiden verschiedenen Lernweisen, nämlich sowohl der kognitiven als auch der emotionalen zugeordnet werden könne. Ich meine nun, dass der Stärkegrad der Dimensionierung eines Verhaltens dann sowohl emotionalen wie kognitiven Lernzielen zugeordnet werden kann, wenn die obige Annahme erwiesen ist. Dann bekäme das Wort "affektiv" eine ganz andere Bedeutung als "emotional". Affektiv würde den Intensitätsgrad oder die Grössenordnung sowohl geistiger als psychischer Vorgänge ausmachen. Es wäre stets verbunden mit mehr oder weniger konkreten bzw. abstrakten oder aber emotionalen Handlungsabläufen. (Solche Abläufe können z.B. Sprechakte, logische Vergleiche, logisches Darstellen, aber auch künstlerisch unmittelbare Betätigung etc. sein.) Wir müssen aber erst den Erweis erbringen, dass emotionales Verhalten von kognitivem Verhalten mit affektiver Dimension abgehoben werden kann.[1)]

3. "Das Gewicht der Information bei Verwirklichung 'affektiver' Erziehungsziele"[2)]

Die oben gemachte Annahme erhält einen Zuwachs an Hoffnungen auf Bestätigung durch den Aufsatz von R. Schmitt: Das Gewicht der Information bei Verwirklichung "affektiver" Erziehungsziele.
Schmitt sprach davon, dass die Bedingungen der sich ständig ändernden Gesellschaft so komplex und veränderbar strukturiert sind, dass die Verwirklichung

---

1) Es ist übrigens interessant festzustellen, dass der höchste Stärkegrad der Krathwohl'schen Taxonomie in der Mitte der Klassifikation, also bei 2 und vor allem bei 3 liegt. Der höchste affektive Stärkegrad umkreist also die Dimension 2 und 3. Dennoch gibt eigentlich nur 3.30 (Bindung an einen Wert) eine wirklich emotionale Motivororientierung an. 2.30, also Befriedigung bei der Beantwortung, kann sowohl bei kognitiver als auch emotiver Verhaltensveränderung zustandekommen. In einer Tabelle dargestellt, könnte die Stärkegradkurve etwa so verlaufen:

2) Aufsatz in: Realistische Erziehungswissenschaft. Festschrift für H. Roth, Hannover 1972.

einer Erziehung zu erwünschten Haltungen und Einstellungen, d.h. die Verwirklichung "affektiver" Erziehungsziele sehr schwer falle. Solche affektiven Erziehungsziele seien vor allem in Präambeln zu Lehrplänen zu treffen, es seien dies "Mündigkeit, Selbständigkeit, Kritikfähigkeit, politisches Engagement, Hilfsbereitschaft usw.". Man tue sich allerdings schwer, sogar sehr

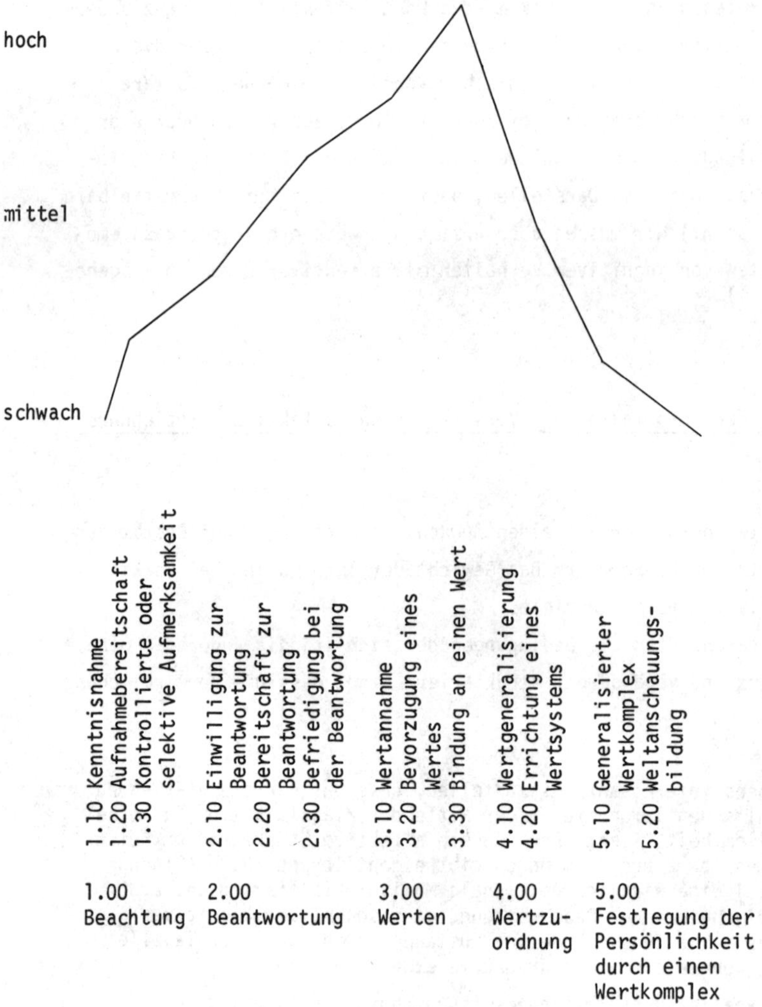

2) R. Schmitt: In: Realistische Erziehungswissenschaft. Festschrift für Heinrich Roth. S. 305 ff.

schwer, solche Ziele zu realisieren. Schmitt versucht den Begriff der Haltungen im Gegensatz zu den kognitiven Erziehungszielen (alle Arten von Wissen, Kenntnissen und intellektuellen Fertigkeiten) genauer zu umreissen. Er meint, dass die Haltungen und Einstellungen strukturierte Gebilde seien, zu deren Charakterisierung man neben der affektiven Komponente mindestens auch eine kognitive Komponente zu berücksichtigen habe. Er macht darauf aufmerksam, dass in den traditionellen Haltungsdefinitionen sogar drei Komponenten unterschieden werden, dass also die psychomotorische Komponente dazugezählt werden müsse. Auf den amerikanischen sozialpsychologischen Haltungsbegriff verweisend schreibt er: "In dem bekannten sozialpsychologischen Textbuch von P.F. Secord und C.W. Backmann wird der Haltungsbegriff z.B. folgendermassen definiert: 'Der Ausdruck Haltung bezieht sich auf bestimmte Regelmässigkeiten der Gefühle, der Gedanken und der Handlungsbereitschaft eines Individuums in bezug auf einen Aspekt seiner Umgebung'.[1] In ähnlicher Weise bezeichnen David Krech, Richard S. Crutchfield und Egerten C. Ballachey, die Verfasser eines anderen Lehrbuchs der Sozialpsychologie, Haltungen als 'dauerhafte Systeme positiver oder negativer Bewertungen, emotionaler Gefühle und pro oder kontra-Handlungstendenzen in bezug auf soziale Objekte'."[2] Schmitt führt also den Begriff Haltungsobjekt ein. Haltungsobjekte können für das menschliche Individuum alles sein, was nahe oder ferne, abstrakt oder konkret da sei (Mitmensch, Gruppe, Individuum). Die entscheidende Aussage aber für unsere Darlegungen ist folgende: "Die affektive Komponente beinhaltet dabei die Richtung (positiv oder negativ) und die Stärke (stark oder schwach) der gefühlsmässigen Beziehung (Sympathie oder Antipathie) des Individuums zum jeweiligen Bezugsobjekt, während die kognitive Komponente alle Kenntnisse, Meinungen und Urteile umfasst, die mit dem Haltungsobjekt in Zusammenhang stehen."[3] Hier wird klar gezeigt, dass Affektivität eine Dimension von Arten von Verhalten meint. Denn "gefühlsmässige Beziehung" ist eine emotionale Verhaltensart, meint emotionalen Verhaltensaustausch. Allerdings wird man sich bewusst, wenn man eine zusätzliche psychomotorische Komponente einführen möchte, dass man eher einen "latenten, dispositionalen Bereich

---

1) P.F.Secord/C.W.Backmann: Social Psychology. New York 1964, S.92.
2) D.Krech/R.S.Crutchfield/E.L.Ballachey: Individual in Society. New York 1962, S.139.
3) R.Schmitt: a.a.O., S.307.

des strukturierten Affektes (kognitive und affektive Komponente)" als Kern einer Haltung annehmen sollte, der sich klar abhebt von ebensolchen Komponenten des manifesten Verhaltens. Für uns wird das wichtig sein, weil wir zu fragen haben, ob in allen bisherigen Darstellungen die Verhaltensbereiche genügend differenziert worden sind. Für die Gewissensbildung ist es von Bedeutung, dass es pragmatisches Verhalten (Aktivität) und verdecktes Verhalten (Passivität/Pathik) gibt, dass diese beiden Gruppen wiederum je in akzentuiert kognitives, emotionales oder psychomotorisches Verhalten gegliedert werden können mit mehr oder weniger stark betonten affektiven bzw. kognitiven Dimensionen. Somit bekommt nun der Begriff "emotional" - wie wir oben schon dargelegt haben - eine ganz andere Gewichtigkeit. Er ist mehr als affektive Dimension, er ist eine Art Verhalten, dem ein eigener Strukturwandel in der gemüthaften Veränderung eines Individuums zugestanden werden muss. Dies allerdings sagt Schmitt nicht mehr. Denn es geht ihm ja in seinem Artikel vorwiegend darum, kognitive Komponenten bei Haltungen zu erörtern.

Bevor wir nun diese emotionalen Verhaltensweisen genauer darstellen und für die intentionale Gewissensbildung brauchbar machen, seien noch zwei weitere Beispiele kurz erwähnt.

4. Der Ansatz von W. Schulz

Der Ansatz von W. Schulz in der Schrift "Unterricht, Analyse und Planung"[1] ist deswegen interessant, weil er ihn unter dem Kapitel Intentionalität - was uns doch in dieser Arbeit vorrangig interessiert - darlegt. Er geht davon aus, dass jeder Unterrichtende Lernprozesse "in der kognitiven, der emotionalen oder der pragmatischen Dimension anzuregen und zu steuern" versucht, dass je nach Strömung und Interesse die eine oder andere Dimension betont bzw. vernachlässigt worden sei (Herbartianismus: Schwerpunkt auf kognitive Prozesse; Erlebnispädagogik: Schwerpunkt auf die emotionale Dimension; Produktionsschulen: pragmatische Intentionalität). Allen drei Dimensionen legt Schulz drei sich überlagernde Qualitätsstufen zugrunde, nämlich Anbahnung, Entfaltung und Gestaltung. Diese drei Stufen können bspw. von der kantischen

---

1) W. Schulz: Unterricht, Analyse und Planung. In: P. Heimann/G.Otto/W.Schulz: Unterricht, Analyse und Planung. Hannover u.a. 1972[6], S. 25 ff.

Erkenntnistheorie abgeleitet werden, denn Kant unterscheidet in seiner Kritik der reinen Vernunft die Erkenntnis der Sinne, diejenige des Verstandes und die der Vernunft. Erst im Zusammenwirken der drei - "Alle unsere Erkenntnis hebt von den Sinnen an, geht von da zum Verstande und endet bei der Vernunft, über welche nichts Höheres in uns angetroffen wird, den Stoff der Anschauung zu bearbeiten und unter die höchste Einheit des Denkens zu bringen"[1] - ist eigentliche Erkenntnis möglich. Für die kognitive Dimension bedeuten die drei Qualitätsstufen folgendes: Stufe der Anbahnung: Kenntnisnahme von Sachverhalten, z.B. 800 n.Chr. wurde Karl der Grosse zum Kaiser gewählt; Stufe der Entfaltung: Erfassen von Erkenntniszusammenhängen: z.B. politische Bedeutung Karl des Grossen; Stufe der Gestaltung: Kenntnis und ERkenntnis werden zu einer Haltung, einer Art Ueberzeugung. Diese beeinflusst in entscheidendem Masse wiederum das ERfassen neuer Kenntnisse und ERkenntnisse. In der emotionalen Dimension sehen die drei Qualitätsstufen folgendermassen aus: Stufe der Anbahnung: Anmutungen oder eine gewisse emotionale Bewegtheit beim Aufmerksamwerden auf einen Gegenstand; Stufe der Entfaltung: das Erlebnis (wobei die Planbarkeit von Erlebnissen im Unterricht nicht weiter ausgeführt wird); Stufe der Gestaltung: "Die Haltung, die aus Erlebnissen gegenüber den Erlebnisbereichen entsteht, soll als Gesinnung bezeichnet werden. In diesem Sinne hängt es von den Erlebnissen der Schulzeit ab, wie man gegenüber der Schule gesinnt ist."[2]

Bei der pragmatischen Dimension werden die drei Qualitätsstufen mit Fähigkeiten, Fertigkeiten und Gewohnheiten bezeichnet. Tabellarisch dargestellt sehen die drei Dimensionen so aus:

Qualitätsstufe	kognitive Dimension	pragmatische D.	emotionale D.
Anbahnung	Kenntnis	Fähigkeit	Anmutung
Entfaltung	Erkenntnis	Fertigkeit	Erlebnis
Gestaltung	Ueberzeugung	Gewohnheit	Gesinnung

1) I. Kant: Kritik der reinen Vernunft. Stuttgart, Ausgabe 1970.
2) W. Schulz: a.a.O., S. 26.

Auf den ersten Blick hat diese Darstellung von W. Schulz eine grosse Ueberzeugungskraft. Vier Komponenten sind neu:

1) Es wird sichtbar, dass Gegenstände wie z.B. moralische Regeln, Normen und Werte in jeder der vorgezeichneten Dimension gelernt werden sollen. "Es geht hier nicht um Selektion, sondern eindeutige Akzentuierung",[1] denn es wird selbstverständlich angenommen, dass es keine dieser Dimensionen abgesondert von der andern gibt.
2) Es wird anerkannt, dass es emotionales Lernen gibt, oder mit andern Worten, Emotion wird nicht bloss als ein Teilaspekt kognitiven Verhaltens gesehen. Es wird das vielschichtige Wort "Erlebnis" gebraucht und damit eine Weise der Verhaltensveränderung anerkannt, die sehr wahrscheinlich eine eigene Gesetzmässigkeit aufzuweisen hat.
3) Es wird auf den Qualitätsstufen eine Dynamik anerkannt, die gleichsam einer Klassifikation von Verhaltensweisen gleichkommt, wobei Abhängigkeit der einen Stufe von der andern vorausgesetzt wird (Kants Sinnliches Erfahren, Verstand, Vernunft).
4) Für Schulz ist Erkennen, Fertigen und Erleben immer Erkennen, Fertigen und Erleben von etwas, d.h. also, mit der Frage der Verhaltensveränderung stellt sich die Frage der Inhalte bzw. diejenige der Ziele.[2] Erst in Verbindung von Intentionalität und Thematik ergibt sich für Schulz ein Unterrichtsziel, wobei der Gegenstand immer auch ein selbständiges Moment beansprucht, das durch die jeweilige eigene Sachstruktur begründet werden kann. "Wer Unterricht zu analysieren hat, wird sich also fragen müssen, welche Themen dort in den Erkenntnis-, Erlebnis-, Handlungshorizont der Lernenden gebracht werden sollen oder offensichtlich an sie herangetragen werden."[3]

Punkt 1, 2 und 4 im besonderen können für unser Vorhaben von Bedeutung sein, denn damit sind die minimalen Erfordernisse für das Erlernen des Gewissens im Prinzip aufgezeichnet.

---

1) W. Schulz: a.a.O., S. 27.
2) Ebd. S. 29.
3) Ebd. S. 29. Dies entspricht z.B. auch dem Bruner'schen Strukturbegriff, wo nicht die Objekte als solche bedeutsam sind, sondern die ihnen inhärente Struktur. Denn diese Strukturen können in jedem Lebensalter aktiviert bzw. gebraucht werden. Vgl. J.S.Bruner: Toward a theory of instruction. Cambridge 1966. Vgl. dazu auch: K. Frey: Theorien des Curriculums. Weinheim 1971, S.108-110.

Nun muss allerdings kritisch gesagt werden, dass bei aller Praktikabilität für die Unterrichtsplanung dieses heuristische Schema dem wissenschaftlichen Anspruch der Strukturierung und der intersubjektiven Ueberprüfbarkeit nicht standhält, bzw. dass das Schema nicht genügt, um vermitteln zu können, wie sich die Prozesse tatsächlich abspielen, wenn sie von einer der Pädagogik als Normwissenschaft verpflichtenden Intentionalität ausgeht. Denn man kann "theoretische Systeme in eine technologische Form bringen, in der das mögliche Geschehen auf mögliche Ansatzpunkte für menschliches Handeln bezogen wird. Dadurch werden Möglichkeiten des tatsächlichen Geschehens in menschliche Handlungsmöglichkeiten transformiert, unter Berücksichtigung der Tatsache, dass an bestimmten Stellen in den Ablauf praktisch eingegriffen werden kann."[1] Nach diesem Prinzip - wir möchten hier nicht auf die Wertfreiheit als methodisches Prinzip, in dessen Kontext dieses Zitat steht, eintreten - versuche ich die Kritik am praktikablen Theorem von Schulz kurz anzubringen.

Die Kritik möchte ich in Punkten zusammenfassen:

1) Die Begriffe sind nicht genug abgestützt und transparent. Am besten kommt das bei den Qualitätsstufen zum Ausdruck. Wenn wir z.B. fragen, was mit dem Begriff "Gestaltung" gemeint ist, so gibt uns der Aufsatz keinerlei Auskunft. Würde der Begriff "Disposition" anstelle von "Gestaltung" stehen, so wäre damit taktisch planbar ein Ziel angegeben, das im Unterricht innerhalb der drei Dimensionen intendiert oder nicht intendiert, erreicht oder nicht erreicht werden kann, überprüfbar oder nicht überprüfbar ist. Denn Disposition bedeutet nicht bloss ein einzelnes Verhalten, sondern eine Verhaltenstendenz, aus der ein bestimmter Typus aktuellen Geschehens immer wieder hervorgeht.[2] Man kann auch sagen, Verhaltensdispositionen sind Fähigkeiten oder Bereitschaften, die nicht direkt beobachtbar, aber aus Verhaltensweisen erschliessbar sind. Sie sind überdauernd. Sie werden in der curricularen Sprache als die globalen Zielsetzungen des Unterrichts bezeichnet.[3][4][5]

---

1) H.Albert: Wertfreiheit als methodisches Prinzip. In: Topitsch E. (Hrg.) Logik der Sozialwissenschaften. Köln, Berlin 1970⁶, S. 192.
2) S. dazu: G. Kaminsky: Verhaltenstheorie und Verhaltensmodifikation. Stuttgart 1970, S. 108.
3) S. dazu: J.F. Soltis: Einführung in die Analyse pädagogischer Begriffe. Düsseldorf 1971, S. 118 f.
4) R. Schmitt: Religiöse Erziehung - ohne Erfolg. Weinheim 1972, S. 33 ff.
5) R. Strohal: Bemerkungen zu dem Begriff der psychischen Disposition und seiner Bedeutung für die Pädagogik. In: W. Brezinka (Hrg.): Weltweite Erziehung. Freiburg 1961, S. 251-262.

Vor allem im Bereich der Spracherziehung kann man auch sagen, dass Lernziele als Dispositionen "Komponenten sein können, also Fähigkeiten, Sprache zu produzieren, zu verstehen und zu reflektieren".[1)]
Wenn wir nun die einzelnen Dimensionen in der dritten Zeile (Gestaltung) betrachten, so müssen wir wohl einsehen, dass der Begriff Disposition viel besser passen würde, denn Ueberzeugung, Gewohnheit und Gesinnung sind Dispositionen oder doch Haltungen (attitudes), also Dispositionen im übergreifenden Bereich. Gewohnheit z.B. wird folgendermassen definiert: "Wie im alltäglichen Gebrauch bezieht sich dieser Begriff auf eine Verknüpfung zwischen Reizen und/oder Reaktionen, die aufgrund von Erfahrung, gewöhnlich durch wiederholte Versuche, im eigentlichen Sinne automatisch geworden ist. ... Gewohnheiten hängen nicht notwendig vom Denken ab, weder hinsichtlich ihrer Ausbildung noch wenn sie in Aktion treten; tatsächlich behindert Denken manchmal ihren ungestörten Ablauf."[2)] Der normative Wert der Disposition bestünde darin, dass sich mit der Bezeichnung selbst eine eigene Zielebene ergäbe. Fraglich in diesem Sinn ist auch, wo hier der Begriff "Einstellung" Platz fände.

2) Es fehlt die dem jeweiligen Verhaltenskomplex zugeteilte Verhaltensdynamik, also die affektive Dimension. Wir haben ja gesagt, dass z.B. Kenntnisnahme, Aufnahmebereitschaft, Wertannahme etc. (s.S.122) Verhaltensdimensionen sind, die wiederum jeder Verhaltensart zugeordnet werden müssen. Zwar bezeichnet Schulz seine Lernbereiche mit dem Begriff "Dimensionen". Er meint aber damit verschiedene Lernarten (oder mindestens verschiedene Aspekte ein- und derselben Lernart). Der Schulz'sche Raster ist also zu klein, um Dimensionen des Verhaltens wie Motivation, Annäherungs- und Abstossungstendenz, Abneigung-Zuneigung, Aktivität-Passivität usw. den Kolonnen beiordnen zu können.

3) Man könnte anstelle von solchen Zuordnungen affektiver Dimensionen Querverbindungen der einzelnen Kolonnen und Reihen der Tabelle vorsehen. Ob dann die Effizienz im Greifbarmachen der Verhaltenskomplexität ausreicht, kann

---

1) O. Hoppe: Operation und Kompetenz. Das Problem der Lernzielbeschreibung im Fach Deutsch. In: Linguistik und Didaktik. München 1972, S. 86.
2) B. Berelson/G.A. Steiner: Menschliches Verhalten, Band I: Forschungsmethoden / Individuelle Aspekte. Weinheim 1969.

nicht ohne weiteres ermittelt werden. Wenn man also z.B. Kenntnis, Fertigkeit und Anmutung einander zuordnen würde, so müsste zuerst abgeklärt werden, was mit den Qualitätstufen "Anbahnung, Entfaltung, Gestaltung" gemeint ist. Eines aber kann der Schulz'schen Klassifikation nicht vorgeworfen werden, sie unterscheide nicht zwischen beabsichtigten und unbeabsichtigten Wirkungen (Intentionalität) hinsichtlich bestimmter Effekte.[1] Ich meine, er unterscheidet aus Gründen der Praktikabilität nicht genügend genau.

4) Wir müssen nochmals nach den Stufen fragen. Handelt es sich um taxonomische Stufen, um Lernzielebenen, um traditionelle Lernstufen oder um eine intuitive Klassifikation? Typischerweise gibt Schulz nur in der kognitiven Dimension an, wie diese Stufen zu denken sind (z.B. Anbahnung/Kenntnis: 800 n.Chr. wurde Karl der Grosse gekrönt; Entfaltung/Erkenntnis: Verstehen der politischen Bedeutung der Krönung Karls durch den Papst; Gestaltung/Ueberzeugung: Wird nicht angegeben, es heisst nur, das Erfassen neuer Kenntnisse und Erkenntnisse würde als "Haltung" von dieser dritten Qualitätsstufe beeinflusst.)[2]

Die Problematik ist nun folgende:

a) Wenn wir anerkennen, dass es je akzentuiert kognitive, pragmatische und emotionale Verhaltensveränderungen (Lernprozesse) gibt, so müssen wir ziemlich sicher vermuten, dass jede dieser drei Arten - wie schon gesagt - nach ganz eigenen Gesetzmässigkeiten strukturiert ist. Es wäre unzulässig, dieselbe Stufung in einen anderen Bereich zu transferieren.[3] Das wird uns besonders bewusst, wenn wir z.B. die logischen Strukturen verschiedener Höhe von J. Piaget[4] ins Auge fassen. So klar dies alles formuliert ist im Bereich der Intelligenz (rationale Operation, moralisches Urteil, etc.), so zweifelhaft ist es im Bereich des Gefühlslebens, des Willens und des moralischen Empfindens.

---

1) s. dazu: R. Messner: Funktionen der Taxonomien für die Planung von Unterricht. In: Zs. für Päd., 1971, No. 6, S. 771.
2) W. Schulz: a.a.O., S. 26.
3) Ganz typisch kommt das bei den traditionellen Lernstufen zum Vorschein, wie sie z.B. H.Roth in seinem Buch "Pädagogische Psychologie des Lehrens und Lernens" (Hannover 1969[11], S.208 ff) im Kapitel Lernschritte dargestellt hat. Trotz seiner grossen Differenzierung im Bereich des kognitiven und pragmatischen Handelns, scheint mir jede Verallgemeinerung faktisch unmöglich und besonders im emotionalen Bereich unzulässig. Es dürfte sich aber in unserem Fall eher um Zielebenen handeln als um eigentliche Lernstufen.
4) s. dazu: H.Aebli: Ueber die geistige Entwicklung des Kindes. Stuttgart 1963, S. 235. J. Piaget: Theorien und Methoden der modernen Erziehung. Wien 1972, S. 325 ff. J. Piaget: Psychologie der Intelligenz. Zürich 1947, S. 135 ff.

b) Sehr wahrscheinlich verändern sich "Qualitätsebenen" auch je nach den dem Lernen zugrundeliegenden Inhalten. Schon Messner[1] hat 1970 auf den geringen Informationswert der formalen Taxonomien für den Ablauf von Unterricht hingewiesen, da ihr Ziel nicht in der Beschreibung von Lernprozessen, sondern in der Klassifikation menschlicher Leistungen liege. Auch H. Rumpf[2] meldet seine Bedenken an gegen formale Klassifikationen, welche wohl "einen beachtlichen heuristischen Wert bei der Unterscheidung von Lehrstrategien in ihrer Makrostruktur" haben, aber nicht durch spezifische inhaltliche Züge mitbestimmt werden. "Ein Problem der vorliegenden Lernzielklassifikationen etwa von Bloom oder von Gagné liegt in ihrer Inhaltsneutralität: Comprehension, Analysis, Begriffsverknüpfung, Regelverknüpfung - ist solches Verhalten wirklich durchweg abgelöst davon zu sehen, ob es sich um die Betriebsanleitung für eine Waschmaschine, den Satz des Pythagoras, die innerparteiliche Demokratie, die Borniertheit des Lear, die Sätze Matthäus 5,1 ff handelt? Was formal auf die Verhaltensweise hin betrachtet identisch erscheint, wird bei der Mitveranschlagung dessen, worin dieses Verhalten spielt, so verschieden wie der Inhalt von Büchern, die nur darin übereinkommen, dass in ihnen unter anderem die Geschichte einer unglücklichen Liebe abgehandelt wird - 'Krieg und Frieden' gehört dann zum gleichen Typ wie der jüngste Roman der 'Quick'."[3] So extrem wie Rumpf möchten wir es nicht formulieren, aber die inhaltliche Struktur einer Sache als wichtiger Faktor bei der Erstellung von Lernstrategien durch eine mehr psychologische Taxonomie von Lernarten (im Bereich Gewissen) müssen wir mitsehen.

c) Durch verschiedene "Verfahrensweisen", die im Gesamten des Unterrichtsablaufs die einzelnen Schritte determinieren, werden auch die Bereiche des Lernens (kognitiv, pragmatisch, emotiv) und ihre jeweiligen Qualitätsstufen beeinflusst. Obwohl Schulz zwischen ganzheitlich-analytischem Verfahren, elementhaft-synthetischem Verfahren und Projektverfahren[4] unterscheidet, zeigt er diese Wirkung nicht auf.

---

1) R. Messner: Funktionen der Taxonomien für die Planung von Unterricht. In: Zs. für Päd., 1971, No 6. S. 777.
2) H. Rumpf: Sachneutrale Lehrverfahren. In:Zs.f.Päd., 6, 1970, S. 801-819.
3) Ebenda S. 812.
4) W. Schulz: a.a.O., S.31.

Zusammenfassend ist zu sagen: Bei intentionaler Gewissensbildung sind klare begriffliche Unterscheidungen im Bereiche "affektiven Lernens" absolut notwendig. Das Lernen des Gewissens soll je akzentuiert in allen drei Bereichen des Lernens (kognitiv, pragmatisch, emotiv) statthaben, und in jedem dieser Bereiche sollen weitere Dimensionen wie z.B. affektive Zuordnungen eine wichtige Rolle spielen. Affektive Lernziele aber, weil sie in der curricularen Sprache seit Krathwohl, Bloom und Masia verwendet werden, sind im grunde meistens als psychologische Dimensionen kognitiver Lernprozesse zu erkennen. Sie sind wohl sehr praktikabel, aber sie stehen nicht in direkter Beziehung zu emotiven Lernprozessen oder zu emotionalem Lernen, das wir viel besser im Bereich des dynamischen Lernens[1)] ansiedeln können. Weiter werden wir zu bedenken haben, dass die Inhalte[2)] und das Ziel der Gewissensbildung (Regeln, Normen und Werte einerseits, Funktionstüchtigkeit, Verantwortlichkeit, Mündigkeit, Autonomie etc. andererseits) die Struktur der jeweiligen Lernart enorm beeinflussen.

---

1) Vgl. C.F. Parreren: Lernen in der Schule. Weinheim 1969, S. 78 ff.
2) Vgl. unsere Ausführungen : Der Aufbau eigenständiger Handlungsregulation und die inhaltliche Bestimmung des Gewissens durch Schuld, S. 383-410. Vgl. auch: "Gewissen und Verhaltensabweichung", S. 503-507.

C. Emotionales Lernen

1. Einleitung

Unser Ziel ist es, zu vermeiden, dass das Lernen von Regeln, Normen und Werten, also die unterrichtsbedingte Strukturierung einer von einer überprüfbaren Theorie geleiteten Intentionalität, sich ausserhalb der Schule, gleichsam im Wirkbereich des Gewissens, als defizient erweist. Wir gehen also von der Tatsache aus, dass emotionales Lernen mit einer bestimmten positiven bzw. negativen Intensität und einer affektiven Dimension für die bewusste Entstehung des Gewissens fruchtbar ist. Dabei stellen wir nun folgendes fest: Es gibt viele Autoren, die diese Dimension wohl betonen, aber keineswegs greifbar machen können. Diese Autoren sind beunruhigt. Und sie kämpfen gegen jene an, die solches Lernen für unmöglich halten, es deswegen aus dem Unterricht verbannen, es gar als gefährlich oder "peinlich" betrachten. So schreibt W. Brezinka[1)] in positivem Sinne: "Da die praktische Pädagogik unter anderem auch dem Zweck dient, zum sittlich wertvollen Handeln zu motivieren, ist es berechtigt, in ihrem Rahmen die Sprache nicht nur deskriptiv - informativ, sondern auch emotiv, d.h. zur Erregung von Gefühlen zu verwenden." Er schwächt aber sofort wieder ab indem er sagt: "Der emotive Gebrauch der Sprache soll jedoch den kognitiven nicht verdrängen oder ersetzen, sondern lediglich dazu dienen, die rationalen moralischen Urteile zu unterstützen."[2)] Diese normative Aussage zeigt Unsicherheit gegenüber dem Prozess des dynamischen Lernens, wobei hier wiederum Emotion nur Dienstfunktion (affektives Lernziel) hat.
Deutlicher spricht sich R. Lautmann[3)] aus. Er analysiert Wert-Begriffe auf ihre analytisch-wissenschaftliche Verwendbarkeit und kommt zum Schluss zu einer Reihe von Wortklassen, um die Begriffe "Gefühl-Erleben" schon aus erkenntnistheoretischen Gründen abzulehnen. Er schreibt: "Da werden Werte mit

---

1) W.Brezinka: Von der Pädagogik zur Erziehungswissenschaft. Weinheim 1971, S. 208.
2) C.L. Stevenson: Ethics and Language. New Haven 1944, S. 332 ff. (Yale Univ.Press) (zit. von Brezinka)
3) R. Lautmann: Wert und Norm. Beiträge zur soziologischen Forschung. Opladen 1971^2, S. 41.

'abstrakten Gefühlen' gleichgesetzt (Green A.W. 1960/136; vgl. auch Woodruff A.D. 1949/151) aus 'Bedürfnissen' hergeleitet (Gotschalk D.W. 1947/49 u.a.); sie 'rufen eine verborgene Antwort hervor' (Linton R. 1945/111 etc.) oder sind 'anerkannt' (Mills C.W. 1963/80). Damit wird nahegelegt, das Sollen aus dem Sein zu deduzieren - ein Standpunkt, den die meisten Soziologen ablehnen." Hier wird die Hilflosigkeit gegenüber den Begriffen "emotional", "affektiv", "internalisiert", "Gefühl" etc. vollends sichtbar. Diese Begriffe werden im Anhang als Formelemente bezeichnet, die als Wertelemente nicht zu coden sind. Es handelt sich also wiederum darum, dass damit nicht selbständig akzentuierte Werke (bzw. Lernvorgänge) gemeint sind, sondern formale Dimensionen kognitiver Prozesse, Einstellungen, die nur auf etwas anderes hin gedacht werden.[1]
Wir stellen uns nun die Frage, wie die Kriterien dieses emotionalen Lernens sind, oder wie sie sein müssen, damit nicht bloss "eine kurzfristige emotionale Aufladung junger Menschen"[2] zustandekommt, damit aber auch nicht durch Reflexion die Emotion zerstört und/oder verdrängt werden kann, dass sie ihre eigene Strukturgesetzlichkeit haben kann, dass sie auch in besonderer Weise verarbeitet werden muss.

2. Die Erziehungslehren und das emotionale Lernen

Es scheint, dass ältere Zeiten mit den Begriffen Emotion, Gefühl, Erlebnis mehr anfangen konnten, in dem Sinne, dass mindestens einkalkuliert worden ist, dass es unbewusste Prozesse gibt, deren Erhellung nicht in jedem Augenblick und in jeder Weise fruchtbar sein muss. Man wird erinnert an das schon tausendmal zitierte Wort Pestalozzis "Kopf, Herz und Hand". Die Forderung wird greifbar, dass der Erzieher alle "Kräfte" gleichmässig zu "entfalten" habe. Das führt zur Aussage "jedes einseitige Uebergewicht in der Bildung unserer Kräfte führt zum Selbstbetrug grundloser Anmassungen, zur Misskennung seiner Schwächen und Mängel und zur harten Beurteilung aller derer, die nicht

1) Vgl. unsere Ausführung S.141ff und den Abschnitt: Exkurs über das Problem der Werte im Zusammenhang mit dem Lernprozess Gewissen. S.256 dieser Arbeit.
2) Vgl. H. Schmitt: a.a.O., S. 318.

mit den irrtumsvollen Ansichten unserer Einseitigkeit übereinstimmen. Das ist bei Menschen, die Herzens und Glaubens halber überschnappen, ebenso wahr als bei denen, die ihrer Geisteskraft in liebloser Selbstsucht einen ähnlichen Spielraum der Unnatur und ihres Verderbens eröffnen. Alles einseitige Uebergewicht einer einzelnen Kraft führt zur Aufgedunsenheit ihrer Ansprüche, die im Innern ihres Wesens lahm und tot ist."[1] Noch wichtiger scheint mir die Tatsache, dass bei aller gegenseitigen Abhängigkeit der einzelnen "Kräfte" (kognitiver, emotiver und pragmatischer Bereich - Denkkraft; Liebe, Glauben; Kunstkraft) gefordert wird, dass Veränderung in jedem einzelnen Bereich nach eigenen Gesetzmässigkeiten vor sich gehe. "Die Gesetze, die der naturgemässen Entfaltung jeder einzelnen unserer Kräfte zum Grunde liegen, sind an sich wesentlich verschieden."[2]
Wenn wir hier diesen kleinen geschichtlichen Exkurs machen, so sind wir uns bewusst, dass selbst bei vorsichtigem Gebrauch der Begriffe, diese niemals sauber mit unseren Verhaltens- oder strukturpsychologischen Ansätzen übereinstimmen. Denn wir können den Kontext nicht abklären und keine hermeneutisch einwandfreie Basis schaffen. Aber es geht hier ja bloss darum, dass wir aufzeigen, dass der Wert des emotionalen Erziehens vernachlässigt ist und dass die Querverbindungen, nämlich die kognitive Strukturierung emotionaler Verhaltensveränderung bis heute nicht genug reflektiert worden ist.

Man kann in der Literatur blättern wo man will, immer ist dieser Bereich der Erziehung die ungelöste, ja unheimlich kompakte Komponente, die nicht so schnell in ein System zu bringen ist. Unter dem Titel "Die Gemüthsbildung" schreibt Theodor Waitz schon 1875 in seinem Buche "Allgemeine Pädagogik", dass man das Gemüt, wenn es der Sinnlichkeit und der Intelligenz gegenübergestellt werde, die Gesamtheit der Gefühle, Interessen und Bestrebungen des Menschen bezeichne. Er sagt: "Die besonderen Schwierigkeiten, welche die Gemüthsbildung im Vergleiche zur Entwicklung der Intelligenz und selbst der Anschauung haben muss, sind hiernach leicht zu ermessen; denn Gefühle, Interessen und Bestrebungen lassen sich mit Ausnahme weniger Fälle weder im Menschen unmittelbar erzeugen, noch lassen sich die Verbindungen und Verhältnisse, die

1) H. Pestalozzi: Schwanengesang. Schriften aus dem Jahre 1805-1826. Zürich 1949, S.257/258.
2) ebd. S.258.

sie untereinander eingehen, in ähnlicher Weise durch den Erzieher beherrschen, wie er eine grosse Anzahl von sinnlichen Vorstellungen und Begriffen dem Schüler direkt mitzuteilen und in bestimmte Beziehungen bei ihm zu bringen vermag, sobald nämlich von diesem die Sprache der Hauptsache nach angeeignet ist. Dadurch wächst die Unsicherheit des Erfolges fast aller gemüthsbildenden Einwirkungen und es bedarf daher der vielseitigen Aufmerksamkeit und Geschicklichkeit von Seiten des Erziehers, wenn sie die Gemüths- und Charaktereigenschaften des Zöglings nicht im Verborgenen erzeugen und sich in ihrer Entstehung und Fortbildung nicht grossentheils seiner Leitung entziehnen sollen."[1] Der Begriff "Gemüth", der hier anstelle von Emotion steht, deckt sich mit diesem zweiten Begriff nicht ganz. Aber die Problematik war damals schon voll bewusst.

Bemerkenswert ist die Darstellung Georg Kerschensteiners in seinem Buche "Charakterbegriff und Charaktererziehung".[2] Im Kapitel "Die Aufwühlbarkeit" unterscheidet er zwischen dem Schauspieler, der mit viel "Verstand" und Tricks eine Rolle vorspricht von demjenigen, der die Rolle selber ist. Dieser letzte wühlt das Publikum auf, reisst es mit in den "dunklen Trieb der Gefühle", bringt es zum "Ergriffensein". Damit hält Kerschensteiner im Gegensatz zu Schmitt[3] den Bereich starker Emotionalität für äusserst positiv, ja sogar für notwendig. Er sagt, dass der beste Massstab für das Vorhandensein oder Nichtvorhandensein dieser Dimension 12-14jährige Kinder beim Zuschauen z.B. eines Theaterszückes seien. Wenn diese Dimension nicht in absoluter Eigenmächtigkeit Identifikation ermögliche, so würden die Kinder bei der dramatischen Szene (Irmgard wirft sich in Verzweiflung vor das Pferd des Gesslers) lachen. Und Kerschensteiner schreibt: "Wollen wir die Aufwühlbarkeit definieren, so werden wir darunter den Grad, die Ausdehnung und die Dauer verstehen, mit welchem die Seele von Wahrnehmungen oder Vorstellungen ergriffen wird. Oder anders ausgesprochen, sie bedeutet den Umgang, die Tiefe und die Dauerhaftigkeit der Gefühlsbewegungen, welche die im Bewusstseinsstrom kommenden und gehenden Wahrnehmungen, Vorstellungen und Begriffe begleiten, besonders jene, welche sich auf den Menschen und sein Schicksal, auf das

---

1) T. Waitz: Allgemeine Pädagogik und kleinere pädagogische Schriften. Braunschweig 1875, S.140/141.
2) Vgl. G. Kerschensteiner: Charakterbegriff und Charaktererziehung. Leipzig und Berlin 1923[3].
3) Vgl. unsere Ausführungen S.156.

Göttliche, das Wahre, Schöne und Sittliche beziehen."[1] Diese Aussage ist erstaunlich exakt. Aufwühlbarkeit wird mit der Fähigkeit der Phantasie gekoppelt. Dispositionen sind also durch die Gradstärke, die Dauer und die Ausdehnung als Merkmal gekennzeichnet und, was wiederum erstaunlich ist, schon mit perzeptuellen und kognitiven Elementen verbunden. Dies ist ein brauchbarer Ansatz für die Darstellung emotionalen Lernens im Bereich des Gewissens.

Es sei noch ein letztes Beispiel angeführt: Noch K. Jaspers konnte Bewusstsein, dessen eine Eigenschaft das Gewissen ist, als Erleben bezeichnen. "Bewusstsein ist die individuelle Daseinswirklichkeit als Erleben."[2] Oder später differenzierend: "Das absolute Bewusstsein (im Gegensatz zum Bewusstsein überhaupt)[3] ist nicht wie ein Erlebnis mit dem Erleben vorbei und nur fortwirkend als eine Ursache, sondern als Erscheinung existentiellen Seins mehr als Erleben. Es ist darum nicht an Erlebnisse als an bewegenden Affekte gebunden, sondern der stete gehaltvolle Grund, der nur leise, aber immer entschieden, in Gefühlen anklingt. Es steht hinter den stillen und zuverlässigen Bindungen."[4]

Diese kleine Auswahl belegt, dass die Dimension menschlicher Erfahrbarkeit theoretisch erörtert werden muss, weil sie von grosser Wichtigkeit für die Effizienz des Lernens von Gewissen ist.

Wir wollen nochmals festhalten:

1. Lernen kann schwerpunktmässig selbst bei Berücksichtigung aller Theorien des Lernens mehr die kognitiven, emotiven oder pragmatischen Merkmale der Verhaltensveränderung beanspruchen.
2. Wird die emotionale Dimension akzentuiert in Bewegung gesetzt, so spielen dabei kognitive Partikel und affektive Stärkegrade eine ganz bestimmte Rolle, die nicht zu übersehen ist.
3. Lernen als emotionale Verhaltensveränderung weist andere Gesetzmässigkeiten des Ablaufs auf als Lernen im Bereich akzentuiert kognitiver Verhaltensveränderung.

---

1) Vgl. G. Kerschensteiner a.a.O., S. 154.
2) K. Jaspers: Philosophie, Band II. Berlin u.a. 1956, S.255
3) Anmerkung des Verfassers.
4) K. Jaspers: a.a.O., S. 256.

4. Für die Gewissensbildung spielt Lernen als emotionale Verhaltensveränderung - dies sei hier hypothetisch wiederholt - eine wichtige Rolle; denn sehr wahrscheinlich wird dies die Komponente sein, die bei intentionaler Planung garantiert, dass die Uebernahme von Regeln und Normen Gewissen und nicht bloss Wissen wird.

3. Merkmale emotionalen Lernens

Es ist nun notwendig, einen Exkurs in die Literatur über das Gewissen und die Gewissensbildung zu machen, um einige Daten und/oder Aussagen zum Begriff Emotionalität in diesem Bereich zu ermitteln. Dieser "Sammelexkurs" bezweckt dreierlei, erstens eine Art Motivation für die anschliessende Erstellung eines "emotionalen" Lernmodells, zweitens die teilweise Begründung der Hypothese, emotionales Lernen spiele eine Rolle bei der intentionalen Gewissensbildung, und drittens lassen sich damit verschiedene Theorien über das Gewissen schon jetzt teilweise klassifizieren. Die Auswahl der Literatur kann allerdings nicht repräsentativ sein, sie entspricht vielmehr einem Entscheidungsprozess, bildungsbezogene Literatur über das Gewissen zu bevorzugen, was natürlich einer Komponente des Vorverständnisses entspricht.
Wir möchten diese Untersuchung unter den Stichworten "Vertrauen-Urvertrauen", "Harmonie-Disharmonie", "Liebesfähigkeit-Angst", "Bindung", "Identifikation" etc. führen. Allerdings muss angenommen werden, dass diese Begriffe emotionales Verhalten in irgend einer Weise implizieren.

a) Vertrauen - Ur-Vertrauen

"Der Mensch entwickelt nur dann ein Gewissen, wenn er in seiner Abhängigkeit vertrauen kann; vertrauen auf sich selber, was ihn zugleich vertrauenswürdig macht; und erst wenn er hinsichtlich einer Reihe grundlegender Werte völlig zuverlässig ist, kann er Unabhängigkeit entwickeln und die Ueberlieferung weiterreichen."[1] Diese Aussage setzt Vertrauen als Voraussetzung für die Gewissensentwicklung, wobei noch nicht gesagt wird, was Vertrauen eigentlich ist und wie es funktioniert. Vertrauen als Komponente meint

---

1) E.H. Erikson: Identität und Lebenszyklus. Frankfurt 1971, S. 94.

entweder den Topus des Gewissensprozesses selbst oder den vorauszusetzenden äusserlichen Rahmen, gleichsam die "Atmosphäre", woraus Objektbesetzung und Identifikation möglich werden.[1)]
Schauen wir an anderer Stelle bei Erikson,[2)] was er mit Vertrauen (Ur-Vertrauen) meint.[3)] Er bezeichnet im Kapitel "Ur-Vertrauen gegen Ur-Misstrauen"[4)] das Gefühl eines Ur-Vertrauens als erste Komponente einer gesunden Persönlichkeit. Ur-Vertrauen selbst sei eine auf die Erfahrungen der ersten Lebensjahre zurückgehende Einstellung zu sich selbst und zur Welt. "Mit 'Vertrauen' meine ich das, was man im allgemeinen als ein Gefühl des Sich-Verlassen-Dürfens kennt, und zwar in bezug auf die Glaubwürdigkeit anderer wie die Zuverlässigkeit seiner selbst. Wenn ich davon als einer Ur-Erfahrung spreche, so meine ich damit, dass weder diese noch die später hinzutretenden Komponenten sonderlich bewusst sind, in der Kindheit so wenig wie im Jugendalter."[5)] Erikson bezeichnet in weiterer Analyse dieses Ur-Vertrauen als "Grundhaltungen" bzw. als ein "Gefühl von". Da diese Gefühle nach seiner Ansicht sowohl Oberfläche wie Tiefe, Bewusstes wie Unbewusstes durchdringen, sind damit 1. Weisen bewussten Erlebens, die der Introspektion zur Verfügung stehen, 2. Weisen des Verhaltens, die beobachtet werden können, und 3. unbewusste innere Zustände, durch Tests und Analyse feststellbar, gemeint. Hier hebt sich Erikson von F. Pöggeler[6)] ab, der zwar ebenso sagt, das kindliche Gewissen könne sich nur im Ur-Vertrauen entfalten, aber meint, das Kind fasse ein Ur-Vertrauen zu den Werten, "zu Liebe und Treue, zu Wahrhaftigkeit und Ehrlichkeit, zu Güte und Hilfsbereitschaft."[7)] Und er meint, die Lehre tue dabei das wenigste; "hier kommt

---

1) Vgl. unsere Ausführungen über das Gewissensmodell von S. Freud, S.261ff.
2) E.H.Erikson: Identität und Lebenszyklus. S. 62 ff.
3) Denn wir dürfen, bei aller Ehrfurcht vor den Erkenntnissen der Verhaltenspsychologie, nicht annehmen, die Abhängigkeit von inneren Zuständen brauche nicht untersucht zu werden, weil es Fälle gibt, wo solche Abhängigkiet durch äussere Reize nachgewiesen werden könne. (Vgl. H. Rademacker: Es gibt auch innere Verstärker. In: "b:e", Heft 3/1972, S.22/23).
4) E.H. Erikson: a.a.O., S. 62
5) Ebenda S. 62
6) F. Pöggeler: Das Gewissen in der Sicht der Pädagogik. In: Gewissen und Gewissensbildung. Donauwörth 1968.
7) Ebd. S. 159.

es auf das Erlebnis der Werte an, auf die intuitive, unreflektierte Erfahrung des liebevollen Angenommenseins durch Eltern und Familie, durch die Mitmenschen und die Gesellschaft."[1] Der Unterschied der beiden ist zwar gering, er besteht darin, dass bei Pöggeler Vorgänge als Werte bezeichnet werden. Er unterstellt damit seine Aussagen der normativen Theorie moralischer Werte, während Erikson eine Entwicklung, also etwas Dynamisches oder noch besser, Ur-Vertrauen immer als Bedingung für etwas anderes sieht.[2]

Erwähnenswert ist die Erikson'sche Dialektik von Ur-Vertrauen und Ur-Misstrauen. Ur-Misstrauen meint bei ihm vor allem die orale Phase im zweiten Teil des ersten Jahres. Sie scheint als Krise in der Koinzidenz dreier verschiedener Entwicklungen zu stehen: "1. einer physiologischen, nämlich der allgemeinen Spannung, die mit einem heftigen Trieb zu aktiver Einverleibung, Aneignung und Beobachtung verknüpft ist, wozu sich noch das Unbehagen des Zahnens und anderer Veränderungen des oralen Apparates gesellen; 2. einer psychologischen, nämlich des wachsenden Bewusstseins seiner selbst als eines Einzelwesens; und 3. einer Umweltentwicklung, indem nämlich die Mutter sich scheinbar von dem Kinde ab- und anderen Beschäftigungen zuwendet, die sie gegen Ende der Schwangerschaft und während der Pflege des Neugeborenen aufgegeben hatte. Dazu gehört auch die Wiederaufnahme der vollen ehelichen Beziehungen, was bald zu einer neuen Schwangerschaft führen kann."[3] Diese Koinzidenz der drei Prozesse hat emotionalen Charakter. Die Tatsache, dass von Erleben gesprochen wird, bestätigt dies. Wichtig ist nun das Faktum, dass im Spannungsfeld Ur-Vertrauen - Ur-Misstrauen das Gewissen festgemacht werden könnte. Bei Erikson - er wäre einer der wenigen, der Gewissen mit dem ersten Schreien des Kindes gerade durch sein dialektisches bzw. dichotomisches Denken ansetzen könnte - ist wie gesagt, Vertrauen Voraussetzung zur Gewissensbildung, aber er setzt die Entstehung des Gewissens in einer viel späteren Stufe fest, nämlich bei vier oder fünf Jahren, wo das Kind seine Identität gegenüber anderen Personen finden und durchsetzen muss, wo es sich einen Platz erobern soll und bei Versagen

---

1) F. Pöggeler, a.a.O., S. 159
2) R.H. Erikson: Kindheit und Gesellschaft. Stuttgart 1971, S. 241-245.
3) R.H. Erikson: Identität und Lebenszyklus. Frankfurt 1971, S. 68.

Angst- und Schuldgefühle hat, wo der erste starke kindliche Moralismus zum Durchbruch kommt.[1] Ur-Vertrauen ist zwar hier Bedingung des Ueberstehens der Krise und der Festigung des heteronomen Gewissens. Die Entstehung selber aber beginnt sehr wahrscheinlich schon mit dem Rhythmus zwischen Entspannung und Spannung im uterinen Zustand.
Zusammenfassend: Wichtig ist für das Vertrauen niemals die Quantität von Nahrung und Liebe, sondern vielmehr die Qualität der mütterlichen Bindung, also Intensität, Geartetheit und Grundeinstellung. Für uns ist dies so wichtig, weil ein "emotionales" Lernmodell unter anderem einige dieser Komponenten voraussetzt. Es ist damit noch nicht präzisiert, ob diese Komponenten für den sich entwickelnden Menschen von Dauer sind, d.h. ob sie auch später noch etwa im Sinn des Sleeper-Effekts wirksam bzw. wichtig sind. Ich möchte dies hypothetisch bejahen, wenn zugestanden wird, dass die Umweltfelder d.h. die Inhalte ändern bzw. erweitern, Vertrauen als Komponentengrundstruktur aber bleibt. Wenn sich diese Annahme bestätigt, dann kann intentionale Gewissensbildung auf der Basis solcher Qualität erfolgen. Das aber dürfte entscheidende Konsequenzen haben für ein Curriculum über Gewissensbildung.[2]

b) Harmonie - Disharmonie

Unter diesem Stichwort steht die Schrift von Robert Scholl "Das Gewissen des Kindes".[3] Er setzt axiomatisch voraus, dass das Kind von seiner Mutter

---

1) Vgl. E.H. Erikson, a.a.O., S. 94 ff.
2) Der letzte, das Ur-Vertrauen als über alle Vernunft hinaus reichende Grundstimmung bezeichnende Vertreter psychoanalytischer Richtung dürfte wohl B. Staehelin mit seinem Buche "Sein und Haben" (Zürich 1969, S. 54-63) sein. Für ihn ist der Mensch primär Ur-Vertrauen im Sinne der Veranlagung, und die häufigste Ursache aller psychosomatischer Krankheitsformen ein zerrüttetes Ur-Vertrauen. Die primären guten Merkmale des Ur-Vertrauens sind "Liebe, Hoffnung, Treue, Hingabe, Mut, Freiheitsbedürfnis, Würde, Bescheidung" etc. Das Ur-Vertrauen wird als Voraussetzung aller Erfahrung mit Umwelt, Gruppe und Gott bezeichnet. Es wird begründet vom Unbedingten bzw. vom Transzendenten, in dem mehr oder weniger verwurzelt zu sein, das Ansinnen des Ur-Vertrauens ausmacht. Stähelins Ansatz darf wohl als etwas unexakt bezeichnet werden. Jedenfalls gelingt es ihm nicht wie Erikson, klare Verhaltensmerkmale von begründender Sinngebung zu trennen bzw. sie aufeinander richtig zu beziehen.
3) Stuttgart 1956.

durch seine körperliche, seelische und geistige Unreife absolut abhängig ist, und mit ihr in einer harmonischen Wechselbeziehung steht, welche beim Kind von den Vitalbedürfnissen, bei der Mutter von ihrer reifen Persönlichkeit gesteuert wird. Harmonie-Disharmonie aber werden als Prozesse beschrieben, die indirekt beobachtet werden können. Bei Verhaltensweisen des Kindes, die dem mütterlichen Willen nicht entsprechen (z.B. Herunterzerren des Tischtuches) verändert sich das Gesicht der Mutter; oder noch früher, beim Beissen in die Brustwarze zuckt die Mutter zusammen, stösst das Kind für einen Augenblick zurück etc. Das sind jedesmal Situationen, die mit kürzerer oder längerer "Disharmonie" bezeichnet werden können, wobei die Reaktionen des Kindes am Anfang nur durch Stimmungsübertragung, später durch steigendes Bewusstwerden der Verhinderungstendenz auf Lernprozesse hinweisen. Auf solcher Basis wird für Scholl die Hypothese (die er übrigens mit vielen beobachteten Beispielen belegt) möglich: "Der Grundzug aller Vorgänge aber, bei denen das Gewissen beteiligt und in Funktion getreten ist, ist die Störung der Harmonie durch einen Konflikt und die Tendenz nach Wiederherstellung dieser gestörten Harmonie, nach Lösung des Konfliktes."[1] Nun könnte man meinen, die Störung der Harmonie sei bei einer guten Erziehung zu vermeiden. Aber gerade das ist ein Irrtum, denn je sensibler eine Mutter auf die gute Erziehung ihres Kindes bedacht ist, um so mehr wird sie verhindern müssen, dass das Kind den Gashahn aufdreht, in ein elektrisches Kabel beisst, die scharfen Putzmittel über seine Beine schüttet, den heissen Tee in sein Gesicht spritzt, über die Strasse rennt etc., d.h. für R. Scholl wird die Notwendigkeit des Konfliktes, welcher dann eben zur Störung der Harmonie führt, das zweite Axiom, auf dem er seine Theorie der Entstehung des Gewissens aufbaut. Beide Axiome aber sieht er bedingt dadurch, dass die Schwingungen und Stimmungen der Mutter übertragen werden auf das Kind, "das eine Art seelisches Aufnahmegerät besitzt."[2] Und natürlich hängt die dadurch entstehende innere Harmonie mit der Mutter davon ab, "ob die Mutter ihm 'zu-' oder 'abgeneigt' ist, oder ihm gleichgültig gegenübersteht."[3] Interessant ist, dass für Scholl wie selbstverständlich die emotionale Seite dieses Prozesses im

---

1) R. Scholl: Das Gewissen des Kindes. S. 46
2) Ebd. S. 46.
3) Ebd. S. 21.

Vordergrund steht. Er spricht von "Gleichrichtung der Seelen" oder von "Seelenharmonie", welche von der Intensität der Verbindung abhängt. Wenn diese Seelenharmonie (man könnte auch von emotionalem Gleichgewicht sprechen) vom Kind vorausahnend im Sinne eines sekundären Stimulus "gesucht" wird, dann ist eigenes Gewissen empirisch feststellbar. "Immer wieder erlebt das Kind, dass die Mutter in bestimmten Situationen seines Verhaltens ein unfreundliches Gesicht zeigt, dass ihre Stimme sich entsprechend ändert und jedesmal wird die vorher bestehende Harmonie zwischen ihm und der Mutter gestört. Mit der Zeit taucht dieses Erlebnis bei dem Kind auch in der Erinnerung auf (Antizipation eines sek. Stimulus mit entsprechender Reiz-Reaktionsverbindung, Anmerkung des Verfassers), sobald es sich anschickt, etwa wieder an die Nähmaschine zu gehen. Der Wunsch, an dem Rad zu spielen, bekommt schliesslich einen bitteren Nebengeschmack. Die Freude an dem Spiel mit dem Rad wird überschattet durch die mögliche Störung der Harmonie mit der Mutter. Solche Erlebnisse gibt es im Alltag des kleinen Kindes in grosser Zahl und sie summieren sich mit der Zeit und verdichten sich. Tut das Kind nun irgend etwas, mit dem sich eine mögliche Störung der Harmonie mit der Mutter verbindet, wird es dabei innerlich unsicher. Die Ausführung einer solchen Handlung löst nicht mehr Freude aus. Das aber ist die Geburtsstunde des Gewissens."[1)]
Wir haben dieses lange Zitat gewählt, um zu zeigen, wie R. Scholl eigentlich schon 1956 (Erscheinungsdatum des Buches) eine klare Vorstellung von emotionalem Lernen hatte. Ohne Rekurs auf alle psychoanalytische Modelle (Freud, Jung etc.) stellte er vielleicht als einziger in jenen Jahren ein prinzipielles Lernmodell für das Gewissen auf.[2)] Für uns ist nun folgende Tatsache wichtig: Scholl behält das Axiom Harmonie-Disharmonie für die ganze Entwicklung des Gewissens bei. Wo lange Zeit beliebte Personen

---

1) R. Scholl: a.a.O., S. 27.
2) Dazu mag auch der Umstand führen, dass er sich in einer Fussnote auf die berühmte Stelle in Pestalozzis "Wie Gertrud ihre Kinder lehrt" abstützt: "Gehorsam, Liebe, Dank und Vertrauen vereinigt entfalten den ersten Keim des Gewissens, den ersten leichten Schatten des Gefühls, dass es nicht recht sei, gegen die liebende Mutter zu toben, den ersten leichten Schatten des Gefühls, dass die Mutter nicht allein nur seineswillen in der Welt sei. ... Dieses sind die ersten Grundzüge der sittlichen Selbstentwicklung, welches das Naturverhältnis zwischen dem Säugling und seiner Mutter entfaltet. In ihnen liegt aber auch ganz und gar in seinem ganzen Umfange das Wesen des sinnlichen Keimes von

(Mutter, Vater, Lehrer, Vorbilder etc.) eben stellvertretend die Harmonie mit Normen und Werten ansammeln, sind später diese dann abstrakten Werte, religiöse Bilder und Ideale etc. internalisiert, und Gewissen tritt in Funktion, wenn eben Disharmonie den eigenen Seelenfrieden stört. In diesem Entwicklungsbild aber überschneiden sich die Linien, und Selbsterziehung geht schon sehr früh mit Fremderziehung einher. Damit aber ist gesagt, dass für jede Phase der Gewissensbildung emotionales Verhalten bzw. Lernen eine entscheidende Rolle spielt. Scholl sagt: "Vor allem müssen wir uns darüber im klaren sein, dass Inhalte des Gewissens, die nur verstandesmässig aufgenommen worden sind, niemals so fest wurzeln wie gefühls- und gemütsbetonte Erlebnisse und Werte, die in der frühen Kindheit gepflanzt und im Bereich des Gemütes verankert sind. Was über den Verstand eingeht, lässt sich, und das ist sehr bedeutsam, auch durch Verstandesüberlegungen wieder beeinflussen oder ausschalten. Ein Gewissen, das nur oder vorwiegend auf dem Weg über den Verstand und über das Denken zustande käme, wäre deshalb niemals ein so unangenehmer Mahner, wie ein Gewissen, das auf gefühls- und gemütsbetonten Normen fusst."[1] Auch diese Aussage belegt Scholl mit vielen Beispielen aus der Erziehungsberatung.

Wir verzichten darauf, seinen etwas veralteten Begabungsbegriff zu referieren und möchten noch zwei andere Bemerkungen anführen:
1) Aus Scholls Ausführungen lassen sich allgemeine Verhaltensregeln ableiten, z.B. die Mutter möge dafür besorgt sein, dass sich beim Kind das Gefühl des Angenommenseins und des Geborgenseins entwickeln könne.[2] Der Lehrer möge das Kind in seiner Persönlichkeit akzeptieren, denn erst so werde jene Harmonie-Disharmonie-Voraussetzung geschaffen, die

---

derjenigen Gemütsstimmung, welche der menschlichen Anhänglichkeit an den Urheber unserer Natur eigen ist; das heisst, der Keim aller Gefühle der Anhänglichkeit an Gott durch den Glauben ist in seinem Wesen der nämliche Keim, welcher die Anhänglichkeit des Unmündigen an seine Mutter erzeugte. Auch ist die Art, wie sich diese Gefühle entfalten, auf beiden Wegen ein und dieselbe."
Robert Scholl folgert aus diesem Zitat, - und man spürt bei ihm die ganze Sorgfalt gegenüber hermeneutischen Gleichsetzungen, - dass auch Pestalozzi den Anfang und das Wachsen des kindlichen Gewissens auf das emotionale Mutter-Kind-Verhältnis zurückführt.
1) R. Scholl: a.a.O., S. 84.
2) ebd. S. 119.

zur Gewissensbildung unbedingt notwendig ist. Die Grenzen solch normativer Ableitung im Bereich der Gewissensbildung seien an anderer Stelle abgesteckt.[1]

2) Was R. Scholl mit seinem Harmonie-Disharmonie-Konzept dargestellt hat, entspricht weitgehend den sogenannten Gleichgewichtstheorien bei der Attitude-Forschung, also z.B. Heiders Balance-Konzept in seiner Psychologie der interpersonalen Beziehungen oder das Gleichgewichtsmodell von Rosenberg und Adelson oder Festingers Theorie der kognitiven Dissonanz.[2] Wenn Scholl z.B. sagt: "Das Gewissen, das sich schon bei Beginn einer Handlung meldet, macht diese unmöglich und verhindert so, dass nachher Dissonanzen zwischen Kind und Eltern entstehen können",[3] so entspricht das den Motivationshypothesen über Konsonanz und Dissonanz, wie sie wie gesagt z.B. Festinger formuliert: "1. Das Bestehen von Dissonanz, das psychologisch unbehaglich ist, motiviert die Person dazu, dass sie die Dissonanz zu reduzieren und Konsonanz zu erzielen versucht.

2. Wenn Dissonanz besteht, wird die Person neben dem Versuch, sie zu reduzieren, aktive Situationen und Information vermeiden, welche möglicherweise die Dissonanz vergrössern könnten."[4] Reduktion und Vermeidung von Dissonanz beziehen sich auf den "Stellenwert" von Elementen im strukturalen Gefüge der Situation. Man könnte "Stellenwert" mit emotionaler Intensität übersetzen, denn die Grösse der Dissonanz sei - so Festinger - eine Funktion der Wichtigkeit der Elemente. Wenn hier nicht weiter gefragt wird, was Dissonanz ist, so entspricht das der verhaltensbetonten Untersuchungsweise englisch-amerikanischer Lernpsychologie. Die Stärke des Bedürfnisses wird vielfach einfach als Motiv zur Reduzierung der Dissonanzgrösse bezeichnet.

c) Bindung und Beziehung

aa) Der Ansatz von E. Benda

Wir haben bis jetzt versucht, die beiden Begriffe "Vertrauen" und "Harmonie"

---

1) Vgl. unsere Ausführungen im Kapitel: Funktionale Gewissensmodelle und die Frage der erziehungswissenschaftlichen Adaptation, S.223ff.
2) dargestellt in: R. Oerter: Struktur und Wandlung von Werthaltungen. München 1970. Vgl. unsere Ausführungen auf S.373ff.
3) R. Scholl: a.a.O., S. 38.
4) Zit. in R. Oerter: a.a.O., S. 43/bezieht sich auf: L. Festinger: A theory of cognitive dissonance. New York 1957, S. 3.

als emotionale Komponenten, welche bei der Bildung des Gewissens von Bedeutung sein können, zu hinterfragen. Zwei weitere solche Begriffe, die mitbestätigen können, dass es emotionales Lernen gibt, das mehr auf psychodynamischer Verhaltensveränderung beruht, sind die Begriffe der "Bindung" und "Beziehung". Auch sie werden immer wieder in Zusammenhang gebracht mit der Bildung des Gewissens. Sie überlappen sich natürlich mit "Vertrauen-Misstrauen" und "Harmonie-Disharmonie", sollen aber hier gesondert zur Darstellung gelangen, vor allem weil in ihrem begrifflich-sprachlichen Obligat schon ein Vorgang (Lernprozess) mit eingeschlossen ist, während die Begriffe "Vertrauen-Misstrauen" und "Harmonie-Disharmonie" mehr oder weniger Voraussetzungen zu bestimmten Vorgängen (Lernprozessen) darstellen.
Clemens E. Banda sagt: "Um ein Mensch mit einem Gewissen zu werden, muss dieser zuerst ein emotionales Verhältnis zu anderen erfahren haben."[1)] Mit diesem emotionalen Verhältnis meint er ein Klima von Liebe und Gemeinsamkeit, eine taktile erfühlbare und gefühlte Matrix menschlicher Verbundenheit[2)] welche die sensorische Deprivation auf ein Minimum reduziert. Er referiert Ph. Solomon,[3)] S.J. Freedman u.a., welche experimentell festgestellt haben, dass Menschen, welche einem Minimum von Wahrnehmungsreizen ausgesetzt werden, (weder Licht, noch Schall, noch Schwingungen) in ihren seelischen und geistigen Funktionen so gestört werden und solche Angst entwickeln, dass sie nach maximal 24 bis 36 Stunden das Experiment abbrechen müssen. Solche sensorische Deprivation, wenn sie sich a) als nicht optimale Reizmöglichkeit, b) als unstrukturierter Reizimput während der langen Entwicklung des Kindes äussert, wird dann im Bereich des Gewissens in Zusammenhang gebracht mit dem Begriff der "Bindung" und "Beziehung". Das führt zu Aussagen wie: "Gewissen ist das lebendige Gefühl gegenseitiger Abhängigkeit,"[4)] und "Das emotionale Verhalten des Menschen ist daher nicht einfach eine Charakterfrage, sondern das Endresultat früherer Beziehungen und Haltungen, die den Menschen nicht darauf vorbereitet haben, mit den Durchschnittsansprüchen moderner Zivilisation fertig zu werden."[5)]

---

1) E.C. Benda: Gewissen und Schuld. Stuttgart 1970, S. 22.
2) Ebd. S. 47.
3) Ph. Solomon u.a.: Sensory deprivation. A symposium held at Harvard Medical School. Cambridge (Mass.) 1965. (zit. bei Benda)
4) E.C. Benda: a.a.O., S. 24.
5) Ebd. S. 30.

Der Zusammenhang zwischen sensorischer Deprivation und dem Begriff der Beziehung ist nun allerdings bei Benda nicht eindeutig, ja sogar vorwissenschaftlich. Fruchtbarer hingegen ist seine These, dass das Gegenseitigkeitsverhältnis das ist, was Schulderfahrung möglich macht. Erstaunlicherweise wird der Akzent hier wiederum auf die emotionale Komponente dieses Verhältnisses von "Gegenseitigkeit, Verantwortlichkeit und Verpflichtung" gelegt. In der extremsten Formulierung lesen wir bei Benda: "Es ist ersichtlich, dass das Gewissen nicht eine intellektuelle Eigenschaft ist, welche leicht 'erlernt' werden kann. Selbstverständlich ist das Gewissen angeeignet und somit 'erlernt', wenn alle Fähigkeiten, die angeeignet, als 'gelernt' kategorisiert werden, im Gegensatz zu den sogenannten angeborenen."[1)]
Die mangelnde emotionale Bindung oder Gegenseitigkeit ist für Benda der Grund eines gestörten Gewissens. Wenn also Verantwortlichkeit in der Bindung Voraussetzung für die Entwicklung des Gewissens ist, so ist beispielsweise die Zwangsneurose nichts anderes als ein Mangel an Gegenseitigkeit und Gleichberechtigung mit der Umwelt. Natürlich sind solche Aussagen vom analytisch-wissenschaftstheoretischen Standpunkt aus zirkulär. Aber sie bestätigen die Wichtigkeit der emotionalen Dimension. Denn Benda meint - und vielleicht hat er nicht unrecht, weil bei Freud oft von einer Psychologie "without emotion" gesprochen wird - es sei weder Freud noch Heidegger in den Sinn gekommen, dass das Gewissen auf dem Erlebnis der Gegenseitigkeit beruhe (Hervorhebung vom Autor dieser Arbeit), dass es das Dasein der Mitmenschen sei, deren Ansprüche, Würde und Menschlichkeit im Gewissen gewahr werde und bewahrt sei.[2)]
Vom lerntheoretischen Standpunkt lässt sich allerdings bei Benda nicht viel herausholen. Aber er legt die Akzente so, dass er den alten thomistischen Dichotomismus Syneidesis-Conscientia nach dem ersten Begriffkomplex, also nach der emotionalen Seite hin akzentuiert, denn wenn Entbehrungen gefühlsmässiger Art im Kindes- und Kleinkindesalter die Entwicklung eines Gewissens und damit des Erlebnisses der Gegenseitigkeit hemmt, so sind logisches und abstraktes Denken, welche die Gefühlswelt nach und nach strukturieren und steuern, ohne Basiserfahrung, d.h. leerformelhaftes Denken im moralisch-ethischen Bereich wird gefördert.

---

1) Vgl. dazu C.E. Benda: a.a.O., S. 47.
2) ebd. S. 72/73.

Menschliche-Beziehung-Schaffen wird in unserer Formel für das Lernen des Gewissens notwendigerweise enthalten sein müssen. Das Versagen menschlicher Beziehungen manifestiert sich durch Mangel an Wechselseitigkeit, durch Gefühlsvakuum und geistige Einsamkeit, durch Einengung des Interaktionsradius', also durch Verfälschung des Gefühlsklimas. Dies wiederum behindert die notwendige Sensibilisierung, die die Entstehung des Gewissens ermöglicht.[1]

Abschliessend stellen wir fest: Der verkappte Freudianer (obwohl Kritiker an Freud) und Existentialist Benda legt grosse Betonung auf den emotionalen Aspekt der Gewissensbildung. Obwohl er sich, mit Ausnahme einiger kurzer Fallstudien im normativ-philosophischen Feld bewegt, erheben seine Richtungshinweise ganzheitlich gesehen den Anspruch, Aussagen über ein psychologisches Konstruktmodell zu machen. Er müsste die einzelnen Erkenntnisse der Pragmatik unterziehen und sie weniger rationalistisch betrachten.

bb) Der Ansatz der Gestaltpsychologen

Eine exaktere und klarere Position nehmen die Ganzheits- und Persönlichkeitspsychologen, allen voran A. Wellek,[2] ein. Er schreibt: "Gemüt ist der Ort der Bindungen, Gewissen der verantwortlichen Bindungen. .. Jenes ist der Ort der Bindungen des Gefühls und im Gefühl, dieses der Bindungen des Begehrens, des Wollens und Handelns und im Begehren, Wollen und Handeln."[3] Was meint er nun mit dieser Bindung? Er meint damit eine strukturale Dauerhaltung bzw. Dauerverbundenheit, eine Art "Dankbarkeit" (Disposition), also wiederum eine emotionale Beziehung zu Objekten, Personen, Ereignissen, Orten, Zeiten etc., die man mit gespeicherter werthafter Erfahrung umschreiben könnte. Da Wellek, wie schon S. 146 f gesagt, Erinnerung dem Gemüt, Gedächtnis aber dem Gewissen zuteilt, und da er "Gemüt" und "Gewissen" als Zweieinigkeit sieht, d.h. als Polaritäten der "Kernschicht" der Persönlichkeit, müssen die Aspekte der Bindungen oder Bezogenheiten je etwas anders gesetzt werden. Beim Gemüt sind die strukturalen Bindungen wie gesagt im Gefühl gesetzt, beim Gewissen an den Willen gebunden, wobei man nie das Ganze aus den Augen verlieren darf.

---

1) Vgl. dazu E.C. Benda: a.a.O., S. 115/116.
2) A. Wellek: Polaritäten der "Kernschicht". In: Das Gewissen als Problem. Darmstadt 1966.
3) Ebd. S. 180.

Wellek stellt dies in einer Skizze folgendermassen dar:[1)]

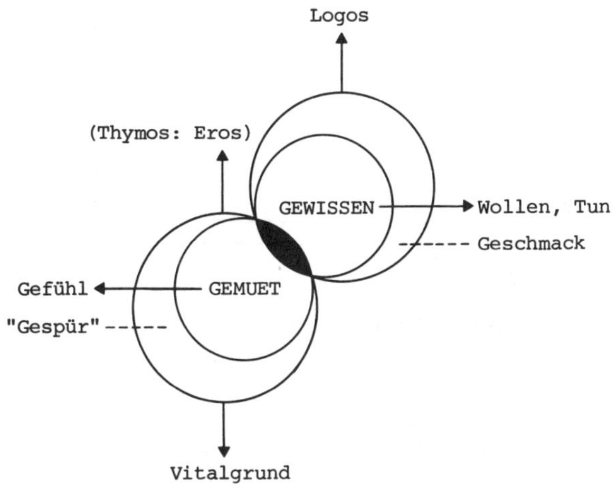

Die aus den zwei Kreisen resultierende Schnittfläche bildet den Charaktergrund oder Charakterkern, oder mit Krüger zu sprechen, den "Wertgrund". Während das Gemüt mehr in den Vitalgrund "eingelassen" ist, ist Gewissen nach oben hin dem Logos untergeordnet. "Gemüt trägt (oder fundiert) dennoch Gewissen. Gewissen setzt Gemüt voraus."[2)]
Die ganze strukturpsychologische Begrifflichkeit mag heute auf Befremden stossen, sie mag als zu spekulativ gelten, und es werden sich viele Wissenschaftler finden, die alles mit einer Handbewegung abtun. Ich meine aber, dass gerade diese Begrifflichkeit auf erziehungswissenschaftlichem Feld beste Ansätze zur Erforschung emotionalen Lernens bietet. Auch Hypothesen, die weder empirisch noch pragmatisch, sondern nur rational-phänomenologisch gesetzt sind, haben mindestens Anstosscharakter, und wenn es um intentionale Planung, im curricularen Sinne, von Lernstrategien im Bereiche der Werte, Normen, im Bereich des Gewissens geht, helfen uns im ersten Ansatz die Ergebnisse der Haltungs-, Einstellungs-, Interessensmessung nicht viel weiter. Auch August Vetter der zweite grosse (Ganzheits-)Strukturpsychologe sagt,

1) A. Wellek: a.a.O., S. 187.
2) Ebd. S. 187.

dass das Gemüt der Begegnungsort mit der erlebten Vergangenheit, also ein Ort der Bindung sei. "An der kindlichen Entwicklung lässt sich mit besonderer Deutlichkeit aufweisen, wie die lebendige Gefühlsverbundenheit mit den Eltern, in der sich das Gemüt herausbildet, die Voraussetzung für den freiwilligen Gehorsam ist, aus dem sich die Verantwortlichkeit entfaltet und zur Eigenständigkeit erwachsen kann. Das gereifte Gewissen seinerseits stellt dann den Inbegriff der Einsatzentschlossenheit dar; es ist insofern zielgerichtet und lebt in Erwartung, wodurch die Bewährung im Kommenden sein eigentliches Anliegen wird. Dergestalt sind die zentralen Gefühlserfahrungen auch zeitlich aufeinander bezogen."[1] Auch er sieht Gemüt und Gewissen in einem dynamischen Spannungsbezug. Er stellt sein polares Diagramm folgendermassen dar:[2]

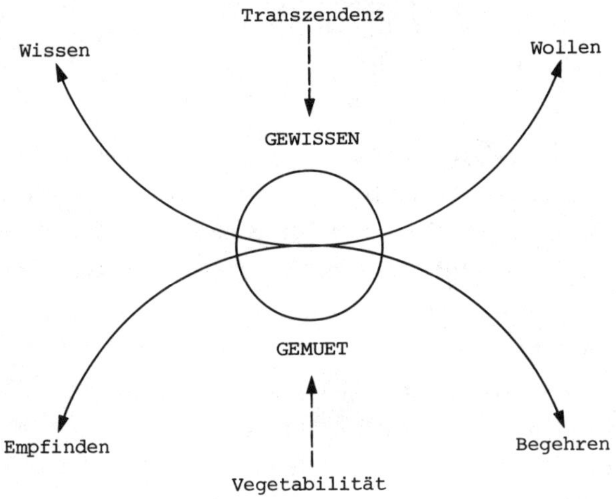

Gemüt und Gewissen sind also im eigenständigen Mittenbereich des Gefühls beheimatet.

Wiederum wie bei Benda sehen die Ganzheitspsychologen, welche ihre Thesen immer zum Ganzen der Persönlichkeit aufgestellt haben, die emotionale Bindung

1) A. Vetter: Die Person in strukturpsychologischer Sicht. In: Das Gewissen als Problem. Darmstadt 1966, S. 225.
2) Ebd. S. 226.

an Werte als das Zentrale des Gewissens an. Damit ist noch nicht beantwortet, welche Verhaltensprozesse die Bindung quantifizierend greifbar machen, wie diese Bindung selbst operational verwertet werden kann und ob sie überhaupt verwertet werden kann. Aber der saubere normative Schritt im pädagogischen Gedankenfeld ist der: Man kann emotionale Bindungen an Werte, welche in dynamischer Perseveration Gewissen oder Ueber-Ich konstituiert, leichter intentieren wenn man weiss, wie Bindungen entstehen d.h. wenn man weiss, wie dynamisch emotional gelernt wird. Eine wichtige Aussage hiezu macht Werner Janzarik,[1] wenn er untersucht, welche Werte für eine Person als "Instanz" massgebend sind. Allerdings sagt er, dass man bei zyklothym Kranken wenig über die Abhängigkeit von den Werten und Erfahrungen erfährt. Aber er folgert: "Immerhin sind bei den engen Beziehungen, die zwischen Wert und Instanz bestehen, Rückschlüsse von den Wertrichtungen eines Menschen auf seine Instanzenabhängigkeit erlaubt. Persongebundene Werte ... sind immer instanzfähige Werte. Dort, wo die zentralen Werte der zwischenmenschlichen Beziehungen, den Bindungen eine Partnerschaft entnommen werden, kann grundsätzlich mehr Instanzabhängigkeit erwartet werden als dort, wo persongebundene Werte nur eine nebensächliche Rolle spielen."[2] Emotionales Lernen muss in diesem Falle bedeuten, Bindungen an Werte herzustellen, die im Konsensus- bzw. Entscheidungsprozess als moralisch oder ethisch wichtig bezeichnet worden sind. Es heisst aber zugleich auch, dass "Gemütsfähigkeit", "Warmherzigkeit", "Kontaktfähigkeit" als je sekundärer Lernprozess (formaler Lernprozess) im Uebernehmen solcher Werte gelernt werden müssen, so wie man Begabung in einem gewissen Sinne in Verbindung mit dem Handeln in einem sachlichen Bereich lernen kann. Janzarik betont, dass unter Kranken, die "Gemütsfähigen" stärker mit Schuldinhalten an Instanzen gebunden sind, als die distanzierten, kühlen oder oberflächlichen Naturen, wobei Gemütsfähigkeit nicht mit dem Temperament signifikant korreliert.[3]

Für Janzarik sind also drei Voraussetzungen für das Schulderleben (was hier

---

1) W. Janzarik: Die zyklothyme Schuldthematik. In: Das Gewissen als Problem, Darmstadt 1966.

2) Ebd. S. 455.

3) Ueber die Wertproblematik an sich vgl. wiederum unsere Ausführungen: Exkurs über das Problem der Werte im Zusammenhang mit dem "Lernprozess Gewissen", S.256ff.

axiomatisch als eine Funktion des Gewissens angenommen wird) notwendig: 1) eine allgemeine Wertempfänglichkeit, 2) die Bevorzugung persongebundener Werte und dann 3) Instanzenabhängigkeit. Wenn er diese drei auf dem Hintergrund der zyklothymen Schuldthematik sieht, so können sie für uns als Folgerungen empirischer Befunde wegweisende Bedeutung haben. Was wir noch nicht beantworten können, ist die Frage, wie diese drei Komponenten in verschiedensten Lernprozessen erworben werden können.[1)]

cc) Ein verhaltensorientierter Ansatz

Zuerst muss die Annahme wiederholt und vorausgeschickt werden, die besagt: "Es ist aus einer Anzahl Gründen notwendig zu wissen, dass die emotionalen Verhaltensweisen überwiegend eine Folge des Lernens sind."[2)] Als Formen dieses Lernens werden in der Literatur immer wieder Konditionierung und Nachahmung erwähnt. Beide, vor allem die erste, sind bedingt durch einen Verhaltensaustausch, der die Beziehung bzw. die Bindung erst aufbaut. In diesem Sinne kann sogar Beziehung definiert werden als dynamischer Verhaltensaustausch schlechthin, gekoppelt mit Wertschätzungs- (Wärme, Zuneigung) bzw. Geringschätzungs- (Kälte, Abneigung) komponenten.[3)] Ihr entsprechen die Kategorien emotionaler Kriterien, wie Freundlichkeit, Unfreundlichkeit, Furcht

---

1) Vgl. dazu auch: G. Heinelt: Kind und Gewissen. In: W. Behler: Das Kind. Freiburg, 1970. Heinelt spricht hier unter dem Titel "Die affektive Grundstruktur des Gewissens" von der Bedeutung der Mutter-Kind-Beziehung für die Entwicklung des sittlichen Bewusstseins. Diese Mutter-Kind-Beziehung sei eine kommunikative wechselseitige Liebesbindung. Die Liebesfähigkeit der Mutter bewirke volle Entfaltung der Gefühlsbindungen. Diese seien in dieser "sensiblen Phase" eine Art Gewissen, das Liebesgewissen. Er führt auch Sheldon und Glueck an, die bei über zwei Jahrzehnte dauernden Longitudinaluntersuchungen an der Harvard University festgestellt hätten, dass sich bei einem freundlichen, liebesbezogenen, "affektiven" Mutter-Kind-Verhältnis in der frühen Kindheit schon bei Sechsjährigen mit einer Sicherheit von 96,4% für die zehn darauffolgenden Jahre Nicht-Kriminalität voraussagen liessen. (Was uns bei den Ausführungen von Heinelt bedenklich erscheint, ist seine entwicklungspsychologische These, wonach sich Liebesgewissen, Willensgewissen und Erkenntnisgewissen gemäss alter Kroh'scher und Remplein'scher Stufenlehre aufeinanderfolgen.)
2) E. Hurlock: Die Emotionale Entwicklung. In: Die Entwicklung des Kindes. Weinheim 1969.
3) Vgl. R. Tausch/A.M. Tausch: Erziehungspsychologie. Göttingen 1971[6].

und Angst, Unbefangenheit und Vertrauen; Erniedrigung und Verwirrung, Anerkennung und Unterstützung; Mut, Eifersucht, Neugier, Entzücken, Langeweile, Interesse etc., oder allgemein Abstossungs- bzw. Annäherungstendenzen.[1)]

Diese Kategorien könnten auch als Dispositionsmerkmale auf oberster Ebene verstanden werden, denen allerdings noch die Verhaltensindikatoren zugeordnet werden müssen. Dies kann an einem kleinen Fallbericht erhellt werden: Ein vierjähriges Kind wird von seiner Mutter aufgefordert, einem Erwachsenen die Hand zu geben. Das Kind aber weigert sich, es zieht sich in eine Ecke zurück, es trotzt, stampft, beginnt in dem Masse sich zu verhärten und Abweisungsreaktionen zu zeigen, als es von der Mutter immer wieder aufgefordert wird, das "Händchen zu geben". Nun kommt es darauf an, wie der Erwachsene reagiert. Wenn er in gleicher Weise wie die Mutter handelt, dann konditioniert er die Abwehrreaktionen und die Indikatoren einer Abneigungstendenz verdeutlichen sich (Schreien, Stampfen, Trotzen, Weinen, Verkrampfung etc.). Wenn er aber in diesem "motivationalen Feld", wo sich das Kind in einer "Notsituation" befindet, anders reagiert, wird ein anderes emotionales Verhalten die Folge sein. Er kann z.B. sagen: Was ist denn das für ein schönes Paktet, das ich da mitgebracht habe, das wollen wir gerade einmal öffnen. Jetzt entstehen die ersten Annäherungstendenzen, die in dem Masse konditioniert werden, als das Kind in seinem Verhalten eben durch das "Auspackendürfen", durch den Inhalt des Paketes, durch das Lachen der Erwachsenen etc. verstärkt wird. Das Kind freut sich nun über das Geschenk des Erwachsenen, es tanzt mit ihm herum, es bedankt sich etc. Der Erwachsene ist jetzt für das Kind eine liebenswerte Person geworden. Jedesmal wenn der Erwachsene dem Kind begegnet, freuen sich beide. Eine "Beziehung" zwischen Erwachsenem und Kind hat sich "angebahnt" über den Umweg einer Bedürfnisbefriedigung mittels der "Erlebnisgestalt".[2)]

Die indikatorischen Merkmale dieses beginnenden Verhaltensaustauschs (Beziehung) sind

---

1) Vgl. F. Oser: Die Jesus-Beziehung. Olten 1973, S. 25 f.

2) Die "Erlebnisgestalt" ist ein Objekt als Träger eines Wertes. In der Begegnung mit dem Objekt lösen seine Werteigenschaften eine verschieden starke und verschieden strukturierte emotionale Annäherungs- bzw. Abstossungsreaktion aus.

- sich zuzwinkern, zulachen
- wiedererkennen bei einer neuen Begegnung
- Freude zeigen bei der Begegnung
- Zärtlichkeit äussern
- Wunsch auf eine neue Begegnung äussern
- die Möglichkeit wahrnehmen, etwas zu erbitten etc.

Alle diese Verhaltensweisen, die gleichsam Indikatoren der Verhaltensaustausches (der Beziehung) sind, können weiterhin durch neue Bekräftigung intensiviert werden, so dass sich eben dieser Austausch verstärkt. Wir kommen damit zum Satz: "Vorlieben und Abneigungen sind generalisierte emotionale Reaktionen, die sich durch Konditionieren von bestimmten Menschen, Gegenständen oder Situationen her ausgedehnt haben."[1] Die Veränderung ihrer Stärke und ihrer Verhaltensmuster ist ein notwendiges Faktum der Entwicklung, weil dadurch auch die Disposition, andere Bindungen einzugehen, aufgebaut wird.[2]
Wie aber lässt sich in diesem Vorgang das Uebernehmen von moralischen Normen, Regeln und Werten abschätzen, oder wie ist Gewissen eine ebenso veränderbare Grösse beim Verhaltensaustausch? Es liegen zu dieser Frage kaum empirische Befunde vor. Man nimmt aber an, dass Kinder mit der Möglichkeit, mit ihrem Verhaltensaustausch auch moralische Verhaltensmuster übernehmen zu können, allgemein erfolgreicher im Lernen sind. Identifikation kann dabei eine Art Lernstimulanz werden, wobei nicht zu vergessen ist, dass Zuneigung im allgemeinen wichtiger ist, als die Möglichkeit zur Identifikation.[3] Es liesse sich also hypothetisch sagen: Im Verhaltensaustausch werden moralische Regeln handelnd angewandt und sekundär gelernt, während moralische Normen nur dann wirklich übernommen werden, wenn der Kontext des Verhaltensaustausches ein moralisches Problem impliziert, also Kind und Erwachsener vor eine konkrete Entscheidungssituation gestellt sind, z.B. ob beide sich das Recht nehmen, zusammen Fussball an einem Ort zu spielen, wo andere es lieber nicht sehen würden, oder wo aus Gründen mög-

---

1) E. Hurlock: a.a.O., S. 211.
2) Der Modus der "Imitation" als emotionale Lernform. Vgl. F. Oser: Die Jesus-Beziehung. Olten 1973, S. 26 ff.
3) Vgl. E. Hurlock: a.a.O., S. 474/475.

licher Beschädigung von Anlagen ein Verbot angebracht ist.[1)]

---

1) R. und A. Tausch führen in ihrer Erziehungspsychologie (Göttingen 1971[6]) eine Reihe von Untersuchungen an, die die Effektivität der emotionalen Zuwendung (Wertschätzung, Wärme, Zuneigung) aufzeigen. Als erstes werden die Tierversuche von L. Bernstein (1957) mit dem sog. "handling" (liebevoller Kontakt, streicheln) gemeint. Ratten in der Versuchsgruppe mit starkem "handling" erreichen zu 70% das Lernkriterium während Tiere mit mittlerem Ausmass von "handling" nur 5% und solche ohne "handling" 0% erreichen. Bei Giftinjektionen starben Ratten mit grossem und mittlerem "handling" zu 55%, solche ohne "handling" zu 90%. - Aus der Untersuchung von E. Mayo (1950) geht hervor, dass Gruppenleiter in Betrieben weit mehr auf die Leistungssteigerung der Arbeitnehmer wirkten, wenn sich diese durch eine persönliche, freundliche Behandlung und aufmerksame Zuwendung beachtet fühlten, als wenn man die Arbeitsbedingungen z.B. durch besseres Licht veränderte. - Derselbe Effekt wird bei den Psychotherapeuten in ihrem Verhalten zum Klienten festgestellt (Rogers, Cendlin, Kiesler und Truax, 1967; Truax und Carkhuff, 1967; Tausch, 1968; Strupp, Wallach und Wogan, 1964). Je stärker die emotionale Wärme, umso grösser die Verminderung von Psychoneurotizismus, Psychasthenie, Hysterie u.a. Denselben Effekt beobachtet man auch im Verhalten von Müttern zu Kleinkindern (Sears, Maccoby und Levin, 1957), von Eltern zu delinquenten Jugendlichen (Glueck und Glueck, 1950), von Eltern zu Problemkindern (Schulman und Mitarb./Becker und Mitarb./Kearsley und Mitarb., 1962), von Lehrern und Schülern (Ryans, 1961; Tausch, Köhler und Fittkau, 1966 u.a.). Tausch sagt, dass ein hohes Ausmass emotionaler Wertschätzung und Wärme ein wesentliches Element zwischenmenschlicher Interaktion mit hoher Wahrscheinlichkeit zu konstruktiven günstigen Effekten beim Partner sei. Als resultierende Annahmen zählt er auf:

- Emotionale Zuwendung führt zu reziproken Affekten bei Jugendlichen.
- Positive emotionale Zuwendung führt zur Ruhe und zur Gegenkonditionierung von Angst, Unsicherheit und seelischer Beeinträchtigung.
- Positive emotionale Zuwendung erhöht die Wahrscheinlichkeit gegenseitiger Bekräftigung.
- Wertschätzung-Zuneigung wird als Verhaltensmodell aufgrund von Beobachtungslernen übernommen.
- Mit hohem Mass von Wertschätzung-Zuneigung muss ein hohes Mass von gewährter Autonomie einhergehen.
- Ungünstige Effekte im Lenkung-Dirigierungsprozess können bei emotionaler Zuwendung vermieden werden.
- Jugendliche übernehmen bei emotionaler Zuwendung eher gesetzte Regeln des Umgangs, vermindern störendes Verhalten.
- Emotionale Zuwendung ist ein Grundbedürfnis des Menschen, das die psychologische Funktionstüchtigkeit der Persönlichkeit fördert.

Obwohl Tausch und Tausch den Begriff "emotional" nicht immer klar vom Begriff "affektiv" oder "Gefühl" unterscheiden, weiss man durch die angeführten Kriterienkataloge genau, was damit gemeint ist. Was uns als Frage auch hier interessiert, ist, wieweit sich nun derselbe Effekt

Abschliessend sei einerseits an die Untersuchungen von Spitz[1] erinnert, der die anaklytische Depression weitgehend auf das Fehlen emotionaler Zuwendung zurückführt, und anderseits an die Darlegungen von H. Fend,[2] der, sich auf Sears[3] und teilweise auf Peck[4] beziehend, die Ausprägung der drei Merkmale Widerstand gegen eine Versuchung, Schuldgefühle und

---

im Bereich des Lernens des Gewissens (sowohl intentional, wie unbewusst) auswirkt. Global kann man sicher die oben angeführten Annahmen ohne weiteres auf diesen Bereich übertragen und sagen:

- Emotionale Zuwendung führt leichter zu sinnvollem Uebernehmen von Regeln, Normen und Werten sowohl im Handlungs- als auch im Einstellungsbereich und zwar so, dass die pro- und reaktive Wirkung des Uebernommenen durch den Beziehungseffekt garantiert wird.
- Die moralischen Wirkkräfte im Menschen, die sein ganzes soziales Regulationssystem (Gewissen) ausmachen, sind nicht auf Angst als Triebfeder des Handelns, sondern auf das Suchen jener Beziehung (Bindung) konditioniert (Gegenkonditionierung).
- Mit dem Prozess sich steigernder gegenseitiger Bekräftigung durch emotionale Zuwendung wird ein moralisch übergreifender Verhaltensaustausch festgelegt, dessen Systemcharakter als Gewissen bezeichnet werden kann.
- Der Weg vom heteronomen Gewissen zum autonomen Gewissen wird durch emotionale Zuwendung beschleunigt.
- Störungen bei der Uebernahme sinnvoller Normierungssteuerung im Gewissen werden durch emotionale Zuwendung rascher beseitigt (Sozialisierung).
- Das Uebernehmen und Sich-Verhalten mit Normen, Regeln und Werten geschieht in emotionaler Zuwendung "problemloser" und schlägt selten in das Gegenteil, nämlich totale Ablehnung und Aggression um. Auch lernt das Kind widersprüchlicher Regeln und Normen zu ertragen, weil die Moral der Erwachsenen bzw. der Gruppe sehr komplex und vor allem nicht konsistent ist. (Vgl. H. Fend: Sozialisierung und Erziehung, Weinheim 1969, S. 151).
- Störendes Verhalten wird bei Assimilation wie Akkomodation in bezug auf moralisches Verhalten (konform-nonkonform) eher überwunden.
- Psychologische Funktionstüchtigkeit, welche durch emotionale Zuwendung gewährleistet ist, kann schlechthin in einem sehr weiten Sinn als Gewissen bezeichnet werden.

1) Vgl. R. Spitz: Die anaklytische Depression. In: G. Bittner: Erziehung in früher Kindheit. München 1968, S. 104 ff.
2) Vgl. H. Fend: Sozialisierung und Erziehung. Weinheim 1969, S. 162 f.
3) Vgl. R.R. Sears: The Growth of Conscience. In: Iscoe und Stevenson (1960), S. 93.
4) Vgl. R.F. Peck: Family Patterns Correlated with Adolescent Personality Structure. In: Journal of Abnormal and Social Psychology, Vol.57 (1958), S. 347-350.

Aussagen über Standards von Gut und Böse, bzw. richtig oder falsch im moralischen Bereich auf eine normale emotionale Beziehung zu den Eltern zurückführt. "Die erste Vorbedingung der Entstehung eines Gewissens ist eine normale emotionale Beziehung des Kindes zu seinen Eltern."[1] Differenzierend stellt er folgende Erziehungsbedingungen für ein ausgebildetes Gewissen bei fünfjährigen Kindern auf:

"1. Akzeptierende Mütter; Annäherungen des Kindes werden nicht zurückgewiesen, sondern liebevoll beantwortet.

2. Die Mütter gebrauchen vornehmlich liebesorientierte Techniken der Disziplinierung. Die Eltern strafen, indem sie ihrer Enttäuschung Ausdruck verleihen, dem Kinde vorübergehend den Ausdruck der Zuneigung vorenthalten. Solche Eltern loben ihre Kinder häufig. Diese Praktiken sind wirksamer für die Entstehung eines Gewissens als 'materialistische' Techniken der Disziplinierung (materielle Belohnung, Entzug von Privilegien, physische Bestrafung). Eine Atmospäre der Zuneigung und der Wärme wird als wichtigste Bedingung betrachtet.

3. Mütter, deren Kinder ein stark ausgebildetes Gewissen haben, reden und diskutieren (reasoning) im Zusammenhang mit der Disziplinierung viel mit ihren Kindern. Die Mutter erklärt dem Kind, dass es eine Regel verletzt hat, welche Folgen dies für es selber und für andere hat usw."[2]

Ein schwaches Gewissen korreliert mit schwachem Grad der Konsistenz elterlicher Kontrolle und gegenseitigen Vertrauens bzw. gegenseitiger Wertschätzung.

"Ein schwaches Gewissen ist korreliert mit

1. einem pathologischen Grad von Unabhängigkeit. Kinder, die sich aus den Ansichten und Einstellungen anderer Leute nichts machen, haben meistens ein schwaches Gewissen. Eltern solcher Kinder haben oft die kindlichen Annäherungsversuche ignoriert oder bestraft. Diese Kinder werden dadurch früh in ihrem Bedürfnis nach Liebe und Zuwendung frustriert.

2. Mit den 'materialistischen' Formen der Disziplinierung.

---

1) H. Fend: a.a.O., S. 163.
2) ebd. S. 162/163.

3. Mit einer geringen verbalen Auseinandersetzung über Sinn, Berechtigung, Wert und Anwendung von Regeln (low use of reasoning)."[1)]

Aus diesen Darlegungen lässt sich in fruchtbarer Weise ein emotionales Lernmodell für die intentionale Gewissensbildung ableiten.[2)]

d) Liebe und Angst

Als letztes seien die beiden emotionalen Begriffe "Liebe" und "Angst" kurz dargestellt, weil sie in vielen Aufsätzen auftauchen. Dass das "Sich-Fürchten" gelernt werden kann, ist seit dem bekannten Experiment mit "Albert" von Watson und Raynor[3)] wohl kaum mehr bestritten worden. Die beiden Forscher zeigten dem neunmonatigen Kind in einer ersten Phase ihres Experiments einen Mantel aus Seehundsfell, ein Kaninchen, einen Hund, einen Affen, eine weisse Ratte und etwas Watte. Albert zeigte vor keinem dieser Gegenstände Furcht. Nun wurde er auf Furcht vor der Ratte konditioniert, indem laute durchdringende Geräusche als sekundäre Stimuli geboten wurden, sobald er das Händchen nach der Ratte ausstreckte. Er zeigte Schreckreaktionen, fiel vornüber und begann zu schreien. Durch Wiederholung des Vorganges wurde er so stark konditioniert, dass er mit der Zeit schon beim Erblicken der Ratte schrie und die Angstreaktion auch emotional mit den anderen oben aufgeführten Gegenständen assoziierte. Man kann daraus wiederum schliessen, dass Vorlieben und Abneigungen generalisierte emotionale Reaktionen sind, "die sich durch Konditionieren von bestimmten Menschen, Gegenständen oder Situationen her ausgedehnt haben."[4)]

Es lässt sich also kaum mehr bestreiten, dass Angst ein emotionales Phänomen ist. Sie wird aber von verschiedenen Wissenschaftszweigen verschieden definiert. Verhaltensorientiert wird Angst oft als die negativ motivationale Spannung zu einer Handlungstendenz bezeichnet. Wenn man - um ein Beispiel zu erwähnen - das Anschlussmotiv als eine relativ überdauernde, all-

---

1) H. Fend: a.a.O., S. 163

2) Vgl. unsere Ausführungen S. 216ff.
Es sei hier daran erinnert, dass Paulus und ganz besonders Augustinus den Beziehungsaspekt beim Gewissen hervorgehoben haben; Paulus mit seiner Idee der freimachenden Bindung an Jesus Christus und Augustinus mit der Idee der dialogischen partnerschaftlichen Liebesbindung an Gott.

3) Vgl. J.B. Watson/R.R. Raynor: Conditioned emotional reactions. J. exp. Psychol., 1920[3](1-4). (Zit. bei E.B. Hurlock: a.a.O., S. 258)

4) E.B. Hurlock: Die emotionale Entwicklung des Kindes. In: Die Entwicklung des Kindes. Weinheim 1971[2], S. 211.

gemeine affektive Bereitschaft, unter gegebenen Anregungsbedingungen soziale Bindungen einzugehen, auffasst, so kann dieses Motiv aus zwei in unterschiedlicher Stärke zusammenwirkenden Teiltendenzen "Hoffnung auf Anschluss" und Furcht vor Zurückweisung" bestehen.[1] Freud würde beim zweiten tatsächlich auch von Furcht sprechen, denn er unterscheidet die beiden Begriffe "Angst" und "Furcht". "Die Angst hat eine unverkennbare Beziehung zur Erwartung; sie ist Angst vor etwas. Es haftet ihr ein Charakter von Unbestimmtheit und Objektlosigkeit an; der korrekte Sprachgebrauch ändert selbst ihren Namen, wenn sie ein Objekt gefunden hat, und ersetzt ihn durch Furcht."[2] Es handelt sich also um den Unterschied Realangst und neurotische Angst. Wenn Angst psychisch-physische Reaktion auf Gefahr ist, so folgt daraus: "Realgefahr ist eine Gefahr, die wir kennen, Realangst die Angst vor einer solchen Gefahr. Die neurotische Angst ist Angst vor einer Gefahr, die wir nicht kennen. Die neurotische Gefahr muss also erst gesucht werden; die Analyse hat uns gelehrt, sie ist eine Triebgefahr. Indem wir diese dem Ich unbewusste Gefahr zum Bewusstsein bringen, verwischen wir den Unterschied zwischen Realangst und neurotischer Angst, können wir die letztere, wie die erstere behandeln."[3] Als axiomatischer Prozesskern liegt bei Freud natürlich die Introspektion seinem "analytischen" Denken zugrunde.

Unsere Fragestellung aber - so eigenartig das klingen mag - lautet: Muss beim Lernen des Gewissens, das in dynamischer Sichtweise immer funktionierende, sich an übernommenen Werten und Normen orientierende Instanz ist, Angst eine Rolle spielen? Oder mit anderen Worten, muss auch Angst gelernt (introspektiert) werden, wenn wir von emotionalem Lernprozess sprechen, muss sie als affektive Dimension die zur Diskussion stehenden Regeln, Normen und Werte "überlagern", damit diese überhaupt erst pro- und reaktiv im Gewissen wirksam werden?
Sicher kann man sagen, dass bei den nicht-intentionalen Gewissenslernvorgängen "Angst" und "Furcht" mitgelernt werden. Realangst entsteht dann als conscientia antecedens, - erinnern wir uns an die Ausführungen über Harmonie-

---

1) s. dazu: Funkkolleg Päd. Psychologie, Heft 2, Weinheim 1972, S. 71 ff.
2) S. Freud: Nachträge (XI): B. Ergänzung zur Angst. In: Hysterie und Angst. Studienausgabe. Frankfurt 1971, S. 302.
3) ebd. S. 302.

Disharmonie - wenn das Kind vorwegnehmend bei einem zur Handlung antreibenden Reiz das erschreckte Gesicht der Mutter oder den Liebesentzug oder eine Strafe oder die Identifikation mit dem den andern zugefügten Schmerz etc. fürchtet. Vorausgehende Angst wird einem Verhalten zugelegt, wenn jene auf das Kind zukommenden Reaktionen nicht bewusst sondern vielmehr unbewusst, also durch "internalisierte" im Ueber-Ich gesteuerte Kräfte innerlich wirken. Viele Autoren sprechen deshalb von der Hemmtriebfeder[1] (vgl. auch das Beispiel von Albert). Etwas ganz anderes ist die "Furcht" vor dem Entdecktwerden im Bewusstsein (oft auch "Unbewusstsein") von Schuld (conscientia consequens)[2], also nach einem Verhalten, das den internalisierten bzw. konditionierten Normen, Regeln und Werten widerspricht. Beide aber - die conscientia antecedens und conscientia consequens - müssen so intensiv d.h. eventuell mit Angst gelernt werden, dass sie nicht nur im Bewusstsein (Vernunft) wirken, sondern dass der Mensch gleichsam automatisch geschützt wird vor Handlungen, die seine eigene Existenz gefährden (Rache der Gruppe, Aggression der Gruppe, Ausgestossensein, Einsamkeit, Gefängnisstrafe etc.), also im Grunde vor weiteren extremen Erfahrungen der Angst bzw. der Furcht.

Nun aber wiederholen wir: Wenn es uns gelingt, emotionales Lernen in einem Lernmodell heuristisch darzustellen und in der Praxis verifizieren zu können, so könnten dabei Angst oder Furcht als positive oder negative abhängige Variablen eine grosse Rolle spielen. Sie wären Mittel zur Sensibilisierung der Dimension moralisches "Mitgefühl" oder "Schuld". (Das Wort Dimension wird hier im Krathwohl'schen Sinne gemeint.) Das Lernen müsste dann so vonstatten gehen, dass innerhalb des Regulativsystems Moral die Intensität der gelernten Angst bzw. Furcht das Wertgefüge strukturieren hilft.

Extremer formuliert: Gerade wenn Angst und Furcht nicht gelernt worden sind, können sie den Menschen "zerstören", wenn sie plötzlich auf ihn zukommen, weil er nicht immunisiert ist, aber auch weil er völlig unzugänglich wird für ein normal funktionierendes Gewissen. Das Gewissen ist dann entweder einfach nicht da oder aber so stark, dass der Mensch innerlich

1) Vgl. R. Scholl: Das Gewissen des Kindes. Stuttgart 1956, S. 121.
2) S. dazu: W. Arnold: Gewissen und seelisch-geistige Entwicklung. In: Das Gewissen als freiheitliches Ordnungsprinzip. Würzburg 1962, S.22 ff.

"zusammengeschlagen" wird. Das haben wir schon festgestellt beim Religionsunterricht mit Kindern in heilpädagogischer Betreuung (IQ unter 75). Wenn man z.B. sagte: Jetzt sind wir so lieb miteinander gewesen, jetzt ist es, wie wenn Gott unter uns wäre, so bekamen die Kinder Angst, und sie fragten, wo ist er, wo ist er.
Im Grunde genommen muss man sagen, dass die Psychoanalyse diese Frage noch kaum im Sinne der Lernprozesse reflektiert hat, weil ihr Probleme meistens Angstabbau ist, weil die Frage des Lernens des richtigen Gleichgewichts im Gewissen, des Lernens der Gewissenstoleranz, des richtigen Masses von Angst bzw. Furcht als regulatives Prinzip nicht ihr Metier ist.[1]
Zusammenfassend: Die Auswirkungen der Angst sind ganz verschieden. Sie können sowohl hemmender wie fördernder Wirkung sein. Angst ist entweder angeboren oder aber wird "mitgelernt". Sie trägt sehr wahrscheinlich zur Sensibilisierung im Gewissensbereich bei. "Zu welchem Effekt die Angst führt, hängt vermutlich von der Art der Angst, von ihrem Intensitäts- und Verfestigungsgrad sowie von der Deutung der eigenen Situation in der Welt durch den Aengstlichen ab."[2]
Ich möchte nun zwei Fallberichte und ein Experiment verkürzt wiedergeben, die meine Hypothese stützen könnten. Der erste Fallbericht stammt von G. Kaminsky, der zweite von R. Scholl. Das Experiment haben Janis und Feshbach durchgeführt.

aa) Konditionierte Schüchternheit

Kaminsky[3] berichtet den angenommenen Fall, dass bei einem sechsjährigen Kind eine übergrosse Scheu und Zurückhaltung, also Schüchternheit beobachtet wird. Er fragt nun zuerst nach den Möglichkeiten, wo dieses Verhalten - Schüchternheit wird hier als Verhalten bezeichnet - dispositional gelernt worden sein könnte. Vorerst gibt er drei Möglichkeiten an. Erstens: Das Kind hat das Verhalten in Begegnung mit den Psychologen zu aktualisieren gelernt. Zweitens: Das Kind ist allgemein schüchtern und hat die Disposition zu solchem Verhalten erst in jüngster Vergangenheit gelernt. Drittens:

1) Vgl. unsere Ausführungen im Kapitel: Freud und die Funktion des Ueber-Ichs im Zusammenhang mit der intentionalen Gewissensbildung. S.261ff.
2) G. Dietrich/H. Walter: Psychologische Fachsprache. München 1970^2, S.25.
3) Vgl. G. Kaminskiy: Verhaltenstheorie und Verhaltensmodifikation. Stuttgart 1970, S.119ff.

Das Kind hat bereits eine Entwicklungsgeschichte in bezug auf diesen Prozess hinter sich. Vielleicht hat die Mutter, als sie dem Kind zum ersten Mal den Spielplatz gezeigt hat, unbewusst Schüchternheit konditioniert, indem sie es unvermittelt zu den anderen Kindern gestellt hatte, was bei ihm geradezu Starre, eine Art Verharren im Hingestelltwerden (Abstand von der Mutter nehmen) bewirkte. Aufgrund dieser Angaben versucht Kaminsky eine erste Interpretation:[1)] "Die Neuheit der Situation (US) löst in dem Kinde Angstreaktionen (UR) aus. Diese Angst veranlasst das Kind, zur Mutter zu laufen, weil diese Verhaltensweise früher 'belohnt' worden war durch Aufhören der Angst in der Nähe der Mutter. Jetzt aber setzt die Mutter das Kind erneut der angsterregenden Situation aus, und zwar so, dass sie in ihrem eigenen Verhaltensstil nun selbst angsterregend wirkt. Das Beängstigende der Situation hat sich ferner dadurch verstärkt, dass die Mutter als Mittel der Angstreduzierung verloren ging und dass die anderen Kinder neugierig gucken. Alle diese Stimuli (CS), darunter das mütterliche Wort 'schüchtern',[2)] werden jetzt auf die Angstreaktion konditioniert. Die Angstreaktion selbst bewirkt - weil sie Aktivität kennt - Starre des Kindes. Diese Starre erfährt Reinforcement dadurch, dass bei diesem Verhalten das Vorwurfsvolle an der Mutter ausbleibt, ausserdem die Blicke der anderen Kinder sich abwenden, weil das starre Kind uninteressant bleibt."[3)] Kaminsky zeigt zwar anschliessend auf, dass eine solche akzentuiert behavioristische Darstellung des Falles aus zwei Gründen verkürzt erscheint. Erstens stammt die hier verwendete Sprache aus Laboratoriumssituationen, wo die Termini (US), (UR) und (CS) genau Beschreibbares beinhalten, während hier viele der Stimuli nicht so genau in den Griff zu bekommen sind. Man müsste eher von dem Begriff "Situationskonzept" ausgehen, für das noch kein Schema für das betreffende Kind bereitliegt. Das aber bedingt zweitens, dass die Vorgeschichte des Kindes genauer berücksichtigt werden müsste. Ebenfalls sollten alle andersartigen Situationen, in welcher das Kind Angst bzw. Schüchternheit zeigt, als Modifikation des ursprünglich erlernten Verhaltens erfasst werden.

---

1) Kaminsky beruft sich auf Bergius 1960, Dollard und Miller 1950, Eyferth 1964b, Lundin 1969, Oerter 1968.
2) Die Mutter sagt zum Kind: "Sei nicht so schüchtern!"
3) G. Kaminsky: a.a.O., S. 119/120.

Kaminsky untersucht nun die Frage, was mit Mutter und Kind weiter zu geschehen habe. Wir wollen dies hier nicht weiter verfolgen, denn es ging ja nur darum, Beispiele zu zeigen, wie Angst gelernt werden kann. Dabei steht wiederum die emotionale Dimension im Mittelpunkt: "Das Kind nahm die Schüchternheit als Meidungsverhalten an, als es zum ersten Mal mit der Mutter auf den Spielplatz unter Kinder kam."[1] Und diese Schüchternheit als Meidungsverhalten taucht nun in jeder ähnlichen Situation modifiziert auf. Das bedeutet: Gelernte Angst als Meidungsverhalten kann die Norm einer Gruppe zum absolut einzuhaltenden und vom Gewissen gesteuerten Situationskonzept machen.

bb) Fehlende Bindung und fehlende Angst

Scholl[2] beschreibt Fälle, wo durch einseitiges Vermeiden von Bindungen und von Angstbezügen zu bestimmten Verhaltenskomplexen Kinder einfach kein Gewissen zeigen. So der Fall Erika, welche schon mit 12 Jahren mit dem Jugendamt in Berührung kam, weil sie von der Schule fernblieb und ihre Schwänzerei weglog. Sie wurde später in Erziehungsheime gesteckt, weil sie gegenüber den Fürsorgern und allen Beamtenpersonen mit einer solchen Grobheit und Frechheit all ihr Verhalten wegstritt. Sie gebärdete sich auch in den Heimen ohne jede Hemmung, schlug die Zimmereinrichtung kaputt. Wenn sie wieder entlassen worden war, ging sie mit jedem Mann, der sie nur ansprach, schlief mit Soldaten, wurde im betrunkenen Zustand in Kasernen aufgefunden etc.

Es stellten sich zwei wesentliche Dinge heraus: Erstens, die Mutter hatte die Tochter in jedem ihrem Verhalten immer in Schutz genommen, weil sie selber keinen Sinn für Häuslichkeit, aber auch nicht für bestimmte Umgangsformen hatte. Zweitens, das Mädchen zeigte in jeder Beziehung keine Hemmung und anerkannte faktisch keine einzige gesellschaftliche Norm. "Sie war nicht nur nicht sensibel oder aufwühlbar, sondern zeigte überhaupt keine Empfindlichkeit für höhere ethische Werte. Sie hatte kein Schamgefühl, kein Schuldgefühl und zeigte niemals Reue."[3]

Scholl spricht zwar immer davon, dass hier Hemmungen nicht gelernt worden sind. Er spricht nicht von Realangst. Ein einziges Mal habe das Mädchen wie ein Lamm reagiert und sich "gesittet" benommen, als man ihr drohte, sie werde in ein

---

1) G. Kaminsky: a.a.O., S. 123.
2) Vgl. R. Scholl: Das Gewissen des Kindes. Stuttgart 1956, S. 88 ff, S. 98, S. 99, S. 100 ff etc.
3) ebd. S. 89.

Arbeitslager gesteckt. Scholl folgerte daraus: "Die Hemmungen der Tochter waren deshalb nur Hemmungen aufgrund von Ueberlegungen, nicht aber aufgrund von irgendwelcher Bindung an eine Person oder an irgendwelche Werte oder Ideale.[1])

Scholls Analyse mutet uns grobschlächtig an. Dennoch lässt sich aus beiden Beispielen entnehmen: Um die emotionale Intensität von internalisierten Normen und Werten in konkreten Verhaltensweisen, die wir als vom Gewissen gesteuer bezeichnen, erzieherisch intentional zu bestimmen, muss Angst oder müssen Hemmungen mitkonditioniert werden. Hemmungen lernen heisst, vorwegnehmend Vermeidungstendenzen gegenüber geplanten oder verlockenden oder vitalen Verhaltensweisen anwenden. Vermeidungstendenzen kommen zustande, wenn vorwegnehmend Realangst auf die Erfahrung mit einem Gegenstand projiziert wird. Vermeidungstendenz meint negative Einstellung im weitesten Sinne zu einem Gegenstand.[2])

Nun weiss man heute aber auch, dass Furcht und Hemmung schlechte Lehrmeister sind. Denn Furcht bewirkt "Aus-dem-Wege-gehen", und Unterricht, der die Vermeidungstendenzen gegenüber einem Gegenstand begünstigt, schadet dem Schüler. Aber es geht beim Gewissen eben darum, Vermeidungsreaktionen per se zu lernen. Eine uralte, kulturell allerdings verschieden interpretierte Norm (Gebot) wie etwa "Du sollst nicht morden" (Ex 21,12) will ja bei gewissen Kulturen gerade bewirken, dass Verhaltensweisen "absolut" vermieden werden d.h., dass die emotionale Intensität der Vermeidungstendenz gegenüber einer Waffe, in bezug auf einen Streitfall mit einem andern, absolut negativ ist, also das Bedürfnis, Angst zu vermeiden, stärker ist, als der instinktmässige Antrieb. Man wird nun einwenden, das Gewissen habe nicht nur mit Verboten und Geboten zu tun, sondern auch mit dem Realitätsbezug und ganz speziell mit positiven Werten. Wir wollen darauf noch im Bereich der Ziele zu sprechen kommen.

cc) <u>Das Experiment von Janis und Feshbach</u>[3])

Interessant in diesem Experiment ist, dass die Verhaltens- bzw. Einstellungs-

---

1) R. Scholl: a.a.O., S. 90.
2) siehe dazu: R.F. Mager: Motivation und Lernerfolg. Weinheim 1970, S. 25 ff. "... wenn ein Gegenstand, der ursprünglich keine besondere Bedeutung hat, jemandem mehrmals unter aversiven (unangenehmen) Bedingungen dargeboten wird, kann dieser Gegenstand zu einem Signal werden, das eine Vermeidungsreaktion auslöst."
3) In M.Irle (Hrg.): Texte aus der experimentellen Sozialpsychologie. Luchterhand, Neuwied 1967, S. 224-257 (Original: 1953).

änderung aufgrund starker, mittlerer und schwacher "Angstappelle" gemessen wird. Es handelt sich dabei um das Zahnpflegeverhalten.
Das Experiment wurde an drei Gruppen von Schülern einer Highschool durchgeführt, die je in einem viertelstündigen Vortrag Informationen über Zahnverfall und Zahnpflege erhielten. Die Faktizität der Information war jeweils dieselbe. Unterschiede ergaben sich nur in der Art und im Umfang des sogenannten angsterregenden Materials.

1. Gruppe: Die schädlichen Einflüsse, die Verheerungen dieser Einflüsse an den Zähnen (Entzündungen, Karies, schmerzhafte Zahnfleischerkrankungen etc.) werden sehr drastisch dargestellt und mit Fotografien hervorgehoben.
   ————→ starker Angstappell
2. Gruppe: Dieselbe Darbietung wie Gruppe 1, aber weniger drastisch.
   ————→ mässiger Angstappell
3. Gruppe Sachliche Information, ohne drastische Fotos, nur mit Röntgenbildern. Ohne besondere Hinweise auf Zahnpflege.
   ————→ schwacher Angstappell

Dreimal wurden nun die Studenten auf ihre Einstellung mittels Fragebogen untersucht: a) Eine Woche vor dem Experiment (nebst vielen Fragen über Hygiene und Zahnpflege), b) gleich nach dem Experiment (über die emotionale Reaktion, die Auswirkung der Kommunikation etc.), c) eine Woche später (Fragebogen zu den drei Kommunikationsfassungen).
Die drei Ergebnisse sehen im Stabdiagramm folgendermassen aus:[1)]

1) Funkkolleg Päd. Psychologie 6: L.F. Graumann und L. Kruse: Soziale Interaktion. Weinheim und Basel 1972, S. 26.

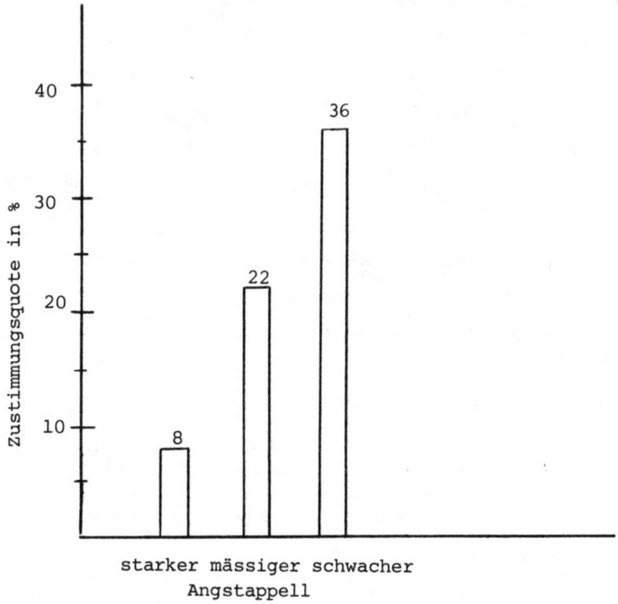

Durch den starken Furchtappell sei tatsächlich bei den Versuchspersonen der ersten Gruppen am meisten Angst hervorgerufen worden. Die Wirkung dieser Angst auf die Veränderung der Zahnpflegemethoden, was Häufigkeit und Art betrifft, aber sei quasi umgekehrt proportional. Die Gruppe mit dem schwachen Angstappell hätte die wirksamste Zustimmung zu den empfohlenen Zahnpflegemethoden gezeigt, nämlich eine Quote von 36%, während in der Gruppe mit starkem Angstappell nur eine mit 8% erreicht worden sei (Wert der Gruppe mit mässigem Angstappell 22%, von den beiden anderen Gruppen nicht signifikant verschieden).

Wenn Janis und Feshbach in diesem Experiment zur Aussage kommen, dass ihre Hypothese, Kommunikationen, die starke Angst erzeugen, würden Abwehrreaktionen hervorrufen, sich bestätige, so ist grösste Vorsicht am Platze. Es ist zu fragen, ob wirkliche Angstreaktionen stattgefunden haben, und womit diese messbar sind.[1] Ist der Fragebogen überhaupt ein Instrument, das die Tiefenwirkung

---

1) s. dazu: H. Nunberg: Allgemeine Neurosenlehre. Bern 1971^3, S. 219 ff und E.H. Bottenberg: Emotionspsychologie. München 1972, S. 85-93. Nunberg bezeichnet Angst als einen Affekt, der sich nur durch seinen spezifischen Unlustcharakter von anderen Affekten unterscheidet. Die Phänomene dieses Affektes werden vordergründig sichtbar durch physiologische Veränderungen: gestörte Atmung, gesteigerte Herztätigkeit, gesteigerte oder herabgesetzte Muskeltätigkeit des Rumpfes und der Extremitäten (Zittern, Lähmung), Stö-

einer Information messen kann?[1] Entspricht einem Hochschüler nicht eher die

---

rung auf vasomotorischem Gebiet (Erblassen oder Erröten, Schweissausbrüche etc.). Bottenberg berichtet über die exakten Messungen dieser körperlichen Veränderungen, Messungen von Ax, Chessick und Mitarb., Schachter, Harris und Funkenstein und Mitarb.. Vor allem Ax konnte mit einer vervollkommneten physiologischen Funktionskenntnis innerhalb interemotionaler pysiologischer Differenzierung schon 1953 die Diskrimination von Furcht und Aerger vornehmen, wobei eine signifikante Funktionsdifferenzierung zutage trat: "Charakterisiert war Aerger durch höhere Zahl 'Hautgalvanischer Reaktionen', Verringerung der Herzschlagfrequenz, Anstieg des Muskelspannungsniveaus, des diastolischen Blutdruckes. Hingegen profilierte sich Furcht durch Zunahme der Hautleitfähigkeit, Erhöhung der Atmungsfrequenz, Vermehrung der Muskelspannungszacken (Angaben jeweils in der Reihenfolge absteigender Signifikanz)." (S.86) Wenn Ax die physiologischen Veränderungen unter Furchtbedingungen auf die Wirkung von Adrenalin und Noradrenalin zurückführt, so zeigen Chessick und Mitarb. (1966), dass der einzige hinreichend abgesicherte Zusammenhang zwischen medikamentös und psychisch ausgelösten physiologischen Prozessen (veranlasst durch ärger-, furcht-, schmerzrelevante Reizkonstellation) zwischen Angst und Adrenalin besteht (S. 89). Es ist allerdings festzustellen, dass Bottenberg diese Angaben im Blickpunkt auf das Problem "physiologische Aktivierungsmuster und Emotion" gibt. Die "Synopsis der physiologischen Funktionsdifferenzierung von Furcht (Angst) und Aerger" stellt Bottenberg so dar: (Vgl. S.90).

	Furcht	Angst	Furcht	Furcht	Furcht
Hautleitfähigkeit	+	0	+		
HGR-Anzahl	-	0			
Herzschlagfrequenz (Pulsfrequenz)	+	-	+	+	+
Blutdruck, systolisch	0	0	0		+
Blutdruck, diastolisch	-	-	0		0
Atemfrequenz	+	0	+	-	
Muskelspannung ng,m. frontalis	-	0	0		
Anzahl der Ausschläge im Elektromyogramm	+	0			
	Ax	Chessick u.Mitarb.	Schach-ter	Harris	Funken-stein u. Mitarb.(1954)
Hautleitfähigkeit	-	0	-		
HGR-Anzahl	+	0			
Herzschlagfrequenz (Pulsfrequenz)	-	+	-	-	-
Blutdruck, systolisch	0	0	0		-
Blutdruck, diastolisch	+	+	0		0
Atemfrequenz	-	0	-	+	
Muskelspannung,m. frontalis	+	0	0		
Anzahl der Ausschläge im Elektromyogramm	-	0			
	Aerger	Aerger	Aerger	Aerger	Aerger nach aussen

sachliche Information, d.h., ist sie durch ihre Sachlichkeit nicht "angsterzeugender"? Hat die Anordnung des Experimentes genügende intervenierende Variablen wie Persönlichkeit des Lehrers, Alter der Studenten etc. berücksichtigt?

Zwei Hinweise stützen diese Zweifel: Erstens gibt es Untersuchungen, die den Satz "Je grösser die Furcht, desto geringer die Einstellungsänderung" relativieren, weil gewisse Kommunikator- und Kommunikationsvariablen genauer kontrolliert wurden. Man fand z.B., dass starke Furcht motivational sehr wirksam ist, wenn die Quelle der Kommunikation (Kommunikator oder Sache) besonders glaubwürdig oder für den Betroffenen von besonderer Aktualität ist. Es gibt auch ein anderes Experiment von Janis, wo zum Ausdruck kommt, dass Versuchspersonen geneigt sind, den Kommunikator nicht ganz ernst zu nehmen, wenn er mit starkem Furchtappell operiert. In diesem Experiment geht es um die Gefahren des übermässigen Zigarettenkonsums. Da sagen z.B. zwei Versuchspersonen: "Ich habe mich sehr amüsiert über diesen Propagandaaufwand. Der Redner hat den Teufel an die Wand gemalt. Warum regt er sich nur so auf? Ich glaube, er ist selbst ein Raucher." Oder:

"Das war einfach übertrieben. Manchen Leuten mag es ja unangenehm gewesen sein, aber ich musste einfach lachen. Ich glaube, er ist nur ein Propagandist, der seine Ideen verkauft, aber in Wirklichkeit selbst nicht daran glaubt."[2)]

Es gibt aber noch andere Einwände:

Wenn es sich um <u>moralische</u> Komplexe handelt, ist dann die Angststruktur oder das Mitkonditionieren von Angst nicht anders, hat es nicht eine andere Bedeutung

---

1) zu S. 189 : s. dazu: Sarason, Davidson, Lighthall, Waite, Ruebusch: Angst bei Schulkindern. Stuttgart 1971, vor allem ab S. 130: Die Lügenskala der GASC. Da heisst es z.B. S. 131: "Eine zweite wesentliche Kritik an der bisherigen Forschung über Skalen zur Erfassung von Testeinstellungen könnte sich darauf richten, dass deren Inhalt in der Regel völlig verschieden vom Inhalt der Fragebögen selbst war. Dem scheint die Annahme zugrunde zu liegen, dass Abwehr eine Art allgemeiner Faktor ist, der unabhängig vom Inhalt der Items gemessen werden kann. Wenn z.B. ein Fragebogen von Angsterfahrungen handelt, die Lügenskala aber mit einer anderen Art von Inhalt arbeitet (z.B. 'Ich bin immer höflich'), dann ist keineswegs deutlich, warum eine solche Lügenskala eine Abwehrhaltung gegen das Eingeständnis von Angst aufdecken soll." Das Experiment von Janis und Feshbach müsste also auf alle diese Probleme hin untersucht werden. Das kann natürlich in dieser Arbeit nicht geleistet werden.

2) L.F. Graumann und L. Kruse: a.a.O., S. 21-28.

als bei Fragen z.B. der Prüfungsangst, der Leistungsangst etc.? Die Inokulationswirksamkeit bzw. die Wirksamkeit für die Aenderung von Einstellungen hat ja immer mit Inhalten zu tun. Es gibt Inhalte, die den Körper gefährden, die meinen "Namen" gefährden, die meine Ehre gefährden, meine Intimität, meine Einstellungen, die mir Sicherheit geben, gefährden etc. (Geburtsangst, Kastrationsangst, Angst vor Liebes- und Objektverlust, Erwartungsangst, Uebergangsangst,[1] Todesangst etc.) So hat schon Freud allein im Bereich der Angst, welche nicht Realangst ist, also irreale Angst bedeutet, und damit nicht einmal so sehr stark von Inhalten abhängig ist, drei folgende Gefahren aufgezählt:

"1. die Gefahr eines Triebdurchbruchs, die das Ich gefährden könnte; man hat diese Angst '<u>Es-Angst</u>' benannt;

2. die Gefahr der Bestrafung durch das Ueber-Ich, oder der Entfremdung des Ichs vom Ueber-Ich; wir sprechen dann von neurotischer oder '<u>Ueber-Ich-Angst</u>';

3. die Gefahr der Unlust einer erwarteten Angst, die '<u>Angst vor der Angst</u>'."[2]

Die Problematik der Ergebnisse des Experimentes von Janis und Feshbach dürfte damit genügend dargestellt sein.

Wir möchten hier die Ausführungen über die Komplexität der Angst als emotionales Phänomen bei der Gewissensbildung abschliessen. Es sollte deutlich geworden sein: Wenn das Ueber-Ich in Funktion tritt, kann Angst eine Rolle der Motivation spielen für entweder Abwehr der Angst oder Erfüllung einer Norm, die Angst aufhebt. Dabei geht es nicht darum, Angst als Lernantrieb zu verwenden. Das würde nur zu Vermeidungsreaktionen führen. Sondern es geht darum, die jeweilige Angst mit der Wertigkeit der betreffenden Norm als Intensitätsmoment inbezug auf die Folgen bei Uebertretung mitzugeben durch vorwegnehmende emotionale Prozesse. Die Schilderung eines Menschen, der durch eigene Schuld einen Autounfall verursacht hatte und dabei eines seiner Kinder in Lebensgefahr gebracht hat, seine Aengste, seine durchgestandenen Hoffnungen, durchwachten Nächte, sagen in diesem Falle mehr aus über eine Verkehrsvorschrift, als die Vermittlung eines Verkehrsgebotes mit der angedrohten Strafe allein.

---

1) Vgl. D.P. Ausubel: Das Jugendalter. München 1968, S. 69-78.
2) H. Zulliger: Die Angst des Kindes. In: Die Angst. Studien aus dem C.G.Jung-Institut, Zürich 1959, S. 60.

Das alles bedingt jenen schon erwähnten komplexen dynamisch-emotionalen Lernprozess, einen Prozess der Internalisierung und Identifikation, bei dem bei allem Bewusstsein des Lernenden, die emotionale Spannung oft gar nicht bemerkt wird.[1)]

dd) Begegnung und Zumutung

Wir haben diesen Abschnitt mit "Liebe und Angst" überschrieben und bis jetzt das Phänomen der Angst betont, denn die Dimension Liebe entspricht inhaltlich dem, was mit Vertrauen-Urvertrauen (S.160ff), Harmonie-Disharmonie (S.163ff) und Bindung und Beziehung (S.167f) dargestellt worden ist.
Nun kann aber über Inhalt und Begriff "Liebe" vielschichtig diskutiert werden. Ich möchte einschränkend den Bereich der Zuwendung im intentional-unterrichtlichen Raum ausführen:
Auf einer relativ hohen Ebene ist es die Ich-Du Beziehung, welche Verbundenheit artikuliert. "Der Mensch wird am Du zum Ich", sagt Martin Buber.[2)] Auf den Unterricht bezogen heisst das, erst in der Begegnung geschieht "Wirklichkeit" des Unterrichts. Und - um in dieser Sprachform weiter zu argumentieren - nichts einzelnes ist wirklich, sondern der Austausch- zweckfrei - ohne Sachbezogenheit, macht die Wirklichkeit erst existent. Diese Wirklichkeit wird immer wieder aufgelöst. "Das Ich-Du des zwiefältigen Menschen-Ichs tritt notwendig aus der Fülle der Verbundenheit mit dem Du in die Abgelöstheit von ihm. Das Du des personalen Ich wird zum Es... Jedoch kann dieses Es jederzeit wieder zum Du werden."[3)] Die dispositionale Bereitschaft wird von demjenigen zur Verfügung gestellt und damit initiiert, der pädagogische Verantwortung trägt. In diesem zur Verfügungstellen wird das, was als pädagogische Grundhaltung bezeichnet wird, auf die Schüler übertragen und von den Schülern zugleich imitiert.[4)] Viele neue Bestrebungen der Unterrichtsinnovation können unter

---

1) Vgl. C.F. van Parreren: Lernen in der Schule. Weinheim 1969. Er schreibt im Kap.14: Das dynamische Lernen. S.82: "Für Lernprozesse dieser Art ist es typisch, dass wir meistens gar nichts von ihnen merken und dass wir auch ihre spätere Manifestation nicht der wirklichen Ursache zuschreiben. Es sind also häufig unbewusste Lernprozesse. - Es gibt eine Form der gefühlsmässigen Reaktion, für die das ganz besonders gilt, nämlich die Angst..."
2) M. Buber: Ich und Du. Heidelberg 1954. S. 32.
3) W. Grünfeld: Der Begegnungscharakter der Wirklichkeit in Philosophie und Pädagogik Martin Bubers. Rutingen 1965, S. 38.
4) Das Verhalten von Erwachsenen wird vor allem dann imitiert, wenn eine emotionale Beziehung zwischen Modellperson und Beobachterperson bereits vor dem eigentlichen Lernprozess besteht. Vgl. K.A.Schullwind/v.Bogasch: Zur

diesen Aspekt der "Liebe" gestellt werden, etwa Bestrebungen zur kompensatorischen Erziehung, zur Schülermitbestimmung, zum schülerorientierten Unterricht etc. Ganz besonders aber spiegelt sich dieses Ich-Du-Feld im Kommunikationsgedanken. So will Gruppendynamik im Unterricht alle Hemmbarrieren zu einem solchen dynamischen Austausch abbauen. Umgekehrt spiegelt ein Anlagebegriff, welcher Intelligenz hauptsächlich auf Vererbung zurückführt, möglicherweise eine verfehlte Ich-Du-Haltung.[1] Oder verallgemeinert: die grundlegende Haltung, die dem andern zumutet, dass er dieselben Möglichkeiten hat, dass er ein Anrecht auf eigene Artikulation hat, dass er fähig ist, Probleme zu bewältigen, dass er mit seinen habituellen Fähigkeiten eine Rolle in der "Gruppe" einer Klasse spielen kann, dass seine kreativen Anstrengungen immer einen Wert haben etc., diese grundlegende Haltung die aus dem "Verbrauchen" der positiven Kräfte des Menschen in der Begegnung[2] eine Tugend macht, ist ein in jederzeit neu zu interpretierendes pädagogisches Axiom, ohne das Lernprozesse zur Gewissensbildung nur negative Folgen haben können. J. Derbolav bspw. entwickelt aus geschichtlichen Strömungen die drei Weisen der Begegnung und Zumutung: "Begegnung als verarbeitendes Hereinnehmen des Anderen gerade als Anderes (nicht als Eigenes); Begegnung als Anderswerden am Anderen (freilich ohne Hereinnehmen dieses Anderen); Begegnung als Selbstwerden durch das Andere (jedoch aus der erwachten, ans Licht gehobenen Substanz des Eigenen). Oder noch kürzer gefasst: Begegnung als Vermittlung, als Entscheidung und als Erweckung."[3] In diesen drei Kategorien der "Liebe" vollziehen sich Forderung und Zurückhaltung, Autorität und Selbständigkeit, Zuwendung und Sprache.[4]

Aehnlichkeitstheorie der Identifikation in der Personwahrnehmung. Zeitschr. für Experimentelle und Angewandte Psychologie, 16/1969, S. 479-487. Auf eine ganze Reihe von emotionalen Faktoren weist A. Bundura hin: Stellvertretende Bekräftigung, stellvertretend konditionierte Furchtreaktionen etc. Vgl.: A. Bandura/O.Ross/S.A.Ross: Stellvertretende Bekräftigung und Imitationslernen. In: M.Hofer/F.E.Weinert: Pädagogische Psychologie, 2. Lernen und Konstruktion. Frankfurt 1973. S. 61-74.

1) "Die Meinung, dass Intelligenz nur die anlagemässig gegebene intellektuelle Begabung des Menschen ausdrückt, ist nach allem, was wir heute wissen, falsch. Mindestens ist sie in hohem Masse irreführend." H.Aebli: Die missverstandene Begabung. In: H. Aebli u.a.: Attacken auf die Pädagogische Provinz. Stuttgart 1970. S. 29-37.

2) Vgl. etwa: O.F. Bollnow: Begegnung und Bildung. Oder: J. Derbolav: Vom Wesen geschichtlicher Begegnung. Beide in: W.Faber (Hrg.): Das Problem der Begegnung. München 1969.

3) J. Derbolav: a.a.O., S. 75.

4) Ich möchte zwei Pädagogen erwähnen, die das hohe Lied der pädagogischen

ee) Methodische Verfahren im Unterricht und "Liebe"

Auf einer tieferen operativen Ebene sind es die pädagogischen Techniken und Methoden, welche unter den Aspekt der "Liebe" bzw. der liebenden Zuwendung gestellt werden. Vielleicht klingt dies banal, hat keinen explosiven "gesellschaftsverändernden" Impetus. Es scheint mir jedoch besonders wissenschaftstheoretisch nicht unbedeutend.[1)]
Ein Beispiel möge dies belegen. E. Hurlock sagt: "Da die Zuneigung konditioniert wird durch angenehme Erlebnisse mit einer bestimmten Person, lernt das kleine Kind, denen seine Zuneigung zu zeigen, die seine körperlichen Bedürfnisse befriedigen, die mit ihm spielen und die ihm Freude und Zufriedenheit bereiten."[2)]

Wenn nun die Verhaltenspsychologie kausalistisch jeweilige emotionale Zustände allein als Funktion von Verstärkungszusammenhängen sieht,[3)] so wird der Konditionierungsvorgang im intentionalen Bereich in eine reine Zweck-Mittel-Relation gestellt. Die übergeordnete steuernde Kraft autonomer, von "Liebe" (oder Angst, Lustbefriedigung, Nachahmung etc.) geprägter Intention fällt weg. "Die wissenschaftliche Analyse des Verhaltens entsetzt den autonomen Menschen seiner Rechte und schreibt die Kontrolle, die er angeblich ausgeübt hat, der Umwelt zu. Der einzelne mag dann besonders ungeschützt und angreifbar erscheinen. Er wird dieser Analyse zufolge von seiner Umwelt und zum grossen Teil von anderen Menschen kontrolliert."[4)] Dieser von B.F. Skinner nicht verworfene sondern gepriesene Zustand ist eine durch Bedingungen und Ziele verkettete zwar geschickte Handlungsgemeinschaft, der es aber an übergeordneteter Kraft fehlt. Der von Paulus in 1 Kor. 13 dargestellte Hiatus zwischen den Fähigkeiten und der Grundhaltung der Liebe tritt in wissenschaftlich verkleideter Form wieder auf.

Liebe in neuerer Zeit artikuliert haben: G. Siewerth und F. März. (G. Siewerth: Erziehende und bildende Liebe. Abdruck in: B. Gerner (Hrg.): Personale Erziehung. Darmstadt 1965, S. 272-295. Erstabdruck 1952; und F. März: Erzieherische Existenz. Zwei Essays über das Sein und die Liebe des Erziehers. München 1963). Ohne sich auf empirische Befunde zu beziehen, geht es ihnen darum, den Leser davon zu überzeugen, dass letztlich nur die "Liebe" erzieht und dass nur "Liebe" im Kinde "Liebe" weckt. Die Geschichte der Pädagogik verweist auf viele Erzieher, welche dasselbe Anliegen in je anderer zeitgeschichtlicher Form dargestellt haben. (Vgl. etwa den Begriff des "Pädagogischen Bezugs" bei J.H. Pestalozzi)

1) Vgl. unsere Ausführungen zum Thema "Das Theorie-Praxis-Problem", S. 91ff.
2) E. Hurlock: Die Entwicklung des Kindes. Weinheim 1970, S. 234.
3) Vgl. W. Correll: Pädagogische Verhaltenspsychologie. München 1969, S.115 f.
4) B.F. Skinner: Jenseits von Freiheit und Würde. Hamburg 1973, S. 210.

Die Techniken des Erziehers müssen in diesem Sinne interpretiert werden. Die Techniken aller in der Lernstrategie "Gewissen und Verhaltensabweichung"[1] dargestellten unterrichtlichen Verhaltensanweisungen, welche "Gewissen lernen" bewirken sollen, die Techniken der in den drei emotionalen Modellen des Gewissenlernens[2] dargestellten Intentionen müssen dieser langmütigen, gütigen, nicht prahlerischen, verzeihenden Liebe unterstellt werden. Mit Konditionierung kann ich das Kind zu allem und jedem manipulieren. Ich kann es lernen, am Kranken vorbeizusehen, den Fremdarbeiter zu hassen, die Eltern zu verstossen, das Kollektiv zu hintergehen etc., wenn nicht "Liebe" als oberste Sinnorm Steuer- und Kodierungsfunktion für alles Handeln übernimmt.

Ich meine, dass es ein Charakteristikum der Persönlichkeit des Erziehers ist, ob "Liebe" über Handlungs- und Systemkonzepte, über methodische Regeln, über jede emotionale Beziehung als ein apriorischer Raster gelegt wird.

ff) Affektive Zuwendung und liebesorientierte Sanktionstechniken

Beziehungen innerhalb der Familie, welche von diesem Prinzip "Liebe" geleitet werden, sind für den Aufbau des kindlichen Gewissens - wie schon im Abschnitt Urvertrauen - Urmisstrauen gezeigt - sog. günstige Beziehungen. Die Vorstellungen, die das Kind über Moralität entwickelt, werden im Masse der Vertrautheit mit und Intensität solcher Beziehungen gefördert. Kognitive Strukturierung ohne diese Beziehungen führen zu einem Wissen über Moralität, nicht aber zu einem Gewissen, welches in unbewusste Referenz an diese Beziehung Normen im Austausch mit der Umwelt verwendet.
Noch wichtiger scheint mir, dass warme, emotionale Liebesbeziehung die Normen, Regeln und Werte selbst zu etwas Lebendigem und Sinnvollem machen. Von hier aus gesehen sind sie keine "Gefahr" für den Schüler, sondern Möglichkeiten reflexiven Austausches verschiedener moralischer Codes, die alle von Menschen, welchen das Kind begegnet, je anders akzeptiert bzw. verwendet werden. Motivatorische Komplexe, die für empirische Untersuchungen in die Faktoren Vorhersage von Zielsetzungen, Leistung und Ausdauer gegliedert und durch relative Attraktivität bzw. Inaktivität dimensioniert werden,[3] sind genetisch

---

1) Vgl. S. 512f.
2) Vgl. S. 210f.
3) Vgl. J.W. Atkinson: Motivational determinants of risk-taking behavior. Psych.Rev., 1957/64, S. 359-372.

gesehen von der "Günstigkeit" solcher Beziehungen abhängig. Mit der Interdependenz von Kontakt, Sympathie und Aktivität,[1] welche sich in den Variablen Mutter-Vater-Kind-Beziehung (Lehrer-Schüler-Beziehung), sich entwickelnde Sympathie bzw. Zuwendung aufeinander bezogener Aktivität und Produktivität in Spiel-, Arbeits-, oder Not- und Glückssituationen ausdrückt, kann als mögliches Mass der Uebernahme emotiven Kontextes mit der Moral bezeichnet werden.[2]

Wie weit die Auflösung der Komplexität "Liebe" in Variablen bzw. Indikatoren des Verhaltens bei der Uebernahme moralischer Standards richtig und sinnvoll ist, kann hier nicht entschieden werden. Es manifestiert die Crux genauer Messung psychischer Phänomene schlechthin.
Der psychische Ort, wo diese "Liebe" mit der Moral festgemacht wird, ist wiederum das Gewissen. Die Verschiedenartigkeit des Gewissens hängt nicht so sehr von der Schichtspezifität, also von der Verschiedenartigkeit der internalisierten Autoritäten bzw. der internalisierten Moral ab, als vielmehr vom emotionalen Kontext bzw. Wertsystem, mit welchem internalisiert worden ist. Zwar stimmt äusserlich, was W. Gottschalch mit schichtspezifischem Gewissen bezeichnet, nämlich dass "es gerade die Kinder der sogenannten Unterschicht sind, denen man quasi von Geburt an eine Neigung zu abweichendem Verhalten zuschreibt. Es liegt auf der Hand, dass die Kinder extrem deklassierter Eltern nicht nur daran gehindert werden, ein starkes Ich zu entwickeln, sondern dass sie darüber hinaus auch in ihrer Ueber-Ich-Entwicklung desorientiert werden müssen."[3] Aber nicht die Schichtspezifität als solche, wie Gottschalch meint, ist Ursache sondern die in einer Schicht üblichen Techniken der Zuwendung und des Liebesentzugs, das Mass positiver Emotionalität in Verbindung mit Kontakt, Sympathie und Aktivität. Das aber würde einen neuen Schichtbegriff voraussetzen, denn nach den üblichen Merkmalen geht dieses Mass (oder nicht vorhandene Mass) durch alle Schichten hindurch. So kann eine Unterschichts-Mutter (wiederum nach den üblichen Kriterien eingeschätzt), welche bspw. aus religiöser Ueberzeugung in ihren Kindern ein offenes Gewissen mit emotional ausgewogenem Wertsystem entwickelt, nicht einfach als "bürgerlich" abgetan werden. Dasselbe gilt in anderer Weise vom Lehrer.
Elterliche "Liebe" drückt sich in bezug auf die Genese des Gewissens wie gesagt vor

---

1) Vgl. P.R. Hofstätter: Sozialpsychologie. Berlin 1970, S.164ff.
2) Vgl. S.174 und S.179 dieser Arbeit.
3) W. Gottschalch u.a.: Sozialisationsforschung. Frankfurt 1971, S.159-161.

allem durch die Sanktionsmuster im zugrundeliegenden affektiven Kontext aus. Tendenzen zu Reue und Bekennen bei 4-6 Jährigen und Tendenzen zu Schuldgefühlen bei 11-12 Jährigen werden auf Formen der Belohnung und Bestrafung von Aggressionen zurückgeführt.[1)] "Da angenommen werden muss, dass die Wirksamkeit solcher Methoden der Autoritätsausübung eine intensive Abhängigkeit des Kindes von der elterlichen Liebeszuwendung voraussetzt, ist es nicht erstaunlich, dass nur dann ein positiver Zusammenhang von liebesorientierten Manipulationsformen mit Ueber-Ich-Kontrollen nachgewiesen werden konnte, wenn diese auf dem Hintergrund eines affektiv-warmen Kontextes der Eltern-Kind-Beziehung kontrastierend eingesetzt werden. Weder positive affektive Zuwendung noch die Anwendung liebesorientierter Techniken per se, sondern nur die Kombination beider stand in Zusammenhang mit internalisierten moralischen Reaktionen (Le Vine, 1961; Sears et al., 1957; Unger, 1962). Eltern, deren Kinder zu nicht-internalisierten Reaktionen auf Uebertretungen moralischer Regeln neigten, dokumentierten demgegenüber weniger eine positive affektive Orientierung und tendierten zu machtbetonten Kontrolltechniken. Diesen Sachverhalt lassen die Annahmen über die Bedingungen aggressiver Identifikation bereits vermuten, die zu Furcht vor äusseren Sanktionen als dominantes Motiv der Normkonformität führen."[2)] Liebeszufuhr wird also dort wirksam, wo die Kombination von emotionaler Wärme und von Androhung deren Entzug (Angst) zu einem inneren Gleichgewicht führt. Jene Familien (und Schulklassen) würden nach B. Caesar dies am ehesten erreichen, wo die familienstrukturellen Bedingungen so sind, dass "affektiv-unterstützende und disziplinierende Funktionen in beiden Elternteilen kombiniert" seien, "nicht aber in denjenigen Familien, in denen ein arbeitsteilig bedingter Kontrast zwischen ihnen besteht (Bronfenbrenner, 1961)."[3)]

Einen etwas anders akzentuierten Hinweis zur Ambivalenz von Liebe und Angst gibt E. Hapke.[4)] Er weist zuerst auch darauf hin, dass Angst mit dem moralischen Normsystem mitgelernt wird, sieht sie aber immer in jenem Spannungsver-

---

1) B. Caesar: Autorität in der Familie. Hamburg 1972. S. 82 (Mit Hinweis auf Untersuchungen von Allinsmith, 1960; Allinsmith u. Greening, 1955; Bronfenbrenner, 1961; Burton et al., 1961; Heinicke, 1953; Hill, 1960; Sears, 1961; Whiting u. Child, 1913.)
2) ebd. S. 82.
3) ebd. S. 83.
4) Vgl. E. Hapke: Ueber die Natur des Gewissens. In: Zs. "Praxis der Kinderpsychologie und Kinderpsychiatrie." Heft 4, Göttingen 1962.

hältnis zur Liebe: "Elterliche Autorität ist zunächst in der Mächtigkeit ihrer Erscheinungen begründet, die durch Liebe nur zum Teil kompensiert wird. Verinnerlicht wird mit dem Bild der Eltern und ihrer Normen auch der Eindruck ihrer Mächtigkeit d.h. ihre mögliche Gefährlichkeit bei Uebertretungen; auch dies wird Ueberich, ja dies ist seine besondere Eigenart. Ueberich ist das kindliche Fremdgewissen[1)] durch seinen Anteil an investierter Angst. - Aber das Verhältnis ist doch nicht nur durch Angst bestimmt. Wo das Kind sich geliebt fühlt (in der guten Liebe, in der auch die strenge Forderung ihren Platz haben kann, weil über alle kritischen Augenblicke hinweg das tragende Gefühl herzlicher Zuneigung erhalten bleibt), da überwiegt ein liebendes Vertrauen, und es wird auch das Normen- und Ordnungsbild der Eltern in anderer Weise erleben und verinnerlichen."[2)] Wenn die Wirksamkeit des Gewissens vom Grade der Verwurzelung im "Gefühl" und von seinen bestimmenden Inhalten[3)] abhängt, wenn mitgelernte Liebe und Angst dabei Intensitäten oder Motivationskomplexe darstellen, so kann Liebe wiederum operational mit Vertrauen, mit Bindung und Beziehung, mit Befriedigung der Bedürfnisse, mit Spannungsreduktion, mit Lustmöglichkeit, mit Befriedigung des vitalen Verhaltens, oder aber negativ mit Verhinderung von Bedürfnisfrustrationen, von Misstrauen, von Spannungsvergrösserung etc. bezeichnet werden. Und das jeweilige Anteilverhältnis bestimmt die Grundeinstellung des Kindes oder sein Ueberich.[4)] Angstbereitschaft und Liebesbedürftigkeit stehen dialektisch zueinander.

Liebesbedürfnis ist aber nicht dasselbe wie Liebesfähigkeit.[5)] Es gibt Menschen, die sehr liebesbedürftig sind, aber nicht liebesfähig. Wenn wir schon sagen, Angst müsse mtigelernt werden oder Angsthaben müsse mitgelernt werden, so muss Liebesfähigkeit ebenfalls gelernt werden. Sie ist eine formale Kraft, die an

---

1) Den Begriff "Fremdgewissen" finden wir z.B. bei Hapke und Freud. Er wird hier entwicklungsspezifisch analog zum heteronomen im Gegensatz zum autonomen Gewissen verwendet. Die Unterscheidung ist relevant, aber nicht entwicklungsspezifisch relevant, sondern strukturspezifisch.
2) E. Hapke: a.a.O., S. 115/116.
3) ebd. S. 119.
4) ebd. S. 116.
5) s. dazu: H. Zulliger: Umgang mit dem kindlichen Gewissen. Stuttgart 1960³, S. 16.

Inhalten geübt zu kategorialem Lernen umgestaltet wird.[1] Es muss gelernt werden, eine Norm zu erfüllen, nicht weil nachher Angst vor dem Ueber-ich, die ja immer soziale Angst ist, auftritt, sondern weil es mich befriedigt, den andern in Freude zu sehen, und weil es mich ärgert, wenn er in Not ist. Damit aber tritt das Ich-Ideal von Freud in den Vordergrund (als Gegensatz zum Ueber-Ich).[2] Wir müssen also zwei Motivationen betrachten, wenn wir Lernstrategien für das Gewissen erstellen: "Gegenüber dem, was das Kind tun möchte, entsteht ein Bereich von Handlungen, die es den geliebten Personen zuliebe tun soll, und ein Bereich von Handlungen, die es nicht tun darf, um jene nicht zu verletzen."[3] Ein Curriculum, welches Ziele für das Gewissenlernen formuliert und Bedingungen zur Erreichung dieser Ziele plant, muss mitplanen, wie man lernt, geliebten Personen zuliebe zu handeln, oder deshalb zu handeln, damit man einen andern nicht verletzt. (Das aber sind akzentuiert emotionale Vorgänge, und ihre Planung hängt wesentlich von unserem im Kapitel 1 besprochenen ethischen Vorverständnis ab. Man muss sich dabei immer im klaren sein: "Verhalten ist auf irrationale Weise vom Gewissen bestimmt, wenn das Individuum sich nach Werten richtet, die mehr emotional als rational begründet sind. Es ist leichter, dieses Verhalten zu beschreiben, als es zu definieren."[4])

---

1) Vgl. W. Klafki: Das pädagogische Problem des Elementaren und die Theorie der kategorialen Bildung. Weinheim 1964[4].
2) Vgl. unsere Ausführungen S.264ff.
3) G. Griesl: Gewissen; Ursprung, Entfaltung, Bildung. Augsburg 1970, S. 86.
4) Cronbach: a.a.O., S. 673.

D. Versuch der Darstellung von praktischen Prozessmodellen des akzentuiert emotionalen Lernens im Bereich der Gewissensbildung

1. Problemstellung und mögliche Ansatzpunkte

Wir haben bis jetzt herausgeschält: Es gibt ein Lernen, das dann als Verhaltensveränderung bezeichnet werden kann, wenn emotionale Prozesse in Bewegung bzw. in Aktion sind. Emotionale Vorgänge sind wohl durch Kognitionen und/oder durch die Affektivität der Inhalte strukturiert. Aber sie haben ihre eigene Gesetzlichkeit. Diese wird durch Komponenten der Bindung, der Harmonie, der Angst und Liebe etc. bestimmt. Ihre eigenste Sprache findet emotionales Lernen in den Ausdrücken wie "Identifikation", "Imitation", "Introspektion", "Objektbeziehung", z.T. auch "Internalisation" etc. Für die Gewissensbildung spielt solches Lernen u.a. deshalb eine Rolle, weil phänomenologisch das Gewissen als eine Art verborgene Instanz, als unbestimmbarer Steuerungsprozess, als - nebst aller Vernunft - verborgene Stimme usw. erlebt wird.
Wir müssen uns nun fragen, wie bekommen wir diesen Prozess in den Griff, denn Forschung hat immer den Aufbau organisierter Erkenntnis im Auge und nicht nur Einzelfakten. (Theoriebildung befasst sich mit Definitionen und Aussagen, welche Postulate zum Ausdruck bringen. Sie soll eher wenige und gut definierte Variablen benützen und nicht allumfassend, dafür aber praktikabel sein.)
Um ein solch richtiges Lernmodell zu entwickeln, können wir verschiedene Ansätze berücksichtigen:

a) Wir können alle Begriffe und Definitionen, welche emotionales Lernen im Bereich des Gewissens beinhalten, lerntheoretisch oder lernpsychologisch zu klären versuchen, z.B. den Begriff der Identifikation, den Begriff der Zertrümmerung des Oedipuskomplexes, der Projektion von Schuld, des Aufbaus des Ideal-Ichs, des Erlebens der Kommunikation etc. Diese Vorgehensweise dürfte ausserordentlich aufwendig sein, denn schon allein das Bedeutungsfeld der Begriffe innerhalb einer tiefenpsychologischen Schule ist äusserst vielschichtig. Das Resultat solchen Vorgehens könnte aber fruchtbar gemacht werden für geplantes intentionales Lernen. Man müsste sich dabei allerdings klar sein, dass immer nur Kleinstbereiche atomistisch erhellt werden, niemals aber ganze Lernvorgänge erstellt werden könnten.

b) Eine weitere Möglichkeit besteht darin, anhand der tiefenpsychologischen, strukturpsychologischen und der philosophischen bzw. theologischen Denkmodelle normative Ableitungen zu machen und sie erziehungswissenschaftlich zu begründen. Das bedingt eine saubere wissenschaftstheoretische Arbeit. Die Ableitungsvorgänge müssen analysiert und intersubjektiv überprüfbar gemacht werden. Das Deduktionsproblem, das Problem der Wertfreiheit, die Bedeutung solcher normativen Aussagen für die Praxis müssen überprüft werden. Die tiefenpsychologischen Denkmodelle (z.B. Es, Ich, Ueber-Ich) haben ihre eigene Gesetzlichkeit und instrumentelle Veränderung. Es sind, übrigens wie bei jedem heuristischen Lernmodell, strukturierte Beziehungsgefüge, d.h. man kann mit ihnen einem Vorgang einen bestimmten Sinnbezug geben, hier dem analytischen Vorgang, dort dem Lernvorgang. Sie stellen die hypothetische Reduktion einer Komplexität dar und lassen normatives Ableiten nur im begrenzten Masse zu. Wir haben dies auszugsweise im folgenden Kapitel versucht.

c) Eine induktive bzw. induktiv-deduktive Vorgehensweise wäre, Kriterien der Aufschlüsselung aufzustellen, damit wir den Lernprozess direkt organisieren können. Auch Organisation reduziert funktional gesehen die Komplexität des Lernprozesses.[1)] Bestimmte Bedingungen werden festgelegt, die Schrittfolge hypothetisch aufgestellt und aus dem Fortgang der Reaktionen, werden mindestens lernpsychologische Kenntnisse gewonnen.[2)]

---

1) N. Luhmann: Gesellschaftliche Organisation. In: Erziehungswissenschaftliches Handbuch, Bd I, Berlin 1969, S. 387 ff.

2) Das hat den Vorteil, dass nicht unbesonnen Lerntheorien auf irgendwelche Prozesse in der Schule übertragen werden. Nehmen wir an, wir würden Hilfe von einer Lerntheorie für die Erkenntnis des Gewissenlernens erwarten, z.B. zur Aufstellung eines Lernmodells, so müssten wir uns bewusst sein, dass Lerntheorien Ergebnisse der Grundlagenforschung sind und sich von der praktischen Forschung abheben. "Grundlagenforschung und praktische Forschung unterscheiden sich nicht durch das Niveau ihrer Komplexität, sondern eher durch die Ziele, die sie zu erreichen helfen. Grundlagenforschung wird angesetzt, um einen organisierten Erkenntnisstand zu erweitern, sie führt nicht unbedingt zu Ergebnissen von unmittelbar praktischer Verwendbarkeit. Praktische Forschung wird unternommen, um ein unmittelbar praktisches Problem zu lösen, und das Ziel, wissenschaftliche Kenntnis zu erweitern, ist zweitrangig." (R. Travers: Einführung in die erziehungswissenschaftliche Forschung. München 1972.) Es ist eine alte Meinung (Travers, Thorndike, Lewin, Skinner, Correll etc.), dass solche Grundlagenforschung eine eminente

Es gibt viele Probleme, die ganz sicher erst auf diese Weise aufgeschlüsselt werden können z.B. die Frage: Wenn der Schüler verschiedene moralische Normen gelernt hat, wie z.B. das Versprechen halten, den andern nicht zu belügen, mit dem andern teilen etc., woran erkenne ich, dass er solche Normen in konkretes Verhalten überträgt. Ferner welches sind die alle Normen verbindenden Dispositionen wie z.B. Entscheidungen treffen können, Gutmütigkeit walten lassen zu können, "Gutes" von "Schlechtem" unterscheiden zu können. In einer Skizze dargestellt:

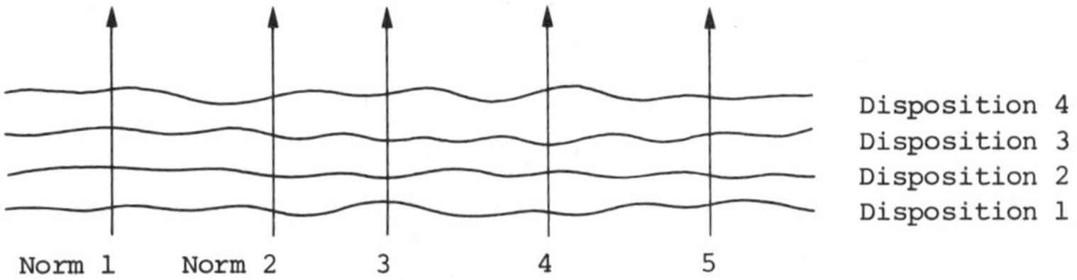

Solche Fragen werden ja gerade von den lerntheoretischen und den tiefenpsychologischen Modellen nicht berührt, weil eben die Grund-

---

Einwirkung auf den Lernvorgang im Unterricht habe, dass man mit den gewonnenen Theorien Unterricht erklären könne. Zwar ist in vielen lernpsychologischen Diskussionen immer wieder darauf hingewiesen worden, dass die Anwendung der Ergebnisse aus Laborforschungen, wo alle Variablen konstant haltbar und überprüfbar sind, auf Situationen ausserhalb des Labors, wo die Einflussvariablen komplex und kaum validierbar sind, problematisch ist. Das heisst, dass Grundlagenforschung von der Klassenzimmersituation ausgehen müsste, und dann die abgeleiteten Theorien eher komplex als einfach sein werden, etwa wie die Prinzipien der Systemtheorie. Die Klassenzimmersituation bereitet offenbar deswegen die allergrösste Schwierigkeit, weil Sozialforscher meistens kaum versuchen, Lernvorgänge zu planen, bevor sie sie beobachten. Auch die Unterrichtsforschung beschränkte sich in der Vergangenheit allzu oft auf das Vorhandene, und ihre Ergebnisse sind kaum das Resultat eines - wie bei den Ratten- oder Taubenexperimenten Skinners - organisierten Verhaltensablaufs.
Es würde sich also darum handeln, der Gewissensbildung eine Theorie zuzulegen, die aus dem unmittelbaren Unterrichtsablauf entspringt. Möglicherweise nimmt dann emotionales Lernen in dieser Theorie einen kleineren Platz ein, möglicherwiese entspricht diese Theorie vielen alten Erkenntnissen über den Prozess des Unterrichts, sog. methodischen Regelhaftigkeiten. Aber wir kämen einen Schritt weiter in der Frage, ob und wie das Gewissen lernbar sei und welches die Faktoren des Lernvorganges wären. Wir müssen uns nur bewusst sein, dass das Vorgehen eines Praktikers eigentlich immer so ist, dass sein Programm auf einer unausgesprochenen Verhaltenstheorie beruht, aber sie ist nicht formuliert. Und hier unterscheidet sich ja auch der Forscher vom Praktiker, dass der erstere ausdrücklich die Theorie formuliert, die der zweite braucht. Insofern kann aber auch eine solche Theorie Grundlagentheorie werden.

lage hier bewusst geplantes Lernen (Unterricht), dort aber Statementvorgänge oder Experimentierstrategien sind. Durch Unterrichtsbeobachtung werden wir aber auch die Bedingungen, welche Lernen ermöglichen, überprüfen und aus ihnen wiederum Theoriebildung vornehmen können. Zwar hat, wie schon gesagt, die Psychologie stets versucht, bloss die Bedingungen aufzuspüren, die einem Verhaltenskomplex zugrundeliegen. Instruktion aber setzt die Bedingungen. Wer Bedingungen einrichten will, muss zugleich überprüfen, ob sie der gewünschten Effizienz des Lernens entsprechen, und so entsteht der Regelkreis des Setzens der Bedingungen, des Auslösens kleinster (taylorisierter) Lernsequenzen, der Ueberprüfung der Verhaltensveränderung, der Neusetzung der Bedingungen etc. Auf diese Weise erhalten wir eine Theorie des Lernens des Gewissens, die näher der Basis ist.[1] Wir werden dies ansatzweise in den letzten zwei Kapiteln dieser Arbeit versuchen.

d) Es gibt nun auch die Möglichkeit, vor dem Aufbau der Lernstrategien Einblick in den Lernprozess des Kindes, wenn es sein Gewissen "formt",

---

1) Vgl. K.-J. Bruder: Die Atomisierung des Lernens. Oder: Taylorisierung des Unterrichts. - Zur Kritik der Insturktionspsychologie. In: betrifft: erziehung 6, Weinheim 1971.
"Instruktion bedeutet, den Lernenden durch eine Sequenz von statement und restatement des Problems zu führen, was die Tätigkeit des Lernenden steigert, das, was er lernt, zu erfassen, zu transformieren und zu übertragen (Bruner 1967). Das Prinzip ist das der 'Verhaltensforschung' (shaping of behavior), des allmählichen Fortschreitens von einfachem zu komplexem Verhaltensrepertoire (Holland 1960), mittels sukzessiver Annäherung des Verhaltens an die Ziele, über eine Annäherung der Bedingungen des Verhaltens, die Prüfungsbedingungen sind, an die letzte Prüfungsbedingung. Verwirklicht wird dieses Prinzip durch Aufsplitterung in sinnvoll kleinste Lerneinheiten, kleinste Beträge geforderten Verhaltens, unmittelbare Information über die Leistung und allmähliches Zurücknehmen unterstützender Informationsvorgaben ('fading') (Holland 1960, Homme 1968)." (S. 30) Hier kommt der oben erwähnte Regelkreis wiederum zur Geltung, wobei allerdings statt von Leistung von Aenderungsresultaten, statt von Information von Einfluss gesprochen werden müsste. Bruder glaubt, dass diese Techniken sehr fein abstimmbar seien auf Lerngegenstand, Fähigkeit und Fertigkeit des Schülers, dass die Effektivität wissenschaftlich überprüfbar sei, dass Unterricht mit vorherbestimmbarer Präzision ablaufe und dadurch die eigentlichen Lernprozesse nachträglich genau beschrieben werden können. Wer Lernprozesse über das Gewissen genau beschreiben kann, kann sie auch wiederplanen bzw. wiederholen. Er käme der Frage der intentionalen Gewissensbildung näher, und würde unterscheiden, ob das sittliche Urteil (Normbewusst-

zu gewinnen. Wir gehen daher davon aus, dass wir die verschiedensten tiefenpsychologischen Theorien z.B. die Theorie Freuds kennen. Wir nehmen auch an, dass Freuds Lustprinzip und Realitätsprinzip, seine Theorie der Gewohnheitsstärke, zu sehr der Analytik entnommen sei, als dass sie genügend hergeben würde zur Erklärung von Lernvorgängen. Wir versuchen nun einen je nichtintentionalen und einen intentionalen Lernvorgang A und B mit der Freud'schen Theorie zu erklären. Dann erklären wir denselben Vorgang lernpsychologisch bzw. vermittels zwei kontrahierenden Lerntheorien, z.B. des operanten Konditionierens und des Lernens durch Strukturen bzw. Operationen. In einer Skizze dargestellt:

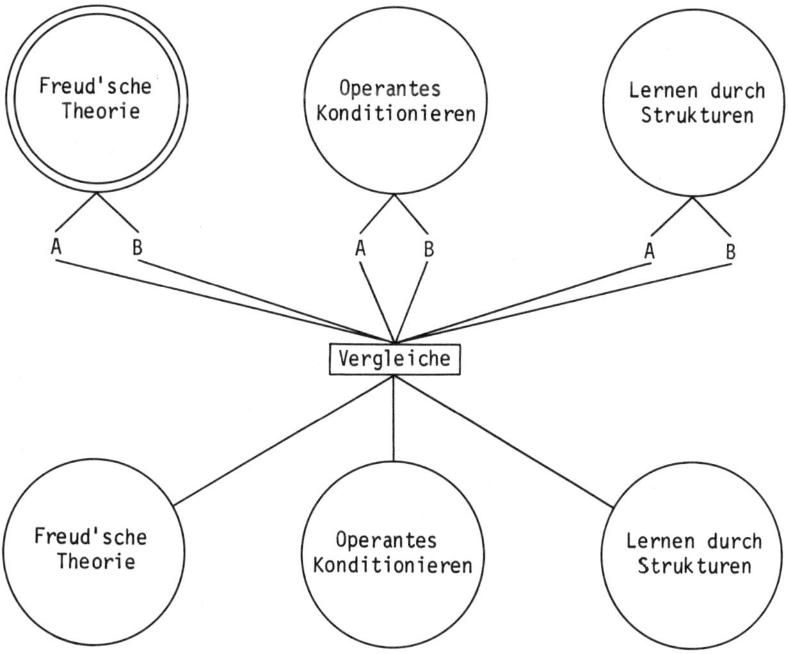

---

sein) oder das Schuldbewusstsein oder das Gewissen (inneres Erleben der Moralität) oder moralisches Verhalten gelernt und überprüft wird. (Vgl. I.H. Huijts: Gewissensbildung. Köln 1969). Rückschlüsse, die die notwendigen Lernstrategien vermitteln, würden so offengelegt.

Wir vergleichen nun die Resultate und beurteilen die entsprechenden Erklärungsweisen. Ob wir dabei Aussagen über den Lernprozess d.h. eine neue Theorie des Lernvorgangs entwickeln können, ist nicht vorauszusagen. Jedenfalls werden wir Einsicht gewinnen in die Instrumentalität der drei Theorien und ihre Brauchbarkeit für den Lernprozess. H. Aebli[1)] hat einen solchen Versuch unternommen, indem er in origineller Weise eine solche Lernsituation durch einen Psychologen in Wien und einen in Genf erklären lässt. Er kommt schliesslich zum Schluss, dass wir eine neue Psychologie des Lehrens und Lernens zu konzipieren versuchen sollten, "eine Psychologie, in der der Forscher selbst oder in Zusammenarbeit mit fortschrittlichen Erziehern im Schüler oder in der Versuchsperson neue Lern- und Aufbauprozesse auslöst und zu ihrem Vollzug anleitet, zugleich aber den Verlauf der Prozesse beobachtet und ihre Ergebnisse prüft, mit dem Ziel, sie immer besser zu verstehen. Man braucht diese Aufgabe nur zu kennen, um auch zu erkennen, wie neu sie für das methodische Selbstverständnis der Psychologen ist ..."[2)]

e) Und damit kommen wir zum letzten Vorschlag:
Man könnte heuristische Lernmodelle direkt entwerfen. Es würde damit jenes wissenschaftliche Instrumentarium geschaffen, welches viele wichtige Faktoren eines Lernvorganges in einem prozessorientierten Interaktiogramm aufzeigt. Lernmodelle in diesem Sinne sind einerseits effizient im Hinblick auf Unterrichtsanalyse, Prozessanalyse und letztlich auch Lernstrategiebildung. Sie geben anderseits natürlich nur Tendenzen an und betreffen meistens eine Art Querschnitt bzw. Längsschnitt durch ein sich vorwärtsbewegendes Kräftefeld. Es würde damit die Struktur des formalen Prozesses blossgelegt. Man muss sich dabei bewusst sein, dass sich solche Lernmodelle der Gefahr ausliefern, die einzelnen Faktoren, wie sie in vielen Kategorienschemata (z.B. Bales und Flanders) dargestellt sind, nicht genügend berücksichtigen, oder dass durch sie einzelne Variablen falsch eingeschätzt werden. Dafür aber würden Prozesse in einer Art Grobstruktur überschaubar dargestellt.

Von diesen Möglichkeiten möchte ich jetzt die letzte einzuschlagen versuchen. Ich werde mir dabei der Unvollständigkeit solcher Grobstruktur bewusst bleiben.

---

1) Vgl. H. Aebli: Ueber den Aufbau kognitiver Strukturen. In: M. Irle: Bericht über den 26. Kongress d. Deutschen Ges. f. Psych. Tübingen 1968.
2) ebd. S. 77.

Ich werde aber dennoch versuchen, sie für meine Untersuchung, besonders für die später dargestellte Lernstrategie, fruchtbar werden zu lassen.

2. Voraussetzungen

a) Ein Lernmodell kann aufgrund des Gesagten nur ein didaktisches Modell sein, das prozessorientiert ist und sowohl inhaltliche wie methodische Fragen in gleicher Weise beachtet. Es besteht in der Angabe einiger wesentlicher Kategorien, die zueinander strukturiert sind und je nach Unterrichtssituation modifikabel bleiben. Das Lernmodell hat das Postulat der Intentionalität zu berücksichtigen, wobei mit diesem Begriff gemeint ist, dass absichtsvolle Einwirkung auf Lernprozesse geschieht, um den Unterschied zu jenen Sozialisationsprozessen zu manifestieren, "in denen Mitmenschen oder deren Objektivationen (z.B. in Massenkommunikationsmitteln) ohne primär erzieherische Absicht Orientierungs- und Verhaltensänderungen bewirken."[1]

b) Das didaktische Lernmodell hat die Problematik der Gewissensbildung im Auge, d.h. es macht durch die Angabe der Kategorien klar, ob moralische Entscheidung, moralisches Urteil, moralisches Bewusstsein, moralisches Handeln oder alle zusammen im Zielfeld der Intentionen stehen. Es berücksichtigt im besonderen das Faktum, dass Gewissen eine irrationale und eine rationale Seite hat (synderesis, conscientia)[2]. Bei der <u>irrationalen</u> Dimension spielen pro- und reaktive Mechanismen, die durch Bindung, Beziehung, Liebe, Angst etc. erworben worden sind und das Schuldgefühl, den Verlust der moralischen Integrität bewirken. Die <u>rationale</u> Dimension sucht Lösungen für Konflikte und Schuldgefühle durch rationales Handeln und durch Klassifikation der Werte in Entscheidungssituationen. "Wenn das Wertsystem eines Menschen so aufgebaut ist, dass er weiss, welche Ueberzeugungen die wichtigsten sind und warum, mag er es bedauern, eine Entscheidung treffen zu müssen, aber er fühlt sich nicht schuldig, weil er sich für das wichtigere Ergebnis entschieden hat. Er ist emotional an seine grundlegenden Ziele gebunden, nicht an unbedeutende kurzzeitige Annehmlichkeiten. Sein Gefühl für

---

1) W. Schulz: Unterricht zwischen Funktionalisierung und Emanzipationshilfe. In: H. Ruprecht u.a.: Modelle grundlegender didaktischer Theorien. Hannover 1972, S. 157.
2) Vgl. auch in unserer Arbeit z.B. S. 69ff.

richtig und falsch stimmt mit seinen Zielen und dem von ihm gewählten Weg überein. Ein solcher Mensch ist eine integrierte Persönlichkeit. Wünsche, Kenntnisse und Gewissen sind eher Verbündete als Gegner. Das Ideal für die Erziehung auf moralischem Gebiet ist, das Denken des Menschen zu befreien, so dass er es in den Dienst seiner höchsten Werte stellen kann.[1)]

Diese verhaltenspsychologische Idealvorstellung des Gleichgewichtes der kognitiven und emotionalen Steuerungskräfte im Gewissen kann bei den Prozessmodellen tatsächlich in grossen Linien (Grobstrukturen) angegeben werden.

c) Das Lernmodell unterscheidet die Begriffe "Erfahrung"[2)] und "Erlebnis" prozessual bzw. operational.
Mit Erfahrung ist Handeln in einer ganzheitlichen Situation gemeint, wobei die Situation das Handeln diktiert (nicht der Lehrer). Erfahrung legt die Existenz des Schülers aus und ist im Bereich moralischer Erziehung kaum anders als kommunikativ strukturiert. Bei der Erfahrung spielt der temporale Aspekt in dem Masse mit, dass früher gemachte Erfahrung verdrängt oder reduziert wird, damit Offenheit auf die neue Situation gewährleistet ist. Die aus früher gemachten Erfahrungen gespeicherten Engramme treten steuernd, reaktiv, aber nicht situationsersetzend auf. Denn Erfahrung ist immer neu, die ganze "Existenz" des einzelnen Schülers fordernd.
Mit Erlebnis ist das "Ergriffensein" bzw. ein emotionaler Spannungszustand bzw. die Aufwölbung des Lebensgrundes (Lersch[3)]) gemeint. Die Betrachtungsweise ist hier mehr psychologisch, denn das Erlebnis richtet sich auf den Zustand bzw. auf die Reaktion der Psyche bei der Informationsaufnahme unter affektiven Bedingungen bzw. bei den Modalitäten des Kontaktes mit der Umwelt.[4)] Diese Reaktionen können dimensioniert und nach Intensitätsgrad eingeschätzt werden. Der Vorgang des Aufbaus bzw. des Initiierens wird im Modell selber dargestellt.
Erfahrung und Erlebnis können sich decken. Es kommt aber darauf an, von welchem instruktionsmässigen Ansatz ich beurteile bzw. Bedingungen des Lernens schaffe. Auch wenn der Unterschied auf den ersten Blick nicht relevant scheint, so lässt er sich doch anhand eines Beispiels gut aufzeigen:

Ein Autofahrer sieht auf dem Fernsehschirm wie sich ein Autounfall anbahnt.

---

1) L.J.Cronbach: Einführung in die Pädagogische Psychologie. Weinheim 1971,S.676.
2) Zum Begriff der Erfahrung vgl. unsere Ausführungen S. 441ff.
3) P. Lersch: Aufbau der Person. München 1956[7].
4) Vgl. unsere Ausführungen: "Emotionales Lernen". S. 155ff.

Er lebt innerlich so stark mit, dass alle auf S. 189 ff aufgezählten Merkmale der Spannung und Angst deutlich hervortreten. Beim eigentlichen Ereignis, beim Unfall selbst, tritt für ihn eine psychische Erschütterung ein, welche umso grösser ist, je mehr und je intensiver Erfahrungsengramme sich mit dem "erlebten" bzw. aufgenommenen Ereignis verknüpfen. Diese Erschütterung als innerer Zustand wird oft erst mit grosser Verzögerung durch die Merkmale viel Sprechen, starkes Rauchen, schöpferische Tätigkeit etc. gelöst. In diesem ersten Fall sprechen wir von "Erlebnis".

Erfahrung wäre, wenn der Betrachter selber im Auto mitfahren würde und so am Geschehen teilnähme. Er wäre dann Handelnder in einem von der Situation diktierten Geschehen.
Die Intensität der Internalisierung der Erfahrung kann durch vorhergehende Erfahrung neutralisiert, abgeschwächt oder vergrössert werden. Je neuer für den Schüler die Erfahrung ist, je unmittelbarer wird sie von der Struktur der Situation und nicht von schon vorher gespeicherten Engrammen gesteuert, bzw. je grösser ist der unmittelbare Ueberraschungseffekt.
Bei beiden spielen also affektive Spannungszustände eine grosse Rolle, beim ersten Fall mehr pathisch rezipierend, im zweiten mehr aktiv handelnd. Es ist möglich, dass im ersten Fall die Gefühlsspannung bedeutend intensiver ist als im zweiten (Erfahrung), aber es ist meistens der Fall, dass die Verhaltensveränderung im zweiten intensiver und die Erinnerungsquote bedeutend grösser bzw. absoluter ist.
Die oben erwähnte Betrachtungsweise spielt also auch bei der Formulierung der prozessualen Abläufe, die je nach dem mit "Erfahrungsansatz" oder "Erlebnisansatz" bezeichnet werden, eine entscheidende Rolle.

d) Wenn hier nun didaktische Modelle angegeben werden, so muss man sich der Vielschichtigkeit
   - aa) der Ziele und deren Begründung, der Mittel, der Methoden und der Evaluation des Unterrichts,
   - bb) der allgemeinen traditionellen Prinzipien wie Lebensnähe, Aktualität, Anschaulichkeit, Kindsgemässheit etc.
   - cc) der Unterrichtsformen und Erziehungsstile des Lehrers bzw. der Schule, sowie der externen Sozialisationsfaktoren wie Schulstatus, Familienstatus, Schichtzugehörigkeit, Gesellschaftsformen etc.
   - dd) der möglichen prozessualen Grobstrukturen

bewusst sein. An dieser Stelle sei nur dd) angeführt. aa), bb), cc) wollen wir bei der Einführung zur Lernstrategie im letzten Teil dieser Arbeit berücksichtigen, weil sie bei jedem hier angegebenen Prozess-Modell in gleicher Weise wirksam sind.

3. Drei prozessuale Modellansätze

a) Der Erfahrungsansatz[1]

Der Ausgangspunkt aller unterrichtlichen Abläufe bildet eine gemeinsame Erfahrung der Gruppe bzw. der Klasse mitsamt dem Lehrer. Der eigentliche schulische Prozess besteht dann in der anschliessenden strukturierten Verarbeitung bzw. Reflexion dieser Erfahrung. Sie wird mit anderen Erfahrungen (Fremderfahrung) in Texten, Bildern und anderen Medienträgern verglichen, wobei sich sachliche Kenntnisse sekundär mit der primären Absicht der Bewältigung dieser Erfahrung verbindet. Die Erfahrung kann aa) vom Lehrer als Lernbedingung organisiert werden, oder aber bb) sie ist von aussen gegeben, weil sie gleichsam "in der Luft liegt", als "regionales" Ereignis mitvollzogen wird.

Beispiel für aa)

In einem Schulhaus gibt es eine Gruppe kleinerer Kinder, die von andern als "Minderheit" behandelt und auch gequält wird (z.B. Kinder aus einem Kinderheim). Der Lehrer einer Oberstufenklasse legt den Fall seinen Schülern vor. Die Schüler entwickeln einen Aktionsplan, wie diesem Zustand abgeholfen werden kann, indem einerseits diese Minderheit verteidigt wird durch positive Stellungnahme und durch Schutz und andererseits in ihrem Selbstbewusstsein verstärkt werden soll.

Die Schüler agieren nun über einen Monat lang, und sie werden alle Schwierigkeiten einer solchen Aufgabe am "eigenen Leib" erfahren, d.h. die Problem- und Motivationskonstellation wird vervielfacht und verkompliziert. Wichtig ist, dass in Berichten, Protokollen, Verlaufsskizzen, Verhaltensskizzen etc. diese Komplexität eingefangen wird, weil sie ja der Ausgangs-

---

1) Vgl. unsere Ausführungen: Der Erfahrungsbegriff soll nochmals analysiert werden, S. 441 ff.

Punkt eines längeren schulischen Lernprozesses sein wird.[1)]

Beispiel für bb)

Seit Monaten terrorisiert eine Schulklasse einer Landschule die andere, indem sie nach dem Unterricht in einem Waldstück der Strasse den Nachzüglern auflauert und sie dann mit Stöcken und Steinen verprügelt. Eines Tages wird dieses Verhalten im Dorfe publik, weil das Kind des Herrn Ammann durch einen Stein am Kopfe schwer verletzt wird. Es stellt sich heraus, dass einige der Verprügelten kleinere Phobien entwickelt haben, die sich vor allem durch Schreien in der Nacht bemerkbar machen.

In diesem Falle ist für die betreffenden Klassen und nur für die betreffenden Klassen eine Erfahrungsbasis für bestimmte zielorientierte Lernstrategien offen. Wir können diesem Prozessmodell also folgendes Schema zugrundelegen:

Nach der allgemeinen Motivationsphase wird gemeinsames Handeln im inhaltlichen Raum moralisch-ethischer Normen und Werte Ausgang eines intentionalen Sozialisationsprozesses, wobei dieses erste Handeln (Erfahrung) noch unstrukturiert ist, während die daranschliessende zielorientierte Lernstrategie klar gegliedert ist durch Klassifikation von Lernzielen nach bestimmten Kriterien, durch inhaltlich überlegte Zuordnungen und durch schulische Verhaltensindikationen, die das Erreichen der Lernziele garantieren.[2)]

In einem Flussdiagramm dargestellt würde dies etwa für das Beispiel aa) so aussehen:

---

1) In vielen neueren pädagogischen Schriften (vgl. K.E. Nipkow: Schule und Religionsunterricht im Wandel. Düsseldorf 1971, S. 264 ff; oder E. Kreis: Religionspädagogische Entwürfe der Nachkriegszeit. In: Informationen zum Religionsunterricht, 3+4/1970, S.14ff.) wird auch dieser Unterricht als "problemorientierter Unterricht" bezeichnet. Aber in diesem Fall ist die Benennung unzutreffend, weil hier nicht ein Problem im Mittelpunkt steht, sondern eine gemeinsame Erfahrungsgrundlage mit komplexen Problemkreisen. Problemorientierter Unterricht macht irgendein gesellschaftliches oder politisches Problem zum Ausgangspunkt des Unterrichts, z.B. das Negerproblem in den USA. Er problematisiert eine Verhaltensweise oder einen Text oder eine Situation, die instruktionsmässig vermittelt werden.

2) Als Kriterien der Zuordnung von Inhalten können etwa angegeben werden: strukturaler Schwierigkeitsgrad, beschriebenes offenes bzw. verdecktes Verhalten, Grad der Entfremdung von der Umwelt, Grad der affektiven bzw. kognitiven Dimension, Abstraktionsgrad etc.

1	2	3	4
Handeln, damit "Minderheiten" zu ihrem Recht kommen	Was heisst "Minderheit" und wie überwindet man sie im Kleinen (Familie, Schule, Pausenplatz etc.)? Ueberprüfung der Handlungsstrategien.	"Minderheiten" in der Welt. Kräfte und Strategien zur Ueberwindung von ungerechtem Handeln gegenüber "Minderheiten", z.B. Indianerreservate, Neger in den Südstaaten, etc.	Politische, soziale erzieherische Konfliktsituationen im Bereich "Minderheit-Mehrheit" und Lösungsstrategien zur Ueberwindung dieser Konfliktsituationen.

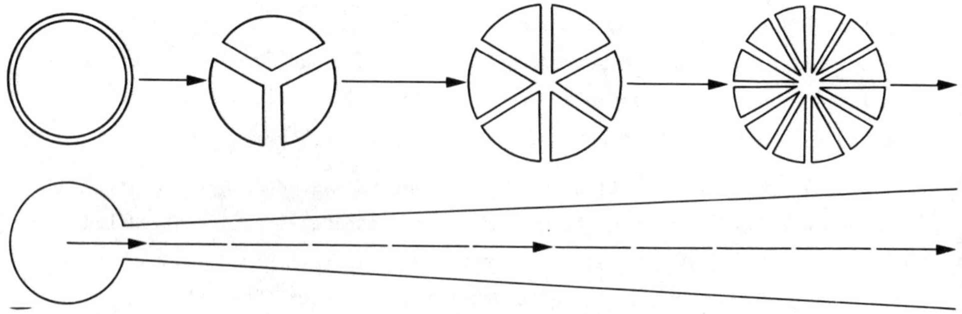

Es ist klar, dass die Lernstrategien ab 2 auch schon während des Handelns (gemeinsame Erfahrung) der Schüler (dieses dauert ja in unserem Fall über einen Monat) beginnen können.

Das Beispiel bb) würde im Flussdiagramm so aussehen:

1	2	3	4
Die Schüler feiern ein Versöhnungsfest	Schuld, Umkehr und Versöhnungsglück am eigenen Verhalten kritisch überprüft und dargestellt	Schuld, Umkehr und Versöhnungsglück im täglichen Leben der Schüler	Schuld, Umkehr und Versöhnungsglück der Gemeinde, der Politiker, bei wichtigen Persönlichkeiten etc.

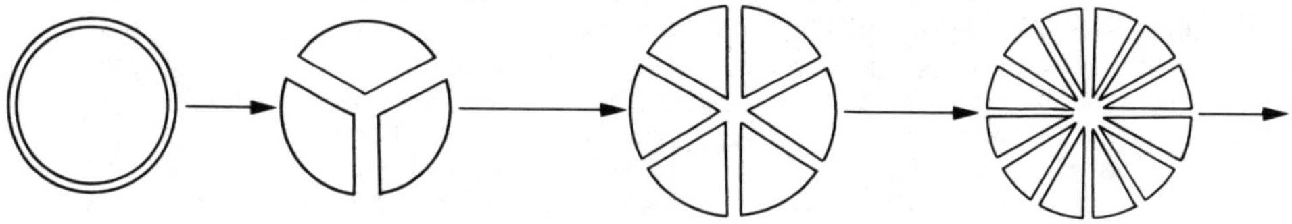

Bei 1 ist es selbstverständlich notwendig, dass die Schüler mit ihrem Lehrer zur Stelle gehen, wo sie bis jetzt ihren Kameraden aufgelauert haben. Jetzt dürfen sie wieder auflauern, aber diesesmal haben sie heissen Tee zubereitet, Kuchen gebacken etc. Und diesmal werden sie ihre Kameraden mit "Geschenken überfallen", damit der Ort der Schuld ein Ort der versöhnenden Freude werde.[1)]

Man kann auch zusammenfassend sagen: Auch bei Taylorisierung des Unterrichts in kleinste Einheiten der Informationsaufnahme, der Befragung und Selbstbekräftigung durch Selbstkontrolle, wird bei diesem Prozessmodell im ersten Anlauf durch konkretes Handeln in einer gemeinsamen Situation eine Struktur geschaffen, die dann modifizierbar auf andere Situationen transferiert werden kann. Die strukturale Komplexität hängt von der Situation, dem Alter der Schüler und den gegebenen moralischen Inhalten ab.
Gewissen entsteht nun darin, dass durch Handeln und durch anschliessende Hinterfragung (durch die Lernstrategien) dieses Handelns, Verhaltensmuster übernommen und denkend relativiert werden. Je jünger der Schüler, umso geschlossener ist der erste Teil, die Erfahrung, und um so weniger kann die Struktur detailliert werden (heterogenes moralisches Urteil). Je älter der Schüler, umso offener ist der erste Teil, die Erfahrung, und umso mehr kann die Situation differenzierend strukturiert werden (autonomes moralisches Urteil).[2)]

b) Ein verhaltensorientiertes Prozessmodell

Ein zweites didaktisches Prozessmodell besteht darin, dass Verhalten konkret in verschiedenen Situationen eingeübt wird. Wir sprechen dann von sequenz-

---

1) Wird dieses Prozessmodell im Religionsunterricht eingesetzt, so ist die Bezugnahme auf den "Anbruch des Reiches Gottes" durch die Versöhnung natürlich schon bei 1 und nicht erst bei den weiteren Lerneinheiten absolut gegeben.

2) Wir setzen bei allen diesen Beispielen voraus, dass sie auf jeder Altersstufe in ihrer spezifischen Form hochaktuell sind. z.B. ist das Globalziel "Ehrfurcht vor dem Körper des andern haben" sowohl aktuell für das vierjährige Mädchen, das sein Schwesterchen nicht umstossen soll, für den Pubertierenden, der in der ersten Berührung mit dem anderen Geschlecht Ehrfurcht haben muss, als auch für den Ehepartner, der sein Gegenüber in keinem Fall durch Rohheiten verletzen oder missbrauchen darf.

artigem Verhaltenstraining, wobei die einzelnen Verhaltenssequenzen immer durch aa) positiv primäre und sekundäre Verstärkungsformen, bb) Wertüberlagerungen durch "Erzählerlebnisse" bekräftigt werden.

In einem Unterrichtsbeispiel dargestellt: (Dieses Unterrichtsbeispiel wurde im Rahmen des Bussunterrichts der 2.Kl. im schulischen Religionsunterricht gehalten.)

Dispositionsziel:
Der Schüler soll Habsucht verurteilen und Teilen für gut halten.
(Wir lassen die Lernzielformulierungen hier noch weg, weil die curriculare Problematik auf S.252ff und S.428ff in dieser Arbeit zur Sprache gebracht wird.)

Sich beherrschen

1. Immer mehr haben wollen

a) Einstieg	Die Kinder stehen vorne in einem Kreis: Ich habe einen Sack voll Nüsse, Früchte, Ballone mitgebracht. Jeder darf nehmen, was er will. - Die Kinder freuen sich und stürzen sich auf die Sachen. - Alle gehen an die Plätze und legen die Sachen auf den Tisch.
Vergleichen	Der ... hat so viel und der ... hat gar nichts. Das macht mich traurig! (Die Kinder selber vergleichen lassen.)
Ueben	Die Kinder bringen die Sachen zurück und bedienen sich neu. Wir üben: sich beherrschen. - Zeichen der Habsucht (mit Händen greifen). - Zeichen des Teilens (halbieren und austeilen).
b) Erzählen	Ich kenne einen Zweitklässler, der ging mit seiner Mutter einkaufen. Ich bin im gleichen Laden gewesen. Im Geschäft sah er viele Autos. "Mama, Mama, kauf mir ein Auto!" "Aber du hast ja schon viele zuhause!" "Ich will ..." Er weinte und stampfte.
Gesprächsimpuls	Was hat dieser Junge falsch gemacht? Kinder äussern sich.
c) Rollenspiel	Wir spielen die Erzählung, aber mit umgekehrten Vorzeichen, also wie der Junge es hätte besser machen können. Jemand ist die Mutter, jemand der Knabe, jemand die Verkäuferin. Mehrmals wiederholen.
d) Ueben	Sachen nach vorne bringen. Wir üben nochmals das Sich-Beherrschen und das Teilen.

2. Not anderer Menschen

a) Bildbetrachtung	Kinder stehen um den Tisch. Ich zeige folgendes Bild: Eine Reihe hungernder Kinder, die mit ihrer Schüssel in der Hand auf ihre Ration warten. (s. "Kinder aus aller Welt", Hans Reich Verlag, München.)
Erarbeiten	Die Kinder müssen Schlange stehen, damit sie etwas bekommen. Ich kenne Kinder, die standen nicht so in der Reihe, die stürzten sich fast wie Tiere auf die Sachen. Sie beherrschten sich nicht. (Die Kinder lachen und sagen: "So waren wir!")
b) Schilderung	Wir essen nun einige Nüsse und Früchte (langsam und beherrscht essen). Dazu Schilderung: Ich habe einmal viele Erdnüsse gegessen und bekam starkes Bauchweh. Aber es lagen noch mehr Nüsschen neben mir. Ich hatte wirklich genug, griff aber trotzdem immer wieder danach

	und ass weiter.
Begriffserklärung	Sucht - Habsucht (Zeichen machen) - kindliche Süchte aufzählen.
c) Weitere Bildbetrachtung	Eine Frau sitzt neben vollen Reiskörben. Ihr Ausdruck: Sattheit. Im Vordergrund sitzt ein Junge, der bettelnd seinen leeren Teller ausstreckt. - Kinder äussern sich kurz (s. Kinder aus aller Welt).
Darbietung	Die Frau will den Jungen gar nicht sehen. Sie hat ja genug zu essen. Und wir am Anfang der Stunde? - Wir wollten die andern auch nicht sehen, die nichts erwischen konnten. - Wir waren habsüchtig!
Ueben	Wir üben nochmals das Teilen der Süssigkeiten, das Sich-Beherrschen.

3. Wer sich beherrscht - teilt mit andern

a) Erzählung (fakultativ)	Der reiche Prasser und der arme Lazarus. Schwerpunkt: Das Greifen nach Reichtum, alles haben wollen, nie genug haben, die Armut nicht sehen wollen.
b) Malen	Das Gesicht des Reichen und des Armen. Mit Fingerfarben malen lassen. Vergleichen und aufhängen.
c) Darbieten	Ich erzähle, dass ich z.B. Kinder kenne (Kindergarten, Kinderheim, Kinderspital in der Nähe des Lokals), die sicher keine Nüsse und Früchte haben. Wir wollen ihnen etwas von unseren Sachen bringen.
d) Geben	Geschenkpapier und farbige Bänder liegen bereit. Die Kinder verfertigen mit den restlichen Nüssen und Früchten je ein Paket. Gemeinsam gehen wir zum fremden Haus (vorherige Abmachung mit der Leiterin). Jedes Kind überreicht sein Paket einem Kindergartenkind (sich Zeit nehmen, um die Freude des Gebens richtig auszuschöpfen).[1]

1. Sequenz: Konkretes "Teil"verhalten, Beurteilung dieses Verhaltens, des richtigen bzw. falschen Verhaltens.

2. Sequenz: Vergleichen des eigenen Verhaltens mit dem Verhalten von Notleidenden (auf Bildern).
Ueben des Verhaltens "Beherrscht essen".
Ueben des richtigen "Teil"verhaltens.

3. Sequenz: Wertüberlagerung des eigenen Verhaltens durch den Text "Prasser und Lazarus". Ueben des richtigen Teilverhaltens in einer Transfersituation. (Erfahrung)

---

1) Diese Lektion ist angeführt in: F. Oser (Hrg.): Das Gewissen im pädagogischen Feld. Walter 1973, S.83ff.

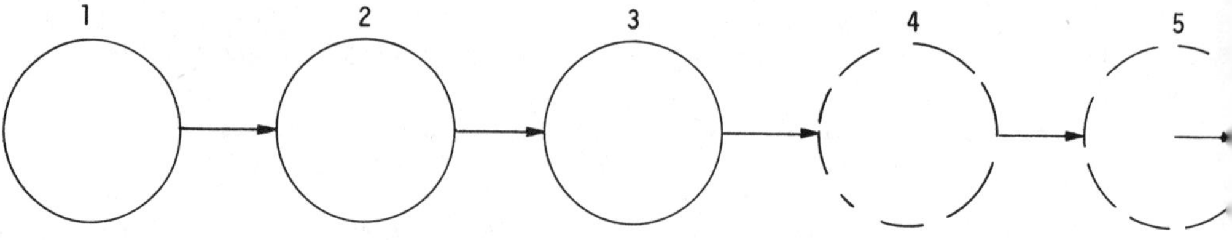

Verhalten	Verhalten	Verhalten
Kenntnisnahme richtigen und falschen Verhaltens (vom Lehrer gesteuert)	Beurteilung durch "Situationsanalysen"	(Transfersituation) Wertüberlagerung Kausalattribuierung

Bei diesem zweiten Prozessmodell wird moralisches Verhalten konditioniert bei gleichzeitiger Wertdifferenzierung und gleichzeitiger emotionaler Wertbindung. Gewissen tritt hier am klarsten zutage, wenn in einer ähnlichen Situation (3. Teil des Diagramms) der Schüler das gelernte Verhaltensengramm zur Anwendung bringt, oder aber pro- und reaktive "Gefühle" des Versagens oder der richtigen Situationseinschätzung äussert. Man wird hier oft den Vorwurf der Manipulation erheben. Manipulation aber geschieht nur dort, wo nicht in Verantwortung entweder gegen die Bedürfnisse des Kindes oder aber im Sinne einer Nichtreflektierung oder Nichtüberprüfbarkeit der Lernkonzeption oder aber gegen die Vernunft im allgemeinen gehandelt wird.[1)]

c) Ein akzentuiert emotional-prozessorientiertes Lernmodell

Das dritte, prozessorientierte Modell hat eine ganz andere Grobstruktur. Hier handelt es sich um emotionales Lernen expressis verbis. Ich habe dieses Modell im Buche "Kreatives Sprach- und Gebetsverhalten in Schule und Religionsunterricht"[2)] dargestellt und möchte hier nur eine sehr knappe Zusammenfassung in vier Hauptpunkten wiedergeben:

---

1) Vgl. J. Habermas: Dogmatismus, Vernunft und Entscheidung - Zu Theorie und Praxis in der vorwissenschaftlichen Zivilisation. In: Theorie und Praxis. Frankfurt 1971, S. 307-335. Er schreibt S. 308: "Vielmehr bemessen sich rational die Entscheidungen der Subjekte an jener einzigen objektiven Entscheidung, die vom Interesse der Vernunft selbst gefordert ist. Die Vernunft hat dem Willen zum Vernünftigen noch nicht entsagt."

2) Vgl. F. Oser: Kreatives Sprach- und Gebetsverhalten in Schule und Religionsunterricht. Olten 1972.

aa) Emotive Zuwendung oder die "Erlebnisdisposition" schaffen: Wenn schöpferisches Verhalten durch vitale Bewältigung emotiver nicht messbarer Spannungen, die mehr oder weniger kognitiv und/oder affektiv strukturiert sind, zustande kommt, so ist solch kreatives Verhalten im moralisch-ethischen Bereich erst möglich, wenn diese messbaren Spannungen (Erlebnis) im Schüler intentional "aufgebaut" werden können. "Mit emotiven Spannungen meinen wir Erlebnisse, Zustände, Handlungsmotivationen, Schichtaufwölbungen, die vom Unbewussten bis zum logischen Denken reichen."[1] Es gibt drei Möglichkeiten, "Erlebnisse" zu schaffen:

"A Die Erlebnisse werden von aussen gegeben. Der Schüler bringt sie mit. Sie liegen in der Luft. Sie sind regional vorhanden. Sie betreffen die Klasse oder den einzelnen in unmittelbarer, absoluter Weise.

B Die Erlebnisse werden geschaffen durch herbeigeführte Begegnungen, durch vermittelte Aktionen des Schülers in der Umwelt. Sie betreffen den einzelnen ebenfalls in unmittelbarer, absoluter Weise.

C Die Erlebnisse werden medial geschaffen. Sie betreffen den einzelnen in mittelbarer Weise."[2]

Bei C handelt es sich einerseits "um Texte, Berichte, Erzählungen, eindrucksvolle Bilder, erlebnishafte Filme, Erlebnisgestalten etc., die einen Ansturm von Reizen darstellen, von denen das Ich überwältigt wird. Sie können Abwehrmechanismen in Gang bringen oder Identifizierung mit Objekten bewirken, in beiden Fällen aber zum schöpferischen Ausdruck drängen. Es handelt sich andernteils um Erlebnisse des Stehens, Gehens, Greifens, Atmens, Handelns, Schauens, Hörens etc."[3]

bb) Durch einen nach Gesichtspunkten möglicher Strukturierung ausgewählten jäh in das "Erlebnis" gesetzten Text, wird die emotive Spannung "ausgestaltet" bzw. kodiert, d.h. ihre Struktur bekommt eine ganz bestimmte durch den Text gegliederte Form.

cc) Als drittes hat der Lehrer die Aufgabe, diese emotionalen Spannungen zum

---

1) F. Oser: a.a.O., S. 29.
2) ebd. S. 29.
3) ebd. S. 39.

"überschwenglichen" Ausdruck anzutreiben (d.h. Hemmbarrieren abzubauen). Hier handelt es sich um die Verarbeitungsformen im Sinne der Definition: "Schöpferisches Verhalten ist vitale Bewältigung emotiver, nicht direkt messbarer Spannungen in instrumentell verschiedenen Formen ..."[1] Solche Verarbeitungsformen sind anders als diejenigen der Kognitionen. Hier bestehen sie aus der Meditation, aus zeichnerischem Gestalten, aus Tanz, Gestik, Mimik, aus musikalischer Improvisation, aus kreativem Sprachverhalten, aus Soziodrama, aus Darstellungsspiel etc.; dort aus vergleichen, kombinieren, graphisch darstellen, stilistisch formulieren, in Beziehung zueinander setzen, logisch ableiten etc. Zu dieser Art von schulisch-emotionalem Verhalten gehört wesentlich die Steuerung der Ausdrucksfülle vom Inhalt her, d.h. wenn ein Kind z.B. spielt, wie der kleine Hans in der Geschichte, die der Lehrer erzählt hat, ein schlechtes Gewissen gehabt hat, so darf die Korrektur des Lehrers nicht so erfolgen, dass er etwa sagt: "Jetzt könntest du dich verstecken, beispielsweise hinter dem Tisch", sondern indem er sagt: "Hans fühlte sich nicht mehr wohl in seiner Haut, er hätte am liebsten gehabt, man sähe ihn nicht mehr. Kannst du das spielen?"

dd) Die Resultate werden durch einzelne Darstellungen z.B. aus dem Bereich der Kunst in den verschiedenen Kulturen überhöht. Diese verstärken den Schüler in seinem "jemeinigen" Verhalten (Kausalattribuierung), entsprechen der sekundär motivierten Sinngebung und initiieren einen pathisch-emotionalen Verhaltensaustausch. So kann z.B. nach dem emotionalen Lernprozess zur Thematik: "Erleben wie ein Vorbild verhindert, dass Minderheiten missachtet oder misshandelt werden", nach einer durch die Erlebnisgestalt und Erzählung entstandenen emotionalen Spannung und deren entsprechenden Verarbeitung das Friedensbild "les quatres parties du monde" von Picasso aus der Kapelle von Vallauris erklärt bzw. meditiert werden.

In einem Diagramm dargestellt sieht der ungefähre Prozessverlauf so aus:

---

1) F. Oser: a.a.O., S. 23.

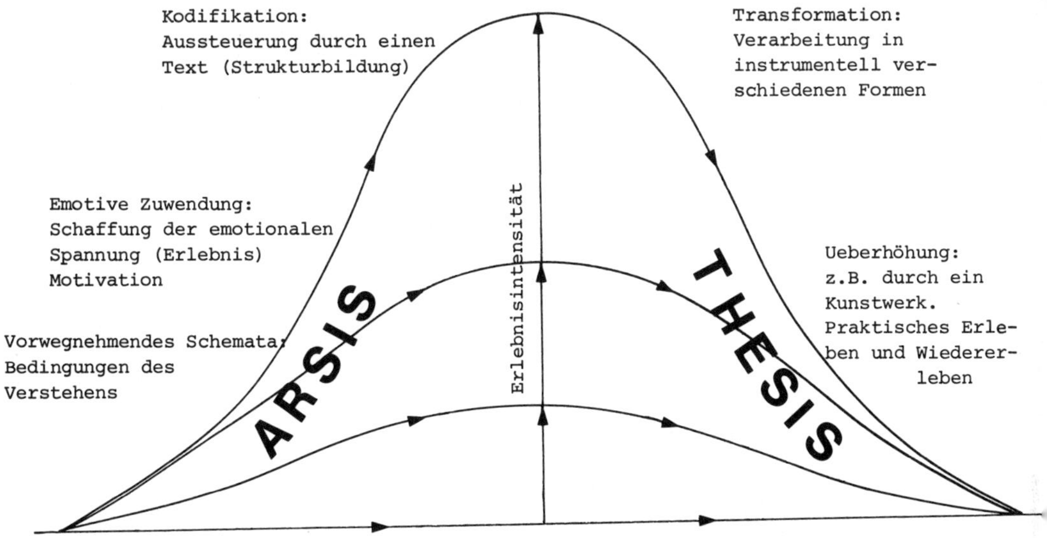

Das hier dargestellte didaktische Verlaufsschema hat eine eigenartig aktivierende Wirkung auf das Schülerverhalten.[1)] Als Modell interessiert es deshalb, weil emotionales Lernen hier im Mittelpunkt steht. Von Aktualität dürfte dabei das implizite indikatorische Kategoriensystem sein, welches darstellt, wie im schöpferischen Ausdruck (Thesis) der Schüler das moralische Urteil und vor allem die moralischen Gefühle (Gewissen) erfassbar werden. Dieses Kategoriensystem muss natürlich noch genauer bzw. explizit erfassbar werden. Es ist je anders bei der jeweiligen Ausdrucksform. Das wird klar, wenn wir z.B. an die beiden verschiedenen Formen "Tanz" und "zeichnerisches Gestalten" denken. In ihnen offenbart sich je anders die offenkundige "verdeckte" Struktur des Gewissens in bezug auf die zum Ausdruck gebrachte moralische dis-funktionale bzw. funktionale Situation.

Abschliessend ist zu sagen: Die drei Modelle sind heuristischer Art. Ihr Raster ist so grob, dass inhaltliche wie formale Modifikationen darin Platz haben. Alle drei können im Verlauf der Lernstrategie zur Anwendung kommen.

---

1) Vgl. auch:
Weitere Problemkreise zum Thema emotionales Lernen s. in F. Oser: Die Jesusbeziehung. Olten 1973, vor allem in den Kapiteln:
- Das Wesen der Erlebnisgestalt, S.32.
- Kognitive Partikel im Erlebnisunterricht, S.143ff.
- Erlebnisse sind nicht kognitiv transferierbar, S.156ff.

Kapitel 4

Funktionale Gewissensmodelle und die Frage der erziehungswissenschaftlichen Adaptation

A. Theoretische Voraussetzungen zum Problem der Ableitung ethischer Systeme in Lernziele und der Adaptation von Gewissenstheorien für die Erstellung von Unterrichtsstrategien

1. Einleitung

In diesem Kapitel interessiert uns die Frage, wie die führenden theoretischen Modelle des Gewissens für den Unterricht auf zweierlei Weise fruchtbar gemacht werden können

a) durch die Ableitung der in ihnen implizierten normativen Aussagen

b) durch die mögliche Applikation für den Unterricht schlechthin.

Versteckte normative Forderungen hängen stark mit dem Problem der Zielebenen, der Deduktion und der entsprechenden Wertkomplexität zusammen. Wir haben schon im Abschnitt "Ebenen der Forschungsdimension"[1] auf diesen Fragenkreis aufmerksam gemacht. Hier nun soll er praktisch anhand einer Herausarbeitung jener pädagogischen Aussagen, die den in dieser Schrift angegebenen Theorien inhärent sind, angegangen werden.

Die Problematik der Applikation ist so alt wie die Pädagogik schlechthin. Ganz besonders wurde die Frage etwa im Zusammenhang mit den aus der Grundlagenforschung entwickelten Lerntheorien aufgeworfen. Im Unterschied aber zu den Lerntheoretikern - wie etwa B.F. Skinner, der wesentlich dazu beigetragen hat, den linear-programmierten Unterricht zu entwickeln - verhinderten die Psychoanalytiker praktisch aller Richtungen eine Adaption ihrer Theorien auf die Schule. Sie warnten vor dem "Pfusch" der Lehrer, ohne selbst einen Beitrag für die direkte Erziehung zu leisten. Sie waren wohl bereit, verhaltensgestörte Kinder zu behandeln, aber sie waren kaum bereit, ihre Theorien auf die Verwendbarkeit beim Aufbau von Unterricht zur "Verfügung zu stellen".[2]

Aber auch andere Theorien, wie J. Piagets Konstruktionismus und verschiedene Sozialisationsmodelle, sind nicht so leicht fruchtbar zu machen für die Praxis.

---

1) Vgl. unsere Ausführungen S.33ff.

2) Vgl. auch S. Freud: Zur Einleitung der Selbstmord-Diskussion. Gs. W. Bd. VIII. 1910, S.62f.

Versucht man dies etwa in einem dem lerntheoretischen Funktionalismus ähnlichen beweglichen bzw. eklektizistischen Ansatz, der sich mindestens durch "eine tolerante Hinnahme eines weiten Bereiches psychologischer Sachverhalte"[1] ausweist, so läuft man Gefahr, entweder auf eine "beschränkte" Art die Probleme zu lösen oder aber sich in der Verwendung von Einteilungsschemata in der Komplexität der Phänomene zu verlieren. Immerhin treten die angewandten Aspekte des Lernens mehr und mehr in den Mittelpunkt erziehungswissenschaftlichen Forschens. Was aber das Problem nach wie vor erschwert, ist die Tatsache, dass die meisten der Gewissenstheorien überhaupt mit Lernen in keiner direkten Beziehung stehen.

2. Aussageebenen der Gewissenstheorien und intentionale Realisierungsmöglichkeiten

Aussagen über die Gewissensbildung werden also statt von einer Theorie des Unterrichts meistens von einer Theorie des Gewissens abgeleitet. Da es verschiedene Theorien auf der Basis verschiedener Wissenschaftszweige und innerhalb der Wissenschaftszweige verschiedene Richtungen gibt, stossen wir meist auf das Phänomen, dass zwar die theoretischen Modelle des Gewissens exakt formuliert, intersubjektiv überprüfbar und als Strategie für den betreffenden Wissenschaftszweig fruchtbar sind, dass aber die Aussagen über die aus der Theorie abgeleiteten Bildungsmöglichkeiten nur als normative Leitideen dargestellt werden. Leitideen oder Impulse - dies haben wir ausführlich im ersten Kapitel dargestellt - beeinflussen in bestimmter globaler Weise das Verhalten des Erziehers, machen ihn auf generelle Phänomene aufmerksam, regen ihn zu weiterer Reflexion und/oder vielleicht sogar zu hermeneutischer Interpretation solcher Globalaussagen an, aber sie geben ihm keine direkte Unterrichts- bzw. Erziehungshilfe. Aus den Leitideen müssten Bedingungen exakt formuliert werden, die ein Geschehen ermöglichen, bei dem Veränderungen des Verhaltens und Erlebens des Kindes unmittelbar angestrebt werden könnten, sofern dies überhaupt möglich ist. Dies wiederum müsste in einer Sprachstruktur erfolgen, die in unterrichtlicher bzw. erzieherischer Transparenz für Lehrer, Eltern oder allgemein Erzieher unmissverständlich zu Handlungskomplexen überleite.[2]
Um diese Problematik deutlich aufzeigen zu können, wählen wir ein Beispiel aus dem Buch "Das Gewissen im pädagogischen Feld".[3] (Die Auswahl des Beispieles erfolgt keineswegs nach Präferenzen, sondern bloss nach möglicher Brauchbarkeit.

---

1) E.R. Hilgard: "Der lerntheoretische Funktionalismus". In: E.R. Hilgard/ G.H. Bower: Theorie des Lernens. Stuttgart 1971, S. 410.
2) Vgl. auch S.84 dieser Schrift.
3) F. Oser (Hrg.): Das Gewissen im pädagogischen Feld. Olten 1973.

Das Beispiel will hier noch nicht im Sinne exemplarischer Auswahl für viele andere ähnliche Aussagen stehen, sondern bloss das Phänomen der leitideenhaften Darstellung von gewissensbildnerischen Intentionen erhellen.)

"Doch wieder zurück zu jener zweiten Stufe des Gewissens, die so etwas ist wie eine natürliche Ethik, das was auch die Philosophie schon von Alters her zu ergründen versucht hat, nämlich: Was muss der Mensch tun, damit er richtig lebt? Was entspricht seiner Lebensart, seiner Natur, als Einzelwesen und vor allem als Gemeinschaftswesen? Das ist eine sachbezogene Ethik, die die Alten der früheren Jahrhunderte unter den Stichworten Klugheit, Gerechtigkeit fassten, wobei das Wort 'Klugheit' nicht einfach schlau und 'pfiffig' meint. Das 'Sich-nicht-erwischen-Lassen' ist nicht der Gipfel der Klugheit. Klugheit meint vielmehr: so handeln wie es der Sache und der Situation entspricht. Und zwar nicht nur kurzsichtig, nicht nur bis zur eigenen Nasenspitze denkend, sondern auf lange Sicht gedacht und auch links und rechts, vor und hinter mich blickend, indem ich auch die anderen Menschen miteinbeziehe. Das ist im Grunde genommen das, was Freud an die Stelle des Ueber-Ich setzen wollte, nämlich das sog. 'Realitätsprinzip': dass der Mensch lerne, sich Ziele zu setzen und sie zu erreichen, dass er aber auch lerne, zu verzichten und nein zu sagen, zu sich und auch zu andern. Das ist eine zweite und sehr wichtige Stufe in der Gewissensentwicklung, und auch sie wird nie ganz abgeschlossen sein."[1)]

Aus diesem Text, der normativ ein oberstes Ziel zuerst mit den Stichworten "Klugheit" und "Gerechtigkeit", dann deduziert in eine Sollensformel "der Mensch lerne ..." als zweite Stufe der Gewissensbildung darlegt, geht hervor, dass der Autor annimmt, die erzieherische Konsequenz der Formel sei zur Genüge dargelegt. Es sei mit anderen Worten klar und eindeutig gesagt, was der Mensch zu lernen habe, eben "sich Ziele zu setzen und sie zu erreichen".

Stellen wir dieser normativen Formel folgende Begriffsbestimmung W. Brezinkas gegenüber: Handlungen, die als "erzieherisch" bezeichnet werden, sind nichts anderes als Versuche, "andere Personen so zu beeinflussen, dass sie sich in erwünschter Richtung ändern, d.h. einen ihnen als Lernziel vorgegebenen Endzustand erreichen ..."[2)]. "Beim Resultat handelt es sich stets um Merkmale der Persönlichkeitsstruktur des Zu-Erziehenden, die zunächst noch nicht oder jedenfalls nicht in dieser Stärke und Zusammensetzung vorhanden gewesen sind. Wer

---

1) A. Beeli: Analyse und Entwicklung des Gewissens im Kindesalter. In: F. Oser (Hrg.): Das Gewissen im pädagogischen Feld. Olten 1973. S. 34/35.
2) W. Brezinka: Ueber Absicht und Erfolg der Erziehung. (Konstanzer Universitätsreden) Universitätsverlag GmbH 1969. S. 11.

erzieht, richtet sich an einen Menschen, der sich in einem bestimmten Zustand 1 befindet und versucht, ihn in einen davon verschiedenen Zustand 2 zu bringen. Er erstrebt Aenderungen des Dispositionsgefüges der Persönlichkeit, die sich in Aenderungen ihres Erlebens und Verhaltens ausdrücken."[1)]

Ich habe diese Bestimmung gewählt, weil sie sich wesentlich von dem abhebt, was wir unter Operationalisierung kognitiver Lernziele verstehen. Sie ist viel umfassender, betrifft den ganzen Menschen und kann auf feinere Formen hin deduziert werden. Wenn wir diese Bestimmung nun sofort in einen Bezugsrahmen zur oben genannten Formel "der Mensch lerne ..." setzen, so merken wir sofort, dass die Formel sehr wahrscheinlich ungenügend ist, weil

a) das konkrete situative Bezugsfeld
b) der eigentliche Beeinflussungsvorgang
c) der Anwendungsmodus
d) die direkten bzw. indirekten Merkmale der Veränderung der Persönlichkeitsstruktur
e) die Angabe des vor- und nachherigen Dispositionsgefüges
f) der Personkonsensus

fehlen. Ob die Formel an sich sachlich richtig ist, kann die Erziehungslehre weitgehend nicht bestimmen, weil andere Wissenschaften in den Entscheidungsprozess miteinbezogen werden müssen. Ob sie aber genügt, um im Erziehungsvorgang überhaupt eine wirkliche Rolle zu spielen, wird durch die entsprechenden Aussagen der Erziehungswissenschaft als Handlungswissenschaft entschieden.

Nun sei auf eine weitere Unterscheidung aufmerksam gemacht. Fassen wir die folgende Aussage ins Auge und vergleichen sie mit dem Zitat aus S. 225 : "Es ist zwischen dem Wertproblem und dem Gewissensproblem zu unterscheiden. Das Wertproblem besteht vor allem in der Frage, ob der bestimmte Wert, den wir anerkennen und dem wir in unserer Wertrangordnung eine bestimmte Stelle geben, ein 'wahrer' Wert und ob er an der richtigen Stelle angeordnet ist. Das Gewissensproblem dagegen kulminiert in der Frage nach der Uebereinstimmung zwischen den von uns anerkannten Werten und den damit verbundenen Normen und unserem - inneren und äusseren - Verhalten. Diese Uebereinstimmung wird nicht von einer eigenen Urteilsinstanz, dem Gewissen, bejaht oder verneint, sondern von unserem allgemeinen Urteilsvermögen, dem Verstand. Das, was wir 'Gewissen' nennen, ist entweder der Wunsch, diese Uebereinstimmung herzustellen, oder aber, als sog. 'gutes' oder 'schlechtes' Gewissen, der Ausdruck unserer Zufriedenheit bzw.

---

1) W. Brezinka: a.a.O., S. 13.

Unzufriedenheit mit dem Ergebnis der Bemühung (Anstrengung), die aus diesem Wunsch resultiert."[1])

Bei allen Vorbehalten gegen die sachliche Richtigkeit dieses Zitates muss man dem Autor zugestehen, dass er Begriffe und Aussagen in einen systematischen Zusammenhang gestellt hat, dass seine Aussage sogar axiomatisch aufgebaut ist und somit als wissenschaftlich zu gelten hat (im Sinne normativer Pädagogik sogar als wertfrei). Aber - und hier beginnen die oft nicht bemerkten Unterschiede - er bewegt sich völlig in einem vorpädagogischen Feld. Auf sein Zitat lassen sich die Kriterien Brezinkas (S. 225 f.) erst gar nicht anwenden. Zwar enthält es versteckte implizite erzieherische Zielvorstellungen, Werte bzw. Normen, so z.B., es ist notwendig, aus dem Gesagten das "allgemeine Urteilsvermögen" in den Schülern zu fördern. Aber solche Ableitungen lassen sich stichhaltig nicht rechtfertigen, weil sie auch primär, d.h. in sich sinnvoll sind.

Die Aussage von Wohlgenannt steht also auf einer völlig anderen Ebene als das Zitat von Beeli. Dort handelt es sich um eine Sein-Sollens-Formel, während es sich hier um eine Aussage in rein deskriptiver Sprechweise handelt. Für das ganze System des Brauchbarmachens im Sinne der pädagogischen Praxis sind solche Unterschiede - wie gesagt - wichtig. Denn die Sein-Sollens-Formel kann über vielfach geartete praktische Aktionen gesetzt werden, während die zweite Aussage nur ganz bestimmte Vorkommnisse im Bereich der Moralität im Sinne des Begründungszusammenhangs erklärt. -

Besonders notwendig ist solche Unterscheidung, wenn wir von der Entwicklung des kindlichen Gewissens sprechen. Wir wählen als Beispiel drei Sätze. Diese müssen genau auseinandergehalten werden:

A "Die moralischen Werte eines Kindes ändern sich, sobald es mit mehr Menschen zusammenkommt, mit Menschen, deren Wertvorstellungen sich von denen seiner Eltern unterscheiden."[2])

Und:

B "Im Alter von 12 Jahren sollten die moralischen Werte eines Kindes jedoch schon eine gewisse Festigkeit zeigen."[2])

Und:

C "Der Rufcharakter, den das Gewissenserleben aufweist, wird zeitlebens an diesen entwicklungsmässigen Ursprung des Gewissens erinnern. Gewissen haben heisst, sich verantwortlich fühlen, und das bedeutet, sich ver-

---

1) R.Wohlgenannt: Ueber den Begriff des Gewissens. In:conceptus 2/1968/4.S.149.
2) Elizabeth B. Hurlock: Moralische Entwicklung und Erziehung. In: Die Entwicklung des Kindes. Weinheim/Berlin 1970, S. 476.

pflichtend angerufen wissen und auf den Ruf mit seinem Verhalten antworten."[1)]

Aussage A handelt von Erziehung, liegt aber ähnlich wie das Zitat von Wohlgenannt. Ihr Wahrheitsgehalt wurde nicht deduktiv von A-priori-Gesetzen abgeleitet, sondern von empirischen Fakten. Wir haben hier eher eine nomologische Hypothese, ihr normativer Gehalt ist aber auch verdeckt impliziert. Sehr wahrscheinlich kann er nicht ohne weiteres in erzieherische Vorgehensweisen abgeleitet werden.

Die Aussage B meint die Evaluation des Gemisches von vielen dynamischen, unkontrollierten einerseits, bewussten und kontrollierten Erziehungs- bzw. Lernvorgängen andererseits. Sie ist wohl normativ, aber im Bereich empirischer Ueberprüfbarkeit, obwohl sie keine Hinweise zur Erreichung des Zieles angibt. Sie ist nicht überprüfbar im direkten Sinne. Aber das Sollen-Können-Prinzip[2)] kann hier angewendet werden. Die Ziele sind sehr wahrscheinlich erreichbar.

A und B sind in diesem Fall eine gute Veranschaulichung, wie das Sollen-Können-Prinzip nicht anerkannt bzw. anerkannt wird.[3)] Nun aber warnt W. Brezinka[4)] vor der allzu leichfertigen Anwendung des Satzes "Sollen impliziert Können".

---

1) G. Griesl: Gewissen. Augsburg 1970, S. 93.

2) Vgl. dazu W. Brezinka: Von der Pädagogik zur Erziehungswissenschaft. Weinheim 1972^2. S.160.

3) "Wenn man aber das Sollen-Können-Prinzip anerkennt, dann kann man leicht zeigen, dass normative Sätze aus deskriptiven Sätzen ableitbar sind. Man kann nämlich dieses Prinzip folgendermassen interpretieren: 'Was gesollt ist, ist möglich' bzw. 'Wenn die Person A die Handlung p ausführen soll, dann ist es A möglich, p zu tun (d.h. A kann p tun)'. Diese Implikation ist äquivalent (aufgrund des Transpositionsgesetzes: $(p \supset q) \equiv (\sim q \sim p)$) mit folgendem Wenn-dann-Satz: 'Wenn A die Handlung p nicht ausführen kann, dann soll A die Handlung p nicht ausführen'. Diesem Implikationssatz kann folgendes Argument zugeordnet werden:
Die Person A kann die Handlung p nicht ausführen.
Daher: Die Person A soll die Handlung p nicht ausführen.
Der 'Kann-Satz' ist deskriptiv, der 'Soll-Satz' ist normativ."
(G. Zecha: Zum Normproblem in der Erziehungswissenschaft. In: Zeitschrift für Pädagogik 18/1972/4.
Angewandt auf die Sätze A und B heisst das: Satz A ist ein Kann-Satz, Satz B ein Soll-Satz. Wenn das Kind - wir müssen jetzt die erzieherische Handlungssituation durch das Wort "genügend" kennzeichnen - wenn also das Kind "genügend" mit Menschen zusammenkommt, deren Wertvorstellung sich von denen seiner Eltern unterscheiden, so werden seine eigenen Wertvorstellungen laut Satz B im Alter von 12 Jahren eine gewisse Festigkeit zeigen. Das Normative ist sinnvoll, weil es empirisch nachweisbar sein könnte.

Wenn wir trotzdem eine mögliche Ableitung evoziert haben, so um die Deduktionsebenen zu veranschaulichen.[1)]
Und schliesslich zum Satz C: Er ist normativ im Sinne der Aussage von Beeli: "Der Mensch lerne..." Er liegt also auf einem anderen Abstraktionsniveau als B. Er meint Generelles, wie gesagt Sein-Sollen. Er ist zudem präskriptiv, entstammt eher einem transzendental-kritischen Ansatz.
Die von den Theorien Freuds, Jungs, Heideggers, Piagets etc. abgeleiteten erzieherischen Forderungen liegen auf solch verschiedenen pädagogischen Aussageebenen. Unsere Aufgabe wird es sein, sie zu unterscheiden und je nach ihrer Praktikabilität zu fragen.

3. Verwendungsmöglichkeiten des ZEM als funktionales Instrument

Die oben erwähnte Problematik hat innerhalb der Curriculumforschung zu einem relativ grossen Begriffschaos geführt, weil viele Arbeitsgruppen unter demselben Begriff verschiedenes verstanden haben. Die Hauptaufgabe der Curriculumforschung, nämlich die Erfüllung der Forderung nach eindeutig formulierten Zielen, ist damit immer wieder in Frage gestellt. Die im Curriculum kodifizierten Bildungsabsichten sollen in eindeutiger Formulierung die Komplexe der Lernorganisation transparent (d.h. unter Einbeziehung der Findungs- und Auswahlproblematik und der übergeordneten Gesamtkonzeption kohärent) machen.
Zur Zeit lassen sich drei Arten von Lernzielfindungskonzepten aufdecken:

a) Lernziele werden deduktorisch gewonnen. Die Problematik dieses Vorgehens soll im nächsten Abschnitt dargelegt werden.
b) Lernziele werden operatorisch gewonnen. Hier ist der Mager'sche[2)] Lernzieltypus mit relativ geschlossenen Forderungen wie
   - Bestimmung des Gesamtverhaltens
   - Bestimmung der wichtigsten Bedingungen, damit das Verhalten geäussert werden kann
   - Bestimmung des Beurteilungsmassstabes, damit das Endverhalten als ausreichend gelten kann

   massgebend.
c) Lernziele hängen zusammen mit Situationen, welche arrangiert werden. Das Ziel bleibt dabei relativ von der Situationskonstellation und den betreffenden motivatorischen Komponenten abhängig, d.h. es bleibt of-

---

1) Vgl. unsere Ausführungen zum Deduktionsproblem S. 233ff.
2) R.F.Mager: Lernziele und programmierter Unterricht. Weinheim 1970[10]

fen.[1] Hieher gehört auch der Begriff des "heuristischen" Lernens, wie ihn Suchmann 1965[2] eingeführt hat.[3]

Ich möchte sagen, dass alle drei Arten der Lernzielgewinnung legitim sind, wenn ihre Aussageebenen eindeutig sind und wenn sie je nach Sachstruktur und Lernbedingung angewandt werden, wobei allerdings bei der ersten Art "das Verhältnis zwischen Leitprinzipien und Disposition nicht als (logischer, von uns eingefügt) Deduktionszusammenhang zu verstehen (ist), sondern als Versuch, die Leitprinzipien hermeneutisch aufs Subjekt hin auszulegen."[4] Es bedarf also eines gewissen eklektizistischen Mutes, um Sachstrukturen je auf andere Weise in den Vermittlungszusammenhang der Ziele und Zielebenen und deren motivatorischen Voraussetzungen und Auswirkungen hineinzusetzen. Gerade deshalb scheint uns für die praktische Curriculumarbeit ein funktionales Zielebenenmodell ZEM, wie wir es im Zusammenhang mit der wissenschaftstheoretischen Position S.98-100 dargelegt haben, wertvoll zu sein. Es ist für alle drei oben erwähnten Arten der Zielfindung relevant, d.h. also nur funktional verwendbar. Denn wenn sowohl die empirisch-analytischen Verfahren der modernen Sozialwissenschaften eingesetzt als auch Erfahrungs- bzw. geisteswissenschaftliche Instrumentarien ideologiekritisch beigezogen werden, sind Zielebenen sui generis notwendig. Wir haben dies vom wissenschaftstheoretischen Ansatzpunkt zur Genüge aufzuzeichnen versucht. Hier geht es nun nicht um die wissenschaftstheoretische Position, sondern um das curriculare Instrumentarium, das bei den nachfolgenden Gewissensmodellen und deren Ableitungen eine gewisse Rolle spielen wird. Denn wenn wir feststellen, dass z.B. bei C. G. Jung überhaupt keine Intentionen auf der

---

1) Vgl. H. Moser: Curriculumtheorie als Theorie des Unterrichtsspiels. In: H. Walter (Hrg.): Sozialisationsforschung

2) J.R. Suchmann: Learning Through Inquiry. In: Childhood Education 41. 1965, S. 289-291.

3) Es handelt sich dabei um Forderungen, welche Broudy so zusammenfasst:
"1. Curriculumeinheiten müssen so konstruiert werden, dass sie die Schüler herausfordern. Sie müssen eine Dissonanz im kognitiven System der Schüler schaffen, die sie dazubringt, nach neuen Informationen und Lösungen zu suchen, wodurch zugleich eine Eingangsmotivation für heuristisches Lernen entsteht.
2. Heuristisches Lernen kann nur stattfinden, wenn Curriculumeinheiten so konstruiert sind, dass die Schüler die Freiheit haben, selbständig Daten zu sammeln und eigene Hypothesen zu entwerfen und zu überprüfen.
3. Curriculumeinheiten müssen so konstruiert sein, dass sie Teil einer adaptiven Lernumgebung sind, die auf das Lernen der Schüler antwortet."
In: H.S. Broudy: Die Leistungen schulischen Lernens als Schlüssel zur Curriculumbegründung. In: S.B. Robinsohn (Hrg.): Curriculumentwicklung in der Diskussion. Stuttgart 1972.

4) H. Moser: a.a.O., S. 91.

Lernzielebene zu finden sind, dass nur mit grösster Schwierigkeit Dispositionsziele oberster normativer Konvenienz, also Kann-Sätze, abzuleiten sind, dann hat das verwendete ZEM seine Rolle hier als Prüfraster erfüllt. Anders bei der im letzten Teil unserer Schrift dargestellten praktischen Arbeit. Dort kann das ZEM die Garantie inhärenter Begründungszusammenhänge leisten. Mit dem didaktischen Strukturgitter zusammen kann es die Transformationen der leitenden pädagogischen (und politischen) Interessen in regulative Kriterien gleichsam kontrollieren. Nun aber sei das Konzept des ZEM, bevor wir es als Instrument verwenden, kritisch hinterfragt.

a) Zum Feld A: Leitideen

Hier heisst es, Leitideen seien normative Aussagen, welche eindeutig formuliert werden müssen. "In den Leitideen wird über die inhaltlichen Grundlagen und methodischen Verfahren zur Zielfindung und Zielformulierung entschieden. Mit andern Worten formuliert: Durch die Leitideen werden die Zielfindungsobjekte beschrieben. Das Zielfindungsobjekt besteht aus einer potentiellen Aussagemenge. Diese muss durch die Leitideen erfasst, eingeschränkt und in Teilbereiche aufgegliedert werden."[1] Es wird also gesagt, dass Leitideen Aussagen sowohl im inhaltlich-thematischen Bereich des Zielfindungsobjektes als auch im Bereich des methodologischen Instrumentars des Curriculums zu machen hätten. Diese beiden Bereiche seien aufzugliedern in die Beschreibung des Themenfeldes, in die Systembeschreibung, wo die Beziehung von Objekten durch Analyse von Situationen aufgezeigt wird, und in die Beschreibung der Lernsituation (Alter, sozio-kulturelle und anthropologische Voraussetzungen, Motivation, Interessen, entwicklungspsychologischer Stand, Eingangsvoraussetzungen, Sprachniveau usw.).

Hier scheint mir das ZEM problematisch. Würde das Leitideenfeld alle oben genannten Forderungen erfüllen, so wäre es beinahe schon kodifizierter Unterricht und trüge nicht mehr, wie das ZEM selber an anderer Stelle sagt, Richtliniencharakter.[2] Ich schlage deshalb vor, dass die oberste Zielebene der Leitideen, als Kriterium nicht mehr als ein normatives Gefälle aufzuweisen hätte. Das kann schon mit dem Stichwort "Toleranz" oder "Chancengleichheit" oder mit der Aussage "Entschleierung der Diskrepanz zwischen sozialer Wirklichkeit und sozialen Grundsätzen" dargetan werden. Die Begründung einer solchen Leitidee fällt dann in das Feld D (Vgl. die Skizze S. 99). Die inhaltliche Zuordnung im unterrichtlichen Sinne wird erst auf der Lernzielebene gegeben.

---

1) J.A. Eigenmann / A. Strittmatter: a.a.O., S.112ff.
2) Vgl. Eigenmann a.a.O., S.106.

b) Zum Feld B: Dispositionsziele

Dispositionsziele werden im Sinne R. Schmitts[1] als Verhaltensaussagen bezeichnet, die latent vorhanden, also nicht direkt beobachtbar sind. "Sie sind psychische Strukturen, hypothetische Konstrukte, Eigenschaften. Wiederholte Verhaltensweisen in einem spezifischen Kontext lassen auf solche Eigenschaften schliessen."[2] Dazu gehören folgende Merkmale: Lernorientiertheit, Verhaltensbereitschaft, Verhaltensrepetition, Zukunftsorientiertheit und Situationsorientiertheit. Mit all diesen Forderungen können wir übereinstimmen. Nur die letzte halte ich für falsch. Denn in den Dispositionszielen müssen die situativen Bedingungen nicht beschrieben werden. Denn "Kritisch sein beim Einkauf" kann ausgeweitet werden zu "Kritisch sein beim Umtausch", "Kritisch sein beim Verkauf", "Kritisch sein beim Angebot" etc. Das alles führt zur echt dispositionalen Bestimmung auf relativ verallgemeinerter Ebene: "Kritisch sein bei Handlungen, wo ein Vorteil für den andern oder für mich herausschauen kann."

c) Zum Feld C: Die Ebene der Lernziele

Ausser dass die hier aufgeführten Kriterien dem Postulat offener Lernziele nicht gerecht werden, stehen die Aussagen zur dritten Zielebene immer in Korrelation zu den Verhaltensdispositionen. Deshalb kann der Verdacht, dass sich hier die Deduktionshypothese wieder unerkannt eingeschlichen habe, nicht abgeschüttelt werden. Auch die Aussagen zur Interrelation der drei Ebenen werden zu einfach gesehen. Das Faktum, dass sowohl von oben nach unten als auch von unten nach oben nach Widersprüchen gesucht wird, mit andern Worten, dass die Relevanz der Ebenen überprüft wird, kann diesen Sachverhalt nicht vertuschen. "Durch die Entwicklung der drei Ebenen von oben nach unten (Felder A, B, C) unter Hinzunahme von Informationen aus Feld D entsteht ein systematischer Zusammenhang. Die Aussagen von Feld A sind in denen von Feld B und C, die von Feld B im Feld C und den Entscheidungen über Methoden, Medien und Sequenzbildungen repräsentiert."[3]

Dass Lernziele meistens neue Informationen bringen, die nicht durch eine Verhaltensdisposition abgedeckt werden können, dass die Interrelation oft gar nicht logisch, sondern bloss interpretatorisch vorgenommen werden muss, wird hier noch nicht gesehen. Dennoch kann uns das Zielebenenmodell helfen bei der Frage nach möglichen brauchbaren Aussagen der grossen Gewissenstheoriemodelle.

Es kann aber - wie gesagt - nichts leisten bei der Frage, ob diese Theoriemodelle verwendbar sind für die prospektive Planung im unterrichtsstrategischen Sinne.

---

1) Vgl. R. Schmitt: Religiöse Erziehung - ohne Erfolg? Weinheim 1972, S. 38-47.
2) Vgl. Eigenmann: a.a.O., S. 114.
3) Ebd. S. 119.

4. Das Deduktionsproblem als Grenzbereich

Aufgrund der durch die Stratifikation im ZEM anvisierten Entscheidungen stellt sich die Frage nach der Systematik von Deduktion, Konstruktion und Legitimation von Lernzielen im Bereich der Gewissensbildung. "Als Deduktionsproblem wird in einer vorläufigen, sehr allgemein gehaltenen Definition jeder Versuch gekennzeichnet, einen Ableitungszusammenhang zwischen gesellschaftlich vermittelten und zumeist höchst abstrakt formulierten Normen und unterrichtstheoretisch erfassbaren Lernzielen herzustellen. Dabei bezeichnet eine Norm eine sprachlich kodifizierte gesellschaftliche Verhaltenserwartung, im Kontext der Curriculumentwicklung, also vor allem die artikulierten Forderungen gesellschaftlicher Interessengruppen an die Schule und Unterricht. Lernziele (deren normativer Charakter durch die Definition nicht geleugnet werden soll) beziehen sich dem gegenüber auf die Unterrichtsanalyse und -planung."[1] Dass nun gerade der Bereich sozialer Lernziele, zu dem die Gewissensbildung gehört, äusserst anfällig für unkontrollierte, deduktorische Zusammenhänge ist, liegt deswegen auf der Hand, weil die Normen oft - z.B. von psychologischen Schulen ausgehend - geradezu Zeiterscheinungen mit Absolutheitsanspruch werden können. Ein Beispiel, verteilt auf drei Aussageebenen, möge diesen Sachverhalt verdeutlichen.

Aussageebene I

W. Eisermann unterscheidet in seiner theoretischen Darlegung zwischen einem "zentralen Gewissen" und einem "periphären Gewissen". Mit dem ersteren ist der "erste, oft noch dunkel empfundene Impuls des Sehendwerdens in Bezug auf das eigene Schuldigsein" gemeint, das zweite "formuliert den Schuldspruch des zentralen Gewissens auf die Gegebenheiten der jeweiligen Situation hin."[2] Ferner führt er eine weitere Unterscheidung ein, nämlich das "moralbezogene Gewissen", wo die Schuld primär als Verstoss gegen objektive Ordnungen erfahren wird, und das "selbstbezogene Gewissen", wo das Erlebnis der Schuld gegen sich selbst gerichtet ist. "Selbstverständlich ist auch diese Hochform des Gewissens nicht unabhängig von den Normen der Gesellschaft. Vielmehr wachsen seine Zuverlässigkeit und Vertraubarkeit in dem gleichen Masse, in dem sein Träger sich intensiv und kritisch mit jenen Normen auseinandergesetzt hat, ohne

1) H.L. Meyer: Einführung in die Curriculum Methodologie. München 1972 S.15.
2) W. Eisermann: Wissen ohne Verantwortung? Zur Dimension des Gewissens im Unterricht. In: J. Flügge (Hrg.): Zur Pathologie des Unterrichts. Bad Heilbronn 1931. S.123ff.

ihnen hörig geworden zu sein."[1] Diese etwas grob zusammengefasste Darlegung bezeichnet Eisermann als Strukturanalyse. Und nun macht er Ableitungen.

Aussageebene II

"Aus der Strukturanalyse des Gewissens lassen sich drei Aufgabenbereiche ableiten:

1. Hilfestellung der Erzieher im Hinblick auf das Mündigwerden und das Sich-selbst-finden des jungen Menschen;
2. Aufbau und Erweiterung des Gewissenshorizontes, d.h. Materialien des periphären Gewissens;
3. Erziehung zur Gewissenhaftigkeit, d.h. zum Befolgen des Gewissensurteils oder, anders ausgedrückt, zum Handeln aus dem Gewissen."[2]

Nun folgt eine Begründung dieser drei Ziele, wobei besonderes Gewicht auf das Faktum gelegt wird, dass Zuführen von Wissen, bzw. dass der allgemeine Informationszufluss nicht in direktem Zusammenhang stehe mit der Gewissenserziehung, dass der Schüler nicht irgendwelche Kenntnisse lernen möge, sondern Verantwortung erstrebe. In diesem spezifischen Sinne aber gelte: "Je weiter der Horizont des Wissens, desto grösser der 'Aktionsradius' des Gewissens; je qualifizierter das Wissen, umso objektiver die Gewissensentscheidung."[3]

Aussageebene III

Auf einer dritten Ebene folgen nun "Konkretisierungen" bzw. Hinweise für den Unterricht. Sie fassen sich etwa so zusammen:

1. Erziehung zur Sachlichkeit sei geboten, wobei einerseits jede Oberflächlichkeit vermieden werden müsse, anderseits aber ethisch neutrale Unterrichtsgegenstände und Fächer nicht zum Zwecke der sittlichen Erziehung verwendet werden dürfen.
2. Erfassen struktureller Züge einer Sache gehe vor dem Lernen von Einzelfakten. Erst so könnten Abhängigkeiten sachlicher und sozialer Art entdeckt werden. Die Beiträge der Lerntheorien seien in dieser Hinsicht kritisch zu hinterfragen.
3. Die Entpersonalisierung des Unterrichts sei abzubauen durch Hinwendung zur personalen Beziehung Lehrer - Schüler und Schüler - Schüler (Ich-Du-Beziehung).

---

1) W. Eisermann: a.a.O., S.131.
2) Ebd. S. 132.
3) Ebd. S. 134.

4. Die Motivation sei zu überprüfen. Letztes Ziel sei, Sinn für die Gestaltung der Kultur zu wecken. Das dialektische Verhältnis von Engagement und Reflexion sei zu wahren. Es seien Situationen zu schaffen, wo der Jugendliche früh und häufig sachliche und soziale Probleme als seine eigenen erkennen könne, sie auch in verantwortungsbewusstem Denken und Handeln zu lösen vermöge.

Wenn wir nun fragen, wie diese drei Aussageebenen von W. Eisermann deduktorisch zusammenhängen, finden wir:

1. Es besteht kein logisch zwingender Zusammenhang der drei Ebenen.
2. Die Unterschiede der Ebenen sind z.T. inhaltlicher Art. Das eine Mal wird vom Gewissen gesprochen, das andere Mal von Sachlichkeit, Strukturierung, Personalisierung und Motivation. Nur zwischen der ersten und zweiten Ebene besteht ein inhaltlicher Zusammenhang.
3. Der Implikationszusammenhang ist nicht richtig. Er würde nämlich besagen, "dass Entscheidungen im intentionalen und thematischen Bereich der Unterrichtsplanung Konsequenzen für die methodischen und mediendidaktischen Entscheidungen haben und umgekehrt."[1] Statt dessen gleitet W. Eisermann in Allgemeinplätze ab.
4. Die normative Transformation von der ersten zur zweiten Ebene könnte beliebig anders sein. Der Vorwurf der "erschlichenen Deduktion" ist berechtigt.
5. Die Inhaltsselektion, welche sich auf unterster Zielebene durch Situationsanalysen ergäbe, ist nicht vorgenommen worden. Man kann es deutlicher sagen: Die Operationalisierung der unter 1 gemachten Aussagen und die entsprechende inhaltliche Transformation und Selektion ist ausgeblieben.
6. Die logische Analyse von Aussagezusammenhängen scheint in ihrer formalen Funktion nicht durch. Sie wäre zwar nicht nützlich "im Nachweis empirischer Erkenntnis, eher handelt es sich um eine Kontrollsprache, d.h. um ein mechanisches Verfahren, mit dem Ungenauigkeiten nicht explizierter Voraussetzungen, Redundanzen oder lediglich suggestive Teile eines Aussagezusammenhanges festzustellen sind. Die zu kontrollierenden Aussagen müssen dazu freilich in einer 'stratifizierten' Logiksprache zugänglich sein: Stratifikation ist die Umformung eines Textes, durch

---

1) H.L. Meyer: a.a.O., S.13.

die sichergestellt wird, dass immer wieder von denselben Gegenständen etwas behauptet (prädiziert) wird ..."[1)]

7. Zur Ueberprüfung der Lernintention werden keine (oder höchstens an anderer Stelle des Textes negative) Aussagen gemacht.

Die Skizzierung der Mängel in der Klärung der Norm-Ziel-Relation bei W. Eisermann betrifft keineswegs den Wert seiner Aussage in sich. Sie führt lediglich zur Frage, ob aus diesem Grunde auf jeglichen Deduktions-Zusammenhang schlechthin verzichtet werden müsse, ob die einzelnen Zielebenen als autonome wissenschaftstheoretisch abgefächerte Reduktionskomplexe behandelt werden müssten. Folgende Antworten drängen sich auf:

1. H.L. Meyer versucht das Deduktionsproblem anhand von erfahrungswissenschaftlichen, sozialtechnischen und system- und gesellschaftstheoretischen Aspekten zu überwinden. Dabei aber bleibt er bei der Deduktionshypothese stehen. Er sucht effektiv keinen anderen Weg. Es geht also um Legitimation und Konstruktion von Curricula, in deren Rahmen das Deduktionsproblem ein Problem unter anderen ist.[2)]

Meyer verteidigt das Deduktionskonzept als Grundanliegen. Die Ausdifferenzierung von Deduktionshypothesen geschieht durch folgende Punkte:

- "Explizite, nicht nur implizite Nennung der erfahrungswissenschaftlichen Theorien und Modelle, auf die die behauptete Verknüpfung von Normen und Lernzielen aufbaut (verhaltenstheoretische Gesetze der Urteilsbildung, Konflikttheorien, Entscheidungstheorien etc.).
- Klassifikation des Entscheidungsprozesses, auf den sich die Deduktionshypothese bezieht. Angabe des institutionellen Rahmens, in dem die Konsensbildung über die Lernzielselektion stattfindet. Angabe der Zeitdimension: Futurologische Studie oder Analyse vorfindlicher oder simulierter Entscheidungsprozesse.
- Beschreibung der gesellschaftlich vermittelten Norm, bzw. der Norm, auf die sich die Deduktionshypothese bezieht; Bezeichnung der durch die Realisierug berücksichtigten und der vernachlässigten gesellschaftlichen Interessengruppen; dabei ist zunächst von den artikulierten Interessen und Forderungen dieser Gruppen auszugehen. Dort, wo von diesem Grundsatz abgewichen wird, sind zusätzliche Begründungen notwendig.
- Beschreibung der Lernzieldefinitionen, die der Realisierung der von bestimmten Gruppen artikulierten Norm dienen sollen; Skizzierung der aufgrund des Implikationszusammenhangs von Lernziel-, Lerninhalts- und Lernorganisationsentscheidungen zu erwartenden Folgeprobleme."[3]

---

1) H.L. Meyer: a.a.O., S. 57/58
2) Vgl. H.Bokelmann: Curriculumwissenschaft - Euphorie oder Innovation. In: Zeitschrift für Pädagogik 3/1973. S. 463.
3) H.L. Meyer: a.a.O., S. 152

Damit beinhalten Deduktionshypothesen auch fernerhin die Absicht, "politisch kontrollierbare Datenketten" zu erzeugen, also Auswahl von Normen und Realisierung von Lernzielen. Dass man umgekehrt durch Konsensbildung Lernziele bestimmen und erst im nachhinein mögliche Normen extrapolieren kann, so dass man eine Art curriculares (nicht didaktisches) Strukturgitter erhält, wird von Meyer nur ungenügend zur Diskussion gestellt.

2. Deduktionsvorgänge spielen meistens im implikativen, d.h. inhaltlich betonten Curriculumansatz eine Rolle. Es gibt aber mindestens vier Arten von instrumentellen Lernzielansätzen.[1]

- Der transformatorische Lernzielansatz - so K. Frey - bewirkt Umwandlung eines Lernziels in andere Aggregatszustände unter Zugabe neuer Informationen und unter Bezugnahme auf ein neues System.
- Der deduktorische Ansatz betrifft Ableitung von Teilzielen durch bestimmte Regeln (wie oben erwähnt).
- Der analytische Lernzielansatz erfolgt - so wiederum K. Frey - durch einfache sprachliche Analysen (z.B. von Wortfeldern), durch experimentelle Vorgehen oder mit Hilfe von analytischen Instrumenten.
- Der evaluative Lernzielansatz betrachtet das Lernziel als Hypothese, die zu falsifizieren bzw. zu rektifizieren ist.

Meyer würde sagen, dass die Deduktionsprobleme in allen vier Beispielen auftauchen. Wir meinen aber, dass seine Bedeutung relativiert werden kann, ganz besonders, wenn die geforderte Kommunikationsausweitung und "die Umwandlung des Ableitungszusammenhangs in einen zwangslos hergestellten Konsens aller Beteiligten über Aufgaben des Unterrichts"[2] beachtet werden.

3. Dass das Problem der normativen Didaktik heute überwunden werden kann, scheint mir nicht möglich. Gerade das Ausweichen auf Kommunikationsprozesse, die optimal transparent gemacht werden sollen, führt die normative Didaktik wiederum durch ein Hintertürchen ein. Ja, schon der Begriff "Deduktion" ist gleichsam ein Rezept für normative Didaktik. Besonders H. Blankertz hat sich mit diesem Problem eingehend auseinandergesetzt.[3] Er geht von der Annahme aus, dass sowohl die philosophische, als auch die geisteswissenschaftlich-hermeneutische und die erfahrungswissenschaftlich-positivistische Erziehungswissenschaft annehme, eine "normative Didaktik" sei unrealisierbar, wobei normative Didaktik auf

---

1) K. Frey: Theorien des Curriculums. Weinheim 1971. S.166ff.
2) H.L. Meyer: a.a.O., S.237.
3) H. Blankertz: Theorien und Modelle der Didaktik. München 1969². S.18ff.

vorwissenschaftlicher Ebene apodiktisch formulierte Anweisungen bedeute. Wenn er darstellt, dass die "fachmethodische" Kompendienliteratur viele Anweisungen enthält, die abgehoben vom Erfahrungsfeld des Einzelnen sinnlos sind (z.B. das Thema "Feuerwehr" dürfe nicht vor dem 4. Schuljahr behandelt werden), müssen wir uns in dieser Arbeit allerdings fragen, ob es in der Gewissensbildung überhaupt bis heute etwas anderes gäbe, als solche abgehobenen Formeln. Wir müssen die Frage nicht in erster Linie nach dem Sinn solcher Aussagen richten, sondern nach der Existenz und der Ableitung.[1]
Blankertz zeigt auf, wie im wissenschaftlichen Bereich unter normativer Didaktik allerdings etwas anderes verstanden wird als im vorwissenschaftlichen, nämlich eben eine Deduktionskette von obersten Sinn-Normen des menschlichen Daseins, aus denen Erziehungsziele und Erziehungsinhalte, ferner Methoden- und Erziehungsformen abgeleitet werden können. Sofort ist einzusehen, dass die didaktisch-methodischen Entscheidungsgründe von vielen anderen Faktoren bestimmt sind, die nicht aus den Sinn-Normen (Vernunft-Postulate, religiös-theologische Offenbarungswahrheiten, Gesellschaftstheorien etc.) abstammen. "Die Sinn-Normen sind zwar in allen didaktischen Entwürfen enthalten, selbst da, wo sie geleugnet werden, aber sie haben nur eingrenzende Geltung; innerhalb ihres Spielraumes sind sehr verschiedene didaktische Konzeptionen möglich, die z.T. ebenso in die Toleranz anderer, ja entgegenstehender Normen fallen."[2] Blankertz zeigt besonders gut am Beispiel des pietistischen Pädagogen A.H. Francke,[3] dass bei solchen Deduktionen grösste Vorsicht am Platz sein müsse. Bei Francke wird aus der religiös-anthropologischen These, dass die menschliche Natur radikal verdorben sei, das Ziel abgeleitet, der böse Eigenwille des Kindes sei zu brechen durch lückenlose Kontrolle und "permanente Beschäftigung". Der Satz von der Herzensfrömmigkeit, d.h. Zurückführung des Glaubens auf das Gewissen führe zur Bestimmung, der Zögling habe ein Tagebuch zu führen, damit die Wendung "nach innen" geschehe, bzw. sich eine Bekehrung ereigne. Und schliesslich wird die Forderung nach dem Tatchristentum in Bewährung und sichtbarer Repräsentation, trotz der Ablehnung, sich mit guten Werken vor Gott rechtfertigen zu können, zur Ableitung des Zieles, im Unterricht nützliche Kenntnisse und Fähigkeiten zu erwerben, und dies gleichermassen als innerweltliche Askese zu vollziehen.

---

1) Vgl. unsere Ausführungen zum Theorie-Praxis-Problem, S. 91-112.
2) H. Blankertz: a.a.O., S. 200.
3) Blankertz bezieht sich auf das Buch von P. Menck: Die Erziehung der Jugend zur Ehre Gottes und zum Nutzen des Nächsten. Untersuchung der Begründung der Intentionen der Pädagogik August Hermann Franckes. Ratingen 1968.

An diesem Beispiel kann Blankertz klar aufzeigen, dass die Massnahmen eben nur scheinbar zwingend aus den drei Normen abgeleitet worden sind, dass ganz andere geschichtliche, zeitbedingte und vor allem auch persönliche Bedürfnisse und Erfahrungen bei Festlegung der Ziele eine Rolle spielten. Er zeigt auch auf, dass die Theorie der Arbeitserziehung im absolutistischen Verwaltungsstaat, die merkantilistische Staatspädagogik und die philanthropische Pädagogik z.B. im Bereich "nützliche Kenntnisse und Fertigkeiten für Stand und Beruf vermitteln", zu gleichen Konsequenzen gekommen waren, obwohl sie nicht mit den Normen einer pietistischen Theologie übereinstimmten.
Fürs "Tagebuch-Führen" bringt Blankertz in besonders schlüssiger Art den Beweis, dass Franckes Entscheidung nicht einer objektiven gesellschaftlichen Anforderung entsprach, sondern seiner persönlichen subjektiven Erfahrung, "die er verallgemeinerte und als didaktische Maxime substitutiv mit der ethisch-religiösen Norm sicherte."[1] Die Nebenwirkungen waren Erziehung zur Heuchelei und eine falsche Innerlichkeit, die Bekehrung vortäuschte, wo keine stattfinden konnte. (Die Philanthropen sind begreiflicherweise in diesem Bereich nicht zu solchen Erziehungszielen gekommen.)
Blankertz folgert: "Solche unerwünschten Wirkungen sind das Schicksal einer jeden Pädagogik, die sich als Prinzipienwissenschaft versteht, dann aber doch nicht im Prinzipiellen bleiben kann, sondern konkrete Anweisungen geben will und muss." Er zeigt schliesslich auf, dass der Erfolg solcher Anweisungen im Grunde in viel höherem Masse von den empirischen Bedingungen für Lernen und Verhaltensveränderung abhängen, die die normative Pädagogik gar nicht kenne. Wenn dann Misserfolg eintrete, erscheine dieser immer eine Folge des Mangels in der Ausführung zu sein, gleichsam als ein Resultat nicht genug eingehaltener normativer Vorschriften.
Blankertz zeigt schliesslich denselben Tatbestand unschlüssiger Deduktionszusammenhänge sowohl bei der Pädagogik des katholischen Pädagogen K. Erlinghagen als auch bei der mit scheinbar mathematischer Logik und Stringenz arbeitenden Ch. Möller auf. Möller führt in ihrem Buch "Technik der Lehrplanung"[2] die unexakte Arbeitsweise der Lehrplankonstrukteure, welche auf den Befund stossen, dass von den gleichen obersten Zielen verschiedenste Reihen von Lernzielen abgeleitet werden können, auf das Faktum von unzureichenden intuitiven Instrumen-

1) H. Blankertz: a.a.O., S. 23.
2) Weinheim 1969.

ten zurück. Blankertz meint, dass dadurch das Prinzip der normativen Didaktik auf dem komplizierten Felde, nämlich dem der Lehrplanerstellung wieder erneuert würde, dass man von neuem wiederum so tue, als ob in den obersten Normen alle Aspekte wie Entscheidungsgründe, Sachnotwendigkeiten, Lerngesetze und Lernbedingungen etc. enthalten seien.
Blankertz kommt zum Schluss, dass Sinn-Normen dann eine negativ eingrenzende Geltung haben, wenn sie Faktoren ableiten sollen, die nicht abgeleitet werden können. Normative Didaktik sei nicht "falsch", aber sie könne ihren Anspruch nicht einlösen. Der Grund, dass immer wieder solche Ableitungen versucht würden, liege darin, dass in den Ansprüchen bestimmter Gehalte einerseits, in der Wertauslegung andererseits, das reflektierende Bewusstsein Sinn-Normen entdecke und dann so tue, "als ob die didaktischen Konzepte die einzig mögliche Konsequenz der beanspruchten Sinn-Normen seien. Dabei schiebt sich die nun positiv verstandene Sinn-Norm als 'eigentliche' und 'gesollte' Wirklichkeit an die Stelle der Realität, versperrt den Blick für vorurteilslose Erfassung der tatsächlichen Bedingung von Unterricht und Erziehung, behindert jede Bewährungskontrolle und fördert den unfruchtbaren, weil mit falschen Prämissen geführten Streit. Eine Didaktik, die wissenschaftlichen Ansprüchen genügen will, kann darum keine normative sein."[1)]
Wir fassen zusammen:
Deduktion kann zwar durch kommunikative Interrelation von Zielebenen ersetzt werden, wobei alle von H.L. Meyer angeführten Techniken je nach Lernzielansatz der interrelativen Transparenz zu dienen haben. Sie lässt sich aber nicht eliminieren, sondern höchstens, wie dies im ZEM geschieht, formalisieren. Wenn also die Frage auftaucht, wie intentionale Gewissensbildung im Unterricht konkret zu geschehen habe, fallen deduktorische Ansätze - so haben wir es erfahren - ins zweite Glied der Präferenzen zurück. Denn dann sind Situationsanalysen, Handlungskonzepte und Implementationsprobleme im Vordergrund. Sie rufen meistens erst nachträglich nach Systematisierung durch normative Ableitungsvorgänge, nämlich dann, wenn der Begründungszusammenhang eine Lücke aufweist.
Ich möchte abschliessend von einem Versuch schreiben, den ich mit einer Gruppe von Studenten im Wintersemester 1973/74 an der Universität Zürich durchgeführt habe. Wir nahmen uns vor, pädagogische Leitideen aus der erziehungswissenschaftlichen Reform- und Sozialisationsliteratur zusammenzustellen und dann dedukto-

---

1) H. Blankertz: a.a.O., S. 27.

risch Dispositionen und Lernzielbündel abzuleiten und auszuformulieren. Der Prozess kann als total gescheitert bezeichnet werden. Dennoch möchte ich hier darüber kurz berichten, weil wir doch wichtige Erfahrungen auf diesem Bereich gemacht haben.

Zuerst lege ich den Lernzielkatalog vor, dann werde ich einige Probleme formulieren, die für uns wichtig geworden sind, und am Schluss werde ich ein anderes Konzept theoretisch darlegen, eine Art curriculare Strategie, bei der das deduktorische Vorgehen nur mehr ein Faktor unter anderen sein wird.

Zuerst haben wir also unter den vielen Leitideen eine Aussage von I. Illich ausgewählt. Sie heisst: "Die Schule scheint vorzüglich geeignet, die Weltkirche unserer verfallenden Kultur zu sein. Keine andere Institution könnte ihren Teilnehmern die tiefe Diskrepanz zwischen sozialen Grundsätzen und sozialer Wirklichkeit in der Welt von heute wirksamer verschleiern."[1] Aus der negativen Formulierung haben wir eine Leitidee mit relativ starkem positiv-normativem Gefälle durch Transformation und Verallgemeinerung gebildet. Sie hiess: "Entschleierung der Diskrepanz zwischen sozialen Grundsätzen und sozialer Wirklichkeit in der Welt von heute."

Der Katalog ist für die Oberstufe der Volksschule gedacht (15-jährige Schüler). Diese Entscheidung (wie viele andere inhaltliche Entscheidungen) wurde auf der Konsensusbasis bei Abklärung von Präferenzen der Gruppenmitglieder gefällt.

Der konkrete Katalog sieht folgendermassen aus:

Leitidee (formuliert als Globalziel):

Diskrepanz zwischen sozialen Grundsätzen und der sozialen Wirklichkeit in der Welt von heute entschleiern können.

Dispositionsziele:

1. Soziale Schichten unterscheiden können.
2. Verschiedene soziale Wirklichkeiten formulieren können.
3. Relationen zwischen oberen und unteren Schichten (z.B. Ausnützung und Verantwortung) aufdecken können.
4. Verschiedene soziale Grundsätze kennen und sozialer Wirklichkeit gegenüberstellen lernen.
5. Ideale soziale Wirklichkeit entwerfen können.
6. Reale soziale Wirklichkeit und ideale soziale Wirklichkeit zueinander in Beziehung setzen.

---

1) I. Illich: Entschulung der Gesellschaft, München 1972[2]. S.69.

Lernziele

Die Lernziele werden hier prozessorientiert angeordnet, d.h. die Organisationsstruktur des antizipierten Handlungsgefüges der Schüler bestimmt die Anordnung der Lernziele (nicht irgend eine psychologische oder curriculare Taxonomie).

1.0. Soziale Schichten unterscheiden können

1.1 Die Schüler lernen verschiedene Kategorien von Unterschieden (Fähigkeitsunterschiede, Rechtsunterschiede, Verhaltensunterschiede, Machtunterschiede etc.) bei Planspielen, bei Gruppenarbeiten, bei Experimenten, bei Normvergehen, bei Konfliktgesprächen etc. identifizieren und klassifizieren.

Sie können die Folgen (Vorteil - Nachteil; Gleichgültigkeit - Verantwortung etc.) solcher Unterschiede formulieren.

Sie bewerten diese Unterschiede und ihre Folgen (Erarbeitung von Bewertungskriterien).

1.2 Die Schüler erkunden verschiedene Kategorien von Unterschieden in Umweltsituationen, z.B. in einem Fabrikfeld, in einem Handwerkfeld, in einem Sozialbetrieb, bei Querschnittaufnahmen von Strassenszenen, in der Schulhierarchie etc.

Sie klassifizieren diese Unterschiede und formulieren wiederum die entsprechenden bzw. möglichen Unterschiede in diesen erkundeten Feldern.

Sie bewerten diese Unterschiede nach den oben erarbeiteten Bewertungskategorien.

1.3 Die Schüler können eine Serie von Bildern mit verschiedensten sozialen Situationen in verschiedene Unterschiedskategorien (Schichten) einteilen.

Sie lernen verschiedene soziale Schichtmodelle nach Kriterien kennen (Statussymbole).

Sie können die Situationen unter 1.1a / 1.2a / 1.3a einem bestimmten vereinfachten Schichtmodell zuordnen.

1.4 Die Schüler können eine bestimmte Anzahl Kriterien einer bestimmten Schichtzugehörigkeit aus einem gegebenen Text extrapolieren.

Sie können anhand auswendiggelernter Kriterien solcher Schichtzugehörigkeit innerhalb der Klasse rücksichtsvoll und offen sprechen.

In Simulations- und Planspielen den Abbau von Ungerechtigkeiten innerhalb von sozialen und sachbestimmten Schichtverhältnissen üben. (Beispiel: soziale Berufsfelder wie Vorarbeiter - Arbeiter etc.)

In konkreten Situationen innerhalb des eigenen Handlungsraumes Ungerechtigkeiten verschiedener Schichtzugehörigkeit wegschaffen, z.B. Vorrechte bestimmter Schultypen in einem Schulhaus etc.

2.0 Verschiedene soziale Wirklichkeiten formulieren können

2.1 Der Schüler lernt durch Erarbeitung, Beobachtung und Entdeckungslernen z.T. anhand von Bildern und Planspielen soziale Situationen (Wirklichkeiten) aus seiner Umwelt kennen.

Solche mögliche Situationen sind:

a) allgemein:
- Familie
- Elternabende / -runde
- Lehrergruppierungen
- Schülergruppierungen

b) speziell:
- Schlange stehen in der Post
- Diskriminierung beim Einkaufen (langes Warten)
- Verkehr (Autos, öffentliche Verkehrsmittel)
- Schulweg
- Taschengeld vergleichen
- Essen in der Familie
- Elternhilfe bei den Aufgaben
- Konformität in Subgruppen
- Einfluss der Eltern auf die Freizeitgestaltung
- Begünstigung durch Lehrer
- Wettbewerbssituationen
- Berufswahl (Schwierigkeiten der Realschüler, gewisse Stellen zu erhalten)
- Benachteiligung aufgrund körperlicher Behinderung
- Deliktsituationen (z.B. Stehlen, Unfall)
- Auseinandersetzung mit Amtspersonen (Hauswart, Kanzlei etc.).

vgl. auch Situationen bei 1.2

2.2 Der Schüler analysiert solche Situationen anhand der erarbeiteten Kriterien eines Schichtenmodells (s. 1.3 explizite und implizite Schichtzugehörigkeitsnormen).

2.3 Der Schüler lernt einige allgemeine Kriterien solcher "sozialer Wirklichkeiten kennen z.B.

- Interessen
- Aktivitäten
- Kommunikationsintensität
- Verhaltensmuster und Normen etc.

2.4 Der Schüler lernt einige persönliche Kriterien bzw. Kategorien zur genaueren Beurteilung solcher sozialer Situationen kennen z.B.

Er wählt Situationen, wo er:

a) benachteiligt
b) bevorzugt
c) sicher
d) unsicher
e) verängstigt
f) frei
g) unter Machtdruck
h) in Korporation

war.[1]

---

1) Spätestens an dieser Stelle werden tendenziöse Positionen, welche sich unbemerkt einschlichen, sichtbar.

3.0 Relationen zwischen oberen und unteren Schichten (z.B. Ausnützung) aufdecken können

3.1 Die Schüler lernen in verschiedenen Gruppen je exemplarisch das Aktionsfeld einer Oberschichtsperson kennen.

Unter Aktionsfeld verstehen wir Handlungsweisen, geographische Aktionsradien, Kommunikationsmenge, -auslese, -intensität (wie oft hat ein Mensch Gelegenheit zu sprechen).

Dieses Kennenlernen der Aktionsfelder geschieht:

a) erkundend in der Umwelt des Schülers, Exploration, Interviews
b) anhand von Texten und Medien.

3.2 Dasselbe wie bei 3.1 für je eine Person der Unterschicht.

3.3 Der Schüler formuliert Unterschiede und Gemeinsamkeiten von 3.1 und 3.2

a) in Aktionsfeldern, wie Kommunikationsmenge, -auslese, -intensität, geographischer Aktionsradius, Freizeit (Lehrer - Schüler, Arbeitgeber - Arbeitnehmer, Vorarbeiter - Arbeiter, Schüler - Abwart, Fachmann - Laien).
b) Der Schüler formuliert Kreuzungspunkte (wo kommen Höhergestellte mit Tiefergestellten in Kontakt etc.) und wie sich darin Schichtspezifitäten manifestieren.
c) Der Schüler bewertet die Unterschiede aufgrund eines vom Lehrer gegebenen Rasters, bewertet gegenseitige Einflussnahme, z.B.:

   - positive und negative Abhängigkeit
   - Stellung in der ganzen Betriebsstruktur, Verantwortungsfeld, Bestimmungsrecht, Mitspracherecht, Teilhabe am Gewinn, Mass an Selbstbehauptung.

   Er erstellt einen Vorteil-Nachteil-Katalog.
d) Mögliche vorsichtige Verallgemeinerungen.

4.0 Verschiedene soziale Grundsätze kennen und sozialer Wirklichkeit gegenüberstellen lernen

4.1 Die Schüler erarbeiten in Gruppen die Konsequenzen aus dem Grundsatz: "Es soll überhaupt keine Schichtunterschiede geben" (kritisch).

a) im Umfeld der Schule (Schulhierarchie)

b) im Umfeld der Situationen bei 1.2 und 2.1.

4.2 Dasselbe aus dem Grundsatz: "Es soll nur Schichtunterschiede aufgrund der Fachkompetenz geben".

4.3 Anhand verschiedener Gerichtsentscheide (Textarbeit) den Grundsatz prüfen: "Alle Menschen sind vor dem Gesetze gleich". Dabei wird die Schichtzugehörigkeit ganz besonders beachtet. Z.B. Ein junger Bursche klaut Geld, weil er in Not ist. Ein Angestellter unterschlägt Millionen, um sich zu vergnügen. In welchem Verhältnis steht das Strafmass?

4.4 Anhand von verschiedenen Lebensläufen soll der Grundsatz überprüft werden: "Gleiches Recht auf gleiche Bildung". (Schichtkriterien beachten).

4.5 Der Grundsatz: "Gleiches Recht auf Gruppenintegration" soll anhand verschiedener Märchen bei Beachtung von Schichtzugehörigkeitsnormen untersucht werten. (z.B. Geh hin und spiel mit den Riesen).

4.6 Anhand von Bildern den Grundsatz negativ überprüfen: "Es soll keine Statussymbole mehr geben".

5.0 Ideale soziale Wirklichkeit entwerfen können

5.1 Der Schüler soll aus verschiedenen Familiensituationen die ideale Familienkonstellation erarbeiten, und dies sowohl ikonisch als auch symbolisch-sprachlich.
Die Situationen werden ihm angegeben, z.B.:

A Familie:	B Familie:
Vater, Ingenieur	Vater, Hilfsarbeiter
Mutter, Halbtagsarbeit	Mutter, Büroangestellte
Sohn, 17-jährig, Lehre	Sohn, 17-jährig, Hilfsarbeiter
Tochter, 16-jährig, Studium	Sohn, 16-jährig, Lehre als Mechaniker
Tochter, 12-jährig, Schule	Tochter, 14-jährig, Sekundarschule
Sohn, 8-jährig, Schule	

Situationen:

a) Die älteste Tochter hört auf ihrem Zimmer, während sie studiert, mit einer solchen Lautstärke Musik, dass die ganze Familie betroffen ist.

b) Sohn kommt mit einigen Kameraden an einem Samstag betrunken nach Hause. Sie wollen in der Küche weiterzechen.

5.2 Der Schüler soll aus Texten, wo ideale Verhältnisse (in Familie, Staat, Fabrik, Kleingewerbe) geschildert sind, die

- praktischen
- übertriebenen
- unkritischen

Passagen anzeichnen und die schichtspezifischen Merkmale solcher Schilderungen herauskristallisieren.

5.3 Die Schüler sollen in Gruppen eine ideale Familienwohngemeinschaft konstruieren, wo Leute aus verschiedenen Schichten mit je einer entsprechenden Aufgabe voll integriert sind. Die Wohngemeinschaft umfasst je sieben Familien. Die schichtspezifischen Berufe müssen selber eingefügt werden. Die Situationen, in denen sich ideale Wirklichkeit manifestiert, sollen durch Bildcollagen und Beschreibungen im Bereich

- sozialer
- baulicher
- oekonomischer
- individueller

Felder zum Ausdruck kommen.

6.0 Reale soziale Wirklichkeit und ideale soziale Wirklichkeit zueinander in Beziehung setzen

6.1 Anhand der Fabel: "Der Frosch, der so gross sein will wie der Ochse" ideale soziale Wirklichkeit / reale soziale Wirklichkeit herausstellen.

Grenzen der idealen sozialen Wirklichkeit aufgrund der Fabel notieren können.

6.2 Dasselbe anhand der Texte:

- "Der Taugenichts"
- "Das schwarze Schaf"
- "Das Gleichnis vom barmherzigen Samariter"
- "Ich trage meinen Bruder"

6.3 Die Schüler versuchen anhand der Grundsätze bei 4.1 - 4.5 eine "Arbeitsplatzanalyse" ihrer Gruppenarbeiten ev. auch ihrer Bekanntenkreise durchzuführen (vgl. Situationen unter 1.2). Sie entwerfen jedes Interaktionsfeld ideal und formulieren das jeweilige Schicht- bzw. Sozialgefälle.

Mögliche Kriterien: Prestige und Statussymbole, Fatalismus, Sprache, Macht etc. Vgl. 1.3.

Die Kritik an diesem deduktorischen "Produkt" möchte ich in ein paar globalen Feststellungen zusammenfassen:

1. Nicht alle Ziele sind kontrollierbar auf je exakt gleicher Ebene formuliert. Diese Feststellung steht nicht bloss in Zusammenhang mit der sprachlichen Formulierkraft, sondern meistens auch mit der Anzahl und der Art der Informationen. Bei grösster Anstrengung der Gruppenmitglieder war es nicht möglich, hier eine klare Transparenz zu erreichen.
2. Der Zielkatalog ist kein fertiges und komplettes Lernkonzept. Zwar sind inhaltliche Aspekte mit Handlungseinheiten verbunden, aber die Organisationsstruktur bzw. der Ablaufcharakter ist zu wenig präzise dargestellt, um didaktische Implikationen herauszuschälen. Man stellt fest, dass die ganze Diskussion um die Zielformulierung nochmals losbricht, wenn konkrete Situationen, Texte, Bilder, Arbeitsmaterialien den Zielen zugeordnet werden. Deshalb kann die Frage, ob die Inhalte, die Methoden, die Medien der Zielabsicht entsprechen, nicht beantwortet werden. Erst recht wird es schwierig, etwa Fragen zu beantworten wie: "Ist nur die Absicht, gesellschaftlich nützliches Wissen, Können, Werten zu vermitteln erkennbar (Kompetenzförderung) oder auch der Versuch, Unabhängigkeit von den Instanzen zu stärken, die dieses Wissen, Können, Werten für nützlich halten (Emanzipationsförderung)."[1] Natürlich erlauben erst die Intentionen und Unterrichtsabsichten, mit anderen Worten, die überschaubaren Zielbündel eine prospektive Reflexion. Aber selbst bei einem nicht-deduktionistischen Curriculum-Ansatz wie etwa bei der Gruppe Robinsohn - Knab-Zimmer etc., der von den Verwendungssituationen und den zugehörigen Qualifikationen ausgeht, scheiterte bis zu einem gewis-

1) Vgl. W. Schulz: Unterricht zwischen Funktionalisierung und Emanzipationshilfe. In: Ruprecht H. u.a.: Modelle grundlegender didaktischer Theorien. Hannover 1972, S.167.

sen Grade der ganze Aufwand an der didaktischen Problematik. Rationale Konstruktion des Unterrichts steht im Schussfeld zwischen dem, was der Zielkatalog vorgibt, dem Inhalt und den Situationen, in denen die Ziele vorgegeben sind, und dem Anspruch des Schülers, handelnd Inhalte situativ zu verwirklichen. Man stellt deshalb immer wieder fest, dass blosse Zielkataloge, wie der vorliegende unkontrollierte Implikationen enthält. Das Verhältnis von Intention und Inhalts-Handlungseinheiten bleibt weitgehend offen. Auch wenn es etwa heisst, (vgl. 4.4) "Anhand von verschiedenen Lebensläufen soll der Grundsatz überprüft werden: Gleiches Recht auf gleiche Bildung", so kann dies immer noch auf die verschiedenste Art und anhand verschiedenster Inhalte mit verschiedensten Mitteln, nach verschiedensten Unterrichtsstilen etc. geschehen. Beim Katalog müssten etwa Angaben wie (vgl. 4.1) "Die Schüler erarbeiten in Gruppen..." entweder extrapoliert werden oder aber, es müsste dafür gesorgt werden, dass in jedem Ziel solche Angaben (auf implementarer Ebene) mithineinfliessen.

3. Wenn wir die Dispositionsziele zueinander in Beziehung setzen, so merken wir, dass 1 und 3 in gewisser Weise abgetrennt sind von 2, 4, 5 und 6. Diese Zusammenhangslosigkeit lässt die Vermutung aufkommen, dass die in 1 aufgebaute Struktur in Punkt 2 nicht mehr verwendet wird, sodass also für 1 und 2 je eigene Elementkomplexe nebeneinandergestellt werden. Wenn wir allerdings die Lernziele ins Auge fassen, so wird klar, dass bei 2.2 eine Verbindung stattfindet, die bei 2.4 allerdings wieder verunklart wird. Sehr wahrscheinlich müsste es bei 2 heissen: "In verschiedenen Alltagssituationen Schichtunterschiede identifizieren und die entsprechenden Folgen kennenlernen."

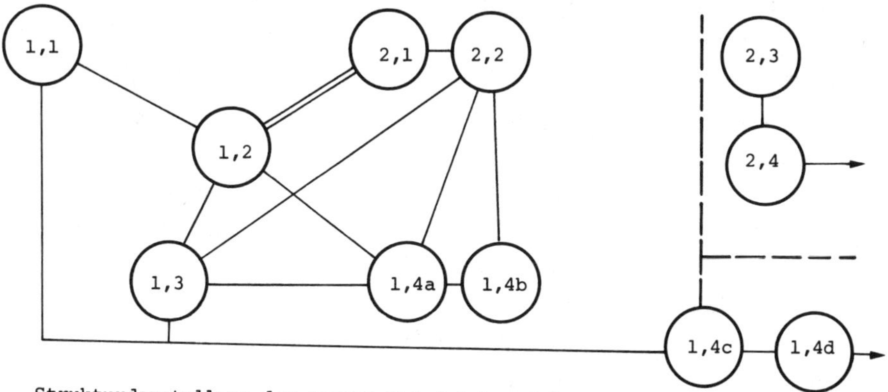

Strukturdarstellung der Lernzielbündel 1 und 2

1.3 gehört zu 1.4

1.4 c und 1.4 d gehören zu einem neuen Dispositionsziel, eher zu 7.

Diese Analyse ergibt also, dass

- in den Dispositionszielen 1 und 2 der strukturale Zusammenhang überhaupt nicht sichtbar wird,
- Lernziel 1.3 a entweder zu 1.2 oder zu 1.4 gehört und je eine andere Funktion hat,
- 1.4 c und 1.4 d nur in Beziehung zu 1.1 und 1.3 stehen; sie tauchen im Dsipositionsziel nicht auf,
- 2.3 und 2.4 völlig abgehoben sind.

Diese sachstrukturelle Reflexion muss auch auf die anderen Dispositionsziele ausgedehnt werden. Sie macht die Korrektur im Bezugsfeld aller Dispositionsziele zur Leitidee möglich.

4. Wenn wir uns die Frage stellen, ob ein Lernzielbündel ein Dispositionsziel abdeckt, bzw. ob das Dispositionszielbündel die Leitidee abdeckt, so merken wir, dass dies keineswegs der Fall ist. Viele Lernziele enthalten wie schon gesagt ganz neue Informationen, die man ebenso gut anderen Dispositionszielen zuordnen könnte. Dispositionsziele - auch bei exaktester Elementaufgliederung - können niemals ein Lernziel voll abdekken; sie geben bloss eine noch zu interpretierende Richtung an. Sie legen Tendenzen fest, welche verschieden inhaltlich interpretiert werden könnten. In unserem Fall wird die Interpretation deduktionistisch vorgenommen, statt durch Anwendung von zusätzlichen hermeneutisch-interpretatorischen Methoden initiiert.

5. Der Zusammenhang mit der Begründung der Leitidee, welche sich natürlich auf die Ausführungen von Illich abstützen muss, ist schon auf Dispositionszielebene völlig verwischt, auf Lernzielebene aber in ganz andere Begründungszusammenhänge versetzt. Dass Illich eigentlich nur aufzeigen will, dass die soziale Wirklichkeit institutionell derart verfestigt ist, dass soziale Grundsätze kaum je zu verwirklichen sind, geht grossteils verloren oder wird so stark transformiert, dass andere Elemente zu ausschlaggebender Wichtigkeit gelangen. Dass Illich aufgrund der sogenannten Mythisierung der bestehenden lautstark verhinderten Grundsätze jeder Veränderung skeptisch gegenübersteht und deshalb die Abschaffung des Systems schlechthin, also der Schule selber fordert, steht in klarem Gegensatz zu dem, was die Gruppe unter dem Begriff der Ueberwindung von negativen Schichtunterschieden gerade durch die Schule (im Sinne der Chancengleichheit) fordert.

6. Das inhaltliche Problem ist keineswegs gelöst. Was sind Schichtunterschiede im sozialen Feld der Schulklasse? Was sind soziale Gegensätze im Bezug auf die der sozialen Struktur der Klasse inhärenten Handlungsfelder? Wer entscheidet über diese sozialen Grundsätze? usw. Solche Fragen können deduktorisch wiederum nicht gelöst werden. Aber auch mit einem Flechsig'schen[1] Entscheidungsmodell allein können sie nicht angegangen werden. Es ist notwendig, dass zusätzlich Beobachtungsdaten über tatsächliche Vorkommnisse im Feld des Unterrichts (Lehrer, Schüler, Schulbehörde, Eltern etc.) und des sozialen Kontextes gewonnen werden, damit überhaupt wirkliche Ziele erstellt werden können. So, wie sie hier formuliert sind, handelt es sich meist um intuitives, emotional befrachtetes, nicht präzis auszumachendes Erfahrungswissen.
7. Obwohl die Gruppe den Komplex der Ableitung sozialer Lernziele als oberste Leitidee in den Mittelpunkt ihrer Arbeit stellte, lohnt sich die Frage, was dies mit der Gewissensbildung zu tun habe. Indem die Norm "negative Schichtunterschiede abbauen" internalisiert und situativ appliziert wird, entstehen Gewissensengramme, welche in ähnlichen Situationen zur Verfügung stehen. Gewissen lernen heisst also hier, Einstellungsbildung bzw. Einstellungsveränderung. Ob aber gerade dies hier gelungen ist, muss bezweifelt werden, weil das deduktorische Modell zu wenig emotionale Lernprozesse ermöglicht. Es wird viel zu viel Gewicht auf die Bewusstseinsbildung, aber viel zu wenig auf wirkliche affektivbezogene Verhaltensveränderungen gelegt. Emotionale Lernziele entspringen meistens einer operationalisierten Beziehungskonstellation, die auf viel konkreterer Ebene liegt als etwa Leitideen und Dispositionen. Sie bedingen den transformatorischen Lernzielansatz.

Um einige dieser Mängel beheben zu können, bedürfte es eines total neuen planerischen Ansatzes. Ich habe versucht, einen solchen Ansatz theoretisch aufzuzeigen. Die folgende Skizze soll darlegen, dass mindestens zwei Prozesse notwendig sind, ein mehr deduktorisches (I) und ein akzentuiert induktorisches (II) Verfahren, dass beide zur gleichen Zeit ev. von zwei verschiedenen Arbeitsgruppen angegangen werden müssen. (Ev. können für II auch Aktionsforschungsprogramme zur Anwendung kommen.) III bedeutet Verbindung des deduktorischen und induktorischen Ansatzes zur konkreten Handlungskonzeption für den Unterricht.

---

1)Vgl. K.-H. Flechsig u.a.: Ein erfahrungswissenschaftlich-entscheidungstheoretischer Ansatz einer Theorie der Curriculumentwicklung. Monographie zur Unterrichtsforschung Nr. VI, Konstanz 1970.

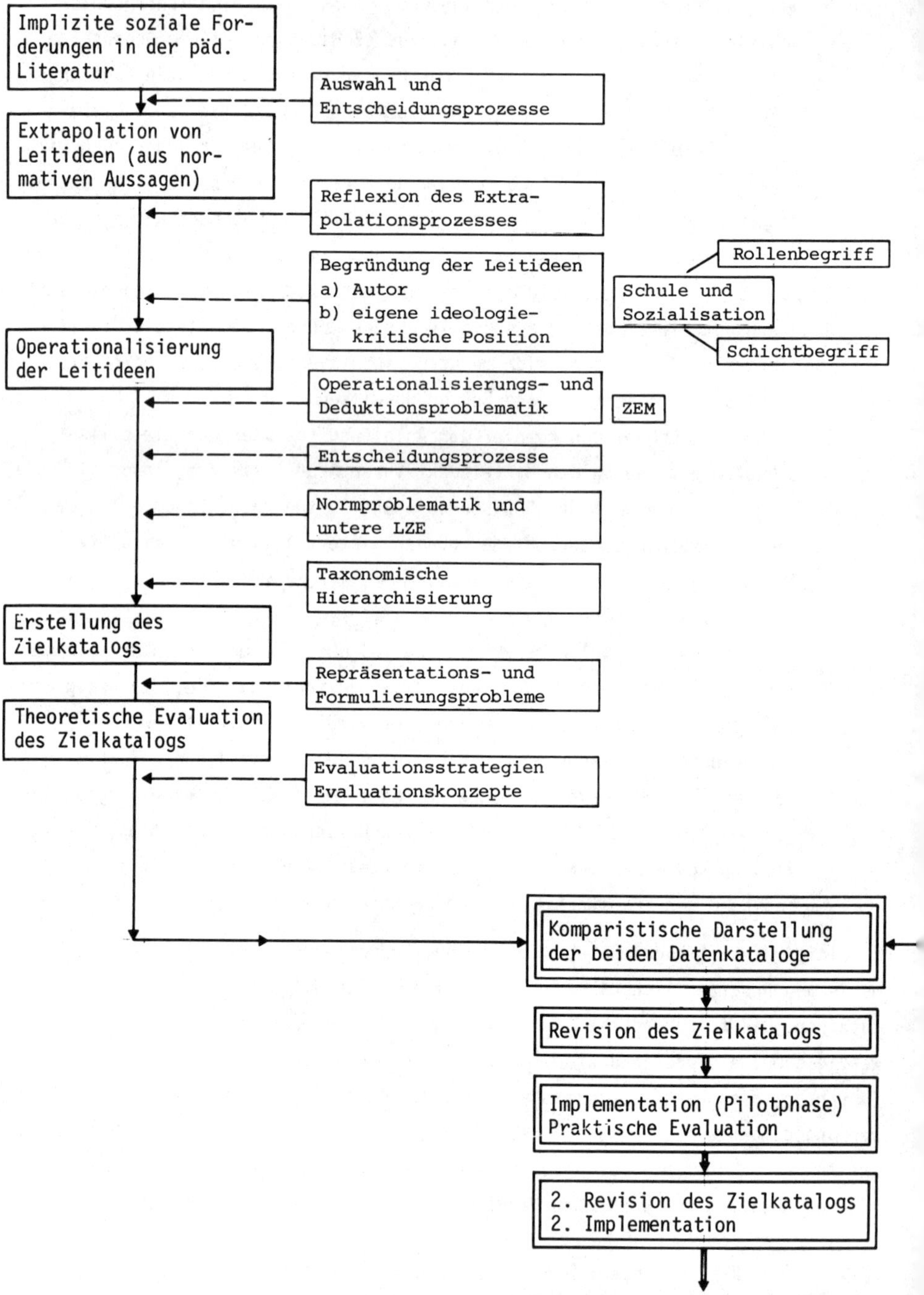
Implizite soziale Forderungen in der päd. Literatur
Auswahl und Entscheidungsprozesse
Extrapolation von Leitideen (aus normativen Aussagen)
Reflexion des Extrapolationsprozesses
Begründung der Leitideen
a) Autor
b) eigene ideologiekritische Position
Rollenbegriff
Schule und Sozialisation
Schichtbegriff
Operationalisierung der Leitideen
Operationalisierungs- und Deduktionsproblematik
ZEM
Entscheidungsprozesse
Normproblematik und untere LZE
Taxonomische Hierarchisierung
Erstellung des Zielkatalogs
Repräsentations- und Formulierungsprobleme
Theoretische Evaluation des Zielkatalogs
Evaluationsstrategien
Evaluationskonzepte
Komparistische Darstellung der beiden Datenkataloge
Revision des Zielkatalogs
Implementation (Pilotphase)
Praktische Evaluation
2. Revision des Zielkatalogs
2. Implementation

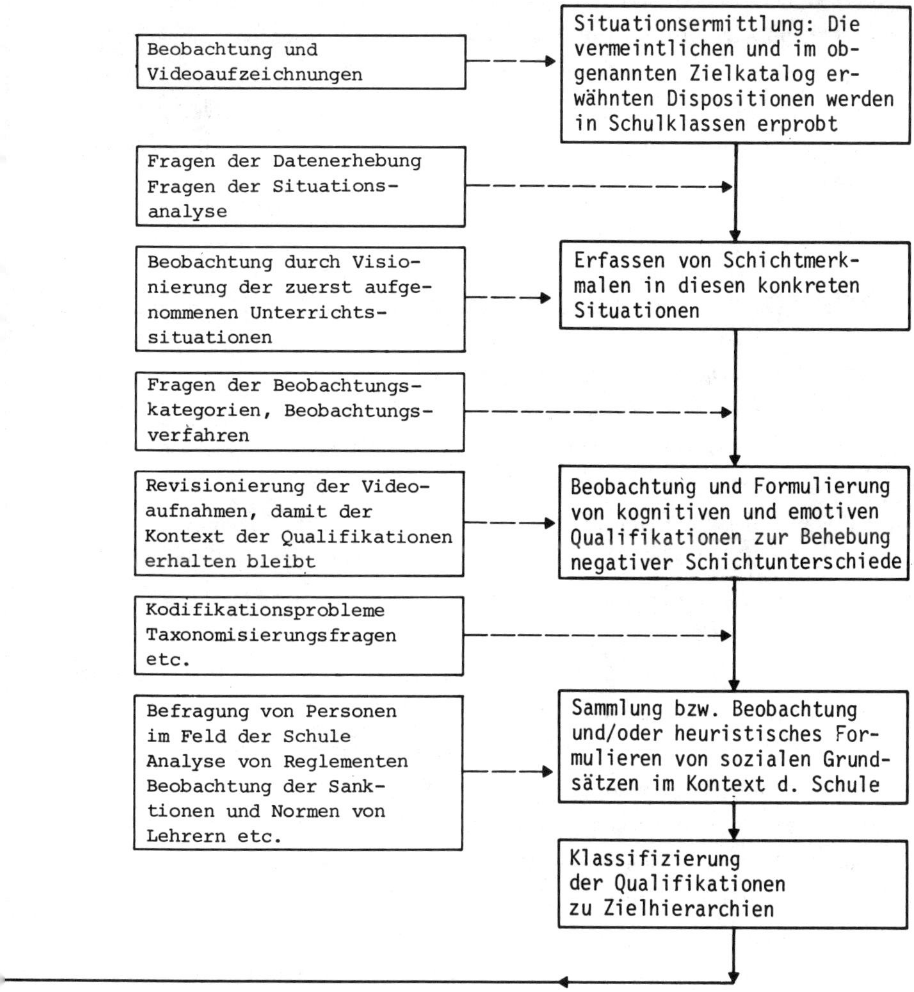

Beobachtung und Videoaufzeichnungen
Situationsermittlung: Die vermeintlichen und im obgenannten Zielkatalog erwähnten Dispositionen werden in Schulklassen erprobt
Fragen der Datenerhebung Fragen der Situationsanalyse
Beobachtung durch Visionierung der zuerst aufgenommenen Unterrichtssituationen
Erfassen von Schichtmerkmalen in diesen konkreten Situationen
Fragen der Beobachtungskategorien, Beobachtungsverfahren
Revisionierung der Videoaufnahmen, damit der Kontext der Qualifikationen erhalten bleibt
Beobachtung und Formulierung von kognitiven und emotiven Qualifikationen zur Behebung negativer Schichtunterschiede
Kodifikationsprobleme Taxonomisierungsfragen etc.
Befragung von Personen im Feld der Schule Analyse von Reglementen Beobachtung der Sanktionen und Normen von Lehrern etc.
Sammlung bzw. Beobachtung und/oder heuristisches Formulieren von sozialen Grundsätzen im Kontext d. Schule
Klassifizierung der Qualifikationen zu Zielhierarchien

Die im letzten Teil dieser Arbeit abgedruckte Lernstrategie für die Gewissensbildung entspricht vom Aufwand her nicht diesem hier dargelegten theoretischen Konzept. Ich habe dort einen mehr mittelfristigen Ansatz gewählt, der im ersten Anlauf beide Elemente, das deduktorische und das direkt implementive, miteinander vereint. Wir werden sehen, welche Fragen sich aus einem solchen Ansatz ergeben werden.

5. Das Problem der Normen angesichts der Zielebenen und der Deduktionsproblematik

Der Begriff "Norm" enthält zwei Bedeutungsfelder, die wir unterscheiden müssen. Einerseits meint er oberste Leitidee, z.B. des Erziehungsverhaltens, die aus einer Theorie der Gesellschaft oder einer ethischen Philosophie übernommen werden. Solche oberste Leitideen haben wir im ersten Kapitel unter dem Titel "Ebenen der Forschungsdimensionen" (Vgl. S.33ff) beschrieben. Sie gehören - bei sehr allgemeiner Formulierung - in den Bereich affektiver Lernziele und häufen sich in den Präambeln traditioneller Lehrpläne.[1] Es sind dies Mündigkeit, Selbständigkeit, Kritikfähigkeit, politisches Engagement, Veränderung, Emanzipation, Hilfsbereitschaft etc. Sie entsprechen etwa dem, was die traditionellen christlichen Tugenden bewirken wollten. Sie sind "nicht" absolut verpflichtend im moralischen Sinn, sondern - wie wir schon gezeigt haben - Orientierungsfelder mit Legitimations- und sinnerschliessendem Charakter.
Anderseits versteht man unter dem Begriff "Normen" die Sittlichkeit der Normen oder die Moralität, die eingehalten wird, ansonst ein Gewissenskonflikt entsteht. Sie sind hiemit das schon Angeeignete, das eine entlastende Hilfe in konkreten Entscheidungssituationen darstellen kann. Die Entlastungsfunktion, die nur dann sinnvoll ist, wenn sie menschliches Leben gelingen lässt (die Kriterien dazu liegen in der Erfahrung des Einzelnen), "kann aber nur zum Zuge kommen, wenn sie zwei Bedingungen erfüllt:

a) die angebotenen Normen werden nur angeeignet, wenn sie die Erfahrung einer Sinnerfüllung vermitteln, bzw. wenn der Mensch sich als von ihnen getragen erfährt.

---

1) Vgl. auch R. Schmitt: Das Gewicht der Information bei der Verwirklichung "affektiver" Erziehungsziele. In: Realistische Erziehungswissenschaft. Festschrift für Heinrich Roth. Berlin/Darmstadt 1972 , S. 305.

b) Die Normen können umgekehrt die Erfahrung einer Sinnerfüllung nur vermitteln, wenn dem Menschen die Aneignung der Norm gelingt, wenn der Mensch sie durch Aneignung zur tragenden Norm macht, wenn er also die Norm selbst auch trägt."[1)]

Moralität spielt hier in dem Sinne mit, als die völlige Internalisation von Verhaltensmustern verbunden mit den von mir selbst anerkannten sittlichen Werten vorausgesetzt wird. Diese Werte sind nicht mehr in der Weise diskutierbar wie die leitideenhaften Normen, weil ich mich mit ihnen auch im Bereich der Emotionalität identifiziere und weil sich "Gewissen meldet", sobald ich sie übertrete. Denn Gewissen ist ja weit mehr als eine blosse diskursive Auseinandersetzung mit Vernunftargumenten.[2)]

Wenn wir nun von moralischen Normen im normativ-erziehungswissenschaftlichen Bereich sprechen, so erhalten wir eine doppelte Art normativer Aussagen, nämlich Richtgrössen mit Aufforderungscharakter und solche, welche - weil internalisiert - automatisch als Wertbeurteilungsmassstäbe durch das persönliche Gewissen in Entscheidungssituationen zum Zuge kommen. Es ist gerade deshalb notwendig, dass auch für die zweite Art, die moralischen Normen, die Definition besonders exakt vorgenommen wird. Eine Lösung für diesen mehr psychologischen Normbegriff gibt G. Spittler.[3)] Er spricht von Normelementen, welche die Normdefinition bestimmen. "Zu einer Norm gehören:

1. ein Absender von Verhaltensforderungen: Normabsender,
2. ein Adressat, an den die Forderungen gerichtet sind: Normadressat,
3. (ev.) Personen, zu deren Gunsten die Norm wirkt: Normbenefitiare,
4. eine bestimmte Situation, in der
5. ein bestimmtes Verhalten erwartet wird.

---

1) Vgl. G. Meyer: Anthropologische Ueberlegungen zum Normproblem. In: F. Schlösser (Hrg.): Moral braucht Normen. Duisburg 1970, S. 59/60.
2) F. Wenisch weist in seinem Artikel "Bemerkungen zu Rudolf Wohlgenannts Beitrag 'Ueber den Begriff des Gewissens'" einmal mehr darauf hin, dass Gewissen immer auch eine affektive Komponente enthalte, welche vor allem in den drei Gegebenheiten "schlechtes Gewissen", "gutes Gewissen" und "warnende Stimme" zum Ausdruck komme. In allen drei Fällen sei das Erlebnis des Gewissens inbezug auf Wert oder Unwert der Tat verschieden von der verstandesmässigen Ueberzeugung. Er unterscheidet in diesem Zusammenhang: "An erster Stelle steht das prinzipielle Urteil eines Menschen inbezug auf irgendeine Norm, an zweiter Stelle steht das Urteil über die Uebereinstimmung bzw. Nichtübereinstimmung einer konkreten Handlung mit dieser Norm und an dritter Stelle das affektive Erlebnis eines guten bzw. schlechten Gewissens." In: Conceptus III/1969/1 S. 26. Vgl. auch S.139ff und S.155ff dieser Arbeit.
3) G. Spittler: Norm und Sanktion: Untersuchungen zum Sanktionsmechanismus, Olten 1967.

Durch Präzisierung der Verbindlichkeit von Verhaltensforderungen erhalten wir noch zwei weitere Elemente:

6. Sanktionen nach einem abweichenden Verhalten,
7. Sanktionssubjekte, die die Sanktion ausführen."[1)]

Wenn eine solche Definition herangezogen wird, muss sie einerseits immer auf dem Hintergrund der auf Seite 85 ff dieser Arbeit dargestellten Modelle analytischer Ethik gesehen werden, anderseits ist zu berücksichtigen, dass Spittler Norm erstens als Verhaltensgleichförmigkeit, zweitens als Verhaltensforderungen und 3. als Verhaltensbewertungen bezeichnet. Sein Ansatz befindet sich auf einem viel tiefer gelegenen, operationalisierteren Niveau als etwa die Aussagen von W. Frankena (S.86) und C.D. Broad (S.87). Er ist für die Erstellung der auf Seite 480 dieser Arbeit vorgelegten Lernstrategie praktikabler.
Eine etwas anders gelagerte Klassifikation gibt H. Fend.[2)] Er unterscheidet positional gebundene Normen (z.B. nach Alter und Geschlecht), institutional gebundene Normen und situativ gebundene Normen. Das Lernen positional gebundener Normen geschieht durch Uebernahme von Rollen und Gewinnung des sog. "Rollenselbst". Darunter versteht Fend Ideensysteme einerseits und motivationale Einstellungen anderseits.[3)] Das Lernen der institutional gebundenen Normen geht so vor sich, dass Verhaltenserwartungen unserer hochorganisierten Gesellschaft (Schule, politische Organisationen etc.) erfüllt werden. Das Lernen situativ gebundener Normen geschieht in erster Linie durch Schulung kognitiver Fähigkeiten zur Bewältigung der verschiedenen Situationen. "Eine starke emotionale Bindung an derartige Normen ist nicht notwendig, weshalb solche Prozesse wie Identifikation hier bedeutungslos sind."[4)]
Fend sieht allerdings den Bereich der Normen sehr stark im Zusammenhang mit Normkonformität bzw. Norm-Nonkonformität. Hiezu hat nun I.M. Deusinger exakte Untersuchungen vorgelegt.[5)] Es wird aufgezeigt, dass Vorstellungen, die Individuen vom Verhalten der übrigen Mitglieder einer eigenen grösseren Gruppe von Menschen hegen (Normvorstellungen), bestimmten Gesetzmässigkeiten unterliegen. Etwa: "Normvorstellungen werden in erster Linie durch Erfahrungen mit der eigenen Person, nicht etwa mit anderen Personen, gebildet. Erfahrungen mit anderen

---

1) G. Spittler: a.a.O. S. 20. sich auf H. Popitz beziehend.
2) Vgl. H. Fend: Sozialisierung und Erziehung. Weinheim 1969.
3) Vgl. H. Fend: a.a.O., S. 170/171.
4) Vgl. H. Fend: a.a.O., S. 178.
5) Vgl. I.M. Deusinger: Untersuchungen zum Problem der Normvorstellungen. In: M. Irle (Hrg.): Bericht über den 26. Kongress der Deutschen Gesellschaft für Psychologie. Tübingen 1968, S. 524 ff.

Personen gehen sekundär in das 'Bild' über das Verhalten der anderen Mitglieder der Bezugsgruppe ein. Anders formuliert: Konsonanz von Normvorstellungen und eigenem Verhalten wird als generelle Verhaltensweise, als allgemeines Verhaltensgesetz im psychologischen Sinne, angenommen."[1]
Oder fernerhin: Die Konsistenz der Normkonsonanz zeigt sich darin: "Individuen, die etwa das Verhalten der Mehrzahl der gleichgeschlechtlichen Studenten häufig analog dem eigenen Verhalten bestimmen, neigten dazu, das Verhalten der Mehrzahl der Mitglieder einer anderen Gruppe, zu der sie ebenfalls gehörten, etwa der gleichgeschlechtlichen Erwachsenen der BRD, gleichfalls häufig übereinstimmend mit dem eigenen Verhalten zu charakterisieren."[2]
Oder: "Die negative Korrelation von Normkonsonanz und Neurotizismus bestärkt unsere Annahme ..., zur Erklärung des Phänomens der Normkonsonanz als gewichtigsten Faktor eine natürliche 'Egozentrizität' zu betrachten ..."[3]

Und nun zurück zur Frage der Applikationen von Gewissenstheorien, die sich angesichts dieser Aussagen und obiger Definitionen für uns am vordergründigsten stellt. Sie lautet: Welches sind denn diese Normen, und wie formuliere ich sie, bzw. wie extrapoliere ich sie aus den Verhaltenskomplexen? Oder anders: Welche inhaltlichen Dimensionen sind vor jeder Klassifikation und Definition festzulegen? Intentionale Gewissensbildung wird sich nicht um die Auswahl moralisch-ethischer Normen drücken können. Ihr Situationskontext und die Vielfalt der ideologiekritischen Positionen machen solche Entscheidungen äusserst schwierig. Wir werden sehen, dass Psychoanalyse und analytische Psychologie eigentlich relativ einfache konzeptologische Vorgehensweisen bekunden, weil sie nur Vorhandenes analysieren, nicht aber prospektiv bestimmen müssen, welche Normen gelernt werden müssen. Was nämlich H. Bokelmann[4] für die pädagogischen Normen sagt, nämlich dass ihr Gefüge durch Vielzahl und unterschiedliche Artung konflikthaft ist, gilt in noch grösserem Masse von den moralischen Normen, die planmässig in erzieherische Konzepte hineinzunehmen sind. Und dieses Problem vervielfältigt sich, wenn man mit K. Widmer[5] übereinstimmt, dass es - wie schon dargestellt - ein Sachgewissen, ein Sozialgewissen, ein Wertgewissen und ein Transzendenzgewissen gibt. Denn diese Unterscheidung wird nicht gemacht, damit man Phänomene besser

---

1) Vgl. I.M. Deusinger: Untersuchungen zum Problem der Normvorstellungen. In: M. Irle (Hrg.): Bericht über den 26. Kongress der Deutschen Gesellschaft für Psychologie. Tübingen 1968, S. 525.
2) ebd.: S. 525.
3) ebd.: S. 532.
4) H. Bokelmann: Massstäbe pädagogischen Handelns. Würzburg 1965, S. 53.
5) Vgl. K. Widmer: Pubertät und Gewissen. In: F. Oser (Hrg.): Das Gewissen im pädagogischen Feld. Olten 1973, S. 55/56.

"einteilen" kann, sondern damit prospektive Planung genügend breit angelegt ist. Wir kommen auf dieses Problem zurück im Kapitel "Von der inhaltlichen Bestimmung des Gewissens durch Schuld" und bei der Erstellung der Lernstrategie zum Thema "Verhaltensabweichung und Gewissen". Für die kommende theoretische Befragung der Gewissensmodelle auf die pädagogische Verwendbarkeit hin können wir vorwegnehmend sagen: Dort, wo keine konkrete Normen im obgenannten moralischen Sinne festgelegt sind, fehlt meistens die Dimension der Planung des Handelns im erzieherischen Sinne.

Für die folgenden Abschnitte haben wir auch einige Male O. Baumhauers Schrift "Das Vor-Urteil des Gewissens"[1] herangezogen. Wir werden sehen, dass hier Ableitungen vorgenommen werden, ohne Angabe inhaltlicher komplexreduzierender Kriterien[2], ohne Angabe konkreter moralischer Normen. Ganz besonders an der Frage nach der zwingenden Herleitung, der ideologiekritischen Verknüpfung, der sprachlichen Formulierung und der Realisierbarkeit und Auswirkungen wird das Scheitern eines solchen Ableitungsansatzes eindeutig gemacht werden können.

Ich glaube, dass wir nun

- mit dem Bewusstsein verschieden abstrakter Sollensforderungen,
- mit der Kenntnis des formalen Instrumentes des ZEM,
- mit der Offenheit für die Problematik der Deduktionahypothesen
- und mit der Klarheit der Forderungen W. Prezinkas für die Ableitung von Erziehungszielen als normativen Komplexen

einige Gewissensmodelle auf ihre pädagogische Relevanz hin befragen dürfen.

6. Exkurs über das Problem der Werte im Zusammenhang mit dem "Lernprozess Gewissen"

Wir haben auf S.123 u.a. dargestellt, dass Werte die eigentliche Intensität der Internalisierung von Normen ausmache. Wenn wir nochmals auf den Begriff zurückkommen, so deswegen, weil er für die Applikation von theoretischen Modellen entscheidend ist. Denn je wertvoller eine Norm für das Verhalten ist, umso sicherer wird die eingehalten. Vorwegnehmend einige begriffliche Erläuterungen: W.Brezinka unterscheidet zwischen Werten und Werturteilen. Er sagt: "Werte sind allgemeine Begriffe, die durch Abstraktion aus Wertungen, also aus konkreten einzelnen Erlebnissen gewonnen worden sind. In Werturteilen wird Gegenständen Wert zugeschrieben. Sie werden durch Wertbegriffe in positiver oder negativer Hinsicht ausgezeichnet."[3] Diese Definition bezieht sich auf sehr allgemeine pädagogische Werte.

---

1) Limburg 1970.
2) Vgl. N. Luhmann: Moderne Systemtheorien als Form gesamtgesellschaftlicher Analyse. In: J.Habermas/N.Luhmann: Theorie der Gesellschaft oder Sozialtechnologie. Frankfurt 1971, S.7-23.
3) W. Brezinka: Von der Pädagogik zur Erziehungswissenschaft. Weinheim 1971, S.159.

Im Bereich des Gewissens müssen sie eher als Intensitätsgrade der Widmer'schen Gewissenstypen dargestellt werden.[1] Umgangssprachlich gibt es für den Begriff "Wert" in der Psychologie kaum eine eindeutige Benennung. Wenn aber im Sinne der These Seite 109 Bindungen, Beziehungen, Annäherungstendenzen, Motivationskomplexe, Angst und Furcht, Schuld etc. gemeint ist, dann können wir mit der von Oerter aufgestellten Definition übereinstimmen. Er sagt: "Wert wird ... als ein inneres bzw. internalisiertes Konzept verstanden, das mitbestimmt, wie wir die Welt sehen und uns in ihr verhalten. Das von der umgebenden Kultur determinierte Wertsystem steht in enger Verbindung mit Einstellungen und wird nicht selten mit ihr identifiziert."[2]

Ebenfalls unterscheidet R. Lautmann[3] zwischen Wert, der sich auf Dinge bezieht, und Wert, der einen Standard bzw. Massstab meint, mit dem Dinge gemessen werden. Werte sind keine Ziele, sondern eher Kriterien der Auswahl von Zielen. Wertmassstäbe werden bei jeder Entscheidung angewendet, und in der Entscheidung selber werden sie indirekt manifest. Ihre Beziehung zur Internalisierung von Normen kommt dann am besten zum Ausdruck, wenn Verhaltensabweichung gegen einen bestimmten Widerstand durchgesetzt wird. Der moralische Wert ist dann gleichsam die Härte des Widerstandes gegen Konformität.

Die Erkenntnis des Wertes als internalisiertes Intensitätskonzept ist auch von Bedeutung, wenn dadurch Rückschlüsse auf die Art des Gewissens schlechthin gemacht werden können. H.-H. Schrey sagt: "Werte sind Wesenheiten, d.h. sie sind dasjenige, wodurch alles an ihnen Teilhabende so ist, wie es ist, nämlich wertvoll. Sie sind nicht bloss formale Gebilde, sondern Inhalte, Strukturen, die ein bestimmtes Quale an Dingen, Verhältnissen oder Personen ausmachen, also innere Bedingung der Wertschätzung und als Voraussetzung für Erstreben und Begehren."[4] Genese und Geschichte der Entstehung von Werten durch Menschen bestätigen diese Aussage.[5] Ebenfalls kann dies hervorkommen, wenn das Ansteckungsphänomen untersucht wird, die "Wertausstrahlung" oder auch die "Wertagglutinierung", bei welcher erwartet wird, "dass in der Realität zusammen auftritt, was wir in gleicher oder ähnlicher Weise bewerten. In diesem Fall neigt

---

1) Vgl. K. Widmer: Pubertät und Gewissen. In: F. Oser (Hrg.): Das Gewissen im pädagogischen Feld. Olten 1973, S. 55/56. Zit. S. 235.
2) R. Oerter: Struktur und Wandel von Werthaltungen, München 1970, S. 195.
3) R. Lautmann: Wert und Norm, Opladen 1969, S. 26.
4) H.-H.Schrey: Einführung in die Ethik. Darmstadt 1972. Schrey bezieht sich auf N. Hartmann und M. Scheler.
5) Vgl. G. Mendel: Plädoyer für die Entkolonisierung des Kindes. Olten 1973, S. 132.

man dazu, wenn etwas positiv bewertet wird, andere positiv bewertete Elemente leichter mit ihm zu identifizieren, sie als Teile des ersteren oder als mit ihm in kausaler Beziehung stehend aufzufassen, als Elemente, die einen negativen Wertakzent haben."[1] Wir bewegen uns mit dieser Aussage insofern im individuellen Bereich, als wir von Trieb-"Werten" sprechen können, also von Imperativen, welche kulturellen Normen im persönlichen Umgang zugeordnet werden. [2]

Damit sind wir bei der Frage angelangt, wie Werte gelernt werden, bzw. wie die Internalisierung von Werten das Gewissen "prägt". Sie hängt mit der in Kapitel 3 dargestellten affektiven Dimension kognitiver Schematas zusammen. Folgendes ist zu beachten:

a) Es erscheint erwiesen, dass Werthaltungen die kognitive Entwicklung in erheblichem Masse beeinflussen. So zeigt J.S. Bruner[3] beispielsweise auf, dass Kinder aus Volksgruppen mit mehr sozialer als individueller Werthaltung je anders auf die klassischen Piaget-Experimente reagieren. Das eine Mal steht das Objekt im Vordergrund, das andere Mal die Person, die Experimente durchführt.

b) B.S. Bloom leitet aus empirischen Befunden ab, "dass grundlegende Werthaltungen relativ stabil sind, während sich ihre Darstellungen in ganz bestimmten Einstellungen, Betrachtungsweisen und Meinungen beträchtlich über die Zeit hinweg verändern können."[4] (Vgl. mit d)

c) Das Lernen von Werten geschieht einerseits durch oder mit dem incidentellen wie accidentellen Uebernehmen von Inhalten, anderseits durch direktes Uebernehmen von Einstellungen, die verbalisiert werden oder im Sinn des Assoziations- oder Imitationslernens internalisiert werden. "'Introjektion' betont denn mehr den Ausseneinfluss, 'Internalisierung' mehr den Anteil, wenn auch unbewusster, aktiver Uebernahme durch das Individuum."[5]

d) Wichtig ist, dass die Werte durch auf sie verweisende Symbole, symbolische Akte, repräsentiert werden. Symbole sind "'Formen' einer Aktion, eines Verhaltens ebenso wie die Tatsache eines bestimmten Verhaltens in einem bestimmten Kontext."[6]

---

1) A. Hartmann: Psychoanalyse und moralische Werte. Stuttgart 1973, S. 44.
2) Vgl. D. Claessens: Familie und Wertsystem. Berlin 1972, S. 30/31.
3) J.S. Bruner: Relevanz der Erziehung. Ravensburg 1973, S. 46 ff.
4) B.S. Bloom: Stabilität und Veränderung menschlicher Merkmale. Weinheim 1971, S. 190.
5) D. Claessens: Familie und Wertsystem. Berlin 1972, S. 42.
6) ebd. S. 43.

e) Aber nicht nur die Symbole schieben sich zwischen Wert und Individuum, sondern auch "Bedeutsamkeit - Bedeutung" und die dahinterliegende Funktion. "Einesteils müssen also Wertsysteme auf die konkrete Handlungssituation des Menschen 'passen'. Anderseits steht aber oft der symbolische Charakter der Elemente kultureller Systeme im Gegensatz zu den funktionalen Anforderungen des Handlungssystems, weil dort die Möglichkeiten teils beschränkter, teils auch breiter sind als im Symbolsystem."[1)]

f) Durch das wiederholte Miterleben geschieht Konditionierung und Uebernahme der Symbole, der Bedeutungen und der Funktionen der Werte. Die logische Inhärenz der Uebernahme dieser Symbole wird bei Claessens - nicht zwecks Zielformulierung, sondern zwecks heuristischer Uebersicht - deduktiv in folgendem Schema dargestellt, wobei das Moment des Spannungsverhältnisses von offenen und verdeckten Werten besonders berücksichtigt werden muss.[2)]

Uebersicht: Handlungsalternativen als Resultanten der Betonung je offener oder unterdrückter Aspekte von Wertesystemen in Spannung

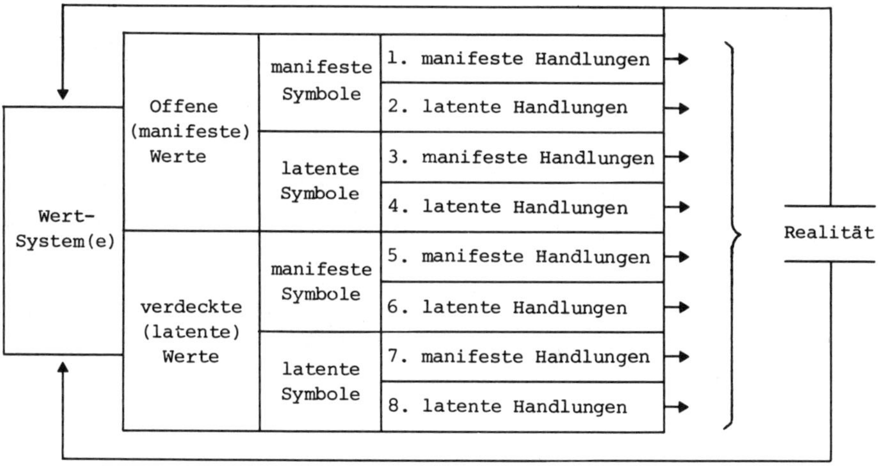

1) D. Claessens: a.a.O., S. 45.
2) ebd. S. 47.

g) Internalisierte Wertsysteme könnten im Sinne Piagets als Gewissen bezeichnet werden. Wir raten aber davon ab, weil das Ineinandergreifen von Norm, Wert und Gewissen verwischt wird. Das Verhältnis von Norm, Wert und Gewissen ist etwa so zu sehen: Die Normen sind Verhaltensregulative, Werte sind Kriterien deren Verwendung, und das Gewissen ist ein komplexes Regulativsystem, das sich sowohl auf die Normen als auch auf deren Wertdimension bezieht.

Im Zusammenhang mit dem emotionalen Lernen und mit der Deduktionsproblematik bzw. der Ableitung von erzieherischem Handeln aus theoretischen Gewissensmodellen ist der Wertbegriff deshalb wichtig, weil er zur Entscheidung der Ziele, aber auch zur Planung von schulischem Handeln schlechthin andauernd die Kriterien liefert. Er scheint mir vor allem aber auch dort lebendig, wo ideologiekritische Hinterfragungen von Leitideen, von Lernzielen und von Inhaltlichen Füllungen strukturaler Gewissensbildungskonzepte (Strategien) vorgenommen werden müssen. Jegliche Begründung von abgeleiteten Lernzielen oder von zur Applikation gelangten Theorien geschieht in Referenz an mögliche Symbole und Bedeutungen gesellschaftlicher bzw. internalisierter oder zu internalisierender Wertsysteme.

B. Freud und die Funktion des Über-Ichs im Zusammenhang mit der intentionalen Gewissensbildung

1. Einleitung

Die Funktion des Gewissens, wie es Freud dargestellt, kann nur verstanden werden, wenn man seinen ganzen Apparat der Verhaltensvorgänge der Person bzw. der Psyche mitberücksichtigt. Dieser Apparat ist seit Freud in vielen Schriften immer und immer wieder dargestellt und weiterentwickelt worden. Scheinbar liegt hier ein hypothetisches Konstrukt vor, das sich als Instrument - jedenfalls für die Psychoanalyse - gut bewährt hat. Wir wollen eine sehr knappe Zusammenfassung dieses Apparates wagen, um dann die normativen und prospektiv-handlungsorientierten Implikationen überprüfen zu können.

2. Der psychische Apparat und das Ueber-Ich

Die wichtigsten Begriffe dieses Freud'schen Apparates sind das "Ich", das "Es" und das "Ueber-Ich". Alle drei werden als Instanzen verstanden. Alle drei sind nicht statische Teile, sondern dynamische Dispositionsbegriffe.
Zuerst zum "Es":
"Dieses Es ist also nicht mehr lediglich die Negation des Bewusstseins, ausgezeichnet durch das Fehlen von dessen hellen Vorzügen; es ist vielmehr ein geheimnisvolles, nie ganz zu enträtselndes Wesen, voll urtümlicher Erfahrung, und man kann nicht umhin zu vermuten, der von Freud so heftig als mystisch abgelehnte Begriff Jungs vom kollektiven, archetypischen Unbewussten habe dem Es zu Gevatter gestanden."[1] Freud selbst hebt das Es vor allem vom Ich ab, wobei er "das vom System Wahrnehmung ausgehende Wesen, das zunächst vorbewusst ist", als Ich bezeichnet, "das andere Psychische aber, in welches es sich fortsetzt und das sich wie Unbewusstes verhält", als Es.[2] Allerdings ist das Ich nicht scharf vom Es getrennt, "es fliesst unten hin mit ihm zusammen".[3] Wir merken, dass das Es die ursprüngliche und undifferenzierte Form des seelischen Apparates ist, wo sich die Libido angehäuft hat.

---

1) G. Bally: Einführung in die Psychoanalyse Sigmund Freuds. Hamburg 1966[4], S.82.
2) S. Freud: Das Ich und das Es. Gesammelte Werke XIII, Frankfurt 1972[7], S.251.
3) ebd. S.251.

Das "Ich":

Es ist der durch die Umwelt veränderte Teil des Es, welcher mit Besonnenheit und Vernunft bezeichnet werden kann. "Das Ich ist doch nur ein Stück vom Es, ein durch die Nähe der gefahrdrohenden Aussenwelt zweckmässig verändertes Stück. In dynamischer Hinsicht ist es schwach, seine Energien hat es dem Es entlehnt, und wir sind nicht ganz ohne Einsicht in die Methoden, man könnte sagen: in die Schliche, durch die es dem Es weitere Energiebeträge entzieht."[1)] Folgende Komponenten sind dem Ich ferner hinzuzuschreiben: Das Bewusstsein hängt daran, es steuert die Zugänge zur Motilität, die Verbindung von Sach- und Wortvorstellung ist durch das Ich gewährleistet, es übt die Kontrolle über die eigenen Partialvorgänge aus, es ist auch unbewusst, wenn es die Traumzensur handhabt.

Freud vergleicht das Ich mit dem Reiter eines Pferdes, das im Idealfall das Ross dahin führen müsse, wohin es selbst gehen wolle,[2)] oder mit anderen Worten, das Ich müsse das Wollen des Es in Handlung umsetzen.
Zusammenfassend: "Wahrnehmung, Denken, Beherrschung der Zugänge zur Motilität, Dominanz des Realitätsprinzips und Verfügung über Abwehrtechniken sind die wesentlichen Merkmale des Ich als aufgabenlösender und kontrollierender Instanz. Allerdings ist es nach Freud 'ein armes Ding', da es nach drei Seiten - gegenüber der Aussenwelt, dem Es und dem Ueber-Ich - Front zu beziehen hat und unter ihren Anforderungen und Drohungen leidet."[3)] Vergessen wir nicht, dass auch das Ich ein hypothetisches Zentrum ist, und dass wir es uns nur als Bezugssystem der Persönlichkeit vorstellen dürfen.

Das"Ueber-Ich":

Es ist jene Funktion, die die Autorität der Eltern verinnerlicht hat.[4)] Ursprünglich wurde es von Freud auch als Ueber-Ich oder Ich-Ideal bezeichnet und als philogenetisch letztes und heikelstes Bezugssystem des seelischen Apparates gesehen.[5)] Es hat als Aufgabe die Selbstbeobachtung, es ist moralisches Gewissen, es ist wirkende Objektbesetzung, es übt Traumzensur, es spielt eine Rolle bei der Verdrängung. Seine drei Hauptfunktionen sind Selbstbeobachtung, Gewissen und

---

1) S. Freud: XXXI Vorlesung: Die Zerlegung der psychischen Persönlichkeit. In: Gesammelte Werke der Vorlesungen zur Einführung in die Psychoanalyse, Frankfurt 1969[5], S.83.
2) S. Freud: a.a.O., S.253.
3) G. Diedrich/H. Walter: Grundbegriffe der psychologischen Fachsprache. München 1970, S.133.
4) E. Stadter: Psychoanalyse und Gewissen. Stuttgart 1970, S.59f.
5) E. Fromm: Psychoanalyse und Ethik. Zürich 1954, S.155ff.

Idealbildung. Die philogenetische Entstehungsgeschichte sieht Freud so: "Gewissen ist die innere Wahrnehmung von der Verwerfung bestimmter in uns bestehender Wunschregungen; der Ton liegt aber darauf, dass sie ihrer selbst gewiss ist. Noch deutlicher wird dies beim Schuldbewusstsein, der Wahrnehmung der inneren Verurteilung solcher Akte, durch die wir bestimmte Wunschregungen vollzogen haben ... Diesen nämlichen Charakter zeigt das Verhalten der Wilden gegen das Tabu; das Tabu ist ein Gewissensgebot, seine Verletzung lässt ein entsetzliches Schuldgefühl entstehen[1], welches ebenso selbstverständlich wie seiner Herkunft nach unbestimmt ist. Also entsteht wahrscheinlich auch das Gewissen auf dem Boden einer Gefühlsambivalenz aus ganz bestimmten menschlichen Relationen, an denen diese Ambivalenz haftet, und unter den für das Tabu und die Zwangsneurose geltend gemachten Bedingungen, dass das Glied des Gegensatzes unbewusst sei und durch das zwanghaft herrschende andere verdrängt erhalten werden."[2] Damit ist auch gesagt, dass Freud ein natürliches Unterscheidungsvermögen für Gut und Böse ablehnt, denn das Böse ist dem Ich nicht unbedingt immer schädlich, sondern von ihm geradezu erwünscht. Es ist also ein fremder Einfluss, der sagt, was Gut und Böse heissen soll. Das Motiv des Aufnehmens dessen, was andere als Gut oder Böse bezeichnen, wird von Freud als Angst vor dem Liebesverlust bezeichnet. Wer die Liebe des andern verliert, setzt sich der Schutzlosigkeit einerseits und der Ueberlegenheit in potentieller Bestrafung des anderen Uebermächtigen anderseits aus. Deswegen spiele es keine Rolle, ob man das Böse bereits getan habe oder erst tun wolle; in beiden Fällen werde Gefahr erst akut, wenn die Autorität es entdecke.

Wir wären bei einer ersten Theorie über die Entstehung des Gewissens: Fast alle Faktoren hängen mit der Elternautorität oder mit ähnlich mächtigen Autoritäten zusammen, wobei im Laufe der Entwicklung das Ueber-Ich auch Einflüsse aller anderen Erziehungspersonen und Vorbilder aufnimmt und damit zum Träger von Tradition wird.

---

1) s.auch E. Spengler: Das Gewissen bei Freud und Jung. Zürich 1964. Spengler bemerkt zu dieser Stelle Freuds, dass neueste Untersuchungen von psychoanalytischer Seite bei den Dogon in Westafrika nur "wenig oder gar kein Schuldgefühl" in solchen Situationen festgestellt worden sei. Er verweist auf G. Parin, F. Morgenthaler und G. Parin-Matthèy: Die Weissen denken zu viel. S.480.

2) S. Freud: Totem und Tabu. IX, S.85.

3. Ich-Ideal und Oedipuskomplex

Das Aufnehmen von Sollens- und Wertvorstellungen bewirkt, dass der Mensch im Laufe seiner Entwicklung, wie schon gesagt, eine Art zensorische Instanz bildet, die mit Ich-Ideal bezeichnet werden kann. Dieses im Menschen aufgerichtete Ich-Ideal ist verantwortlich dafür, dass libidinöse Triebregungen der pathogenen Verdrängung anheimfallen, wenn Konflikte zwischen Trieb und kulturellen und ethischen Vorstellungen entstehen. Im Ich-Ideal ist nach Freud narzistische Libido und homosexuelle Libido gebunden, welche frei werden bei Unbefriedigung und Nichterfüllung dieses Ideals, was wiederum Schuldbewusstsein und soziale Angst[1], also Angst vor Strafe der Eltern bzw. der Gesellschaft hervorruft. In diesem Zusammenhang scheint mir die Unterscheidung Ich-Ideal und Ueber-Ich, wie sie Erikson vornimmt, recht aufschlussreich. Er sagt: "Es scheint, als ob sich die Begriffe Ueber-Ich und Ich-Ideal durch ihre unterschiedliche Beziehung zur philogenetischen bzw. ontogenetischen Geschichte unterscheiden liessen. Das Ueber-Ich wäre demnach der archaischere und mehr verinnerlichte Vertreter des evolutionären Moralprinzips, der angeborenen Fähigkeit des Menschen zur Bildung eines primitiven, kategorischen Gewissens. Im Bunde mit ontogenetischen frühen Introjekten ist und bleibt das Ueber-Ich ein unbeugsamer, rachsüchtiger Träger 'blinder' Moralität. Das Ich-Ideal dagegen ist weniger starr, mehr an die wechselnden Ideale der historischen Perioden gebunden, und steht damit der Ich-Funktion der Realitätsprüfung viel näher."[2] Freud dürfte zwar diese Unterscheidung konzeptuell nicht getroffen haben. Für uns kann sie beim Versuch, Handlungsanweisungen zu erstellen, wichtig sein.

Der Oedipuskomplex ist nichts anderes als eine spezielle Art der Kind-Eltern-Beziehung. Freud unterscheidet den positiven und den negativen Oedipuskomplex. Beide sind Normalerscheinungen der kindlichen Entwicklung. Der positive Oedipuskomplex besteht im Wunsche des Kindes, den gegengeschlechtlichen Teil zu "besitzen" (Inzestwunsch), den gleichgeschlechtlichen hingegen zu töten (Tötungswunsch). Der negative Oedipuskomplex ist die Vertauschung dieser Rollen bei Vorherrschen bestimmter Elternsituationen.

Wichtig ist nun, nach Freuds Theorie, das Kind (Sohn) seine ambivalente Bindung zu den Eltern - einerseits stärker werdende Objektbesetzung für die Mutter und anderseits Identifizierung mit dem Vater mit zunehmender feindseliger Tönung -

---

1) s. dazu S. Freud: Zeitgemässes über Krieg und Tod, X., S.347ff.
2) E.H. Erikson: Identität und Lebenszyklus. Frankfurt 1971[3], S.190.

überwinden zu lassen. "Bei der Zertrümmerung des Oedipuskomplexes muss die Objektbesetzung der Mutter aufgegeben werden. An ihre Stelle kann zweierlei treten, entweder eine Identifizierung mit der Mutter oder eine Verstärkung der Vateridentifizierung. Den letzteren Ausgang pflegen wir als den normaleren anzusehen. Er gestattet es, die zärtliche Beziehung zur Mutter in gewissem Masse festzuhalten. Durch den Untergang des Oedipuskomplexes hätte so die Männlichkeit im Charakter des Knaben eine Festigung erfahren. In ganz analoger Weise kann die Oedipuseinstellung des kleinen Mädchens in eine Verstärkung ihrer Mutteridentifizierung (oder Herstellung einer solchen) auslaufen, die den weiblichen Charakter des Kindes festlegt."[1] Von hier aus können nun die elterlichen Normen, Regeln und Wertungen durch Identifikation und Nachahmung übernommen werden.[2]

4. Identifikation und Realitätsprinzip

Wir möchten dieses Kapitel auf ein paar wenige Zentralstellen des Freud'schen Theoriemodells zur Entstehung des Gewissens beschränken und deshalb hier nur noch auf kurzem Raum den Vorgang der Identifikation und das Realitätsprinzip darstellen.

Identifikation meint die Ich-Veränderung, die beim Verlust eines Liebesobjektes oder auch bei der Nötigung, das Liebesobjekt aufzugeben, entsteht. Freud spricht von Aufrichtung des Objekts im Ich (wie bei der Melancholie)[3]. Es handelt sich also bei der Ich-Veränderung um die Erwerbung von Eigenschaften, die vorher an einem bestimmten Objekt wahrgenommen worden sind. Eicke spricht von verschiedenen Formen solcher Ich-Veränderungen. "Die gebräuchlichen Begriffe hierfür sind: Introjektion, Projektion, Identifikation (vollständige oder rudimentäre) und Internalisation oder Introversion. Ich glaube, dass es dermassen viele Uebergänge der hier beobachteten seelischen Mechanismen gibt, dass es erlaubt sein kann, oder m.E. sogar besser ist, den Ausdruck Identifikation für

---

1) S. Freud: Das Ich und das Es. a.a.O., S.260.
2) Es sei noch bemerkt, dass der Oedipuskomplex die zweite Theorie Freuds zur Entstehung des Ueber-Ichs impliziert, nämlich das Entstehen der Aggressionen im Kind, wenn es seine ersten Bedürfnisse nicht befriedigen darf. Denn die Annahme, dass philogenetisch das Schuldgefühl bei der Tötung des Vaters durch die Brüdervereinigung in der Urhorde erworben sei,bedingt, dass dieser Urvater zu "äusserster" Aggression fähig war, die Söhne aber äusserste Aggression loswurden, als sie die Tötung ausführten, was dann zur Gefühlsambivalenz Reue (Liebe) - Furcht führte.
3) S. Freud: a.a.O., S.257.

diesen Vorgang der Ich-Veränderung allgemein zu gebrauchen."[1] Primitive Formen dieser Identifikation sind ursprüngliche Gefühle gegenüber der mütterlichen Persönlichkeit.[2] Zur Identifikation gehört auch - als primäre Identifikation von Fenichel dargestellt[3] - der Vorgang der oralen Inkorporation, während als sekundäre Identifikation der tatsächliche Objektverlust dargestellt wird.[4] M. Klein stellt die komplizierte Form, die projektive Identifikation (besonders bei depressiven Patienten) fest. Dabei geht es um den Vorgang des Ausstossens (schon in der oral- und analsadistischen Phase) von verinnerlichten Objekten durch das von Angst überwältigte Ich."Es stösst die verinnerlichten Objekte aus und projiziert sie zugleich in die Aussenwelt."[5] Dabei werden Eigenschaften auf die Objekte projiziert, damit das angsteinflössende Objekt introjiziert werden kann, was zur Wechselwirkung von Projektion und Introjektion führt. "Die Wechselwirkung zwischen Ueber-Ich-Bildung und Objektbeziehung, die auf der Wechselwirkung von Projektion und Introjektion beruht, beeinflusst grundlegend die Entwicklung. Auf den frühesten Stufen bewirkt die Projektion der angsterregenden Imagines in die Aussenwelt, dass diese als eine Stätte der Gefahren, die Objekte als Feinde empfunden werden. Die gleichzeitig erfolgende Introjektion der realen, gütigen Objekte wirkt aber dem Druck der angsterregenden Imagines entgegen und trägt dazu bei, diesen Druck zu mildern."[6] Der Vorgang dieser Art dialektischer Identifikation ist einleuchtend, wenn auch die je dahinterstehende Motivation (Angst, Sadismus etc.) mehrheitlich für krankhafte Fälle angenommen werden muss, und wir eher eine mit der Wechselwirkung von Angst und Liebe verbundene Motivation annehmen dürfen (Hapke, Spitz, Erikson).[7] Was aus der Klein'schen Darstellung ebenfalls heraussticht, ist, dass Ich-Veränderung durch Identifikation, beziehungsweise Affektbeziehung zu Objekten, welche zu stark werden, abgebaut werden können. "In diesem Lichte betrachtet, wäre die Ueber-Ich-Bildung sowohl wie auch die Objektbeziehung und die Realitätsanpassung das Resultat der Wechselwirkung zwischen der Projektion der eigenen sadistischen Antriebe und der Introjektion der Objekte."[8]

---

1) D. Eicke: Das Gewissen und das Ueber-Ich. In: Das Gewissen als Problem. Darmstadt 1966, S.78.
2) Vgl. R. Spitz: Vom Säugling zum Kleinkind. Stuttgart 1967, S.219ff.
3) Fenichel: Die Identifizierung. In: Int. Zs. für PsA., Bd. XII, 1926.
4) Ich stütze mich bei diesen Angaben zeitweise auf D. Eicke, a.a.O., S.79f.
5) M. Klein: Die Psychoanalyse des Kindes, München/Basel 1971.
6) ebd. S.258.
7) Vgl. unsere Ausführung zum Abschnitt: Emotionales Lernen, S.155.
8) M. Klein: a.a.O., S.258.

Durch die Identifikation entstehen aber auch Ich-Werte, die einerseits für dieses Ich normierende d.h.,in einer Skala dargestellt, weisende bis zwingende Bedeutung erhalten, die anderseits das Ich selber ausmachen. Alle in der Entwicklung des Menschen durch Angst vor dem Liebesverlust oder dem Ausgeschlossenwerden aufgenommenen moralischen Vorstellungen bilden verbunden mit den affektiven Einstellungen die Gesamtdisposition, aus der das Phänomen Gewissen mehr oder weniger aktiv wird.

Um das Realitätsprinzip erklären zu können, müssen wir zuerst vorausschicken, dass das Lustprinzip nach Freud sämtliche Funktionen des Seelenapparates beherrscht, wobei die Steigerung der Erregung Unlust, die Motilität der gestauten Triebenergie mit Lust verbunden sei. Freud sagt: "Wir haben uns entschlossen, Lust und Unlust mit der Quantität der im Seelenleben vorhandenen - und nicht irgendwie gebundenen - Erregung in Beziehung zu bringen, solcher Art, dass Unlust einer Steigerung, Lust einer Verringerung dieser Quantität entspricht."[1)]

Es gibt nun Fälle - schon in der frühesten Kindheit -, wo das Lustprinzip gehemmt bzw. das Bedürfnis nicht erfüllt wird, weil gerade Selbstbehauptung zum Liebesentzug oder zur Ausstossung führen kann und somit Angst erzeugt. "Unter dem Einfluss des Selbsterhaltungstriebs des Ichs wird es vom Realitätsprinzip abgelöst, welches, ohne die Absicht endlicher Lustgewinnung aufzugeben, doch den Aufschub der Befriedigung, den Verzicht auf mancherlei Möglichkeiten einer solchen und die zeitweilige Duldung der Unlust auf dem langen Umweg zur Lust fordert und durchsetzt."[2)] Die Rücksicht auf die Umwelt könnte das Individuum durch die Suche nach Erfüllung direkter Lustbefriedigung umgehen, aber es würde dafür in vermehrtem Masse Unlust einstecken. Dadurch entsteht jenes feine System von Regeln des Zusammenlebens, das nach Freud die Geburt des Kulturmenschen ausmacht. "Keine Gemeinschaft kann umhin, Normen des Verhaltens zu setzen, mit deren Hilfe sie sich vor dem Lustegoismus und dem Aggressionstrieb des Individuums schützt. Alle müssen einen gewissen Verzicht leisten, damit das Zusammenleben realisierbar und jedem das mögliche Mass an Befriedigung zuteil wird. Das Endprodukt dieses schmerzlichen Prozesses heisst 'Kultur', die Kodifikation der gewonnenen Imperative 'Moral'."[3)]

---

1) S. Freud: Jenseits des Lustprinzips, XIII S.3.
2) ebd. S.6.
3) E. Stadter: Psychoanalyse und Gewissen. Stuttgart 1970.
   Vgl. dazu S. Freud: Das Unbehagen in der Kultur, XIV, S.419-506.

5. Normative Aussagen zur Freud'schen Theorie der Entstehung des Gewissens, die für die Erziehung bedeutungsvoll sind

O. Baumhauer[1] dürfte wohl der erste sein, der versucht, das Freud'sche Theoriemodell für die Erziehung normativ fruchtbar zu machen. Ob ihm dies allerdings gelingt, muss angesichts der heutigen Erziehungspraxis, wo es überhaupt keine Handlungsanweisungen im Bereich des Gewissens (Popper) gibt, recht zweifelhaft sein. Im Zuge der in den sechziger Jahren aufgekommenen gegen Freud gerichteten Tendenz, wo man die psychoanalytische Therapie als wenig erfolgreich bezeichnete und in der klinischen Psychologie den Schwerpunkt in Richtung auf objektive Verhaltenstherapien verschob[2], dürfte es überhaupt schwer sein, die Psychoanalyse für das Lernen fruchtbar zu machen. Der Grund hierfür liegt darin, dass Freud sich viel mehr, als allgemein angenommen wird, mit der Phänomenologie des Gewissens und mit der Anamnese beschäftigt hat, und irgendwie liegt seinem Denken die Formel zugrunde, dass mit dem Erkennen eines psychischen Faktums bzw. eines psychotischen Phänomens und seiner Entstehung auch schon der Lernweg zur Heilung, also der therapeutische Weg, gegeben sei. Dieser beschränkt sich dann weitgehend auf Introspektion, Uebertragung und Suggestion, alles Prozesse, die so subtil sind, dass sie für die intentionalen Lernprozesse in Familie und Schule kaum angewendet werden können und doch in ihrem strukturell-formalen Ablauf dem Geschick und Engagement des einzelnen Therapeuten überlassen werden. Auch neuere Ansätze, die Psychoanalyse für die Erziehung fruchtbar zu machen, fallen relativ mager aus. So fasst B. Behncke die aus psychoanalytischer Erziehungslehre ausgesprochenen Warnungen etwa so zusammen:

"a) Eine zu strenge Erziehung ist für das Kind gefährlich, weil sie die Angst des Kindes weckt und sein Ueber-Ich zu stark werden lässt.

b) Werden die Triebe des Kindes durch Verführung gereizt, so besteht ebenfalls die Gefahr einer ungünstigen Entwicklung. Neurosen können auf diese Weise entstehen.

c) Werden dem Kind notwendige Versagungen vorenthalten, verwöhnt man es, wird es 'laisser faire' erzogen, so wird es mit seinem Triebleben allein gelassen. Es steht in Gefahr, ein sehr schwaches oder ungebührlich starkes Ueber-Ich sowie ein nicht widerstandsfähiges Ich zu ent-

---

1) O. Baumhauer: Das Vorurteil des Gewissens. Limburg 1970.
2) siehe dazu: E.R. Hilgard/G.H. Bower: Theorien des Lernens. Stuttgart 1971, S. 363.

wickeln. Später wird es mit den Versagungen in der Schule und im Beruf nicht fertig, wird ängstlich oder aggressiv und hat Schwierigkeiten, sich durchzusetzen."[1)]

Innerhalb eines solch banalen Rahmens lassen sich viele Erziehungskonzepte anpreisen bzw. verwerfen: denn auf solche Konsequenzen könnte man auch stossen, wenn man anstelle des Freud'schen Apparates der Psyche den gesunden Menschenverstand herbemüht. Freud wird zur Legitimation von vorgefassten Erziehungsvorstellungen.
Ich möchte nun die Ableitungen von Baumhauer additiv aufzählen, um dann einigermassen durch den Versuch hermeneutischer Teilinterpretation zu einem abgerundeten Bild über seine Bestrebungen zu kommen.(Ich füge den einzelnen Aussagen eine Nummer bei, damit ich mich später auf sie leichter beziehen kann. Baumhauer hat seine Darbietungen selbstverständlich mit Erörterungen, Begründungen, Bemerkungen etc. verflochten.)

1. "Wir müssen uns Rechenschaft darüber ablegen, welche Rolle in unserem Leben einmal die Sexualität und zum andern die Aggression spielt."(35)

2. "Und wir müssen darauf hin erziehen, dass Sexualität und Aggression als menschliche Grundtriebe, an die der Mensch unentrinnbar gebunden ist, erkannt werden und dass der Mensch zunächst einmal sich selbst mit diesen Grundtrieben annimmt." (35)

3. "Wir müssen so erziehen, dass das Kind, der junge Mensch seine eigene Sexualität zunächst, dann aber Sexualität überhaupt nicht als etwas Böses, Hässliches, Unreines empfindet, sondern sie als Ausdruck der ihm mitgegebenen Liebeskraft und Liebesfähigkeit erfassen lernt; und er muss begreifen - ohne dass die Sexualität als solche abgewertet würde -, dass dieser Liebestrieb sich nicht in der Sexualität erschöpft, sondern noch eine Fülle anderer Möglichkeiten hat, sich zu verwirklichen - dass er zumindest einer der Triebkräfte aller Kultur ist." (36)

4. "Genauso wichtig für die Gewissensbildung wie die Sexualerziehung - und das wird offenbar immer noch übersehen - ist es, schon das Kind auf das Leben in einer Umwelt ständiger Aggression vorzubereiten und es instand zu setzen, seine eigene Aggression zu erkennen." (37) (Statt Strafandrohung bei Destruktion Angebote zum Zerlegen und Aufbauen bieten, statt Verbote, sich mit anderen zu schlagen, Möglichkeiten des fairen Wettkampfes im Rahmen von Spielregeln schaffen, statt über "andersartige" zu schimpfen, dem Kind bewusst machen, dass es <u>sein</u> Verhalten ändern, sich anpassen kann.)

5. "Und das endet schliesslich dort, wo dem jungen Menschen begreiflich gemacht wird, dass jede zwischenmenschliche Beziehung von den beiden Grundtrieben des Eros und der Aggression bestimmt ist, dass jede

1) B. Behncke: Psychoanalyse in der Erziehung. München 1972, S.79/70.

zwischenmenschliche Beziehung durch ständige Konfliktsituationen bedroht ist, ja, dass der Konflikt der Grundzug allen menschlichen Zusammenlebens darstellt - in der Familie nicht anders als in der grossen Politik -, und dass unsere Aufgabe als Menschen gerade darin besteht, ständig aufs neue diese Konflikte mit Vernunft und Einsicht zu lösen." (38) (Sexual- und Aggressionstrieb beobachten und umfunktionieren bzw. sublimieren lernen)

6. Nach Freud sei das Ziel der Psychotherapie: "'Der Abbau eines zu strengen und der Aufbau eines laxen Ueber-Ich sowie die Assimilierung frei gewählter Vorbilder durch das reifende Ich' (von Bitter[1]) übernommen).Eben das muss dann auch das Ziel der Gewissensbildung sein: ein angemessenes Spannungsverhältnis zwischen Ich und Ueber-Ich und die Bereitschaft zu erreichen, dieses Spannungsverhältnis, also Schuldgefühl, als menschliches Schicksal anzuerkennen." (39)

7. Erziehung hat daher folgende Aufgabe: "Erstens muss sie ein skrupulöses, ein allzu aggressives Gewissen ebenso vermeiden wie ein laxes; zweitens muss sie begreiflich machen, dass das Schuldgefühl als Ergebnis des ständigen Kampfes zwischen Libido und Aggression wie zwischen triebhaften Wunschregungen auf der einen Seite, Moralnormen und Idealen auf der anderen ureigene Aufgabe des Menschen ist. Dazu kommt als Drittes die bewusste Aneignung frei gewählter Vorbilder, Ideale, was eine Korrektur der unbewusst übernommenen und unbewusst bleibenden Moralnormen in sich schliesst: hier also ein Konflikt im Ueber-Ich selber zwischen dem weitgehend unbewussten, kollektiven Moralgewissen und der bewussten, individuellen Ideal-Funktion."(39/40) (Ein zu strenges Ueber-Ich bei fehlender Autorität ist nachteilig, weil sich Aggression nach innen richtet. Eine vaterlose bzw. autoritätslose Gesellschaft wird eine Gesellschaft ohne Gewissen, weil wohl die Angst vor der Autorität und vor dem Liebesverlust stark ausgeprägt wird, aber kein autonomes Gewissen entstehen kann.)

8. "Die Autorität, ohne die sich ein Gewissen einfach nicht bilden kann; die Autorität, auf die das Kind mit seinen Wunschregungen stossen und gegen die es auch ein gewisses Mass an unbefriedigter Aggression entwickeln muss: diese Autorität ist das glaubhafte Bemühen der Eltern und dann der Gesellschaft, für sinnvoll, wichtig, menschenwürdig gehaltene Entscheidungen zu leben; ist das Bemühen, Kinder in Verhaltensweisen, die sich aus diesen Entscheidungen ergeben, einzuüben und sie an das Warum dieser Entscheidungen heranzuführen, sie darüber 'aufzuklären', warum Eltern sich so und nicht anders zu verhalten bemühen." (41/42)

9. "Zu solcher Autorität gehört es aber auch, dass dem Kind das ständige Versagen der Eltern bei ihren Bemühungen um die Verwirklichung ihrer Moralnormen und Ideale, ihrer eigenen Lebensentscheidung nicht verheimlicht wird." (42) (Es lässt sich auf die Dauer nicht verheimlichen, bewirkt ansonst einen Autoritätsverlust ...)

10. "...inhaltlich ist das unbewusste Moralgewissen ebenso wie die bewusste Idealfunktion des Ueber-Ich von dem abhängig, was in der jeweiligen Gesellschaft an Wertordnung und Idealen lebendig ist, was an Wertordnung und Idealen gelebt wird." (42/43)
(Vorbilder präsentieren. Uebernehmen der von traditionell anerkannten Autoritäten repräsentierten Wertordnungen im unbewussten Moralgewissen.

---

1) O. Baumhauer verweist auf die Schrift von Bitter "Das Gewissen im Wandel".

Ueberkommene aber fragwürdige Ideale relativieren lernen ...)

11. "Wir brauchen für die Gewissensbildung auch Institutionen, die sittliche Normen vertreten, sittliche Forderungen erheben, aus ihrer Autorität heraus Wertordnungen repräsentieren und damit Ziele für die Entwicklung des sittlichen Bewusstseins setzen." (44)

12. "Sollen diese sittlichen Normen, Forderungen, Wertordnungen für die Gewissensbildung aber fruchtbar werden,müssen sie der vernünftigen Prüfung standhalten, dürfen sie den Erfahrungen des Ich und den ins Ueber-Ich aufgenommenen Idealen nicht widersprechen." (44) (Menschen in der Gesellschaft bleiben dem kindlichen Angstgewissen verhaftet. Jugendliche wählen Ich-Ideale, die dieser Gesellschaft feindlich sind.)

13. "Wir brauchen Institutionen, die dieselbe Identifikationsmöglichkeit anbieten wie der Bandenchef und der totalitäre Staat; Institutionen, die als kollektives Ueber-Ich fungieren können - das nicht auf Dauer hoffentlich, aber als Uebergangslösung, bis die schwierige und langwierige Aufgabe einer breiteren Gewissensbildung besser erfüllt ist." (45)

14. "Zwei Grundtatsachen ergeben sich aus Freuds Bemühungen, das Phänomen Gewissen begreifbar zu machen: zum einen, die menschliche Psyche ist auf die Herausbildung eines Ueber-Ichs, also der Funktionen Selbstkritik, Gewissen und Idealbildung angelegt; zum andern, ob sich dann ein Ueber-Ich bildet, wie dieses Ueber-Ich dann funktioniert, mit welchem Mass dann das Gewissen misst, das hängt entscheidend ab von sozialen Gegebenheiten und Prozessen." (46)

15. Zum Schluss warnt Baumhauer vor einer falsch verstandenen Gewissensfreiheit, in der das Gewissen nicht mich, sondern die anderen richtet, "wie überhaupt die Instanzen des Ueber-Ichs offenbar nicht mehr individualpsychologisch funktionieren, sondern mich selbst gleichsam verschonen und sich dafür gegen die andern, die Gesellschaft, die Institutionen richten." ..."Was sich da meldet - Recht auf Gewissensfreiheit, Kritik, Forderung idealer Verhältnisse - ist nicht das Ueber-Ich, sondern das sind Ersatzreaktionen darauf, dass dieses Ueber-Ich weithin verkümmert ist." (46/47)

Das wären die fünfzehn wichtigsten Forderungen, die Baumhauer aus der Darstellung des Freud'schen Gewissensmodells ableitet. Ich möchte dazu einige Bemerkungen anfügen:
Aus dieser Fülle von Forderungen lässt sich Vieles für die Erziehung auswerten. Wir können uns vorstellen, dass man beispeilsweise aus den Punkten 4,5 und 7 Bildungsstrategien entwickeln kann, die dann mit diesen Forderungen als jeweils oberstes Globalziel abgedeckt werden könnten. Allerdings muss auch bemerkt werden, dass die Zielebenen so verschieden sind, dass kaum an eine fruchtbare Taxonomisierung gedacht werden kann. Baumhauer ist sich kaum bewusst, wie er zu diesen Formulierungen kommt, denn sie übersteigen bei weitem das, was Freud als Theoriemodell zur Erfassung des wichtigen psychischen Phänomens des Gewissens darstellen wollte. Z.B. entspringen 11/12/13/15 einem ganz anderen

Vorverständnis als demjenigen von Freud. Es wird in drastischer Weise deutlich, dass gerade das Normative bei Freud an einem kleinen Platz steht, Baumhauer es aber aus anderen Quellen bezieht, so z.B. aus seinem gesellschaftspolitischen Verständnis für Institution, aus seinem ethisch-moralischen Verständnis, was die allgemeinen menschlichen Werte betrifft, und aus seinem vorgegebenen Erziehungsverständnis, wenn es sich um Verhaltensanweisungen handelt.
Es gibt unter diesen Zielen typische Bildungsabsichten, die nicht als Lernziele formuliert werden können. "Bildungsabsichten, welche in Form eines isolierten Zieltyps (z.B. lediglich als Lektionsziele etwa im Sinne Magers oder lediglich als globale Schulendziele) formuliert werden, vermögen im Hinblick auf die curriculare Validität und Zuverlässigkeit weder den Unterricht zu steuern, noch eine Hilfe bei der Unterrichtsvorbereitung oder eine Basis für die Kommunikation über Bildungsziele darzustellen, weil die Zuordnung zu übergeordneten Zielen bzw. zu Teilzielen nicht zuverlässig erfolgen kann."[1] Der deduktorische Zusammenhang ist nicht einmal interpretatorisch gewahrt. In diesen Rahmen fallen etwa 6,7, eventuell 8, 10, 11, 13, 14, 15. Solche Ziele ermöglichen es kaum, dass sie in strukturierte Zusammenhänge gebracht werden. Sie können allerdings den Bezugsrahmen für eine Anzahl nicht ganz genau festzulegender Erziehungsvorgänge bilden.
Wenn wir also die in Abschnitt A dieses Kapitels zusammengefassten Hauptforderungen hier als Denkraster für die normativen Ableitungen von Baumhauer legen, so wird klar, dass nicht immer "vernünftige" Argumente, d.h. in diesem Fall nicht die Argumente der Freud'schen Theorie für die Ableitung benützt werden, so z.B. Nr.11. Hier wird auf Institutionsbildung gepocht, ohne dafür eine Begründung vorbringen zu können, sehr wahrscheinlich einfach aus der Autorität heraus. Allerdings könnte diese Autorität so abgeleitet werden: Das Kind introjiziert Autoritäten (z.B. den Vater). Damit es solche Autoritäten in sich zum Ich-Ideal aufbauen kann, ist es notwendig, dass jemand deutlich macht, dass er eine Autorität ist. Und genau hier beginnt die Problematik: Baumhauer spricht ja von Institutionen, die Normen setzen. Aus seinem Studiengang zu schliessen[2] meint er damit wahrscheinlich z.B. die Kirche, die Regierung etc. Statt aus

1) K. Aregger/U. Isenegger (Hrg.): Ein Zielebenenmodell zur Curriculumkonstruktion. J. Eigenmann/A. Strittmatter: Arbeitspapiere und Forschungsberichte 18/19 Päd. Institut der Universität Fribourg, März 1972.
2) O. Baumhauer: Studium der Geschichte, Germanistik, Linguistik, Philosophie, Rechtsgeschichte; Redaktor des "Lexikon für Theologie und Kirche", etc.

dem Ziel der Mündigkeit zu fordern, dass der Mensch sich selber mehr und mehr Institution wird, will er Institutionen, die Normen festlegen, woran sich der einzelne messen kann. Institutionen aber sind keine Vorbilder.
Die sprachliche Eindeutigkeit ist nicht so, dass der Erzieher überprüfen kann, ob er sich dem gesetzten Ziel nähert, siehe z.B. Punkt 6. Hier kann überhaupt nicht gesagt werden, was getan werden soll. Weil die Sprache präskriptiv und zum Teil auch emotiv geladen ist, sind die Formulierungen für den Erziehungsprozess nicht eindeutig. Am klarsten sind die Formulierungen 1-3, (teilweise in die deskriptive Sprachform springend), aber hier handelt es sich um Sexualerziehung und nicht um Gewissensbildung. Natürlich hat Sexualerziehung etwas mit Gewissensbildung zu tun, aber nicht ausschliesslich. Sexualerziehung ist ein möglicher inhaltlicher Bereich der Gewissenserziehung.
Sehr oft auch sind die Forderungen Baumhauers nicht intentional realisierbar, weil die Formulierungen zu sehr an eine allgemeine Haltung appellieren, z.B. bei Nr. 7.
Schliesslich sind die Folgen und Auswirkungen der Baumhauer'schen Ableitungen meistens nicht überprüfbar, was aus dem bisher gesagten leicht einzusehen ist. Die erste Forderung in Nr. 7 kann nicht verifiziert werden, ist aber deswegen nicht falsch.
Welche Verwendungsmöglichkeiten bietet uns das Freud'sche Theoriemodell (abgesehen von den Baumhauer'schen Thesen) schlechthin? Wie verwende ich es bei intentionaler Gewissensbildung, also dann, wenn ich Unterricht plane, durch Bereitstellung von situativen Bedingungen, Erziehungszielen, Erziehungsmitteln, und konkreten Handlungsanweisungen? Wir merken: intentionales Lernen setzt prospektive und nicht analytische Theorien voraus. Die Analyse bezieht sich auf ein fertiges Verhaltens- oder Einstellungsset, das eben durch analytische Methoden noch durchschaubar gemacht werden muss. Intentionale Erziehung aber bezieht sich auf Zukünftiges, indem Handlungsstrategien antizipiert und in der Praxis verifiziert werden. Erst nach vollzogenem Lernprozess kann die Analyse wiederum einsetzen, indem sie intervenierende Variablen und vor allem dem Lernprozess parallel laufende seelische Ereignisse nachträglich konstatiert.
Analyse wird dann zu einem kritischen Instrument, wenn sie der Lehrer nach jeder vollzogenen Lerneinheit einsetzt, wenn sie nebst ihren speziellen Methoden (Traum, Anamnese, Introspektion etc.) hier zur Ueberprüfung der dem Verhalten beigegebenen seelischen Konstellation, dem Erfassen emotionaler Stauungen etc. dient. Man darf nicht sagen, die Psychoanalyse habe nichts für den Lernprozess

zu leisten. Das Gegenteil ist der Fall. Sie muss eingesetzt werden, um jede pädagogische Aktion eben kritisch analytisch angehen zu können, um auf dem Ergebnis eben je eine neue Bildungskonstruktion, neue Massnahmen möglich zu machen.

Am deutlichsten sagt dies G. Bittner[1]. Er formuliert drei Aufgaben, die die Psychoanalyse heute im pädagogischen Bereich übernehmen kann:

1. "Sie kann den Pädagogen (Lehrern, Heimerziehern, Kindergärtnerinnen u.a.) helfen, mit den Konflikten in der alltäglichen Interaktion mit den Kindern besser und vollständiger umzugehen."[2] Konflikte entstehen als "störende" Begleiterscheinungen beim primären Lernprozess (z.B. bei einer Rechenstunde oder einer Stunde über intentionale Gewissensbildung.) Sie werden vom Lehrer sofort viel besser verstanden, wenn er die Theorien der Psychoanalyse kennt. Aufgrund seiner Befunde kann er Verhaltensanweisungen bzw. Massnahmen zur Ueberwindung oder zur Austragung der Konflikte einleiten. Besonders aktuell ist die Psychoanalyse bei der intentionalen Gewissensbildung, denn hier ist es sui generis notwendig, dass der Lehrer einsieht, dass zwischen kreisförmig sich ausdehnenden Interaktionsprozessen mit den jeweilig antizipierten Lernstrategien, den fokussierten (wiederbelebten) Reflexionen der aktuellen pädagogischen Handlungsebene und der Uebertragungs- bzw. Reflexionsebene hin- und herpendeln muss.
   Der neueste Versuch G. Bittners[3], die Psychoanalyse für das erzieherische Handeln fruchtbar zu machen (indem er Richters[4] Gruppeninitiativen, wo bei Elterngruppen durch ein sog. frei schwebendes analytisches Angebot Veränderungsprozesse eingeleitet werden), indem er die Balint-Gruppen[5] (wo auf der Basis "zweifacher Expertenschaft" der Analytiker die unbewussten Prozesse analysiert, während Arzt und Pädagoge die Handlungsstrategien aufbauen) und indem er die Zulliger-Interventionen[6] verwendet (wo das Exempel immer sehr schön aufgeht),

---

1) G. Bittner: Die Bedeutung der Psychoanalyse für die Pädagogik. In: b:e 8/1971, S.25ff.
2) ebd. S.28.
3) G. Bittner: Psychoanalyse und das Handeln des Erziehers. In: Zs. für Päd. 1/1973, S.77ff.
4) Vgl. E.-H. Richter: Die Gruppe. Reinbeck b. Hamburg 1972.
5) Vgl. M. Balint: Die Struktur der "Training-cum-Research"-Gruppen und deren Auswirkung auf die Medizin. In: Jahrbuch der Psychoanalyse, Bd. V, Bern/Stuttgart 1968, S.125-146.
6) Vgl. H. Zulliger: Schwierige Kinder. Bern/Stuttgart 1963[5].

bestätigt nur unsere Vermutung, dass ein Unterschied besteht, ob ich analytisch vorgehe oder erzieherisches Handeln konzipiere, dass aber beide notwendig sind und beide ihre Theorie benötigen, sogar aufeinander abstimmen müssen. Bittner erkennt den neuralgischen Punkt der Psychoanalyse sehr gut. Einerseits ist sie ein unübertroffenes Verfahren, wenn es gilt, "unangemessenes, neurotisches Handeln durch angemessenes Denken, Agieren durch Erinnern zu ersetzen."[1] Anderseits aber stellt Bittner die These auf, "dass Handlungen im sozialen Feld genauso eine psychoanalytisch fassbare Struktur und 'Grammatik' besitzen wie die verbalen Deutungen, nur mit dem Unterschied, dass wir von der 'Grammatik' des sozialen Handelns kaum etwas wissen."[2] Und er schliesst daraus, dass dieses Nichtwissen sehr problematisch sei, weil dadurch konsequente Anwendung der Psychoanalyse in den Praxisfeldern, also der Uebergang von der "deutungszentrierten" zur "handlungszentrierten" Reflexion erschwert werde. Bittner mündet mit seinen Gedanken in folgende Klage: "Die sozialen Anwendungen der Psychoanalyse kranken im Vergleich zu den klinischen bis heute in ihrem unsystematisch-anektotischen Charakter. Besässen wir so viele nach dem derzeitigen Stand psychoanalytischer Theorie interpretierte pädagogische Interaktionssequenzen, wie wir klinische Fallstudien besitzen, dann erst könnte sich psychoanalytische Pädagogik als eigenständiges psychoanalytisches Forschungs- und Arbeitsfeld mit hinreichend ausgearbeiteter theoretischer und technischer Basis präsentieren."[3] Diese Erkenntnis hilft uns nur dann weiter, wenn wir hinzufügen, dass dem Lernprozess mehrere Theorien zugrunde gelegt werden müssen. Man könnte von einem Pendeln in verschiedenen Feldern der theoretischen erzieherischen Arbeit sprechen, und dieses Pendeln wäre im Idealfall so strukturiert, dass jede Lernsequenz im Bereich intentionaler Gewissensbildung vom Standpunkt des Lehrers aus eine analytische Phase hat, dann eine konzeptuelle lernpsychologische Phase, eine praktische Phase und wieder eine analytische Phase. Dieser Regelkreis bedingt aber, dass die Psychoanalyse weiter gefasst wird als verbale Deutung im Feld Arzt-Patient, dass man vor allem eingesteht, dass auch rudimentäre Ansätze psychoanalytischer Deutung für den Lehrer von Bedeutung

---

1) G. Bittner: a.a.O., S.85.
2) ebd. S.86.
3) ebd. S.88.

sein können, dass der Lehrer anhand von vielen Fallstudien einen offenen Blick für Anwendungsmöglichkeit und Grenzen psychoanalytischen Denkens und Kombinierens erhält und dass das Ziel weit höher gesteckt werden muss, als das, was man mit Neurosenprophylaxe bezeichnet hat.

2. Die Psychoanalyse kann im Raum der Schule therapeutische Erziehung werden, wenn einzelne Symptome aus dem Unterrichtsgeschehen extrapoliert, und so einzelnen Kindern neue Erfahrungen ermöglicht werden, damit sie ihre Einstellungen, Verhaltensformen und Haltungen modifizieren können.

3. Und schliesslich hat Psychoanalyse eine dritte Aufgabe: "Der Psychoanalyse wächst heute eine gesellschaftliche Funktion zu, der sie sich nicht in klinischer Selbstgenügsamkeit entziehen sollte: Kritik der pädagogischen Institutionen und der gesellschaftlichen Konfliktlösungen, welche durch die Organisationsformen garantiert werden, der Verkrustungen und Zwänge, die von diesen Institutionen ausgehen. In einem naiven Rekurs auf das Realitätsprinzip hat die Psychoanalyse lange Zeit nicht gesehen, dass soziale Realität stets von Menschen geschaffen ist, aus bestimmten Motiven und Interessen heraus aufrechterhalten wird und bei gewandelter Interessenlage verändert werden kann."[1)]

Es scheint mir, dass besonders Punkt 1 und 2 für die intentionale Gewissensbildung relevant sind. Diese beiden Punkte haben nämlich praktikable Konsequenzen, Punkt 2 im Bereich der Erziehungshilfe, Punkt 1 im täglichen Unterrichtsprozess. Die Unterscheidung zwischen a) den Lernprozess begleitenden analytischen Verfahren und b) den prospektiven unterrichtlichen Handlungsprozessen kann sich als sehr fruchtbar erweisen.

---

1) G. Bittner: Die Bedeutung der Psychoanalyse für die Pädagogik.
In: b:e 8/1971, S.28.

C. Der Gewissensbegriff bei C.G. Jung

> "Dass das Gewissen an sich nur etwas Angelerntes sei, kann nur derjenige behaupten, der sich einbildet, schon in der Prähistorie zugegen gewesen zu sein, als die ersten moralischen Reaktionen zustande kamen."
>
> C.G. Jung

1. Einleitung

In Jungs Werk tritt der Gewissensbegriff relativ spärlich auf, dafür überall dort, wo es um das Wesen des Menschen geht, bei der Individuation, bei der Darstellung der zentralen Archetypen wie Schatten, beim Selbst etc.[1] Erst in der Spätschrift "Das Gewissen in psychologischer Sicht"[2] - es handelt sich um einen Vortrag, den Jung anlässlich eines vom C.G. Jung-Institut veranstalteten Zyklus über das Gewissen gehalten hat - wird die ganze Dimension des Gewissensbegriffs, im besonderen auch in Absetzung zur Ansicht Freuds, relativ breit dargelegt.

Ich werde in diesem Kapitel wiederum zuerst auf knappem Raum die wesentlichen Grundgedanken des Jung'schen Gewissensverständnisses darzulegen versuchen, um dann in einem zweiten Teil unter Zuhilfenahme des Werkes "Ueber die Entwicklung der Persönlichkeit"[3] einerseits und der Baumhauer'schen Thesen andererseits nach Applikationsmöglichkeiten für die intentionale Gewissensbildung fragen zu können.

---

1) Vgl. E. Spengler: Das Gewissen bei Freud und Jung. Zürich 1964, S. 30.
2) C.G. Jung: Das Gewissen in psychologischer Sicht. In: E. Blum u.a.: Das Gewissen. Studien aus dem C.G. Jung-Institut, Zürich 1958. Abgedruckt in: N. Petrilowitsch: Das Gewissen als Problem. Darmstadt 1966, S. 38 ff.
3) C.G. Jung: Ueber die Entwicklung der Persönlichkeit. Olten 1972. Gesammelte Werke XVII. Bd.

2. Zwei Arten von Gewissen

Im Mittelpunkt der Jung'schen Darstellung steht der Gedanke, dass es ein Gewissen gibt, das nicht oder nicht direkt im Zusammenhang mit dem Sittenkodex steht, sondern der unbewussten Grundlage der Persönlichkeit entspringt. Als Beleg für die Wichtigkeit dieses Phänomens führt er das Beispiel von jenem Geschäftsmann an, der eine anscheinend seriöse Offerte ablehnte, weil er träumte, seine Hände und seine Vorderarme seien mit schwarzem Schmutz bedeckt. Wie es sich nachher herausstellte, hatte es sich tatsächlich um ein sog. "schmutziges" Geschäft gehandelt, bei dem der Mann sehr wahrscheinlich nicht nur viel Geld, sondern auch seine Ehre verloren hätte.
Jung spricht in diesem Zusammenhang vom komplexen Phänomen des Gewissens, das gleichsam aus zwei Stockwerken bestehe, von denen das eine ein grundlegendes psychisches Geschehen beinhalte, das andere eine Art von Ueberbau als verwerfendes bzw. annehmendes Urteil. Beim obigen Beispiel tritt anstelle des Bewusstseins der "Sünde" (conscientia peccati), also des verwerfenden Urteils mit dem Gefühlston des "schlechten" Gewissens, ein symbolisches Bild, nämlich die schmutzigen Hände. Es handelt sich also um einen unbewussten Akt, der "subliminal" verläuft, es handelt sich um ein Gewissen (ein Wissen), das wie eine "unbewusste Persönlichkeit" ist, sich aber wie ein bewusstes Subjekt gebärdet.
Wenn im oben erwähnten Falle der Traum mit dem Sittenkodex übereinstimmt, als ob er sich auf diesen abstütze wie das Bewusstsein, so liesse diese Erkenntnis den Schluss zu, dass das von C.G. Jung so sehr hervorgehobene unbewusste Gewissen letztlich doch wiederum dem von S. Freud dargestellten Ueber-Ich entspreche, also dem integriert wirkenden Sittenkodex. Jung aber widerspricht dieser Auffassung intensiv: "Dieser Schluss stünde in flagrantem Gegensatz zu der allgemeinen Erfahrung der Autonomie des Unbewussten. Obschon Moralität an sich eine universale Eigenschaft der menschlichen Psyche ist, so kann dies jedoch vom jeweiligen Sittenkodex nicht behauptet werden. Er kann daher als solcher kein natürlicher Strukturteil der Psyche sein. Trotzdem besteht - wie unser Beispiel zeigt - der Umstand, dass der Gewissensakt im Unbewussten im Prinzip genau so verläuft wie in einem Bewusstsein, den gleichen moralischen Präzepten folgt wie dieses und darum den Anschein erweckt, als ob der Sittenkodex auch den unbewussten Vorgang beherrsche. Dieser Anschein aber trügt, denn es gibt ebensoviel und praktisch vielleicht noch mehr Beispiele, bei denen die subliminale Reaktion mit dem Sittenkodex ganz und gar nicht übereinstimmt."[1)]

1) C.G. Jung: a.a.O., S. 190.

Das zweite Beispiel, das Jung hiefür anführt, ist typisch: Eine distinguierte Dame mit untadeligem Lebenswandel produziert viele unschmackhafte Traumbilder, Obszönitäten etc. Jenes unbewusste Gewissen wird also von Jung verteidigt, er sagt, es beziehe sich nicht mehr auf die Sitten (mores), sondern auf die unbewusste Individualität des Menschen. Das erste wäre die moralische Form des Gewissens, das zweite die ethische Form. Jung sagt: "Es gibt kaum ein anderes psychisches Phänomen, das die Polarität der Seele deutlicher ins Licht stellt als das Gewissen. Seine unzweifelhafte Dynamik kann man, wenn man überhaupt etwas davon verstehen will, nicht anders als energetisch auffassen, d.h. als ein auf Gegensätzen beruhendes Potential. Das Gewissen bringt die stets und notwendigerweise vorhandenen Gegensätze zur bewussten Wahrnehmung. Es wäre der grösste Irrtum, anzunehmen, dass man sich dieser Gegensätzlichkeit je entledigen könnte, denn sie ist ein unerlässliches Strukturelement der Psyche."[1]

Hier tritt Jungs Begriff der "Pflichtenkollision" auf. Es ist der Zwiespalt, wenn die Forderungen der konventionellen Normen, die in der Umwelt sozialkollektiv repräsentiert werden, mit den im Menschen innewohnenden Impulsen, mit den "Pflichten" der eigenen Persönlichkeit nicht übereinstimmen.[2] Die anerkannten Moralprinzipien stehen dem Verlangen nach Wiederherstellung der psychischen Ganzheit gegenüber. Man meint, durch eine sittengemässe Entscheidung löse sich der Konflikt. Aber dies würde ja Unterdrückung der unbewussten persönlichen Stimme bedeuten. Nur eine schöpferische Lösung mit der Voraussetzung, dass der Konflikt ausgetragen wird, kann zum Ziele führen.

3. Die Vox Dei und die Archetypenlehre

Das für C.G. Jung - im Gegensatz zu S. Freud - genetische Probleme kaum eine Rolle spielen, kommt spätestens hier zum Ausdruck. Gerade weil die ethische Form des Gewissens eine so wichtige Rolle spielt, versucht er, die Vox-Dei-Auffassung des Gewissens zu entschleiern bzw. zu rechtfertigen. Bei Freud bedeutete Religion die Projektion des Vaterbildes ins Metaphysische. Für ihn war alles Religiöse nur für die Schwachen da, gleichsam Illusion der dringendsten und stärksten Wünsche der Menschheit. Die libidinöse Entwicklung eines jeden Kindes,

---

1) C.G. Jung: a.a.O., S. 197/198.
2) Vgl. J. Jacobi: Der Weg zur Individuation. Olten 1971, S. 132 f.

der Prozess des Oedipuskomplexes, der Kampf gegen die Natur und der Triebverzicht machten philogenetisch gesehen eine Art Vermenschlichung und Personifizierung der Naturkräfte notwendig, ontogenetisch aber eine vorübergehende Neurose, welche mit schicksalsmässiger Unerbittlichkeit durch Vernunft abgelöst werden muss. "Die Religion ist also (nach Freud; d.A.) eine kindliche Neurose, eine Kinderkrankheit des Menschen und der Menschheit. Das Material, aus dem sie entstanden ist und heute noch entsteht, ist die Oedipussituation. Deshalb ist sie durchaus eine sinnvolle, auch als pathologische Phase sinnvolle Station auf dem Weg des Menschen zur Menschlichkeit. Sinnvoll aber ist sie nur so lange, als sie kritisch und bewusst als eine zu verarbeitende Phase im Leben des Einzelnen wie der Menschheit durchschaut und hinter sich gelassen wird."[1]

Bei C.G. Jung, der schon als Kind die Erfahrung des Numinosen[2] gemacht hatte und der als Wissenschaftler lange um den persönlichen Zugang zur Religion gerungen hatte, war Religion "die besondere Einstellung eines Bewusstseins, welches durch die Erfahrung des Numinosums verändert worden ist."[3] Nicht, dass Gott dabei identisch mit dem Unbewussten gesetzt wird, aber das Unbewusste ist als Grenzbegriff der Ort der Erfahrbarkeit des Numinosen. Damit aber der Mensch diese Erfahrung ertrage und in mittelbaren schon vorgeprägten Formen zum Archetypischen[4] vorstösst, schalten die Kirchen (im besonderen die katholische) in psychohygienischer Weisheit Dogmen, Riten und Symbole etc. ein, um den gefährlichen Kontakt des Unbewussten mit dem Numinosen zu kanalisieren. Damit aber der lebendige Prozess der Erfahrung überhaupt zustande kommt, müssen die Projektionen in jene Symbole, Riten und Dogmen etc. zurückgenommen und zurückverwandelt werden, muss die Sprache der Archetypen in Anspruch genommen, muss das Religiöse gleichsam verbraucht werden.[5]
Auf diesem Hintergrund lässt sich die Vox-Dei-Hypothese im Bereich des Gewissens neu überdenken. Jung betont, dass die Psychologie nicht übersehen dürfe, dass in der Annahme, das Gewissen sei eine Stimme Gottes, sich eine ausserordentlich hohe Bewertung jener oben erwähnten ethischen Form des Gewissens manifestiere. Es gehe dabei nicht um die Wahrheitsfrage, sondern bloss um eine reale psychologische Feststellung. Dabei trete der Konflikt auf (Pflichtenkollision), dass das Gewissen als Stimme Gottes höher stehe als die traditionelle

---

1) W. Bernet: Gebet. Stuttgart 1970.
2) Den Begriff des Numinosen übernimmt Jung von R. Otto. Er bezeichnet ihn als "dynamische Existenz oder Wirkung, die nicht von einem Willkürakt verursacht wird." Vgl. Psychologie und Religion. Zürich 1962^2, S. 11.
3) C.G. Jung: Psychologie und Religion. Zürich 1962^2, S. 13.
4) Der Begriff wird weiter unten erklärt.
5) Vgl. W. Bernet: a.a.O., S. 36/37.

Moral, als der Sittenkodex. Nun aber könne sich auch die innere Stimme irren, d.h. der Unterschied zwischen dem richtigen und falschen Gewissen sei nicht immer so leicht auszumachen. Aber es komme umso mehr und nichtsdestoweniger zum Ausdruck, dass mit dem Begriff Vox-Dei gleichsam unbewusst gesagt werde, dass das Gewissen ein autonomer psychischer Faktor sei, "worin alle Aussagen, die es nicht direkt leugnen, übereinstimmen ... Es ist 'Gottes Stimme', die sich der subjektiven Absicht oft in schneidendem Gegensatz in den Weg stellt und gegebenenfalls eine höchst unwillkommene Entscheidung erzwingt ... Das Gewissen bedeutet eine Forderung, die sich gegenüber dem Subjekt entweder überhaupt durchsetzt oder dann wenigstens erhebliche Schwierigkeiten bereitet."[1)]
Das "falsche " Gewissen hat nach Jung natürlich dieselbe autonome energetische Dynamik wie das "richtige". Es wird mit "Versucher", "Teufel", "Verführer" etc. bezeichnet. Dass die Polarität der Psyche durch die ganze Geschichte hindurch gefühlt worden ist, dass die dynamischen Gegensätze ausgetragen werden müssen, haben wir schon oben betont. Jung begründet zusammenfassend dieses Phänomen folgendermassen: "Die Psychologie kann zwar die Metaphysik als menschliche Aussagen kritisieren, ist aber selber nicht in der Lage, solche Aussagen zu machen. Sie kann nur deren Vorhandensein als eine Art Exklamation feststellen, wohl wissend, dass weder die eine noch die andere Formulierung beweisbar und darum objektiv berechtigt ist, obschon sie die Legitimität des subjektiven Aussagens anerkennen muss. Derartige Aussagen sind psychische Manifestationen, die zum menschlichen Wesen gehören, und es gibt keine psychische Ganzheit ohne diese, auch wenn man ihnen nicht mehr als subjektive Gültigkeit zumessen kann. So ist auch die Vox-Dei-Hypothese eine subjektive Exklamation, welche in erster Linie eine Unterstreichung des numinosen Charakters der moralischen Reaktion bedeutet. Das Gewissen ist eine Manaerscheinung, d.h. eine Bekundung des 'Ausserordentlich Wirksamen', eine Eigenschaft, die vor allem den archetypischen Vorstellungen zu eigen ist. Insofern nämlich die moralische Reaktion nur scheinbar identisch mit der Suggestivwirkung des Sittenkodex ist, gehört sie in die Kategorie des kollektiven Unbewussten, indem sie ein bis in die Tierseele hinunterreichendes archetypisches pattern of behaviour darstellt."[2)]
Was aber bedeutet nun Archetypus in diesem Zusammenhang? Jung bezeichnet ihn als ein von jeher vorhandenes "pattern of behaviour" mit erheblicher Dynamik,

---

1) Vgl. C.G. Jung: Das Gewissen in psychologischer Sicht. Zürich 1958, S.195/196.
2) Vgl. C.G. Jung: a.a.O., S. 198.

das biologisch indifferent ist. Es sind Motive gemeint, die in Mythen und Märchen, Träumen und Delirien mit besonders bildhaftem Gefühlston immer wieder aufscheinen. Sie entstammen der überindividuellen Domäne, dem "kollektiven Unbewussten". Sie sind schwer interpretierbare Zeichen, welche die Herkunft und psychische Mächtigkeit des kollektiven Unbewussten manifestieren. Weil das kollektive Unbewusste dem Bewusstsein transzendent ist, dringt es von sich aus, nach eigener subjektiver Dynamik, durch die archetypischen Gestalten, in das Bewusstsein und manifestiert religiöse Symptomatologie. Man kann auch umgekehrt sagen, die Archetypen weisen den Weg zu den Quellen, die ihren Ort im kollektiven Unbewussten haben.[1)]
Spengler[2)] weist darauf hin, dass Jung erst sehr spät (1946) unterscheidet zwischen dem "Archetypus an sich" und den "archetypischen Erscheinungen".[3)] Das erstere ist eine unanschauliche, bewusstseinstranszendente Grösse, das zweite der aktualisierte Vorgang der Seele. Die Relation zwischen beiden Begriffen ist darin zu sehen, dass der unanschauliche Archetypus Wirkungen hat, welche archetypische Vorstellungen erst ermöglichen. Spengler schreibt dem Archetypus folgende Funktionen zu:

1. eine ontische Funktion. "Der 'Archetypus an sich' fundiert formal den psychischen Erlebnisinhalt als Bedingung von dessen Möglichkeit."[4)]
2. eine energetische Funktion. Als "Energiezentrum" verfügt der Archetypus über eine gewisse "Numinosität", die sich als emotionale Wirkung manifestiert.
3. eine prägende Funktion. Die angeborenen Funktionen und die typischen Verhaltensformen, z.B. zeremonielle, zeigen den Archetypus als pattern of behaviour, die Erscheinungsweisen von Erlebnisinhalten prägend.
4. eine noetische Funktion. Hier wäre zu sprechen vom transzendentalen Auffassungsschema für die Perzeption konkreter Inhalte. (Motive in Mythen, Märchen, Religion etc.)
5. eine zeugende Funktion. Der Archetypus wäre hier der Schöpfer alles Neuen. Er bewirkt jene schöpferische Lösung bei Pflichtenkollision.

Dabei ist wichtig, dass der Archetypus nicht den Menschen wehrlos überfällt, sondern dass das archetypische Geschehen vom Menschen selbst vollzogen wird, als je sein eigenes.

---

1) Vgl. W. Bernet: Gebet. Stuttgart 1970, S. 30/31.
2) Vgl. E. Spengler: Das Gewissen bei Freud und Jung. Zürich 1964, S. 42.
3) Vgl. C.G. Jung: Von den Wurzeln des Bewusstseins. S. 577 (angeführt bei Spengler)
4) E. Spengler: a.a.O., S. 43.

Die Spengler'sche Klassifikation scheint einige Klarheit in diesen Begriffskomplex gebracht zu haben.
Es gibt nun noch einen spezifischen Zusammenhang zwischen Archetypus und Gewissen: Da der Archetypus von sog. synchronistischen Phänomenen begleitet ist, d.h. Raum und Zeit relativierende Kategorien übersteigt, so kann der Fall auftreten, wo ein schlechtes Gewissen ohne antizipierendes bzw. nachheriges Wissen von Schuld ist. Jung erwähnt den Fall, dass jemand mit einem Unbekannten spricht, der eigentlich ein schlechtes Gewissen haben sollte, sich dessen aber völlig unbewusst ist. "Gleiches gilt von der Angst und anderen Emotionen, welche auf einer Kollision mit dem Archetypus beruhen. Wenn man sich nämlich mit jemandem unterhält, der 'konstellierte', d.h. aktivierte unbewusste Inhalte hat, so entsteht im eigenen Unbewussten eine parallele Konstellation, d.h. der gleiche oder ein ähnlicher Archetypus wird belebt, und da man weniger unbewusst als der andere ist und keinen Anlass zur Verdrängung hat, wird einem wenigstens der Gefühlston in der Form einer allmählich aufsteigenden Gewissensangst bewusst. Man ist natürlich geneigt, sich selber diese moralische Reaktion zuzuschreiben, was umso leichter möglich ist, als eigentlich niemand Anlass zu einem durchwegs guten Gewissen hat. Im gegebenen Fall geht aber die an sich lobenswerte Selbstkritik zu weit. Man entdeckt nämlich, dass das schlechte Gewissen, sobald die Unterredung zu Ende ist, in ebenso unerklärlicher Weise wieder verschwindet, wie es gekommen ist, und nach einiger Zeit kommt es dann an den Tag, dass es der andere ist, der seines bösen Gewissens bewusst sein sollte."[1] Mit diesem Beispiel ist wiederum jener numinose Imperativ angesprochen, der nur ausserhalb der bewussten Bewältigung des Phänomens der oben erwähnten Pflichtenkollision auftritt. -

Es sei noch bemerkt, dass die psychologische Erklärung der Vox-Dei-Hypothese auf erhebliche theologische Schwierigkeiten stösst. Theologisch gesehen ist das Phänomen des Gewissens nicht ein besonderer Ort der direkten Manifestation Gottes, sondern es wird wie jede andere Situation vom Gläubigen sinn-erschliessend in transzendenter Dimension interpretiert. Das Numinöse ist bloss ein sekundärer Spezialfall echter unmittelbarer und mittelbarer Gotteserfahrung. Aber wir können an dieser Stelle nicht genügend auf dieses Problem eingehen.

---

1) C.G. Jung: Das Gewissen in psychologischer Sicht. Zürich 1958, S. 201 f.

4. Das Gewissen und der Individuationsprozess

a) Zwei Arten von Individuationsprozess

"Worauf es hier ankommt, ist die Auffassung Jungs, dass das Gewissen - ebenso wie die 'religiöse Funktion' - bewusstmachende Qualität besitzt und auf die Selbstentfaltung des Individuums, d.h. auf seine Individuation hin tendiert. Ein Abgleiten vom Individuationsweg, d.h. von den Forderungen, die einem Menschen von seiner 'Bestimmung' her aufgegeben sind, kann eine Reaktion des Gewissens bewirken."[1]

In dieser Aussage sind die wichtigsten Beziehungskomponenten zwischen Gewissen und Individuation bereits touchiert. Dennoch ist es notwendig, nach der Bedeutung der Individuation zu fragen.

Die beiden von Jung dargestellten Arten des Individuationsprozesses unterscheiden sich vor allem in der Weise des Erlebens: die erste Art wird mehr passiv <u>er</u>lebt, die zweite mehr aktiv <u>ge</u>lebt.

Die erste Art kann als biologischer Reifungs- und Entwicklungsprozess angesehen werden. Das was gleichsam entelechetisch angelegt ist, drängt nach eigener Gesetzmässigkeit zur Entfaltung. Der natürliche, passiv erlebte Individuationsprozess bleibt also dem Biologischen verhaftet und ist nur ein Teil des Menschen, seinem Wesen nicht spezifisch gemäss.[2] Das "geistige Prinzip", das über jenes biologische hinauswächst, das mehr als nur ein Derivat eines Triebes ist, stammt aus dem kollektiven Unbewussten, ist "ein Prinzip sui generis".[3]

---

1) J. Jacobi: Der Weg zur Individuation. Olten 1971, S. 133.

2) Vgl. C. von Monakow: Die Syneidesis, das biologische Gewissen. In: N. Petrilowitsch (Hrg.): Das Gewissen als Problem. Darmstadt 1966, S. 1ff. Ein Vergleich der ersten Art der Individuation mit dem Syneidesisbegriff Monakows drängt sich auf. Er spricht von der Syneidesis als einem psychischen, auf vitale Leistungen und Ziele ausgerichteten im Organismus untergebrachten Kompass, "welcher unter Berücksichtigung und temporärer Betonung der generellen Ziele des Lebens (Sicherung, Mehrung, Plastizität, Perfektion des Geschlechtes usw.) bei jeder latenten oder manifesten Kollision zwischen den Hormeterien und Noohormeterien resp. Impulsen und Gefühlen den Ausschlag und Anstoss zur Verwirklichung der besonders für das persönliche Gedeihen im erlebten Moment optimalen physiologischen resp. biologischen Akte gibt." (S. 10) "... Während die latenten Kräfte des Gewissens resp. der Syneidesis auf keine Art ganz zu unterdrücken sind und im Verborgenen nach bestimmten Naturgesetzen sich im organisierten Protoplasma Mensch auswirken, zumal bei und nach dem Betreten biologischer Irrwege, bleibt bei Missetätern oder Patienten das bewusste menschliche Gewissen zwar niemals ganz stumm, es ist aber meist kurzfristig, infantil, wird durch die Hormeterien (besonders Vertreter der Selbstsicherung und der geschlechtlichen Triebe) bei seinem Auftauchen zum Schweigen gebracht und übertönt." (S. 36)

3) C.G. Jung: Ueber die psychische Energetik. Zit. in: J. Jacobi: Die Psychologie C.G. Jungs. S. 92

Aus ihm entspringt die zweite mehr aktiv gestaltete Art der Individuation.[1] Bewusstes Begehen und Erleben steht dem unbewussten "Gelebtwerden" gegenüber. "Das Charakteristikum der zweiten Art des Individuationsprozesses liegt also darin, dass das Bewusstsein in den ursprünglich spontanen, automatischen Ablauf des psychischen Lebens eingreift, wobei eine sittliche Entscheidung gesucht und jeweils im Sinne der Entwicklung einer ganz persönlichen Eigenart gefällt wird."[2] Es ist also nicht so, dass Jung das Bewusstsein ablehnt. Vielmehr betont er, dass einerseits, sofern das Bewusstsein mit den Mitteilungen der Psyche nicht übereinstimmt, gewartet werden muss, bis sich eine schöpferische Lösung finde, dass anderseits die Selbstanalyse kaum den gleichen fruchbaren seelischen Entwicklungsprozess möglich mache wie die analytisch geförderte Arbeit.[3] Denn niemand könne - so J. Jacobi - über sich selbst hinaussehen, auch Münchhausen hätte sich nicht selbst am Schopf aus dem Sumpfe ziehen können. Die Hilfe eines objektiven Gegenübers sei unbedingt notwendig.

b) Die zwei Phasen des Individuationsprozesses

Es gibt einen aufsteigenden und einen absteigenden Teil des Individuationsvorganges. Die Lebensmitte (die individuell verschieden anzusetzen ist) trennt die beiden Teile, deren Werte und Ideale sich polar, gleichsam mit umgekehrten Vorzeichen, gegenüberstehen.

Im Gegensatz zu Freud, der den Anfang des Ich in das Es verlegt, sieht Jung die zentrale ordnende Instanz der Psyche, das Selbst, als dessen Ausgangspunkt an. Das Ich muss sich durch die Begegnung in der Umwelt zuerst aus dem Selbst herauskristallisieren, die ursprüngliche "seelische Einheitswirklichkeit von Innen und Aussen"[4] muss aufgegeben werden. Daher nennt Jacobi diese erste Phase des Individuationsprozesses auch die "Initiation in die äussere Wirklichkeit" oder auch " Initiation in das Erwachsenenalter."[5]

Das Ich wird selbständig, tritt als eigene Grösse dem Selbst gegenüber, entfernt sich von diesem. Dabei aber darf der bewusste Anteil in diesem Spannungsfeld nicht zu gross werden, weil ansonst eine Art Hypertrophie, eine rationali-

1) Vgl. J. Jacobi: Der Weg zur Individuation. Olten 1971, S. 29.
2) J. Jacobi: a.a.O., S. 30.
3) Vgl. J. Jacobi: a.a.O., S. 29 (Fussnote).
4) E. Neumann: Die Psyche und die Wandlung der Wirklichkeitsebenen. Zit. in: J. Jacobi: a.a.O., S. 42.
5) J. Jacobi: a.a.O., S. 42.

stische Haltung entstehe, wodurch das Prinzip der Selbstregulierung, nach dem sich die unbewussten Bilder der Psyche ihr Recht verschaffen, gestört werden könnte. Potentielle Neurosengefahr liege dann vor, wenn entweder das Ich zu schwach und den Mächten des Unbewussten ausgeliefert sei (Psychose), oder aber das Ich über längere Zeit das Recht des Unbewussten und seiner Sprache beschneide (eigentliche Neurose). Durch den analytisch geförderten Prozess soll das eine wie das andere vermieden werden. "Eine behutsame und sorgfältige Bearbeitung seiner Träume und eine systematische Zuführung von Wissensmaterial soll dem Analysanden zu einer grösseren Erlebnisfähigkeit und Erfahrungsbereitschaft verhelfen."[1)] In diesem Satz sind faktisch alle Möglichkeiten des intentionalen Lernens in diesem Bereich angedeutet. Der Begriff "Zuführung von Wissensmaterial" wird bei Jung sogar als wichtige Hilfe zur Richtigstellung der ersten Phase des Individuationsprozesses empfohlen, wenn es sich um leicht oder latent schizophrene Patienten handelt. "Ich würde bei gefährdeten Menschen immer psychologische Ausbildung als hygienische Vorbeugungsmassnahme empfehlen."[2)]

c) Die Merkmale bzw. Etappen der ersten Phase

Wenn die Entstehung des Ich eine bedeutende Phase des Individuationsprozesses ausmacht, so darf nicht vergessen werden, dass dabei alle weiteren Etappen der Bewusstseinswerdung und Bewusstseinserweiterung wichtig sind. "Die für die erste Lebenshälfte gebotene Entwicklung des Ich in ihren verschiedensten 'Schritten' ... muss mit der Differenzierung des Einstellungstypus, der anlagemässig vorherrschenden Bewusstseinsfunktion, sowie der entsprechenden Erweiterung des Bewusstseinsfeldes und der Herausbildung einer geeigneten Persona parallel gehen, soll das Ich eine Festigkeit erlangen, bei der es elastisch zu sein und doch widerstandsfähig zu bleiben vermag."[3)] Diese Etappen sind aber nicht in einer Reihenfolge gegliedert, sondern sie bedingen und überlappen sich gegenseitig. Es handelt sich quasi um Felder, die in einzelnen Begriffen wie Einstellungstypus, Bewusstseinsfunktion, Persona, Schatten etc. erfasst werden. Zu jedem der Begriffe wollen wir eine kurze Ausführung machen.

---

1) J.Jacobi: Der Weg zur Individuation. Olten 1971, S.43.
2) C.G. Jung: Brief aus dem Jahre 1945 an J. Jacobi. Zit. in: J.Jacobi: Der Weg zur Individuation. Olten 1971, S. 45.
3) J. Jacobi: a.a.O., S. 46f.

aa. Einstellungstypen

Die zwei wichtigen Einstellungstypen bei Jung sind Extraversion, gekennzeichnet durch ein positives Verhältnis zum Objekt, und Introversion, gekennzeichnet durch ein mehr negatives Verhältnis. Der Extravertierte ist mehr nach aussen auf die herrschende Moral, der Introvertierte mehr nach innen, auf die subjektive Bestimmung zentriert, was es ihm oft schwer macht, sich den Erfordernissen der Umwelt anzupassen. Die beiden polaren Begriffe sind ohne Wertung zu verstehen. Sie regulieren als Funktion das äussere Handeln des Einzelnen, formen die spezifische Art und Weise der Erfahrung von Welt.

Typisch für die Jung'sche Psychologie ist die Komplementarität bzw. die kompensatorische Beziehung.[1)]

bb. Die Bewusstseinsfunktionen

J. Jacobi sagt: "Da die Bewusstseinsfunktionen (Denken, Fühlen, Intuieren, Empfinden) je nach dem Einstellungstypus in introvertierter oder in extravertierter Form vorhanden sein können, ergeben sich acht Grundtypen, die allerdings bloss selten allein auftreten. Meistens begegnet man ihnen in zahlreichen Uebergangs- und Mischformen."[2)]

Ob dies für die intentionale Gewissensbildung eine Rolle spielt, dürfte insofern vorwegnehmend zu beantworten sein, dass Lehrer wie Eltern aus dem Verhalten ihrer Kinder bestimmte Bewusstseinsfunktionen mehr oder weniger stark erkennen, und somit die Bedingungen für deren Entfaltung besser schaffen können. Die Intensität und die Art der ethischen Form des Gewissens steht nur indirekt in Zusammenhang damit.

cc. Die Persona

Jung hat den Begriff der Persona dem antiken Theater entnommen. Er bedeutet dort die Maske, hinter der sich das wirkliche Gesicht des Schauspielers verbarg. In seinem späteren Werk "Erinnerungen, Träume, Gedanken" schreibt

---

1) Zum Begriffspaar komplementär - kompensatorisch vgl. C.G. Jung: Welt der Psyche. S. 15: Kompensation erscheint nur als psychologische Verfeinerung der Komplementarität. Danach ist das Komplement ein Begriff, der "ein sozusagen zwangsläufiges Ergänzungsverhältnis bezeichnet. Die Kompensation dagegen ist, wie der Terminus besagt, eine Gegeneinanderhaltung und Vergleichung verschiedener Daten oder Standpunkte, wodurch ein Ausgleich oder eine Berichtigung entsteht."

2) J. Jacobi: Der Weg zur Individuation. Olten 1971, S. 48.

er darüber. "Die Persona ist jenes Anpassungssystem oder jene Manier, in der wir mit der Welt verkehren. So hat fast jeder Beruf die für ihn charakteristische Persona. ... Die Gefahr ist nur, dass man mit der Persona identisch wird, wie etwa der Professor mit seinem Lehrbuch, der Tenor mit seiner Stimme ... Man könnte mit einiger Uebertreibung sagen: die Persona sei das, was einer eigentlich nicht ist, sondern was er und die andern Leute meinen, dass er sei."[1)]

Die Persona als Anpassungssystem spielt insofern eine Rolle inbezug auf das Gewissen, dass sie dessen Manifestationen auffängt und transformiert nach aussen abgibt (Codifikation und Repräsentation). Deshalb ist auch der Aufbau einer adäquaten Persona eine wichtige erzieherische Aufgabe, deren Vorgang aber nicht leicht zu erkennen ist, vor allem wenn er intentional, z.B. über Rollenfunktionen, arrangiert werden soll.

dd. Der Schatten

Da wir mit dem Begriff des Schattens wiederum in den Bereich des Archetypus gelangen, müssen wir an die oben erwähnten ontischen, energetischen, prägenden, noetischen und erzeugenden Funktionen des Archetypus erinnern. Der Schatten ist der empirisch am deutlichsten herausgeschälte Archetypus, weil er das Ich am häufigsten beeinflusst. "Der Schatten ist nämlich archetypisch bedingt, insofern alle Menschen bestimmte psychische Züge nicht wollen oder sie verdrängen."[2)] Als kollektive Form äussert er sich in Gestaltpaaren wie Gilgamesch und Endika, Castor und Pollux, Kain und Abel etc.[3)].

Nebst dieser kollektiven Form gibt es die persönliche Form des Schattens, der die dunkle Seite des Ich betrifft. Dabei muss dieses Ich seine eigenen bösen Tendenzen durch Widerstände hindurch annehmen lernen, muss in schonungsloser Selbstkritik den "alter ego", die eigene Projektion des Fehlers in den andern aufdecken. "Der Schatten ist ein moralisches Problem, welches das Ganze der Ichpersönlichkeit herausfordert, denn niemand vermag den Schatten ohne einen beträchtlichen Aufwand an moralischer Entschlossenheit zu realisieren."[4)]

---

1) C.G. Jung: Erinnerungen, Träume, Gedanken. Zürich 1962, S. 413.
2) E. Spengler: Das Gewissen bei Freud und Jung. Zürich 1964, S. 57.
3) Vgl. J. Jacobi: Die Psychologie von C.G. Jung. Olten 1972[6], S. 172.
4) C.G. Jung: Welt der Psyche. S. 71.

Der Schatten manifestiert sich im schlechten Gewissen. "Der Stachel des schlechten Gewissens spornt einen sogar an, Dinge zu entdecken, die vorher unbewusst waren ..."[1] Aber gerade darin zeigt sich die Notwendigkeit des Schattens, der den Durchgang, die Wendung in schöpferischem Gestaltprozess bewirken kann. Jung verweist auf den Begriff der felix culpa[2], der notwendig zur Vollständigkeit, notwendig wie zum Licht der Schatten gehört. Dem Verdrängten, Minderwertigen, wie dem Unmoralischen kann die Bedeutung zukommen, der Ursprung der Wandlung des Menschen zu sein. Der Schatten "gibt den Anlass für das Gewissen, in Tätigkeit zu treten; nur so wird man sich seiner Schuld bewusst. Ohne Schuld und Schuldbewusstsein kann aber der Mensch nicht reifen."[3]
Hinweise auf den analytisch geförderten Individuationsprozess imbezug auf den Schatten werfen erneut die Frage auf: Liegt in der Darstellung dieses Prozesses eine Möglichkeit intentionaler Gewissensbildung? Wir wollen im zweiten Teil dieses Aufrisses über Jungs Gewissenslehre diese Frage zu beantworten versuchen.

d) Die zweite Phase des Individuationsprozesses

Während die erste Phase des Individuationsprozesses als "Initiation in die äussere Wirklichkeit"[4] bezeichnet worden ist, könnte von der zweiten Phase nach dem Zenit des Lebens von der "Initiation in die innere Wirklichkeit" gesprochen werden. Damit ist vertiefte Selbsteinsicht, Reflexion (Rückbeugung) zu bis anhin unbewusst gebliebenen Wesenszügen und Vollendung eigener Menschenkenntnis gemeint.

Der Prozess der Innenorientierung in dieser zweiten Phase hat zum Ziel, das "Selbst", von dem die Entwicklung der ersten Phase ausgegangen ist, auf neue Weise zu erlangen. Dies ist aber nur möglich, wenn die erste Phase des Individuationsprozesses zu glücklichem Abschluss gekommen ist, weil sonst immer wieder kompensatorische Durchbrüche notwendig sind.
Obwohl sich diese zweite Phase der Einwirkung des Pädagogischen schon aus Gründen des Alters entzieht, wollen wir im Sinne der "Zuführung von Wissensmaterial" einige Elemente so darstellen, dass zumindest die Frage nach der intentionalen Gewissensbildung klar herausgestellt werden kann.

---

1) C.G. Jung: Psychologie und Religion. S. 60. Zürich 1962².
2) Vgl. C.G. Jung: Psychologie und Alchemie. Zürich 1952².
3) E. Spengler: Das Gewissen bei Freud und Jung. Zürich 1964, S. 58.
4) Vgl. S. 285 dieser Arbeit.

e) Die Merkmale der zweiten Phase des Individuationsprozesses

In der ersten Phase stand die Integration des gleichgeschlechtlichen "alter ego", der Schatten, im Mittelpunkt. Jetzt geht es darum, den gegengeschlechtlichen Anteil der Persönlichkeit zu erkennen und zu interpretieren.

aa. Anima und Animus

Diese Begriffe bezeichnen den gegengeschlechtlichen Anteil als "Personifikation einer weiblichen Natur im Unbewussten des Mannes und einer männlichen Natur im Unbewussten der Frau."[1)] "Die Funktion des Animus (sowie auch der Anima) liegt darin, eine Verbindung zwischen dem individuellen Bewusstsein und dem kollektiven Unbewussten herzustellen. In entsprechender Weise stellt die Persona eine Sphäre zwischen dem Ich-Bewusstsein und den Objekten der äusseren Welt dar. Animus und Anima sollten als Brücke oder als Tor zu den Bildern des kollektiven Unbewussten funktionieren, wie die Persona zur Welt eine Art Brücke darstellt."[2)] Was hier über die Persona ausgesagt ist, bezieht sich auf die erste Phase des Individuationsprozesses; Animus und Anima stellen deren umgekehrten Prozess in der zweiten Phase dar.

Der enge Zusammenhang mit dem Phänomen Gewissen wird deutlich, wenn wir nach den innern und äussern Erscheinungsformen von Animus und Anima fragen. Die inneren sind wiederum das Material des Unbewussten, gebündelt in gegengeschlechtlichen Zügen der Psyche[3)]; die äusseren manifestieren sich, wenn ein gegengeschlechtliches Individuum zum Projektionsträger von Teilen unserer unbewussten Psyche wird.

bb. Das Selbst und das Gewissen

Der Konflikt zwischen Bewusstem und Unbewusstem wird nach Jung in der Ganzheit des Selbst schöpferisch aufgehoben. Das Selbst ist der Inbegriff der Vereinigung der Gegensätze als Ziel der seelischen Entwicklung, des Individuationsprozesses. Der Mensch bleibt immer auf dem Weg zu diesem Ziel. Denn das Selbst "drückt die Einheit und Ganzheit der Gesamtpersönlichkeit aus. Insofern aber letztere infolge ihres unbewussten Anteils nur zum Teil bewusst sein kann, ist der Begriff des Selbst eigentlich zum Teil potentiell empirisch und daher im selben Masse ein Postulat. Mit andern Worten, er

---

1) C.G. Jung: Erinnerungen, Träume, Gedanken. Zürich 1962, S. 408.
2) C.G. Jung: a.a.O., S. 409.
3) Vgl. J. Jacobi: Die Psychologie von C.G. Jung. Olten 1972[6], S. 90.

umfasst Erfahrbares und Unerfahrbares ... Insofern die Ganzheit, welche aus bewussten sowohl wie unbewussten Inhalten besteht, ein Postulat ist, ist ihr Begriff transzendent, denn sie setzt das Vorhandensein von unbewussten Faktoren aus empirischen Gründen voraus und charakterisiert damit eine Wesenheit, die nur zum Teil beschrieben werden kann, zu einem andern Teil aber pro tempore unerkennbar und unbegrenzbar bleibt."[1]
Das Gewissen kann sich bei diesem Auf-dem-Wege-Sein als notwendiger Helfer zum Selbst erweisen. "Es mahnt eindringlich, wenn der Mensch von seinem potentiellen Ziel abweicht, eben diesem Selbst ... Das Gewissen verhüllt nicht; im Gegenteil tendiert es auf Bewusstmachen. Durch das Gewissen kann sich der potentielle Wesensgrund des Menschen, das Selbst, dem Ich-Bewusstsein kundtun und damit auf das aktuelle Dasein Einfluss nehmen. Wir können formulieren: Das Gewissen erweist sich als eine Funktion des Selbst, und zwar als eine bewusstmachende Funktion."[2]
Mit diesem Zitat wird der Zusammenhang des Gewissens mit dem Individuationsprozess klar. Es geht um die "Bestimmung", die wie ein "Gesetz Gottes" wirkt und in der ich mich angesprochen fühle, auch dann, wenn ich am eigenen Wege (der Individuation) auf das Selbst hin zugrunde gehe.[3]

Wenn ich nun versucht habe, auf engstem Raum den Gewissensbegriff von C.G. Jung darzustellen, so wiederum nur mit der Absicht, mögliche konzeptuelle Theorien für das Lernen des Gewissens abzuleiten. Deshalb auch der Annex zur Individuation.

5. Das Gewissensmodell C.G. Jungs und normative Ableitungen zur intentionalen Gewissensbildung

a) Die Position C.G. Jungs

Gewiss wird es möglich sein, aus den komplexen psychologischen Theorien Jungs einige globale normative Aussagen auf relativ hoher abstrakter Zielebene zu machen. Aber die Frage richtet sich danach, wie wertvoll sie sind, bzw. wie sehr sie dem wirklichen Prozess intentionaler Erziehung konkrete Stütze sein

---

1)C. G. Jung: Psychologische Typen. Olten 1971[9], S. 512/513.
2)E. Spengler: Das Gewissen bei Freud und Jung. Zürich 1964, S. 66.
3)Vgl. C.G. Jung: Ueber die Entwicklung der Persönlichkeit. Olten 1972[5], S.200.

können, wie sehr sie unterrichtliches Handeln tatsächlich operativ beeinflussen oder wie sehr sie bei der Planung von Unterricht konzeptuell etwas leisten.

Zuerst müssen wir uns fragen, ob Jung selber zu diesem Problem Stellung bezogen hat.

Wir haben schon von der Bedeutung der sog. Zuführung von Wissensmaterial gesprochen. Sehr wahrscheinlich glaubt Jung, der Mensch lerne durch unbewusste Transferleistungen seine eigene Lage aufgrund seiner Träume und psychischen Konstellationen wertmässig einzuschätzen. Natürlich rät er von Selbstanalyse und dergleichen ab. Aber Wissensmaterial hat informierende Funktion, und Jung vertraut dabei auf die Kraft der Phänomene selber, die durch diese Information Reaktionen auslösen. Er reflektiert das Verhältnis Kognition - Einstellungsänderung nicht; er überlässt den Patienten der "focusierenden" Wirkung, z.B. der Erkenntnis zum Begriff der Individuation. Auch bedenkt er die Situation, in der der zu Informierende ist, seine motivationale Konstellation, überhaupt nicht.

Jung hat besonders im Aufsatz "Die Bedeutung der analytischen Psychologie für die Erziehung"[1] zu unserem Problem Stellung bezogen. Abgesehen davon, dass er eigentlich mehr entwicklungspsychologische Aussagen zur Frage des Bewusstseins macht, lassen sich etwa folgende Postulate festhalten:

- Durch Erziehung wird der Prozess der Entwicklung des Bewusstseins positiv unterstützt. "Diese Entwicklung stellt feste Zusammenhänge zwischen dem Ich und bisher unbewussten psychischen Vorgängen her und scheidet daher letztere vom Unbewussten ab. Auf diese Weise taucht das Bewusstsein aus dem Unbewussten auf, wie eine neue Insel aus dem Meere. Diesen Prozess unterstützen wir durch die Erziehung und Bildung der Kinder. Die Schule ist nichts anderes als ein Mittel, den Vorgang der Bewusstseinsbildung auf zweckmässige Weise zu unterstützen. Kultur ist somit höchstmögliche Bewusstheit."[2]
- Bei Verhaltensstörungen von Kindern möge man das elterliche Milieu und dessen psychologische Bedingungen untersuchen, weil das Kind quasi in einer "participation mystique"[3] mit seinen Eltern lebe.

---

1) C. G. Jung: Die Bedeutung der analytischen Psychologie für die Erziehung. Vortrag gehalten am Internationalen Kongress für Erziehung in Territet-Montreux 1923. In: Ueber die Entwicklung der Persönlichkeit. Olten 1972. S. 59 ff.
2) C.G. Jung: a.a.O., S. 64.
3) Jung hat diesen Begriff von Lévy-Bruhl übernommen. Vgl. "Die Bedeutung des Unbewussten für die individuelle Erziehung". In: C.G. Jung: a.a.O., S. 171.

- Die Schule hilft dem Kinde, sich von einer "primitiven" Identität mit den Eltern zu befreien, denn bis zur Pubertät erreiche das Kind nur eine relative Selbständigkeit, sei in hohem Mass der Spielball der Triebe und der Umweltbedingungen. Jung spricht von einem Befreiungskampfe zum Individualbewusstsein hin. "In diesem Befreiungskampfe spielt die Schule keine geringe Rolle, ist sie doch das erste Milieu, welches das Kind ausserhalb der Familie findet. Die Schulkameraden ersetzen ihm die Geschwister, der Lehrer den Vater, die Lehrerin die Mutter. Es ist nicht unwesentlich, dass sich der Lehrer dieser Rolle bewusst sei. Er hat nicht nur einen gewissen Lehrstoff den Kindern schematisch einzupauken, sondern er hat auch durch seine Persönlichkeit auf die Kinder einzuwirken. Diese letztere Funktion ist mindestens ebenso wichtig wie die Lehrtätigkeit, wenn nicht noch wichtiger als diese, wenigstens in gewissen Fällen."[1)]
- Die praktische Anwendung der Methoden der analytischen Psychologie soll vom Lehrer nicht ins Auge gefasst werden, "und von einer dilettantischen oder gar spielerischen Verwendung derselben ist durchaus abzuraten, obschon eine Kenntnis davon für den Erzieher wünschenswert wäre, aber nicht wünschenswert in dem Sinne, dass er sie zur Erziehung der Kinder verwendet, sondern zu seiner eigenen. Seine eigene Erziehung aber kommt indirekt den Kindern wieder zu gute."[2)] Es geht also bloss um Selbsterziehung und Selbsterkenntnis. Die wichtigste Methode hierfür ist die Verbindung von Traumbildern mit den Inhalten des wachen Bewusstseins.

Aufgrund dieser Aussagen lässt sich nicht viel für die intentionale Gewissensbildung gewinnen. Wir stehen im Grunde mit leeren Händen da, und es scheint, dass sich Jung tatsächlich nicht ernsthaft mit dem Problem der Erziehung (und schon gar nicht der intentionalen Erziehung) befasst hat. Was wir vor uns haben, sind Gemeinplätze von ungenügend reflektierten Verhaltensanweisungen, die den Applaus so vieler Pädagogen einheimsen, die eine ernsthafte Auseinandersetzung von psychischen Prozessen und Unterricht lieber in den Bereich der "Selbsterziehung" verdrängen. Da ist niemand und nichts kontrollierbar. Da wird jenem grossen Ringen mit jeder einzelnen Persönlichkeit des Kindes in sozial-integrativer Auseinandersetzung auf Schritt und Tritt des Unterrichts ausgewichen. Ungenügend scheint auch das Verhältnis von methodischer Arbeit und Persönlichkeitsbezug des Lehrers reflektiert. Wer nur einigermassen erahnt, wie komplex unterrichtliches Geschehen ist, wieviele Faktoren beachtet werden müssen, wie die Faktoren einander bedingen,

---

1) C.G. Jung: Die Bedeutung der analytischen Psychologie für die Erziehung. In: Ueber die Entwicklung der Persönlichkeit. Olten 1972. S. 68.
2) C.G. Jung: a.a.O., S. 70.

wie relativ ein einzelner Faktor (Lehrerpersönlichkeit) sein kann, kann mit den Jung'schen Hinweisen nicht viel anfangen. Schon gar nicht lässt sich ein Transfer für die Gewissensbildung vornehmen.

b) Die Zuführung von Wissensmaterial und die mögliche Sensibilisierung für archetypische Phänomene

Aus dem oben Gesagten könnte man zum Schluss kommen, jene schöpferische Lösung zwischen dem moralischen und ethischen Gewissen, die aus der Pflichtenkollision resultieren müsste, könne nicht erlernt werden, denn sie sei nicht eine Lösung im Sinne des Entscheides eines letztlich freien Wesens. Der Mensch sei nach Jung in seinem ethischen Gewissen gebunden durch "höhere Macht", gebunden durch den Archetypus des Gewissens. Man kann sogar soweit gehen und sagen, dass bei Freud der Mensch durch seine Lebensgeschichte determiniert sei, bei Jung aber durch die Archetypen, die sich jeder Einwirkung von aussen entziehen. Jede intentionale Gewissensbildung scheitert auf den ersten Blick an diesem Faktum, bestenfalls lässt sich das moralische (nicht eigentliche) Gewissen in begrenztem Umfange bilden. Jede andere direkte Beeinflussung des von der analytischen Psychologie erarbeiteten Gewissensmodells sei nicht möglich. -
Ich möchte nun aber zeigen, dass wir zwar von der analytischen Psychologie keine Theorien zur Gestaltung von moralischer Erziehung erhalten (ähnlich wie bei der Psychoanalyse), dass wir aber aufgrund anderer konzeptueller Paradigmata von den Jung'schen Vorstellungen profitieren können.
Nochmals sei der Unterschied zwischen dem Uebernehmen von Theorien zum Aufbau von Gewissensmodellen und dem Uebernehmen der Theorien als Material zur Gewissensbildung hingewiesen. Das erstere scheint genau gleich wie bei S. Freud nur in dem Sinne möglich, als individuelle psychische Schwierigkeiten oder spezielle Gruppenkonstellationen analytisch im Gefolge des Unterrichts durchschaubar gemacht bzw. behoben werden müssen. Beim zweiten hingegen gibt es tatsächlich Zieldimensionen, die die Jung'sche Theorie als fruchtbar erscheinen lassen.
Wir wollen ein Beispiel herausgreifen:
Im Bereich des Archetyps "Schatten" haben wir gesagt, das Ich müsse seine eigenen bösen Tendenzen durch Widerstände hindurch annehmen lernen, müsse in schonungsloser Selbstkritik den "alter ego", die eigene Projektion des Fehlers in den andern aufdecken.[1] Dies ist ein Ziel auf recht hoher Abstraktionsebene, und als solches eine Leerformel. Wir können aber durch Texte und Medien dem

---

1) Vgl. S. 288 dieser Arbeit.

Schüler Situationen zeigen, wo alle Elemente dieses Globalziels leicht anzutreffen sind, wo also ein Mensch in einer konkreten Situation seinen eigenen Fehler nicht einsieht, sondern ihn in den andern projiziert, wo "Schatten", "alter ego", "Projektion", "Rücknahme der Projektion" eindeutig identifizierbar sind.

In ähnlicher Weise liesse sich formulieren:

- Das Aufscheinen von Archetypen in mir und im Verhalten der andern als bedeutsame Zeichen nennen lernen.
- Rückfälle im Individuationsprozess (ins Unbewusste) feststellen und durchtragen.
- Integration und Loslösung der Elternarchetypen erkennen.
- Relativierung des Sittenkodex und der herrschenden normativen Vorstellungen aufgrund meditativer Regungen (ethisches Gewissen), d.h. aufgrund der eigens empfundenen Verhaltenstendenzen vornehmen.
- etc.

Es ist nicht nötig, dabei in die Deduktionshypothese zurückzufallen, denn die Elemente oberster Zielebenen lassen sich extrapolieren, ohne dass der Anspruch besteht, dass ein solches Globalziel je durch Lernzielbündel abgedeckt werden könne.

Nun aber nochmals zurück zu unserer Hauptfrage. O. Baumhauer sagt: "Die Quelle des Gewissens ist für Jung der Archetypus des Gewissens, eine 'vererbte instinktive Verhaltensweise' ... Was ... kann man an einem solchen Gewissen eigentlich bilden ...? Um es kurz zu machen: Gewissen als solches lässt sich nicht bilden, wenn wir von der Jung'schen Gewissensauffassung ausgehen. Was sich bilden lässt, ist nur die Gesamtpersönlichkeit; und die Bildung der Gesamtpersönlichkeit ist im Ergebnis dann auch Gewissensbildung."[1)]

Meint Jung nun tatsächlich, dass diese "vererbte instinktive Verhaltensweise" nichts mit dem Lernprozess zu tun habe? Auf den ersten Blick scheint dies der Fall zu sein. Jung sagt selber: " ... der Archetyp ist eine Macht. Er ist autonom und kann einen plötzlich ergreifen. Er ist wie eine Ueberwältigung. Die Liebe auf den ersten Blick ist ein Beispiel dafür. Sie tragen ein bestimmtes Bild von Frau in sich, ohne es zu wissen, ein Bild von der Frau ganz allgemein. Da sehen Sie eines Tages dieses Mädchen leibhaftig oder wenigstens eine gute Nachbildung ihres Typ vor sich, und schon stehen Sie im Bann, Sie sind gepackt. Später entdecken Sie vielleicht, dass Sie sich entsetzlich geirrt haben. Nicht

---

1) O. Baumhauer: Das Vor-Urteil des Gewissens. Limburg 1970, S. 59/60.

wahr, ein Mann kann durchaus fähig und intelligent genug für die Einsicht sein, dass er die Frau seiner Wahl nicht wirklich gewählt hat; dass er vielmehr einfach in die Falle ging! Er sieht wohl, sie ist gar keine gute Frau, ja sie ist eine fürchterliche Belastung, und dann kommt er und redet mit mir und sagt: 'Um Gottes Willen, Herr Doktor, helfen Sie mir, diese Frau los zu werden.' Aber trotzdem kommt er nicht los von ihr, er ist wie Ton in ihren Händen. Das ist der Archetypus. Alles geschah so durch den Archetypus der Anima, obwohl der Mann meint, er sei nur seiner Seele gefolgt."[1)]

Trotz dieser Aussage scheint mir der Baumhauer'sche Schluss falsch. Denn auch das Entdecken des eigenen inneren Archetypus, des ethischen Gewissens, des Ich bedarf eines Lernprozesses, einer Sensibilisierung. Es müssen quasi eidetische Fähigkeiten (Qualifikationen) geübt werden, sich selber zugleich auf dem Vordergrund der sozialen Beziehungen und auf dem Hintergrund der "individuellen Bestimmung" zu sehen. Jung sagt zwar, dass dem Menschen ein bestimmtes Grundmuster angeboren sei, das ihn spezifisch menschlich mache. Aber er sagt auch: "Wir sind uns dieser Tatsache nur ganz und gar nicht bewusst, denn wir leben durch all unsere Sinnesorgane und ausserhalb unserer selbst. Würde ein Mensch in sich schauen, so könnte er es entdecken. Und wenn er es heutzutags entdeckt, dann glaubt er, er sei verrückt - und vielleicht ist er verrückt. "[2)] Es geht also um die Schulung der Intuition. Sie wird von Jung als eine über das Unbewusste laufende Wahrnehmung bezeichnet.[3)] Sie hilft als Funktion mit, wenn in mir und mit mir Dinge geschehen, die wir mittels Denken und mittels Sinneswahrnehmung nicht erklären bzw. merken können.

Intuition[4)] schulen, dafür gibt es heute in der Pädagogik meines Erachtens vier sehr wirkungsvolle Möglichkeiten, die zum Teil in dieser Arbeit schon erwähnt worden sind, auf die ich zum Teil noch zu sprechen kommen werde:

---

1) R.I. Evans: Gespräche mit C.G. Jung. Zürich 1967, S. 59.
2) R.I. Evans: a.a.O., S. 60.
3) Vgl. R.I. Evans: a.a.O., S. 81.
4) "Intuieren" bzw. "Schulung der Intuition" ist ein Begriff, der heute in einer etwas anders gelagerten Weise in der Instruktionspsychologie gebraucht wird. So unterscheidet Bruner in seiner Schrift "Relevanz der Erziehung" (Ravensburg 1973, S. 116 ff.) zwischen intuitivem und analytischem Denken, wobei beide aufeinander bezogen sind. Für das Training des intuitiven Denkens legt er sechs Merkmale fest:
   a) Ein Verhalten muss anfangen bzw. provoziert werden, damit es später überhaupt erst analytisch korrigiert werden kann. Es geht um die Ueberwindung der ersten Trägheit.
   b) Das Vertrauen, das am Anfang nur klein ist, wird vermehrt. Das erlaubt dem Lernenden, eine Aufgabe überhaupt erst fortzuführen.

- Gruppendynamische Uebungen und Sensitivity-Training. Hier wird der eigene persönliche Anspruch aus dem Unbewussten positiv den sozialen Normen gegenübergestellt und der Konflikt, die sog. Pflichtenkollision, durchgetragen.
- Betont emotiver Unterricht. Hier werden durch erlebnishafte Verarbeitungsformen wie Soziodrama, musikalische Improvisation, kreatives Sprach- und Gebetsverhalten, Tanz, Meditation etc. die "innere Sprache", d.h. die Intuition des Menschen aktiv in Bewegung gesetzt und so sekundär geübt.
- Schülermitbestimmung im Unterricht und damit Garantie des Einbringens von Schülerinteressen. Bedürfnisse werden so dem allgemeinen Normenkodex entgegengestellt. In die Bedürfnisse fliessen möglicherweise archetypische Grundfunktionen des Einzelnen mit ein.[5)]
- Allgemeine Sensibilisierung oder Kräfteschulung bzw. Schulung eidetischer Fähigkeiten wie: Dankbarkeit zum Ausdruck bringen, Freude zeigen lernen, bitten, loben, staunen lernen, Kooperationsfähigkeit, Solidarität lernen etc. Dafür gibt es spezielle Programme.[6)]

Neben diesen vier Möglichkeiten indirekter Beeinflussung gibt es die direkte Auseinandersetzung im Sinne der Analyse von Fallstudien mit Schülern. Hier

---

c) Es geschieht eine Art vorwegnehmende Visualisierung, eine Art direkte Wahrnehmung; damit tritt auch die Gefahr ungezügelter Intuition auf.

d) Die intuitiv denkende Person ist meistens nicht in der Lage, über den eingeschlagenen Weg verbal Rechenschaft abzulegen.

e) Intuitives Denken ist nicht frei und unkontrollierbar. "Wahrscheinlicher ist es, dass es sich hier um eine Abkürzung handelt, die auf einer informellen und oft nachträglich nicht darstellbaren Strukturierung der Aufgabe beruht. Die sog. Struktur ist dabei vielleicht nichts weiter als das Gefühl einer Ziel-Mittel-Verknüpfung, oder einer nicht näher bestimmbaren 'Zugehörigkeit'." (S. 119)

f) Ob heuristische Verfahren oder Visualisierung oder Kurzformel einer Sache verwendet wird, immer braucht es Risikobereitschaft, weil damit eine drastische Komplexreduktion verbunden ist. Man muss sich dem Fragmentarischen stellen.

Intuition muss also unvollkommen sein und das Gefühl vermitteln, dass noch mehr zu tun sei. C.G. Jung würde vielleicht meinen, dass Intuieren immer in der Schwebe zu liegen habe. Aber das stimmt deswegen nicht, weil der analytische Prozess über Intuieren letztlich auch zu klaren Schlüssen vorstösst. Es geht um das Vorstossen zu den "Quellen" eines Problems.

5) Vgl. G. Auernheimer/M. Doehlemann 1971; G. Friedl 1971; G. Steindorf 1972; G. Wienecke 1972 usw.

6) Vgl. Curriculum Religionsunterricht 1. Schuljahr. F. Oser/K. Kirchhofer (Hrg), Olten 1973-7ϵ.

werden etwa auf der Oberstufe Träume im Kontext einzelner Situationen von Personen besprochen.[1]
Aufgrund des hier Gesagten stimmt es zwar, dass bei Jung das ethische Gewissen letztlich eine unbeeinflussbare Grösse ist. Aber der Lernprozess verlagert sich in die Erschliessung dieser Grösse. Diese Erschliessung kann niemals abgeschlossen werden, da der Archetypus eine unendliche Kraft ist. Die Erschliessung geschieht zwar nicht, wenn wir auf leerformelhaften globalen Zielen stehen bleiben.[2] Sie kann erst aufgrund der Elemente dieser obersten Ziele operational angegangen werden auf dem Weg indirekter und direkter Auseinandersetzung im oben angeführten Sinne.

---

1) Vgl. Das Unterrichtswerk: F. Oser/R. Merz: Ich hatte einen Traum. Olten 1972. Hier wird das Problem der Gotteserfahrung anhand der Analyse von Träumen konzeptuell geplant. Der Schüler sieht sich mit einem reichen nach Lernzielen strukturierten Material konfrontiert.
2) J. Kühne hat in einem unveröffentlichten Aufsatz "Das Gewissensmodell in der Psychologie C.G. Jungs und das Problem der intentionalen Gewissensbildung", Pädagogisches Institut Zürich 1973, die Gegenüberstellung von geschlossenen und abstrakten Zielen folgendermassen dargestellt:

	Kognitive Lernprozesse	Individuationsprozess als Lernprozess
Ziel:	- klar formulierbares Ziel; z.B. Dreisatzrechnungen lösen können.	- nicht klar formulierbares Ziel; es wird umschrieben mit "zum eigenen Selbst werden".
	- Ziel liegt relativ nah.	- Ziel liegt in der Ferne: wird - wenn überhaupt - gegen Ende des Lebens erreicht.
Weg:	- Weg in kleine Schritte auflösbar.	- Weg nicht in Schritte auflösbar, die einzelnen Etappen überschneiden sich.
	- genaue Kontrolle über Erreichung der einzelnen Schritte möglich.	- keine genaue Kontrolle über die Erreichung der einzelnen Etappen des Individuationsprozesses möglich.
	- Methodische Hilfen für die Lösung einzelner Schritte können gegeben werden.	- Methodische Hilfen für die Bewältigung einzelner Schritte des Individuationsprozesses können nicht gegeben werden. Der Weg der Individuation ist individuell verschieden.

J. Kühne sagt: "Intentionale pädagogische Einwirkung impliziert ja die Absicht, auf ein genau formuliertes Ziel hin zu arbeiten. Dieses Ziel ist nach unserer Aufstellung sozusagen 'sichtbar'. Der Weg verläuft in kleinen, kontrollierbaren Schritten, zu deren Erreichung der Lehrer dem Schüler Möglichkeiten der Lösung aufzeigen kann.
All das trifft eben beim Individuationsprozess nicht zu. Das umschriebene Ziel liegt weit weg und wird im besten Fall am Lebensabend erreicht. Der Weg dazu verläuft bei jedem Individuum anders, und eine Ueberprüfung des jeweils erreichten Zustandes der Individuation ist unmöglich."

Die Lernstrategie "Gewissen und Verhaltensabweichung" erwähnt das Anliegen Jungs nur indirekt. Ursprünglich war ein fünftes Grobziel für den Bereich des "ethischen Gewissens" vorgesehen. Es stellte sich heraus, dass dies für die Schüler zu schwer war.
Im übrigen ist zu betonen, dass Jung nicht die Absicht hatte, den Pädagogen ein Modell des Handelns zu liefern, sondern ein Instrument zur Erklärung und zum Verstehen psychischen Geschehens. Die Genese des Gewissens ist nicht sein Problem, vielmehr die Findung des Gewissens. Ich kann mir vorstellen, dass das Jung'sche Modell eine den andern Modellen zusätzliche Dimension aufzwingt. Mit dem Jung'schen Ansatz liesse sich etwa eine Definition wie "Unter moralischer Erziehung versteht man jene Lernhilfen, die auf die normative Dimension der kulturellen Lebensweise bezogen sind"[1] folgendermassen erweitern: Unter moralischer Erziehung versteht man jene Lernhilfen, die auf die normative-kulturelle und auf die von der persönlichen "Bestimmung" des Einzelnen geprägte Dimension bezogen sind.

c) Kritik der erzieherischen Forderungen Baumhauers

Abschliessend seien die Forderungen Baumhauers in seinem Kapitel "Selbstwerdung als Naturprozess und Aufgabe"[2] kritisch hinterfragt:
Es lassen sich vier Gruppen abheben

- aa) Forderungen aus der Erfahrung des Vaterarchetypus
- bb) Forderungen aus der Erfahrung des Mutterarchetypus
- cc) Forderungen aus der Erfahrung des "Inferioren"
- dd) allgemeine Forderungen zum Individuationsprozess

ad aa)

Forderungen aus der Erfahrung des Vaterarchetypus

Sie lauten etwa:

- Echte Autorität ist notwendig.
- Sie muss auf geistiger Vorbildhaftigkeit beruhen.
- Gebote und Verbote sind in der Erziehung notwendig.
- Diese müssen aus Güte erlassen worden sein, und das Kind soll dies spüren.

---

1) E. Weber: Grundfragen und Grundbegriffe der moralischen Erziehung in Unterricht und Schule. In: E. Weber (Hrg.): Zur moralischen Erziehung in Unterricht und Schule. Donauwörth 1973, S. 17.
2) O. Baumhauer: Das Vor-Urteil des Gewissens. Limburg 1970. S. 59.

Baumhauer schreibt: "So gesehen, bedeutet Gewissensbildung durch Persönlichkeitsbildung von Anfang an Erziehung, die zwar auf Gebote und Verbote nicht verzichtet, bei der das Kind aber immer erfahren und begreifen muss, dass diese Verbote und Gebote aus Güte erlassen werden, dass hinter dem verbietenden und gebietenden Vater immer der gütige Vater steht. Und das bedeutet: die Autorität des Vaters darf nicht darin gründen, dass er der Stärkere ist, ... sondern seine Autorität muss auf seiner geistigen Vorbildhaftigkeit beruhen."[1)]

ad bb)

Forderungen aus der Erfahrung des Mutterarchetypus

- Die körperliche Nähe und Fürsorge der Mutter ist besonders in den ersten Lebensjahren wichtig.
- Aus diesem Faktum darf nicht Ueberbesorgtheit resultieren, weil sonst das Eigenleben des Kindes verunmöglicht wird.
- Erfahrung des Unheimlichen des Mutterarchetypus ist nicht möglich bei zu viel distanzloser Intimität.

Baumhauer schreibt: "Praktisch bedeutet das, dass das Kind - vor allem in den ersten Lebensjahren - die mütterliche Liebe und Fürsorge, gerade auch die körperliche Nähe und Wärme der Mutter braucht; dass diese Liebe auch Fürsorge, aber nicht zu jener Ueberbesorgtheit werden darf, die das Kind ständig und vollkommen in Besitz nimmt, auch nicht zu jener distanzlosen Intimität, die jegliche Mobilisierung des Unheimlichen im Urbild der Mutter verhindert."[2)]

ad cc)

Forderungen aus der Erfahrung des "Inferioren"

- Die Entwicklung der Akzeptierung des "Inferioren" (Schatten, Anima bzw. Animus) ist zu fördern.
- Die Schule muss sich nebst den kognitiven Funktionen auch um das Intuieren und Fühlen kümmern.
- Intuition ist nötig für den Fortschritt in Wissenschaft, Wirtschaft und Politik.

ad dd)

Forderungen zum Individuationsprozess

Allgemein fasst Baumhauer zusammen, dass Gewissensbildung nichts anderes sein könne als Unterstützung des Individuationsprozesses. Inbezug auf christliche

---

1) O. Baumhauer: Das Vor-Urteil des Gewissens. Limburg 1970, S. 64f.
2) O. Baumhauer: a.a.O., S. 65f.

Erziehung, christliche Gewissensbildung heisse dies, das Bild Christi, das jeder in sich trägt, entdecken lernen. Zwar sei der Individuationsprozess ein spontaner, instinktiver, autonomer Ablauf, "aber er ist ein Prozess, der immer wieder ethische Entscheidungen verlangt, ein Prozess, der nur dann zu seinem Ziel kommt, wenn über Moralkodex und unbewusstes Gewissensurteil hinaus immer wieder neu Stellung bezogen wird. Und er ist ein Prozess, der stets Aufgabe des einzelnen bleiben wird."[1)]

Die allgemeinen Forderungen zum Individuationsprozess lauten denn auch:

- Kinder müssen dazu gebracht werden, die innere "Stimme des Gewissens" zu hören, d.h. dass sie sich bewusst machen, was an Phantasien und Regungen in ihnen besteht.
- Die Voraussetzung für die Unterstützung des Individuationsprozesses ist eine Vertrauensbasis, die erst geschaffen werden muss.

Aus dieser knappen Zusammenfassung lässt sich sofort erkennen, dass Baumhauers Ableitungen nicht zwangsläufig von Jungs Theorien her stammen, dass er zum Teil von ganz anderen vorpädagogischen Sinnormen her operiert, dass er Jung Dinge in den Mund legt, die dieser nie gesagt hat. Man könnte seinen Forderungen ebenso gut Freuds Lehre oder ein anderes heuristisches Gewissenskonzept zugrundelegen und dieses so zurechtbiegen, dass die selben Forderungen herauskämen. Nur Punkt cc) und dd) nehmen einigermassen Bezug auf Jung, wobei aber die Ableitungen doch Allgemeinplätze sind. Zudem bleiben diese Forderungen (z.B. das Intuieren lernen) auf einem relativ abstrakten Niveau, so dass sowieso keine Kontrolle möglich ist. Wiederum erinnern solche Formulierungen an die unverbindlichen Leerformeln in Lehrplänen, die mit Rücksicht auf die Lehrfreiheit des Lehrers nicht implementierbar sind und damit auch ihre Prämissen verschleiern. Eine solche Formel lautet: "Die Volksschule bildet Gemüt und Charakter. Sie macht den jugendlichen Geist empfänglich für alle edlen Regungen des menschlichen Seelenlebens, dass er gefestigt werde gegen die Einflüsse des Hässlichen, Rohen, Gemeinen in Neigung und Leidenschaften".[2)] Man kann neben diese Forderung ebenso jene setzen, der Schüler müsse lernen, auf sein Gewissen zu hören, oder mütterliche Wärme sei notwendig, oder Autorität müsse auf Vorbildhaftigkeit beruhen. An sich sind diese Formeln alle richtig, aber ein Buch, das lauter solche Leerformeln produziert, lädt seine Leser zwar normativ auf, lässt sie dann aber im Stich, wenn es ernst wird und die Komplexität von Unterricht und Situation aufscheint. Die Erziehungswirklichkeit wird übersehen und die oberste

---

1) O. Baumhauer: a.a.O., S. 76.
2) Lehrplan der Volksschule des Kantons Zürich. Erziehungsratsbeschluss vom 12. Juli 1966, S. 1f.

Norm verabsolutiert . H. Meyer[1] würde wiederum von der "Substitution des Ganzen durch den Teil" sprechen, wodurch unerwünschte Teilziele diskreditiert und Immunisierung des Curriculums gegen Innovation vorgenommen werde. Im Grunde genommen handelt es sich bei Baumhauer um Gewinnung von Normen auf intuitivem Weg, ohne Hinterfragung der Entscheidungsprozesse, ohne Diskussionsmöglichkeit, auch ohne zwingende Kriterienangabe (z.B. Theologie als Wissenschaft), ohne Konsensus.

Die Sprache der Baumhauer'schen Ableitung ist präskriptiv und emotional. In vielen Fällen greift er gar zu Suggestivfragen, die sich der Zustimmung des Lesers versichern möchten. In Zusammenhang mit dem wertenden Gefühl fragt er beispielsweise: "Und lässt sich diese Urteilsfähigkeit des Gefühls nicht immer wieder ansprechen und damit aus dem Unbewussten hervorlocken, entwickeln? Lässt es sich zusammen mit der Funktion des Intuierens nicht lebendig erhalten? Müssen Phantasie und schöpferische Fähigkeiten binnen der ersten Schuljahre ... so verschüttet werden, wie das heute noch meist der Fall ist?"[2] Hier wird die Gefährlichkeit solcher Sprache sichtbar. Man jubelt dem zu, der stellvertretend für Fakten normative Formulierungen gibt.

Vollends scheitern solche Forderungen aber an der Frage der Realisierbarkeit. Diese Frage wird gar nicht gestellt. Damit fällt auch das Uebernehmen der Verantwortung bei möglichen Auswirkungen und Folgen dahin. Die pädagogisch "intentionale" Kleinarbeit ist wieder einmal glücklich umgangen worden. Dafür aber lässt sich beruhigt im Meer der Sollensforderungen Schaum schlagen. Die oberste Ebene des ZEM ist zwar erreicht, aber der Begründungszusammenhang stimmt schon da nicht. Und wenn auch Realisierbarkeit nicht das letzte Kriterium im Sinne der sachlichen Relevanz ist, sondern auch der Prozess des Scheiterns miteinbezogen werden muss (Evaluation), so ist doch Realisierbarkeit aus motivatorischen Gründen anzustreben, weil erst hier wirkliche Kausalattribuierung möglich wird.

---

1) H.L. Meyer: Das ungelöste Deduktionsproblem in der Curriculumforschung. In: F. Achtenhagen/H.L. Meyer: Curriculumrevision, Möglichkeiten und Grenzen. München 1971, S. 108.
2) O. Baumhauer: a.a.O., S. 70.

D. Exkurs: C. R. Rogers pädagogische Implikationen zur Psychotherapie

1. Lernprozesse in der Therapie selber

C.R. Rogers ist einer jener seltenen Psychotherapeuten, der expressis verbis Ableitungen aus seiner Theorie für das "signifikante" Lernen erstellt. Dabei verfällt er keineswegs der Deduktionshypothese. Vielmehr überträgt er die Bedingungen für den therapeutischen Prozess auf eine konkrete erzieherische Situation. Das gelingt ihm, weil er - wie wir sehen werden im Gegensatz zu J. Piaget - zuerst die Momente des Lernens in der Psychotherapie selber lokalisiert. "Ich möchte mit der Feststellung beginnen, dass meine langjährige Erfahrung als Therapeut mich davon überzeugt hat, dass die Psychotherapie signifikantes Lernen ermöglicht, und dass das in einer solchen Beziehung auch geschieht."[1] Dabei versteht er unter "signifikantem" Lernen nicht so sehr Fakten sammeln als vielmehr eine grundlegende Veränderung, die sich sowohl im konkreten Verhalten, in den Einstellungen und in den Entscheidungen manifestiere. Rogers bezieht sich also auf einen ganz bestimmten Typ, nämlich auf die sog. klientenbezogene Psychotherapie, deren Grundsatz es ist, dass der Patient selber das Ziel, in dessen Richtung er gehen will, durch ungelenkte Gesprächsprozesse ermittelt. Solche Ziele, als Leitideen formuliert, können etwa sein:[2] Weg von den Fassaden, weg vom "Eigentlich-sollte-ich", weg vom Erfüllen kultureller Erwartungen, weg davon, anderen zu gefallen, Entwicklung zur Selbstbestimmung, Entwicklung zum Prozess-Sein, Entwicklung zur Komplexität, Entwicklung zur Erfahrungsoffenheit, Entwicklung zum Akzeptieren der andern, Entwicklung zum Selbstvertrauen etc.
Die Lernerfahrungen auf dem Weg zu solch selbstgefundenen Zielen formuliert Rogers so:

> "Der Mensch kommt dazu, sich anders zu sehen.
> Er akzeptiert in stärkerem Masse sich und seine Gefühle.
> Er wird selbstbewusster und selbstbestimmender.
> Er wird mehr Mensch, der er sein möchte.

---

1) C.R. Rogers: Entwicklung der Persönlichkeit. Stuttgart 1973, S. 273/274.
2) C.R. Rogers: a.a.O., S. 167 ff.

Er wird in seinen Wahrnehmungen flexibler, weniger rigide.

Er setzt sich realistischere Ziele.

Sein Verhalten ist reifer.

Er ändert unangepasste Verhaltensweisen, auch solche fest etablierten Verhaltensweisen wie chronischen Alkoholismus.

Er wird gegenüber anderen akzeptierungsbereiter.

Er wird offener für die Bedeutung dessen, was sich ausserhalb wie innerhalb seiner selbst abspielt.

Er verändert sich auf konstruktive Art und Weise in seinen grundlegenden Persönlichkeitseigenschaften."[1]

Das hier Aufgezählte bezieht sich auf konkrete Psychoanalysen, die Rogers selbst durchgeführt hat. Die Bedingungen für eine Transformation der Leitlinien und Ideen der Psychotherapie sind allgemein so zu sehen, dass der Erzieher eigentlich mehr und mehr Ausschau hält nach Lernerfahrungen, die funktional sind, dass er mehr und mehr zur Einsicht kommt, dass er im Unterricht nicht Lehrender[2] sondern Lernender ist, dass er "Mensch" wird, "nicht die gesichtslose Verkörperung einer Curriculumsbedingung, noch die sterile Rohrleitung, durch die das Wissen von einer Generation zur nächsten gepumpt wird."[3]

Bei der Psychotherapie sind folgende Voraussetzungen für Lernprozesse formuliert:

1. Der Klient steht meistens vor einem Problem, das er nicht lösen kann, aber lösen möchte, auch wenn er Angst hat.
2. Der Therapeut aber sollte integrierter und "kongruenter" Mensch sein. Kongruent heisst, er ist in Offenheit in jeder Stimmung und Situation sich selbst, ohne Fassade, ohne eigenen Ehrgeiz, ohne Befehle, ohne vorgeplante Ziele. "Er ist frei, tief und akzeptierungsbereit er selbst; die tatsächliche Erfahrung seiner Gefühle und Reaktionen entspricht einer genauen Bewusstheit dieser Gefühle und Reaktionen, so wie sie kommen und gehen."[4]
3. Der Therapeut schenkt dem Patienten positive Zuwendung, er akzeptiert ihn so wie er ist, bedingungslos, gleichgültig, was der Klient vorbringt und wie er sich vortastet.
4. Empathisches inneres Verständnis für die Welt des Klienten ist gefordert, ein Mitgehen und Mittragen in seinen Anliegen. Er versteht die Gefühle des Patienten, zweifelt nicht an seinen Aussagen etc.

---

1) C.R. Rogers: a.a.O., S. 274.
2) Vgl. C.R. Rogers: a.a.O., S. 270-272.
3) C.R. Rogers: a.a.O., S. 281.
4) C.R. Rogers: a.a.O., S. 277.

5. Kongruenz, Akzeptierung und Empathie werden sichtbar bzw. mitteilbar gemacht, so dass sie der Patient auch wirklich erfährt.

Rogers legt aufgrund seiner Erfahrung dar, dass bei Erfüllung dieser Bedingungen Lernen von selbst zustande kommt. Und diese Erkenntnis führt ihn richtigerweise dazu, die Bedingungen und nicht die Prozesse selber für die Erziehung zu modifizieren. Dabei aber ist eine Voraussetzung die, dass die Schüler mehr und mehr relevante Probleme ihrer Existenz und deren gesellschaftlichen Kontext im Lernprozess zu bewältigen suchen, dass Realerfahrungen gemacht werden können, m.a.W. dass die Motivation für Lernen im Vordergrund steht.

2. Lernprozesse in der Erziehungspraxis und das Gewissen lernen

Wie sieht nun die konkrete Uebertragung der Bedingungen als Implikation der Psychotherapie für das Erziehungswesen aus?

1. Der Lehrer muss real sein, kongruent sein. Er akzeptiert seine eigenen Gefühle und muss sie gerade deswegen seinen Schülern nicht aufzwingen. Kongruenz und Realität werden über Unterrichtspensum, Umgang mit Medien etc. gestellt.
2. Der Lehrer soll verstehen und akzeptieren. "Der Lehrer, der herzlich akzeptieren, sich bedingungslos positiv zuwenden und sich in die Empfindungen von Angst, Erwartung und Enttäuschung einfühlen kann, die in jeder Begegnung mit neuem Stoff enthalten sind, hat bereits eine Menge zu den Lernbedingungen beigetragen."[1] Dabei zeigt Rogers auf, dass Gefühle in Korrelation zur geistigen Entwicklung des Menschen stehen. Er meint sogar, dass zwischen dem Erlernen des Dividierens und verständnisvollem Umgang mit Gefühlen eine Beziehung bestehe.
3. Das Sich-Verlassen auf die "selbstaktualisierende Tendenz" der Schüler bringt neuen Kontakt mit dem realen Leben.
4. Der Lehrer muss sich - und dies ist ein zusätzlich abgeleiteter Punkt - bereit erklären, jederzeit Ressourcen bereitzustellen für mögliches handelndes auf das Leben bezogenes Lernen der Schüler. Dabei aber behält der Schüler je nach Alter die Freiheit, zu entscheiden, ob er Eintrittskarten zu den Institutionen des Lebens erwerben will oder nicht. "Dadurch wäre vermieden, dass er zur Konformität, zur Opferung

---

1) C.R. Rogers: a.a.O., S. 281.

> seiner Kreativität gezwungen wäre, dass er sein Leben nach den Massstäben anderer führen müsste."[1]

Von solchen Bedingungen, die von der Psychotherapie auf die Erziehung übertragen werden, erhofft Rogers signifikantes Lernen. Er kennt aber die Grenzen seiner Aussagen, er weiss, dass noch viele andere Fragen zu beantworten sind, um wirkliche Erleichterung des Lernens erreichen zu können. Wie sehr ist z.B. der direkte Lernkontakt unserer Schüler mit unserer Kultur möglich, wie sehr kann gefordert werden, dass Kinder mithelfen, Probleme der Moral, der Aggression zu lösen, mithelfen bei der tatsächlichen Organisation des Lebens.

Ich vermute, dass die oben abgeleiteten Bedingungen auf der erziehungspsychologischen Ebene tatsächlich eine überzeugende Möglichkeit zur intentionalen Gewissensbildung abgeben. Mit der erreichten Sensibilisierung geht ein Entwicklungsprozess einher, der sich auf die Quelle bezieht, "die Instanz der Entscheidungen, Entschlüsse oder Werturteile. Der Klient (der Schüler, d.V.) gewinnt zunehmend das Gefühl, dass diese Bewertungsinstanz in ihm selber liegt. Immer weniger richtet er sich nach den anderen, nach ihrer Zustimmung oder Missbilligung, ihren Normen ..."[2]. Das Lernen, dass die Bewertungsinstanz in einem selber liegt, ist ein Gedanke, der sowohl Jungs Archetypenlehre als auch Freuds Vorstellung von Gewissen umfasst bzw. auf beide anwendbar ist. Dass dazu nur Bedingungen geschaffen werden können, entspricht auch einer lernpsychologischen Erkenntnis, die etwa auch beim problemlösenden Lernen absolut richtig erscheint.
Rogers sagt allerdings nicht, dass das Unterrichtsfeld ein viel komplexeres Phänomen als die therapeutische Situation ist, dass es sich hier um das Lehrerverhalten handelt, nicht aber um das Schülerverhalten, dass die Frage der Rolle der Zufuhr von Wissensmaterial bzw. der Information nicht geklärt ist etc. Aber trotzdem glaube ich, hier eine wichtige Grundlage für einen Teil der prospektiven Planung von intentionaler unterrichtlicher Gewissensbildung gefunden zu haben.

---

1) C.R. Rogers: a.a.O., S. 285.
2) C.R. Rogers: a.a.O., S. 125.

E. Martin Heideggers Gewissensruf und mögliche pädagogische Ableitungen

1. Ontologische Analyse des Gewissens

Einen Philosophen zum Zuge kommen zu lassen, scheint für diese Arbeit unabdingbar notwendig. Wir wählen den ontologisch-anthropologischen Ansatz von M. Heidegger, weil er einer der wenigen ist, der zum Problem des Gewissens in der Neuzeit in extenso Stellung bezogen hat. Wir beziehen uns bei unseren Darlegungen auf das Kapitel "Die daseinsmässige Bezeugung eines eigentlichen Seinkönnens und die Entschlossenheit" in "Sein und Zeit".[1] Es handelt sich um eine "ontologische Analyse", die vor jeder psychologischen und theologischen Deskription des Gewissens zu liegen habe.
Heidegger geht von der Tatsache der Verlorenheit des Daseins an das Man aus. Um sich zu finden, muss es ihm selber in seiner Eigentlichkeit gezeigt werden. Hier nun springt das Gewissen ein. Es ist ein Ruf im Modus der Rede, der sich zu verstehen gibt. "Der Gewissensruf hat den Charakter des Anrufs des Daseins auf sein eigenstes Selbstseinkönnen und das in der Weise des Anrufs zum eigensten Schuldigsein."[2] Der Ruf ist für den wichtig, der "zurückgeholt sein will". Das Dasein, das hier ruft, ist ein Dasein der Ferne, es ruft in die Ferne, um sich zurückzuholen. "Der Ruf trifft das Dasein in diesem alltäglich-durchschnittlich besorgenden Sich-immer-schon-verstehen. Das Man-selbst des besorgenden Mitseins mit anderen wird vom Ruf getroffen."[3]
Weil der Ruf das öffentliche Dasein umgeht, geht er auch am Man vorbei, lässt dieses bedeutungslos zusammenfallen. Was aber gerufen wird, ist eigentlich nichts oder zum eigenen Selbstseinkönnen hin. Deswegen: "Das Gewissen redet einzig und ständig im Modus des Schweigens."[4] Es ist aber nicht eine geheimnisvolle Stimme, sondern etwas Eindeutiges, das verschieden interpretiert oder aber missverstanden werden kann, weil die Art des Hörens umgebogen, vom Man-selbst in ein Gespräch gezogen wird.

---

1) M. Heidegger: Sein und Zeit. Tübingen 1960^9, S. 267 ff.
2) M. Heidegger: a.a.O., S. 269.
3) M. Heidegger: a.a.O., S. 272.
4) M. Heidegger: a.a.O., S. 273.

Heidegger setzt sich gegen die Auslegungsrichtung des Gewissens als fremde Macht, als Gott ab. Umgekehrt aber will er nichts mit jenen zu tun haben, die es einfach als Nichts bezeichnen. Es geht um die Phänomenologie des Rufers. "Er ist das Dasein in seiner Unheimlichkeit, das ursprünglich geworfene In-der-Welt-sein als Un-zuhause, das nackte 'Das' im Nichts der Welt."[1] In der Verlassenheit an es selbst ruft das Dasein als Gewissen in die Unheimlichkeit des In-der-Welt-seins. Es würde sich nur auf die Flucht vor sich selbst begeben, würde man es als fremde Macht bezeichnen, etwa gar als Weltgewissen; es wäre dann die Stimme des Man. So aber ist es der "Rufer und der Angerufene zumal". Es "öffnet sich als Ruf der Sorge: der Rufer ist das Dasein, sich ängstigend in der Geworfenheit (Schon-sein-in ...) um sein Seinkönnen. Der Angerufene ist eben dieses Dasein, aufgerufen zu seinem eigensten Seinkönnen (Sich-vorweg ...)."[2]

Nun aber stellt sich die Frage, ob das Gewissen nicht einfach eine konkrete Reaktion auf Verfehlungen und Unterlassungen sei, ein "gutes" bzw. "schlechtes" Gewissen. Hier werden die Begriffe "Hören" und "Verstehen" wichtig. Sie beziehen sich nicht auf ein einzelnes Gewissenserlebnis. Das wäre schon ein "Sich-verhören" als "bestimmte Seinsart des Daseins". Es kommt auf etwas Tieferes hinaus: Der Ruf des Daseins als Gewissen spricht von "schuldig", von möglichem "schuldig", von nicht "schuldig".[3] Schuld aber ist das Uneigentlichsein des Daseins. Sie bedeutet mehr als die Modi des besorgenden Mitseins, wie "Schuldenhaben" oder "schuld sein" oder "sich schuldig machen" etc. Es bedeutet inbezug auf das oben erwähnte Gewissen "Grundsein für ein durch ein Nicht bestimmtes Sein - das heisst <u>Grundsein einer Nichtigkeit</u>".[4] Dies ist nicht "Nichterfüllung einer Forderung", es ist viel mehr: "Das Schuldigsein resultiert nicht erst aus einer Verschuldung, sondern umgekehrt: diese wird erst möglich 'auf Grund' eines ursprünglichen Schuldigseins."[5]

Wie begründet Heidegger diesen Schuldbegriff?

Es geht ihm darum, zu zeigen, dass das Dasein ein Geworfenes ist, das grund-seiend (d.h. von seinem Wesen her) immer hinter seinen eigenen Möglichkeiten zurückbleibt. "Das Dasein ist nicht insofern selbst der Grund seines Seins, als dieser aus eigenem Entwurf erst entspringt, wohl aber ist es als Selbstsein das <u>Sein</u> des Grundes."[6] Das Dasein kann also nicht hinter seinen eigenen Grund zurück,

---

1) M. Heidegger: Sein und Zeit. Tübingen 1960^{9}, S. 276/277.
2) M. Heidegger: a.a.O., S. 277.
3) Vgl. unsere Ausführungen zum Schuldbegriff S.383-403.
4) M. Heidegger: a.a.O., S. 283.
5) M. Heidegger: a.a.O., S. 284.
6) M. Heidegger: a.a.O., S. 285.

weil es "nichtig" ist; und dieses Nichtigsein führt zur Sorge, ist an sich aber dunkel. Mit Nichtigkeit meint Heidegger nicht Privation und Negation, sondern wiederum ursprüngliches Schuldigsein. Und "der vorrufende Rückruf des Gewissens gibt dem Dasein zu verstehen, dass es - nichtiger Grund seines nichtigen Entwurfs in der Möglichkeit seines Seins stehend - aus der Verlorenheit in das Man sich zu ihm selbst zurückholen soll, das heisst schuldig ist."[1]
Es kommt also zu einer Gewisseninterpretation, die nicht besagt, es sei notwendig, die Verfehlungen einzusehen und man habe sich durch Unterlassungen schuldig gemacht. Vielmehr geht es um die andauernde Kenntnisnahme des "schuldig", welche dem Dasein eigentlich ist. So allein kann sich - nach Heidegger - Wahl ereignen, Freiwerdung des Daseins für das Hören des Rufs.
Notwendig sind weder ein "gutes" Gewissen haben wollen, noch die Pflege des Rufs mit dem eigenen Ich. Vielmehr ist einzig "Bereitschaft für das Angerufenwerden" notwendig. Das führt zur Aussage: "Das Gewissen-haben-wollen ist vielmehr die ursprüngliche existentielle Voraussetzung für die Möglichkeit des faktischen Schuldigwerdens. Rufverstehend lässt das Dasein das eigenste Selbst aus seinem gewählten Seinkönnen in sich handeln."[2]
Schuld ist also von Anfang an da, bevor gleichsam die moralische Verschuldung möglich wird. Das Gewissen ist eine "Bezeugung", die zum Sein des Daseins schlechthin gehört.
Wie aber steht das genaue Verhältnis des alltäglichen "vulgären" Gewissens mit diesem ontologisch von Heidegger aufgearbeiteten Gewissen. Vulgär bezeichnet Heidegger dieses andere Gewissen, weil man seine Funktion kennt, weil man so oder so von ihm spricht. Vier Punkte, die diese vulgäre Gewissensauffassung betrifft, möchte Heidegger abheben vom Begriff des Gewissens "als Anruf der Sorge zum Schuldigsein".

1. Das Gewissen, wie es sich scheinbar manifestiert als "rückweisend-rügend" und "vorweisend-warnend" ist nur orientiert auf eine Folge von Taten. "Die Folgeordnung (aber d.V.) ablaufender Erlebnisse gibt nicht die phänomenale Struktur des Existierens."[3] Dies lässt sich am sog. "guten" Gewissen zeigen. Es kann ja gar nicht das Gutsein kundgeben, weil dies Pharisäismus wäre, Selbstbelobigung. Vielmehr ist es jene "Gewissheit", die nur sicher sein will, bzw. ein "Niederhalten des Gewissenhabenwollens" bewirkt. Deshalb ist das "gute" Gewissen gar kein

---

1) M. Heidegger: Sein und Zeit. Tübingen 1960[9], S. 287.
2) M. Heidegger: a.a.O., S. 288.
3) M. Heidegger: a.a.O., S. 291.

eigentliches Gewissensphänomen. Dasselbe gilt für das "schlechte" und das "warnende" Gewissen. Es geht hier nur um das alltägliche Verrechnen und Ausgleichen von "Schuld" und "Unschuld". Dies ist nur möglich auf dem Hintergrund von etwas viel Tieferem, des Schuldigseins. "Die Warnung, als Unterbindung des Gewollten, ist aber nur deshalb möglich, weil der 'warnende' Ruf auf das Seinkönnen des Daseins zielt, das ist auf das Sichverstehen im Schuldigsein, an dem erst das 'Gewollte' zerbricht."[1] Deshalb ist das "warnende" bzw. "schlechte" Gewissen nur soweit Ruftendenz, als für die Verständigkeit des Man notwendig ist.

2. Es wird die Frage beantwortet, warum denn die Stimme des Gewissens sich im Alltag nie auf "das Sein des Daseins" beziehe. Da das Seiende ontisch auf Besorgung tendiere, ontologisch aber auf das Sein als Vorhandensein, werde das Phänomen verdeckt.
3. Dass sich das Gewissen nur auf eine Tat beziehe, ist damit auch schon widerlegt. Natürlich sei das die vordergründige Ruferfahrung. Es frage sich nur, ob die vordergründige Ruferfahrung den Ruf sich völlig "ausrufen" lasse. Das Dasein sei nicht bloss ein "Haushalt", "dessen Verschuldungen nur ordentlich ausgeglichen zu werden brauchen, damit das Selbst als unbeteiligter Zuschauer 'neben' diesen Erlebnisabläufen stehen kann."[2]
4. Dass das Gewissen wesentlich kritische Funktion habe, ist ebenfalls bezogen auf die Verständigkeit des Man, denn hier entwirft die Stimme tatsächlich nichts "Positives". "Vermisst wird ein 'positiver' Gehalt im Gerufenen aus der Erwartung einer jeweilig brauchbaren Angabe verfügbarer und berechenbarer sicherer Möglichkeiten des 'Handelns'."[3] Aber das Gewissen als Ruf gibt solche Anweisungen nicht, denn damit würde es ja die Möglichkeit des freien existentiellen Handelns verbauen. Nur bezogen auf Existenz gibt der Ruf das Positivste, die eigenste Möglichkeit des Daseins in das jeweils faktische Selbstseinkönnen durch hörendes Anrufverstehen.

Damit ist für Heidegger nicht gesagt, dass nicht Ernst in der "vulgären" Gewissenserfahrung und Unernst in einem ursprünglicheren Gewissensverständnis liegen könne. Allerdings ist existentielleres Verstehen nur möglich, wenn ontologisches Verstehen nicht durch ontisches Erfahren verdeckt und die existentiale Interpretation des Gewissens "eine im Dasein seiende Bezeugung ist."

---

1) M. Heidegger: Sein und Zeit. Tübingen 1960⁹, S. 292.
2) M. Heidegger: a.a.O., S. 293.
3) M. Heidegger: a.a.O., S. 294.

In der Darlegung der eigentlichen Struktur des Gewissens spricht Heidegger mehr und mehr vom Gewissen-haben-wollen "als sich-verstehen im eigensten Seinkönnen" in der "Weise der Erschlossenheit des Daseins." Diesem Faktum entspricht die Stimmung der Angst. Gewissensangst ist das Rufverstehen des Unheimlichen des Daseins. Als weiteres Wesensmoment kommt die Rede im Modus der Verschwiegenheit dazu. Denn "das Gewissen ruft nur schweigend" wegen der Unheimlichkeit des Daseins, das dem Man das Wort entzieht. Es ruft auch nur schweigend, weil es etwas zu sagen hat.

Drei Momente gehören also zur Gewissensstruktur: "Die im Gewissen-haben-wollen liegende Erschlossenheit des Daseins wird demnach konstituiert durch die Befindlichkeit der Angst, durch das Verstehen des Sichentwerfen auf das eigenste Schuldigsein und durch die Rede als Verschwiegenheit."[1] Erschlossenheit meint ursprünglich Wahrheit, und Entschlossenheit (als Modus der Erschlossenheit) löst das Dasein nicht von der Welt ab, sondern: Zur Entschlossenheit gehört der Entschluss und mit ihm das erschliessende Entwerfen der faktischen Möglichkeit, die jeweilige <u>Situation</u>. Sie gründet in der Verfassung des In-der-Welt-seins. Deswegen ist der Gewissensruf auf die Situation bezogen. Er ruft in die Situation "vor", er manifestiert sich durch sie. "Diese existentiale Positivität des recht verstandenen Gewissensrufes macht zugleich einsichtig, inwiefern die Einschränkung der Ruftendenz auf vorkommende und vorgehabte Verschuldungen den Erschliessungscharakter des Gewissens verkennt und uns nur scheinbar das konkrete Verständnis seiner Stimme vermittelt. Die existentiale Interpretation des Anrufverstehens als Entschlossenheit enthüllt das Gewissen als die im Grunde des Daseins beschlossene Seinsart, in der es sich selbst - das eigenste Seinkönnen bezeugend - seine faktische Existenz ermöglicht."[2]

So weit Heidegger.

2. Mögliche bzw. nicht mögliche pädagogische Implikationen

In seiner Auseinandersetzung mit dem Gewissensbegriff Heideggers lehnt sich F.J. Scheidt[3] ganz entschieden gegen dessen Schuld- und dessen Wertbegriff auf. Er meint, Heideggers Gewissen sei ohne Ordnung und ohne Wertorientiertheit, es

---

1) M. Heidegger: Sein und Zeit. Tübingen 1960⁹. S. 291.
2) M. Heidegger: a.a.O., S. 300.
3) Vgl. F.J. Scheidt: Gewissen und Wert. In: Gewissen und Gewissensbildung. Donauwörth 1968, S. 89 ff.

sei ein nach innen geflohenes Gewissen.[1] Er versteht nicht, warum "Eigentlichkeit" und "Uneigentlichkeit" keine Wertmassstäbe sind. Er meint, dass zwar im Man alles Ursprüngliche nur geglättet, alle "Unterschiede des Niveaus und der Echtheit" (Heidegger) eingeebnet werden, dass er aber gerade bei solchen Aussagen nicht glauben könne, dass diese Begriffe ohne Wertungen verstanden werden müssten.[2] Beim Schuldbegriff meine das Heidegger'sche Gewissen ein Schuldigsein, für das wir letztlich nichts mehr könnten, an dem wir nicht mehr schuld seien. Alle Verschuldungen, auch die grauenhaftesten seien "vulgäre" Schuldphänomene vor dem eigentlichen Rufgewissen.

Mit solcher Kritik vermag F.J. Scheidt nichts anderes, als das Rad zurückzudrehen und die Wertethik wiederum in den Mittelpunkt zu stellen. Seine Unterscheidungen sind denn auch Wertungen und nicht analytische Begrifflichkeiten wie bei Heidegger. Aber gerade das Phänomen, dass Heidegger hier nicht verstanden bzw. wertend negativ beurteilt wird, macht uns aufmerksam auf die Problematik der Applikation seiner Theorie. Seine Analyse ist klar und scharf. Die herausspringende sprachliche Komplexität höchstens verwendbar im Rekonstruktionsverfahren, wo Element um Element der einen axiomatischen Aussage vom Grunde her zugegliedert wird. Was Heidegger macht - in seinem Vorgehen - ist eigentlich mehr analytische Konstruktion. Denn die Elemente "Entschlossenheit" durch "Befindlichkeit der Angst", durch "Verstehen als Sichentwerfen auf das eigenste Schuldigsein" und durch "Rede als Verschwiegenheit" stehen zueinander in Beziehung, stehen zugleich auf dem Hintergrund von Ruferfahrung als Anruf des Daseins zum Selbstseinkönnen.

Jedenfalls gibt uns Heidegger eine inhaltlich recht differenzierte zweistufige Begrifflichkeit, ontisch und ontologisch, Gewissen als Erfahrung des Man (A) und als Ruf des Daseins zum Selbstseinkönnen (B). Das erinnert an die Unterscheidung von moralischem und ethischem Gewissen bei Jung.

Ob die Uebernahme solcher Inhaltlichkeit für den Erziehungsprozess möglich ist, hängt von Operationalisierungsvorgängen ab. Gerade weil Heidegger nicht wertend weder vom Gewissen A noch B spricht, kommen normative Ableitungen kaum in Frage. Deduktorische Probleme können hier umgangen werden, es sei denn, man frage sich, wie denn der Weg zu diesem Selbstsein als Dasein sei, wie ich dazu komme, den Schüler zum Hören des Rufs als Handeln in seinem gewählten Seinkönnen zu bringen,

---

1) F.J. Scheidt: a.a.O., S. 106.
2) F.J. Scheidt: a.a.O., S. 97.

welche Strategien ich anwenden muss, damit er sich nicht auf die Flucht vor sich selbst begibt, in die Stimme des Man, zum Weltgewissen hin, oder konzeptuell gesagt, wie ich ihn zum "Hören" und "Verstehen" (ohne Ueberhören) des ursprünglichen Schuldigseins bringe.

Aber da ich ja gar nicht sagen kann, wann ich Hörender und nicht Ueberhörender bin, wann ich das wirkliche Schuldigsein treffe und nicht das vulgäre etc., da mir jegliche Kriterien für solche Normierungen fehlen, entstehen keine Lernziele oder doch nur sehr offene ohne inhaltliche Zuordnung, frei schwebend. Ich kann das "Sich-entwerfen" auf ein Schuldigsein hin - vermutlich - mit Schülern nicht konkret durchführen, weil Heidegger gar nicht beabsichtigt, dieses müssend zu tun, sondern bloss feststellt, dass wir es tun können. Ich könnte es daher nicht wagen, Ziele abzuleiten wie etwa

- Lernen das Dasein so weit als möglich an seine eigenen inneren Möglichkeiten heranzuführen.
- Lernen aus der Verlorenheit des Man sich selbst zu sich selbst zurückzuholen zum eigentlichen Schuldigsein etc.

Solche Forderungen lägen gar nicht in der Intention Heideggers, und sie liessen sich inhaltlich auch kaum abdecken.

Etwas anderes ist es mit Heideggers Absicht, uns aufmerksam zu machen. Es wäre möglich, seiner Sache gerecht zu werden, wenn die Phänomene sprachlich vereinfacht, im Sinne der Informationsvermittlung, wiederum als Zufuhr von Wissensmaterial, operational zu verwirklichen wären. Wir hätten damit Unterscheidung und Konstruktion initiiert.

Aber wie ist solches möglich?

K. Frey[1)] fordert in einem solchen Fall Zurückführung auf sog. "elementare Prädikationen", d.h. Theorien müssen vereinfacht in lebensweltliche Zusammenhänge zurückgeführt und erst von da ins Curriculum eingeführt werden. Er bezieht sich dabei auf das Bruner'sche Diktum, dass jedes Thema auf jeder Altersstufe wissenschaftlich redlich bzw. intellektuell ehrlich zu unterrichten sei.[2)] Verfügbare "didaktische Fazilitäten", Reduktionsformen ("hauptsächlich Symbolisierungsformen und Denkoperationen") und philosophisch-theoretische Richtlinien würden die drei Bedingungen dieses Reduktionsprozesses sein. Auch wenn wir jetzt

---

1) K. Frey: Drei Referenzpunkte bei der Entwicklung von integrierten naturwissenschaftlichen Curricula. Arbeitspapier 2. Symposium über Curriculumforschung. Freiburg 1973.

2) Vgl. J.S. Bruner: Der Prozess der Erziehung. Düsseldorf 1970[2], S. 44.

unterstellt haben, dass der Frey'sche Ansatz von naturwissenschaftlichen auf geisteswissenschaftliche Theorien übertragen werden könne, bleibt doch die Frage, ob "Lernziele, Normen, wissenschaftliche Befunde und Begründungszusammenhänge" im Feld Heidegger'schen Gewissenslehre sinnvoll diskutierbar sind, und wie wohl der Vorgang der Reduktion in diesem Falle vorzunehmen ist. Der Hinweis auf den rationalen Diskurs der Betroffenen und Beteiligten genügt nicht. Es müssten Erfahrungen auf diesem Gebiet gemacht werden. Diesen Ansatz fruchtbar durchzutragen wäre die Aufgabe einer eigenen Arbeit.

Wir müssen uns nun noch fragen, ob das analytisch-ontologische Konzept Heideggers in seiner Strategie etwas hergibt für die Konstruktion als Vorgehen, wenn es gilt, Unterricht in Gewissensbildung zu planen. Ich habe schon gesagt, dass Heidegger eigentlich nicht bloss analytisch vorgeht, sondern dass er analytisch konstruiert. Man müsste allerdings die Bedingungen der Möglichkeit solcher Konstruktion festlegen können, die Bedingungen der Hermeneutik als Methode. Heidegger verweist selber darauf, wenn er sagt, dass jedes Wahrnehmen verstehend-auslegend sei, denn "mit dem innerweltlichen Begegnenden als solchen hat es je schon eine im Weltverstehen erschlossene Bewandtnis, die durch die Auslegung herausgelegt wird."[1)] Diese Auslegung muss sich schon aus Verstandenem der Struktur nähern und immer wieder nähern in einem Zirkel. "Das Entscheidende ist nicht, aus dem Zirkel heraus - sondern in ihn nach der rechten Weise hineinzukommen"[2)], weil er Ausdruck der Vor-Struktur des Daseins ist.

Konstruktion würde demnach heissen, mit analytisch gefundenem Material im selben Gang der Analyse kreisend neue Elemente involvieren und dadurch Struktur modifizieren.

Genügt dies für eine Theorie des Aufbaus von Lerneinheiten? Ich meine, es könnte ein Hinweis sein, dass Inhalts-Handlungseinheiten auf existentiell je neuer Weise, in je neuem Kontext, in je neuer Zeit immer wiederholt werden sollen, dass also jedesmal, wenn ein neues Element zur Struktur hinzukommt, vorher von null her die Konstruktion im Anlauf bis zum neuen Element durchgezogen werden müsste.

Mehr ist wohl nicht zu sehen, weil die Bedingungen nicht wie beispielsweise bei Rogers auf ein Handeln und Begegnen zweier Personen hin gerichtet ist, sondern auf analytisches Reflektieren von schon gewesenen Begegnungen.

---

1) M. Heidegger: Sein und Zeit. Tübingen 1960[9], S. 150.
2) M. Heidegger: Sein und Zeit. Tübingen 1960[9], S. 153.

(Abschliessend möchte ich sagen, dass trotz allen Vorwurfs, den man Heidegger wegen seiner früheren Sympathie zu den Nationalsozialisten gemacht hat, seine Darlegungen gerade davon wegführen, dass totalitäre Systeme das Gewissen im Sinne der völligen Internalisierung der Staatsnorm manipulieren können. Das Dasein aus der Verlorenheit an das Man zurückholen, heisst immer, auf sich selber gestellt zu sein. Allerdings könnte man einwenden, dass gerade deshalb die Wirklichkeit nicht gesehen wird. Aber das wäre eine Unterstellung, denn im nationalsozialistischen Regime ist es durch Schulung so weit gekommen, dass Fragen nach dem Eigentlichen, dem Selbstsein, dem Modus des Schweigens nicht mehr gestellt werden durften. Diese Verdeckung des Eigentlichen konnte beispielsweise so weit gehen, dass Leute, die in der achten Generation nach dem Arierausweis eine jüdische Mutter hatten, aus "schlechtem" Gewissen gegenüber dem Staat dieses Faktum nicht vertuschen wollten, obwohl sie dazu die Möglichkeit gehabt hätten. Die Schulung der staatlichen Norm, dass "nationalsozialistische Gewissen" in den Menschen sprechen zu lassen, war so intensiv und vielgestaltig, aber auch so mit Angst gekoppelt, dass die Heidegger'sche Fragestellung im Kern erwürgt worden ist.
Das mag die Notwendigkeit der Transformation seines Ansatzes als "Zufuhr von Wissensmaterial" verstärken.)

F. Piagets Untersuchungen zum «moralischen Urteil» und Aeblis pädagogische Folgerungen

> "Die Pädagogik ist indessen weit davon entfernt, die einfache Anwendung des psychologischen Wissens zu sein."
>
> J. Piaget

1. Untersuchungen zum moralischen Urteil beim Kinde

a) Einleitung

"Abgesehen von der Frage der Ziele der Erziehung als solche, ist es klar, dass selbst bezüglich der technischen Vorgänge es lediglich Sache der Erfahrung und nicht der Deduktion sein kann, uns zu zeigen, ob Verfahren wie die Gruppenarbeit oder das Self-Government, einen wirklichen Wert haben. Etwas anderes ist es, zu beweisen, dass die Zusammenarbeit der Kinder beim Spiel oder im gesellschaftlichen Leben gewisse moralische Wirkungen nach sich zieht, und etwas anderes ist die Feststellung, dass diese Zusammenarbeit sich als Erziehungsverfahren verallgemeinern lässt. In diesem Punkt ist die experimentelle Pädagogik allein zuständig. Gewiss ist die pädagogische Erfahrung, wenn sie durch wissenschaftliche Mittel kontrolliert wird, für die Psychologie lehrreicher als alle Laboratoriumsversuche, und als solche könnte man auch die Experimentalpädagogik in die Gesamtheit der psycho-soziologischen Disziplinen einbeziehen. Die Art von Versuchen jedoch, die eine derartige Forschung mit sich bringt, kann nur von Erziehern oder von einer Vereinigung von Praktikern und Schulpsychologen vorgenommen werden. Es steht uns daher nicht zu, deren Ergebnisse vorwegzunehmen."[1)]
Dieses Zitat steht am Ende des noch heute lesenswerten Buches "Das moralische Urteil beim Kinde" (1932). Es beinhaltet genau die Frage die uns interessiert, nämlich: Was werfen a) die Untersuchungstechniken und b) die Theorien des kognitiven Lernens für die Planung der Gewissensbildung ab. Für Piaget hängen ja die kognitiven Funktionen stark mit dem moralischen Urteil zusammen, seine Entwicklung läuft über die internalisierten objektiven Normen, wobei immer sowohl die Komponenten der Persönlichkeitsstruktur als auch die objektive Struktur der Sozietät mitberücksichtigt sind.

---

1) J. Piaget: Das moralische Urteil beim Kinde. Zürich 1954 (deutsche Ausgabe), S.462/463.

Im Zentrum stehen zwei Fakten: Einmal ist es notwendig, dass der Forscher die Struktur der Regel (Norm) und alle entsprechenden Anwendungsmodalitäten kennt. Zum andern interessiert ihn, wie das Kind in verschiedenen Altersstufen diese Regeln anwendet bzw. das kognitive Schema aufgebaut hat. Das Gewissen resultiert dann aus dem Zwang dieses kognitiven Schemas und der normativen Kontrolle, zu der das Kind je fähig ist. Die Deckung beider - Struktur der Norm und kognitive Struktur - wird als Isomorphieproblem auf dem Hintergrund eines sozialen Systems gesehen. Es ist für die Transparenz des Denkens notwendig. Piaget meint, dass jede Moral ein System von Regeln sei, "und das Wesen jeder Sittlichkeit besteht in der Achtung, welche das Individuum für diese Regeln empfindet."[1]
Das heisst also, die zwei Elemente, Struktur der Regeln in der Gesamtstruktur des Regelsystems und Internalisierung der Regeln sind in der Forschung gegenseitig aufeinander zu beziehen.
Wir wollen nun einen kurzen Abriss dessen geben, was Piaget im genannten Buch darstellt, um nachher zu fragen, wie seine Erkenntnisse für den Erziehungsprozess fruchtbar gemacht werden können.

b) Untersuchungen zum Regelverhalten beim Spiel

Piaget verwendet als Forschungsmethode meistens das klinische Interview; d.h. die Versuchspersonen werden nach einem festen Schema befragt. Das Schema steht in Zusammenhang mit dem Murmelspiel (Quadratspiel). Etwa 20 Kinder werden danach folgendermassen befragt: "Hier sind Murmeln (man legt sie auf einen grossen Tisch mit grüner Decke, daneben ein Stück Kreide, mit dem das Kind sein Viereck zeichnen kann). Du wirst mich lehren, wie man spielt. Als ich klein war habe ich viel gespielt, aber ich habe es ganz vergessen. Ich würde gerne wieder spielen. Wir wollen zusammen spielen. Du lehrst mich die Regeln,und ich spiele mit dir."[2]
Bei der Durchführung dieses Interviews stiess Piaget auf zwei Gruppen von Erscheinungen,

aa) auf die Praxis der Regeln bzw. auf die Art und Weise, wie die Kinder mit den Regeln tatsächlich umgehen,

bb) auf das Bewusstsein der Regeln, d.h. auf die Art, wie verpflichtend die Regel ist bzw. der Entscheidung unterworfen ist, also auf die Heteronomie bzw. Autonomie der Anwendung.

---

1) J. Piaget: a.a.O., S.7. (Vgl. auch S.42 dieser Schrift.)
2) ebd. S.19.

Ad aa)

Zur Praxis der Regeln unterscheidet Piaget vier Stadien:

I. Motorisches oder individuelles Stadium: Das Kind geht nach seinen eigenen Wünschen und motorischen Gewohnheiten mit dem Spielmaterial um.

II. Egozentrisches Stadium (zw. 2-5 Jahren): Das Kind spielt für sich und kümmert sich nicht um die festgelegten Regeln, auch wenn es von aussen das Beispiel dieser Regeln erhält und sich in einem Kollektiv befindet.

III. Stadium beginnender Zusammenarbeit (zw. 7-8 Jahren): Jeder Spieler sucht den Gegner zu besiegen. Deshalb tritt die Besorgnis um die gegenseitige Kontrolle und die Vereinheitlichung der Regeln in den Vordergrund.

IV. Viertes Stadium: Kodifizierung der Regeln: Die zu befolgenden Regeln sind genau geordnet und allgemein (in der Gesellschaft) bekannt.

Ad bb)

Zum Bewusstsein der Regeln unterscheidet Piaget drei Entwicklungsstadien:

- (entspricht I oben) Die Regel ist noch nicht zwingend, entweder weil sie rein motorisch ist oder unbewusst aufgenommen wird.
- (II bis III) Die Regel wird als heilig und unantastbar angesehen. Sie kommt vom Erwachsenen und hat ewigen Bestand.
- (ab Mitte III bis IV) Die Regel wird als ein auf gegenseitigem Uebereinkommen beruhendes Gesetz betrachtet, zu dessen Beachtung man verpflichtet ist, wenn man ehrlich sein will, das man jedoch umgestalten darf, wenn das allgemeine Einverständnis da ist.

Er umschreibt in der Folge drei Typen von Regeln:

- Die motorische Regel: Sie entspricht der vorsprachlichen motorischen Intelligenz, ist von jeder sozialen Beziehung relativ unabhängig. In ihren Anfängen fällt sie mit der Gewohnheit zusammen, d.h. sie ergibt sich aus einem Gefühl der Wiederholung, das mit der Ritualisierung der motorischen Anpassungs-Schemata entsteht.
- Die zwingende Regel: Sie entspricht dem sogenannten präsozialen bzw. parasozialen Stadium. Die Regel ist wie geheiligt, als ob eine göttliche Autorität dahinterstünde. Das Regelbewusstsein ist deshalb heteronom. Das Kind denkt synkretisch und ist egozentrisch d.h. absolut auf sich bezogen.
- Die rationale Regel: Hier tritt die Zusammenarbeit auf den Plan. Wechselseitige Uebereinstimmung und Beschluss, individueller Vorschlag und entsprechender Konsens stehen im Mittelpunkt. Alles Mystisch-Mächtige geht zu Gunsten des Ausgleichs von sozialem und motorischem Ich verloren. Das Regelbewusstsein ist autonom geworden.

Piaget hat auch Untersuchungen mit Mädchen durchgeführt. Er kommt auf ähnliche Ergebnisse, wie die oben beschriebenen (die mit Knaben gemacht wurden),nur sei die Anpassung etwas früher, die Toleranz etwas grösser.

Bemerkenswert in seinem Buch sind die Beschreibungen der praktischen Durchführung der Experimente. Ich möchte hier diese Problematik durch ein einziges Beispiel illustrieren, um zugleich zu zeigen, wie phantasievoll er einerseits forscht, wie gefährlich jede Verallgemeinerung aber ist, weil seine Forschungsmethode doch im Gesamten gesehen noch sehr rudimentär ist. Zum Stadium I beschreibt er folgende Beobachtung:

> "In Nachfolgendem führen wir eine Beobachtung an, die zeigt, wie sehr die individuellen Riten und Symbole von den Regeln und Zeichen noch entfernt sind, sich indessen aber diesen Gegebenheiten in dem Masse nähern, wie sich zwischen den Kindern eine Zusammenarbeit herausbildet.
> Jacqueline spielt (nach den vorherigen Beobachtungen) mit Jacques (2 Jahre, 11 Monate, 15 Tage), der zum ersten Male Murmeln sieht. 1. Jacques nimmt die Murmeln und lässt sie nacheinander von oben hinunterfallen. Dann hebt er sie auf und geht fort. 2. Jacques legt sie in die Erde in eine Vertiefung und sagt: 'Ich mache ein kleines Nest'. Jacqueline nimmt eine und legt sie auf die Erde, sie ahmt nach. 3. Jacques nimmt ebenfalls eine Murmel, vergräbt sie in der Erde und macht ein Sandhäufchen darauf. Dann nimmt er zwei zugleich und vergräbt sie, dann drei, vier, fünf bis sechs zugleich, indem er jedesmal systematisch eine Murmel mehr nimmt. Jacqueline ahmt ihn nach: sie legt zuerst eine Murmel auf die Erde, häuft Sand darüber, dann wahllos zwei oder drei, ohne ein festes System in der Weiterführung anzunehmen. 4. Jacques tut alle Murmeln auf einen Haufen, legt dann einen Gummiball daneben und sagt: 'Das ist die Kugelmama, und das sind die Kugelkinder.' 5. Er tut sie aufs neue auf einen Haufen und bedeckt sie mit Erde, indem er die Bodenfläche glättet. Jacqueline ahmt ihn nach, jedoch nur mit einer einzigen Murmel, die sie bedeckt, ohne die Erde zu glätten. Sie fügt hinzu: 'Sie ist verloren', gräbt sie dann wieder aus und beginnt von neuem.
> An diesem Spiel sieht man deutlich, wie alles, was individueller Einfall oder Symbolismus ist, ausserhalb der Mitteilung bleibt: sobald die Partie zu einem Phantasie-Spiel wird, folgt jeder seinen Lieblingsvorstellungen, ohne sich um die der anderen zu kümmern. Ebenso lässt sich beobachten, wie die nacheinander versuchsweise angewendeten ritualisierten Schemata jeder einheitlichen Gesamtrichtung entbehren. Sobald jedoch eine gegenseitige Nachahmung erfolgt (Ende von 2,3 ganz), haben wir es mit einer beginnenden Regel zu tun: jeder versucht die Murmeln so zu vergraben wie es der andere tut und eine gemeinsame Progression zu verwirklichen, was übrigens mehr oder weniger gelingt. Dieser letztere Umstand führt uns zum Stadium des Egozentrismus hinüber, in dessen Verlauf das Kind die Regeln von einem anderen erlernt, sie indessen seiner eigenen Phantasie nach anwendet."[1]

Beschreibung und Folgerung geschehen einerseits hermeneutisch d.h. die Situation soll verstanden werden, anderseits aber struktural d.h. die Situation wird auf dem Hintergrund eines fast a priorisch angenommenen konzeptuellen Systems (Raster) interpretiert.[2] Dieses System bildet gleichsam eine Hypothese. Sie lautet, dass "Aneignung und Praxis der Spielregeln sehr einfachen und natür-

---

1) J. Piaget: a.a.O., S.31/32.
2) Vgl. S.44 dieser Arbeit.

lichen Gesetzen gehorchen, deren Etappen sich folgendermassen aufzählen lassen: 1. Einfache individuelle Regelmässigkeiten. 2. Nachahmung der Grossen und Egozentrismus. 3. Zusammenarbeit. 4. Interesse für die Regel als solche."[1] Wie das Kind zu diesen Stadien gelangt, soll weiter unten untersucht werden.

c) Untersuchungen zum moralischen Realismus

Mit der Methode der exempla ficta versucht nun der Forscher das Problem des "moralischen Realismus" transparent zu machen. Mit "moralischem Realismus" wird die Neigung des Kindes bezeichnet,"die Pflichten und die sich auf sie beziehenden Werte als für sich, unabhängig vom Bewusstsein existierend und sich gleichsam obligatorisch aufzwingend, zu betrachten, welches auch immer die Umstände sein mögen, in denen das Individuum sich befindet."[2]

Die Merkmale des moralischen Realismus sind:

- Die Pflicht ist heteronom, d.h. "jede Handlung ist gut, welche vom Gehorsam der Regel" gegenüber zeugt. - Das Gute wird ausschliesslich durch den Gehorsam definiert.
- Die Regel wird wörtlich und nicht dem Geiste nach befolgt.
- Der "moralische Realismus bringt eine objektive Auffassung der Verantwortung mit sich", d.h. bei den Kindern bis zu 10 Jahren bestehen zwei verschiedene Auffassungen der Verantwortlichkeit: Die objektive Verantwortlichkeit, bei der Handlungen nur nach ihrem materiellen Ergebnis gewertet werden, (Altersgruppe bis ca. 7 Jahre); und die subjektive Verantwortlichkeit, wo die Absicht eines Handelnden in die Bewertung der Handlung mit einbezogen wird (Altergruppe durchschnittlich um 10 Jahre). Die objektive Verantwortlichkeit nimmt also mit dem Alter ab.

Piaget gewinnt diese Merkmale wie gesagt aufgrund der Methode der exempla ficta. Er legt den Kindern je paarweise eine Geschichte vor. Die Strukturmerkmale der Geschichten sind immer dieselben: Eine Verhaltensabweichung geschieht das einemal absichtlich bzw. durch Uebertretung einer Norm (Regel), das anderemal unabsichtlich. Wir zitieren diese Paargeschichten, weil wir später, bei der Betrachtung der Lernprozesse nochmals auf sie zurückkommen:

> "Wir haben also versucht, die Kinder in Erzählungen zwei Arten von Ungeschicklichkeiten vergleichen zu lassen, von denen die eine ganz zufällig erfolgte und sogar die Folge einer in guter Absicht erfolgten

---

1) J. Piaget: a.a.O., S.49.
2) ebd. S.121.

Handlung war, jedoch einen beträchtlichen materiellen Schaden anrichtete, die andere, ohne grosse materielle Folgen zu haben, einer schlechten Absicht entsprang.

Wir erzählten also folgende Geschichte:

I.A. Ein kleiner Junge namens Hans ist in seinem Zimmer. Man ruft ihn zum Essen. Er geht ins Speisezimmer. Aber hinter der Tür stand ein Stuhl. Auf dem Stuhl war ein Tablett, und auf dem Tablett standen fünfzehn Tassen. Hans konnte nicht wissen, dass all dies hinter der Tür war. Er tritt ein: die Tür stösst an das Tablett und bums!, die fünfzehn Tassen sind zerbrochen.

I.B. Es war einmal ein kleiner Junge, der hiess Heinz. Eines Tages war seine Mama nicht da, und er wollte Marmelade aus dem Schrank nehmen. Er stieg auf einen Stuhl und streckte den Arm aus. Aber die Marmelade war zu hoch, und er konnte nicht daran kommen. Als er doch versuchte, daran zu kommen, stiess er an eine Tasse. Die Tasse ist heruntergefallen und zerbrochen.

II.A. Es war einmal ein kleiner Junge, der hiess Julius. Sein Papa war fortgegangen. Da hatte Julius den Einfall, mit dem Tintenfass seines Vaters zu spielen. Er spielte einen Augenblick mit der Feder und machte dann einen kleinen Klecks auf die Tischdecke.

II.B. Ein kleiner Junge namens August sah, dass das Tintenfass seines Vaters leer war. Eines Tages war sein Vater fort, da hatte er den Einfall, um ihm einen Gefallen zu tun, das Tintenfass zu füllen, damit sein Vater, wenn er zurückkäme, darin Tinte fände. Nur machte er beim Oeffnen der Tintenflasche einen grossen Klecks auf die Tischdecke.

III.A. Es war einmal ein kleines Mädchen namens Marie. Sie wollte ihrer Mama eine hübsche Ueberraschung bereiten und ihr eine Handarbeit schneidern. Da sie jedoch mit der Schere nicht gut umgehen konnte, machte sie ein grosses Loch in ihr Kleid.

III.B. Ein kleines Mädchen namens Grete nahm eines Tages die Schere ihrer Mama, als ihre Mama ausgegangen war. Sie spielte einen Augenblick mit der Schere und da sie nicht gut damit umgehen konnte, machte sie ein grosses Loch in ihr Kleid.

Nach der Analyse der Antworten, welche wir mit Hilfe dieser paarweise erzählten Geschichten erlangt haben, werden wir noch zwei Probleme hinsichtlich des Diebstahls untersuchen. Da wir vorderhand wissen wollen, ob das Kind vornehmlich die Absicht oder das materielle Ergebnis in Betracht zieht, haben wir uns in Bezug auf den Diebstahl darauf beschränkt, Diebstähle mit egoistischer Absicht mit solchen zu vergleichen, die einer guten Absicht entspringen:

IV.A. Alfred trifft einen kleinen Kameraden, der sehr arm ist. Dieser kleine Freund erzählt ihm, er habe heute nicht gefrühstückt, weil es bei ihm zu Hause nichts zu essen gab. Da geht Alfred in einen Bäckerladen. Da er aber kein Geld bei sich hat, benützt er den Augenblick, wo der Bäcker den Rücken dreht, um ein Brötchen zu stehlen. Er geht schnell hinaus und gibt es seinem Kameraden.

IV.B. Henriette betritt einen Laden. Sie sieht auf einem Tisch ein hübsches Band und denkt, es passe gut zu ihrem Kleid. Während die Händlerin den Rücken dreht, stiehlt sie das Band und läuft gleich weg.

V.A. Albertine hatte eine kleine Freundin, die einen Vogel in einem Käfig hielt. Albertine fand, dieser Vogel sei unglücklich und bat immer die Freundin, ihn fliegen zu lassen, aber die Freundin wollte nicht. Da hat Albertine eines Tages, als ihre Freundin nicht da war, den Vogel gestohlen. Sie liess ihn fliegen und versteckte den Käfig auf dem Speicher, damit man keinen Vogel mehr darin einsperren soll.

V.B. Juliette hat ihrer Mama, als sie nicht da war, Bonbons gestohlen und sie heimlich gegessen."[1]

Wiederum durch hermeneutische Analyse und Interpretation der Ergebnisse aufgrund eines hypothetischen Grundrasters kommt Piaget zu folgenden Resultaten:

- Der "Moralische Realismus" entstehe aus dem Zusammentreffen des Zwangs der Eltern mit dem intellektuellen Egozentrismus des kindlichen Denkens. Dieser Egozentrismus äussere sich in der Schwierigkeit, die Wahrheit zu sagen (Pseudolüge: das Kind verändert die Wahrheit aufgrund seiner Bedürfnisse). Da das Kind auf allen Gebieten sehr realistisch denke, sei es natürlich, dass es auch auf moralischem Gebiet mehr das äusserliche und sichtbare Element als die verborgene Absicht betone. Zudem neige es zur Verdinglichung abstrakter Gesetzmässigkeiten, also auch der moralischen Gesetze, woraus eine einseitig materielle Sichtweise resultiere.

- Eine betont zwangs- und autoritär-ausgerichtete Erziehung verstärke den Egozentrismus des Kindes und damit die objektive Verantwortung, da die Regel dem Kind so immer unverständlich und äusserlich bleiben müsse, d.h. es könne sich keine innere Beziehung zu ihr herausbilden.

- Mit dem zunehmenden Alter erwerbe sich das Kind ein autonomes Regelverhalten, das in der Entdeckung gründe, "dass die Wahrhaftigkeit für die Beziehungen gegenseitiger Sympathie und Achtung notwendig ist". Eine moralische Autonomie scheine dann erreicht zu sein, "wenn das Bewusstsein ein Ideal als notwendig erachtet, das von jedem äusseren Druck unabhängig ist".[2]

- Die subjektive Verantwortung sei das direkte Ergebnis einer aufgeklärten Erziehung, die dem Kind die Regeln nicht in kategorischer Weise aufzwingen wolle, sondern sie im Sinne der Zusammenarbeit und gegenseitiger Achtung zu erklären und veranschaulichen suche.

Es gibt also grundsätzlich eine zweifache Moral, welche nach Piaget auf zwei Bildungsprozesse zurückgeht, nicht aber scharf abgrenzbare Stadien bildet. "Der erste dieser Prozesse ist der moralische Zwang des Erwachsenen, welcher zur Heteronomie und folglich zum moralischen Realismus führt. Der zweite ist die Zusammenarbeit, welche zur Autonomie führt. Zwischen beiden kann man ein Stadium der Verinnerlichung und Verallgemeinerung der Regeln und Weisungen

---

1) J. Piaget: a.a.O., S.134/135.
2) ebd. S.222.

unterscheiden."[1] Solange noch eine Regel besteht, die sich von aussen aufzwingt ohne "notwendiges Ergebnis des Bewusstseins selbst", ist die Autonomie des Gewissens nicht erreicht.

d) Untersuchungen zum Gerechtigkeitsbegriff

Bei den weiteren Untersuchungen Piagets zum Gerechtigkeitsbegriff möchten wir nur einige Resultate festhalten:
Er unterscheidet zwischen zwei Typen von vergeltender Gerechtigkeit:

- Die Sühne-Strafen entsprächen den auf Zwang beruhenden Beziehungen, der Heteronomie-Moral und reinen Pflicht. Es bestehe keine Beziehung zwischen dem Inhalt der Strafe und der Natur der bestraften Handlung. Die Sühne wird als moralisch absolut notwendig und als pädagogisch nützliche Vorbeugungsmassnahme gegen Rückfälle angesehen. Der Begriff der Sühne ergebe sich aus der Verbindung zweier Einflüsse: dem individuellen Rachebedürfnis und der einseitigen Achtung vor der Autorität der Erwachsenen.
- Die auf Gegenseitigkeit beruhenden Strafen entsprächen der Moral der Autonomie und Zusammenarbeit. Sie erscheinen "begründet", d.h. es bestehe ausser dem Verhältnis zwischen dem jeweiligen Schweregrad von Vergehen und Strafe noch eine inhaltliche Beziehung. Diese Strafformen entständen als Folge des allmählichen, entwicklungsbedingten Zurücktretens der einseitigen Achtung vor dem Erwachsenen zugunsten der Gleichheits- und Gegenseitigkeitsbeziehungen der Kinder untereinander.

In der moralischen Reaktion des Kindes fehle in der frühen Phase die kollektive Verantwortlichkeit, während dieser Begriff für die primitiven Ethiken grundlegend sei. Die kollektive Verantwortlichkeit würde die Verbindung zweier Bedingungen voraussetzen, "die beim Kind immer nur getrennt und aufeinanderfolgend vorkommen: der Glaube an die mystische Notwendigkeit der Sühne und das Gefühl der Solidarität mit der Gruppe."[2]
Auch erscheine es dem jüngeren Kind ganz natürlich, dass ein beliebiger Fehler automatisch seine Strafe nach sich zieht. Der Glaube an die den Dingen immanente Gerechtigkeit rühre "von einer Uebertragung der unter dem Einfluss des Zwanges der Erwachsenen erworbenen Gefühle auf die Dinge her",[3] und nehme allmählich

---

1) J. Piaget: a.a.O., S.283.
2) ebd. S.295.
3) ebd. S.295.

als Folge der wachsenden Autonomie und konkreten Erfahrung ab.
Es sei möglich, ein deutliches Entwicklungsgesetz zu erkennen und drei grosse Etappen in der Entwicklung der ausgleichenden Gerechtigkeit in ihrer Beziehung zur Autoritätdes Erwachsenen zu unterscheiden:

- Die Gerechtigkeit ist "von der Autorität der Gesetze nicht verschieden", d.h. "gerecht ist, was der Erwachsene befiehlt". Der Begriff einer ausgleichenden Gerechtigkeit fehlt (zu Gunsten der vergeltenden Gerechtigkeit), da er eine gewisse Autonomie und Befreiung von der Autorität der Erwachsenen voraussetzt.
- Entwicklung des Egalitarismus, der über alle anderen Elemente siege.
- Der einfache Egalitarismus mache einer verfeinerten Gerechtigkeitsauffassung Platz ("Billigkeit"), die darin bestehe, "dass man nie die Gleichheit definiert, ohne die besondere Situation"[1], die speziellen Umstände, jedes einzelnen zu berücksichtigen.

Generell könne gesagt werden, dass im Laufe der geistigen Entwicklung des Kindes die ausgleichende über die vergeltende Gerechtigkeit siege. Bei einem Konflikt zwischen beiden Arten der Gerechtigkeit entscheiden sich die jüngeren Kinder eher für die Strafe, die Aelteren für die Gleichheit. "Die Autoritätsmoral, welche die Moral der Pflicht und des Gehorsams ist, führt auf dem Gebiet der Gerechtigkeit zur Verwechslung dessen, was gerecht ist, mit dem Inhalt des bestehenden Gesetzes, und zur Anerkennung der Sühne. Die Moral der gegenseitigen Achtung, welche die des Guten (im Gegensatz zur Pflicht) und der Autonomie ist, führt auf dem Gebiet der Gerechtigkeit zur Entwicklung der Gleichheit, welche der konstitutive Begriff der austeilenden Gerechtigkeit und der Gegenseitigkeit ist."[2] Die konformistische Moral soll - so Piaget - durch die demokratische ersetzt werden.

2. Einige kritische Punkte zu Piagets Erkenntnisinteresse

Wir haben Piaget nur kurz - zu kurz - referiert. Aber seine Arbeit ist schon so oft zusammengefasst worden, dass wir uns auf diese wenigen Ausführungen beschränken können. Zudem interessieren wir uns nur für ganz bestimmte Fragestellungen, die aus der Kritik seines Ansatzes erwachsen.

---

1) J. Piaget: a.a.O., S.323.
2) ebd. S.367.

J.H. Huijts[1] wirft Piaget vor, er unterschätze die emotionalen Komponenten im Lehrprozess. Das könne sehr schön am Beispiel des Regelspiels gezeigt werden. Für ihn sei die Kodifizierung der Regel wichtig, die Regeln machten aber nie das Spiel aus, sie seien höchstens Aktualisierungen des Spiels. Er sagt: "Das Kind spielt bereits, bevor es Spielregeln kennt. Zuerst ahmt es das Spiel nach, dann sind die Regeln heilig. Später entwirft es bewusst Regeln, oder es übernimmt sie. Dann tritt die Intellektualisierung des Spiels ein. Aber dies ist nie erschöpfend, wenn das Spiel noch Spiel bleiben soll. Mit anderen Worten: Die Regelsprache ist in die emotionale Verbundenheit eingebettet. Beim Murmelspiel geht es ganz sicher um die Murmeln, die man gewinnen oder verlieren kann, und nur in zweiter Linie um die Regeln."[2]
Dasselbe meint Huijts auch in Bezug auf die Moralität im Sinne der intellektuellen"Anerkennung der Normen auf Grund wechselseitiger Verabredung". Das sittliche Urteil hänge in weit grösserem Masse von Bindungen ab, von Motivationen, von der emotionalen Sozialität. Die Frage der Einverleibung der moralischen Regeln sei nicht nur "eine Frage des logischen Denkstils unter Vermeidung von Zweifel, Konflikt und Verschiebung in moralischen Auffassungen." Zwar könne er behaupten, dass das Kind, solange es nicht beim logischen und diskursiven Denken angelangt sei, sich in seinem Urteil egozentrisch ausdrücke. Das hänge damit zusammen, dass Piaget den formalen Ablauf in der Verschiebung des sittlichen Urteils beleuchten wolle. Jedoch bedeute das noch lange nicht, das das, was deskriptiv nacheinander erscheine, genetisch ganz andere Zusammenhänge aufwerfe.

Dieser Vorwurf ist nur zum Teil berechtigt. Wir sind mit Huijts einverstanden, dass emotionale Komponenten bei der Internalisation von Regeln eine wesentliche Rolle spielen. Wenn wir aber vom Erkenntnisinteresse Piagets bzw. von seiner Hypothese ausgehen (und nicht von zusätzlichen Fragestellungen), dass das sittliche Urteil vom Lebensalter und von der Intelligenz abhängig sei, so sind seine Resultate sehr wichtig. Die drei Durkheim'schen Kriterien der Moralität: Geist der Disziplin, Bindung an die gesellschaftlichen Gruppen und Autonomie des Willens[3] haben bei ihm nur sinnerschliessenden Charakter, weil er nur die formalen Veränderungen im moralischen Urteil untersuchen wollte.
Hätte er die Frage des Lernens eindringlicher gestellt, wäre er automatisch auf ein multifaktorelleres Modell der Entwicklung gestossen, das nicht nur faktisch

---

1) J.H. Huijts: Gewissensbildung. Köln 1969, S.158ff.
2) ebd. S.159.
3) J. Piaget: a.a.O., S.401.

kognitive Strukturen feststellt, sondern eben auch den Lernvorgang ins Auge fasst. So aber sind die Verhaltenssequenzen, die er in seinen genetischen Untersuchungen nachweist, nur indirekt zugänglich für den systematischen Unterricht. Zu diesen Sequenzen stellt sich die Frage, ob ein zu früh eingeführter Lernprozess überhaupt möglich und wünschenswert ist. Piaget hat deutlich gezeigt, dass die Kinder der "Belehrung" (für eine höher entwickelte Operation) widerstehen. Auf der anderen Seite streitet er nie den Einfluss der Umwelt ab, der teilweise für die Entwicklungsfortschritte zwischen den genetischen Bestandesaufnahmen verantwortlich ist. Aebli weist in seinem Buch "Ueber die geistige Entwicklung des Kindes" kritisch darauf hin: "... nirgends lesen wir bei Piaget, dass eine Vernachlässigung einer pädagogischen oder didaktischen Aufgabe irgendeinen Entwicklungsrückstand erzeugt hätte."[1)]

Für Piaget tauchen kognitive Strukturen auch nicht im Experiment auf, sondern ganz einfach im Rahmen der unbeobachteten Handlungen bzw. Interaktionen mit der sozialen und materialen Umwelt.[2)] Zwei Vorgänge werden im Hinblick auf den Lernprozess unterschieden: "einen Lernprozess im engeren Sinne und den Aequilibrationsprozess. Nur Inhalte werden gelernt, beispielsweise bestimmte Fakten der physikalischen Umwelt; Aequilibration dagegen, d.h. die Koordination der betreffenden Fakten in ein strukturelles System, kann weder gelernt noch induziert werden; man muss sie abwarten."[3)]

Wenn nun Piagets Theorie auf dem grundsätzlichen Axiom beruht, dass das Kind im progressiven Prozess (durch Akkomodation und Assimilation) seine Welt konstruiert, wenn diese Strukturen in der Erweiterung Bruners[4)] nicht als solche, sondern nur in der Repräsentation existieren, warum fragt er von diesem Ist-Zustand des Erforschten nicht weiter, wie diese Konstruktion initiiert werden könne? Gerade weil "Strukturen nur im Sprechen, im Wahrnehmen, im Vorstellen oder im Handeln realisiert sind"[5)] und daher stets neu repräsentiert und organisiert werden müssen, könnten doch die Bedingungen dieser Konstruktion untersucht werden, damit sie für den intentionalen Lernprozess fruchtbar gemacht werden können.

---

1) A. Aebli: Ueber die geistige Entwicklung des Kindes. Stuttgart 1969, S.88.
2) G. Steiner: Kognitive Struktur und ihre psychische Realität. In: Zs. für Pädagogik 1/1974, S.8.
3) ebd. S.8.
4) Vgl. J.S. Bruner: Studien zur kognitiven Entwicklung. Stuttgart 1971, S.27ff.
5) G. Steiner: a.a.O., S.12.

3. Die Bedingungen des "Lernens des Gewissens" nach dem Theoriemodell Piagets

Wir haben gesagt, dass alle sogenannten deskriptiven Befunde der Konstruktionstheoretiker auf eine ganz bestimmte Art von Forschungsmethoden zurückgeht. Das kann bei Piaget sehr schön gezeigt werden: Die Methoden beziehen sich nicht auf den Konstruktionsprozess des Kindes, sondern auf den jeweiligen planelarischen Schnitt dessen, was soeben möglich bzw. vorhanden ist. Piagets Methoden lassen sich - wenn wir uns nicht bloss auf das Werk "Das moralische Urteil beim Kinde" beziehen, sondern auf sein ganzes Lebenswerk - folgendermassen zusammenfassen:

- Die quasi-experimentelle Beobachtung:
  Gewisse elementare Formen der Umweltanpassung in den ersten Lebensjahren wurden von Piaget aufgrund der täglichen Beobachtung seiner drei Kinder untersucht (erste gewohnheitsmässige Verhaltensweisen, sensomotorische Intelligenz, Nachahmung, Spiel und erste Spuren der Wortsprache).
  Die Beobachtungsweise besteht aus der einfachen Registrierung jeder Verhaltensform. Sie lässt sich leiten von der Hypothese einer Kontinuität zwischen Reflexanpassung, Gewohnheitsanpassung und intelligenter Anpassung, von der Hypothese, "dass 'Anpassung' das dynamische Gleichgewicht zwischen Akkomodierungs- und Assimilierungsprozessen bedeutet". [1)]
  Wenn eine Beobachtung aus präzisen Hypothesen entspringt, d.h. sich wiederholt, wird sie den Charakter eines Experiments in dem Sinne annehmen, dass die Durchführungsbedingungen nur gezielt vorausbestimmt und verändert werden.
- Die "kritische" Methode:
  Bei Untersuchungen mit wirklich experimentellem Charakter tritt für das anschauliche Denken (2-3 bis zu 6-7 Jahren) für das konkret-operative Denken (6-7 bis zu 10 Jahren) und für das formale Denken (über 10 Jahren) die "kritische" Methode hervor. Es wird Material benützt, das die Versuchsperson unmittelbar beobachten und sehr oft auch handhaben kann: Perlen, Plastilin, Stäbchen, geometrische Körper und Modellspielzeuge, welche Fahrzeuge, Menschen, usw. darstellen. Es ist Material, das meistens die sprachliche Formulierung, die irreführen könnte, überbrückt, weil es an sich das Interesse des Kindes weckt. Die Benutzung solchen Materials führt innerhalb des Ablaufes zu entscheidenden oder "kritischen" Phasen, daher der Name "kritische Methode". Diese werden vom Kinde überwunden oder eben nicht, was zu Schlüssen über die geistige bzw. moralische Entwicklung führt.
  Die Verwendung des Materials richtet sich nach einem Schema, das grundsätzlich gleich bleibt, aber nicht starr ist, sondern sich in eine bestimmte Anzahl von Tests auflöst, die aufgrund der unmittelbar vorangegangenen Untersuchungen stets neu gestaltet werden. So können auch die verschiedensten Deutungsmöglichkeiten nachgeprüft werden. Es ist zu bemerken, dass gerade dieser "nicht-starre" Charakter des Tests ein Ausdruck für das Mehrinteresse am qualitativen Aspekt der geistigen Strukturen darstellt.
  "Was Piaget interessiert, ist vor allem die Feststellung, welche Formen der jeweils untersuchte Begriff (z.B. der 'Klasse') während der Periode annimmt, in der er stufenweise erworben wird, und wie sich der Uebergang

---

1) G. Petter: Die geistige Entwicklung des Kindes im Werk von J. Piaget. Bern 1966, S.19.

von einer niedrigen zu einer höheren Form vollzieht. Das Ziel, das Piaget in erster Linie verfolgt, besteht nicht darin, eine'Metrik' der Entwicklung zu bestimmen, sondern zu ihrer qualitativen Erkenntnis zu gelangen (im Sinne einer Bestimmung des Ordnungsverhältnisses, in dem bestimme Entwicklungsphasen aufeinander folgen, und nicht nur Wesensmerkmale einer jeden Phase)."[1)]

- Die "klinische" Methode:
  Es gibt nun Versuchsanordnungen von Piaget, wo die Tests sich auf die Zergliederung verschiedener Aspekte der geistigen Welt des Kindes beziehen. (z.B. Ansichten über Ursprung der Naturelemente, etc. als Vorhandensein oder Fehlen eines Bewusstseins, einer Intentionalität oder, im allgemeinen, der Qualität des "Lebendigen")Hier hilft die oben angegebene Experimentaltechnik nicht weiter. Um die gleichen Versuchsbedingungen zu sichern, könnte man jeweils die gleichen Fragen an alle Versuchspersonen richten. Der Gebrauch typischer Fragen birgt aber die Gefahr in sich, die Richtung des Denkens bei Versuchspersonen zu verfälschen. Gerade bei undiffernezierten, veränderlichen und dazu oft unklar formulierten Ansichten, kann jede Frage zur Suggestivfrage werden. Das Risiko der Störfaktoren ist dann am grössten, wenn sich das Kind eine bestimmte Frage bis dahin überhaupt noch nicht gestellt hat.
  Wenn aber nur dasjenige aufgezeichnet würde, was das Kind spontan von sich aussagt, kämen viele egozentrische Tendenzen zum Vorschein, die es daran hindern würden, einen grossen Teil seiner spontanen "Glaubensinhalte" anzuzeigen. Spontaneität birgt auch immer die Gefahr in sich, Schlüsse zu ziehen über Dinge, die rein spielerisch getan oder gesagt werden.
  Um diese Schwierigkeiten zu umgehen, verwendet Piaget die "klinische" Methode. Am Anfang des Gesprächs steht eine Frage, die die Möglichkeit impliziert, der Versuchsperson weitere Fragen zu stellen, "die nach der gegebenen Antwort selbst (nach deren Inhalt, Form oder Ton) ausgerichtet werden, indem man sie so wenig suggestiv stellt, wie nur möglich. Dadurch wäre zweierlei erreicht: Das Gespräch weiterzuführen, in dessen Verlauf eine Reihe von spontanen Ueberzeugungen unmittelbar oder mittelbar ausgedrückt sind, und das Kind unmerklich an gewisse kritische 'Zonen' heranzuführen, zu Urteilsbegründungen, für die der Versuchsleiter Hypothesen formuliert hat, die einer Kontrolle bedürfen, welche nicht in einer direkten Form zu bewerkstelligen wäre."[2)]
  Piaget verlangt zur Durchführung dieser Methode gut kontrollierte Formulierung der Fragen und ständiges Bemühen um Neuanalyse jeder Antwort. Denn im Verlaufe des Dialogs könnten sich die Bedingungen ändern (Ermüdung, steigendes Interesse, Meinungsänderung, etc.). Er unterscheidet fünf Reaktionstypen für die "klinische" Methode:
  a) Ausdruck spontaner Glaubensinhalte
  b) provozierte Antworten
  c) suggerierte Antworten
  d) Antworten fabulierenden Charakters
  e) Weil-es-so-ist-Antworten

  Die Differenzierung dieser Antworttypen erlaubt es dem Versuchsleiter eine ausgeprägte theoretisch-deutende Systematisierung des Entwicklungsniveaus.

---

1) G. Petter: a.a.O., S.21.
2) ebd. S.23.

Aufgrund dieser Untersuchungsmethoden Piagets, die sich wie gesagt auf die Möglichkeit der Konstruktion bzw. Verwendung einer moralischen Regel hic et nunc richtet, lassen sich Hypothesen zum Lernprozess vor und während des Experiments ableiten. Solche Hypothesen hat H. Aebli, eine ehemaliger Schüler und Mitarbeiter Piagets 1963 entwickelt. Er stösst bei seinen Untersuchungen auf ein sogenanntes multifaktorelles Modell des Lernprozesses.

Um dieses Modell besser zu verstehen, möchten wir zuerst die programmatischen Punkte, die Aebli zum Problem des Lernens und der geistigen Entwicklung des Kindes abschliessend in einer späteren Schrift (1969) gemacht hat, anfügen. Sie lauten:

1) Erziehungs- und Bildungsziele werden als Verhaltensweisen definiert (epistemisches, operatives Problemlöseverhalten).
2) Der Unterricht muss die Verhaltensweisen allgemein und durchsichtig d.h. transferierbar gestalten (Uebung).
3) Einstellungen, Haltungen und Verhaltensstile beeinflussen die Leistungen des Schülers.
4) Die Lehrer aller Stufen sollten eine genaue Kenntnis der psychologischen Bedingungen des Verhaltens und Lernens besitzen. (Psychologie kognitiver Verhaltensweisen, Theorie höherer Lernprozesse) - Uebertragung auf konkrete Schul- und Erziehungssituationen.
5) Es besteht kein Unterschied zwischen Verhaltensveränderungen welche man "Entwicklung", und denjenigen, die man "Bildung und Erziehung" nennt. Sie werden alle durch Lernen und Erfahrung realisiert und durch Anlagen und Reifung erleichtert oder erschwert.
6) "Entwicklung" = Summe der Lernprozesse, entstanden durch ungeleitete Auseinandersetzung mit dem kulturellen Grundbestand.
7) Intelligenztests erfassen das so erworbene Verhaltensrepertoire, die Schule baut darauf aus.
8) Deshalb steht ein Zusammenhang zwischen Schulleistungen und Leistungen in Intelligenztests (sie korrelieren wegen ausgesetzten Störungen nie ganz).
9) Schulleistungen können wegen ihrer hohen Störungsanfälligkeit nur sehr bedingt für die Güte der intellektuellen Anlagen gelten.
10) Die "Begabungsreserven" sind nicht vorausbestimmte junge Menschen mit Voraussetzungen für ein gehobenes Studium. Denn in jedem Fall muss die kognitive Grundausrüstung erst gelegt werden.
11) Die Güte der Anlage kann nur gemessen werden bei einer Population mit einigermassen konstanten Lerngelegenheiten (bei sozio-kulturell benachteiligten Gruppen können gezielte Vorschulprogramme die Intelligenz heben).
12) Bis zum Alter von 15 Jahren (Reifung des Zentralnervensystems) durchläuft der Mensch einige "kritische" Phasen erhöhter Sensibilität - für bestimmte Lernangebote. (Nur relativ elementares Verhalten; für höhere Verhaltensleistungen kann kein Alter für optimale Lernbereitschaft angegeben werden.)
13) Es kann auch keine Leistungsobergrenze für einen bestimmten Reifestand angegeben werden, weil die Bestleistung ausser vom psychologischen Reifestand von variablen motivationalen ungegenständlich-strukturellen Voraussetzungen abhängt.

14) Nur aus der wissenschaftlich erhellten Schulpraxis und in der Experimentalpsychologie ergeben sich optimale Lernangebote. (Nicht aus der Beobachtung bruchstückhafter und unsystematischer Lernprozesse.)[1]

Aus diesen programmatischen Punkten H. Aeblis springt uns ein anders gelagerter Entwicklungsbegriff entgegen, als bei Piaget, d.h. die Akzente sind verschoben. Statt Untersuchungen direkt vorzunehmen, wird vorerst nach möglichen Lernprozessen gefragt, welche das Resultat der Untersuchung beeinflussen. So hat der dänische Wissenschaftler Martin Johnson schon 1937 gezeigt, dass z.B. Tests auch für Lernprozesse verwendet werden können. Er konnte Versuchspersonen dazu bringen, ihr Verständnis für räumliche Geometrie zu verbessern etc.[2] Bruner bringt das in einer Forderung zum Ausdruck. Er sagt: "Es wäre besser, wir würden die Kinder trainieren, Verwandlungen zu erkennen, als einfach zu testen, welche Gewandtheit sie zufällig erreicht haben."[3] So ist es auch heute Voraussetzung, dass Untersuchungen im Sinne von Piaget erst nach einem sogenannten Mobilitätstraining vorgenommen werden, wo die kognitiven Strukturen schon zum vornherein durch mögliche Lernprozesse optimal aufgebaut werden können.[4] Schon hier kann also gesagt werden, dass mit den exempla ficta, wie sie von Piaget bei den Untersuchungen zum moralischen Urteil des Kindes verwendet werden, Lernprozesse initiiert werden könnten.[5]

4. Ein multifaktorelles Entwicklungsmodell

Wir wollen nun die Entstehung dieses Gedankens etwas genauer verfolgen. Er ist im Buche "Ueber die geistige Entwicklung des Kindes"[6] fundamental dargelegt. Die Hypothese lautet, dass die "Aufbau- und Koordinationsprozesse, die sich

---

1) Vgl. H. Aebli: Die geistige Entwicklung als Funktion von Anlage, Reifung, Umwelts- und Erziehungsbedingungen. In: Deutscher Bildungsrat (Hrg.): Begabung und Lernen. Stuttgart 1969², S.188/189.
2) Vgl. J.S. Bruner: Relevanz der Erziehung. Ravensburg 1973, S.126.
3) ebd. S.126.
4) Vgl. G. Steiner: Kognitive Strukturen und ihre psychische Realität. In: Zs. für Pädagogik 1/1974, S.15, und L. Montada: Ueber die Funktion der Mobilität in der geistigen Entwicklung. Stuttgart 1968.
5) Vgl. unsere Abschrift S.321-323.
6) H. Aebli: Ueber die geistige Entwicklung des Kindes. Stuttgart 1963.

also bei Piaget über längere Zeit als spontane Entwicklungsforschritte abspielen"[1], im Elaborationsprozess aktuell sind, d.h. während des Experiments selbst realisiert werden. Piagets Hauptaufgaben bestehen - wie gesagt - nur in der logischen Analyse der aufeinanderfolgenden Denkstrukturen mit dem Ziel, sowohl die Aufbaugesetze aufzuzeigen, als auch die funktionelle Abhängigkeit von Strukturhöhe der Operation und Lebensalter. Da beim Durchschnitt der Bevölkerung Intelligenzalter und Lebensalter zusammenfallen, situiert er seine Denkstrukturen auf die unexaktere Lösung, auf das Lebensalter.

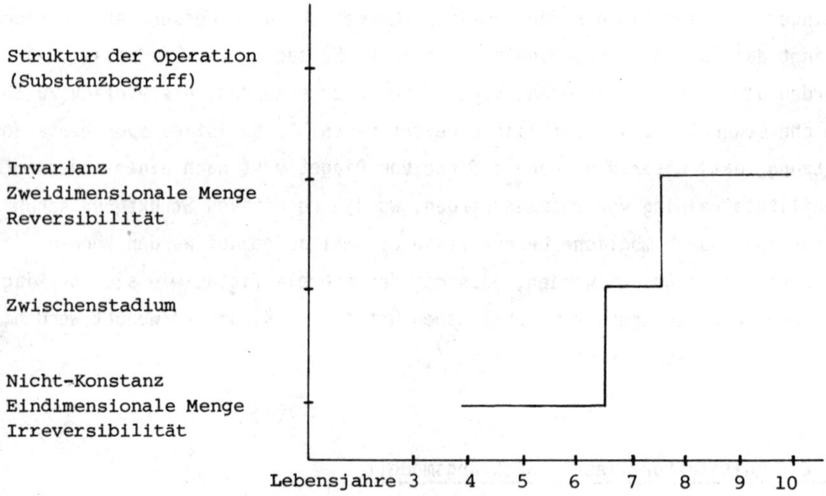

Funktionelle Abhängigkeit von Strukturhöhe der Operation und Lebensalter.

Auf der Skizze ist ersichtlich, dass nicht eine kontinuierliche Kurve den Zusammenhang zwischen Strukturhöhe der Operation und dem Lebensalter sichtbar macht. Das heisst aber nicht, dass die Entwicklung in Schüben verläuft. "Vielmehr entsteht das stufenförmige Bild dadurch, dass die Dimension 'Strukturhöhe der Operation' nicht kontinuierlich ist."[2] Das Beispiel der Invarianzen macht dies klar. Das Kind kann nur zwei Haltungen einnehmen: Es anerkennt, oder es sieht es nicht (leugnet). Dennoch entwickeln sich die geistigen Kräfte nicht in

1) H. Aebli: a.a.O., S.43.
2) ebd. S.69/70.

Schüben. Sie wachsen kontinuierlich d.h. das Kind hält sich auf einer "Treppenstufe" so lange auf, bis seine Kräfte so angewachsen sind, dass es die nächste Stufe ohne Schwierigkeiten ersteigen kann. Nun sagt Aebli, dass Piaget dies nicht durchschaut habe, denn er habe die Verschiebung auf nur zwei Begriffe festgelegt: Auf die zeitliche (eine Person wird über längere Zeit beobachtet und der Zeitpunkt der gleichen logischen Struktur bei verschiedenen Inhalten festgestellt) und auf die logische (eine Person wird zu beliebigem Zeitpunkt untersucht: "Bei verschiedenen Inhalten und verschiedenen Bedingungen der Anschaulichkeit wird die Vp in einem gegebenen Zeitpunkt Operationen verschiedener logischer Strukturhöhe produzieren."[1]) Aus diesem Grunde drängt sich Aebli eine Erweiterung der Theorie Piagets auf.
Aebli stellte zuerst bei Kindern einer bestimmten Altersstufe logische Verschiebungen fest. Er verfolgte dabei die von Piaget "rezeptive und anschauliche Bedingungen" genannten Faktoren, und bemerkte, dass sie in eine neue Gleichung einzutreten vermögen. "Es können nämlich die Verschiebungen der Strukturhöhe der Operation als Funktion verschiedener Faktoren gesehen werden: Die Strukturhöhe des Gegenstandes erscheint damit abhängig von der Komplexität des Gegenstandes, von seiner Anschaulichkeit, von den Lernprozessen, die bei der Wiederholung des Versuches eintreten, schliesslich von der Motivation der Versuchspersonen, etc."[2])
Im Lernbild von Aebli wird das so dargestellt:

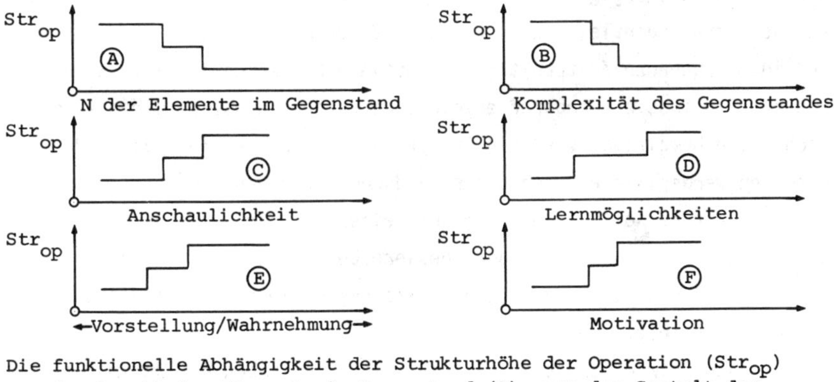

Die funktionelle Abhängigkeit der Strukturhöhe der Operation (Str_{op}) von der Anzahl der Elemente im Gegenstand (A), von der Gestalt des Gegenstandes (B), von seiner Anschaulichkeit (C), von den Lernmöglichkeiten während des Versuches (D), von den Anteilen von Vorstellung und direkter Anschauung im Versuchsablauf (E) und von der Motivation der Versuchsperson (F).

---

1) H. Aebli: a.a.O., S.71/72.
2) ebd. S.72.

Bis jetzt wurde Strukturhöhe der Operation als abhängige Variable gesehen, die Faktoren wie Anschaulichkeit etc. als freie Variablen. Aebli überwindet diese Betrachtungsweise und stösst zum Begriff der Relativität der Entwicklungsfaktoren vor. Es kann also ohne weiteres die Strukturhöhe der Operation die freie Variable darstellen und die Veränderungen der anderen Faktoren als abhängige Grössen. "So könnten einem Kind in einem gegebenen Zeitpunkt seiner Entwicklung drei Probleme gestellt werden, die Operationen von steigender Strukturhöhe verlangen. Man würde sodann feststellen, dass dem Kind die schwierigen Operationen jeweilen nur dann gelingen, wenn sie mit immer einfacheren Gegenständen ausgeführt werden. Weiterhin fände man, dass die Gegenstände, sofern ihre Komplexität konstant gehalten würde, immer anschaulicher gegeben werden müssten, wenn die Operationen von wachsender Schwierigkeit gelingen sollten. Oder aber, es könnte dem Kind immer mehr Zeit gegeben werden, sodass sich immer bedeutendere Lernprozesse im Versuch abspielen könnten. Sodann erleichterte eine längere zur Verfügung stehende Zeit die Operation auch dadurch, dass das Kind weniger aus der Vorstellung arbeiten müsste und sich in höherem Masse auf die direkte Wahrnehmung stützen könnte. Schliesslich würden gewisse schwerere Aufgaben dann gelöst, wenn man die Motivation, von einem anfänglich geringen Niveau ausgehend, erhöhte. Bei dieser Betrachtungsweise hat die Strukturhöhe der Operation ihre Vorzugsstellung verloren. Sie wird zum Faktor unter anderem."[1)]
Die Begriffe der "Schwierigkeit eines Elaborationsprozesses" und der "geistigen Kraft" können nicht unabhängig von den genannten Faktoren auftreten. (Anlagen als Erleichterer der Intelligenzleistung.) Weiter ist zu sagen, dass das Produkt der Faktoren in einem gegebenen Zeitpunkt eine konstante Grösse darstellt. "Wird ein Faktor erschwert, so muss ein anderer erleichtert werden, sonst wird die Aufgabe vom Kind nicht mehr bewältigt. Wird ein Faktor erleichtert, während die anderen konstant gehalten werden, so erleichtert sich dadurch der ganze Elaborationsprozess."[2)] Eine weitere Rolle spielt die Güte einer Reaktion, die derart abhängig ist, dass grössere "Anstrengungen" bessere Leistungen ermöglichen.
An dieser Stelle wird nun auch gezeigt, dass das Lernen im "neuen Bilde" die Rolle eines Faktors spielt.
Die Genese des neuen Entwicklungsbegriffs schliesst Aebli eben mit der multifaktorellen Theorie. Er zeigt, dass die "Faktoren" so verstanden werden, als ob

1) H. Aebli: a.a.O., S.74.
2) ebd. S.76.

sie die "geistige Kraft" definieren. Er folgert: "In jedem Augenblick der Entwicklung eines Kindes ist das Produkt der Kräftefaktoren konstant; der Anteil der ins Spiel gesetzten einzelnen Faktoren kann aber von Aufgabe zu Aufgabe variieren. Die geistige Entwicklung des Kindes muss daher als eine kontinuierliche Zunahme seiner geistigen Kraft verstanden werden ... Die Entwicklung kann nicht mit irgendeinem einzelnen Faktor identifiziert werden."[1)]
Für Piaget heisst "sich entwickeln" logische Strukturen von immer grösserer Komplexität und Beweglichkeit aufzubauen. Für Aebli verkomplizierte sich das Bild, indem er die Tatsache feststellt, dass die Strukturhöhe eines Kindes plötzlich zurückfallen kann, wenn erschwerende Faktoren auftauchen, und dass damit nicht die Strukturhöhe als feste Grösse genommen werden kann.
Deswegen widerspricht, nach Aebli, sein Entwicklungsbegriff dem Piagets nicht, er umfasst oder erweitert ihn vielmehr. Denn Piaget hat bei seinen Untersuchungen die übrigen Faktoren konstant gehalten, was bewirkte, dass sich die geistige Entwicklung in logischen Strukturen zunehmender Komplexität ausdrückte. Seine Untersuchungen bewahren also ihren Wert. Der mulitfaktorelle Entwicklungsbegriff führt zur Fähigkeit, "einen Gegenstand, der aus immer mehr Teilen besteht oder der eine immer komplexere Gestalt aufweist, einer gegebenen Operation zu unterwerfen", oder zur "Fähigkeit, das Problem auf immer abstraktere Weise zu lösen, dieses auch immer prompter, d.h. ohne jedes Probieren und Lernen zu lösen, und schliesslich mit einer immer geringeren Motivation auszukommen."[2)]
Beizufügen ist, dass diese komplexe Grösse Faktoren in sich birgt, die diskontinuierlich oder aber kontinuierlich variieren. So stellt z.B. die Zeit zur Lösung eines Problems eine kontinuierliche Grösse dar.
Wir haben weiter oben die exempla ficta Piagets und ein Beispiel eines klinischen Gesprächs abgedruckt.[3)] Wie könnten damit unter Berücksichtigung der multifaktorellen Theorie Aeblis Lernprozesse für die Bildung des moralischen Urteils in Richtung Autonomie angegangen werden?
Folgende Punkte seien vorwegnehmend global formuliert:

- Diese Beispiele müssen so in den Unterricht gebracht werden, dass sich das Kind damit spielend, sprachlich und kreativ-pragmatisch <u>wiederholt</u> auseinandersetzen kann.
- Diese Beispiele sollen verbunden werden mit aktuellen, unterrichtlich-

---

1) H. Aebli: a.a.O., S.80.
2) H. Aebli: a.a.O., S.70.
3) in dieser Arbeit S.320 und S.321-323.

sozialen, moralisch-emotionalen Problemen der Kinder (Motivation).
- Diese Beispiele sollen je nach Alter kontextuell und komplexitätsmässig variiert bzw. transformiert werden können (Rücksicht auf verschiedene Strukturniveaus in einer Schulklasse).
- Das Kind soll die Möglichkeit erhalten, diese Beispiele transferal zu verwenden (Anschaulichkeit).

Die oben erwähnten Faktoren gehen somit in den üblichen Unterrichtsprozess ein. Wir möchten dies ausführlich im nächsten Abschnitt darstellen.

G. Konsequenzen für den lernprozessorientierten Aufbau des moralischen Urteils oder Lernen durch Strukturen

1. Zur Komplexität der zu vermittelnden Struktur und der Begriff des Mobilitätstrainings

Mit den Versuchsanleitungen, wie wir sie S.318 aus dem Buche "Das moralische Urteil beim Kinde" dargestellt haben, liessen sich leicht strukturalkonzipierte Lernprozesse im Sinne Aeblis entwickeln. Man könnte dem Schüler also Murmeln geben und in spielerischem Versuch (Mobilitästraining) von einfachen bis komplizierten Spielregeln lernen lassen. Bei komplizierten Spielregeln könnten die Spielfeldkombinationen vereinfacht, könnte die Motivation erhöht, die Zeit verlängert und die Wiederholungsquote (operatorisches Ueben) erhöht werden. Erst aufgrund solcher Lernprozesse könnten anschliessend Strukturniveau- und Strukturformtests durchgeführt werden, welche dann neuerdings die Grundlage für weitere Lernprozesse abgeben würden. Anders gesagt: aufgrund des Wissens um die Strukturhöhe könnten neue TOTE-Einheiten [1] (d.h. Handlungen bzw. Operationen, welche aufgrund von Tests zur Befriedigung abgeschlossen werden) geplant und durchgeführt werden. Wir bekämen eine hierarchische Struktur von Verhaltenskomplexen, welche auch das Planen und Aufstellen von einer Reihe von Prüfkriterien ermöglichten. Aufgrund der jeweils erreichten Strukturniveaugrenze müsste der Lehrer abschätzen lernen, wie lange er warten muss, bis seine Schüler zu neuen komlizierteren Operationen fähig wären.
Aehnliches lässt sich von den exempla ficta Piagets im Problembereich "objektiver Verantwortlichkeit" sagen. Wir haben auf S.321ff ein Bündel solcher Beispiele exemplarisch abgedruckt. Die Beispiele I bis III betreffen den Bereich materiellen Schadens, welcher einerseits durch absichtliche andererseits durch unabsichtliche Ungeschicklichkeit herbeigeführt worden ist. Die Beispiele IV und V beziehen sich auf Diebstähle mit egoistischer bzw. guter Absicht.

Die Sachstruktur des I. Beispiels lässt sich etwa folgendermassen erfassen:

---

1) Vgl. G.A. Miller/E.Galanter/K.H. Pribram: Pläne und Strukturen des Verhaltens. Stuttgart 1973, S.37ff.

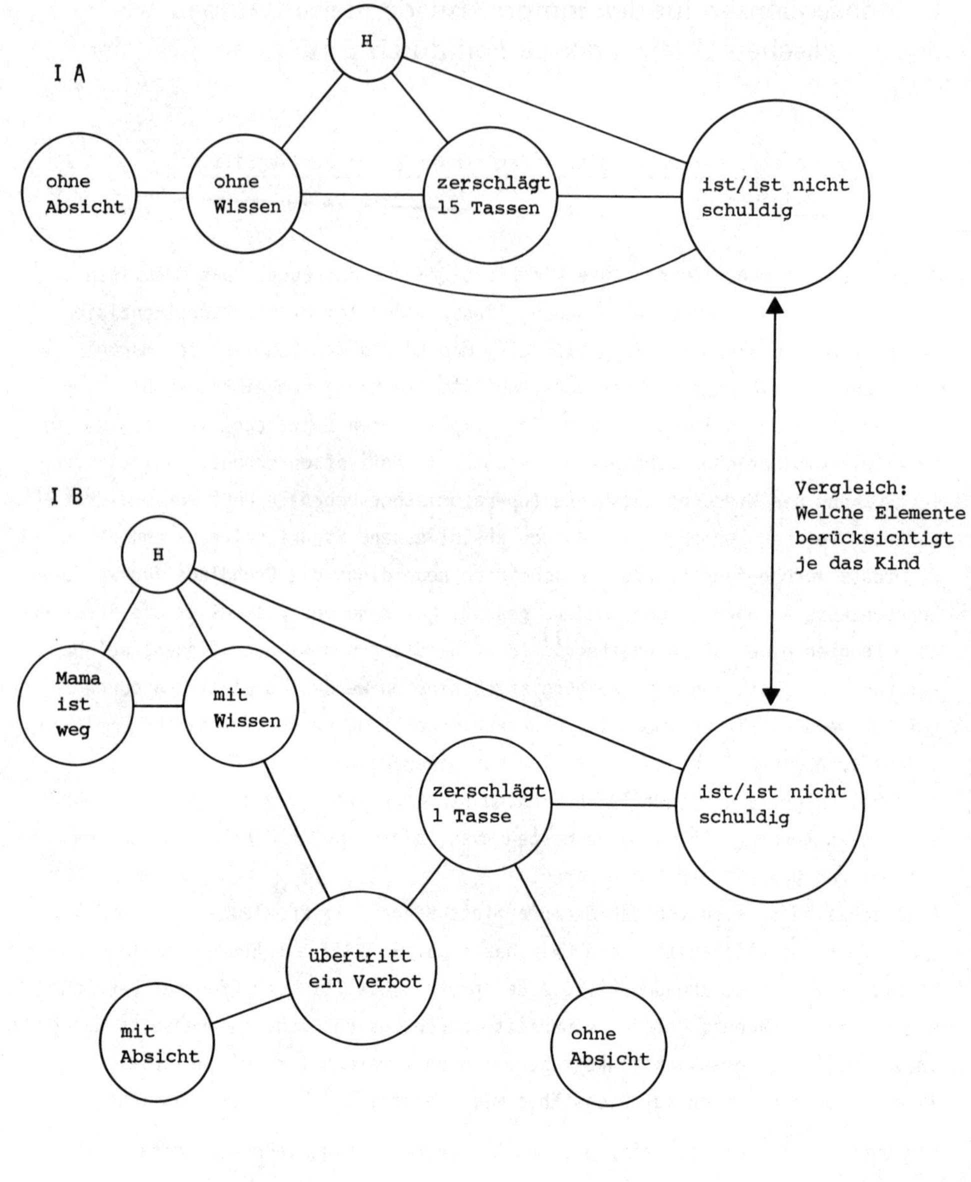

Bei solcher Kodifizierung des strukturalen Sachverhaltes fällt einem sofort auf, dass diese exempla ficta gar nicht so eindeutig in ihrer Strukturkomplexität dastehen. Mit anderen Worten, es wäre ohne weiteres möglich, weitere Elemente zu berücksichtigen, z.B. das Problem der Norm, nicht Konfitüre naschen zu sollen, das Problem, dass in Bezug auf die Tassen tatsächlich keines der beiden Kinder schuld ist, das Problem, wie stark die Bestrafung sein soll wegen zerschlagener Tassen, ferner die Frage des sozialen Umfeldes, die Frage, warum 15 Tassen hinter einer Türe stehen etc. Die Struktur lässt sich also beliebig vergrössern und erweitern bis zu einer Strukturkomplexität und einem Strukturniveau, wo auf Grund von ethischen Konzepten völlig verschiedene Lösungen der Beispiele möglich sind. Piaget hat - wir wiederholen es - nur auf zwei Dimensionen geachtet: auf das Lebensalter und auf die Aussage "wer ist mehr schuldig?". Alles andere ist für ihn nicht wichtig.[1)]

---

1) Aus den Ausführungen von Ausubel (D.P. Ausubel/E.V. Sullivan: Das Kindesalter. München 1974, S.481/482) entnehmen wir, dass der amerikanische Psychologe Kohlberg Untersuchungen über das moralische Urteil von Kindern und Adolescenten durchgeführt habe, die viel komplexer seien als diejenigen von Piaget. Ausubel übermittelt uns ein Beispiel von einer Konfliktgeschichte, die in ihrer Struktur komplizierter ist als die von Piaget erwähnten exempla ficta (andere Altersstufe): "In Europa war eine Frau nahe daran, an einer bestimmten Art Krebs zu sterben. Es gab jedoch ein Medikament, das sie nach Ansicht der Aerzte retten konnte. Dabei handelte es sich um eine Form des Radiums, die der Apotheker der gleichen Stadt kürzlich entdeckt hatte. Es war sehr kostspielig, das Medikament herzustellen. Jedoch berechnete der Apotheker das Zehnfache von dem, was ihm die Herstellung kostete. Er hatte 200 Dollar für das Radium bezahlt und berechnete 2000 Dollar für eine kleine Dosis des Medikaments. Heinz, der Mann der kranken Frau, ging zu jedem, den er kannte, um sich das Geld zu leihen, brachte jedoch nur etwa 1000 Dollar, also die Hälfte des Preises,zusammen. Er sagte dem Apotheker, dass seine Frau im Sterben läge, und fragte ihn, ob er ihm das Medikament billiger überlassen könne oder ob er den Rest später bezahlen könne. Der Apotheker sagte: 'Nein. Ich habe das Medikament entdeckt und will mein Geld damit machen.' Heinz geriet in Verzweiflung und brach in den Laden des Apothekers ein, um das Medikament für seine Frau zu stehlen. Hätte er das tun dürfen? Warum?"
Durch die Anlage dieses Beispiels ist die moralische Struktur viel komplizierter. Die Konsequenz, nämlich dass die autonome Moral, wie Piaget annimmt, im 8. Lebensjahr erreicht sei, bleibt aus. Ausubel zeigt auf, dass Kohlberg sechs Stadien des moralischen Urteils unterscheiden kann, wobei das sechste - ein Urteil nach allgemeinen,gültigen und reversiblen Prinzipien - nicht vor der Adolescenz erreicht wird.
Im ersten Stadium werden die Konflikte mittels Strafe und Gehorsam gelöst. Das zweite Stadium zeigt, dass die Urteile dem instrumentellen Hedonismus bzw. der Moral förmlicher Konformität mit den Vorschriften entspricht.
Im dritten Stadium wird versucht, jede Missbilligung zu vermeiden ("Artiger-Junge-artiges-Mädchen-Moral"). "Gesetzesautoritäten wie Polizei, Regierung usw. werden mit der Macht des Urteils ausgestattet, die dazu bestimmt ist, bei Uebertretungen der Vorschriften Schuldgefühle und Vergeltungsmassnahmen auszulösen." (Ausubel S.482) Im fünften Stadium beziehen sich die Urteile auf akzeptierte moralische Grundsätze der sozialen Uebereinkunft. Das sechste Stadium ist gekennzeichnet durch die Moral individueller Grundsätze. Piagets Theorie der heteronomen und autonomen Moral in der Entwicklung des moralischen Urteils erfahren durch diese Untersuchungen eine erhebliche Differenzierung.

Es wäre nun zu untersuchen, wie weit durch Argumentation und Gegenargumentation das Kind lernen könnte, ein wichtiges Element mehr - z.B. dasjenige der Absicht - schon viel früher,als Piaget dies experimentell gelingt, in die Beurteilungsweise einzubeziehen. "Lernen als 'Organisieren' heisst Beziehungen und Zusammenhänge zwischen Einzelelementen herstellen."[1] Durch Veranschaulichungen, durch Simulationsspiele, durch Argumentation und Gegenargumentation etc. kann dies gefördert bzw. bis zu einer oberen Grenze sicher gemachter Erfahrungen vorangetrieben werden. Erst hier sollen Tests eingesetzt werden, um das "moralische" Strukturniveau zu messen. Mit andern Worten, ich messe nicht bloss aufgrund incidentell gemachter Lernerfahrungen, an ausgewählten Schnittpunkten, sondern beziehe die intentionalen Lernprozesse als wichtige Variable mit in den Test ein. Ich habe also die Aufgabe, optimale Bedingungen für die Konstruktion von Strukturen erst zu schaffen. Denn jede Struktur verweist auf frühere, aus denen sie sich aufbaut.

Der von L. Montada entwickelte Mobilitätsbegriff erhält so eine besondere Aktualität: "Wenn wir die geringe Mobilität als Ursache der Eingeschränktheit des Integrationsfeldes sehen, können wir versuchen, durch eine Erhöhung der Mobilität das Integrationsfeld zu erweitern und damit die Voraussetzung für eine operatorische Problemlösung zu schaffen."[2] Im oben erwähnten Beispiel ist dann geringe Mobilität zu konstatieren, wenn relativ wenig Daten zugleich über das Zerschlagen der Tassen aufgenommen werden können, bzw. wenn Absicht und Resultat der Handlung nicht in Beziehung gebracht werden. Natürlich kann man nicht sagen, dass in jedem Alter durch ein Mobilitätstraining das Kind zu einer gewissen Höhe operatorischen Denkens geführt werden könne. Aber wir müssen zugeben, dass das Mobilitätstraining oder der wiederholte Lernprozess aus dem jeweiligen Fachbereich geradezu Voraussetzung wäre, um überhaupt mögliche Aussagen qualifizieren zu können.

Es ist bezeichnend, dass auch Montada betont, dass heute noch wenig gesagt werden kann, von welchen Randbedingungen ("Dauer des Trainings, Raschheit des Wechsels, Anzahl der verschiedenen Versuchsgegenständen usw.") der Erfolg der Mobilisierungsversuche abhängt.[3] Dennoch ist es für uns wichtig, dass wir nach solchen Randbedingungen im didaktischen Bereich fragen. Dies hat Aebli

---

1) P. Brunnhuber: Prinzipien effektiver Unterrichtsgestaltung. Donauwörth 1971, S.31.
2) L. Montada: Die Lernpsychologie Jean Piagets. Stuttgart 1970.
3) ebd. S.175.

schon 1963 in seiner Schrift "Psychologische Didaktik" global gemacht.[1] Allerdings sind seine Hinweise so gehalten, dass alte methodische Faustregeln aufgenommen und vom operatorischen Standpunkt aus reflektiert werden. Das ist erst ein Ansatz, und ich meine, dass hier noch viel Forschungsarbeit geleistet werden muss.
Aebli geht von der Annahme aus, dass der Schüler gedankliche Gehalte erwerben muss, "das heisst, er muss lernen, gewisse Operationen auszuführen. Ueberall sind es die Operationen, welche Begriffe definieren, und der Unterricht muss daher den Schüler dazu bringen, diese Operationen zu vollziehen, zuerst tatsächlich und dann in 'verinnerlichter' Form oder stellvertretender Form."[2]

Wie kann nun im Bereich der moralischen Erziehung das System der Normen und Regeln so geplant werden, dass Bedingungen geschaffen werden, dass der Schüler tatsächlich Operationen vornehmen muss? Wie kann der Zugriff zu den moralischen Inhalten, das Handeln in sozialen Feldern, der Aufbau von Werthaltungen und die mögliche Durchschaubarkeit in den gegenwärtigen und geschichtlichen Repräsentationsformen unterrichtlich gewährleistet werden?
Wir gehen erstens davon aus, dass alles Handeln nach einem Plan verläuft, ganz besonders das unterrichtliche. Unter Plan verstehen wir eine "Hierarchie von Instruktionen", die sich aus Test-Operate-Test-Exit-Einheiten (TOTE-Einheiten) zusammensetzt, die wiederum aus kleineren solchen Einheiten besteht.[3] Solche Pläne können auch Metapläne sein, welche viele mögliche Unterpläne offen lassen, damit sie situationsgerecht ablaufen können. TOTE-Einheiten, bei denen nicht geprüft und verglichen wird, wo nicht Information und Steuerung im Mittelpunkt steht, wo nicht alles mit Triebreduktion erklärt werden kann, heben sich ganz besonders von Reiz-Reaktionseinheiten ab. Ihre allgemeinen Eigenschaften sind:

- Sie können als hierarchische,dem Verhalten zugrundeliegende Struktur beschrieben werden (ähnlich den Listen der Computersprache).
- "Das Planen kann man sich als ein Aufstellen einer Reihe von Prüfkriterien, welche erfüllt sein müssen, vorstellen. Wenn wir ein klares Bild vom gewünschten Endresultat haben, können wir von dort aus die Bedingungen für die einzelnen Tests aufstellen. Wenn diese Prüfungen

---
1) H. Aebli: Psychologische Didaktik. Stuttgart 1963.
2) ebd. S.87.
3) Vgl. G.A. Miller et al.: a.a.O., S.43/44.

in einer Reihe angeordnet werden, ergeben sie eine rohe Strategie für einen möglichen Plan..."

- "Die Handlungsphase kann sowohl Prüfungen wie Handlungen enthalten. Deshalb muss die Durchführung eines etwas komplizierten Planes mehr Prüfungen als Handlungen enthalten. Schon dieses Grundmuster könnte die allgemeine Qualitätsverschlechterung der Information erklären, die immer eintritt, wenn Menschen als Kommunikationskanäle verwendet werden."[1)]

Wir meinen zweitens, dass die Struktur des Planes für das Handeln so transparent gemacht werden muss, dass der Aufbau von Operationen möglich wird. Transparenz entsteht durch Blosslegen der Beziehungen der Elemente einer Struktur.
Es müssen drittens dann Bedingungen für den Vollzug des operatorischen Handelns erfüllt werden. Zu diesen Bedingungen gehören Bereitstellung von Inhalten, Mitteln, Medien, Operationalisierungen, Uebungs- und Testzeit, Feed-back-Möglichkeiten etc.

2. Bewusstmachung der im Unterrichtsbeispiel vermittelten moralischen kognitiven Struktur

Um dies zu veranschaulichen, wähle ich ein Unterrichtsbeispiel für das 5. Schuljahr. Der Lehrer schreibt als methodisch-didaktische Vorüberlegung:
"Durch den Nachvollzug von konkreten Gewissensentscheidungen soll das Kind jene Handlungsweisen und Ueberlegungen bezeichnen können, die aus Gründen der 'Ichsucht' eben diese Entscheidungen beeinträchtigen. Deshalb soll das Kind zuerst mit dem Spannungsverhältnis zwischen 'Ichsucht' und 'Selbstlosigkeit' konfrontiert werden. Selbstloses Geben aber kann nicht nur in einer besonderen einmaligen Situation eingeübt werden; dazu sind viele tägliche und unscheinbare Gegebenheiten, sei es zuhause, in der Schule, beim Spielen, auf der Strasse etc. notwendig."[2)]

a) Unterrichtsbeispiel

Dispositionsziel: Das Kind soll in konkreten alltäglichen Gewissensentscheidungen seine Ichsucht durch eine selbstlos Haltung überwinden.

---

1) G.A. Miller et al.: a.a.O., S.43/44.
2) Unveröffentlichtes Arbeitspapier aus dem von mir geführten Methodikseminar, 1972.

1. Lernziel: Das Spannungsverhältnis zwischen Ichsucht und Selbstlosigkeit an einem Textbeispiel ermitteln.

a) Problemstellung	Ruth bastelt daheim mit ihrer älteren Schwester Helen. Plötzlich läutet es draussen. Rita, ihre Schulkollegin steht draussen mit einem Heft in der Hand. Ruth weiss genau: "Sie will, dass ich ihr die Hausaufgaben erkläre". Nein, das passt ihr nicht. Schon gar nicht jetzt, da sie so schön mit ihrer Schwester zusammen bastelt. Sie eilt zu Helen zurück: "Geh du hinaus, und sage ihr, dass ich nicht da bin!" Helen weigert sich. Schon läutet es zum zweitenmal...! Was geschieht jetzt?
b) Aufgabe	Die Schüler sollen sich schriftlich äussern. Zwei bis drei Antworten schreiben sie in ihr Arbeitsheft.
c) Auswertung an WT	Die Antworten werden von einzelnen Schülern an die WT geschrieben (ungeordnet).

2. Lernziel: Die beiden Begriffe"Ichsucht - Selbstlosigkeit" in einer Verhaltensskizze darstellen können.

a) Moltonlernbild Erarbeitung	("Instrumentarium") Jeder Pfeil stellt eine Eigenschaft von den Wörtern an der WT dar.

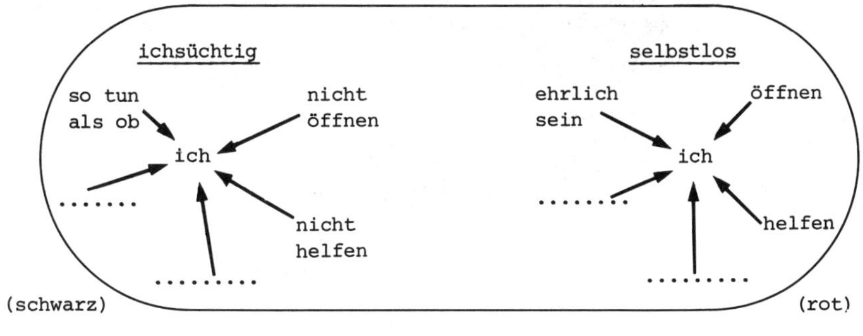

b) Hefteintrag	Begriffserweiterung: Ichsüchtig = mehr nehmen wollen selbstlos = mehr geben wollen Lernbildeintrag: Dieser Hefteintrag wird auf ein Entwurfsblatt geschrieben und zu Hause ins Arbeitsheft eingetragen.
c) Uebungen	mit dem "Instrumentarium"

- Die Wörter der WT werden beim richtigen Begriff eingesetzt.
  Die Schüler üben paarweise mit Lernbild und Wortlisten.
- Der Lehrer entfernt die beiden Verhaltensskizzen und lässt sie neu erstellen:
  1 Schüler - das Bild der Ichsucht
  1 Schüler - das Bild der Selbstlosigkeit
- Aufforderung an die Schüler:
  "Erstelle das Lernbild von Helen! (Selbstlosigkeit)
  "Erstelle das Lernbild von Ruth! (Ichsucht)
- Uebung ins Heft:
  Die beiden Begriffe: Ichsucht - Selbstlosigkeit werden als Titel ins Heft eingetragen.
  Der Schüler muss nun die ungeordneten Wörter von der WT in zwei Kolonnen unter den passenden Titel eintragen.
  Kontrolle: Der Lehrer unterstreicht an der WT die Wörter oder Sätze der Ichsucht mit gelber, die der Selbstlosigkeit mit roter Kreide. Dabei fragt er die Schüler:
  "Wie muss ich dieses Wort (Satz) unterstreichen?"
  Die Schüler machen die Kontrolle in ihrem Heft.

---

3. Lernziel: In alltäglichen und konkreten Gewissensfragen soll das Schema "Ichsucht - Selbstlosigkeit" begründend eruiert werden.

---

a) Entscheidungstexte

An alle Schüler wird folgender Entscheidungstext ausgeteilt:
Margrit schwänzte die Schule. Das brennende Haus interessierte sie mehr. (Bahnhof brennt!)
Die Mutter fragt sie, wie es in der Schule gewesen sei.

Margrit kann auf verschiedene Arten antworten:
- sie zuckt die Achsel: "Ach, wie immer!"
- Brigitte bat mich, mit ihr zum Bahnhof zu gehen.
- Heute haben wir sehr viel gearbeitet.
- Ich habe beim brennenden Bahnhof zugeschaut.
- Sie geht auf die Frage der Mutter nicht ein.

- Aufgabe: Die Antworten der "Ichsucht" schwarz unterstreichen, die der "Selbstlosigkeit" rot.
- Auswertung: Während dieser Zeit schreibt der Lehrer die verschiedenen Antwortmöglichkeiten an die WT.
  Die Schüler verbessern ihre falschen Auswahlantworten durch Selbstkontrolle und/oder Begründung der eigenen Entscheidung.

b) Gruppenarbeit

Jede Gruppe erhält einen Text.
Jede Gruppe zeichnet das Lernbild auf ein Blatt.
Zu jedem Pfeil wird eine entsprechende Antwort eingetragen (Text).

Gruppentexte:

1. Gruppe: Emma warf den Spielball in ein geöffnetes Fenster. Die Lehrerin fragt in der Schule, ob dies eine von ihren Schülerinnen getan habe.

2. Gruppe: Rita hat auf dem Spielplatz Geld gefunden. Niemand hat es gesehen. Was kann sie damit machen?

3. Gruppe: Die Lehrerin gibt schwere Hausaufgaben. Jedes soll sie allein lösen. Claudia geht aber zu ihrer Freundin. Am Morgen fragt die Lehrerin: "Hast du sie allein gelöst?"

4. Gruppe: Die Mutter bittet Bethli, es solle ihr nach den Hausaufgaben in der Küche helfen. Bethli möchte sich aber drücken.

5. Gruppe: Judith spielt mit ihrer Freundin Tennis, obwohl sie eigentlich in den Religionsunterricht gehen sollte. In der nächsten Stunde muss sie eine Entschuldigung bringen, weshalb sie weggeblieben ist.

6. Gruppe: Erika geht ins Hallenbad. In der Umkleidekabine findet sie Geld. Was kann sie damit tun?

7. Gruppe: Agnes kommt ohne Hausaufgaben in die Schule. Die Lehrerin fragt sie: "Warum hast du sie nicht gemacht?"

c) Auswertung der Gruppenarbeit

- 1. Schüler liest den Gruppentext.
  2. Schüler liest die Resultate, die eher zum Bereich "selbstlos" gehören.
  3. Schüler liest die Resultate, die eher zum Bereich "ichsüchtig" gehören.
- Die Gruppen kontrollieren einander, indem sie zuhören, ob nichts falsch gesagt wird.
- Gespräch unter den Schülern.
  Der Lehrer geht auf unklare Antworten ein oder bezweifelt bewusst richtige Resultate.
  Damit werden die Schüler zu kritischem Denken angeregt und die beiden Begriffe werden vertieft.

d) Testblatt

Messbarkeit der Unterrichtsergebnisse.
Das Testblatt wird ausgeteilt. Jeder Schüler löst die Aufgaben persönlich oder als Hausaufgabe:

- Am Mittwoch Nachmittag hast du frei. Du freust dich schon sehr darauf. Am Mittag, als du heim kommst, fragt dich die Nachbarin, ob du ihr die Kinder hüten wolltest.
  Was antwortest du?
  . Nein danke, ich bin schon besetzt.
  . Ich kann unmöglich kommen, denn ich muss meiner Mutter helfen.
  . Selbstverständlich, ich werde kommen.
  . Gerne käme ich, aber wir haben so schrecklich viele Aufgaben, so dass ich keine Zeit habe.

- Abwechslungsweise trocknest du mit deiner Schwester ab. Heute ist sie an der Reihe, sie ist aber nicht da.
  Was tust du?
  . Du verkriechst dich in dein Zimmer.
  . Du springst für deine Schwester ein.
  . Gleich nach dem Mittagessen schleichst du aus dem Haus, obwohl es eine Stunde zu früh ist.
  . Du gibst an, dir sei nicht wohl.

(Es folgen noch zwei weitere transferale Entscheidungsbeispiele, die hier nicht abgedruckt werden.)

b) Zur Strukturanalyse des Unterrichtsbeispiels

An diesem Unterrichtsbeispiel kann man viel Kritik didaktischer und ideologischer Art anbringen, etwa:

- Die Beispiele berücksichtigen nicht das eigene Bedürfnis im sozialen Rahmen.
- Die Beispiele zeigen den anderen nicht über seine Situation hinaus.
- Die Beispiele sind oft gekoppelt mit den Begriffen Ehrlichkeit, Gerechtigkeit.
- Der Aspekt demokratischer Sozialismus ist unberücksichtigt.
- Der Schlusstext macht den Unterschied zwischen Einstellung und Verhalten deutlich.
- Es besteht dauernd die Gefahr einerseits der Verurteilung des Menschen und andererseits des "Moralisierens".

  etc.

Wir wollen diese Kritik nicht weiter ausführen, denn mein Erkenntnisinteresse richtet sich an dieser Stelle nur auf die Strukturanalyse. Es ist zu sagen: Der Repräsentationsvorgang ist relativ vielschichtig. Merkmale, die zuerst in symbolischer Repräsentation spontan geäussert werden, erhalten eine Strukturierung mittels der Verhaltensskizze, also durch die ikonische Repräsentation.[1] Als solche erhalten sie durch die Pfeile eine positive oder negative Valenz. Die Struktur baut sich also auf aus dem Gegensatzpaar zweier Begriffe, aus der

1) Die Begriffe beziehen sich auf das von J.S. Bruner vorgelegte Konzept des operatorischen Handelns mittels Repräsentationsformen. Vgl. J.S. Bruner: Ueber die kognitive Entwicklung. In: J.S. Bruner u.a.: Studien zur kognitiven Entwicklung. Stuttgart 1971, S.21ff.

Valenz der jeweiligen Pfeilrichtung und aus den Kriterien, die diese Valenz bewirken in ihrer Beziehung zueinander.

Zum 1. Lernziel:

Die kognitive Struktur wird aufgebaut:
Die Schüler geben problemlösend mögliche Handlungsalternativen zu einer KES (kritischen Entscheidungssituation) an. Diese Alternativen werden in Stichworte gefasst. Dies sind Strukturelemente für das zu erarbeitende kognitive Schema.(Als Elemente sind sie ebenfalls in sprachlicher Form repräsentierte Handlungsstrukturen.) Das kognitive Schema ist relativ unscharf und zufällig, bzw. die Relationen sind noch unbewusst.

Zum 2. Lernziel:

Die Struktur wird ikonisch und sprachlich-symbolisch repräsentiert:
Durch die Verhaltensskizze geschieht eine Polarisierung von Verhaltensmerkmalen, die später wieder relativiert werden müssen. Die Bewertung der beiden Verhaltensgruppen (durch die Pfeile) und die begriffliche Verallgemeinerung (ichsüchtig - selbstlos) machen die Sachstruktur bewusst. Die Beziehung der Elemente werden im Gespräch transparent gemacht (mise en relation). Durch das Ueben geschieht Wiederholung des Konstruktionsvorganges des kognitiven Schemas.

Zum 3. Lernziel:

Die Struktur wird transferiert und modifiziert. Abgesehen davon, dass die Multiple-choise-Aufgabe eigentlich mehr den Wahrheitsaspekt berührt, wird - wenigstens in einigen der Gruppen- und Testbeispiele - das kognitive Schema immer wieder aufgebaut,bzw. wiedererkannt, bzw. repräsentiert. Es geht um eine Art "Invarianz" eines psychologischen Begriffspaars, das je nach Situation mit einer neuen Valenz beladen wird. Das kann unter Umständen sehr komplizierte Diskussionen auslösen, weil diese Valenz nicht in jedem Fall so eindeutig klar ist.

(Es ist eigenartig, dass in Unterrichtsbeispielen zwischen Sachstruktur und kognitivem Schema nicht scharf unterschieden werden kann. Einerseits sind die zwischenmenschlichen Beziehungen von so vielen Variablen beeinflussbar, anderseits geht jede Sachstruktur stets einher mit einem relativ starken Organisationsfeld. Isomorphieprobleme lassen sich deshalb nicht so eindeutig artikulieren, weil die Objektivität eines Gegenstandes durch Meinungen so schlecht auszumachen ist. Das Denken beginnt in Alternativen zu operieren.)

Hier die Skizze des im Unterricht aufgebauten kognitiven Gesamtschemas:

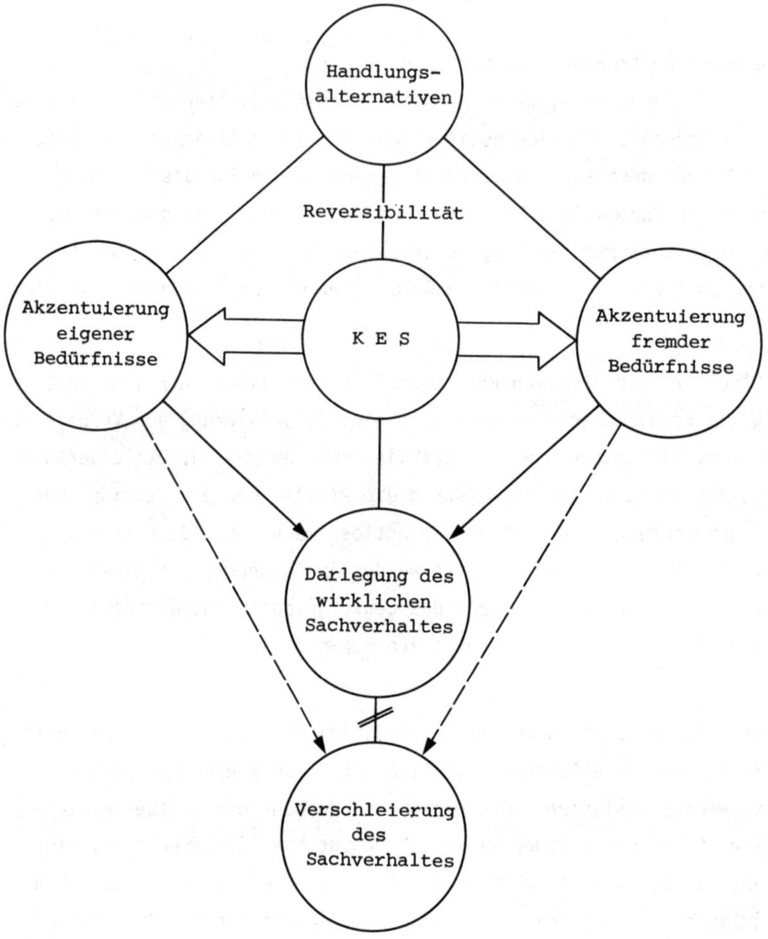

3. Merkmale der kognitiven Struktur

Wir müssen uns an dieser Stelle nochmals fragen, welches die Merkmale einer kognitiven Struktur sind. Von einer kognitiven Struktur oder im besonderen von einem kognitiven Schema sprechen wir, wenn es einer Person darum geht, eine oder mehrere Beziehungen zwischen bestehenden Gegebenheiten durch Aktivität aufzubauen. Dabei ist nicht die Struktur an sich wichtig, sondern das Verhalten in konkreter Organisation. Handlung einerseits und Beziehungsetzen (mise en rela-

tion) anderseits gehören zum Aufbau und zur Verwendung kognitiver Strukturen. Van Parreren[1] unterscheidet deshalb auch ganz scharf zwischen kognitivem Schema und zwischen Handlungsstruktur. Das kognitive Schema bezeichnet er als das Modell für die aktive Strukturierung, den Plan, der von der Sache her schon besteht, bevor jemand kombiniert, vergleicht, Aufgaben löst etc. Weil jeder Handlungsstruktur ein kognitives Schema zugrunde liegt, muss die Handlungsstruktur wandlungsfähig sein. Sie ist wandlungsfähig, "falls sie die Person, die sie in ihrem Repertoire hat, zugleich ohne weiteres Lernen über andere, abweichende Handlungsstrukturen verfügen lässt. Und wir sprechen von grösserer oder kleinerer Wandlungsfähigkeit, je nachdem, ob mehr oder weniger abweichende Handlungsstrukturen miterfasst werden können."[2]
Ursprünglich - um mit Piaget zu sprechen - entwickelte sich der strukturale Konstruktionismus aus der Gestalttheorie. Die Schwäche der angelegten Ganzheit war, dass die Gestaltpsychologen nichts über die inneren Strukturen aussagen konnten. Seither hat die Forschung zutage gebracht, dass eine Struktur eine analysierbare Gestalt ist, wobei die Elemente derselben wie auch die Verknüpfungen eine Rolle spielen. Dies hat für die Didaktik, wie wir sehen werden, entscheidende Folgen. Für Piaget selber - dessen Strukturbegriff heute allerdings erheblich weiter entwickelt ist - bedeutet die oben erwähnte Beweglichkeit (Wandlungsfähigkeit) gerade deshalb ein wichtiges Kriterium der Struktur. Er schreibt: "In erster Annäherung ist eine Struktur ein System von Transformationen, das als System (im Gegensatz zu den Eigenschaften der Elemente) eigene Gesetze hat und das eben durch seine Transformation erhalten bleibt oder reicher wird, ohne dass diese über seine Grenze hinaus wirksam werden oder äussere Elemente hinzuziehen. Mit einem Wort: eine Struktur umfasst die drei Eigenschaften Ganzheit, Transformationen und Selbstregelung."[3]

4. Strukturmerkmale Ganzheit, Transformation und Selbstregelung

a) Ganzheit

In diesem vorgestellten Unterrichtsbeispiele können die drei Merkmale Ganzheit, Transformation und Selbstregulierung ohne weiteres erschlossen werden.

---

1) Vgl. C.F.van Parreren: Lernprozess und Lernerfolg. Braunschweig 1972², S.97ff.
2) ebd. S.99.
3) J. Piaget: Der Strukturalismus. Olten 1973, S.8.

Als Ganzheit wird nicht ein dem atomistischen Assoziationsschema entgegengesetztes ermegierendes Ganzheitsschema gegenübergestellt[1], vielmehr geht es um verbindende operative Strukturalismen, d.h. um Beziehungen zwischen den Elementen (System) und um die entsprechenden Aufbauverfahren. "Das Ganze ist die Resultante dieser Beziehung oder dieses Aufbaus, deren Gesetze die des Systems sind."[2] Lernziel 1 und 3 manifestieren diese Ganzheit auf "ganzheitliche" Weise. Der Lehrer beginnt seine Stunde mit der Darstellung einer Situation, deren Bewältigung (Qualifikationen) mindestens vom operativen Rüstzeug strukturaler Durchschaubarkeit abhängt.

b) Transformation

Sie kann wie bei N. Chomsky je nach Bedürfnis nach sprachlichen Regelungen jeweilige Neuerungen bei der Situationsbewältigung ermöglichen, sie kann aber auch strukturimmanent (in diesem Fall durch Aufreihung von Textbeispielen mit ähnlichen Sinnkriterien) unterrichtlich bedingt sein. Transformation gibt Aufschluss einerseits über die Mobilität der Strukturen, anderseits über die Mobilität des Unterrichts. In der Transformation geschehen die entscheidenden unterrichtlichen Vorgänge, also Prozesse in denen überhaupt erst Struktur und die entsprechenden kognitiven Schemata manifest werden.[3] Der Lernprozess enthält jenes kreative Moment, welches das System der Transformation der Strukturen garantiert. Unterrichtlich gesehen lassen sich etwa folgende Abläufe determinieren: Kopieren der Strukturen (anwenden), transferieren, modifizieren, zerstören und neuschaffen (Abbau und Aufbau der Strukturen), vergrössern und erweitern, verkleinern, repräsentieren (enaktiv, ikonisch, symbolisch), etc.

- kopieren:

  Damit ist die Applikation auf gleiche oder ähnliche Situationen gemeint, ohne dass das kognitive Schema verändert wird. In der umgangssprachlichen Ausdrucksweise wird vom Gebrauch einer Fähigkeit gesprochen. Im motorischen Bereich kommt das zur Geltung, wenn eine Kette von Reaktionen in neuer Situation abläuft, z.B. wenn alle Massnahmen, um eine Busfahrkarte zu erhalten, an der Station X,Y und Z durchgespielt werden.

---

1) Vgl. J. Piaget: Der Strukturalismus. Olten 1973, S.11.
2) ebd. S.11.
3) Vgl. die Bedeutung der Transformation in einem anderen Zusammenhang: K.-O. Apel: Transformation der Philosophie. Bd. I. Sprachanalytik, Semiotik, Hermeneutik. Frankfurt 1973.

Da aber religiöse Inhalte meistens kommunikative Systeme betreffen, dürfte das Kopieren von Strukturen hier seltener sein (etwa beim Erlernen von funktionalen Fähigkeiten wie "wir lernen eine Buskarte lösen an verschiedenen Busstationen", "wir lernen Gebärden der Versöhnung und ihre Bedeutung" etc.).

- transferieren, modifizieren, vergrössern, erweitern, verkleinern:
Der Zugriff zu einer Situation erfolgt wie schon gesagt mit bestimmten mehr oder weniger komplexen kognitiven Schemata. Da aber diese Schemata in der kommunikativen Situation kaum je die adäquate Struktur situativ vorfinden, müssen sie sich deshalb entweder anpassen oder aber die Situation entsprechend verändern (Assimilation und Akkomodation)[1]. Wenn diese Veränderung automatisch, d.h. selbstregulierend stattfindet, so ist sie nur von der gegebenen Struktur her feststellbar. Wir sprechen in diesem Falle von Anpassung. Bedarf es aber einer bewussten Veränderung, etwa bei Problemlösesituationen, so sprechen wir von Modifikation. Entweder müssen dann neue Elemente dem Schema eingefügt werden, oder einzelne Elemente erhalten eine ganz andere Wertung, oder aber, um die Situation transparent machen zu können, wird die Struktur vereinfacht bzw. verkleinert, auf wesentliche Elemente reduziert. Dadurch erhalten sie eine intensivere Wertüberlagerung.[2]

- zerstören und neuaufbauen:
Hier klingt eine Frage an, die sich die Konstruktionisten im Bereich der Strukturpsychologie immer wieder stellen, nämlich: Muss der Mensch im Denkprozess seine kognitiven Schemata je wieder neu aufbauen oder stehen sie ihm zur Verfügung.[3] Für die unterrichtliche Situation, die, auch wenn das Schwergewicht auf Sozialisationsphänomene gelegt wird, sich erheblich von spontanen elementaren Strukturierungen unterscheidet, ist es notwendig, dass Bedingungen geschaffen werden, damit der Schüler in seiner Erkenntnis "erschüttert" wird, d.h. dass er durch Kritik und Falsifikationsprozesse das eben erworbene kognitive Schema "zertrümmern" muss, um mit den Elementen in kreativer Weise neue Strukturen entstehen zu lassen.

---

1) Vgl. J. Piaget: Psychologie der Intelligenz. Zürich 1947, S.10ff.
2) Wer sich die kognitiven Strukturen wie ein Modell von Zellplasma vorstellt, wobei jedes Element eine bestimmte Wertung hat, kann die Modifikation im lebendigen Prozess einigermassen mitvollziehen.
3) Vgl. etwa unterschiedliche Theorievorstellungen bei verschiedenen Lernpsychologen.

Lernen bedeutet so immer aktive Koordination. Es ist zugleich einer bestimmten Anzahl von Gleichgewichtsfaktoren unterworfen.[1)]

- Repräsentation:
  Bei J.S. Bruner[2)] spielt die Repräsentation der Strukturen jene Rolle, die bei J. Piaget die Konstruktion kognitiver Schemata einnimmt. Für Bruner, der in einem Land arbeitet, wo der Behaviorismus immer noch weitgehend in der Hochblüte steht, ist das nicht erstaunlich. Für die unterrichtliche Praxis müssen wir beide Theorien je akzentuierend berücksichtigen. Besonders im Prozess der Verarbeitung und der Neuverwendung aufgebauter kognitiver Schemata anhand gegebener Interaktionsmuster ist die Theorie Bruners ausserordentlich fruchtbar. Repräsentation bedeutet für Bruner - wie auch für Piaget - "mehr als bloss Vorstellung im Sinne eines Hervorbringens von Bildern. Sie ist für ihn Konstruktion, eine Darstellung der Umwelt. Die Darstellung dieser Umwelt und der aus ihr stammenden Erfahrungen erfolgt mit Hilfe von verschiedenen oder anders gesagt, in verschiedenen Medien: in Handlungen, Bildern oder Symbolen."[3)] Bei handlungsgebundener Darstellung spricht Bruner von enaktiver Repräsentation, bei bildlicher oder bildhafter Darstellung von ikonischer Repräsentation und bei sprachlicher von symbolischer Darstellung. Für den unterrichtlichen Ansatz im Bereich der moralischen Erziehung wie auch z.B. im Religionsunterricht dürfte dies deswegen fruchtbar sein, weil nach Bruner die drei Repräsentationsweisen drei eigenständige Systeme der aktiven Darstellung der Umwelt sind. Denn genau da, wo z.B. Theologeme (d.h. theologisch oft komplizierte Sachstrukturen) symbolisch aus verschiedenen Gründen nicht mehr oder noch nicht dargestellt werden können, springen die anderen Systeme dafür ein. Das spielt eine grosse Rolle bei der Erstellung von Unterrichtsmodellen.

c) Selbstregulierung

Dieses Kriterium strukturaler Systeme kommt sehr schön zum Ausdruck im oben skizzierten Unterrichtsbeispiel. Es ist damit gemeint, dass die Transformationen,

---

1) Die Gleichgewichtsproblematik (Aequilibrationstheorie) wird an dieser Stelle bewusst nicht erörtert.
2) Vgl. J.S. Bruner u.a.: Studien zur kognitiven Entwicklung. Stuttgart 1971.
3) G. Steiner: Mathematik als Denkerziehung. Stuttgart 1973, S.168.

die den Strukturen eigentlich schon innewohnen, eine gewisse Grenze nicht überschreiten dürfen, weil sonst kein Zusammenhang mehr besteht und daher auch kein Lernprozess mehr möglich ist. Natürlich kommt hier Piagets Homöostase- bzw. Gleichgewichtstheorie wieder zum Vorschein. In bezug auf die Gestaltung von Unterricht und Unterrichtsbeispielen wird aber durch diese Regelung der innere Halt im Prozess jeglicher Aktivität garantiert. Kybernetisch gesprochen gehen diese Aktivitäten in einem je neu überschaubaren System von Vorwegnahme und Rückkoppelung vor sich. Jene erwähnten Grenzen dürfen dabei nicht durch strukturfremde Elemente, welche neue Transformationsprozesse hervorrufen und die alten überlappen würden, überschritten werden, weil sonst die Struktur wie durch eine Art Krebsgeschwür zerstört zu werden droht.
Das Unterrichtsbeispiel hat die drei S.320f.dargestellten Kriterien nämlich die Aufstellung des Planes, die Transparenz der Struktur und Bedingungen des Aufbauens der Struktur erfüllt. Weitere notwendige Kritik würde sich wie gesagt auf einer anderen Ebene bewegen.

5. Das Problem des Aufbaus von Strukturen

a) Unterrichtliche Situationen, die den Aufbau von Strukturen fördern

Wir haben gesagt, dass die Struktur aus einer bestimmten Menge von Elementen besteht, und dass die Relationen zwischen den Elementen (mise en relation) von Bedeutung sei. In diesem Sinne ist es auch wichtig zwischen kognitiven Strukturen (Schemata) und Sachstrukturen zu unterscheiden. Im umgangssprachlichen Satz "Das Kind lernt etwas" bezieht sich "lernen" auf die kognitive Struktur, "etwas" aber auf die Sachstruktur, von welcher je nach wissenschaftstheoretischem Ansatz das Denkprodukt Rückschlüsse auf Denkabläufe ermöglicht. Damit wird der Zusammenhang zwischen Sachstruktur und Aufbau kognitiver Strukturen ersichtlich: Immer dort, wo durch äussere oder innere Handlung dem Schüler ermöglicht wird, Aktivitäten innerhalb der Beziehungsfelder der Elemente vorzunehmen, entstehen kognitive Schemata. Formaldidaktisch kann dies geschehen durch ein Planspiel, durch Gruppenarbeit, druch Umgang mit Anschauungen, durch Erlebnisgestalten, durch Begegnungen, durch Realerfahrungen etc. Wichtig ist, dass die Bedingungen so geschaffen sind, dass in Problemlöseverhalten, in Versuch und Irrtum, im Entdeckungslernen, im Ordnen einer neuen Information, im Nachahmungslernen etc. jene Elemente zum Zuge kommen, welche Organisation und Transformation ermöglichen.

Ebenso ist wichtig, dass Elemente anderer Strukturen, welche die Transformation blockieren würden, durch didaktische Vorbereitung mit einbezogen und/oder durch die Schüler selber extrapoliert werden können. Wir haben es hier im eigentlichen Sinne mit einer Art primärem Lernakt zu tun, also mit drei sich überschneidenden bzw. simultanen Aktivitäten:[1] Erstens die Aneigung von neuen Informationen, zweitens das gleichzeitige Transformieren und Ummodeln des Wissens zu einem geeigneten Strukturraster, verwendbar in vielen Situationen,[2] drittens Wertung (Evaluation), d.h. Prüfung, ob die kognitive Struktur dem neuen Raster adäquat sei. Bei einer Taylorisierung des Unterrichtsverlaufs in kleinste Aufnahme-, Verarbeitungs-, Ausgabe-(Kontroll) oder in TOTE-Einheiten kommen diese Prozesse ohne weiteres zur Geltung. Die neu auftauchende kognitive Struktur wird von grosser Wichtigkeit für den Verständigungs- und Discoursverlauf. Denn sobald die Struktur aufgebaut ist, bewegt sich der Unterricht auf ihr weiter. Das Flussdiagramm wird tatsächlich nur relativ kleine Veränderungen (vgl. Selbstregulierungsgrenze) zulassen, wenn der Prozess verständlich bleiben soll, beispielsweise so:

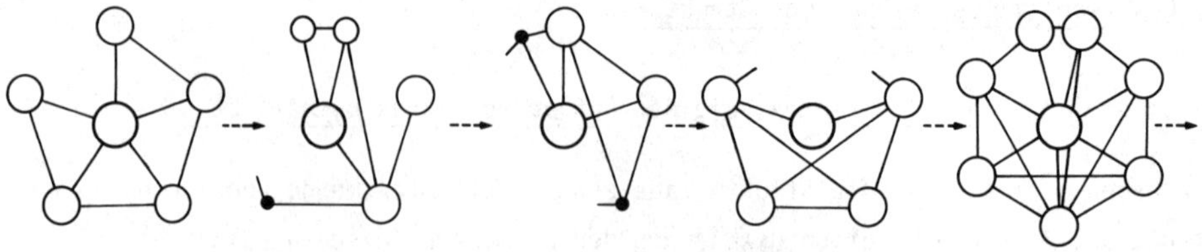

1 2 3 4 5

Wird aus diesem Ablauf ausgebrochen, so sind entweder die Strukturverbindungen logisch nicht zwingend oder aber die motivatorischen Voraussetzungen für den Schüler nicht relevant.

1) Vgl. J.S. Bruner: Der Prozess der Erziehung. Berlin 1970, S.57/58.
2) J.S. Bruner: "Der Ausdruck 'Transformation' beinhaltet die Art und Weise, in der wir mit Information umgehen, um über sie hinauszugelangen." a.a.O., S.58.

b) Der Begriff der Bedeutung und der Sequenzbildung

Eine weitere abzuklärende Frage ist der Stellenwert der "Bedeutung" für die Sequenzbildung, d.h. für das Arbeiten mit aufgebauten Strukturen nach Prinzipien des Lernens im Sinne der Differenzierung. Eigenmann spricht von Bedeutung - sich auf Ausubel[1] beziehend - folgendermassen: Sie "wäre (demnach) ein komplexes System von Beziehungsstiftungen, die im Individuum in Form von Interaktionen zwischen einem einzelnen Zeichen, Gruppen von Zeichen und dem Bezeichnenden oder innerhalb von Symbolgruppen bzw. Aussagen erfolgen."[2] Demnach sind die Bedingungen für den Erwerb von Bedeutungen über das sinnvollere Lernen dann erfüllt, wenn das Material mit dem die kognitive Struktur aufgebaut wird, potentiell für den Schüler bedeutungsvoll[3] ist einerseits, und wenn der Schüler anderseits bereits schon eine kognitive Struktur erworben hat, um neues Material im Sinne einer Disposition zur eigenen kognitiven Struktur in Beziehung zu setzen. Eigenmann stellt dies im Schema folgendermassen dar:[4]

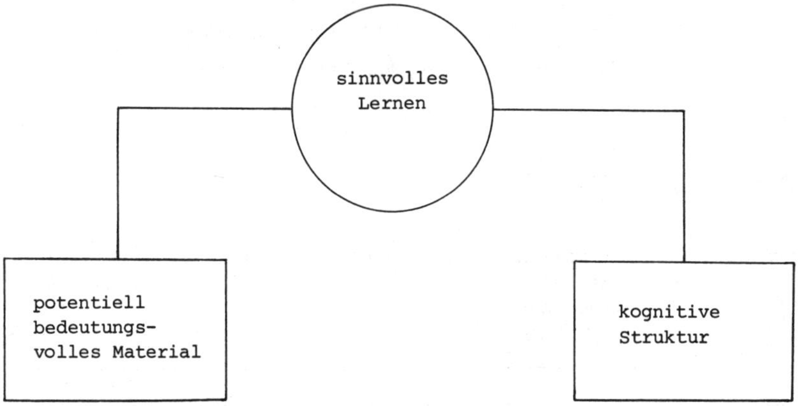

"Bedeutung" im vorliegenden Sinne korreliert mit der jedem Lernprozess zugrundeliegenden verbindenden Wertung bzw. kompetenzmotivierenden Einstellung.

---

1) Vgl. D.P. Ausubel: Educational Psychologie: A cognitive view. New York 1963.
2) J. Eigenmann: Ein kognitionstheoretischer Ansatz zur Sequenzbildung. In: K. Frey/M. Langi (Hrg.): Kognitionspsychologie und naturwissenschaftlicher Unterricht. Bern 1973, S.155.
3) J. Eigenmann: a.a.O., S.162.
4) ebd. S.163.

6. Strukturanalyse eines weiteren Unterrichtsbeispiels

a) Vorbemerkung

Um das Gesagte zu verdeutlichen, möchte ich ein weiteres Unterrichtsbeispiel zur Gewissensbildung im Religionsunterricht anfügen. Es handelt sich um das Problem des "Gerüchtes" oder mit anderen Worten um die indirekte Verleumdung und negative Einschätzung einer Person durch das kumulativ veränderte Weitersagen von Unwahrheiten. Moraltheologisch gesehen wird eine von vielen möglichen Verhaltensweisen so dargestellt, dass unter dem Blickwinkel des Glaubenden das Wirken Gottes am Menschen von einer Gruppe nicht wahrgenommen werden kann, weil sie jene von Jesus gelebte und gezeigte Liebe, (wo ich mir den andern in jedem Fall und grenzenlos zu meinem Nächsten mache), nicht beachtet und nicht einhält. Das, was Gott an uns tut, wird durch falsches und verfälschtes Reden über den anderen zugedeckt, wird durch die durch das Gerücht zerstörte Gemeinschaft verschüttet.
Das Textmaterial zu diesem Unterrichtsbeispiel stammt aus dem Arbeitsbuch Religion 3. Klasse, "Freunde nenne ich euch", Rex-Verlag, Luzern 1973, S.155.[1]

b) Unterrichtsbeispiel für die 3. Klasse

Dispositionsziel: Der Schüler erzählt Aussagen über andere Menschen, wahrheitsgemäss bzw. ohne "Verleumdung" oder ohne Ehrabschneidung weiter.

---

1. Lernziel: Die Schüler nennen Veränderungen und Fälschungen einer weitererzählten Geschichte.

---

a) Einüben eines Liedrefrains (vorwegnehmendes Schema)

b) Imitationsspiel — 7 Schüler, die sich für das Spiel melden, gehen aus dem Zimmer. Einer nach dem anderen wird hereingeholt. Jeder muss eine Geschichte so genau wie möglich weitererzählen. Die Geschichte lautet z.B.:

---

1) Das Unterrichtsbeispiel stammt vom Autor dieser Arbeit.

Eine alte Frau geht auf ein Schulhaus zu. Sie macht ein düsteres Gesicht. Sie hat graue Haare. Sie trägt einen Koffer, der wie ein Gewehr aussieht. Aber es ist kein Gewehr. Beim Schulhauseingang schaut sie sich um. Plötzlich stellt sie den Koffer hin und verschwindet im Schulhaus.

c) Schüler-gespräch	Die Kameraden halten alle Veränderungen fest. Sie äussern sich über die Veränderungen, eventuell Aufschreiben der Veränderungen.
d) Wiederholgung des Liedrefrains	Eventuell mit Schlaginstrumenten, die von den Schülern selber ausgewählt werden (vorsprechen - nachsprechen des Liedtextes, vorsingen - nachsingen des Liedtextes, etc.)

---

2. Lernziel: Den Vorgang und die Folgen eines Gerüchts an einer Verhaltensskizze aufzeichnen können.

---

a) Reihenfolge der 5 Bilder auswendig lernen können	Fritz Hans Peter Roger Michael Die Bilder werden aufgestellt, die Schüler üben die Reihenfolge. - Bilder selber ordnen - Namenszettel richtig hinstellen - Namen auswendig aufzählen, etc.
b) Problemstellung	Die 5 Knaben sind Freunde. Eines Tages kommt Fritz zu den andern vier. Da wird er ausgestossen (du Feigling, du Waschlappen, such dir etwas Besseres, etc.)
c) Schülergespräch	Die Schüler äussern sich frei über das, was zu solchen Folgen geführt haben könnte. (Wiederholung des Liedrefrains)
d) Sequenzartig wiederholte Erzählung	(s. Buch S.155ff, aber auf 5 Personen reduziert) Die Schüler erhalten die Aufgabe, die Veränderungen genau festzustellen (eventuell aufnotieren). Erste Sequenz der Erzählung: Vor der Metzgerei habe ich heute ein altes Auto gesehen. Es stand sicher schon lange dort. Es war alles voller Dreck, die Autonummer, die Fenster ... Mit einem Platten vorn. Ich habe genau aufgepasst: Die Tür war rostig und verbeult. Hinten fehlte die Stosstange.Vielleicht hat das Auto einer stehen lassen, weil es kaputt war? Was meinst du? Vielleicht ist der Besitzer auch abgereist und nicht mehr zurückgekommen? Warum wird es wohl nicht abgeschleppt? Ist es vielleicht ein gestohlenes Auto?

Letzte Sequenz der Erzählung:
(Die Zwischenstufen werden hier weggelassen)
Michael ruft Hans an:"Stimmt das von Fritz?" Nein, der Roger weiss das genauer. Es war anders: Der Zahnarzt hat ihn erwischt. Wahrscheinlich hat Fritz aufgepasst. So konnte der Mann mit der Glatze ruhig das Türschloss aufsprengen. Die Autonummer hat er versteckt. Er hat sich dafür sicher gut bezahlen lassen. Im Fernsehen war das ja auch so.

e) Schülergespräch — Die Schüler äussern sich über die Folgen einer solchen "Verdrehung" der Wahrheit.

f) Begriffsbildung — Die Schüler sprechen und schreiben das Wort "Gerücht" bzw. "Verleumdung".

g) Verhaltens-Skizze — Die Schüler versuchen an einer vorliegenden Verhaltens-Skizze den Vorgang des "laufenden Gerüchts" mündlich darzustellen.

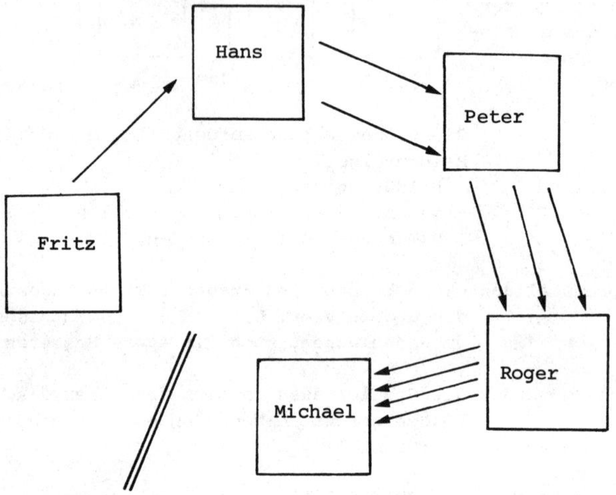

Sie zeichnen die Skizze auswendig auf ein Blatt (Lehrerkontrolle). Ganz besonders wird die Trennung zwischen Fritz und den andern (als Folge) hervorgehoben. (Wiederholung des Liedrefrains)

---

3. Lernziel: Anhand einer Verhaltens-Skizze das Verhältnis des Menschen zu Gott im Falle des Gerüchts (Verleumdung) darstellen.)

---

a) Darbietung

Anhand einer zweiten Verhaltens-Skizze zeigt der Lehrer, wie sich die Schüler als Gruppe durch ihr Verhalten (Gerücht) immer mehr "von Gott entfernen". Je mehr die Schüler auseinander gehen mit der Wahrheit, umso schrecklicher ist das für Fritz, umso mehr "entfernen" sie sich von Gott.

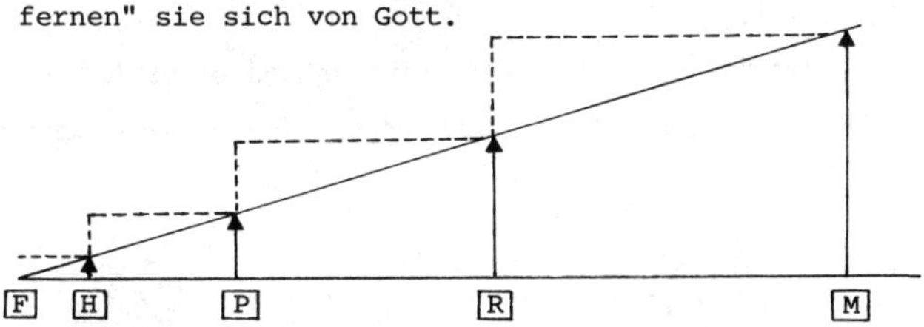

Das Gegenteil wäre die ganze Gemeinschaft der Gruppe mit Gott.

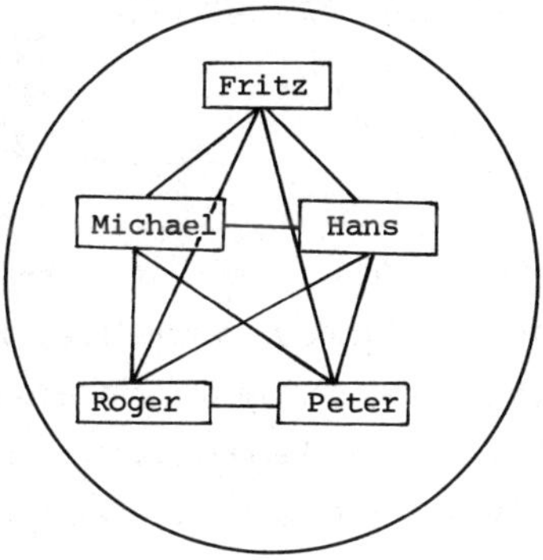

b) Ueben der Verhaltens-Skizze

Die Schüler wiederholgen die Erklärung zur Verhaltens-Skizze (eventuell Eintrag auf ein polykopiertes Blatt). (Wiederholung des Liedrefrains)

---

4. Lernziel: Im Simultationsspiel und im Gebet das richtige Verhalten beim Weitersagen üben und die Kraft dazu erbitten.

---

a) Ueben des richtigen Verhaltens

Die Schüler bilden Gruppen zu 5 Schülern. Sie üben, die vorliegende Geschichte weiter zu erzählen, ohne dass etwas verfälscht wird, ganz besonders aber, ohne dass dabei ein Mensch innerlich verletzt wird, in ein falsches Licht gerät.

b) Liedrefrain

Dazwischen Bittgebete. Wiederholen des Liedrefrains. Refrain: Gib, dass wir andere nicht verleumden. Refr.: Mach, dass wir die Wahrheit weitersagen. Refrain, etc.

c) Strukturanalyse (Aufbauanalyse)

Wir gehen nun die einzelnen Unterrichtssequenzen unter dem Aspekt der strukturalen Veränderung durch.

1. Lernziel:

- Die Struktur wird aufgebaut anhand eines Imitationsspieles.
- Sie wird durch das Schülergespräch bewusst gemacht.

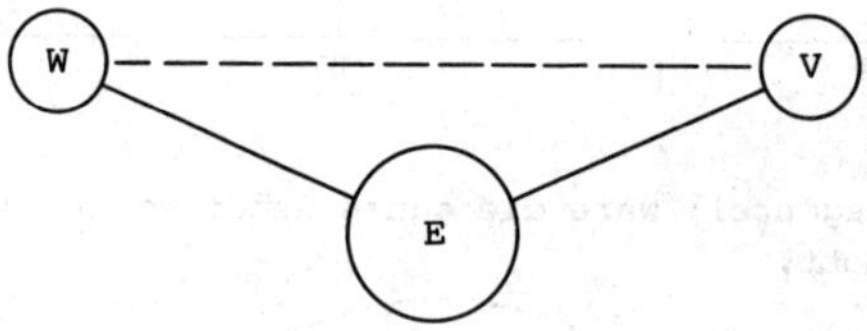

E Etwas
W wird weitererzählt
V verändert sich immer mehr.

2. Lernziel:

- Transfer dieser Struktur auf ein anderes Beispiel.
- Modifikation der Struktur durch Akzentuierung ins Moralische. (Diesmal erleidet derjenige, der im Gerücht die Hauptrolle spielt, Schaden. Er wird aus dem sozialen Verband ausgeschlossen.)
- Ikonische Repräsentation (V.-H. Skizze) der Struktur.

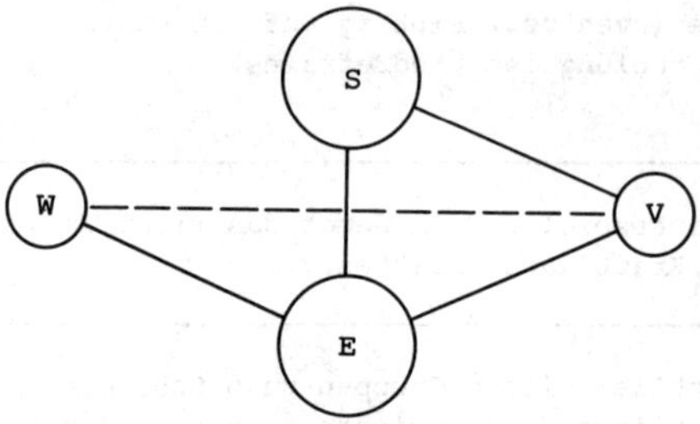

E
W
V
S und schadet einer Person (sie wird ausgeschlossen).

3. Lernziel:

- Die Struktur wird hier mit einer neuen Sprachform, nämlich der religiös-theologischen, symbolisch und ikonisch repräsentiert. Sie erfährt zugleich eine neue Wertung (sie wird sekundär zerstört und neuaufgebaut).[1)]

1) An dieser Stelle lässt sich sehr leicht eine heftige Diskussion über den theologischen Ansatz entfachen. Ich meine, dass sehr wohl theologische

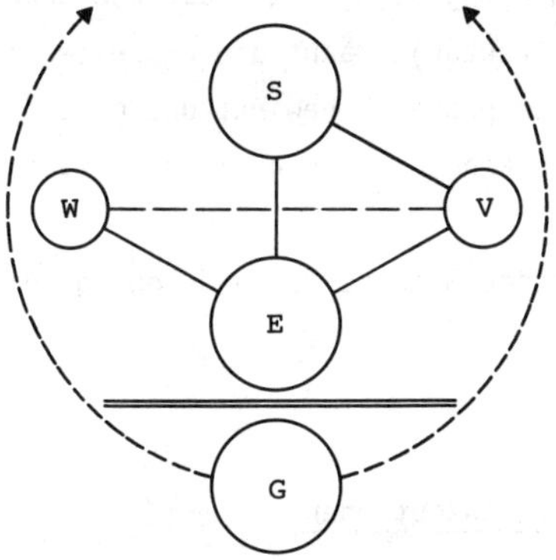

E

W

V

S

G Die Gruppe (der Mensch) entfernt sich durch dieses Verhalten von Gott, der an ihm immer handelt.

4. Lernziel:

- Die neubewertete Struktur wird enaktiv repräsentiert, d.h. sie wird eingeübt. Sie erhält durch Gebet und Wechselgesang ein neues Beziehungsfeld.

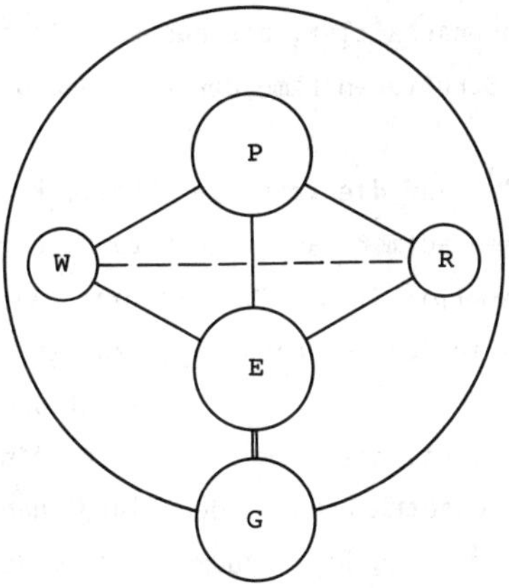

E

W

V R Es entspricht der Wahrheit und der Rücksicht.

S P Die Person bleibt integriert.

G Gott ist "unter den Menschen", sein "Reich" ist angebrochen.

(Der Liedrefrain, der am Anfang scheinbar zur Auflockerung des Unterrichts diente, der also vorerst eine dynamisch-unbewusste Struktur darstellt, wird beim 4. Lernziel isomorph zur primären Struktur gesetzt und so bewusst gemacht.)

Theoreme dialektisch gegeneinander gestellt werden müssen. Dass die Dimension Gott einer bestimmten Situation zugeordnet wird, muss für den Schüler identifikatorisch nachzuvollziehen sein. Theologische Modelle aber allein können dies nicht leisten, sie müssen mit pädagogischen gekoppelt werden.

Strukturanalyse - das dürfte nun einsichtig sein - legt die Beziehungsganzheit der Elemente einer Sache offen (Sachstruktur), macht die Prozesse sichtbar, welche die Organisation der aktiven Denkprozesse bewirkt und gibt schliesslich Aufschluss über die Beweglichkeit bzw. Wandlungsfähigkeit der elaborierten kognitiven Schemata.
Wir müssen nun noch einige abschliessende Bemerkungen und Konsequenzen aus dem dargestellten Material ableiten.

7. Anwendungsbereiche strukturaler Lernkonzeptionen

a) Strukturen sind nicht starr

Immer wieder ist der Einwand zu hören, moralische Strukturen seien starre Systeme, die keine Beweglichkeit ermöglichen. Besonders auch den theologischen Strukturen, die schon ex genere den logischen Strukturen zuzuordnen sind, wird Starrheit und Denkzwang nachgesagt. Ja, es gibt Wissenschaftler, die aus gesellschaftlicher Sicht unterstellen, das Arbeiten mit Strukturen käme der Verwendung geistiger Herrschaftsinstrumente gleich.
Es ist das Verdienst Günther Schiwys[1)], auf die kreativen Möglichkeiten der verschiedenen strukturalistischen Theorien aufmerksam gemacht zu haben. Wir wiederholen seine auf S.43 dieser Arbeit erwähnte These: "Die Strukturalisten analysieren die menschlichen Schöpfungen in der Ueberzeugung, dass es sich um Bedeutungssysteme handelt, in denen der Mensch sich selbst auslegt und miteinander kommuniziert, also letztlich um Kommunikationssysteme."[2)] Hinter einer solchen Prognose steht die Ueberzeugung, dass die chaotische Fülle der Einzelphänomene immer etwas Gemeinsames beinhaltet, dass ferner das Individuum immer im Bezugssystem der sozialen Gemeinschaft zu sehen ist und dass das Allgemeine, auf dessen Ebene Strukturen zu lokalisieren sind, das Nichtreduzierbare andeutet. Es impliziert aber auch, dass der Mensch seine Strukturen selber aufbauen und entfalten muss. "Entfaltung heisst, alle Momente der Struktur soweit zur Geltung kommen zu lassen, wie sie dem Leben der Struktur dienen. Eine Struktur lebt dann, wenn sie

---

1) Vgl. G. Schiwy: Sittliche Normierungen im Strukturalismus. In: A. Hertz (Hrg.): Moral. Mainz 1972, S.152-167.
G. Schiwy: Neue Aspekte des Strukturalismus. München 1971.
2) ebd.: Sittliche Normierungen. S.155.

zunimmt an Eigengestalt und Freiheit."[1] Für unseren Unterricht heisst dies, dass man einerseits Strukturen antizipieren muss, anderseits aber mit dieser Antizipation Bedingungen zu schaffen sind, damit das Kind ethische, theologische, gewissensmässige kognitive Schemata selber z.B. im Discoveryansatz entwickeln und sie entsprechend anwenden kann. Dieser wichtige Gedanke setzt beispielsweise für den Bereich moralischer Erziehung eine kopernikanische Wende im ethischen Denken selber voraus, nämlich, dass moralische und ethisch funktionierende Systeme nicht mehr bloss rezipiert, sondern auch selber entwickelt werden können, aus der eigenen persönlichen Geschichte. Und es macht auch notwendig, dass hier "Moralitäten" "verbraucht" werden in der Transformation und im Verwenden. N. Chomsky[2] hat auf das Handeln mit Strukturen im Sinne der Kreativität hingewiesen. Kreativität muss ein Tun innerhalb von Regeln sein, meist also strukturaler Aufbau bei eigenem Setzen der Beziehungsfelder der Elemente. Wir haben damit die Chance, dass ethisches Denken alltäglich wird, d.h. sich nicht bloss auf Lehrstühle und Vortragszyklen reduziert, sondern Qualifikation für jede existentielle Situation wird.

b) Lernstrategien, Unterrichtsentwürfe, Unterrichtsmodelle und Curricula

Ich kann mir kein wirklich praktikables Unterrichtsmodell vorstellen, bei dem der sachstrukturale Aspekt nicht Schritt für Schritt freigelegt ist. Wir betiteln deshalb unsere entwickelten Modelle mit dem Begriff Lernstrategie[3] oder "Bildungsreihen". Dahinter ist der Gedanke manifestiert, dass sachstrukturale Komplexe so "gereiht" bzw. ausgewählt und angeordnet werden, dass von Schritt zu Schritt die Grundstruktur immer wieder auftaucht und in ihren Transformationen leicht mitvollzogen werden kann. Das ist die eigentliche schwierige Arbeit bei ihrer Erstellung. Die einmal ausgewählte ethische Struktur darf nicht zerstört oder überwuchert werden durch andere Strukturen, die vielleicht in einer andern eigens gefertigten "Bildungsreihe" entfaltet werden müssten. Umgangssprachlich reden wir vom sog. "roten Faden", der ein Unterrichtsmodell durchziehen soll. Damit ist die Durchschaubarkeit der transferalen Modifikation gemeint.[4] Es gibt viele ansehnliche Unterrichtsmodellreihen, die reiche Ideen enthalten und bei denen viel Kraft investiert worden ist. Wenn man sie aber strukturanalytisch untersucht, entdeckt man, dass Fremdstrukturen eingefügt worden sind,

---

1) G. Schiwy: a.a.O., S. 166. Dieses Zit. vgl. S.46 dieser Arbeit, dort im Sinne der Forschungskonzeption.
2) N. Chomsky: Sprache und Geist. Frankfurt 1973, S. 184.
3) Vgl. S.415 dieser Schrift.
4) Vgl. Die strukturanalytische Evaluation unserer Lernstrategie, S.472.

dass die aufgebaute kognitive Struktur nicht weiterentwickelt wird, dass am Anfang komplexere Strukturen dastehen als am Ende des Modells etc. Das macht diese Ansätze auch curricular so problematisch, was wir noch aufzuzeigen haben.
Ich möchte als Beispiel einer religionsunterrichtlichen strukturalen "Bildungsreihe" die Mappe "O Herr, wir rufen alle zu dir"[1] erwähnen. Wer hier die einzelnen Sequenzen (Bildungsschritte) überfliegt, wird die Grundstruktur sofort ersichtlich machen können. Wir geben die im Inhaltsverzeichnis abgedruckten Titel mit einigen zusätzlichen Klammererklärungen an:

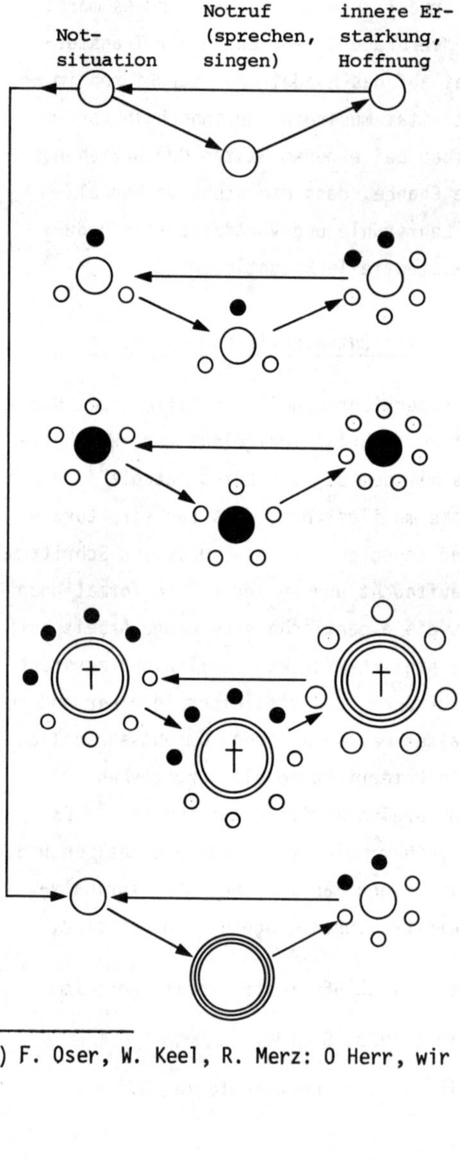

1. Warum machst Du die Nacht so lange. (Ein Schüler "singt" seine Not und erhält dadurch neue Hoffnung.)
2. Ein Volk singt seine Not. (Negro Spiritual und die verborgene Hoffnung im Lied.)
3. Mein Gott, mein Gott ... (Psalm 22. Ein Rufer in der Not und seine Hoffnung auf Gott.)
4. Zum Tode verurteilt (Jesus betet den Psalm 22 am Kreuz.)
5. Bleib mir nicht fern. (Menschen unserer Zeit beten in ihrer Situation den Psalm 22 und gewinnen Hoffnung.)

1) F. Oser, W. Keel, R. Merz: O Herr, wir rufen alle zu dir. Olten 1973.

Es ist hier nicht der Platz für eine Detailanalyse[1], aber schon aus wenigen inhaltlichen Angaben lässt sich der Verlauf der Umwandlungen ablesen.[2] Die Frage nach der Wandlungsfähigkeit der Struktur - und dies wäre eine noch zu erforschende Gesetzmässigkeit - lässt sich beantworten, wenn zugleich gesagt wird, wie weit die Verwendbarkeit auf welchem Abstraktionsniveau innerhalb welcher Grenzen sinnvoll ist. (Bei der Erstellung der Lernstrategie "Gewissen und Verhaltensabweichung", siehe Kp. 5, spielen - wie gesagt - natürlich auch andere, hier nicht erwähnte Gesetzmässigkeiten und Gesichtspunkte eine wesentliche Rolle.)

Wie steht es bei den Unterrichtsentwürfen? Dieselben Prinzipien sind anwendbar, nur dass Handlungsstrukturen so miteingeflochten werden, damit die kognitiven Schemata rasch verwend- und leicht modifizierbar werden (Inhalts-Handlungseinheiten). Bei der Beurteilung solcher Entwürfe hilft also der handlungsstrukturale Aspekt die Durchschaubarkeit zu erleichtern. Allerdings ist nochmals zu warnen vor dem Fehlschluss, die kognitiven Schemata entsprächen absolut genau den Sachstrukturen.[3] Denn Verhaltenssysteme sind nicht deckungsgleich mit der Sachwelt.[4] Was aber herausspringt, ist der von den Strukturalisten geforderte Mut, "sich der Dynamik der Struktur zu überlassen, ihrem Eigenleben, das sie führt und wodurch sie sich aller Systematisierung, der Festlegung sowohl ihres allgemeinen wie ihres besonderen Sinnes immer wieder entzieht, ohne deshalb sinnlos zu werden."[5] Unterrichtsentwürfe enthalten so einerseits eine brillante Durchschaubarkeit und andererseits eine gestaltende schülerorientierte Veränderungskraft. Diese äussert sich in Organisationskomplexen, die beweglich sind und einen fruchtbaren Funktionsrhythmus garantieren.

Und nun zum Curriculum: Für das Curriculum hat der strukturale Ansatz ganz enorme Folgen. Nicht dass dadurch beispielsweise Theorien von Robinsohn, von

---

1) Diese Grobanalyse macht nur sehr allgemein auf die Komplexität und die Beziehung der Elemente untereinander aufmerksam.

2) Eine Detailanalyse würde aber aufzeigen, dass Messen und Ablesen deshalb hier keinen Platz haben, weil Quantität und Zahl nicht so wichtig sind im Bereich der Strukturen, "wo es keine kontinuierlichen Variablen, sondern abrupte Aenderungen von einer Konfiguration zur anderen gibt. Die mathematischen Naturwissenschaften erfordern exakte Messung, die Linguistik dagegen erfordert exakte Strukturformeln - genaue Feststellung von Beziehungen ohne Dimensionen. Quantität, Dimension und Grösse sind hier Metaphern, denn sie haben eigentlich in dieser unräumlichen Beziehungswelt keinen Platz..." (B.L. Whorf: Sprache, Denken, Wirklichkeit. Reinbeck 1972^9, S.29/30.)

3) Vgl. G. Schiwy: Sittliche Normierungen im Strukturalismus. In: A. Hertz (Hrg.): Moral. Mainz 1972, S.162.

4) Der Isomorphiegedanke kann an dieser Stelle nicht genügend entwickelt werden.

5) G. Schiwy: a.a.O., S.158. Vgl. unsere Ausführungen S.44 dieser Schrift.

Hentig, Frey etc. in Frage gestellt wären, sondern dass sie dadurch erst mittels jener dynamischen "Offenheit", die den Strukturen innewohnen, realisierbar werden. J.S. Bruner[1] spricht von der Curriculumsprirale d.h. von einem Prinzip, das dieselben thematischen Bereiche auf einer anderen Kognitionsstufe neu aufgreift und sie eben auf einem andern Strukturniveau mit anderen Strukturkomplexen ansetzt. Diskussionen, ob gewisse Sachbereiche aus entwicklungspsychologischen Gründen auf einer andern Stufe angesetzt werden sollen, wie schon ausgeführt, werden somit hinfällig. Denn Entscheidungen über die Verwendungen von bestimmten Zielen werden künftig nicht durch Aufteilung der Sachgebiete auf verschiedene Altersstufen , sondern durch Beachtung der motivationalen Kriterien und der Aspekte der Aktualität vorgenommen. Sachstruktural lassen sie sich immer auf das Verstehensniveau einer bestimmten Stufe vereinfachen. Das ist auch der Grund, warum das Themenfeld Gewissen auf jeder Stufe, in jeder Klasse je struktural auf anderem Niveau, anders motiviert, aktualisiert und akzentuiert ins Curriculum aufzunehmen ist.

Bei den Lernstrategien[2] werden die strukturalen Komplexe in noch viel strafferer Weise reduziert und/oder deduziert. Hier sind die Beziehungen der Elemente im Transfer durch den Basaltext logisch immer überprüfbar, wird Reversibilität der Struktur im Anwendungsbereich zum Kriterium für Verstehen. Kombination, Differenzierung und Formulierung sind weitere Merkmale solcher lernstrategisch aufgebauten und weitertransformierten Strukturen, wobei die Tatsache wichtig ist, "dass es keine Form an sich und keinen Inhalt an sich gibt, sondern jedes Element (von den sensomotorischen Handlungen bis zu den Operationen oder von diesen zu den Theorien usw.) gleichzeitig die Rolle als Form in bezug auf die Inhalte, die es subsumiert, und als Inhalt in Bezug auf die höheren Formen spielt ..."[3]

Solche Strategien gehen auch meist von theologischen Axiomen aus. Sie geben sich anschliessend Konstruktionsregeln für das operative Vorgehen. Dass die Formalisierung dabei nicht Selbstzweck wird, dafür sorgen wissenschaftstheoretische Reflexionen und - je nach dem - die in ihnen enthaltene ethische Position.

---

1) Vgl. J.S. Bruner: Der Prozess der Erziehung. Berlin 1972[2], S.61ff.
2) Vgl. bspw.: A. Friemelt/F. Oser: Den Frieden lernen. (Ein Lernprogramm) Olten 1973.
3) J. Piaget: Strukturalismus. Olten 1973, S.35.

8. Unterrichtsstil, didaktische Strukturgitter und Lernen durch Strukturen

Wenn die Konstruktion der Strukturen bestimmten nachweislichen Gesetzen unterliegt, wenn es schon im Wesen der Elaboration und Repräsentation kognitiver Schemata liegt, dass sie kommunikativen Charakter haben, so ist es doch notwendig, dass die Grenzen strukturalen Handelns und Verstehens kritisch abgesteckt werden. Dabei sind vor allem zwei Bereiche zu erwähnen.

a) Unterrichtsstil

Ob ein Lehrer sozialintegrativ, ob er schülerorientiert unterrichtet und besonders ob er die Merkmale Wärme, Zuneigung, Wertschätzung[1)] achtet und allgemein eine grosse Offenheit zeigt, hängt nur indirekt mit dem Lernen durch Strukturen zusammen. Vielmehr muss er da sein eigenes Engagement am Kind und an der Sache von seiner persönlichen Einstellung und von der gesellschaftlichen Relevanz her überprüfen, d.h. er muss jede Struktur einem grösseren System, das wiederum Strukturcharakter hat, unterordnen. Ob er der Meinung ist, Gewissensbildung könne und müsse die Schule verändern, kann nur beurteilt werden, wenn die jeweiligen zeitlich und stündlich elaborierten Strukturen wiederum in einen grösseren strukturalen Zusammenhang gesetzt werden. Solche Systemzusammenhänge[2)] entstehen durch die Operationen, die Fachwissenschaftler und Lehrer einerseits unterrichtlich mit den Schülern, anderseits aber in politischem und gesellschaftlichem Handeln vornehmen.[3)] J. Piaget will zwar keinen Unterschied machen zwischen individueller Struktur und der von der Gemeinschaft operatorisch geleisteten Verhaltensweise. Das scheint mir problematisch, weil letztlich doch zwei verschiedenartig abstrakte und verschieden breite Ansätze vorliegen. Er schreibt: "Im Endeffekt kommt man zu einer notwendigen Konvergenz der 'allgemeinsten' Formen sowohl der sozialen Interaktion wie der Koordination intellektueller Handlungen. Besser gesagt, handelt es sich um zwei untrennbare Aspekte ein und derselben Realität: Operation und Kooperation (im etymologischen Sinn des Wortes). Es scheint deshalb als ziemlich sinnlos, eine soziale und eine individuelle Logik gegeneinander ausspielen zu wollen. Wir haben es mit den-

---

1) Vgl. R. und A.-M. Tausch: Erziehungspsychologie. Göttingen 1971[6].
2) Vgl. auch auf anderem Sektor: B. Schüller: Die Begründung sittlicher Urteile. Typen ethischer Argumentation in der katholischen Moraltheologie. Düsseldorf (1973).
3) Vgl. unsere Ausführungen zum Problem der Bildungsnormen im 1. Kapitel.

selben allgemeinen Strukturen zu tun, die alles menschliche Handeln charakterisieren, ohne eine Hierarchie, die zwischen ihren kollektiven und ihren individualisierten Aspekten unterscheidet, denn beide spiegeln gleichermassen gemeinsame Normen und variable Abweichungen wider ..."[1] Für unseren Bereich ist diese Aussage zwar sehr wichtig, aber sie kann nicht darüber hinwegtäuschen, dass Wertungen, Einstellungen, Verhaltensstile sowie natürlich auch die Konstruktions- und Kolligationskraft[2] die Systeme tragen oder eben sie verneinen.

b) Didaktisches Strukturgitter

Der Aufbau und die Repräsentation von Strukturen sind aber auch unterrichtlich immer in einem grösseren Zusammenhang zu sehen. Dazu liefert das von Paul Heimann entworfene und von seinen Schülern weiterentwickelte Strukturmodell des Lehrens und Lernens grosse Dienste. Ihm liegt die Intention zugrunde, dem Lehrer und Katecheten Entscheidungshilfen zu bieten. "Für den Lehrer stellt es ein Bezugssystem dar, das ihm die geordnete gedankliche Durchdringung der jeweiligen Situation ermöglicht. Der grosse Vorteil des Heimann'schen Strukturmodells liegt darin, dass es den Lehrer weder an einzelne Theoreme und deren Postulate bindet noch ihn den Zufällen und Zwängen der Situation ausliefert. Das System von Entscheidungs- und Bedingungsfeldern führt dem Lehrer anschaulich vor Augen, welche Entscheidungen er in jeder Situation zu treffen und mit welchen Bedingungskomplexen er sie in Einklang zu bringen hat, ohne ihn auf bestimmte Massnahmen zu verpflichten. Es 'zwingt' seinen Benutzer aber geradezu, Einzelentscheidungen stets nur vor dem Hintergrund der Gesamtproblematik des Lehrens und Lernens zu fällen und die Prioritäten seines Handelns aus der jeweiligen Situation zu entwickeln. Dadurch wirkt es einer Erstarrung des didaktischen Denkens in wenigen ausgefahrenen Bahnen entgegen und hält es in permanenter prozesshafter Bewegung, so dass es sich stets erneut dem realen Geschehen anzupassen vermag."[3]
Wir nehmen die Darstellung aus der Schrift von Peterssen und versuchen, die einzelnen Beziehungsfelder für unser Anliegen zu adaptieren:[4]

---

1) Vgl. J. Piaget: Erkenntnistheorie der Wissenschaften vom Menschen. Frankfurt 1973, S.141.
2) Vgl. H. Aebli: Ueber die geistige Entwicklung des Kindes. Stuttgart 1965,S.73ff.
3) W.H. Peterssen: Didaktik als Strukturtheorie des Lehrens. Düsseldorf 1973, S.51.
4) ebd. S.77.

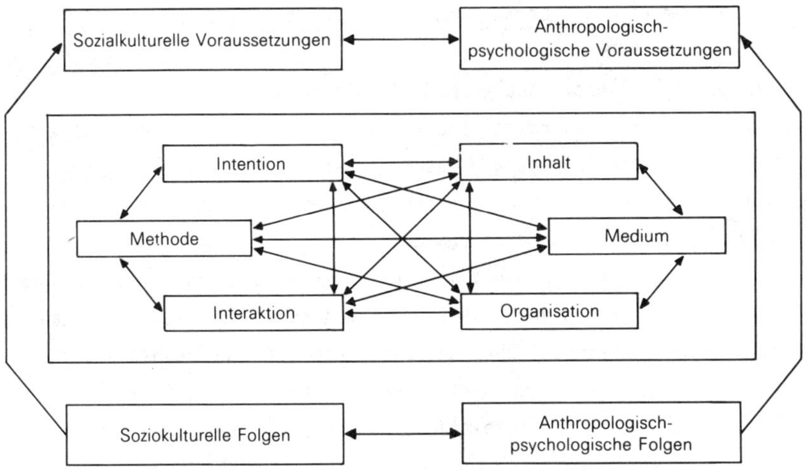

Erweitertes Strukturmodell des Lehrers und Lernens

Intention: Damit ist das durch Eltern, Schüler, Lehrer und/oder Fachexperten gemeinsam intendierte Lernziel zum Aufbau von Strukturen gemeint.

Inhalt: Die inhaltlichen Zuordnungen z.B. in den Modellen müssen optimale Transformationen im Zusammenhang mit den oben erwähnten Intentionen ermöglichen.

Methode: Entscheidungen über Lern- und Lehrverfahren, über individuales oder soziales Lernen, über rationales oder möglichst kreatives Lernen etc. müssen auf dem Hintergrund von Intention und zur verfügungstehendem Inhalt gewählt werden.

Medium: "Hier muss darüber entschieden werden, welche Mittel zur Verständigung zwischen den am Lehr- und Lernprozess beteiligten Personen, zur Repräsentation der Inhalte und zur Steuerung des Prozessverlaufs eingesetzt werden sollen."[1]

Interaktion: Hier geht es um den Gemeinschafts- und Gesellschaftsbezug, in unserem Fall um die gemeindebildenden Aspekte einer jeden Handlung aller beteiligten Personen, um die Zuteilung der Rollen, in denen sie gemeinsam tätig sein wollen.

Organisation: Der institutionelle Rahmen, in dem dieser Unterricht abläuft, wird kritisch reflektiert.

Bei der im 5. Kp. entwickelten 1. Fassung der Lernstrategie "Gewissen und Verhaltensabweichung" gewinnt - in ein solches schulisches Strukturgitter eingefügt - das Lernen moralischer bzw. ethischer Strukturen grosse Transparenz.[2]

---

1) Vgl. W.H. Peterssen: a.a.O., S. 78.
2) Vgl. S. 487-489 dieser Schrift.

9. Schlussbemerkung: Emotionales Lernen und Lernen durch Strukturen

Die auf S.201f dargestellten prozessualen Modellansätze zum emotionalen Lernen erfahren durch unsere hier entwickelte strukturale Systematik eine fruchtbare Erweiterung. Wenn wir gezeigt haben, wie das moralische Urteil operatorisch durch den Aufbau kognitiver Strukturen "gelernt" werden kann (konzeptuell geplanter Unterricht), so entspricht dies den drei Prozessmodellen nicht. Im Gegenteil, ihre Transparenz wird erhöht, ihr Begründungszusammenhang eindeutiger. Der auf S.210 dargestellte Erfahrungsansatz erweist sich als Grobstruktur, das auf S.213 dargestellte Prozessmodell bezieht sich eher auf eine Feinstrukturierung, das akzentuiert emotional-prozessorientierte Lernmodell auf S.216 ist durch seine abgeschlossene stundeneinheitliche Konsistenz schwer einzuordnen.

Was aber unterscheidet denn diese prozessualen Modelle von der kognitionspsychologischen Konzeptualisierung? Während hier von Plan, von Strukturierung des Planes, von Bedingungen der Möglichkeit des Aufbaus, von Operationen gesprochen wird, stehen dort die emotionalen Aspekte der Bindung und ihre Intensität im Mittelpunkt. Was Piaget - wie schon durch die Kritik von Huijts erwähnt[1])- total vernachlässigt, sind die Fragen der Motivation, der emotionalen Bereitschaft, der Intensität der Zuwendung bei Uebernahme von Werthaltungen. Ich habe aus diesem Grunde auch den Bedeutungsbegriff von Eigenmann (S. 355) eingeführt, der meiner Meinung nach aber keineswegs genügt, um diese Frage zu klären. Auch der von Aebli erwähnte Faktor der Motivation (S.333) kommt überhaupt nirgends effektiv zum Zuge. Nur in Verbindung beider Perspektiven aber, der bei den prozessualen Modellansätzen hervorgehobenen Erlebnishaftigkeit und der Frage der kognitiven Konstruktion lässt sich moralische Erziehung bzw. Gewissensbildung intentional planen. Wenn beide Aspekte in genügender Weise berücksichtig sind, würde es auch legitim, den Unterschied "moralische Erziehung" - "Gewissensbildung" wie bei Ausubel quasi fallen zu lassen.[2]) Denn der "Begriff Gewissen ist eine Abstraktion, die sich auf die kognitiv-emotionale Organisation der moralischen Wertvorstellungen eines Individuums, auf seine Gefühle der Verpflichtung zur Einhaltung dieser Wertvorstellungen und auf andere psychologische Prozesse bezieht, die dazu beitragen, dass das Verhalten mit den internalisierten moralischen Masstäben im Einklang steht. Es setzt sich aus zwei verschiedenen Kompo-

---

1) Vgl. S. 326.
2) Vgl. D.P. Ausubel/E.V. Sulivan: Das Kindesalter. München 1974, S.467-508.

nenten zusammen: erstens einer, den man als Gefühl von Schuld, Furcht, Tabus usw. beschreiben könnte; zweitens einer Art Ueberzeugung (Urteil) von dem, was richtig ist."[1] Nur eine Verbindung der im ersten Teil dieser Arbeit dargelegten Aspekte mit den hier aufgearbeiteten gewährleistet diese Koppelung. Die prospektive Dimension beider legitimiert die im letzten Teil dieser Arbeit vorgelegten Lernkonzeptionen.

Während die bei den Tiefenpsychologen und bei Heidegger hinterfragte mögliche Ableitung von Theorien und Inhalten zur antizipatorisch geplanten Gewissensbildung eher fehlschlugen, während dort relativ (mit Ausnahme der von Rogers aufgearbeiteten Fakten) wenig Hilfe zu erwarten war, liefert der konstruktionspsychologische Ansatz von Piaget und seinen Schülern erhebliche Mittel hierzu. Umso mehr dürfen die Theoreme des emotionalen Lernens nicht aus dem Blickfeld fallen gelassen werden.

Als Konklusion lässt sich formulieren, dass auf drei Ebenen Gewissensbildung geplant werden soll:

- Die überwiegend nach emotional-psychodynamischen Prozessen ausgerichtete Planung:
  Hier tritt die Frage der Bindung an Personen und Normen, der Intensität von Wertübernahmen, der Angst und Liebe bei Uebernahmen, der Identifikation, Prägung, Projektion und Imitation als Prozesse in den Mittelpunkt der Betrachtung.
- Der Aufbau kognitiver Strukturen:
  Hier fragen wir nach der Möglichkeit der Bedingungen des Aufbaus des moralischen Urteils in allen Stufen. "Der spezifische kognitive Aspekt der Gewissensbildung liegt in der Fähigkeit, bei moralischen Entscheidungen präskriptive Urteile abzugeben ... Moralische Urteile sind durch folgendes gekennzeichnet: 1) Sie schreiben dem Individuum vor, Handlungen zu vollziehen oder zu unterlassen, und gehen einher mit Feststellungen, wie richtig, falsch, gut oder schlecht. 2) Es handelt sich um allgemeingültige Urteile. 3) Sie beinhalten eine Komponente der Reversibilität, d.h., das in Frage stehende Verhalten muss für einen Menschen annehmbar sein, unabhängig davon, ob er auf der gebenden oder empfangenden Seite steht..."[2]

---

1) D.P. Ausubel/E.V. Sulivan: a.a.O., S.473.
2) ebd. S.474.

Wesentlich ist, dass die Struktur antizipierend erkannt wird und dass wir vor allem durch Repräsentationsformen die Möglichkeit der operatorischen Konstruktion und deren Wiederholung planen.

- Die Verhaltenssteuerung bzw. affektive Dimension[1]:
  Hier werden die Steuerungsmechanismen überprüft. Verstärkungszusammenhänge garantieren die Erhaltung des Prozesses der Uebernahme sowohl im emotionalen wie kognitiven Bereich. Ihre kleinste Einheit ist jede funktionale Inhalts-Handlungseinheit des Unterrichts. Alles ethische Verhalten spielt in einem sozialen Rahmen, dessen Rückkoppelungen die Kontinuität und die Intensität des Verhaltens garantieren (inhärentes Motivationsmodell). Die Theorien des operanten Konditionierens - wohlverstanden ohne jene Skinner'sche Philosophie der Erziehung zur Abhängigkeit des Menschen - weisen genügend funktionale und formale Konsistenz auf, um sowohl den dynamischen Prozess wie die kognitive Konstruktion zu stützen. Denn wenn das Kind operatorische Strukturen bspw. ohne kognitive Konflikte erwirbt, sind Feedbacks in verbaler und nichtverbaler Art von entscheidender Wichtigkeit.[2]

Gewissensbildung, welche konzeptuell geplant wird, bedingt die Verbindung dieser drei lernpsychologischen Konzeptionen.

1) Zum Begriffsunterschied emotional - affektiv vgl. unsere Ausführungen S. 137f.
2) Vgl. G. Steiner: Kognitive Strukturen und ihre psychische Realität. In: Zs. für Päd. 1/74, S.14.

H. Exkurs: Das Problem der Einstellungsänderung bei F. Heider und L. Festinger

1. Kognitive Dissonanz (Festinger)

Wir haben zuletzt die Frage aufgeworfen, wie sich der operatorische Konstruktionismus mit den Modellen emotionalen Lernens mit dem Gewissen verbinden lässt. Besonders die Theorie der kognitiven Dissonanz von Festinger[1)] und Heiders[2)] Gleichgewichtstheorie verführen zur Annahme, eine Verbindung sei leicht möglich. So meint Festinger, dass sich "jede Art von Wissen, Meinungen, Ueberzeugung über die Umwelt, über sich selbst, über das eigene Verhalten, über Werte und Werthaltungen"[3)] als Vielzahl von kognitiven Elementen bezeichnen lasse. Wenn die Elemente einander irgendwie affizieren, so ist die Beziehung konsonant. Wenn sie keine relevante Beziehung untereinander haben, bezeichnet man sie als dissonant. Die Grösse der Dissonanz hängt ab von allen dissonant gerichteten Elementen im Verhältnis zu den konsonant gerichteten Elementen. Dissonanz entsteht bei einem Gewissenskonflikt, ja man könnte, wenn Gewissen genug weit gefasst wird, überhaupt jede Dissonanz als schlechtes Gewissen bezeichnen. So entsteht bspw. Dissonanz, wenn "ein kognitives Element ein Verbot enthält und ein anderes das Wissen um die eigene Uebertretung dieses Verbotes."[4)]
Das Bestreben des Individuums besteht nun darin, Dissonanz abzubauen oder Dissonanz zu vermeiden. Die Dissonanzreduktion gelingt um so besser, je grösser das Unbehagen über diese Dissonanz ist. Dissonanzreduktion geschieht folgendermassen: "1. Veränderung eines oder mehrerer kognitiver Elemente aus dissonanten Beziehungen, 2. Hinzufügung neuer konsonanter kognitiver Elemente und 3. Verringerung der Bedeutsamkeit kognitiver Elemente aus dissonanten Beziehungen."[5)] Elemente mit geringerem Realitätsbezug (z.B. Meinungen) werden leichter geändert als solche mit grossem Realitätsbezug (z.B. wissenschaftliche Fakten). "Wichtigkeit der Entscheidung", "relative Attraktivität der verworfenen Alternative" und "kognitive Ueberlappung" (inhaltliche Gleichheit der Alternativen) sind Faktoren, die die Dissonanz bestimmen. Dissonanz steigt, wenn nach der Entscheidung die verworfene

---

1) L. Festinger: A theory of cognitive dissonance. Stanford 1963[6].
2) F. Heider: The psychology of interpersonal relations. New York 1958.
3) W. Freyn: Einstellungsstruktur und Einstellungsänderung. In: E. Weber (Hrg.): Zur moralischen Erziehung in Unterricht und Schule. Donauwörth 1973, S.163.
4) ebd. S.163.
5) ebd. S.164.

Alternative grössere Bedeutung erhält als die gewählte, sie sinkt, wenn die verworfene Alternative auf die Seite geschoben wird. Einstellungsänderungen werden folgendermassen erklärt: Wenn ein Verhalten nicht ausgeführt wird, entsteht Dissonanz zwischen dem Vorsatz (ursprüngliche Ueberzeugung) und dem Wissen um das manifeste Handeln. Auch das Wissen um die verlorengegangene persönliche Belohnung oder die zu erhaltene Bestrafung schafft kognitive Dissonanz. "Bei grossem Zwang, also grosser Belohnung oder strenger Strafe entsteht nach der Einwilligung der Person relativ geringe Dissonanz, weil ja die kognitiven Elemente, die das Wissen um die Grösse der Belohnung oder Strenge der Bestrafung repräsentieren, alle konsonant sind ... Die Einstellungsänderung, ausgedrückt in der Anzahl und Wichtigkeit der zu ändernden kognitiven Elemente, ist bei grosser Dissonanz infolge geringen Zwanges grösser."[1] Reduktion ist aber auch möglich durch Abwertung der Belohnung oder der Bestrafung, also durch eine Verfestigung der Einstellung im ursprünglichen Konzept. Das wird mit Bumerang- oder Kontrast-Effekt bezeichnet.

Zusätzlich sind zwei Dinge wichtig: 1. Dissonanz entsteht auch durch neue Informationen, die mit den ursprünglich erworbenen kognitiven Elementen in Kontrast stehen. Deshalb erwirbt man eher Informationen, welche konsonante Elemente der schon erworbenen Einstellung enthalten. 2. Sozial gesehen wird Dissonanz reduziert, je mehr andere Personen kognitive Elemente der eigenen Einstellung aufweisen. Gemeinsame Einstellung wirkt somit konsonant.

"Die Grundannahmen der Theorie sind bei Festinger recht gering an Zahl: Es gibt kognitive Elemente, die in irrelevanter, konsonanter und dissonanter Beziehung zueinander stehen können. Sofern Dissonanz besteht, trachtet das Individuum danach, diesen - als spannungsvoll und unangenehm zu charakterisierenden - Zustand zu beseitigen."[2]

Kognitive Dissonanz muss immer auf dem Hintergrund eines Entscheidungsprozesses gesehen werden, wobei die Betonung auf dem Spannungszustand nach dem Austragen eines Konfliktes liegt.

2. Die Konsistenz von Einstellungen (Heider)

Bevor wir das Verhältnis moralische Erziehung - Theorie der kognitiven Dissonanz zu klären versuchen, sei noch jene andere wichtige Konsistenz-Theorie, diejenige

1) W. Freyn: a.a.O., S.167.
2) R. Oerter: Struktur und Wandlung von Werthaltungen. München 1970, S.59.

von Heider erwähnt. Oerter schreibt als Ueberschrift: "Das Konzept des strukturalen Gleichgewichts in der Attitude-Forschung"[1], was klar macht, dass es hier um die Frage der Konsistenz von Einstellungen geht. "Einstellungen sind gefolgerte Grundlagen, hypothetische Konstrukte, der direkten Beobachtung nicht zugänglich, sondern erschlossen aus bestimmten Gesetzmässigkeiten manifesten Verhaltens und verbaler Aeusserungen. Einstellungen sind stets objektbezogen, wobei zum Objekt einer individuellen Einstellung jeder konkrete oder abstrakte Inhalt der subjektiven Welt des Trägers werden kann, wie Gegenstände, Sätze, Situationen, Feststellungen ..."[2] Nach Heider wären genau dies die Vielzahl der kognitiven Elemente, die je eine Einheit des gesamten Wissens einer Person ausmachen. Kognitive Einheit aber bezieht sich meistens auch auf andere Personen, auf Gegenstände, denen ich positiv oder negativ gegenüberstehe. Heider kommt von der Gestalt- bzw. Feldtheorie her. Deswegen sind bei ihm der Begriff der Einheit von Elementen (bspw. einer Familie) und der Begriff des Gleichgewichts so wichtig.

Heider gliedert nun seine Beziehungsfelder in Dreiersysteme auf (auch Zweiersysteme). Es geht meistens um das Verhältnis einer Person (P), deren Einstellung für den andern wichtig ist, zum sozialen Partner O und den impersonalen Einheiten (X) (Dinge, Situationen, Ueberzeugungen etc.). Alle sozialen Felder werden mit diesem System gemessen. "Die Person (P), deren Einstellungen interessieren, hat zum sozialen Partner (O) positive oder negative Einstellungen, ebenso zum Objekt der Einstellung (X); die Person verfügt aber noch über die kognitive Einheit zwischen O und X, die auch positiv oder negativ sein kann. Ein ausgeglichener Zustand, eine Balance besteht dann, wenn alle drei Beziehungen positiv, oder wenn zwei negativ und eine positiv sind. Ein unausgeglichener Zustand wird als unangenehm empfunden, er lässt Kräfte in der Person entstehen, die auf einen ausgeglichenen Zustand zielen, der durch Umkehrung der Wertung einer der drei Beziehungen erreicht wird."[3] Die wichtigen Elemente und Beziehungseinheiten sind nach Oerter:

"P = Person, deren Lebensraum betrachtet wird
O = andere Person (Partner von P)
X = impersonale Einheit (Dinge, Situationen, Ueberzeugung usw.)
L = positiver affektiver Bezug (like)
DL = negativer affektiver Bezug (dislike)

---

1) R. Oerter: a.a.O., S.19.
2) W. Freyn: a.a.O., S.158/159.
3) ebd. S.161/162.

U = Beziehung der kognitiven Einheit
(Zusammengehörigkeit): unit relation

not U = es existiert keine kognitive Beziehung zwischen den in Betracht stehenden Objekten."[1]

Oerter übernimmt von Heider (1958)[2] folgende Darstellung:

Zweiersystem: a) P schätzt O hoch und ist oft mit ihm zusammen (P L O und P U O)

Dreiersystem: b) P findet O sympathisch, beide schätzen einen bestimmten Film (X) sehr positiv (PLO, PLX, OLX, also drei positive Beziehungen).

c) P kann O nicht ausstehen, O hält einen Vortrag, den P schlecht findet (P DL O, P DL X, O U X, also zwei negative und eine positive Bindung).

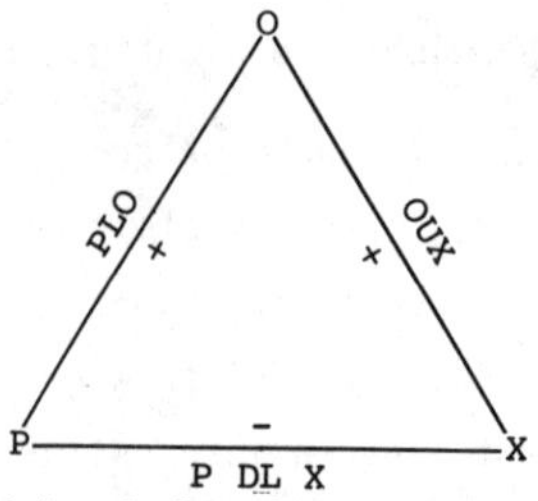

(a) unbalancierte Situation

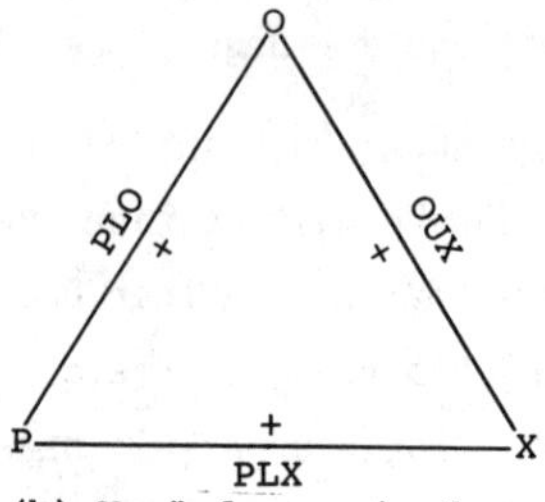

(b) Veränderung in der Gefühlsbeziehung (Gleichgewicht mit drei positiven B)

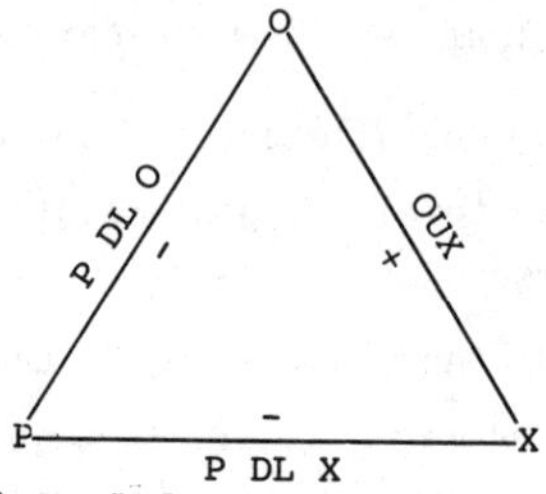

(c) Veränderung in der Gefühlsbeziehung (Gleichgewicht mit zwei negativen und einer positiven Relation)

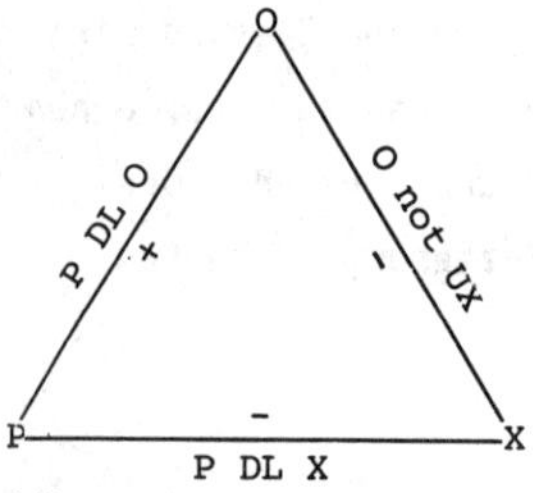

(d) Veränderung der kognitiven Beziehung (Gleichgewicht mit zwei negativen und einer positiven B)

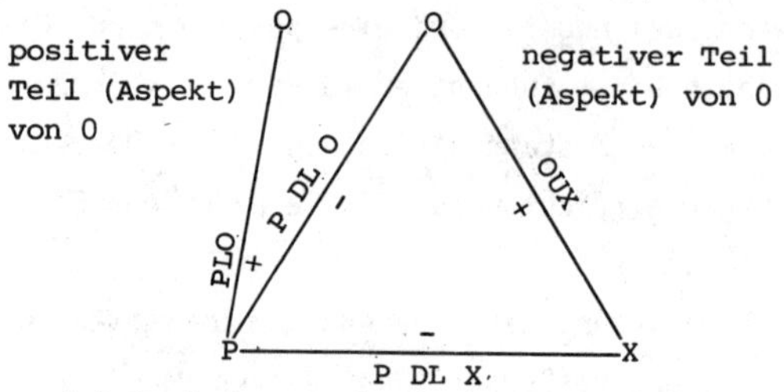

(e) Veränderung der kognitiven Beziehung durch Differenzierung (Gleichgewicht von zwei negativen und einer positiven Beziehung)

1) R. Oerter: a.a.O., S.22.
2) F. Heider: The psychologie of interpersonel relations. New York 1958, S.208.

W. Freyn fasst diese Darstellung noch konsiser zusammen:[1]

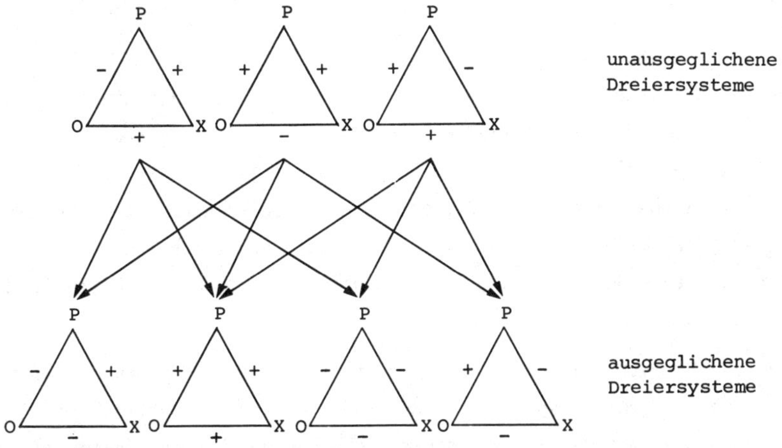

Dargestellt sind Kombinationsmöglichkeiten zwischen je zwei positiven oder negativen Gefühlsbeziehungen (P-O; P-X) und je einer positiven oder negativen kognitiven Beziehung (O-X). Verbindungsstriche zwischen Dreiersystemen zeigen die Möglichkeiten der Ausbalancierung durch Umkehrung der Wertung einer einzigen Beziehung.

Ein Beispiel für diese Kombination:
Ein Religionslehrer (P) hat eine negative Beziehung zu einem Schüler (O). Beide sind begeistert vom gemeinsam gesehenen Film "Jesus Christ Superstar" (X). Entweder versucht nun der Lehrer (P) seine Einstellung zum Schüler zu ändern, oder der Schüler (O) relativiert seine Begeisterung und findet den Film im Nachhinein doch nicht so gut. Auf alle Fälle versucht der Schüler eine seiner Beziehungen zu ändern, wobei dies von der Stabilität der einzelnen Beziehungen abhängt. Der Versuch der Veränderung der Beziehung zur Person oder zum Objekt ist dann immer zugleich der Versuch der Schwächung oder Stärkung der sozialen Stellung. —
Wir verzichten auf die Ausführung der jeweiligen Erweiterung der beiden und der Darstellung anderer Konsistenztheorien.[2] Es geht uns hier lediglich um die Frage, ob diese Modelle Gewissen ersetzen und ob daraus Ableitungen für die Erstellung intentionaler Gewissenskonzepte möglich sind.

1) W. Freyn: a.a.O., S.162.
2) Vgl. die in R. Oerter: Struktur und Wandlung von Werthaltungen dargestellten Erweiterungen und Hinzufügungen von Konsistenz-Modellen. München 1970, bspw. S.70ff.

3. Die Einfügung der Tendenz zur Konsonanz bzw. zum ausgeglichenen Zustand in die Unterrichtssituation

Es liegt auf der Hand,

- dass Konsistenztheorien anstelle von Gewissensmodellen treten können, obwohl das Verhältnis Einstellung - Gewissen zu wenig geklärt ist,
- dass die Auflösung der Einstellung in kognitive Partikel oder in Dreiersysteme von Beziehungskomplexen ein Phänomen transparent macht, welches bis jetzt meistens nur präskriptiv erschlossen worden ist,
- dass die Tendenz besteht, diese Theorien sofort für den Erziehungsprozess fruchtbar machen zu wollen.

Vorauszuschicken ist, dass keine implizierten normativen Forderungen vorhanden sind, die übernommen werden könnten. Die Theorien sind ausschliesslich deskriptive Instrumente, mit dem Hintergedanken, die unserem Fühlen, Denken und unseren Intentionen innewohnenden Gesetzmässigkeiten (Einstellungen) auch quantitativ zu erfassen. Sie sind ebenfalls eine Art Strukturmodelle, wobei auf zusätzliche Annahmen über vorgegebene Motive verzichtet wird. "Die Spannung in einem unausgewogenen Ganzen resultiert aus dem Auseinanderstreben der Elemente oder Einheiten in einem Feld. Sobald das Feld, die Struktur, das cerebrale Gefüge von elektrischen oder anderen (nicht explizierten) Kräften ausgeglichen wird, verliert sich auch die Spannung oder der Druck, der in Richtung auf eine Veränderung wirkt. Mit Ausnahme der Vertreter der Dissonanztheorie ist man in Uebereinstimmung mit Heider sehr vorsichtig in der Hypostasierung von motivierenden Kräften. Man begnügt sich mit der Annahme, dass Disharmonie, Inkongruenz, Ungleichgewicht eine Spannung bzw. Aktivität hervorrufen, die diesen Zustand beseitigt."[1] Das besagt, dass diese Modelle auf dem moralischen Bereich anwendbar sind. Das Gewissen wäre dann die Spannung in einem Feld, das auch das Gefühl der Verpflichtung, der Einhaltung von Wertvorstellungen miteinbezieht. Es wäre die Dissonanz, welche zur Konsonanz strebt oder die fehlende Balance im Dreiecksbezug, wobei der Aspekt der Bindung an die Norm miteinberücksichtigt werden müsste.[2]

Nun aber stellt sich die Frage, wie wird diese Dissonanz empfunden und welchen Stellenwert hat sie im Gefüge einer Verpflichtung, die inhaltlich bestimmt ist. Warum gibt die Person (P) einem Objekt (X) eine negative Bewertung und wovon ist

---

1) R. Oerter: a.a.O., S.25.

2) Vgl. die Ausführungen über das nur Negatives anzeigende Gewissen des Sokrates, S. 52/53.

die Stärke der ausgleichenden Tendenz im sozialen Bezugsfeld abhängig. Müsste nicht gesagt werden, dass Gewissen eigentlich mehr ist als Dissonanz, nämlich Bewertung der Dissonanz aufgrund gelernter Verpflichtungen, aufgrund psychischer Bedürfnisse, aufgrund von Bindungen an Normen und Werten. Gerade die Motivkonstellationen spielen eine nicht geringe Rolle.
Wie dem auch sei, um die vorliegenden "Erklärungsmodelle" für uns fruchtbar zu machen, müssen wir sie in Prozessmodelle umwandeln. Dazu ist die Variable der Handlungskonzepte wichtig, denn: "Wissen, Handlung und Bewertung sind wesentlich miteinander verbunden. Die primäre und überzeugende Bedeutung von Wissen besteht darin, dass es zur Handlung führt: Wissen steht dem Tun zur Verfügung. Und Handlung ist offensichtlich in der Wertsetzung verwurzelt. Für ein Wesen, welches nicht vergleichende Werte unterscheiden kann, hätte absichtliche Handlung keinen Sinn; und für jemanden, dem das Wissen um diese Werte fehlt, wäre es unmöglich. Umkehrend kann man sagen, dass nur ein aktives Wesen Wissen haben kann, und nur ein solches Wesen kann Werte etwas anderem als seinem eigenen Fühlen zuschreiben. Ein Wesen, das nicht in den Prozess der Realität eintritt, um einige Dinge ihres zukünftigen Inhaltes zu ändern, könnte die Welt nur im Sinne einer intuitiven oder ästhetischen Kontemplation verstehen. Solche Betrachtung hätte nicht die Bedeutung von Wissen, sondern nur die von Genuss und Leiden."[1] Wie aber ist diese Prozessualisierung angewandt auf die Modelle von Festinger und Heider möglich?
Versuchen wir zuerst am Modell von Festinger einige heuristische Vorstellungen in der oben erwähnten Richtung zu formulieren. Damit Dissonanz für den Lernprozess fruchtbar gemacht werden kann,

- muss die Vielzahl der Elemente einer Entscheidungssituation analysiert werden,
- muss festgestellt werden, welches die Möglichkeit der Bedingungen sind, die Schüler in die Dissonanz zu führen,
- müssen Wege der Dissonanzreduktion festgelegt werden,
- müssen Veränderungen der Einstellung von der Konsonanz A zur Konsonanz A' festgehalten und reflektiert werden.

Angesichts dieser Transformation taucht die Frage auf, ob eine solche Aufgliederung nicht schon durch die TOTE-Einheiten oder durch die auf S.204 erwähnte Taylorisierung gegeben sei. Der Unterschied zu diesen Modellen liegt darin, dass

---

1) G.I. Lewis: An analysis of knowledge an valuation. La salle, Open Court 1946, S.1. Zit. in: G.A. Miller u.a.: Strategien des Handelns. Stuttgart 1973,S.72.

hier mit dem Worte Dissonanz das emotive Verhältnis kognitiver Elemente zueinander gemeint ist. Auch im kognitionspsychologischen Ansatz spricht man von der "mise en relation", dem Beziehungsfeld von Elementen. Was den Balancetheorien aber gelingt, ist die Verbindung strukturalistisch-kognitiver und emotionaler Komponenten durch relativ einfache theoretische Konstrukte. Allerdings meine ich, dass die Verbindung noch weiter ausgeführt und an vielen Exempeln theoretisch hinterfragt werden muss. Als Versuch solcher Koppelung kann das Prozessmodell von K. Widmer verstanden werden:[1)]

Gewissen als Prozess

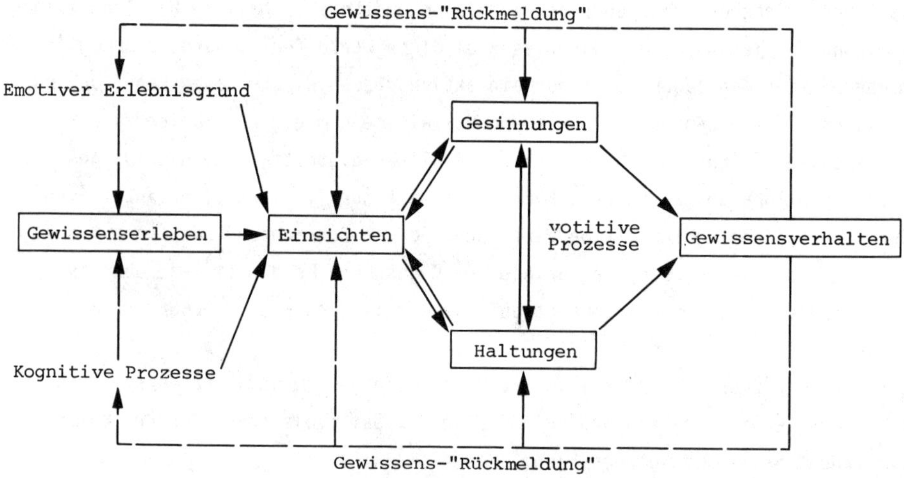

Die hier angestrebte Konsistenz zwischen moralischem Empfinden, moralischem Urteil und moralischem Handeln müsste allerdings durch den Dissonanzbegriff modifiziert werden, was den Rahmen dieser Arbeit sprengen müsste. Es dürfte aber ohne weiteres gelingen, wenn etwa Testsituationen wie diejenige von Hartshone und May[2)] zuerst mit beiden Modellen erklärt würden und dann eine Verbindung gesucht würde.

---

1) K. Widmer: Pubertät und Gewissen. In: F. Oser (Hrg.): Das Gewissen im pädagogischen Feld. Olten 1973, S.63.

2) Hartshone und May untersuchten die Merkmale Ehrlichkeit und Gehorsam. Die beobachtete Fähigkeit des Kindes, der Versuchung zu widerstehen, eine Regel

Heiders Modell liesse sich in ähnlicher Weise verwenden. Vorerst ist es ebenfalls ein Erklärungsmodell. z.B. könnten ohne weiteres Dienstverweigerungssituationen damit erfasst werden zwecks optimalerer Transparenz der Beziehungsfelder. Intentional gesehen wären folgende Schritte notwendig:

- Der Schüler wird bewusst in ein "künstliches" moralisches Beziehungsfeld gestellt.
- Die Grundstrukturen des Feldes werden erhellt.
- Die positiven und negativen affektiven Begriffe werden analysiert (ev. auch als Alternativen diskutiert).
- Die Veränderungen der Beziehung werden geplant und durchgeführt.
- Die neue Beziehungskonstellation (Balance) wird mit der Ausgangslage verglichen.
- An fiktiven Beispielen werden strukturale Transfers vorgenommen.

Die Frage muss offen bleiben, wie weit die Tendenz zur Balance als Erklärung für Gewissen schlechthin genügt. Dass der unausgeglichene Zustand als unangenehm empfunden wird, gibt uns zwar die Möglichkeit im Sichhineinversetzen des Schülers in diesen unausgeglichenen Zustand, mögliche Lernprozesse zu initiieren. Ob aber auch hier der Prozess der Bindung an Normen, der Konfrontation emotiver Zustände mit kognitiver Argumentation berücksichtigt werden kann, möchte ich eher verneinen. Wenn etwa heute betont wird, dass das Gewissen des Dienstverweigerers nur dann richtig funktioniert, wenn die Gesinnungsbildung zur Notwendigkeit der Wehrpflicht der Entscheidung zur Annahme oder Ablehnung des Militärdienstes vorangehe[3], wenn also eine enge Verknüpfung zwischen dem Lernen der Norm und der Gewissensentscheidung gesehen wird, so kann das oben erwähnte Modell gerade wegen seiner Objektneutralität im besten Fall nur einen Teilbeitrag zum Lernen des Gewissens als solchem leisten.

---

ungesehen und unbestraft zu übertreten, wurde gemessen. E. Paray beschreibt die Versuchsanordnung folgendermassen: "Hartshone und May liessen Schüler eine Reihe verschiedener Aufgaben durchführen, in denen sie durch 'Mogeln' ihre Punktwerte erheblich verbessern konnten, ohne befürchten zu müssen, für den Verstoss gegen die Norm sanktioniert zu werden. Die einzelnen Schüler nützten die Möglichkeit zum 'Mogeln' in den verschiedenen Situationen unterschiedlich aus. Ein durchgehender Faktor 'Ehrlichkeit', gemessen am Widerstand gegen Täuschunasversuchungen konnte nicht postuliert werden."
In: Die Entwicklung des "moralischen Bewusstseins". b:e 1969/5, S.25.

3) Vgl. T. Wyder: Der Dienstverweigerer und die Verletzung der Gewissensfreiheit. In: Allgem. Schweizerische Militärzeitschrift 1971/2, S.108/109.

I. Der Aufbau eigenständiger Handlungsregulation und die inhaltliche Bestimmung des Gewissens durch Schuld

> "Was also: zusammenfassend erklären, dass Unschuldige eingesperrt wurden? Jedoch haben wir versäumt zu sagen, dass der Begriff der Schuld als solcher schon in der proletarischen Revolution abgeschafft und zu Beginn der dreissiger Jahre zum rechten Opportunismus erklärt worden war. So dass wir auf solche rückständigen Begriffe wie Schuld und Unschuld gar nicht mehr spekulieren können."
>
> A. Solschenizyn

In diesem letzten Teil des Kapitels über normative Ableitungen und der Verwendung von Gewissensmodellen zur Planung intentionaler moralischer Erziehung möchte ich die Frage aufwerfen, ob die Theorien über Schuld und Böses einerseits, die Konzepte eigenständiger Handlungsregulation anderseits brauchbares Material zur prospektiven Gewissensbildung liefern.[1)]

1. Problemstellung

Wenn einem Unterrichtenden das Lernziel vorgestellt wird, der Schüler solle die Merkmale von Schuld in Entscheidungssituationen diskriminieren können, so greift er unwillkürlich zu konkreten Beispielen aus dem Alltag. Das bedeutet, er versucht den Begriff der Schuld inhaltlich zu operationalisieren. Ohne kon-

---

1) Obwohl unsere Lernstrategie, welche am Ende dieser Arbeit angefügt ist, die Schuldproblematik ausklammert und das Schwergewicht auf die Verhaltensabweichung per se legt, kann diese Untersuchung einen Beitrag zur inhaltlichen und handlungsorientierten Methodologie leisten.

krete Schuldsituation kann er nicht zu allgemeinen Schuldmerkmalen vorstossen, weil er sonst Aussagen macht, die in ihrer Bedeutung nicht verstanden werden. Anderseits aber wird er Konzepte anbieten oder finden lassen, die zur Lösung einer solchen Situation beitragen. Diese Konzepte, selbst wenn sie nur simulativ durchgespielt werden, sind mögliche Muster späterer Handlungsalternativen.

Ich möchte dies mit einem Beispiel für 15-jährige Sekundarschüler belegen: Die Schüler sollen folgenden Text gruppenweise im Sinne einer möglichen Lösung analysieren, wobei sie als Raster je einen andern sozialen Kontext zu berücksichtigen haben:

> Ralf hat eben die Matura bestanden. Schon lange hat die Klasse jenen Augenblick erwartet, in dem alle das Zeugnis in der Hand haben. Das will auch richtig gefeiert sein. Matura ist schliesslich nur einmal im Leben. Es war nun so weit. Alle haben es geschafft. Bei der Feier war eine Bombenstimmung. Bis in die Morgenstunden brach die Stimmung nicht ab. Ralf gehörte zu den letzten, die nach Hause fuhren. Mit dem Auto seines Freundes durfte er in dessen Begleitung sein Mädchen nach Hause fahren. Auf dem Rückweg überfuhr er eine alleinstehende Frau, die Zeitungen ausfuhr. Nun liegt die Frau tot vor ihnen! Ein furchbarer Augenblick! Blut! - Kein Mensch hat den Unfall gesehen. Am Auto war kein Schaden entstanden. Wenn es auskommt, dass Ralf es war, steht seine ganze Karriere auf dem Spiel!
>
> Was würdest Du als mitfahrender Freund in dieser Situation Ralf raten? Zähle drei bis vier Möglichkeiten auf!
>
> Jede Gruppe muss nun, wie gesagt, andere soziale Komponenten berücksichtigen, sodass Handlungsalternativen entstehen bzw. der beratende Freund je andere Pläne für richtiges Handeln entwerfen muss.

Gruppe 1

Ralf ist der Sohn einer Arbeiterfamilie. Sein Vater ist seit 10 Jahren in dieser Stadt. Die Familie wohnt in einem Viertel, wo es nur reichere Leute gibt. Ralf hat vier Geschwister. Eines davon ist immer krank. Das Geld ist deshalb etwas knapp. Mit den Leuten in der Umgebung gibt es wenig Kontakt. Des Vaters grosser Stolz ist Ralf. In seiner ganzen Verwandtschaft gibt es keinen, der studiert. Der Vater spricht deshalb oft mit einem gewissen Stolz von seinem Sohn.

Nun ist das Unglück passiert. Als es der Vater erfuhr, betrank er sich so, dass er mit einer Alkoholvergiftung ins Spital eingeliefert werden musste. Die Mutter erlitt einen Herzanfall. Eine Schwester Ralfs hörte beim Einkaufen am andern Tag eine Frau sagen: "Dem ist die Bildung in den Kopf gestiegen. Besser wäre es, dort zu bleiben, wo man her ist!"

Gruppe 2

Ralf ist der Sohn eines reichen Anwaltes. Es gehört bei ihm gleichsam zum guten Ton, die Matura zu machen. Er will Rechtsanwalt werden. Der Vater hat einen grossen Freundeskreis und viele Beziehungen zu massgeblichen Leuten in der Stadt.

Nun kommt sein Sohn mit dieser Nachricht. Er ist zwar sehr bedrückt darüber, doch denkt er schliesslich: "Mein Vater ist ja Anwalt. Der Vati wird's schon richten, das gehört zu seinen Pflichten." - Auch den Vater bedrückt es. Doch beruhigt er sich. "Jetzt müssen wir schauen, wie wir das ohne Schädigung unseres Rufes hinkriegen."

Er ruft massgebliche Leute an und schildert ihnen das Pech und die vermutliche Unschuld des Sohnes. Die Zeitungen berichten nichts vom Unfall, denn der Vater ist zuvorgekommen. Die Mutter hat einen Wirbel geschlagen, aber nur innerhalb der Familie.

Gruppe 3

Ralf ist das einzige Kind. Sein Vater ist vor fünf Jahren an den Folgen eines Verkehrsunfalles gestorben. Die Mutter hängt sehr an Ralf, zu sehr? Sie erlaubt ihm kaum, eine Freundschaft mit einem Mädchen zu haben, weil sie fürchtet, er wäre zu wenig für sie da. Er hat jedoch eine heimliche Freundschaft.

Nun erfährt die Mutter von diesem Unglück. Sie ist so fassungslos, dass sie Ralf auf der Stelle ohrfeigt. Daraufhin läuft er einfach davon, zu seiner Freundin. Diese verspricht ihm, alles für ihn und mit ihm zu tragen, was immer auch kommen mag.

Der Lehrer hat hier also bewusst den jeweiligen sozialen Kontext zu ein und demselben Beispiel verändert, um die kognitiven Schemata mobil zu halten. Die Schüler sollen nun angeben, ob sich in der betreffenden sozialen Konstellation die entscheidenden Personen positiv oder negativ verhalten (gesteuertes Einschätzungsverfahren), wie ihr Verhältnis zur Schuld ist und wie sie Schuld sehr wahrscheinlich bewältigen.

Hier scheinen nun beide oben benannten Bereiche deutlich auf, einerseits der Begriff der Schuld oder des Bösen, anderseits das Phänomen der Handlungsregulation, versteckt im möglichen Ratschlag des Freundes. Ich möchte nun zuerst versuchen, diese beiden Bereiche theoretisch kurz darzulegen, um dann die Frage zu beantworten, ob sie für prospektive Planung erzieherischer Situationen fruchtbar sein könnten.

2. Die eigenständige Handlungsregulation

Unter Komponenten eigenständiger Handlungsregulationen versteht man "innere Systeme psychischer Abbilder, Operationen, Zustände und Eigenschaften, die als Voraussetzungen (Dispositionen) des Individuums zur eigenständigen Handlungsregulation anzusehen sind, d.h. die es der Persönlichkeit ermöglichen, ihr Handeln - natürlich stets bezogen auf gesellschaftliche Handlungsziele und unter Beachtung der jeweils gegebenen konkreten Handlungsbedingungen sozusagen von innen her, zu regulieren."[1)]
Was unterscheidet diese Definition von dem, was man über das Gewissen oder über Schuldgefühle aussagen kann? Wenn sich Begriffe gegenseitig so sehr überschneiden, so dass kaum eine Trennschärfe möglich ist, scheint die Frage berechtigt, ob man sie durch andere klarere, eben z.B. durch "eigenständige Handlungsregulation" ersetzen sollte. Wenn ich die Aussage "Schuldgefühl heisst, irgend jemand unrecht getan haben" mit "Gewissen heisst, Bewusstsein einer Beeinträchtigung haben" vergleiche, so kann ich intuitiv nur sagen, dass die zweite Bestimmung etwas weiter gefasst ist, mehr nicht. Ist nun die Vorstellung von eigenständiger Handlungsregulation wirklich zweckmässiger als die Vorstellung Gewissen?
Eigenständige Handlungsregulation[2)] bezieht sich immer auf den Ablauf und die Phasen von sichtbaren und verdeckten Fähigkeiten, welche zeitlich und inhaltlich strukturiert und auf ein Ziel gerichtet sind. Der Prototyp ist die bewusste Handlung, die in einen Orientierungsteil, Antriebsteil und Ausführungsteil gegliedert wird. Antriebs- und Ausführungsteil stehen immer in Bezug zum Orientierungsteil, was nicht ausschliesst, dass zu jedem Teil die notwendigen psychischen Regulationskomponenten beigefügt werden, also Orientierungsregulation, Antriebs-

---

1) A. Kossakowski/K.U. Ettrich: Psychologische Untersuchungen zur Entwicklung der eigenständigen Handlungsregulation. Berlin 1973, S.15/16.
2) Vgl. A. Kossakowski/K.U. Ettrich: a.a.O., S.16ff.
Wir halten uns i.a. bei den folgenden Ausführungen an diese Schrift.

regulation und Ausführungsregulation.

Die Komponenten der <u>Orientierungsregulation</u> sind wie gesagt sehr wichtig, weil sie den Antriebsteil und den Ausführungsteil der Handlung bestimmen. Kossakowski[1] ordnet diese Komponenten wie folgt:

- Entscheidungsanalyse für mögliche Handlungsziele
- Konstruktion von Realisierungsschritten im Handlungsprogramm
- Kontrolle der Handlungsausführung

Ebenso sind "habituelle Dispositionen" gleichsam als Voraussetzung erforderlich, wie etwa:

- Kenntnisse über das "Warum", "Was" und "Wie" der Handlungsanforderungen
- Fähigkeiten zur Entwicklung eigener Handlungsprogramme aufgrund der Analyse
- Bereitschaften, die im Zusammenhang mit den allgemeinen, also erlernten Erfordernissen der Gesellschaft stehen.

Die Komponenten der <u>Antriebsregulation</u> sind etwa:

- Antriebsstärke
- Kenntnisse gesellschaftlich geforderter Handlungsziele
- Einstellungen als Richtungsdispositionen der Persönlichkeit
- Entscheidungsbereitschaft auch bei widerstreitenden Positionen
- "emotionale Komponenten"
- bewusste Bindung an gesellschaftliche Handlungsanforderungen

Antriebsregulation bezieht sich im ersten Ansatz auf psychophysiologische Dimensionen und auch wiederum auf die kognitive Orientierungsregulation (vgl. etwa das Realitätsprinzip bei Freud).
Die Komponenten der <u>Ausführungsregulation</u> hängen zusammen mit den regulativen Prozessen und mit Rückmeldungsprozessen, welche die Handlungskontrolle garantieren. Ihre habituellen Dispositionen sind:

"- Kenntnisse über konkrete Realisierungsschritte
- Voraussetzungen zur unmittelbaren (sensumotorischen) Tätigkeitsregulation
- bestimmte Willenseigenschaften, die eine Dauerregulation auch unter erschwerten Bedingungen garantieren
- Fertigkeiten und Gewohnheiten
- Voraussetzungen zur Selbstkontrolle anhand eines inneren Handlungs- und Sanktionskonzepts."[2]

---

1) Vgl. A. Kossakowski/K.U. Ettrich: a.a.O., S.19.
2) Vgl. A. Kossakowski/K.U. Ettrich: a.a.O., S.20.

Eine wichtige Frage ist nun, zu welchen unterrichtlichen Prozessbereichen Handlungsregulation überhaupt zugeordnet werden kann. Um dies zu ermitteln, muss von der "Anforderungsstruktur eines Tätigkeitsbereiches" ausgegangen werden. Die Analyse der objektiven Anforderungsstruktur macht es überhaupt erst möglich, vom Aufbau eigenständiger Handlungsregulation zu sprechen. Die Anforderungsstruktur wird auf jeder Niveaustufe der Tätigkeit je anders organisiert sein. Sie hängt einerseits von situativen Bedingungen und anderseits von globalen Begründungen allgemein erzieherischer Ziele, wie etwa soziale Kommunikation oder kognitive Erkenntnis ab; man kann auch sagen, sie hänge vom schöpferisch-selbständigen oder vom reproduktiv-selbständigen oder reproduktiv-gelenkten Handeln ab.[1)]
Es scheint nun, dass ein spezifisches Spannungsverhältnis auftritt, wenn die Anforderungsstruktur von einer Schuldsituation geprägt ist bzw. wenn sich Orientierungs-, Antriebs- und Ausführungsregulation auf ein Manko gegenüber der Kommunikationsstruktur bezieht. Nicht dass die Handlungsregulation hier etwa ein spezifisch anderer Vorgang ist als etwa der Vorgang des entdeckenden Lernens. Nein. Die Anforderungsstruktur ist vielmehr so beschaffen, dass sich Entscheidungsanalyse, Konstruktion von Realisierungsschritten etc. auf dieses Defizit richten, und dass ein solches Defizit (Schuldsituation) immer intensiver erlebt wird als etwa ein Defizit des ungenügenden sprachlichen Apparates bei Gestaltung eines Gesprächs mit fremdsprachigen Menschen.
Wenn wir nun zurückgehen zu dem Unterrichtsbeispiel, so sehen wir, dass simulativ sowohl Orientierungsregulation als auch Antriebs- und Ausführungsregulation aufgrund der situativen Bedingungen zur Anwendung gebracht werden. Man erhofft sich dadurch nicht unbedingt eine direkte Verhaltensveränderung aufgrund vorgestellter Normen, sondern dass das Bündel von Reflexionsmustern in einer bestimmten Situation angewandt werde bzw. dass es aufgrund der vorgenommenen simulativen Handlungsabläufe später zur Anwendung komme (Genau gleich erhofft man sich vom Pilot, der im Simulator alle Handlungen regulativ durchspielt, Sicherheit der notwendigen Reflexionsmuster.)

3. Handlungsregulation oder Gewissen?

Bevor wir nun zeigen, wie sich der Aufbau solcher Handlungsregulationen an diesem konkreten Unterrichtsbeispiel vollzieht, müssen wir zwei Fragen beantworten. Die erste Frage lautet: Was unterscheidet den Begriff der Handlungsregulation

---

1) Vgl. A. Kossakowski/K.U. Ettrich: a.a.O., S.23.

vom Begriff des Gewissens? Ist es bloss die situative Komponente, nämlich, dass sich das Gewissen eben auf eine Schuldsituation bezieht, während sich Handlungsregulation auf jede Handlung, sei es im motorischen, kognitiven, kreativen etc. Bereich, bezieht? Wir wollen diese Frage so zu beantworten versuchen, indem wir drei verschiedene Definitionen von Gewissen hier anfügen und dann den Unterschied zu den oben aufgeführten Kriterien anbringen:

Als erstes wählen wir eine mehr soziologische Beschreibung:

"Die Vorstellung, dass der Verbrecher völlig gewissenlos sei, ist eine literarische Abstraktion. Der völlig Gewissenlose wäre der reine Solipsist, der auch nicht einmal mehr durch Akte der Aggression und der Grausamkeit dem Mitmenschen an die Haut zu kommen suchte. Im Gewissen des Verbrechers spiegelt sich, vergröbert nur oder verzerrt, das moralische Bewusstsein, zu dem die Gesellschaft auch ihn, den Verbrecher, erzogen hat. An das, was den Kern einer herrschenden Moral bildet, ist noch ein jeder in der Gesellschaft, für die sie gilt, gebunden. Denn der 'Kern' einer Moral ist gerade das, was dem Einzelnen sich vermittelt, schon indem man ihn sprechen lehrt."[1)]

Eine mehr anthropologisch-phänomenologische Beschreibung lautet:

"Das moralische Gewissen wird in der eigenen Innerlichkeit erfahren als bedrängendes und andrängendes Aufmerksamgemachtwerden auf einen lösungsbedürftigen Zwiespalt zwischen moralischer Verpflichtung und einem dawiderstehenden intendierten, ergriffenen oder bereits aktualisierten Inhalt. Die moralische Bindung kann durchaus erst anhand des Zwiespalterlebnisses bei der Missachtung bewusst werden. Selbständig oder auch in einem mutualistischen Verhältnis zueinander erscheinen zwei Manifestationsformen:

a) eine aktive, die sich in intermittierenden, akthaften Aggressionen entäussert und
b) eine zuständliche. Diese spezifische Zuständlichkeit ist nach aussen hin geprüft durch eine latente Bereitschaft zu Gewissensaktivität, während sie nach innen das Innesein des Aufmerksamgemachtseins, des Augerufenseins, ist."[2)]

Und nun zur Sprache der Psychologie:

"Insbesondere bei S. Freud erscheint das Gewissen als das Resultat psychomechanischer, auf Verdrängung gerichteter Prozesse und bestimmter kompensatorischer,

---

1) A. Plack: Die Gesellschaft und das Böse. Eine Kritik der herrschenden Moral. München 1971[10]. S.86.
2) E. Wick: Zur Psychologie der Reue. Bern 1971 S.17/18. Zit. S.118 in dieser Arbeit.

auf die Regulierung des im Triebkonflikt erschütterten seelischen Gleichgewichtes abzielender Vorgänge. In dem Spiele quasimechanischer Prozesse formiert sich so ein Verhaltensmechanismus, der sich, wie wir das von instinktiven Verhaltensweisen her gut kennen, situativ auslöst und mit gewisser Gesetzmässigkeit abläuft."[1]

Man könnte noch hinzufügen:

"Nach der Auffassung der Tiefenpsychologie entsteht durch die Uebernahme und Anerkennung der insbesondere durch die Eltern vermittelten Verhaltensmuster das 'Ueber-Ich', jene moralische Regulierungsinstanz, die herkömmlicherweise als Gewissen bezeichnet wird."[2]

Was unterscheidet diese drei Beschreibungen vom Begriff der Handlungsregulation? Wir suchen gemeinsame Merkmale. Allen ist die Anforderungsstruktur der Situation (Verbrechen, aktualisierter Inhalt, Triebkonflikt) gemein. Die Anforderungsstruktur ist je anders organisiert, auf je anderer Niveaustufe lokalisiert. Als zweites finden wir jenes strukturale System von Normen, Regeln und Werten, die teils situationsimmanent vorhanden sind, teils aber durch die Internalisierungsprozesse vom einzelnen in die Anforderungsstruktur der Situation hineingetragen werden. Es spielt ganz besonders bei der Orientierungsregulation eine wichtige Rolle. Entscheidungsanalyse, Entwicklung von Handlungsprogrammen und Bereitschaften im Zusammenhang mit den Erfordernissen der Gesellschaft hängen davon ab. Als drittes Merkmal ist die Regulationsinstanz festzustellen (moralisches Bewusstsein, bedrängendes und andrängendes Aufmerksamgemachtwerten, Regulierung, Verhaltensmechanismus). Sie basiert auf der Wechselbeziehung Person-Umwelt, welche sich durch aktive Verhaltensweisen äussert. Sie kann kaum besser beschrieben werden als mit der Definition, die wir zu Anfang gegeben haben.

Es wird also auf den ersten Blick nicht sichtbar, was alle je von verschiedenen wissenschaftlichen Bereichen dargestellten Gewissensbeschreibungen von dem Begriff der Handlungsregulation trennt. Ganz besonders, wenn Gewissen sehr weit gefasst wird, einmal als Eigenwelt-Gewissen, wenn es um die hygienischen und psychohygienischen Belange geht, als Sach-Gewissen, wenn die Einstellung zur Arbeit, zur richtigen Funktion, zur Logik, aber auch zur Natur (Umweltverschmutzung) gemeint ist, als Sozial-Gewissen, wenn Erwartungsgefüge, Rollenpositionen, Freund-

---

1) O. Engelmeyer: Die Frage des Gewissens in psychologischer Sicht. In: O. Engelmeyer u.a.: Gewissen und Gewissensbildung. Donauwörth 1968. S.117/ S.118.

2) E. Weber: Grundfragen und Grundbegriffe der moralischen Erziehung in Unterricht und Schule. In. E. Weber (Hrsg.): Zur moralischen Erziehung in Unterricht und Schule. Donauwörth 1973, S.20.

schaft, Abwehr, Angst etc. angesprochen werden, als Wert-Gewissen, wenn "Verhalten die Prädikate des Richtigen, des Guten, des Gültigen, des Nützlichen, des Notwendigen" erhält, als Transzendenz-Gewissen, wenn sinnerschliessend eine transzendente Instanz in Bezug zum Handeln gebracht wird[1)] - wenn also Gewissen so weit gefasst wird, besteht kaum ein Unterschied zum Begriff der Handlungsregulation. Dennoch aber lohnt sich der Vergleich, weil mit Handlungsregulationen meistens der Vorgang des Aufbaus verbunden ist, weitergreifender als etwa kognitionspsychologische Konstrukte es vermöchten.[2)]

4. Handlungsregulation und Schuld

Um aber dennoch eine Trennschärfe zwischen allgemeiner Handlungsregulation und Gewissen zu erhalten, müssen wir die zweite Frage mindestens rudimentär angehen.

Sie bezieht sich auf den Begriff der Schuld. Damit ist ja gerade jene spezifische inhaltliche Gegebenheit (Anforderungsstruktur) einer Situation gemeint, die sich gegen andere abhebt. Was unterscheidet Schuld etwa von einer motivationalen Spannung am Anfang einer Handlung?[3)] Was unterscheidet sie von der kognitiven Dissonanz?[4)] Was unterscheidet sie von der durch Normen vollzogenen Verhaltenssteuerung?

a) Schuldgefühl - Schuldbewusstsein - Schuldbewusstheit

Im allgemeinen unterschieden die theologischen Ethiken zwischen sittlicher und juridischer Schuld. Die sittliche Schuld bezog sich auf das Gottesverhältnis und das Gewissensurteil. Die juridische auf Bestrafung nach dem Gesetzesparagraphen und der Haftbarmachung.[5)] Immer aber lag das Gewicht auf der Feststellung des Hiatus

---

1) Vgl. K. Widmer: Pubertät und Gewissen. In: F. Oser (Hrg.): Das Gewissen im päd. Feld. Olten 1973. S.55/56. Schon erwähnt S.
2) Vgl. unsere Ausführungen im letzten Abschnitt S. 337ff.
3) "Wir sind der Ansicht, dass ein Motiv sich aus zwei unabhängigen Teilen zusammensetzt: Wert und Vorsatz. Ein Wert bezieht sich auf ein Vorstellungsbild, während sich der Vorsatz auf einen Plan bezieht." (G.B. Miller, E. Galanter, K.H. Pribam: Strategien des Handelns. Pläne und Strukturen des Verhaltens. Stuttgart 1973. S.62).
4) Vgl. unsere Ausführungen: Das Problem der Einstellungsänderung bei Heider und Festinger S. 373ff.
5) Vgl. B. Häring: Das Gesetz Christi. Moraltheologie. Freiburg 1954. S.127.

zwischen dem Sein und dem Sollen, wie sie die thomistische Philosophie proklamiert. Durch das geglaubte Gottesverhältnis des Menschen, das auch alle juristischen Entscheide inbezug auf den Schuldigen entweder legitimiert oder relativiert, werden Sünde und Schuld identisch. Sie bezeichnen "jede Art von Unrecht, auch die Verletzung der Rechtsansprüche der Mitmenschen, vor allem die Verletzung göttlicher Rechte."[1)]

Auch in modernen moraltheologischen Schriften wird Schuld immer noch als ein Manko gegenüber einem "verbindlich idealen Sollen" aufgefasst, wobei als fordernde Instanzen auftreten: Gott als richtendes Geheimnis, der Mitmensch und seine Umwelt und schliesslich das eigene Selbst als Ort der inneren Wahrheit.[2)] E. Wick legt besonderes Gewicht auf den Unterschied zwischen Schuldgefühl - Schuldbewusstsein - und Schuldbewusstheit. Das Schuldgefühl bezieht sich auf Schuld als "Objekt meines Fühlens", also auf den psychischen Zustand des Zwiespaltes in einer konkreten Situation. "Schuldbewusstheit ist die Gegenwärtigkeit einer Erkenntnis, die ein entsprechendes Objekt aufgedeckt hat. Der Erkennende weiss sich schuldig."[3)] Das Schuldbewusstsein ist eine Disposition, die das Fühlen und Erkennen von Schuld ermöglicht oder die Synthese von Schuldgefühl und Schuldbewusstheit.

Ob Schuldbewusstsein und Gewissen identisch sind, bleibt offen. Zwar sagt E. Wick, dass im Unbewussten entschieden werde, wie und ob das Gewissen die den Konflikt schaffende Normverletzung bewusst machen oder verdrängen solle.[4)] Aber ob Schuldbewusstsein (Gefühl und Bewusstheit) Gewissen sei, wird sehr wahrscheinlich erst durch die Bezugspunkte sittlicher Bereiche relevant, nämlich durch Tat, Schädigung und Desintegration.[5)]

b) Schuld und Schuldgefühl

Das ist denn auch der Punkt, den T. Brocher so stark hervorhebt, den Unterschied zwischen Schuld und Schuldbewusstsein. "Zunächst muss man sagen: Es gibt sicher reale Schuld im Leben eines Menschen. Ich kann an anderen schuldig werden, und wenn ich das erkenne, dann bedarf ich der Vergebung des anderen. Aber Schuldgefühle, die von vielen Menschen als Schuld erlebt werden, sind etwas ganz anderes. Sie entstehen sehr oft nur aus der Differenz zwischen einem selbsterrichteten Ideal und der Wirklichkeit. Man kann sie eine Art von innerer Entwicklungsschuld

1) Vgl. B. Häring: Das Gesetz Christi. Moraltheologie. Freiburg 1954, S.356.
2) Vgl. E. Wick: Zur Psychologie der Reue. Bern 1971, S.19-30.
3) ebd. S.28.
4) ebd. S.45/46.
5) ebd. S.29.

diesem Ideal gegenüber nennen, das ich selbst aufstelle. Angesichts der Wirklichkeit fürchte ich, dieses Ideal nicht erreichen zu können."[1] Die Entwicklung eines so überhöhten Ich-Ideals hängt zusammen mit den gelernten Normen und Werten, die im Erwachsenenalter nicht neu verarbeitet werden und somit zu einem Wiederholungszwang des Schuldgefühls führen. Statt Auseinandersetzung mit der Schuld und damit neues Selbstverständnis in einer defiziten Situation, geschieht Verschiebung auf Kleinigkeiten, die als Schuld betrachtet werden, aber nur Schuldgefühle sind. Es wäre also ein Fernziel, zu unterscheiden zwischen Schuld und Schuldgefühl.

Dazu eignet sich der Prozess der Selbstwahrnehmung, die mehr ist als eine auf Regeln bezogene Gewissensforschung. Sie bedeutet Wahrnehmung der Stimme des Gewissens durch das Schuldgefühl hindurch, "die Auseinandersetzung zwischen dem, was im Unbewussten vorhanden ist und von uns verleugnet, vergessen und verdrängt wird, und dem, was wir von uns wissen."[2] Oder noch weiter, Gewissen wäre der Prozess des Erkennens der andern Seite, d.h. der sozialen Wirklichkeitszusammenhänge meiner Schuldgefühle. Der wichtigste Akt zur Ausbildung dieser Disposition ist die Identifizierung, das vorübergehende Sichgleichsetzen mit dem Partner, also Selbstwahrnehmung im andern.[3]

c) Schuldentlastung, Schuldtilgung, Schuldverschiebung und Gewissen

Wer vom Theorem ausginge, das Gewissen sei die sicherste menschliche Regulationsinstanz, der würde die Wichtigkeit der oben erwähnten Analyse der Anforderungsstruktur bei Orientierungsunsicherheit verkennen. Dennletztere wird erst durch das

---

1) T. Brocher antwortet M. Linz: Schuld und Trauer. Zur Psychoanalyse der Beichte. In: Kat. Blätter 5/1974. S.299 (Erste Veröffentlichung 1971 in der Reihe "Das theologische Interview" im Patmos Verlag, Düsseldorf, vergriffen).

2) T. Brocher: a.a.O., S.302.

3) Die ursprüngliche Unterscheidung der "Pflege der Gewissensanlage und der Bildung des Gewissensurteils" (B. Häring, a.a.O., S.193) fällt im pädagogischen Handeln in eines zusammen. Bildung des Gewissensurteils bedeutet "Eifer für die Wahrheit, die eifrige Kultivierung des Gesetzes und Werterkenntnis", Eifer und "Achtsamkeit in der Bemühung um den rechten Gewissensspruch", "Bereitwilligkeit, Belehrung und Rat anzunehmen" etc. Erhaltung und Pflege der Gewissensanlage bedeutet: Objektive Liebesanlage und subjektive Liebesbereitschaft sollen einander ergänzen. "Der 'Seelenfunke' bedarf der ständigen Entflammung durch die bewährte Liebesbereitschaft; der Intellekt muss in seinem Werterkennen immer neu vom Liebesfeuer des Willens durchglüht werden. Intellekt und Wille leben ihr Wertleben aus dem Reichtum des Seelengrundes; sie müssen aber ebenso auch durch ihre sittliche Betätigung den Reichtum und die Mächtigkeit der Liebesanlage in den Seelengrund hinein steigen." Solche Sprache und solche Annahmen müssten natürlich mit Realitätsbezügen abgedeckt werden. Es handelt sich um eine wertende Sprachform, die heute kaum mehr verständlich ist.

Bewusstsein von Schuld oder das Spüren von Schuldgefühlen verstärkt. Hier nun setzen die Interaktionshandlungen ein, die Schuldentlastung und Schuldtilgung bewerkstelligen. Unter Schuldentlastung verstehe ich alle Akte, die der Schuldige selber initiiert, um den Spannungspegel zwischen aufgebautem oder nichterfülltem Ideal und eigener Handlung zu verringern. Mit Schuldtilgung aber meine ich alle Akte, die von aussen am Schuldigen vollzogen werden, wie z.B. Akzeptierung seiner Fehlhandlung. Dabei ist das Schuld-auf-sich-nehmen einer Gruppe oder eines mit dem Schuldigen in intimer Beziehung stehenden Menschen die wichtigste Handlungsform, die wiederum von beiden Seiten regulativ bestimmt werden muss. Ich stelle mich der Gruppe, und sie muss eine Klärung ihres eigenen Verhaltens im Zusammenhang mit meinen Motiven bewerkstelligen.[1] Das alles wird schwieriger, wenn es um das Schuldverhältnis des Einzelnen zur Gesellschaft geht. Hier gibt es denn auch am meisten Schuldverschiebung z.B. nach oben, wo die Leitung eines Staates für alles und jedes verantwortlich gemacht wird, oder nach unten, wo Armut dem Proletariat im Sinne des eigenen Verschuldens in die Schuhe geschoben wird. "Hier, so scheint mir, ist vieles in unserm Verhalten Schuld, was wir bisher gar nicht als Schuld betrachteten: die Gleichgültigkeit, die fehlende Bereitschaft sich zu informieren, das Nicht-wissen-wollen, das Nicht-damit-zu-tun-haben-wollen, die Behauptung, man habe es nicht wissen können usw. All das sind Versäumnisse, die innerhalb der Gesellschaft Schuld entstehen lassen. Sehr grosse Teile der Gesellschaft kennen diese Schuld nicht. Sie wissen dann auch gar nicht, wovon sie bedrückt sind."[2] Hier müssen denn auch Formen gefunden werden, damit der Schuldige einstehen kann für sein Verhalten, damit Irrtümer analysiert und aufgearbeitet werden können. Schuldaufarbeitung hat mit einem Lernprozess etwas zu tun, in den auch die Verzichtleistung auf eigene Ansprüche hineingehört. Dieser Lernprozess hängt wiederum mit den Komponenten der Handlungsregulation zusammen; ja Aufbau von Handlungsregulation im Sinne des Gewissens kann nur durch solch reale Prozesse garantiert werden. Die spezifischen Probleme der Reue, der Umkehr, der Wiedergutmachung sind alles nur Formen und Phasen der Schuldaufarbeitung, die niemals aus dem Prozess extrapoliert werden dürfen, ganz besonders nicht, wo Kollektivschuld immer wieder Gefahr der Verwischung bzw. Verschiebung läuft.

---

1) Vgl. T. Brocher: a.a.O., S.110-112.
2) Vgl. T. Brocher: a.a.O., S.312.

d) Die Entmythologisierung des Bösen und der Zusammenhang von persönlicher Schuld und Ethik

Weil der Mensch dem Bösen oft wie hilflos ausgeliefert ist, gibt es die Tendenz der Mythifizierung des Bösen zu einer Wesenheit. Dies ganz besonders, weil das psychisch Böse in der erlebbaren Konkretheit doch weitgehend unbewusst geschieht. Das Böse aber, das sich in bezug auf eine Gemeinschaft als Schuld darstellt, ist real fassbar und genau umschreibbar. Vielfach wird mit dem Begriff der Neurose operiert. "Aber der Begriff eines psychisch Bösen trifft zu auf alle diese vielen Formen der Unangepasstheit, der Trieb- und Affektstörung, der Entwicklungsstörung oder der Störung durch den Verlust eines Lebenssinnes. Der Begriff trifft ferner zu auf die Auswirkungen in organneurotischen Symptomen (Asthma, Migräne, Tachykardie, Impotenz, Frigidität usw.) sowie in psychoneurotischen Erscheinungen, wie Depressionen, die wir heute ganz besonders häufig treffen, sekundären Aggressionen, Angst und Zwangszuständen vielfältiger Art bis zum Fanatismus und Querulantentum, bis zu permanenten Selbstquälereien und psychischen Selbstzerfleischungen..."[1)] In gleicher Weise liesse sich das Böse auch soziologisch beschreiben. Auch hier besteht die Gefahr der magischen Aufladung oder Hinaufstilisierung des Bösen zu einem Prinzip, das dazu verhilft den Schuldigen zum Sündenbock zu machen, statt Schuld aufzuarbeiten. Dieses Phänomen wird erschwert durch den Umstand, dass Gut und Bös, Schuldlosigkeit und Schuld sehr nahe beieinander sind bzw. dass durch das Gesetz des "psychischen Gegenlaufs" sich das eine in das andere verwandeln kann. Rudin führt als geschichtliche Gestalt Savonarola an, der als begnadeter Mystiker auf der Kanzel die Enthauptung der Medici gefordert und von sich gesagt habe, er könne so wenig irren wie Gott.[2)] Rudin bezieht sich auch auf Szczesny[3)], der die grossen Uebel und damit auch die Schuld der Welt nicht als Folge böser Absichten, sondern als Folge eines unbegrenzten Willens zum Guten bezeichnet.[4)]

---

1) J. Rudin: Vom psychisch zum moralisch Bösen. In: Orientierung 13/14. 1973. S.153.
2) Vgl. J. Rudin: a.a.O., S.156.
3) Vgl. E. Szczesny: Das sogenannte Gute. Hamburg 1972.
4) In diesem Zusammenhang scheint es wertvoll zu sein, die Jasper'sche Darstellung des Bösen zu erwähnen. Er hebt sich zum Vornherein von allen psychologischen Ursache-Wirkung-Erklärungen ab und verlegt den Schwerpunkt auf das Prinzip der Freiheit der Entscheidung. Es geht ihm um den "Unterschied zwischen dem, wie ich mir als Dasein gegeben bin und dem, was ich aus meiner Freiheit will. Das Böse liegt nicht im Naturgegebenen (hier ist nur Unheil), sondern in der freien Zustimmung. Was mich antreibt, meine Neigungen sind an sich weder gut noch böse. Erst ihre Verwirklichung durch Freiheit macht sie böse oder gut." (K. Jaspers: Der philosophische Glaube angesichts der Offenbarung. München 1962. S.319). In dem Masse also, in dem der Mensch Verantwortung in Freiheit übernimmt, gibt es Schuld. (Vgl. S.378) Aber dies ist für

Hier liegt denn auch die Nahtstelle des Ueberganges vom psychisch Bösen zum moralisch Bösen! Triebmechanismen einerseits und freie Entscheidung anderseits sind sehr weitgefasste Faktoren der Handlungsregulation, die sich nicht voneinander trennen lassen.[1]

e) Repräsentationsformen von Schuld

Die Einsicht, dass Freiheit und Böses zwei Seiten ein und derselben Medaille Mensch darstellen, wobei der Uebergang nur dadurch festgestellt werden kann, dass das Böse gesetzt wird als Akt, führt uns wiederum zur Anfangsfrage dieses Aufsatzes zurück. Dort haben wir gesagt, dass Schuld nur an konkreten Inhalten erschlossen werden könne. Aber diese Inhalte sind nicht unbedingt nur konkrete Situationen des Alltags, sondern es sind auch die Symbole Makel und Sünde (Abweichung, Irrung, Gefangenschaft), die in den Mythenerzählungen aufscheinen und von Kindheit an über solche Erzählungen und deren Abarten erschlossen werden.[2] P. Ricoeur bezeichnet das Böse sogar als die kritische Erfahrung des Heiligen[3], wo der Mensch die drohende Zerreissung seiner Bindung an sein Heiligstes erfährt. Gerade auch hier ist der Mythos der "sprachliche Acker", der dieses Phänomen zum Vorschein bringt. Die oben erwähnten Inhalte können deswegen nicht bloss alltags-situativ gedacht werden, weil wir immer mindestens zwei Möglichkeiten der Beschreibung haben, nämlich einmal die quantitative Fixierung im Sinne der Faktoren, Motive, Bedingungen des Fallens in Schuld, und anderseits eine qualitative Beschreibung, die das psychisch-philosophisch-theologische Phänomen zu erfassen versucht, die Empfindung der Fehlbarkeit, die sich sprachlich über den Mythos (auch den modernen Mythos) erschliessen lässt. Das erste ist immer die Auseinandersetzung mit der Tat als Faktum, die im Lokaltermin aufgenommen und beispielsweise in Zeitungsspalten festgehalten wird. Das zweite ist

---

ihn nicht die einzige Dimension. Auch da, wo der Mensch unfrei ist, wird er schuldig. Denn die transzendente Abhängigkeit meiner Freiheit macht mich ursprünglich schuldig. Das aber ist der Gedanke, dass der Mensch zugleich in seinem Sosein "geworfen" und sich geschenkt weiss.

1) Wir erinnern an die beiden Jung'schen Gewissenstypen; der moralische, der sich auf die Normen bzw. die Moral, bezieht und der ethische, der sich auf das archetype innerpersonale, nicht bildbare Reagieren des Menschen bezieht. In der Pflichtenkollision beider oder in der reversiblen Transformation des einen in das andere geschieht Aufarbeitung von Schuld und Aufbau eigenständiger Handlungsregulation bzw. eines eigenständigen ganzheitlichen Gesamtgewissens des Menschen. (Vgl. S. 277 ff)

2) Vgl. P. Ricoeur: Die Fehlbarkeit des Menschen Bd.I. S.8f. Freiburg 1971.

3) Vgl. P. Ricoeur: Symbolik des Bösen. Bd.II. S.12. Freiburg 1971.

der Prozess im Innern des Menschen, der gelebte innere Konflikt, der sich in der Symbolik des Bösen oder in psychologischen meist entillusionierenden Prozessanalysen niederschlägt. Es sind dies auch die beiden Seiten des "Prozesses zu sich selbst" in den Encounter-Gruppen: die anerkennende Rationalisierung einer Schuld oder eines psychischen Defizits und die Gestik des Hervorbringens. C.R. Rogers beschreibt den Fall des tüchtigen Geschäftsmannes Jerry wie folgt:
"Verwirrt von den Bemerkungen einiger anderer Gruppenmitglieder sagte er in einer der ersten Sitzungen: 'Ich betrachte mich selbst mit einiger Befremdung, denn ich habe zum Beispiel keine Freunde und brauche sie offenbar auch nicht.' In einer späteren Sitzung hörte er, wie Beth, eine verheiratete Frau, über die Entfremdung zwischen ihr und ihrem Mann sprach und dabei erklärte, dass sie sich nach einer tieferen und kommunikativeren Beziehung sehnte. Plötzlich begann es in seinem Gesicht zu zucken, und seine Lippen zitterten. Roz, ein anderes Gruppenmitglied, sah das, ging auf ihn zu und legte ihm den Arm um die Schultern und Jerry brach in ein buchstäblich unkontrolliertes Schluchzen aus. Er hatte in sich eine Einsamkeit entdeckt, von der er nichts geahnt hatte und vor der er sich mit einer gepanzerten Fassade aus Selbstgenügsamkeit geschützt hatte."[1)]
Es wäre ein leichtes, diesen Bericht in eine Erzählung umzuformulieren. Beide Merkmale sind vorhanden, die Gesten des Erlebens und des Ueberwindens von Schuld, also die mythischen Elemente und der Bewusstwerdungsprozess als Rationalisierung von Schuld.
Der Ansatz von J. Rudin unterscheidet sich - das wird nun deutlich - von demjenigen des philosophischen Theologen P. Ricoeur darin, dass jener den Mythos zerstört, dieser aber im ethischen Handeln mit ihm operiert. C.R. Rogers verbindet beides durch die Praxis.

5. Versuch einer Abgrenzung des Begriffs Gewissen vom Begriff der Handlungsregulation

Aus dem bisher Gesagten lässt sich - mindestens theoretisch - der Versuch wagen, Gewissen von Handlungsregulation zu unterscheiden. Im Grunde genommen ist - wie schon gesagt - dasselbe dispositionelle Gefüge gemeint, wie wir es unter Handlungsregulation beschrieben haben. Aber die inhaltlichen Bezüge aus denen es herauswächst sind determiniert. Gewissen bezieht sich auf eine Situation der Schuld oder mindestens der Verhaltensabweichung. Handlungsregulation auf jede

1) C.R. Rogers: Encountergruppen. Das Erlebnis der menschlichen Begegnung. München 1974. S. 115/116.

nicht vollendete Handlung im Sinne des Discovery-Ansatzes oder des Versuch-und-Irrtum-Lernens. Gewissen ist die Regulierung der antizipierten oder posterioren Perspektive von Schuld. P. Ricoeur sagt: "Das letzte Wort einer Reflexion über das Schuldgefühl ist dies: Die Ausbildung des Schuldgefühls bezeichnet den Eintritt des Menschen in den Zirkel der Verdammnis; der Sinn dieser Verdammnis geht erst nachträglich dem 'gerechtfertigten' Gewissen auf; diesem Gewissen ist es gegeben, seine in der Vergangenheit liegende Verdammung als Erziehung zu verstehen; aber dem Gewissen, das noch im Gewahrsam des Gesetzes steht, ist sein eigentlicher Sinn unbekannt."[1] Ricoeur meint damit, dass erst durch die Schuld das Bewusstsein zum Gewissen gemacht wird. Oder anders gesagt, erst durch die Anforderungsstruktur der Schuldsituation wird das Bewusstsein zum Gewissen. Gewissen ist also auch eine Handlungsregulation, aber sie lässt sich nur über die Erfahrung eines konkreten Schuldkomplexes aufbauen.

6. Einteilung der Schuldkomplexitäten zum Aufbau des Gewissens

Es dürfte sehr schwierig sein, eine allgemeine Taxonomie für klassifizierte Schuldsituationen aufzustellen. P. Ricoeur teilt diese ein in drei Hauptmomente: "Individualisierung des Vergehens im strafrechtlichen Sinn", feines "Gewissen des Skrupels" und "Hölle der Verdammnis".[2] Die Beispiele am Anfang unseres Aufsatzes können durch ihre Strukturveränderung auf alle drei Klassen verteilt werden (Gruppenarbeit). Aber sie sind natürlich ungenügend. Immerhin lässt sich sagen: Wenn diese inhaltlichen Felder aufscheinen als situative Gegebenheiten in Realität und Mythos, lässt sich Gewissen extrapolieren als innere Regulierung dieser Situation, einerseits als mögliche Denkkonzepte und anderseits mehr oder weniger mit Wert beladene unbewusste Pläne, die solche Situationen zu lösen drängen. (Wollte man die Ricoeursche Einteilung für eine christliche Moraltheologie nutzbar machen, so könnte man sagen, dass in allen drei Schuldsituationen eine vom Menschen nicht ohne weiteres gutzumachende Verletzung menschlicher und göttlicher Liebe vorliegt.[3] Dabei wird einesteils die Mühe, verletzte Gemeinschaft zu

1) P. Ricoeur: Symbolik des Bösen. Bd.II. Freiburg 1971. Zit. auch in: G. Mainberger: Die Freude des Ja in der Trauer des Endlichen. Orientierung Nr. 17/1972. S.193.
2) Vgl. G. Mainberger: a.a.O., S.193.
3) Vgl. Deutsche Ausgabe des Holländischen Katechismus. Nijwegen-Utrecht 1966-68. S.409ff.

flicken, intendiert, anderseits die Bitte an Gott um Vergebung der Schuld durch die Verheissung der Vaterliebe, die Jesus zugesagt hat, vorgetragen.[1] Vgl. Mt. 5, 23 - 24.)

7. Der Aufbau des "Gewissens"

Nach der Abklärung des begrifflichen Verhältnisses Handlungsregulation - Gewissen und dessen, was wir unter Schuld verstehen wollen, versuchen wir nun noch die Strategie des Aufbaus ins Auge zu fassen.

Grundlegend ist das Theorem, dass der Heranwachsende in ein wechselseitiges Verhältnis von Aneignung und schöpferischer Verarbeitung der Umwelt gestellt werden muss. Anpassung und Veränderung, Lenkung und Selbstregulation sind polare Paare eines sich spiralförmig entwickelnden Prozesses. Erst auf der Interiorisation gegebener Verhaltensmuster ist deren Exteriorisation und schöpferische Veränderung möglich. Die Anforderungsstruktur der Schuldsituation würde den jungen Menschen jeden Alters erdrücken, könnte er nicht zuerst mit den Erziehern die Verhaltensmuster an simulativen Situationen durchspielen. (Schuldabbau - Verhaltenstraining) Das pädagogische Feld ist also darauf angewiesen, einerseits die Situation zu strukturieren, anderseits aber Verhaltensmuster (Handlungsregulationen) zur Bewältigung zu untersuchen, wie die Gruppierungen der inhaltlichen Dimensionen der Schuldfelder zu gliedern sind, damit Transfer von gleichen Handlungsmustern ermöglicht wird. Gewissen lernen hängt also stark zusammen mit den

---

1) An dieser Stelle scheint es mir wichtig, auf die Begriffe J. Piagets "heteronomes und autonomes Gewissen" bzw. "heteronome und autonome Schuld" zurückzukommen. (Vgl. S.317ff dieser Arbeit). Ueber heteronome Schuld entwickelt sich ein heteronomes Gewissen, über autonome Schuld ein autonomes Gewissen. Dabei möchte ich Schuld wiederum inhaltlich nach den drei von P. Ricoeur dargestellten Situationskriterien verstehen. Heteronome Schuld wird auf verschiedene Weise aufgebaut oder getilgt:
   a) durch Einsicht und Annahme der Schuld, welche mit Wiedergutmachungstendenzen verknüpft sind,
   b) durch Strafe von aussen oder von innen (Selbstzerknirschung),
   c) durch Ablehnung oder Abschwächung der Schuld.
   Autonome Schuld durch Auseinandersetzung mit ihrem Ursprung, mit ihrer Entstehung, durch diese doppelte, einesteils rationale andernteils mythischsprachliche Analyse der Wirkzusammenhänge gesehen, wie es oben aufgezeigt worden ist. Es geht also nicht bloss um das Faktum Schuld, sondern um die ganze Situation möglicher oder zu verhindernder, dann eben auch abzubauender Schuldregulation.
   Alle die jetzt genannten Prozesse führen also zum Gewissen, machen Gewissen merkbar, bewusst oder unbewusst.

pädagogischen Regulierungsfunktionen, denn diese beziehen sich auf die transferalen lernstrategischen Abläufe, die gerade durch ihre Komposition die eigenständige Strukturierung und Bewältigung der Situation ins Auge fassen. Die Forderung, die pädagogische Regulierung so effizient wie möglich zu gestalten, wird hieraus verständlich.
Nun ist aber zu sehen, dass pädagogische Regulierungsfunktionen sich primär auf den Ablauf von Unterricht beziehen und dass sie nur dann mit dem Orientierungsteil der Handlung direkt zusammenfallen, wenn der Unterrichtsprozess selber eine direkte Selbst- und Eigenerfahrungssituation einschliesst.[1] Da dies aber nicht immer der Fall sein kann, werden Handlungsfunktionen auch durch mediale Informationsaufnahme (Medien) oder durch Imitationslernen vermittelt. Diesen Vorgang haben A. Kossakowski/K.U. Ettrich in der auf der nachfolgenden Seite abgebildeten Tabelle dargestellt:[2]
Aus dieser Tabelle erkennen wir, dass Gewissen nach dem Lernprozess im Bereich der Kenntnissysteme, der Einstellungen und der Regulierfähigkeit verändert ist.

Wir haben S. 387 die Komponenten der Regulationsfunktionen aufgezählt. Hier nun soll abschliessend ihre Entwicklung ins Auge gefasst werden:
Die Entwicklung der Orientierungsregulation besteht also darin, Handlungsziele, Problemlösungsschritte und deren Begründungen zu erschliessen. Am Anfang geschieht dies durch die Lösung von Problemen am Handlungsort, dann durch simulative und spielerische Verarbeitungsformen oder durch bildhafte, schematische Uebertragung und schliesslich "verallgemeinerte Wiederspiegelung konkreter Sachverhalte" in verbaler bzw. symbolischer Repräsentation. "Diese verbal vermittelten 'Verhaltensmuster' verbinden sich auf der Grundlage innerer Operationen mit bereits gespeicherten Handlungserfahrungen und werden so zu begrifflich repräsentierten Abbildern von möglichen Handlungszielen und Operationsfolgen. Sie dienen in dieser Form als innere 'Handlungsmuster' sowohl der Orientierung künftiger Handlungen der gleichen Art als auch der eigenständigen Erarbeitung neuer Handlungsorientierungen auf der Grundlage von inneren Operationen mit Hilfe der bisher entwickelten Orientierungskomponenten."[3]
Der Aufbau der Antriebsregulation steht mit der inneren Energie und mit den emotionalen Komponenten in Zusammenhang. Antriebsstärke und -richtung sind sowohl auf den angeborenen Grundfundus, aber noch weit mehr auf die primären und

---

1) Vgl. unsere Ausführungen zum Erfahrungsbegriff S.210ff und S.441ff.
2) A. Kossakowski/K.U. Ettrich: a.a.O., S.39
3) A. Kossakowski/K.U. Ettrich: a.a.O., S.30

Schema 1: Zum Grundvorgang der Entwicklung von Verhaltenseigenschaften

	Erzieherische Regulierung	Verinnerlichungsvorgang im Prozess der erzieherisch gelenkten Tätigkeit	Innere Systeme der Verhaltensregulation	
Handlungsorientierung	Vermittlung von - Handlungszielen - Handlungsstrategien und deren Begründung	Aktive Aneignung von (Auseinandersetzung mit) vermittelten sowie eigenständige Erarbeitung von - Handlungszielen - Handlungsstrategien Erkennen der - Notwendigkeit (Ueberzeugungsbildung - Evidenzerleben) - individuellen Bedeutsamkeit (Valenzerleben)	Kenntnissysteme über - Handlungsziele - Handlungsstrategien	Orientierungsgrundlage der Handlung
Antriebsregulierung	Spezielle einstellungsbildende Massnahmen	Einbettung in übergreifende personale Bezugssysteme (Uebereinstimmung mit Grundüberzeugungen, emotionale Verankerung)	Einstellungen - als generalisierte Handlungsantriebe und Richtungsdispositionen (Grundrichtungen der Persönlichkeit)	Antriebsregulation
	Handlungsaktualisierung unmittelbare Handlungsauslösung (Forderung, Stimulierung)	Identifizierungsvorgang, Entstehung von Handlungsbereitschaften		
Handlungsregulierung	Unmittelbare Verlaufssteuerung - Gestaltung entsprechender materieller und sozialer Bedingungen - Verlaufskontrolle und Korrektur - Sanktionierung	Aktive fremd- und selbstgesteuerte Tätigkeit im Sinne der gesetzten oder erarbeiteten - Handlungsziele und - Handlungsstrategien zunehmende Selbstkontrolle und Eigensanktionierung Dabei zunehmende Stabilisierung aller Komponenten	Regulierungsfähigkeit - Generalisierte und stabile Systeme der Ausführungsregulation (Systeme verinnerlichter Handlungserfahrungen), eingeschlossene Fähigkeiten zur Selbstkontrolle anhand eines inneren Handlungs- und Sanktionskonzepts	Ausführungsregulation

Interdependenz
Erzieherische Lenkung - aktive Tätigkeit - innere Bedingungen

sekundären (sozialen) Verstärkungsvorgänge während des Unterrichts (bzw. der allgemeinen Erziehung) angewiesen. Neben den unbewussten Trieb- und Zuneigungs- bzw. Interessenkomponenten spielen in jeder Stufe der Entwicklung die Begründungen eine wichtige Rolle: Begründungen können Einstellungen grundlegend verändern, vor allem bei emotionaler Steuerung. Der Aufbau der Antriebsregulation konfrontiert den Erzieher denn auch sofort mit dem Phänomen der Verschiedenartigkeit der Gewissensintensität und -sensibilität, wie sie von H. Zulliger aufgezeigt worden ist.[1)]

Der Aufbau der Ausführungsregulation im Bereich Gewissen führt von aussen nach innen d.h. ursprünglich durch den Erzieher intendierte Handlungsmuster werden allmählich selbst zur Ausführung gebracht. Kossakowski verweist auf eine Untersuchung von Agafonows (1971) zum Problem des Selbstbefehls. In der ersten Etappe werden alle Handlungen vor den Kindern begründet und von aussen gesteuert durchgeführt. In der zweiten Etappe sprechen die Kinder die einzelnen Anweisungen im richtigen Moment selber laut vor. Selbst Formen der Verstärkung und Aufmunterung zum Durchhalten werden laut gesprochen (Kausalattribuierung). Erst in der dritten Phase sind alle Regulationen der Ausführung internalisiert. Hier treten dann auch kognitive Transformationen auf, welche je nach entwickelter Kreativität, Intuition und Identität mehr oder weniger stark das eigene Bedürfnis mit in der Situation artikulieren.

In welchem Verhältnis stehen schliesslich der Aufbau der Handlungs-, Antriebs- und Ausführungsregulation als ganzes zum Begriff "Lernen des Gewissens". Im Gegensatz zu allgemein konstruktionspsychologischen Ueberlegungen[2)] ist hier der offene, schulische Handlungsaspekt im Mittelpunkt. Dies zeigt das Beispiel von Ralf am Anfang. Die Schüler haben effektiv zwei Aufgaben. Sie müssen sachliche Handlungsabläufe simulativ durchspielen und sie müssen schulisch richtig agieren (Gruppengespräch, Aufgabenstellung, Darstellung auf dem Arbeitsplatz etc.) Zwar ist das Grundtheorem kognitionspsychologischer Reflexion die Notwendigkeit der Operation. Was hier aber stärker zum Zuge kommt, sind die psychisch-emotiven Aspekte und diejenigen der inneren Steuerung. Und dies sind zwei für das Verständnis des Phänomens Gewissen wichtige Komponenten.[3)] Wenn sie sich - wie wir gezeigt haben - auf die Anforderungsstruktur der Schuldsituation (vgl. Beispiel von Ralf / die Taxonomie von P. Ricoeur) beziehen, wird durch diesen Prozess die Schuldsituation lokalisiert, beschrieben, aufgearbeitet, entmytholo-

---

1) Vgl. H. Zulliger: Umgang mit dem kindlichen Gewissen. Stuttgart 1960[3].
2) Vgl. wieder die Ausführungen im letzten Abschnitt.
3) Hier scheint der Zusammenhang mit der Betonung des emotiven Lernens in Kp. 3 auf.

gisiert, zum sozialen Kontext gestellt, religiös dimensioniert etc. Weil wir also das Auftreten defiziter Schulddissonanzen ermöglichen, ermöglichen wir auch, dass Gewissen zur Anwendung und damit zur Entfaltung gebracht wird.
Man kann auch so formulieren: Wenn der Schüler Pläne entwerfen kann zum Ausgleich der Schuldsituation (Schuldübertragung, Schuldtilgung, Schuldbekennen etc.), so sind diese Pläne Steuerungshilfen des Gewissens, welche den richtigen, zweckmässigen, befriedigenden Verlauf ermöglichen.
Einen solchen Plan entwickeln die Schüler anhand des Falls Ralf, wobei die Modifizierbarkeit der Situation die Mobilität der Struktur garantiert. Die Mobilität des "Feldes" aber ist eine Sache des Strukturniveaus der Schüler einerseits, der Bedingungen der Möglichkeit "freier" moralischer Auseinandersetzung andererseits. Diese Bedingungen zu schaffen auf jeder Stufe ist eine je neue Aufgabe des Pädagogen. Aufbau eigenständiger Handlungsregulation wird - dies in abschliessender Formulierung - "Lernen des Gewissens", wenn die Anforderungsstruktur der zu lösenden Situation mit normativen Vorstellungen und der Abweichung von ihnen in Schuldsituationen zusammenhängt (Verhaltensabweichung).

K. Abschliessende Bemerkungen zum Kapitel 4

1. Integration von Erklärungsmodell und Handlungsmodell

Was hier dargestellt ist, beansprucht nicht vollständig zu sein. Es wäre notwendig, das Phänomen Gewissen z.B. mit anderen Motivationsmodellen oder mit kybernetischen Modellen zu erschliessen. Ebenfalls müssten system- und entscheidungstheoretische Ansätze auf solche Verwendbarkeit hin befragt werden. Schliesslich wären auch weitere traditionelle psychologische, soziologische und theologische Modelltypen auf ihre Applikation ins pädagogische Feld und auf Tendenzen normativer Ableitungen hin zu untersuchen. Aber es geht hier um exemplarische Erkenntnis.

Was sich bis jetzt herausgestellt hat, lässt sich etwa so zusammenfassen: Die Modelle phänomenologischer bzw. psychologischer Repräsentation des heuristischen Konstrukts "Gewissen" müssen mit Handlungsmodellen bzw. mit Modellen des kognitiven und affektiven Lernens verknüpft werden. Die ersteren, also die Erklärungsmodelle, betreffen die Strukturierung des Phänomens an sich. Sie reduzieren es auf das Begreifbare je nach wissenschaftlichen Erkenntnisinteresse. Die zweiten betreffen die Konzeptualisierung des Lernprozesses im Feld des Gewissens. Sie wurden dargestellt im Kapitel 3, Abschnitt D. Sie erklären nicht so sehr, wie etwas entstanden ist, sondern prospektiv hypothetisch, wie in Auseinandersetzung mit Norm - Gewissen - Sanktion - Schuld etc. ein regulatives System aufgebaut und verwendet werden kann. Hierbei fällt immer wieder die Bescheidung ins Gewicht, dass nur über Verhaltensindikatoren und im Unterricht meist nur simulativ an textlichen und "spielerisch-kommunikativen" Entscheidungsmodellen, welche inhaltlich konkrete Situationen wiedergeben, von einem wirklichen Lernprozess und von Aufbau des Gewissens gesprochen werden kann. Das Problem der Verbindung der beiden Modelltypen - des mehr beschreibenden - erklärenden und des mehr handlungsorientierten - hat W. Klafki[1] auf einer anderen Ebene als die organische Verknüpfung inhaltlicher und formaler Bildungsmomente bezeichnet. Danach ergibt sich, "dass jede Methode und jedes Kriteriensystem nur in Korrelation zu den Inhalten, auf die sie zielen, verständlich sind. Man kann also Methoden nur in der Begegnung mit den Inhalten selbst entwerfen, erarbeiten, prüfen und sich zum festen

---

1) W. Klafki: Kategorische Bildung. Zur bildungstheoretischen Deutung der modernen Didaktik. In: Zs. für Pädagogik 4/1959, S.386ff.

Besitz machen."[1] Das bezeichnet Klafki als kategoriale Bildung. -
Dass dieser bildungstheoretische Ansatz sehr reduziert ist, hängt mit dem damaligen Stand der Forschung schlechthin zusammen. Im richtigen Anliegen der Verknüpfung formaler und strukturaler Elemente legt nämlich Klafki das Schwergewicht auf die hermeneutisch-inhaltliche Auseinandersetzung. Er sagt: "Der Inhalt birgt in sich den Weg, auf dem er zum Inhalt wurde - er hebt diesen Weg in sich auf; der Weg aber, d.h. die Fragerichtung und die methodischen Schritte legen notwendigerweise immer schon eine bestimmte Perspektive fest, die die Weise, in der der Inhalt am Ende des Weges aufleuchten wird, im voraus bestimmen."[2)]
Das gesamte Problem verkompliziert sich durch die Tatsache, dass Inhalts-Handlungseinheiten das Isomorphieproblem zutage fördern, wenn die inhaltlichen Aspekte wie beim Gewissen in Theoriemodellen, die methodischen aber in Handlungs- bzw. Instruktionsmodellen gefasst werden. Eine unterrichtliche Ereigniseinheit bezieht sich im bildungstheoretischen Sinne immer auf das Oszillieren zwischen dem, womit gehandelt wird und der Handlung selbst.
Es hat sich - wie schon angedeutet - herausgestellt, dass im Grunde nur didaktische und lernpsychologische Modelle die Chance haben, einen Beitrag für die antizipierende Konstruktion von Lernprozessen zur Gewissensbildung zu leisten. Aber zugleich leisten die Modelle psychologischer, philosophischer und theologischer Konvenienz je nach zielmässiger Entscheidung die Dimensionierung und Kategorisierung dieser Prozesse.[3]
Aber auch die These hat sich gefestigt, dass sich deskriptive Theoriemodelle des Gewissens nicht einfach pädagogisch normativ umbiegen lassen. Methoden bspw. der analytischen Psychologie sind nicht zum vornherein auch pädagogische Methoden. Und sog. logische Ableitungen etwa therapeutischer Theorien in Theorien der Erziehung sind nicht gradlinig. Zwar kann man vorsichtige normative Aussagen machen[4], aber man läuft Gefahr, wie O. Baumhauer[5] andere normative Anliegen unter der Hand mit in die Zielvorstellungen einzubringen. Besonders müssten nichtpädagogische Wissenschaftsbereiche den Versuch unterlassen, vorschnelle

---

1) W. Klafki: a.a.O., S.402.
2) ebd. S.407.
3) Im vorausgegangenen Abschnitt bezeichneten wir das situative Moment der Schuld als inhaltliches Feld des Aufbaus von Handlungsregulationen. Hier aber meinen wir, dass die deskriptiven Modelle des Phänomens und der Genese des Gewissens die inhaltliche Strukturierung von Lernprozessen ausmachen. Es geht hier um die globale Reflexion.
4) Vgl. G. Bittner/W. Rehm (Hrg.): Psychoanalyse der Erziehung. München 1966. Vgl. B. Behrscke: Psychoanalyse in der Erziehung. München 1972.
5) Vgl. S. 269f dieser Arbeit.

erzieherische Anwendungsbereiche zu postulieren.[1] Es ist bspw. nicht möglich, aus der Freud'schen Theorie der Genese des Gewissens eine Theorie der Erziehung des Gewissens zu erschliessen. Es wäre sehr wahrscheinlich auch nicht zulässig, aus den theoretischen Gebäuden der Moraltheologie pastorale Handlungsstrategien abzuleiten. Spätestens scheitern solche Versuche dann, wenn konkrete Unterrichtsstrategien erstellt werden. Es wird sichtbar, dass mit der Vermittlung einer deskriptiven Theorie des Gewissens a) noch nicht die Konstruktion eigener moralischer Entscheidungsvorgänge zum Zuge kommt, b) noch nicht emotionale Bindung an Normen und Werte geschieht, und c) noch keine unterrichtlichen Handlungsanweisungen bzw. organisatorische Verarbeitungsformen erstellt sind. Anders gesagt: Auch wenn wir dem Schüler noch so sehr strukturreduzierend (im Sinne des Theorems von J.S. Bruner[2]) Inhalte bzw. Methoden, Ergebnisse und Anwendungen der Psychologie vermitteln, haben wir noch nicht Gewissen "gelernt", aber auch noch nichts darüber gesagt, was mit diesen Inhalten unterrichtlich zu geschehen hat. Dieses unterrichtliche Geschehen aber ist die Bedingung der Möglichkeit des "Lernens des Gewissens". Es ist der Vorgang der intensiven Auseinandersetzung und der Entscheidung anhand inhaltlicher Motive (Normgefüge), der Bindung an Werte. Da ist es notwendig, vom persönlichen Erlebnis des Schülers auszugehen, aber nicht bloss dies, sonst könnte die Schulklasse zu einem Feld unreflektierten Verhaltenstrainings werden. Natürlich wäre es möglich, in diesem Sinne bspw. non-direktive Gesprächstherapie anzuwenden und schulisch so umzufunktionieren, dass sich ein Weg zum Lösen eigener Probleme abzeichnet. Aber das genügt nicht. Der unterrichtlichen Handlungsformen sind viel mehr, und sie sind auch viel komplizierter. Sie bedingen verallgemeinernde Konstruktions-, Reflektions- und Transformationsprozesse oder, anders gesagt, den Aufbau breiter eigenständiger Handlungsregulation.

Schliesslich ist noch zwischen dem, was geschrieben und dem, was getan wird, also zwischen der Formulierung von Lernzielen und deren Erfüllung in situativ je verschiedenen Gegebenheiten zu unterscheiden (Implementation). Wenn Unterricht, wie wir aufgezeigt haben, absichtliches Verhalten Erwachsener ist, den Heranwachsenden in einer bestimmten Richtung zu fördern[3], dann geht es bei der theoretischen Fundierung dieses absichtlichen Verhaltens um die eigentliche Frage der Zweck-

1) Vgl. die Ausführungen über C.G.Jung, S.277-302.
2) Vgl. S.366 dieser Arbeit.
3) Vgl. W. Brezinka: Die Pädagogik und die erziehende Wirklichkeit. In: H. Röhrs (Hrg.): Erziehungswissenschaft und Erziehungswirklichkeit. Frankfurt 1967², S. 198. Zit. S.225.

haftigkeit der Teildisziplinen der Wissenschaften. Gerade wenn der instrumentelle Charakter so sehr im Vordergrund steht, ist sachliche Redlichkeit der Erkenntnis geboten. Uebertragung kann nur dann geschehen, wenn

- die Struktur der Theorie blossgelegt
- die Bedingungen der Möglichkeit der Anwendungen durchgespielt
- die Kommunikationstendenzen rationalisiert

werden. Dies aber ist ein langer theoretischer Arbeitsprozess, der geleistet werden musste, damit effizient gelernt werden kann. Nur durch diesen Prozess, der - um wieder mit J.S. Bruner[1] zu sprechen - frühmöglichste Kenntnisse der Gewissensstrukturen bedingt, ist Lernen auch leichter, wird die Bindung intensiver, geschieht Veränderung und Transformation rascher, weil allen feststellbaren Tatsachen durch Komplexität des Modells Rechnung getragen wird.
Hier zeigt sich, dass Erziehungswissenschaft nomothetische Wissenschaft ist, welche nicht einfach Feststellungen über Gegebenes trifft, "sondern Feststellungen über Verknüpfungen zwischen eingeführten Bedingungen und dadurch bewirkten Effekten."[2]

2. Die Anfangsfrage: Ist intentionale Gewissensbildung möglich?

Das führt uns zur Anfangsfrage zurück: Kann Gewissen intentional gelernt werden? Kann solche Intentionalität aus dem gesamten Prozess der Sozialisation herausgerissen werden? Denn unter Sozialisation versteht man "einen komplexen Vorgang der Interaktion zwischen Individuum und sozialem System in Abhängigkeit von Alters- und Entwicklungsstufen, aus dem ein bestimmtes Reservoir oder Muster von Verhaltensdispositionen des Individuums resultiert. Im Gegensatz zum Erziehungsbegriff, der sich auf die intentionalen Prozesse des Lernens und der Anpassung beschränkt, umfasst Sozialisation auch die nichtintentionalen Prozesse der Integration des Individuums in ein gegebenes System."[3] Ist nicht gerade jene Vielzahl von Normen, Werten, Symbolsystemen, sozialen Rollen usw., welche für das Gewissen wichtig sind, kaum anders als durch komplexe incidentelle Sozialisation, welche Orientierungs- und Verhaltenssicherheit garantiert, zu lernen? Gibt es eine Sicherheit, die auf der Fähigkeit beruht, "Handlungsalter-

---

1) Vgl. S.366 in dieser Arbeit.
2) K. Holzkamp: Kritische Psychologie. Frankfurt 1972, S.48.
3) H. Lüdtke: Soziale Schichtung, Familienstruktur und Sozialisation. In:Familienerziehung, Sozialschicht und Schulerfolg. In: b:e tabu, Weinheim 1972, S.132.

nativen im Hinblick auf eigene Intentionen, die Bedürfnisse anderer sowie situative Anforderungen soweit zu erklären und zu reduzieren, dass eigene Handlungen geplant und koordiniert durchgeführt werden können?"[1] Ich meine, dauerhafte soziale Beziehung ist angewiesen auf die Konstanzannahme voraussehbaren Reagierens interner Sanktionsmechanismen, auf kognitive und emotive Regulationsfunktionen, oder gesamthaft auf das Verhältnis, das ich zu meinem eigenen Gewissen habe.

Wir müssen weiter fragen: Ist es aber nicht so, dass durch diese Konstanzannahme im intentionalen Erziehungsbereich nurmehr die stabilen psychischen Strukturen und Prozesse beachtet werden, die variablen dem Zufall überlassen werden müssen? Ist es zudem nicht so, dass durch die Definition der "Endzustände" (Zielbestimmung) Verhaltensvorhersage (in bezug auf die Konstanzannahme) auf reine Verhaltenskontrolle im Unterricht reduziert wird? Oder noch anders formuliert: Laufen wir nicht Gefahr, dass wir durch die deskriptiven Erklärungsmodelle, welche das Phänomen und die Genese des Gewissens beschreiben, also durch die inhaltliche Bestimmung, zum vornherein das Phänomen so stark reduzieren, dass es kaum mehr zu einer Befriedigung der generellen Orientierungsbedürfnisse durch Verhaltensvorhersagen im aktuellen alltäglichen Handlungsfeld kommt?

Gerade das Bewusstmachen dieser Fragen ermöglicht - auch wenn eine legitime Antwort erst durch den Versuch, eine didaktische Strategie zu erstellen, gegeben werden kann - den Einbau aller in ihnen enthaltenen Kriterien in flexibler Weise. Intentionale Erziehung kann variable Strukturierung der unterrichtlichen Erfahrungssituation planend vorsehen, bspw. durch die Unterscheidung zwischen Rigidität und Flexibilität als Grunddimension, ebenfalls durch die Annahme der Unterkategorie Konformität - Nonkonformität usw. Das psychische Korrelat Gewissen bekommt so eine situative Bestimmung, wobei die gezielte Planung der Verhaltensänderung nicht als Mittel zur Kontrolle und Beherrschung missbraucht, sondern die Persönlichkeitsstruktur des Kindes in ein Interaktionsfeld gestellt wird, wo das "Objekt" der Erziehung Subjekt wird, weil es dauernd eine Eigenleistung vollbringen muss.

Unsere Arbeit soll als Beitrag zur Interdependenz sozialer Induziertheit von Regelhaftigkeiten und sozialer Induziertheit eigenen Handelns verstanden werden. Intentional heisst immer auch: Die Strategie ist in ein Kontextfeld gestellt, intentionale Erziehung gibt immer auch die Möglichkeit, der Einbeziehung der

---

1) D. Ulich: Zur Logik der Sozialisationsforschung. In: Zs. für Pädagogik 3/1974, S.447.

variablen Gewissensstrukturierung, der Oeffnung als Veränderungsprozess vom Uebernehmen zum kritischen Gestalten. Intentional heisst immer auch, ich kann dafür sorgen, dass nicht die Verhaltenskontrolle, sondern die Analyse der Verhaltensvorhersage zur optimalen Lösung von Entscheidungs- und Konfliktsituationen im Mittelpunkt steht. D. Ulich meint, dass die Sozialforschung bisher wenig Aufschluss darüber gebe, "wie Fähigkeiten zur reflexiven Anwendung und Innovation von Regeln und Strategien, zur Einsicht in die Bedingung des eigenen Handelns und zur Beeinflussung dieser Bedingung ausgebildet werden können."[1] Wir wollten gerade durch die Frage der Applikation und normativen Ableitung von Verhaltensmassnahmen aus traditionellen Gewissensmodellen einen kleinen Beitrag hiezu leisten.

---

1) D. Ulich: a.a.O., S.459.

Kapitel 5

Projekt: Gewissen und Verhaltensabweichung
Legitimation der didaktischen Strukturierung, Planung, Erstellung und Evaluation eines Lernkonzepts

A. Vorannahmen und allgemeine Intentionen

1. Zielsetzung

Im Sinn der erstrebten Theorie-Praxis-Funktion unseres Erkenntnisinteresses sei der Versuch gewagt, ein Lernkonzept zur "Gewissensbildung" zu erstellen. Ob allerdings alle im theoretischen Teil dieser Arbeit vorgestellten Ansätze miteinfliessen, kann nicht garantiert werden. Es geht nicht darum, vorschnell Generalisierungen a) zur Möglichkeit oder Unmöglichkeit intentionaler Gewissensbildung, b) zur möglichen oder unmöglichen Evaluation von Lernkonzepten im Sozialisationsbereich vorzunehmen, vielmehr wird angestrebt, im Prozess des Entstehens und der Erprobung einzelne Erkenntnisse zu artikulieren. Wieweit tatsächlich von Veränderung des Gewissens gesprochen werden kann, wird - das dürfen wir vorwegnehmen - nicht in allen Teilen geklärt werden können, weil Unterricht immer in erster Linie komplexe Handlungssituation und nicht klinische bzw. Experimentalsituation ist.
Wenn wir gesagt haben, dass Gewissen innerhalb von vier psychischen Bereichen, nämlich

- als moralisches Verhalten
- als moralisches Bewusstsein
- als moralisches Urteil
- und als moralisches Gefühl[1)]

indikatorisch festgestellt werden kann, so muss das vorgeschlagene Lernkonzept so angelegt sein, dass diese Bereiche erfasst werden. Es geht also um die Frage, ob Innovation in der Weise wirksam wird, dass beispielsweise über den Weg der Einstellungsmessung innerhalb der vier genannten Kategorien ein Lernprozess festgestellt werden kann.

---

1) Vgl. die auf S. 36 dargestellten von J.H. Hujits übernommenen Kategorien.

2. Zur Wahl der Altersstufe

Die in diesem Projekt aufgeführte "Unterrichtsstrategie" wurde vom Verfasser dieser Arbeit erstellt und im Rahmen des Seminars "Die Schulklasse im Feld sozialer Beziehungen" am Pädagogischen Institut der Universität Zürich unter Prof. Dr. K. Widmer mit einer Gruppe von acht Teilnehmern teilweise evaluiert und kritisch überarbeitet. Der Grund der Stufenwahl liegt also vorwiegend in den artikulierten Präferenzen der Mehrzahl der Gruppenmitglieder. (Ursprünglich wurde auch eine ähnliche Strategie für die 1. Klasse der Volksschule geplant, später aber wieder aus arbeitstechnischen Gründen fallengelassen.) Man könnte im Sinne der Entscheidungskonzepte von Flechsig[1)] sagen, dass die Wahl der Altersstufe eine erste Lernzieldeterminante ist, welche mindestens die Strukturhöhe und die Strukturkomplexität[2)] aller Operationen im unterrichtlichen Raum, selbstverständlich aber auch die Prozessrichtung und die Aktualitätsintensität der gewählten Inhalts-Handlungseinheiten beeinflusst.
Im übrigen scheint mir die Frage, für wen das Lernkonzept geplant ist, also die Frage nach den Betroffenen, viel wichtiger zu sein als etwa die Frage, wo es erstellt und wo es auch durchgeführt worden ist.[3)] Ob allerdings eine volle Beteiligung der Betroffenen bei der Planung hier sinnvoll bzw. legitim ist, soll weiter hinten erörtert werden.
Es sei auch vermerkt, dass die Wahl der Altersstufe auch aus rein pragmatischen Gründen so getroffen worden ist, weil für 14-16-jährige kaum ähnliche Lernkonzepte auf diesem Sektor anzutreffen sind[4)], (auch weil die Realschule des Kantons Zürich die Möglichkeit des Durchziehens einer solchen Strategie gewährleistet, da der Lehrer in eigener Regie fächerübergreifend strukturieren kann.)

---

1) Vgl. die Ausführungen über "Curriculumentwicklung als Entscheidungsprozess". In: H.A. Hesse/W. Munz: Einführung in die Curriculumforschung. Stuttgart 1972, S. 33 ff.
2) Vgl. H. Aebli: Ueber die geistige Entwicklung des Kindes. Stuttgart 1968^2, S. 46 ff.
3) Vgl. G.A. Beauchamp: Theoretische Dimensionen der Curriculumkonstruktion. In: S.B. Robinsohn (Hrg.): Curriculumentwicklung in der Diskussion. Stuttgart 1973, S. 140.
4) Vgl. etwa: H. Greschner: Gewissen zwischen Gesetz und Freiheit. In: Materialien für den Religionsunterricht. Freiburg i.Br. 1973. Oder auch die auf S. 24 dieser Schrift zitierte "Moral education".

3. Die Begriffe Lernstrategie (Lernkonzept, Lehrgang, Bildungsreihe) und der grundlegende didaktische Ansatz

Der Begriff "Strategie" ist in Fachbüchern und Lexika eher selten anzutreffen. Denn das Wort "Stratege" (gr.) meint Feldherr, und "Strategie" bedeutet die Kunst der Planung der Heerführung in grossen Verbänden. Ob sich nun gerade dieses Wort für die Planung von Unterricht eignet, scheint - auf den ersten Blick - fragwürdig. Denn Planung von Unterricht und dessen Theorien stehen immer in Zusammenhang mit obersten Sinnormen der Erziehung[1)], also etwa mit der Forderung der Wahrnehmung und Berücksichtigung von Interessen von Minderheiten einer Gruppe. Ganz besonders wird dies relevant, wenn man sich fragt, wie mit der Absicht, Wissen, Können und Werten zu vermitteln auch die Intention, Unabhängigkeit von Instanzen, das Freisein von Realangst im kommunikativen Bereich zu fördern, wie - mit andern Worten - zur Kompetenzförderung, die Emanzipationsförderung mithinzukommt.[2)] Sehr oft werden die theoretischen Konzepte oder mindestens die flussdiagrammartigen Pläne eines Projekts als Strategie bezeichnet. So definiert beispielsweise K. Frey: "Eine Strategie ist eine Handlungsbeschreibung oder -anweisung unter Berücksichtigung der beteiligten Personen und Institutionen mit der Abfolge der Verhaltensereignisse und ihren Zusammenhängen in Hinsicht auf das zu erreichende Ziel."[3)] Solche Strategien haben praktisch alle Curriculumschulen bzw. ihre Vertreter entworfen.[4)] Es sind

---

1) Vgl. unsere Ausführungen zum Thema: "Ebenen der Forschungsdimension", S. 33 ff. und "Das Theorie-Praxis-Problem", S. 91 ff.

2) Vgl. W. Schulz: Unterricht zwischen Funktionalisierung und Emanzipationshilfe. In: H. Ruprecht u.a.: Modelle grundlegender didaktischer Theorien. Hannover 1972, S. 167.

3) K. Frey: Theorien des Curriculums. Weinheim S. 61.

4) Solche Strategien im Bereich des Curriculums sind etwa der Vorschlag von H. Taba: Curriculum Development. Theory and Practice. New York 1962, S. 12. Er sieht so aus: 1. Diagnosis of needs, 2. Formulation of objectives, 3. Selection of content, 4. Organization of content, 5. Selection of learning experiences, 6. Organization of and means of doing it.
Oder der Vorschlag von R.W. Tyler: Curriculum und Unterricht. Düsseldorf 1971.
1. Welche pädagogischen Zwecke sollte die Schule anzustreben suchen?
2. Welche erzieherischen Erlebnisse können bereitgestellt werden, die wahrscheinlich diese Zwecke erreichen?
3. Wie können diese erzieherischen Erlebnisse wirksam organisiert werden?
4. Wie können wir bestimmen, ob diese Zwecke tatsächlich erreicht werden?
Solche Strategien, die Handlungsabläufe theoretisch festlegen, sind in der Curriculumforschung sehr häufig. Die hier getroffene Auswahl ist rein zufällig. In einführenden Werken wie etwa H.A. Hesse/W. Munz: Einführung in die Curriculumforschung. Stuttgart 1972, sind solche Strategien dargelegt.

Handlungsreihen, die noch der erklärungs- und begründungsorientierten Verdeutlichung bedürfen, Handlungsreihen, die zielgerichtet mögliche Schritte des Vorgehens festlegen.[1)]

Der Konflikt zwischen dem Festlegen solcher Handlungsreihen für den Unterricht (Strategien) und dem Anspruch emanzipatorisch-orientierter Pädagogik, welche die unmittelbare Unterrichtssituation und die Artikulierung aller Bedürfnisse in dieser Situation fordert, führte in den letzten beiden Jahren zu einer Reihe von Publikationen unter dem Titel "Offene Curricula"[2)]. Der Kern des Problems liegt in der Legitimation, welche sich bis anhin weitgehend auf bildungstheoretische Prinzipien abstützte, statt in stärkerem Einbezug der Betroffenen die gesellschaftliche Relevanz zu finden. Oder extrem formuliert: "Planung von Unterricht hatte somit nicht mehr primär mit der Vorfabrikation von Lehrsequenzen, mit der Vorgabe von Methoden und der Formulierung didaktischer Handlungsvorschriften zu tun, sondern vielmehr damit, die Unterrichtssituation durch die Auswahl von Problemstellungen, Themen, Inhalten und deren Alternativen, durch Vorschläge von Zielen, durch die Bereitstellung von Hilfsmitteln zur Information und Orientierung, durch die Entwicklung diagnostischer Instrumente und Verfahren so vorzubereiten, dass die am Unterricht beteiligten Schüler und Lehrer gemeinsam Handlungsorientierungen entwickeln können."

Wie können wir diesem Anspruch genügen und zugleich Unterricht planen? Wie können wir Lernstrategien konzipieren und zugleich von offenem Curriculum sprechen, dessen wesentlichstes Merkmal es ist, "dass die Kommunikation über Ziele, Materialien und Prozesse des Curriculums zwischen gleichberechtigten Partnern stattfindet, dass also die Arbeitsteilung, die unterschiedliche Spezialisierung, der unterschiedliche Zugang zu relevanter Information keine Hierarchie zwischen dem Produzenten des Curriculums, den Lehrenden und Lernenden, aufbaut."[3)]

Wir können zur Antwort geben, dass dieser Anspruch sowieso zu relativieren sei, dass der Unterschied Lehrender - Lernender nur im Bereich des Machtanspruchs, nie aber im Bereich der Kompetenz zu überwinden sei, dass der Lernende tatsächlich auch mit dem Anspruch auftritt, schon konzipierte Lernkonzepte übernehmen zu dürfen. Wir können auch den Vorschlag machen, dass das Schülergespräch an

---

1) Vgl. H. Blankertz u.a.: Curriculumforschung - Strategien, Strukturierung, Konstruktion. Essen 1971.

2) Vgl. etwa: H. und K. Brügelmann: Offene Curricula - ein leeres Versprechen? In: Die Grundschule 3/1973, S. 165 ff.
Oder: Die Nummer 3/1973 der "Zeitschrift für Pädagogik" mit Beiträgen von K. Heipcke/R. Messner; W. Sachs/Ch.Th. Scheilke; H. Rumpf; H. Moser etc.

3) W. Herrlitz: Sprache als soziales Verhalten. Bausteine zu einem linguistischen Curriculum. Tübingen 1973. Zit. bei H. und K. Brügelmann: a.a.O., S.167.

jeder Stelle eines solchen Konzeptes erwünschtes Regulativ sei. Wir können ganz besonders aber auch den Curriculumtheoretikern mangelndes Praxisverständnis vorwerfen, weil sie ansonst unterscheiden müssten zwischen Fächern, wo Programme[1)] effizientesten Lernens erwünscht sind, z.B. Mathematikprogramme, und solchen Fächern, wo Fakten andauernd mit Erfahrungswissen und Meinungen gekoppelt werden, wo also Programme sehr wahrscheinlich nur den Teil der Informationsvermittlung leisten können.
Alle diese Antworten beinhalten unstrukturierte Erkenntnisse, welche an sich richtig sind, aber unsere Frage nicht konzeptuell beantworten. Um die Hauptpostulate: Verwirklichung individueller Bedürfnisse und Fähigkeiten, Ausgang von der Komplexität der Lernsituation, Beteiligung der oder mindestens Transparenz für die Betroffenen zu verwirklichen, schlage ich die in den folgenden Abschnitten dargelegten legitimativen und organisatorischen Merkmale einer Begründung vor.

---

1) Lernprogramme möchte ich hier verstehen als extremste Form von Lernstrategie.

B. Legitimations- und Organisationsprobleme

1. Der Situationsbegriff muss neu reflektiert und abgegrenzt werden

Die neueste Forderung in Richtung des alten didaktischen Grundsatzes "vom Kinde ausgehen", "das Kind dort abholen, wo es steht", "die Umwelt des Kindes berücksichtigen", "bei der Eigenerfahrung des Kindes beginnen" etc. schlägt sich im sog. Situationsbegriff nieder, wie er etwa von R. Lippitt, R. Fox und L. Schaible bei der Erstellung ihres "Social Science Laboratory Units" (SSLU) verwendet wird. Der Grundansatz ist darin zu sehen, dass mit der Vorbereitung auf das gesellschaftliche und politische Leben nicht erst dort begonnen wird, wo der sog. "Eintritt ins Leben"[1] beginnt, sondern dass die Schule selbst mit ihren tagtäglichen kommunikativen Situationen Leben und gesellschaftliche Wirklichkeit darstellt. Und der entscheidende Begriff wird das sog. "Hier-und-Jetzt-Problem", das im Sinne von Piaget und Bruner eine elementarisierte und strukturierte Form sozialer Theorien ohne Verzerrung gewährleisten soll. Wenn eine der wichtigsten Zielsequenzen darin besteht, "Wissenschaft als ein auch Kindern zugängliches Erkenntnismittel erfahrbar zu machen und dies wiederum als eine Handlungshilfe", so sieht der globale Aufriss, d.h. das idealtypische Konzept, etwa so aus:

"- Kinder entdecken ein Hier-und-Jetzt-Problem in ihrem Erfahrungsbereich;
- sie formulieren daraus ein Untersuchungsproblem, und zwar in einer Diskussion, die ihre Meinungen und Ueberzeugungen ausdrücklich herausfordert;
- den Kindern werden die Mittel zur Lösung dieser Probleme im genauen Sinn des Wortes 'erfahrbar' gemacht: die Kinder betreiben inquiry method und problem solving und lernen beides dadurch;
- dies wird verbunden mit und bestätigt in den klassischen Methoden der Sozialwissenschaften, deren grosse Entdeckungen und Experimente in elementarisierter Form von den Kindern nachvollzogen werden;
- der Unterricht führt sowohl zu eigenen Untersuchungen der Kinder wie zu Verallgemeinerungen und zu eigenen Handlungen;

---

1) Vgl. O. Herz: Social Science Laboratory Units. In: Thema Curriculum 3/1973, S. 62.

- die erlernten Fertigkeiten und ihre Uebertragbarkeit auf andere Aufgaben werden geprüft und Einstellungsänderungen festgestellt (also der Unterrichtserfolg oder -misserfolg 'rückgemeldet');
- das Ganze ist induktiv geplant, wobei die Planung offen für Abweichungen und Variationen ist."[1])

Wenn ein solches Programm vorgibt, bei den Problemen der Kinder anzusetzen, so heisst das noch lange nicht, dass

- tatsächlich ein Problem aller Kinder einer Klasse getroffen wird,
- nicht auch Bedingungen geschaffen werden müssen, damit in Situationen bestimmte Erfahrungen gemacht werden können (bestimmte Probleme auftauchen),
- zu einer Reihe von ähnlich gelagerten Problemen (Grenzbegriff bei den Strukturen im Sinne der Selbstregelung[2])) dasselbe Lernkonzept eine Lösung anbieten kann,
- der discovery-Ansatz auch bei rein motivationalen Fragestellungen angewandt werden kann, also bei Fragestellungen, wo erst nachträglich Situationen erkundet werden aufgrund eines vom Schüler erarbeiteten konzeptuellen Rasters,
- eine Erfahrung "missbraucht" werden kann zur Durchsetzung bestimmter schulischer Interessen.

Von Hentig spricht in etwas vorsichtiger Weise von der Auswahl und Gestaltung von Lernsituationen, im Wissen darüber, dass ausgewählte schon vorhandene Lernsituationen (was man traditionellerweise mit Gelegenheitsunterricht bezeichnet hat) immer nur ein Teil der Schüler betrifft, während gestaltete Erfahrungsgelegenheiten den Schüler immer mit seiner ganzen Existenz in eine Situation versetzen, wo er gezwungenermassen nur herauskommt, wenn er diese Situation handelnd verändert oder sich von ihr verändern lässt. Aber auch der folgende Satz bringt höchstens das pulsierende, lebendige Element der Schule zum Bewusstsein, nicht aber eine Lösung für das praktische Vorgehen. Er lautet so: "Wenn 'Schule als Erfahrungsraum' eine sinnvolle Formel sein oder werden soll, dann darf sie keinem einzelnen Curriculumverfahren allein unterworfen werden, sondern muss anstössig unregelmässiges, wechselhaftes Gemisch sein - von Erfahrung, Belehrung und Handeln."[3])

---

1) O. Herz: a.a.O., S. 64.
2) Vgl. J. Piaget: Der Strukturalismus. Olten 1973, S. 16.
3) H. von Hentig: Schule als Erfahrungsraum? Stuttgart 1973, S. 25.

Für meine auf S. 509ff angeführte Strategie gilt:

- Wir wollen dem Schüler Gelegenheit geben, eine Situation zu erforschen.[1] Diese Situation wird entweder bewusst geschaffen durch gruppendynamische Simulationsexperimente, durch herbeigeführte Interaktion (Begegnung) mit andern Gruppen der Gesellschaft, auf alle Fälle durch "veranstaltete" Kommunikation. (z.B. eine Klasse lädt eine andere ein, versucht, mit ihr ein gemeinschaftliches Problem zu besprechen, aber auch ein Entgegenkommen, eine Freude zu bereiten etc.) Anderseits aber muss die Aufnahme wirklich relevanter schon vorhandener Erfahrungssituationen (z.B. Konfliktfälle Hauswart-Klasse, Lehrer-Klasse, Direktor-Klasse, Klasse-Klasse etc.) garantiert werden. Diese Situationen stehen in sich, sie sind "hermeneutisches Prinzip und damit Grundlage allen Verstehens ... Dabei geht es ausdrücklich und entscheidend um die auch in der empirischen Erkenntnis implizit schon mitenthaltene Sinn-Dimension."[2]
- Aufgrund dieser Situation(en) und Erfahrung(en) wird eine Lernstrategie entwickelt, die nach strukturalen Prinzipien geplant ist.[3] Dabei meine ich, dass es wichtig scheint, dass diese Strategie eine von vielen ist im Bereich "Ethische Erziehung" oder "Gewissensbildung" oder "Sozialkunde". Der Lehrer hat also die Auswahl je nach Aktualität, d.h. je nach grundlegender Erfahrung, eine solche Strategie auszuwählen. Sie bietet ihm quasi eine Serie von Inhalts-Handlungseinheiten an, mit überprüfbarer Kompatibilität, mit Einplanung von Fertigkeiten zur Anwendung der neuen Informationen oder gesamthaft, mit eingeplanter Aktivität zur Entscheidungsbewältigung auf systematisch-analytischer Ebene.
- Die ursprünglichen Situationen (oder ähnliche Erfahrungskomplexitäten) werden aufgrund der hinzugewonnenen neuen Informationen abschliessend nochmals reflektiert und neu überarbeitet, wenn noch immer normative Spannungsgefälle vorhanden sind (z.B. Konflikte), als Probleme neu gelöst. Hier wird also quasi mit einem Erkenntnisraster Vorgegebenes neu angegangen.

Ich möchte diese drei Elemente in einer Skizze verdeutlichen, aber vorher

---

1) Vgl. J.S. Bruner: Relevanz der Erziehung. Ravensburg 1973, S. 102.
2) E. Feifel: Die Bedeutung der Erfahrung für religiöse Bildung und Erziehung. In: Handbuch der Religionspädagogik. Band 1, Zürich 1973, S. 89/90.
3) Vgl. Kapitel S. 473 und 337 ff.

betonen, dass sie einerseits teilweise einander durchdringen und anderseits sowohl im Makrobereich der ganzen Strategie als auch im Mikrobereich einzelner Grobziele auftreten.[1)]

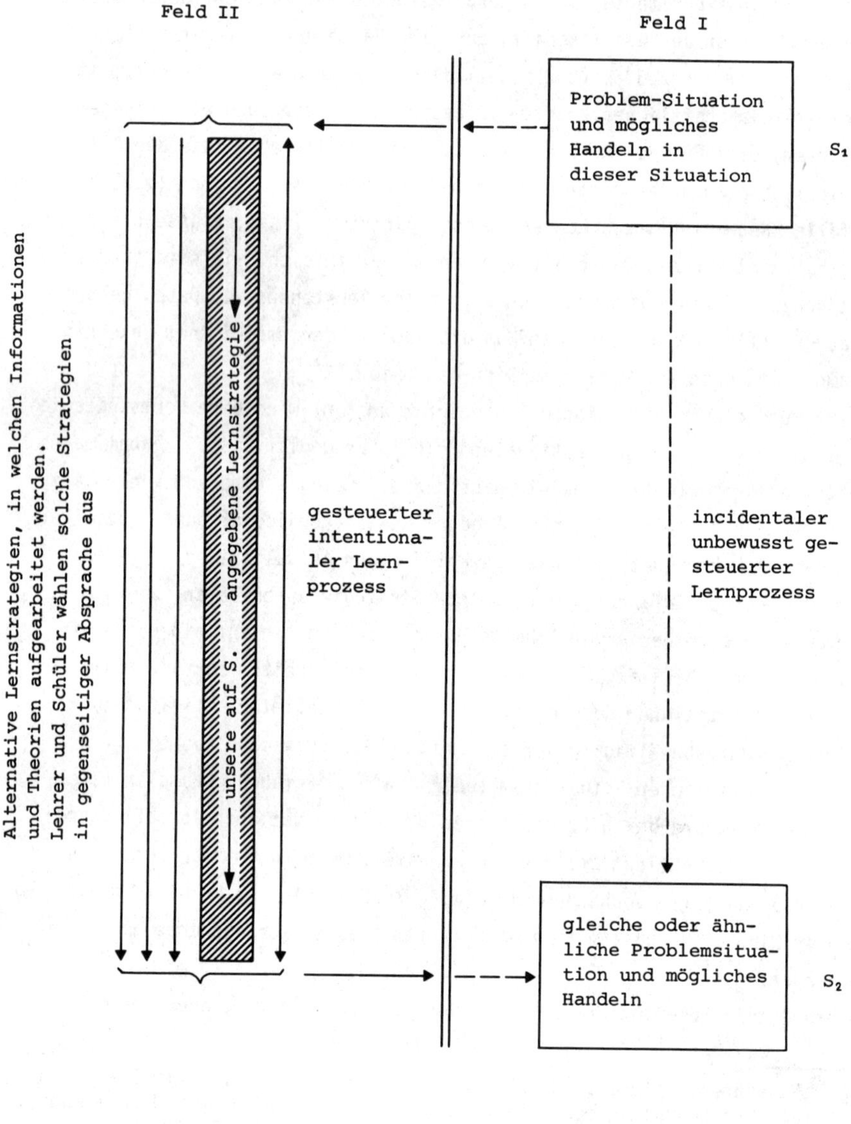

1) Ein ähnliches System in ganz anderem Zusammenhang hat in einem ersten Ansatz der Reformpädagoge Karl Stieger entwickelt. Vgl.: Die Schule als Brücke zur modernen Arbeitswelt. Stuttgart 1962, und: Die Schule von morgen beginnt heute. Olten 1973.

Wenn nun unsere Strategie eine von vielen Alternativen sein soll, könnte man sich fragen, wo wohl die andern Möglichkeiten seien, und was dieses Feld II von Lernprogrammen unterscheide. Es geht aber hier nicht darum, ein vollständiges Curriculum ethischer Erziehung zu entwickeln, sondern um heuristische Planung mit exemplarischer Verwirklichungsmöglichkeit.

2. Der Unterschied Lernstrategie - Lernprogramm muss herausgearbeitet werden

Wichtig hingegen scheint mir die Frage, was solche Strategien von Lernprogrammen[1] unterscheidet. Der Begriff "Lernprogramm" wird in verschiedenen Untersuchungen mit Lehr- oder Lernstrategie bezeichnet, so etwa in der Arbeit von H. Walter[2], in welcher programmierte Unterweisung mit herkömmlichem Unterricht verglichen wird. Die Resultate zeigen eine eindeutige höhere Lehreffektivität der programmierten Unterweisung, die vor allem den Funktionsprinzipien (individuelles Lerntempo, systematische und kontinuierliche Verhaltensformung, sorgfältige und schlüssig konzipierte Lernschritte) zugeschrieben wird.[3] Interessant ist dabei, wie versucht wird, den herkömmlichen Unterricht einzugrenzen. Die Merkmale dieser vorwiegend sog. "erarbeitenden" Unterrichtsform werden so festgehalten:

"aa) Die unterrichtliche Aktivität wurde durch die Wahl des erarbeitenden Lehrer-Schüler-Gesprächs ziemlich gleichmässig zwischen Lehrer und Schüler verteilt.

bb) Sämtliche Unterrichtsbeiträge seitens der Schüler liefen unmittelbar über den Lehrer, das unterrichtliche Geschehen unterlag also einer sehr starken Lenkung seitens des Lehrers.

---

1) "Unter programmiertem Lernen versteht man das Aufnehmen eines Lernstoffes, der nach lernpsychologischen, didaktischen und sachlogischen Gesichtspunkten in relativ kleine Schritte aufgeteilt ist, welche der Lernende ohne Lehrperson bearbeiten kann. Dabei ist er im allgemeinen gezwungen, jede Antwort selbständig und aktiv zu formulieren. Unmittelbar nach Formulierung der Antwort wird ihm durch das Programm deren Richtigkeit bzw. Unrichtigkeit aufgezeigt (Prinzip der Verstärkung)." G. Dietrich/H. Walter: Grundbegriffe der psychologischen Fachsprache. München 1970, S.212/213.

2) H. Walter: Lehrstrategie und Lehreffektivität. Ein kritischer Vergleich von programmierter Unterweisung und herkömmlichen Unterricht. München 1973.

3) "Unterrichtsprogramme sind didaktisch besser durchdacht und schlüssiger aufgebaut,wobei die ausschliessliche Konfrontation eines Schülers mit einem Programm sich dahingehend positiv auswirkt, dass der Schüler die von der Lernstrategie geplante Abfolge der Lernschritte vollständig durchschreitet." (H. Walter: a.a.O., S.169)

cc) Die Lehreraktivitäten bestehen vorwiegend in der Informationsgebung, dem Stellen von Fragen, der Impulsgebung und der Reaktion auf Schüleraktivitäten.

dd) Die Information dient lediglich dazu, Fragen bzw. Impulse vorzubereiten. Ein Informationsüberhang wird dadurch vermieden.

...

ee) Der Lehrer reagiert auf jede an ihn gestellte stoffbezogene Schüleraktivität.

ff) Die Schüler sind hinsichtlich einer Reaktion auf ihre stoffbezogene Aktivität auf den Lehrer angewiesen.

...

gg) Die Schüleraktivität besteht vorzüglich im Geben von Antworten, sie ist also überwiegend reaktiv orientiert.

...

hh) Die Schülertätigkeit unterliegt ständig der Lehrerkontrolle. Die vom Lehrer gestellten Fragen können einmal kollektiv, d.h. an die gesamte Klasse erfolgen, zum andern kann jeder einzelne Schüler jederzeit aufgerufen werden.

ii) Jeder Schüler muss ständig damit rechnen, zu einer Antwort aufgefordert zu werden.

...

jj) Die Lehrerfragen sind häufig so formuliert, dass sie falsche bzw. unvollständige Antworten zur Folge haben."[1)]

Wenn wir unsere Lernstrategie vom Lernprogramm unterscheiden wollen, so können wir nicht mit einer solchen Klassifizierung des herkömmlichen Unterrichts übereinstimmen.[2)] Unsere Lernstrategie stellt nicht die Lehrerfrage in den Vordergrund, sondern die Motivation zum schulischen Handeln. Ihre Mikrostruktur besteht nicht aus Anweisungen zu genauer schulischer Reaktion, sondern in einer möglichst vielgestaltigen Taylorisierung[3)] des Unterrichts in kleinste Einheiten von Informationsaufnahme irgendwelcher Art, Informationsverarbeitung und -speicherung und in der Kontrolle bzw. Verwendung und Transfer des jeweils Gelernten. Dieser Grundraster aber bezieht jede Art von Schülermitbestimmung

---

1) H. Walter: a.a.O., S. 72-74.
2) Abgesehen davon, dass diese Art der Gegenüberstellung von zwei Unterrichtsformen doch recht manipuliert anmutet, wenn nicht auch der herkömmliche Unterricht in seiner optimalsten Form repräsentiert wird, stellen die Resultate den Novitätseffekt noch zu wenig in Rechnung.
3) Zum Begriff der Taylorisierung vgl. Bruderer: S.204 dieser Arbeit.

und ganz besonders auch das nichtgelenkte Gespräch mit ein. Ich möchte dafür eigentlich den Begriff des Verfahrens verwenden, wie ihn N. Luhmann[1)] in anderem Zusammenhang eingeführt hat. Ein Verfahren ist nicht die festgelegte Abfolge bestimmter Handlungen, also eine ritualisierte Kette von Wahlmöglichkeit. "Im Unterschied zum alternativlosen Ablauf des Rituals ist es für Verfahren gerade kennzeichnend, dass die Ungewissheit des Ausgangs und seiner Folgen und die Offenheit von Verhaltensalternativen in den Handlungszusammenhang und seine Motivationsstruktur hineingenommen und dort abgearbeitet werden. Nicht die vorgeprägte konkrete Form, die Geste, das richtige Wort treiben das Verfahren voran, sondern selektive Entscheidungen der Beteiligten, die Alternativen eliminieren, Komplexität reduzieren, Ungewissheit absorbieren oder doch die unbestimmte Komplexion aller Möglichkeiten in eine bestimmbare, greifbare Problematik verwandeln. Die Selektivität einer Kommunikation wird ihr zugerechnet. Sie macht ihren Sinn aus ... So läuft das Verfahren ab als eine Entscheidungsgeschichte, in der jede Teilentscheidung einzelner Beteiligter zum Faktum wird, damit den anderen Beteiligten Entscheidungsprämissen setzt und so die gemeinsame Situation strukturiert, aber nicht mechanisch auslöst, was als nächstes zu geschehen hat."[2)]

Unsere Einschränkung zu diesem Ansatz liegt lediglich darin, dass Unterricht zielorientiert ist, dass antizipierte Bedingungen Entscheidungen erst möglich machen und dass Handlungsalternativen oft vorgegeben werden.

3. Das Zweck-Mittel- contra Anlass-Folge-Schema oder das Methodenproblem bei Lernkonzepten soll erörtert werden

Wenn Unterricht und ganz besonders die Methode des Unterrichts die Vermittlung zwischen vorformulierten Zwecken (Zielen) und subjektiven Voraussetzungen darstellt, so steht dabei der subjektive Anspruch immer unter dem Zweck, einen Sach-Gesellschaftsbezug herzustellen; er organisiert sogar subjektive Voraussetzungen als Mittel möglicher Bedingungen des Lernens. Erst wenn kein Ziel mehr vorhanden ist, fallen auch die Bedingungen der Auswahl von Methoden als Voraussetzungen für Lernprozesse dahin. Etwas wird dann umgekehrt; statt "dass der Zweck die Mittelsuche und -wahl leitet, leitet eine Bedingungsauswahl

---

1) N. Luhmann: Legitimation durch Verfahren. Neuwied 1969.
2) N. Luhmann: a.a.O. S. 40.

die Zweckfindung."[1] Was aber hat dann ein Lernkonzept wie das vorliegende noch für eine Aufgabe,und welches ist die Funktion der methodenkonstituierenden Anweisungen darin?
Bevor ich diese Frage zu beantworten versuche, möchte ich das Anlass-Folge-Schema hinsichtlich der Referenz an subjektive und objektive Bedürfnisse darstellen, wie es G. Thoma vertritt. Er schreibt: "Was innerhalb des Zweck-Mittel-Schemas Perversion war, scheint jetzt als Alternativ-Muster, als Anlass-Folge-Schema brauchbar, d.h. als konsequente Ausnutzung der zielkonstituierenden Funktion von Methode bzw. der methodenkonstituierenden Funktion von Bedingungen. Sind subjektive oder objektive Bedingungen in ihrem Auftreten nicht kalkulierbar und bzw. oder nicht organisierbar, so bleibt doch ihre Berücksichtigung als ausgezeichnete Anlässe möglich, d.h. als bezeichnete Ursachen, die bei ihrem Auftreten vorbestimmbare Folgen abrufen. Danach können also z.B. subjektive Bedingungen als Anlässe formuliert und dahingehend ausgezeichnet werden, dass ihr Eintreten die vorher festgelegte methodische Folge eines Sach-Gesellschaftsbezugs hat. Methode wiederum kann als subjektbezogener Anlass fixiert sein, der in Referenz an gesellschaftliche Ansprüche formulierte Folgen verspricht; d.h. ihr spezifisches Auftreten ruft diese Folgen ab."[2]-

Wer nun genau hinsieht, bemerkt, dass der Unterschied darin liegt, dass die Konzeptualisierung subjektiver Ansprüche beim Zweck-Mittel-Schema vom Lehrer bzw. vom Lehrplan, meist ohne Beteiligung der Schüler geschieht, während beim Anlass-Folge-Schema dieser Vorgang im Unterricht mit den Schülern geschieht. So aber werden Folgen über den Ausgang von Prozessen nicht antizipierend geklärt, sondern als mögliche unvorhergesehene Konsequenzen subjektiver bzw. gesellschaftlicher Ansprüche in Kauf genommen. Wenn aber dies im Vordergrund steht, wie sollen wir dann - wir wiederholen die Frage - eine Lernstrategie noch legitimieren können?
Einmal lässt sich nach Thoma[3] der Zwangscharakter jeglicher Regeleinhaltung thematisieren, d.h. gerade die grundlegende Strukturierung gibt uns die Möglichkeit der Aufklärung über mögliche Bedingungen der zugrundeliegenden Absichten. Als zweites muss die Konsistenz von Unterricht mit einer Strategie von einem kommunikativen Ansatz her geleitet werden. Thoma[4] spricht von

---

1) G. Thoma: Methodenproblem und Steuerungsprogramme von Unterricht. In: P. Menck/G. Thoma (Hrg.): Unterrichtsmethode. München 1972, S. 190.
2) G. Thoma: a.a.O., S. 192.
3) Vgl. G. Thoma: a.a.O., S. 194.
4) Vgl. G. Thoma: a.a.O., S. 195.

wechselseitiger Anerkennung bei gleichzeitiger verbindlicher Kommunikation bzw. von der Dialektik von Können und Wollen. Drittens muss eine solche Strategie als Teil eines grösseren didaktischen Konzeptes gesehen werden, etwa dem der "bildenden Begegnung" von W. Klafki[1]. Die Zugriffsbreite und Gestaltungseinheitlichkeit müssen von den auf höherer Ebene gelegenen Bildungsnormen her angegangen werden, wie wir sie im ersten Kapitel dargestellt haben. Statt eines Zweckprogrammes müssen wir gerade in Referenz an diese Normen von einem Konditionalprogramm sprechen;[2] es stellt also Möglichkeiten von Erfüllung solcher Normen als Einheit von Sprache, Verhalten und Weltverständnis dar.
Auf die Strategie bezogen unterscheidet Thoma[3] zwischen Mehrdeutigkeit, Mehrstufigkeit und Mehrgliedrigkeit. Mehrdeutigkeit meint "Fixierung von Unterrichtszielen oder Anlässen zugleich in Referenz an subjektive und gesellschaftliche Ansprüche bzw. Bedingungen"[4]. "Mehrstufigkeit meint eine Strategie des Programmaufbaus, die sich der Möglichkeit der Differenzierung unter Relevanzgesichtspunkten bedient."[5] Mit Mehrgliedrigkeit bezeichnet er eine gewisse "Relativität der Zweck- bzw. Anlass-Folge-Charakterisierung"[6]. Gerade unsere Lernstrategie, die weder ein Lernprogramm noch blosse inhaltliche Angaben zur freien unterrichtlichen Verfügung meint, kann ohne weiteres diese drei Ansprüche miteinander verbinden. Denn die Methodenkonzeptionen darin sind auswechselbar, die Artikulationsschemata veränderbar, die Sozialformen relativ und die Aktionsformen austauschbar.[7] Die drei von Schulz aufgestellten Prinzipien der Planung sind dadurch weitgehend erfüllt, nämlich: "Die Auffassung der Didaktik als einer Strukturtheorie des Lehrens und Unterrichtens führt zum Prinzip der Interdependenz der Unterricht konstituierenden Momente. Die anthropologischen Bedingungen didaktischen Denkens in der Gegenwart fordern Variabilität des Unterrichts, die Möglichkeit der Mitsteuerung des Unterrichtsprozesses durch die Lernenden. Die empirische Selbstkontrolle des didaktischen Denkens drückt sich im Planungsprinzip grösstmöglicher Kontrollierbarkeit des Unterrichtserfolges aus. Formal sind diese Prinzipien insofern, als über die Trends der Wechselwirkung und der Variationen, über das, was kontrolliert

---

1) Vgl. W. Klafki: Das Problem der Didaktik. In: W. Klafki: Studien zur Bildungstheorie und Didaktik. Weinheim 1965 , S. 86-89.
2) Vgl. N. Luhmann: Zweckbegriff und Systemrationalität. Tübingen 1968,S.175.
3) Vgl. G. Thoma: a.a.O., S. 197-199.
4) G. Thoma: a.a.O., S. 197.
5) G. Thoma: a.a.O., S. 198.
6) G. Thoma: a.a.O., S. 198.
7) Vgl. W. Schulz: Unterricht - Analyse und Planung. In: P. Heinemann/G. Otto/ W. Schulz: Unterricht - Analyse und Planung. Hannover 1965.

werden soll, erst unter Hinzuziehung von Argumenten aus der Reflexions- und Forschungsebene der Bedingungsprüfung Inhaltliches ausgesagt werden kann."[1])
Interdependenz, Variabilität und Kontrollierbarkeit werden also gewährleistet durch Offenlegung aller Handlungen, aller inhaltlichen Entscheidungen und aller auf vorgegebene Ziele hin gerichteten Motivations- und Methodenmassnahmen.
Unsere Lernstrategie ist in diesem Sinne ein offenes Bündel von antizipierten sozialen Situationen.
Die von G. Wienecke[2]) extrem geforderte und unterrichtlich thematisierte Unterrichtsplanung mit Schülern bezieht sich bei unserer Lernstrategie nicht darauf, dass aus einer "Vielzahl didaktischer Entscheidungen jeder Kategorie" der Schüler für den zu realisierenden Unterricht

- "aus den Entscheidungen auswählen
- die Entscheidungen ... modifizieren
- die Entscheidungen durch andere ... ersetzen"[3])

soll, dies als bewusster Bildungsprozess. Dadurch würde allerdings die Zweck-Mittel-Relation von Seiten des Curriculums total aufgehoben. In unserer Strategie aber geht es vielmehr darum, dass

- die Grundentscheidung, ob die Strategie überhaupt verwendet werden soll
- die Hinterfragbarkeit methodischer Entscheidung an jeder Stelle des Lernprozesses, wenn die Grundstruktur nicht verändert wird

als Voraussetzung gefordert sind. Jeder Lehrer müsste die dazu erforderliche Kompetenz erhalten.

4. Der Stellenwert im Curriculum soll abgesteckt werden

a) Offenheit, Pragmatik und Beteiligung der Betroffenen

Die Frage brennt auf der Zunge: Was unterscheidet die vorliegende Strategie von einem Curriculum? Um sie zu beantworten, müssten wir festlegen, was wir unter Curriculum verstehen, bzw. welchem Curriculumansatz wir unsere Adhäsion bezeugen. Die oft zitierte Definition von K. Frey: "Das Curriculum ist die Darstellung des Unterrichts über einen bestimmten Zeitraum als konsistentes System mit mehreren

---

1) W. Schulz: a.a.O., S. 44/45.
2) G. Wienecke: Unterrichtspalung mit Schülern. Pädagogische Rundschau 12/1972, S. 887 ff.
3) G. Wienecke: a.a.O., S. 888.

Bereichen zum Zwecke der Planung, der optimalen Realisierung und Erfolgskontrolle des Unterrichts[1)]", genügt den vielen weiterentwickelten Aspekten nicht mehr. Heute geht es hauptsächlich um das Problem, wie kann schulnaher Curriculumentwicklung zum Erfolg verholfen werden, zur Befriedigung aller Beteiligten. "So wie die sozusagen naive, unmittelbare Auseinandersetzung über neue Inhalte des Curriculums abgelöst wurde durch eine Phase der Reflexion über die Verfahren der wissenschaftlichen Begründung solcher Ziele und Inhalte, konzentriert sich die Diskussion gegenwärtig auf die Bedingungen der Realisierung einer Curriculumreform, auf Strategie und Organisation fortlaufender Curriculumrevision."[2)]
Das Schlagwort "schulnah" wird jetzt ersetzt durch Ausdrücke wie "Curriculum an der Basis", "schulzentrierte Curriculumentwicklung", "Curriculumentwicklung in der Schule" etc., immer ausgehend vom englischen Begriff "school-based curriculum development".[3)] Kann unsere Lernstrategie etwa dem Ansatz solcher schulnaher Curricula entsprechen, wenn ja, welches sind denn die unmittelbaren Kriterien?
Es soll zuerst festgehalten werden, dass nach der üblichen Begrifflichkeit ein solches Lernkonzept, wie wir es entwickelt haben, höchstens ein Curriculumelement ausmacht. Die übergreifenden Rahmenrichtlinien dazu liegen noch keineswegs vor, der Zusammenhang zwischen allgemeinen Unterrichtszielen und den Zielen der Strategie ist nicht genügend transparent, die deduktorischen Linien sind zu wenig gegen die induktorischen abgehoben, und die Einführung in die Schule ist nicht gewährleistet dadurch, dass wir das Konzept mit Lehrern einer oder zwei bestimmter Schulen entworfen haben. Aber garantiert nicht gerade dies den sicheren Praxisbezug und dafür die Transparenz des Verhältnisses von Zielen, Mitteln und Wirkungen des Unterrichts?
Solcher Argumentation könnte wiederum entgegengehalten werden, die Ziele der Strategie seien viel zu "offen" bzw. unscharf, die Handlungsanweisungen müssten wiederum in Teilziele umverwandelt werden, die Erfolgskontrollen müssten viel ausgeprägter testologisch abgesichert werden, die Kodifizierungsart müsste viel mehr Raum für Entscheidungen des Lehrers und Schülers offen lassen etc.
D. Knab legt für den Begriff schulnaher Curriculumentwicklung folgende drei Kernforderungen fest:

---

1) K. Frey: Kriteriensysteme der Curriculumkonstruktion: begriffliche Grundlagen. In: K. Frey (Hrg.): Kriterien der Curriculumkonstruktion. Weinheim 1970, S. 15.
2) D. Knab: Curriculumreform auf dem Weg zur Schule. In: Zeitschrift für Pädagogik 2/1974, S. 182.
3) Vgl. K. Heiniger: Curriculumentwicklung an der Basis? In: Schweizer Schule 1/1974, S. 13 ff.

1. Offenheit
2. Pragmatik
3. Beteiligung der Betroffenen[1)]

Der Begriff der Offenheit ist grundsätzlich gegen Curricula gerichtet, die wie Lernprogramme dem Lehrer abgegeben werden, jede Spontaneität ausschliessen und jegliche Messbarkeit der Lernziele zum voraus festlegen. H. Brügelmann[2)] hat die Vielfältigkeit möglichen Offenheitsverständnisses aufgezeigt. Er glaubt, dass damit folgendes gemeint sei:

aa) Veränderbarkeit des Curriculums durch Unterricht (Nichtabgeschlossenheit des Entwicklungsprozesses des Curriculums);

bb) Keine wissenschaftliche Legitimation für absolute Zweck-Mittel-Relationen. Abhängigkeit aller Handlungshypothesen von konkreten Situationsbedingungen (instrumentale Offenheit);

cc) Alternative Lernerfahrungen, Austausch und Ergänzung von Lernangeboten (normative Offenheit);

dd) Didaktische Variabilität bzw. Verwendung verschiedener Konstruktionsprinzipien (inquiry method, Spiralcurriculum, Structure of discipline o.ä.);

ee) Klassifikationen für Lernerfahrungen werden offengehalten für situationsspezifische und fächerübergreifende Probleme (Inhalts- und Methodenoffenheit);

ff) Den Schülern sollen auch individuelle Lernerfahrungen anhand ein und derselben Lernsituation möglich sein (Offenheit des Lernerfolgs).

D. Knab und H. Brügelmann warnen bei all diesen Kriterien vor einem totalen extremen Schwenken in die andere Richtung, d.h. vor der zu einfachen Formel, je offener ein Curriculum sei, je besser sei es.

Was ist mit der zweiten Kernforderung gemeint, dem Ruf nach pragmatischer Curriculumarbeit? Eine Grundform dieses Ansatzes "sieht als vordringliche Aufgabe der Curriculumreform das Bereitstellen von Unterrichtsmodellen, Unterrichtsmaterialien und Handreichungen für den Lehrer" ... "und versteht sich in erster Linie als Hilfe zur Selbsthilfe. Deshalb sucht sie eine enge Verbindung von Curriculumentwicklung und Lehrerweiterbildung, vernachlässigt aber die Bindung der Curricula an bestimmte Standards der Curriculumentwicklung."[3)]

---

1) Vgl. D. Knab, a.a.O., S. 182.
2) H. Brügelmann: Lernziele im offenen Curriculum. In: Thema Curriculum 1/1972/2, S. 16 ff.
3) D. Knab: a.a.O. S. 184.

Meistens wird dabei nicht von Zielen ausgegangen, sondern Ziele aus Unterrichtsmaterialien und Erfahrungsberichten herausentwickelt.[1]
Die Gefahr solchen Ansatzes ist die fehlende wissenschaftliche Transparenz und die fehlende Konsistenz der Normen und Umfelder der Erziehung.

Zur dritten Kernforderung ("Praxisbezug, Partizipation und das 'hidden curriculum'") ist zu sagen, dass vor allem die Beteiligung der Praktiker, der Lehrer gemeint ist. Gerade, weil sich Produkte, die von "oben" nach "unten" entwickelt worden sind, in der Schule sehr selten durchgesetzt haben[2], ist Mitberatung, Mitarbeit, Mitbestimmung als Kompetenzerweiterung der Lehrerschaft gefordert. Auch nur so ist es möglich, dass das verborgene Curriculum (hidden curriculum) - "als Unterrichtstradition, als unausgesprochene Erwartung an Lehrer und Schule, als selbstverständlich gewordene Schul- und Unterrichtsorganisation, als Einfluss der Erzieher in der Familie und der Ausbildung von Vorerfahrungen der Lehrer"[3] - durch Kommunikation und Kooperation im Kodifikationsprozess einen Niederschlag findet.
Ob diese drei Kernforderungen in unserer Lernstrategie erfüllt sind, lässt sich nur interpretatorisch belegen. Untersuchen wir zuerst das Problem der Offenheit:

ad aa) Nichtabgeschlossenheit:
Dass die Strategie durch Unterricht verändert werden kann, wird zwar nicht expressis verbis an jeder Stelle gesagt, ist aber meiner Ansicht nach Grundvoraussetzung jeglichen durch Inhalte, Mittel und Organisationsformen veränderbaren Unterrichts.

ad bb) Instrumentale Offenheit:
Hier scheint die Strategie einen Mittelweg zu beschreiten. Zwar wird nicht auf wissenschaftliche Legitimation eines Zweck-Mittel-Systems plädiert; es handelt sich aber um den Einsatz wissenschaftlicher Methoden zur Transparentmachung der je vorgeschlagenen Inhalts-Handlungseinheiten.

ad cc) Normative Offenheit:
Normative Offenheit ist schon dadurch gegeben, dass in der Lernstrategie oft nicht das Unterrichtsprodukt wichtig ist, sondern Handeln als Prozess in einer konkreten Situation im Mittelpunkt

---

1) Vgl. K. Heiniger: a.a.O., S. 18.
2) Vgl. K. Heiniger: a.a.O., S. 19.
3) O. Knab: a.a.O., S. 185.

steht. Nicht das Endergebnis eines Planspiels ist sinnvoll, sondern die je neu geführten Argumente im konkreten Reiz-Reaktionsfeld, das intuitiv gemeistert wird.

ad dd) Variabilität:

Didaktische und methodische Variabilität ist eines der wichtigsten Merkmale der Strategie. Das ganze Spektrum möglicher Lernarten, Lehrarten und Sozialformen wird in den Dienst unterrichtlichen Handelns gestellt. Das allerdings bringt uns den Vorwurf des Eklektizismus ein. Aber jedes unterrichtliche Handeln, dem ein zielsetzendes System übergeordnet ist, setzt Methoden und Mittel immer nach der möglichst optimalsten Leistung (Zweck-Mittel-Relation) oder nach der optimalsten Bedürfnisreduktion (Anlass-Folge-Relation) ein.

ad ee) Inhalts- und Methodenoffenheit:

Dass die angewandten Inhalte (und Methoden) jederzeit auswechselbar sind, wird schon in der Einleitung zur Lernstrategie gesagt. Das wichtige Kriterium für die entsprechende Auswechselbarkeit ist die Isomorphie der je zur Auswechslung gebrachten inhaltlichen Strukturen.

ad ff) Offenheit des Lernerfolgs:

Ueber den Erfahrungsansatz sollen im übernächsten Abschnitt einige Aussagen gemacht werden. Immerhin kann schon hier darauf hingewiesen werden, dass durch die gruppendynamischen Spiele, die Planspiele, die Exkursion etc. und ganz allgemein durch die in der Lernstrategie mögliche Unterrichtsdifferenzierung optimal persönliche Erfahrung möglich ist.

Wir wollen zusammenfassend so formulieren: Die Kriterien der Offenheit werden in der Lernstrategie - wenn wir interpretierend argumentieren - gesamthaft erfüllt. Wir dürfen dabei aber nicht den Faktor des Unterrichtsstils des Lehrers vergessen und ebenfalls nicht den Faktor der inhaltlichen Problematik. Ethische Erziehung wird - das darf als Grundvoraussetzung angenommen werden - in unseren Schulen viel weniger ernst genommen als etwa mathematische oder sprachliche Erziehung.

Untersuchen wir nun das Kriterium der Pragmatik. Entspricht unsere Lernstrategie diesem Kriterium? Diese Frage ist tautologisch, denn die Lernstrategie ist ja Unterrichtsmaterial. Sie ist mit Lehrern erstellt, sie ist nicht deduktorisch konstruiert worden. Tatsächlich sind manche der Ziele erst mit der antizipatorischen Strukturierung des Unterrichtsvorganges entstanden bzw. bewusst geworden. Hier handelt es sich nicht um blosse Lernziele und schon gar nicht um Curriculumtheorie, sondern um mögliche Inhalts-Handlungsalternativen.

Die dritte Kernforderung wird nur teilweise erfüllt. Das hidden curriculum kann in der Lernstrategie selber selbstverständlich keinen Niederschlag finden, weil es erst in der konkreten Implementation greifbar wird, d.h. erst da lassen sich Faktoren festlegen. Ebenso spielt in der Phase der Evaluation eines Lernkonzptes die Partizipation nicht mehr, weil die Lernstrategie schon Produkt geworden ist, das über den Kreis der Beteiligten hinaus verwendet wird und auch hier mit jener im Vorwort angegebenen Relativität der Inhalte und Methoden (Dissemination). Ebenso ist die Partizipation der Schüler auf die S. 403 dargelegten Kriterien eingeschränkt. Was aber wiederum für die Strategie spricht, ist die bis in alle Details erstrebte Transparenz.

b) Das regelkreisartige aufeinanderbezogene Oszillieren aller Phasen der Erstellung einer Strategie

Die von H. Brügelmann[1] ausgelöste und von D. Knab abschliessend formulierte Diskussion zum Problem offener Curricula löst die Frage des Verhältnisses Curriculum - Lernstrategie jedoch noch keineswegs. Der Deutsche Bildungsrat[2] hält bewusst auseinander, was in unserer Strategie zusammen ist, nämlich - in Phasen aufgeteilt - die Entwicklungsarbeit von Handlungsentwürfen nach folgenden Kriterien:

"- die Entdeckung, Rechtfertigung und Beschreibung von didaktischen Intentionen;
- der Entwurf und die Gliederung eines didaktischen Handlungsgefüges;
- die Ausarbeitung und Erprobung von didaktischen Entwürfen unter unterschiedlich praxisnahen Bedingungen;
- die Verbreitung und Uebersetzung in alltägliche Unterrichtssituationen."[3]

Zwar haben wir bei unserem Projekt alle diese Phasen durchschritten, zwar sagt auch der Deutsche Bildungsrat, dass dies keine verbindende Abfolge sei, dennoch aber ist noch kaum irgendwo das Ineinander all dieser Schritte, ihre Beziehung untereinander wirklich ausgefaltet worden, und gerade dies - so meine ich - ist der entscheidende Ansatz praxisnaher Curriculumentwicklung.

---

1) Vgl. auch: H. Brügelmann/K. Brügelmann: Offene Curricula - ein leeres Versprechen? In: Die Grundschule 3/1973, S. 165 ff.
2) Deutscher Bildungsrat: Zur Förderung praxisnaher Curriculum-Entwicklung. Stuttgart 1974, S. A 36.
3) ebd. S. A 36.

Giel und Hiller[1] haben schon 1970 dargetan, dass der Zusammenhang von erziehungstheoretischen bzw. schulgesellschaftlichen Annahmen und den "Zuordnungen von Handlungsmustern zu intendierten Zielgefügen" auf zweierlei Weise - oft gleichzeitig - möglich ist: "Der eine Weg führt über die historisch-vergleichende, analysierende Interpretation von Unterrichtsentwürfen, aus denen durchschnittlich beides zu entnehmen ist, das jeweilig intendierte Zielgefüge und die ihm zugeordneten Handlungsformen. Der zweite Weg führt über die Konstruktion eines idealtypischen Unterrichtsentwurfs: Aus ihm geht hervor, mit welchen Handlungsformen die Verwirklichung des Zielgefüges als durchschnittlich möglich erscheint. Zugleich wird in einem solchen Unterrichtsentwurf sichtbar, welche Handlungsformen dazu gebraucht werden, das mit diesem Unterricht intendierte Zielgefüge dem Schüler selbst zu demonstrieren. Denn es leuchtet ein, dass dort, wo Handlungsformen und Zielgefüge nicht mehr selbstverständlich eindeutig aufeinander bezogen sind, gemeinsames Handeln nur dadurch gelingt, dass in speziellen Handlungsmustern dem Partner klar gemacht wird, welche unterrichtliche Handlungsform zu welchem Zielkomplex gehört und wie die Erfüllung von konkreten Teilzielen in der Spur übergreifender Ziele bleibt und auf sie hin transparent ist."[2]

Das so Ausgesagte zeigt - auch wenn der Zweck-Mittel-Ansatz noch stark dominiert - das Ineinander der Schritte und Phasen bei einem offenen-pragmatischen und die Beteiligung aller Betroffenen einschliessenden Ansatz. Der mögliche Weg des Verstehens dieses Ineinander wird durch Intuition und Analyse, Handeln und Reflexion gewährleistet.

Wenn ich jetzt noch einige Kriterien dieser genannten Phasen erwähne und auf die Lernstrategie "Gewissen und Verhaltensabweichung" appliziere, so immer im Bewusstsein dieses dauernden Ineinanders der Phasen, ohne Reihenfolge, dieses Oszillierens[3] von der Zielfindung zum Handeln, vom Handeln zur Zielfindung, von beiden reversibel zu den übergreifenden Zusammenhängen.

Zur ersten Phase: Didaktische Intentionen.

Der Bildungsrat[4] spricht von der Entdeckung, der Rechtfertigung und der

---

1) K. Giel/G.G. Hiller: Verfahren zur Konstruktion von Unterrichtsmodellen als Teilaspekt einer konkreten Curriculum-Reform. In: Zeitschrift für Pädagogik 6/1970, S. 739 ff.

2) K. Giel/G.G. Hiller: a.a.O., S. 746.

3) Vgl. Die Ausführungen über Theorie-Praxis, S.91ff.

4) Deutscher Bildungsrat: Zur Förderung praxisnaher Curriculum-Entwicklung. Stuttgart 1974, S. A 38.

Beschreibung von Zielen. Die Aufdeckung basiert auf den drei Quellen:

"- Fähigkeit und Interessen der Lernenden (Vgl. Aktualität des Problems Gewissen, Verhaltensabweichung, Sanktion und Norm; Anmerkung d.V.)
- Anforderungen der gesellschaftlichen Ernstsituation (Vgl. Die Erfordernis eines sensiblen und zugleich autonomen Gewissens; Anmerkung d.V.)
- Strukturzusammenhänge der Wissenschaft."[1] (Vgl. Den Strukturaufbau der Strategie)

Die Legitimation der didaktischen Intention beruht auf argumentativer Auseinandersetzung mit dem ganzen allgemein möglichen ethischen Zielhorizont. Die Zielbeschreibung erfolgt entweder durch Angabe von Qualifikationen oder durch die Beschreibung situativer Elemente im Unterricht. Beides verschmilzt ineinander in der Lernstrategie.

Zur zweiten Phase: Entwurf und Gliederung von Handlungskonzepten.
Für die Gliederung des didaktischen Handlungsgefüges seien Einfallsreichtum, Phantasie und Erfahrung mehr beteiligt als logisch deduktorische Arbeit.
Folgende kritische Fragestellungen seien anzubringen:

- Welches sind die Voraussetzungen, die der Schüler mitbringt, die Motivationen und die formalen und inhaltlichen Kompetenzen?
- Wie stehen effektiver Lernprozess und didaktisches Handeln zueinander? Wie wird dieses Verhältnis begründet?
- Wie ist das Verhältnis zwischen Schülerverhalten und Zielbestimmung? Welche Annahmen werden inbezug auf die Unterrichtsprinzipien gemacht?
- Wie steht es um die Reproduzierbarkeit von Lernsituationen, die vorgegeben sind?

> Erste Frage:
> Auf dieser Stufe können die Voraussetzungen, die der Schüler mitbringt im Bezug auf das Verhältnis Gewissen - Norm - Verhaltensabweichung - Sanktion durch Situationsanalyse kaum beschrieben werden. Zwar wird der Vortest einige Daten zur Vorabklärung liefern. Dennoch sind alle in der Strategie beschriebenen Handlungsvorgänge Hypothesen, die aus der Erfahrung im Umgang mit 15-Jährigen gewonnen oder darauf zurückzuführen sind. Die Beschreibung der einzelnen Taylorisierungseinheiten (Unterrichtsitembeschreibung) kann diese Hypothesen transparent machen.
> Im übrigen scheint es mir recht schwer, wissenschaftlich saubere entwicklungspsychologische Merkmale für ein bestimmtes Alter anzugeben. Einzig die primären und sekundären körperlichen Reifungserscheinungen wären einigermassen durch eine Normalverteilungskurve zuverlässig zu umreissen.

---

1) Deutscher Bildungsrat: a.a.O., S. A 38. (Die Klammern sind Ergänzungen des Verfassers.)

Zweite Frage:
Der effektive Lernprozess ist sehr wahrscheinlich in der Strategie mehr abhängig von den stimulativen Faktoren als vom richtigen Ablauf oder beispielsweise von den schriftlichen Resultaten des Schülers. Sehr viele Lernprozesse in der Strategie - vor allem die mit hohem emotionalem Aufwölbungscharakter - sind und sollen nicht überprüfbar gemacht werden. Sie können nur indikatorisch, beispielsweise über Einstellungstests oder schöpferisches Gestalten festgestellt werden.

Dritte Frage:
Viele motivatorische Momente können in der Strategie nicht angegeben werden. Das Schülerverhalten hängt zu sehr von Faktoren ab, die nicht antizipierend beschrieben werden können. Dem gleichen Handlungsverlauf können beispielsweise zwei diametral entgegengesetzte Unterrichtsprinzipien übergeordnet werden, so dass die unterrichtlichen Folgen in ganz verschiedener Weise Annäherung oder Entfernung von einem Ziel bewirken.

Vierte Frage:
Alle in der Strategie angegebenen Situationen sind reproduzierbar. Die Frage ist nur, ob dies zu verantworten ist. In der Einleitung wird bewusst darauf hingewiesen, dass die Inhalte auch aus den jeweiligen Erlebnisbereichen der Schüler zu nehmen sind. Aber dies genügt nicht. Der Lehrer muss reflektieren, ob nicht andere Situationen besser einem Grobziel der Strategie entsprächen, ob dem Schüler ev. Dinge bewusst gemacht werden, die nicht wichtig sind, oder aber die verheerende Folgen haben können inbezug auf die Sensibilität der Schüler.

Zur dritten Phase: Ausarbeitung und Erprobung der Strategie.
Verständlichkeit, Praktikabilität der Vorgaben und das didaktische Potential können untersucht werden. Dazu soll das S. 514 angegebene Evaluationskonzept dienen. Es wurde speziell für die vorliegende Strategie entwickelt, weil alle vorfindlichen Evaluationskonzepte als ungenügend erachtet wurden.[1]
Zu beachten sind - wieder nach Angaben des Deutschen Bildungsrates[2] - folgende Punkte:

- Gibt es unerwartete didaktisch-methodische Möglichkeiten, die bis anhin niemandem eingefallen sind?
- Wie ist das Verhältnis der didaktisch-methodischen Erwartungen zu den Konsequenzen, beobachtet aus den konkreten Lehrer- und Schüleraktivitäten (besonders den strategisch entscheidenden Phasen)?
- Wo sind Abweichungen festzustellen, und wie müssen sie in einer Neufassung kodifiziert werden?

1) Es geht nicht an, einfach ein Lernkonzept an 34 Lehrer zu verteilen und dann einige Fragen zum Inhalt und zur Praktikabilität zu stellen. Ein Evaluationskonzept muss viel sorgfältiger geplant werden. Vgl. die Ausführungen S. 541 ff.
2) Deutscher Bildungsrat: a.a.O., S. A 42/A 43.

- "Was haben die Lernenden dazugelernt, wie haben sie das Lernangebot aufgefasst und eingeschätzt, und warum war beides abzulesen?"[1]

Alle hier gestellten Fragen sind in unserem Evaluationskonzept berücksichtigt. Sie sollen deshalb hier nicht weiter dargestellt werden. Festzustellen bleibt aber, dass solche Qualitätsprüfungen nicht bloss den Handlungsentwurf der Lernstrategie, sondern auch das Zielgefüge treffen muss. Das wird in der Veränderung von der ersten zur zweiten Fassung sichtbar.

Zur vierten Phase: Dissemination.

Es sind hier Fragen zur Notwendigkeit von Begleitmassnahmen, die wiederum praktikabel sein müssen, zu stellen. Missverständnisse sind zu typisieren und auszubessern. "Die Verbreitung der Entwicklungsprodukte an Abnehmer, die bei der Entwicklungsarbeit nicht unmittelbar beteiligt waren, wird vor allem zeigen, ob und wie das materialisierte Curriculum unter stark voneinanderabweichenden Realisierungsbedingungen noch angemessen rekonstruiert wird."[2]

Es ist zu erwähnen, dass unsere Arbeit wesentlich erleichtert würde, wenn "regionale pädagogische Zentren" (Teachers Centers) in irgendeiner Form geschaffen würden, die solche Lernstrategien adaptieren und neu evaluieren könnten. Dieser Gedanke kann hier aber aus räumlichen Gründen nicht weiterausgeführt werden.[3]

Abschliessend folgende Bemerkung:

Das Verhältnis des Curriculums zur Lernstrategie gleicht dem Verhältnis von Unterricht zur Theorie der Erziehung. Handeln ist immer eingebettet in ein Feld von gesellschaftlichen Intentionen und von Sachinteressen aller Beteiligten. Das Beziehungsgefüge lässt sich etwa so darstellen:

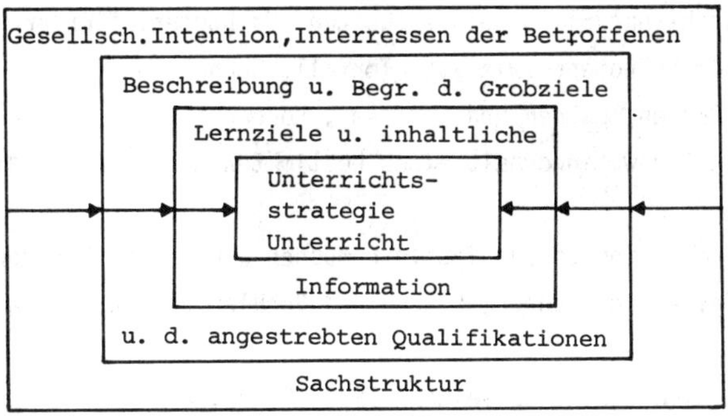

1) Deutscher Bildungsrat: a.a.O., S. A 43.
2) Deutscher Bildungsrat: a.a.O., S. A 44.
3) Vgl. etwa: S. Gerbaulet u.a.: Schulnahe Curriculumentwicklung. Stuttgart 1972.

Das Ineinander der Felder wird schwerlich genügend scharf beschrieben werden können. Die Lernstrategie ist Teil des Curriculums. Sie ist aber auch selber, wenn genügend begründet, Curriculum, weil das ganze Bildungsgefüge hier zum Zuge kommen kann.

5. Die kommunikativen Intentionen müssen artikuliert werden

Unterricht kann unter verschieden akzentuierten Aspekten gesehen werden, unter dem Erfolgsaspekt, dem Zielaspekt, dem Organisationsaspekt, dem Handlungsaspekt, dem Vermittlungsaspekt etc. Es scheint mir aber gegeben, dass unsere Lernstrategie in die Dimension einer kommunikativen Ethik gestellt wird.
"Für die Didaktik einer kommunikativen Ethik gilt also: Verhaltensnormen müssen erworben werden, sie müssen demzufolge gelehrt werden. Darüber hinaus ist eine persönliche Entscheidung für sie notwendig, ein Willensakt, der die Bereitschaft zu ihrer Einübung einschliesst.... Die kommunikative Ethik fragt nach den kommunikativen Verhaltensnormen. In der zugehörigen ethischen Elementarlehre stehen sie in dem doppelten Bezug der Pflichten der Kommunikationspartner sich selbst gegenüber und gegenüber dem anderen, wobei das primäre Handlungsfeld die sprachliche Kommunikation ist."[1] Dies entspricht dem, was wir unter Anlass-Folge-Ansatz oder Basis-Curriculum dargestellt haben.
Es geht um die Fähigkeit des Schülers zur sinnvollen Rede im Interaktionsprozess mit dem andern Schüler, mit dem Lehrer, mit seiner Umwelt. Das wechselseitige, aufeinanderbezogene Verhalten, das sich durch Kommunikation manifestiert, ist Voraussetzung für die Befriedigung der Beteiligten. Das "Material" der Kommunikation besteht natürlich keineswegs nur aus Worten, "sondern auch alle paralinguistischen Phänomene (wie z.B. Tonfall, Schnelligkeit oder Langsamkeit der Sprache, Pausen, Lachen und Seufzen), Körperhaltung, Ausdrucksbewegungen (Körpersprache) usw. innerhalb eines bestimmten Kontextes"[2] sind daran beteiligt.
Wollen wir soziale Interaktion beschreiben, so müssen wir sie in Kategorien der Kommunikation aufgliedern. Lehrer, Eltern und Schüler können lernen, ihr

---

1) E. Bülow: Kommunikative Ethik. Düsseldorf 1972, S. 37.
2) P. Watzlawick/J.H. Beavin/D.D. Jackson: Menschliche Kommunikation. Bern 1969. S. 51.

eigenes Verhalten nach solchen Kategorien einzuschätzen.[1] Das aber wäre wiederum die Aufgabe einer andern Schrift.
Hier geht es lediglich darum, zu zeigen, dass die Lernstrategie einen Beziehungsaspekt aufweist, weil die Sensibilisierung des Gewissens durch diese Strategie nur auf dem Weg bewusster Kommunikation geschieht. "Jede Kommunikation hat einen Inhalts- und einen Beziehungsaspekt, derart, dass letzterer den ersteren bestimmt und daher eine Metakommunikation ist."[2] Daraus folgen normative Ableitungen wie

- Kommunikationsfähigkeit muss in kommunikativem Bewusstsein des Beziehungsaspektes erfolgen (Anwendung der Lernstrategie),
- die Realisierung des kommunikativen Bewusstseins ist immer Realisierung des sozialen Aspektes des Gewissens über den Weg des erwähnten Beziehungsaspektes
- die allgemeinen Aeusserungsformen sollen öffentlich sein, d.h. der Sprache der Schüler dauernd zugänglich,
- das Sachwissen muss dem Kommunikationsprozess untergeordnet werden, bzw. Sachinteresse und kommunikatives Interesse müssen einander ergänzen
- das Verhältnis Erzieher-Zögling soll partnerschaftlich, reversibel und symmetrisch sein.

Dies alles wird zusammengefasst in der Einleitung zur Strategie, wo es heisst[3]:

---

1) Vgl. B. Hanke/H. Mandl/S. Prell: Soziale Interaktion im Unterricht. München 1973, S. 15. Die Autoren dieser Schrift verwenden die Kategorienklassen von Simon und Boyer (1970):
"1) affektive (emotionale, d.h. gefühlsmässige und wertende Inhalte der Kommunikation),
2) kognitive (intellektuelle Inhalte der Kommunikation),
3) psychomotorische (nicht-verbales Verhalten, Körperstellung, Mimik, Gestik),
4) Aktivität (Tätigkeit einer Person in der Interaktion mit einer andern, auch Lesen, Filmanschauen, Material bearbeiten),
5) Inhalt (das, worüber gesprochen wird, Arbeitsprozess, Routineprozedur, Kontrolle)
6) soziologische Struktur (wer mit wem spricht und in welchen Rollen),
7) physikalische Umwelt (in der Beobachtung der Kommunikation stattfindet, einschliesslich Material und Ausrüstung)."

2) P. Watzlawick et al.: a.a.O., S. 56.

3) Vgl. S.511ff.

"Die Lernstrategie kann bei verschiedenartigen Unterrichts- und Erziehungsstilen zur Anwendung kommen, wenn der Lehrer bereit ist,

a) immer auf optimale Kommunikation der Schüler untereinander zu achten,

b) so oft als möglich die Sozialformen des Unterrichts den gegebenen Unterrichtssituationen anzupassen.

Bei extrem einseitig gesteuertem Unterrichtsstil, beispielsweise lehrerzentriertem Frontalunterricht oder nur erarbeitendem Unterricht, kann das Lernkonzept nicht zur Anwendung kommen."

Es wäre nun wichtig, an dieser Stelle die kommunikativen Störfunktionen darzustellen, die mit der Strategie möglich sind. Sie liessen sich mit Watzlawik et al.[1] einteilen in Vermeidung von Kommunikation, Störungen auf dem Gebiet der Inhalts- und Beziehungsaspekte, diskrepante Interpunktionsfolgen, Fehler in den Uebersetzungen zwischen digitaler (sachlicher) und analoger (beziehungsmässiger) Kommunikation, Störungen in symmetrischen und komplementären Interaktionen. Es geht hier aber nur darum, globale Tendenzen anzugeben bzw. den kommunikativen Aspekt zu akzentuieren. Das wiederum kann uns den Vorwurf eintragen, dass wir aus der Kommunikation eine Ideologie machten. Wir meinen aber, dass es genauso "ideologisch" ist, wenn Unterrichtsbeispiele nur zerlegt werden in Prozente der Redezeit des Lehrers, des Schülers, wenn Verlaufsmuster dargestellt werden etc., ohne dass diesen Quantitäten bestimmte kommunikative Werte zugeordnet werden. Etwa Fragen wie: Ist das Lehrerverhalten mehr direktiv oder indirekt? Wie reagiert der Lehrer auf verbales Verhalten der Schüler? Wie lange hält der Lehrer Vorträge? Geht der Lehrer auf die Einfälle der Schüler ein? Versuchen die Schüler, dem Einfluss des Lehrers zu widerstehen? Akzeptiert der Lehrer Gefühle der Schüler, macht er sich dies klar, und geht er auf sie ein? Wie wirksam setzt der Lehrer Lob ein? Wie wirksam geht der Lehrer bei der Vermittlung von Lehrinhalten vor? Wie wirksam verwendet der Lehrer Kritik beim Unterrichten? Ist die Beteiligung der Schüler am Unterricht angemessen?[2]; all diese Fragen einer Flander'schen Interaktionsanalyse haben nur einen Sinn, wenn kommunikative Sinnrealisierung überhaupt erst in den Mittelpunkt gestellt wird, d.h. wenn kommunikative Ethik "Wahrhaftigkeit mit kommunikativen Instrumentarien realisieren und eine Veränderung des Bewusstseins und der Gesellschaft erarbeiten helfen"[3] will. Auf dieser Basis müsste der auf S. 394ffdargelegte Situationsbegriff erweitert werden.

---

1) P. Watzlawik et al.: a.a.O., S. 72 ff.
2) Vgl. B. Hanke et al.: a.a.O., S. 77-79.
3) E. Bülow: a.a.O., S. 278.

Jede Lernsituation der Strategie wäre somit eine kommunikative Situation mit formaler Interaktionsstruktur und inhaltlichem Kontext, d.h. es geht um die Verständigungsebene.[1]

In diesem Sinne ist es auch verständlich, wenn in der neueren sog. kommunikativen Pädagogik die Auswechselbarkeit von Deutungsschemata gefordert wird. "Man sollte sich bei der Konzeption einer kommunikativen Pädagogik daran orientieren, dass jede Wahrnehmung, Klassifikation und Typisierung für je spezifische Zwecke und für einen spezifischen Umgang mit der Umwelt entstanden ist und dass die Abschätzung der gesellschaftlichen Folgen bestimmter Deutungsschemata Entscheidung darüber ermöglichen kann. Dies dem Kind von seinem Schuleintritt an bewusst machen, ist meiner Ansicht nach das Ziel einer kommunikativen Pädagogik."[2] Offenheit des Gewissens würde dann bedeuten, die Verständigungsebene durch verschiedene Normdeutungsschemata dauernd zu erweitern.

Der unterrichtliche Prozess besteht also darin, dass die Verständigungsebene dauernd motivatorisch gestört wird (Situationsveränderung), damit im Prozess kommunikativer Akte, aufgrund interpersoneller Erfahrung, Normen bewusst gemacht und Verhaltensregulierung erworben werden kann. Das, was die Gruppendynamik in T-Gruppen, Encounter-Gruppen, Sensitivitäts-Trainings-Gruppen etc. betont, nämlich Schulung menschlicher Beziehung, muss mit dem unterrichtlichen Vorgang so eng gekoppelt werden, dass der Schüler dauernd durch Begegnung eine intensive befriedigende individuelle Lernerfahrung machen kann.

6. Der Erfahrungsbegriff soll nochmals analysiert werden

a) Einleitung

Bei den drei prozessualen Modellansätzen auf S. 210 ff. dieser Schrift ist der Erfahrungsbegriff zum ersten Mal aufgeschienen. Im Hinblick auf unsere vorliegende Lernstrategie verkompliziert sich das dort dargestellte insofern, als alle drei Modellansätze darin verwirklicht bzw. versteckt sind. Es gibt Stellen in der Strategie, wo der Lehrer den Erfahrungsansatz wählt (vgl. S.210)[3], es gibt solche, wo er das verhaltensorientierte Prozessmodell zur Anwendung

1) Vgl. K. Mollenhauer: Theorien zum Erziehungsprozess, München 1972. S. 111-112.
2) U. Haeberlin: Umrisse einer kommunikativen Pädagogik. In: Die Deutsche Schule 66/1974/4, S. 251.
3) Die Stellen in der Lernstrategie (2. Fassung) wären: A 1a; 2a,f; 4a,b,c; B 1a; 3a; C 1a.

bringt (vgl. S.213)[1], und es gibt Passagen, wo sehr stark das emotional-prozessorientierte Lernmodell (vgl. S. 216)[2] eingesetzt wird. Gerade weil der kommunikative Ansatz sosehr den Beziehungsaspekt betont, gerade weil das Basis-Curriculum die Lernerfahrung der Schüler zum Ausgangspunkt nimmt, muss nochmals reflektiert werden, was mit dem Erfahrungsbegriff gemeint ist, weil ansonst die Strategie nicht verstanden wird.
Fächer wie Sittenlehre, Deutsch, Geschichte, Religionsunterricht, Politische Bildung leiden an einem gewissen Mangel an Realitätsbezug, der bei naturwissenschaftlichen Fächern wie etwa Physik und Chemie durch das Experiment gegeben ist. Dies hat zu Forderungen geführt wie etwa, der Geschichtsunterricht müsse projektorientiert sein, der Religionsunterricht müsse den Problemlöseansatz wählen, die Wirklichkeit des Schülers müsse im Deutschunterricht zur Sprache kommen, der Sitz im Leben des Schülers müsse anhand von Geschichtsfakten angepeilt werden. Alle diese Forderungen meinen das Anliegen eines intensiveren Theorie-Praxis- bzw. Lebensbezugs in Fächern geisteswissenschaftlicher Konvenienz.[3]

b) Verschiedene Erfahrungsansätze

Nun gibt es verschiedene Vorstellungen, was Erfahrung im Unterricht sein kann. Einen sehr weitgefassten Begriff bringt R.W. Tyler in seiner Schrift Curriculum und Unterricht. Er sagt: "Der Ausdruck 'Lernerfahrung' bezieht sich auf die Interaktion zwischen dem Lernenden und den äusseren Bedingungen in der Umgebung, auf die er reagieren kann. Lernen findet statt durch aktives Verhalten des Schülers; er lernt das, was er tut, nicht das, was der Lehrer tut ... Die wesentlichen Mittel der Erziehung sind die bereitgestellten Erfahrungen, nicht die Dinge, denen der Schüler ausgesetzt wird."[4] In dem hier dargestellten Sinne ist schlechthin jedes unterrichtliche Verhalten der Schüler eine Erfahrung, und auch die Aufforderung, Bedingungen zu solchen Erfahrungen zu erstellen, Situationen zu arrangieren, die solche Erfahrungen mit möglichst vielen Teilaspekten ermöglichen, führt nicht sehr viel weiter. So ist es beispielsweise noch keine sehr grosse reformerische Leistung, wenn der Lehrer Texte, statt sie vorzulesen, sie für die Schüler polykopiert, damit alle die Erfahrung des Lesens bzw. Eindringens in einen Text machen können, bzw. damit sie in Eigenarbeit bestimmte wesentliche Sinndimensionen erschliessen können.

---

1) Die Stellen in der Lernstrategie wären: A 3a,b, ev. 4f; B 1e,f; 2a-f; C 2d; D 1b; 3a,b,c; 4a,b.
2) Die Stellen in der Lernstrategie wären: A 5a,b,c,d,e; C 2d; D 2a-d; ev.D 3a-c.
3) Vgl. den Abschnitt: Die drei Ebenen in neuer Sicht. S. 93 ff. dieser Arbeit.
4) R.W. Tyler: Curriculum und Unterricht. Düsseldorf 1973, S. 69/70.

Differenzierter scheint mir der Erfahrungsbegriff von H. von Hentig[1]. Wir haben ihn schon beim Situationsbegriff S. 395 miteinbezogen. Von Hentig geht es darum, einerseits zu zeigen, wie der Erfahrungsbegriff immer im Gegensatz zu Belehrung gebraucht wird, anderseits dass der Gegensatz Erfahrung-Belehrung überwunden werden muss. "Es geht nicht um eine Alternative: hier Erfahrung, Erlebnis, Anschauung, Handeln, Spontaneität, da Belehrung, Wissen, Abstraktion, Passivität - sondern um die richtige Folge und Führung von beiden Funktionen, um ein Abstrahieren, Mitteilbar- und Lehrbarmachen von Erfahrung, um Konkretisieren, Prüfen, Anwenden von Lehre."[2] Er zeigt also gleichsam auf, dass es eine Ueberforderung ist, die Schule zur Sozialagentur machen zu wollen, d.h. Erfahrungen von aussen nach innen zu bringen. Anhand der Lernsituationen aus der Fotobilderbuch-Serie von Antonie Becker[3] versucht er, dies zu belegen. Lebenssituationen wie "Ich bin jetzt im Krankenhaus" etc. werden mit einemal zu Bilderbuchsituationen. "Wenn man den Kindern mit Lernsituationen helfen will, ihre Probleme benennbar zu machen, als Probleme zu erfahren und die Mittel zu ihrer Abhilfe kennenzulernen, ohne dass man die Probleme löst, lässt man Kinder im Stich. 'Löst' man dagegen die Probleme im Rahmen der Lernsituation, hat man sie in der Mehrzahl der Fälle verfälscht."[4] Von Hentig vermag hier keinen entscheidend neuen Weg aufzuzeigen. Alle seine Lösungen sind letztlich Mahnungen vor Uebertreibung und Aufforderung zur Bewusstwerdung all dieser Probleme.
Noch eingehender hat B. Götz[5] den Erfahrungsbegriff dargestellt. Ihm geht es vor allem um die Sinnerschliessung. Das Vorgegebene wird zur Erfahrung nur in dem Masse, wenn es durch Bedeutungen und Werte herausgelöst wird aus seinem imaginativen Umfeld. Erfahrung verkrustet zur Gewohnheit, wenn sie nur der vergangenen Bedeutung unterworfen wird. "Die Vielfalt der Bedeutungen zerfliesst nicht gleichsam ins Unendliche, so dass die eigene Erfahrung ins Unscheinbare versinkt, sondern umgekehrt: Der offene Grund der Möglichkeiten ist in die Erfahrung integriert und erschliesst sich als solcher in der gegenwärtigen Erfahrung als ein besonderer Bedeutungsaspekt."[6] Die Wirklichkeit legt

---

1) Vgl. H.v.Hentig: Schule als Erfahrungsraum. Stuttgart 1973.
2) H.v. Hentig: a.a.O., S. 24.
3) Ravensburg 1973.
4) H.v. Hentig: a.a.O., S. 39.
5) Vgl. B. Götz: Erfahrung und Erziehung. Freiburg 1973.
6) B. Götz: a.a.O., S. 282/283.

sich dem Menschen vorgängig zu bestimmten Inhalten und Methoden aus.[1] Das aber bedingt unmittelbare Erfahrung. Sie ist Erfahrung unter dem Zwang eines situativen, kommunikativen Konflikts, in Ermöglichung der Begegnung mit Menschen in ungewohnten Situationen. Das bedeutet in der erzieherischen Situation: Die Unmittelbarkeit der Erfahrung "versteht sich nicht primär vom subjektiven Zugriff her, sondern geht sozusagen umgekehrt vom Anspruch der gestörten Situation aus, die sich erst erschliesst in der Befreiung von voreiligen Auslegungen. Sie setzt sozusagen ein Zurückhalten vergangener Erfahrungen und Einstellungen voraus, nachdem sie als unbegrenzt erfahren wurden, und ein Sichöffnen der konreten Situation gegenüber. Die Unmittelbarkeit und Widerständigkeit der Sache erscheint hier als der letzte Massstab, von dem her vorgängige Entwürfe und Kategorisierungen beurteilt werden können. Das bedeutet, dass das mitgebrachte Erfahrungsfundament nicht gleichsam im direkten Rückgriff aufgearbeitet werden kann, sondern indirekt über die unmittelbare Erfahrung einer relativ unbestimmten Situation erst seine Erweiterung, Konkretisierung und Erfüllung erfährt."[2]

c) Ein unterrichtsorientierter Erfahrungsbegriff

Was resultiert aus solcher Reflexion? Weder Götz noch von Hentig haben die Konsequenzen genügend weit formuliert, nämlich, dass die Lüge entlarvt werden muss, der Lehrer könne mit seinen Schülern Erfahrungen, die diese ausserhalb der Schule gemacht hätten "aufarbeiten". Ethischer Unterricht hat bis jetzt zu sehr nur die Erfahrung der Schüler zu situieren und zu reflektieren versucht, anstatt neue Erfahrung zu vermitteln und erst durch die Sinnerschliessung solcher Erfahrung (Realerfahrung) die Vergangenheit zu bewältigen. Dies aber wäre ein ganz neuer pädagogischer Ansatz, der direkt an die Bemühungen beispielsweise der Arbeitsschulen oder M. Wagenscheins[3] anschliesst. In der Sinnerschliessung gemeinsamer Erfahrung, welche hic et nunc gemacht werden kann durch Begegnung und Kommunikation, wird Vergangenes aufgearbeitet bzw. verstehend angenommen und vergegenwärtigt. Die Sinnerschliessung hat dabei die Aufgabe, die Theorie von Moral und Ethik in die Situation zu bringen, d.h. die Situationsstruktur mit den vorliegenden kognitiven Schemata auszuloten.

1) Vgl. W. Klafki: Das pädagogische Problem des Elementaren und die Theorie der kategorischen Bildung. Weinheim 1963[3], S. 442 ff.
2) B. Götz: a.a.O., S. 92.
3) Vgl.etwa M.Wagenschein:Ueber die Aufmerksamkeit.In:Zs.f.Päd. 1/1959,S.35ff. Zur Didaktik des naturwissenschaftl. Unterrichts.In:Zs.f.Päd.10/1959,S.70ff. Zum Problem des genetischen Lernens. In: Zs.f.Päd. 4/1966, S.305ff. etc.

Das aber ist der wichtigste didaktische Ansatzpunkt unserer Lernstrategie. Indem am Anfang in Gruppen Gutscheine "gerecht" verteilt werden sollten, erfährt der Schüler die Schwierigkeit von Handeln und die Verschiedenartigkeit normierenden Handelns. Dieser Erfahrung wird Sinn zugeordnet durch Analyse bzw. das Aufzeigen der dem Handeln zugeordneten Normen bzw. des Gewissensanteils bei dieser einen Entscheidungssituation. Das, was wir an anderer Stelle mit Funktionsrhythmus und mit Taylorisierung des Unterrichts bezeichnet haben[1], erhält hier eine neue Bedeutung: Eine Erfahrung, die alle in der Klasse gemacht haben, an der jeder teilhat, wird situativ sinnerschliessend zum Lernvorgang. Anstatt über Zustände in Altersheimen "kritisch" zu diskutieren, wird eine Begegnung geplant und durchgeführt, wird eine Erfahrung durch das Normklassifizierungsschema von W.K. Frankena sinnerschliessend erhellt.
Dieser Ansatz, den ich im Bereich der Didaktik des Religionsunterrichts weitgehend in vielen Versuchen erarbeitet habe,[2] hat weitere Folgen: Da gibt es Anekdoten, die das Scheitern des kritizistischen Ansatzes ethischer Erziehung verdeutlichen, wohlverstanden "erfahrene" Anekdoten: Ein Religionslehrer in meiner Gruppe wollte in einer fünften Schulklasse den Bericht von der Krankenheilung (Lk 13, 10-17) erarbeiten. Er begann so: Kinder, seid ihr auch schon einmal krank gewesen? Ja. Kinder, was für Krankheiten habt ihr gehabt? Masern, Keuchhusten etc. Kinder, wie ist das, wenn man krank ist? Schön. (Erschrockenes Gesicht des Lehrers.) Warum denn, Kinder? Da muss man nicht in die Schule, da sorgen sich die Eltern, da erhält man feines Essen etc. - Dass auf dieser Basis keine Texterschliessung möglich war, hat dieser Lehrer bald eingesehen. Seine Kollegin, die die folgende Stunde zu halten hatte, lud eine Kranke (Teilgelähmte) in die Klasse ein, und die Schüler mussten versuchen, hier eine "Heilung" vorzunehmen, d.h. ihr Leiden durch Begegnung für eine Stunde vergessen zu machen. Alle haben dadurch die Geschichte und den Horizont möglicher Behinderung mitvollzogen, alle haben sich an diesem Menschen engagiert, und aufgrund solcher Erfahrung war der Text eine Herausforderung, die nicht mehr mit theologischen Leerformeln abgetan werden konnte.[3]
Gewissensbildung hat konkrete Erfahrung zu vermitteln, die gemeinsam sinnerschliessend in den Horizont des eigenen Lebens und zugleich der Theorie

---

1) Vgl. S.204 dieser Arbeit.
2) Vgl. F. Oser: Die Jesus-Beziehung. Olten 1973, S. 76.
3) Entscheidend ist dabei, dass ja ansonst für unsere Klassengrösse viel zu viel unberücksichtigte Erfahrungen liegenbleiben bzw. die Schüler gar nicht lernen können, ihre ausserhalb der Schule gemachten "intimsten" Erfahrungen mitzubringen.

gestellt werden muss. Wichtige Statements sind zusammenfassend:

- Alle Schüler können an derselben Begegnung teilhaben.
- Die Begegnung darf nicht verzwecklicht werden (sie dient nicht der Anschauung im schulischen Sinne, sie ist unmittelbare Lernerfahrung).
- Jede Phase solcher Begegnung (Vorbereitung, Durchführung, Verarbeitung) soll sinnerschliessend von einem theoretischen Ansatz her reflektiert werden.
- Die Bedingungen der Möglichkeiten solcher Erfahrungen in unserem heutigen Schulsystem sind neu zu reflektieren (Begegnung mit Randgruppen, gruppendynamische Uebungen, entdeckendes Lernen, Integration verschiedenartiger Gruppen etc.).

Bei jedem Lernschritt unserer Strategie wird dies von neuem versucht. Das "Bild", das von Norm, Gewissen und Verhaltensabweichung aufgebaut wird, kann nur in der Gemeinschaft der Klasse erfahren werden. Ohne diese Erfahrung wackelt das Bild. "Erfahrung ist für mich die höchste Autorität. Der Prüfstein für Gültigkeit ist meine Erfahrung. Keine Idee eines anderen und keine meiner eigenen Ideen ist so massgeblich wie meine Erfahrung. Ich muss immer wieder zur Erfahrung zurückkehren, um der Wahrheit, wie sie sich mir als Prozess des Werdens darstellt, ein Stück näher zu kommen."[1] Dieses Zurückkehren versucht unsere Lernstrategie, wobei aber die gewonnene Erfahrung stets die Erschliessung einer neuen in einem komplexeren Regelfeld ermöglicht. Ob dies ein richtiger Weg ist, positive Valenzen aufzubauen, welche zukünftiges Handeln in verschiedenen Entscheidungsfeldern zu steuern vermag, muss die Evaluation der Strategie aufdecken.

---

1) C.R. Rogers: Zit. in L. Schwäbisch/M. Siems: Anleitung zum sozialen Lernen. Reinbeck 1974, S. 9.

C. Zur Geschichte der Entstehung der Lernstrategie

1. Einleitung und Uebersicht über die Arbeitsphasen

Im Rahmen des Seminars "Die Schulklasse als Feld sozialer Beziehungen" (1972-1974) versuchte ich mit einer Gruppe Studierender die theoretischen Grundlagen zum Problem Gewissen und zum Problem Unterrichtsstrategie zu erarbeiten.[1)] In einer ersten Phase stand der Versuch im Mittelpunkt, die Modelle verschiedener Autoren auf ein "Basismodell" zu reduzieren. Dieser Versuch misslang, denn es zeigte sich im Verlauf der Arbeit, dass

- im Hintergrund der Aussagen ein je anderes Menschenbild und verschiedene ethische, moralische und religiöse Ueberzeugungen stehen; daher werden ganz andere Ziele bei der Gewissensbildung angestrebt,
- eine nicht zu vergleichende Terminologie im Gebrauch ist,
- kaum Aussagen zur Gewissensbildung gemacht werden, die genug konkret sind, um Lernen zu initiieren.

Sehr schwierig war denn auch der Versuch, einige praktische Richtlinien für die intentionale Gewissensbildung aufzustellen. Die im Kapitel 4 dieser Arbeit dargestellte Applikationsüberprüfungen und Ableitungsprozesse waren noch nicht geleistet. Zu den theoretischen Ueberlegungen gesellten sich praktische Fragen wie:

- Wenn das Kind in die Schule kommt, hat es bereits zu Hause eine Gewissensbildung erfahren.
- Die Einflussnahme des Lehrers ist zeitlich und durch die Schülerzahl beschränkt.
- Es ist für den Lehrer schwierig, das individuelle Gewissen des einzelnen Kindes zu erfassen.
- Es gibt keine oder mangelhafte Richtlinien für die Aufgabe der intentionalen Gewissensbildung.

In der zweiten Phase (2 abc) wurde das Ziel verfolgt, eine konkrete Unterrichtsstrategie zu erstellen. Diese Phase lässt sich in drei Teile gliedern:

---

1) Schwerpunktliteratur: J.H. Huijts: Gewissensbildung. Köln 1969.
H. Ruprecht/H.-K. Beckmann, F.von Cube, W.Schulz: Modelle grundlegender Theorien. Beiträge zu einer neuen Didaktik. Hannover 1972.
Daneben wurden alle traditionellen Gewissensmodelle bzw. Entwicklungsmodelle des Gewissens (Freud, Jung, Adler, M. Klein, Mead, Piaget, Gloer, Revers, Erikson, Zulliger, Ausubel, Hollenbach, Hurlock, Scholl, Griesl, Gilen etc.) aufgearbeitet.

- Versuche, unstrukturiertes Material für die Strategie gemeinsam zu sammeln (Situationsbeschreibungen, Fallstudien, Bilder, Aufgaben, Spiele etc.)
- ein Grobkonzept für eine mögliche Strategie zu erstellen,
- die Strategie im Detail aufzubauen und schriftlich zu codieren.

2. Erste Versuche zur Erstellung der Strategie

Im ersten Teil der Arbeit (Unterphase 2a) gerät die Gruppe bei jedem Vorschlag in Grundsatzdiskussionen. Es stellt sich heraus, dass all das vorgeschlagene Material nicht ausserhalb der lernzielmässigen Steuerung durch die Strategie d.h. ausserhalb pädagogischer Intentionen gesehen werden darf. Mit anderen Worten, ob ein Text gut oder schlecht ist,heisst noch nichts über seinen pädagogischen Einsatz. Selbst mit einem schlechten Text lassen sich positive Lernziele bzw. Handlungseinheiten verknüpfen, wie etwa, den Text kritisch zu analysieren. Die folgenden Auszüge aus Gruppenprotokollen, welche unkorrigiert wiedergegeben werden, sollen dies veranschaulichen:

> "Die Ergebnisse der Sichtung von Situationen, Texten und Curriculumelementen als Materialien zur Gewissensbildung mit dem Zweck, konkrete Ansatzpunkte zu einer Lernstrategie zu finden, werden vorgetragen, nämlich:
>
> - Selbsterlebte Beispiele von Situationen durch B. Heuberger und M. Pfenninger. Ein Fall von Zeugnisfälschung, der die Umweltbedingtheit (Mutterehrgeiz) der Gewissensbildung erhellt und der die Frage nach der Möglichkeit einer solchen ohne Einbezug jener Umwelt, resp. der Möglichkeit der Gewissensbildung überhaupt aufwirft; Warenhausdiebstahl von Schülern einer Klasse unter Klassenzwang; ein Prügelknabe einer Sonderklasse infolge von Sonderbehandlung; ein Fall von Blosstellung eines Schülers, der Gratismilch bezog und dabei Geigenstunden nahm; ein durch den Bandenleader betrogener Töffstifter einer Schülergruppe; ein sechsjähriger Knabe wird nach einem Warenhausdiebstahl gestellt.
>
> - P. Fischer steuert einen Text von Robert L. Brackenburry bei, um die Arbeit mit einem solchen zu exemplifizieren. Dazu bemerkt F. Oser zweierlei: 1) Der Erzieher gehört mit in das Feld der Strategie. Er darf nicht im Hintergrund der Normenbildung verbleiben. 2) Zwischen den Ebenen von konkreten Situationen und von Texten ist zu unterscheiden.
>
> - Aus Lesebüchern bringt E. Looser weitere Beispiele von Texten, die in ihrer Eigenart nicht zu befriedigen vermögen, so Felix, der die gestohlene Uhr dem alten Mann zurückbringt. Akzeptabler erscheinen ein Text von Hesse und ein solcher von Federer (zu vervollständigen durch solche von G. Keller im Grünen Heinrich oder S. Kirkegaard u.a.). In diesem Zusammenhang wären das Buch von H.J. Gelberg "Geh

und spiel mit dem Riesen" und andere Erzählsammlungen sichtenswert.

- F. Oser trägt seinerseits aus seiner religionspädagogischen Arbeit Curriculumelemente (Einheit einer Bildungsstrategie für eine 4.Kl. und Globalziele mit ihren Teilzielen) als Beispiele bei. Es wäre erwünscht, dass er eine Liste geeigneter Lernziele erstelle.

Die in der anschliessenden Diskussion aufgeworfenen Fragen sind: Die Problematik des Einfliessens von Weltanschauung (wie und wo fliesst zugleich mit der Gewissensbildung Weltanschauung ein?). Kann Gewissen nicht fehlleisten? Kann die Schule überhaupt noch etwas in Gewissensbildung tun? Gerade unter dem Aspekt der Gewissensbildung als Verhaltensschulung bestehen genügend didaktische Möglichkeiten durch Aufgabenstellung im Rahmen der Handlung (Gruppenarbeit) und Transferaufgaben von der Bewusstseinsschulung her. Was ist der Unterschied zwischen Gewissensbildung und Sozialisation (dazu wurde durch P. Fischer angeregt Mühle mit Personen zu spielen)? Vgl. auch die Zusammenfassung der Schrift von S.B. Robinson "Bildungsreform" am Schluss. Gibt es allgemeingültige Ziele der Gewissensbildung? Nach R. Ruff beschränkt sich die Aktualisation von Gewissen auf Konfliktsituationen. (12.6.73)"

Um die oben erwähnten ziemässigen Tendenzen besser in den Griff zu bekommen, beschloss die Gruppe, einige Spiele konkret durchzuführen, Texte konkret zu analysieren, Situationen zu strukturieren etc., also alle Handlungen fortlaufend selber "durchzuerleben", bevor sie in die Strategie aufgenommen werden. Der folgende Auszug aus dem Protokoll soll diesen Prozess veranschaulichen:

"P. Fischer stellt die Zeitschrift 'Kompass' vor:
- "K", Zeitschrift der katholischen Pfadfinder, Basel
- in Nr. 3/73 Hinweis auf: H. Frör, 'Spielend bei der Sache', München 72,
- Es finden sich darin unter anderem auch Spiele, welche P. Fischer in der Sozialkunde verwenden möchte. Es sind dies Spiele zum 'Sündenbockmechanismus'.

Wir wollen das Spiel 'Einer steigt aus' durchführen:
- Raumschiff auf dem Mond - Panne - Sauerstoffknappheit - 5 Mann - der Sauerstoff reicht nur für 4 - einer muss aussteigen, wer? - Entscheidung durch Würfelspiel.
- Das Würfelspiel:
  Wer mit 5 Würfeln drei mal 1 wirft, darf sich einen Partner wählen. Jeder, der einem Paar angehört, kann den Einzelspielern Punkte anlasten, so dass es fast zu 100% sicher ist: wer einem Paar angehört, muss nicht ausscheiden. Da die Spielerzahl ungerade sein muss, bleibt am Schluss ein (evt. 3) Spieler übrig, der zu seinen eigenen immer auch noch Punkte von den andern 'kassieren' muss.

Ohne bestimmte Ergebnisse vorweggenommen zu haben, spielen wir das 'grausame Spiel'. Den Hauptteil der Sitzung verwenden wir dann zur Besprechung unserer Erfahrungen.
Nachbesprechung: Antworten auf die Frage: 'Was hast du erlebt?'
(1) Angst, Ressentiments:
- Ich fürchtete mich vor dem Nicht-gewählt-werden.
- Ich habe immer erkannt, dass ich der Verlierer sein werde.
- Ich bin nicht gewählt worden (drei sind total nicht gewählt worden),

ich habe aber auch nicht verloren. Das wundert mich. Ich verliere sonst meistens bei solchen Spielen. Ich bin ein schlechter Verlierer.

- Mir kommt Charly Chaplins Film "Der grosse Diktator" in den Sinn.
- Ich empfand Ressentiments gegenüber denjenigen, die mir immer nur Punkte anlasteten.

(2) Entscheidungssituationen, Gewissenskonflikte, Gewissensbisse:

- Ich war der erste, der einen Partner wählen durfte. Ich wusste von Anfang an, dass ich eine Frau wählen würde. Nun ja, das ist doch klar, dass ich als Mann eine Frau wähle.
- Mir war sofort klar, dass wir als Frauen gewählt würden. Das wäre ja ein besonderes Mass von Aggressivität von einem Mann, das schwache Geschlecht zu übergehen.
- Scheinbare Zufälligkeiten beeinflussen folgenschwere Entscheidungen.
  a) Wir haben beide hintereinander 18 Punkte geworfen. Da habe ich dich als Partner auserlesen. (ich = ♂, dich = ♀) (1)
  b) Wenn ich (♂) deinen (♀) Vornamen gewusst hätte, hätte ich dich vermutlich gewählt. (1)
  c) Ich (♂) wähle dich (♀^{1}), du (♀^{2}) könntest es aber genau so gut sein. (1)

(Wir waren 7 Spieler, 5 ♂ und 2 ♀. Davon kamen 2 ♂ zur Wahl eines Partners. Der erste ♂ wählte eine Frau, der zweite ♂ einen ♂. Die Norm sagt, der Mann solle der Frau gegenüber hilfreich sein und sie beschützen. Drei Männer haben sich während des Spiels oder hinterher in dieser oder jener Form bei einer Frau dafür entschuldigt, sie nicht wählen gekonnt zu haben.)

- Ich habe den andern jeweils die höchste Zahl angelastet wegen des Drucks der Situation (Raumschiff).
- Skrupel kommen erst, wenn man ganz sicher ist, dass man nicht aussteigen muss.
- Partner geworden zu sein, gibt Sicherheit. Man kann es sich nun leisten, einmal auf die Belastung der Konti der andern zu verzichten; man gewinnt deswegen ja immer noch - aber mit weniger Gewissensbelastungen.
- Alle haben sich schon zu Beginn des Spiels überlegt, wen sie als Partner wählen würden. Nicht alle haben die Entscheidung aber schon vorweg getroffen.
- Ich hätte vermutlich dich gewählt; du warst auch immer etwa gleich schlecht dran wie ich.

etc.

Als Gesetzmässigkeit sowohl in bezug auf die heutige 'Spielstunde' als auch in bezug auf die zu erarbeitende Lernstrategie gelten die nachstehenden Lernstufen:

1) Erfahrugen sammeln ⟶ Strukturerfahrung
2) Reflexion, Diskussion ⟶ Strukturerfassung
3) Transfer ⟶ ähnliche Lebenssituationen können mit dieser Struktur (Raster) bewältigt werden.

Für unsere Lernstrategie heisst das:
Für den Schüler müssen Situationen geschaffen werden, in denen er eine 'nützliche' Struktur aufbauen bzw. eine 'schädliche' abbauen kann.

Frage: Trägt das obige Spiel zu einer Verhaltensänderung in diesem Sinne aufgrund eines gestärkten Gewissens bei?

Antwort: In dem Spiel wird die Gewissensinstanz wohl angesprochen; ein echter Gewissensentscheid kommt aber nicht zustande wegen der Regelhaftigkeit des Spieles. Im entscheidenden Moment kann die Verantwortung für eine diskriminierende Handlung auf die Spielregel oder den Zufall (Würfel) abgeschoben werden. Trotzdem steht aber am Schluss der Sündenbock 'eindeutig' fest. Die Mehrheit hat aber das Gefühl der Verantwortlichkeit nicht vermittelt bekommen, noch hat sie es erlebt ...

... Die Diskussion kommt auf einen der delikatesten Punkte unseres Projektes:'Was wollen wir mit unserer Lernstrategie vermitteln?'

- Normen vermitteln?
- zu einer reflektierenden, dynamischen Gewissenshaltung erziehen?
- den Menschen dazu zu bringen, dass er möglichst 'menschenwürdig' handelt?

F. Oser schlägt vor, dass wir zunächst unsere Aufmerksamkeit der Zielformulierung widmen und erst hernach uns mit der Frage der Operationalisierung der Teilziele befassen (üblicher curricularer Weg).
Es ist daher unumgänglich, dass wir nochmals J.H. Huijts 'Gewissensbildung' lesen ..." (24.5.73)

3. Die Erstellung eines Grobrasters für die Strategie

In der zweiten Unterphase (2b) ging es darum, ein Grobkonzept für die intendierte Lernstrategie zu erstellen. Es zeigte sich sofort, dass viele grundsätzliche Fragen noch nicht zuende diskutiert waren. Der folgende Protokollauszug soll dies belegen:

"Anhand des Auszuges von E. Looser aus Fend: Sozialisierung und Erziehung, wird Kap. V diskutiert. Prof. Widmer wirft die Frage auf, die die ganze bisherige Diskussion erneut heraufbeschwört, ob Rollenlernen hier nicht lediglich Anpassung bedeute. Er vertritt die Ansicht, dass Mut zum Widerstand mehr noch als blosse Rollendistanz wesentliches Ziel sei. Es wird eingewandt, dass im Zusammenhang zwischen Normenproblematik und Rollenkonflikt das Verhalten bezüglich finaler Normen von demjenigen bezüglich instrumentaler Normen zu unterscheiden sei. (Offensichtlich steht im Hintergrund dieser Auseinandersetzung die Differenz in der Betrachtungsweise, dem Deutungsmodell: dem sozialen Gesichtspunkt einerseits und dem individuellen, psychologischen andererseits.(Vgl. etwa Fend und Huijts) Schliesslich ergibt sich für die Gewissensbildung die Frage nach dem Verhältnis zwischen Norminternalisierung und Normreflexion (-kritik). Erfolgt eine Normreflexion gleichzeitig, sukzessiv oder gar vorzeitig bezüglich der Internalisierung von Normen? Damit ist die Frage nach der Möglichkeit und Grenze von Gewissensbildung eindeutig gestellt. Je nach der Verhältnisbestimmung variiert allerdings der Gewissensbegriff.

- Geringe Chancen hat Gewissensbildung im sukzessiven Verhältnis von Norminternalisierung und Normreflexion.(Modifikation internalisierter Normen durch Reflexion. Gewissenstherapie. Gewissen heisst Verhalten.)
- Gewissensbildung kann betrieben werden, weil Normreflexion mit Norminternalisierung einhergeht. Hierbei ist 'Reflexion' sehr weit zu

fassen, auf alle Fälle nicht nur kognitiv, vielmehr auch im Sinne von deutlich empfundenem, aber nicht rational bedachtem Erleben.
- Vor allem Gewissensbildung ist Postulat, weil Norminternalisierung erst aufgrund der Normreflexion erfolgt. Es ist die Leistung der Kulturen, in der Relativierung der Normen durch die Bindung an bestimmte Rollen (einmal absolute Normen gelten in einer höher entwickelten Gesellschaft speziell für eine bestimmte Lernphase im besonderen Masse) diese Normen definiert und überschaubar gemacht zu haben. Damit ermöglichen sie nicht nur eine verhaltensmässige Internalisierung und emotionale Akzeptation, sondern auch eine rationale Anerkennung der Notwendigkeit von Normen. Gewissen als Entscheidung und Verantwortung ist höchster kultureller Bildungswert.

Unter diesem bildungstheoretischen Aspekt erscheint mit dem Stichwort Situationsethik eine (die) mögliche Lösung in bezug auf Gewissensbildung.

Die Besprechung des ersten Entwurfs vom Gruppenmitglied K. Stieger zeitigt vorläufig eine Diskussion über die Begriffe Leitidee, Ziel und Strategie. Für die nächste Sitzung sollen Untergruppen eine Strategie für die gewählten Ziele der Gewissensbildung erarbeiten." (5.7.73)

Trotz der im Protokoll genannten Schwierigkeiten entstehen Grundentwürfe für ein Grobkonzept, die alle nun diskutiert und begutachtet werden.
Das erste Konzept ist im folgenden Protokoll festgelegt. Weil dieser Vorschlag von der Gruppe am Schluss wieder fallen gelassen worden war, fehlt die Begründung der Verwendung des funktionalen Zielebenenmodells ZEM:[1)]

"Die Vorschläge für eine Lernstrategie 'Gewissen' von P. Beurer und E. Looser werden diskutiert. Zuerst stellen die beiden ihren Entwurf vor:

1. In einem 1. Schritt sollen in Punkt 1 kritische Entscheidungssituationen (KES) aufgearbeitet werden, die aus dem eigenen Erleben der Schüler stammen sollen.
   In Punkt 2 sollen die normativen Forderungen dem Punkt 1 gegenübergestellt und die dabei entstehenden Divergenzen festgestellt werden. Dabei soll vom Schema: das Urerlebnis 'Gewissen' von P.Fischer (14.6.73) ausgegangen werden. Eine Schwierigkeit besteht darin, dass, um KES aufarbeiten zu können, Punkt 2 schon impliziert werden muss; d.h. indem festgestellt wird, dass Divergenzen bestehen, kann geschlossen werden, dass eine KES bestehen muss.
   Punkt 3: Vergleich der normativen Forderungen mit dem Grundbedürfnissen sollte daher ev. Punkt 0 bilden.
   Punkt 4: Vergleich der Grundbedürfnisse mit den normativen Forderungen ist der eigentliche Lernprozess.

2. In einem 2. Schritt werden Situationen besprochen, die den Schüler speziell beschäftigen. Sie werden zuerst aus der Sicht des Kindes und dann aus der Sicht der Eltern betrachtet.
   Als drittes sollten noch ein Vergleich und eine Analyse angefügt werden.

---

1) Vgl. S.229f dieser Arbeit: J. Eigenmann/A. Strittmatter: Ein Zielebenenmodell zur Curriculumkonstruktion (ZEM).

Allgemein wurde kritisiert, dass Rolle und Funktion des Gewissens in diesem Vorschlag zu wenig aufgezeigt wurden.

F. Oser schlägt vor, unseren Lernstrategien das ZEM-Modell zugrunde zu legen und erläutert es kurz:
Funktionales Ziel-Ebenen-Modell

1. Leit-Idee (Norm) z.B. Konsumverhalten, Begründung durch Theorie, Erfahrung etc.

2. Dispositionsziele — Uebergreifendes Verhalten, gültig für jedes Alter; sie sollten die Leitidee wenigstens teilweise abdecken.

3. Lernziele — Sie beschreiben konkrete Situationen.

In einem nächsten Schritt können die Methoden und Medien festgelegt werden." (11.9.73)

Im zweiten Vorschlag für ein Grobkonzept, das ich selber entworfen habe, wird versucht, den ersten Entwurf aufzufächern und in drei Felder sozialer Erfahrungskomplexe zu gliedern. Der Allgemeinheitsgrad des im Protokoll dargestellten ersten Entwurfs soll beibehalten werden. Darunter ist die Transponierbarkeit im Sinne der Strukturvermittlung durch Veränderung des Komplexitätsgrades auf alle Altersstufen zu verstehen. Die Gütligkeit des zweiten Entwurfes ist jederzeit durch neue Entscheidungs- und Legitimationsprozesse zu relativieren. Der zweite Vorschlag sieht folgendermassen aus:

<u>Leitidee: Gewissen und Verhaltensabweichung</u>

<u>Dispositionsziel:</u> Abweichendes Verhalten identifizieren, auf bestehende Normen hin befragen und die Funktion des Gewissens in der jeweiligen Situation erfahren und begründen können.

<u>1. Kontextraster</u>

1.1. Umfeld des Schülers: Schule, Strasse, Familie, Gruppe etc.

1.2. Oberstes soziales Bezugssystem: Gesellschaft, Kirche, Gemeinde etc.

1.3. Literarische Repräsentation verschiedener Konfliktfälle in verschiedenen sozialen Bezugssystemen.

2. Konzeptueller Aufriss

2.1.1. Konfliktsituation im Umfeld des Schülers.
Konformes Verhalten - nonkonformes Verhalten (Verhaltensabweichung).

2.1.2. Repräsentation der Struktur dieser polaren Verhaltenstypen.

2.1.3. Die beiden Verhaltenstypen sind von Normen (im weitesten Sinne) geprägt. Das Gewissen will aufgrund internalisierter Normen entscheiden.

2.1.4. Verhaltensabweichung hat Folgen für die Umwelt (extern) und Folgen für das Gewissen (intern). Uebereinstimmung von Gewissen und Umweltnorm, mögliche Nichtübereinstimmung. Sanktionen. Aeusserungsformen des Gewissens.

2.1.5. Gesamtstruktur (Beziehung, Norm, Verhalten, Sanktionen, Folgen, Gewissen, etc.)

2.1.6. Verhaltenstraining und transferale Uebungen.

2.2.1. Konfliktsituationen im sozialen Bezugssystem (Gemeinde, Gesellschaft, Staat etc.)

2.2.2. Repräsentation der Struktur möglicher Verhaltenstypen.

2.2.3. Normraster und mögliche Folgen (Sanktionen und Gewissen).

2.2.4. Gesamtstruktur (s.2.1.5).

2.2.5. Verhaltensberatung, Verhaltensmuster, Verhaltensentwürfe etc.)

2.3.1. Konflikt bzw. kritische Situationen (KES) in der Literatur (Zeitung, Filme, etc.)

2.3.2. Repräsentation der Struktur der aufgezeichneten Verhaltenstypen.

2.3.3. Normraster angeben, nicht angeben.
Gewissensfunktion angeben, nicht angeben.

2.3.4. Gesamtstruktur (alle im Text aufgezeichneten Faktoren)

2.3.5. Verhaltensanweisungen (transferale Uebungen).

Dieser Raster weist - wie gesagt - dreimal die gleichen Strukturmerkmale auf. Kognitive Fähigkeiten, die innerhalb eines solchen Konzeptes möglicherweise entwickelt würden, bezögen sich nicht bloss auf die Sache selber, sondern auch auf die "Kompetenzmotivation", d.h. auf die Fähigkeit der Durchschaubarkeit eigener Lernprozesse. Es könnte sich also um eine Art eingeplanten "kumulativen

Konstruktionismus"[1] handeln, also um die Fähigkeit, nicht so sehr des Speicherns von Material, sondern des Abrufens d.h. des Strukturierens, weil die Heuristiken des Aufbaus spätestens beim zweiten Transfer erkannt würden.
Im Sinne der Kombination möglichst vieler Ideen zur Operationalisierung des obigen konzeptuellen Aufrisses versuchte die Gruppe gemeinsam in der dritten Unterphase (2c) eine konkrete Strategie zu entwickeln. Die Crux angewandter Forschung, das Fehlen dauernder kausalanalytischer Verifikationen, machte sich sehr schnell bemerkbar. Je weiter wir fortschritten, umso geringer war die Fülle miteingebrachter praktischer Erfahrungen, die - weil Handlungsstrategien auch einmal das Handeln selber und nicht immer bloss dessen Begründung impliziert - das einzelne ausgeführte Lernziel teilweise einfach unverständlich machten.

Wir gingen deshalb dazu über, zu zweit oder einzeln geschlossene Strategien vorzulegen bzw. sie zur theoretischen Evaluation der Gruppe zu unterbreiten.
Es geschah also ein Wechsel in der Arbeitsform. Aus ökonomischen Gründen wurde von der geschlossenen kooperativ-ungefilterten Gruppenarbeit zur unabhängig-arbeitsteilenden Gruppenarbeit gewechselt. Das hatte den Nachteil, dass die Gruppe nicht mehr als Ganzes am Entdeckungs- und Erarbeitungszusammenhang teilnahm, es hatte aber den Vorteil, dass die Kritik an der einzelnen Strategie im Begründungszusammenhang viel intensiver war und viel mehr zur Veränderung und Neuformulierung beitrug.
Es würde diese Arbeit überlasten, wenn alle Strategieentwürfe hier angefügt werden müssten. Ich beschränke mich auf den von mir erstellten Entwurf, der dann auch - bei Reduktion aller Kräfte der Gruppe auf die Arbeit einer Stufe - theoretisch evaluiert worden ist.

---

1) Vgl. J.S. Bruner: Entdeckendes Lernen. In: Das sozialwissenschaftliche Curriculum in der Schule. Opladen 1972, S.90ff.

D. Der erste Entwurf der Lernstrategie: «Gewissen und Verhaltensabweichung»

1. Die fünf Grobziele zur Strategie

Die fünf Grobziele wurden kumulativ im Prozess des Entdeckens der Strategie je entworfen. Ihre gegenseitige Abhängigkeit besteht darin, dass sie sich bedingen. Um B verstehen zu können, ist A Voraussetzung, um C verstehen zu können, sind A B Voraussetzung, etc. In einer Skizze dargestellt:

A
A B
A B C
A B C D
A B C D E

Anders gesagt: Der Schritt B bezieht sich auf A, der Schritt C auf AB, etc. Die Grobziele lauten folgendermassen:

A Der Schüler soll erfahren und verarbeitend darstellen, dass er sich in bestimmten Situationen nach bestimmten Normen verhält bzw. verhalten kann.

B Der Schüler soll erfahren und verbalisieren, dass Normen relativ sind (stabil, verfestigt, movibel, spontan, etc.)

C Der Schüler soll abweichendes und konformes Verhalten identifizieren, analysieren und begründen lernen.

D Der Schüler soll abweichendes und konformes Verhalten bewerten lernen (wagen, aushalten, die Stirne bieten, sich wehren, etc.)

E Der Schüler soll den Stellenwert des Gewissens (internalisiertes Wertsystem, Ueber-Ich, Stimme Gottes etc.) den Punkten GZ 1-4 je zuordnend in verschiedener Weise darstellen lernen.

2. Die erste Fassung der Lernstrategie

Leitidee:
Gewissen und Verhaltensabweichung

Dispositionsziel:
Abweichendes Verhalten identifizieren, auf bestehende Normen hin befragen und die Funktion des Gewissens in der jeweiligen Situation erfahren und begründen können.

A Grobziel: Der Schüler soll erfahren und verarbeitend darstellen, dass er sich in bestimmten Situationen nach bestimmten Normen verhält bzw. verhalten kann.

---

1 a)	Erfahrungsbasis für die Problemstellung	Es werden fünf Gruppen gebildet. Jede Gruppe erhält ein Geschenk (aus der Klassenkasse oder aus Beitrag für Weihnachtsgeschenke; je nach Interesse am Geschenk). - ein begehrtes Buch - eine Platzkarte für ein Kino - eine Platzkarte für ein Fussballmatch - eine begehrte Grammoplatte - einen begehrten Poster eines Stars. Folgende Normen sind dabei unbedingt einzuhalten: - niemand darf benachteiligt werden - jeder darf sprechen - jeder muss sagen, wenn er nicht einverstanden ist - jeder muss begründen können, warum die Gruppe so entschieden hat.
b)	Darbietung, und Reflexion der Schülergespräche	Schwierigkeiten und Probleme werden besprochen; das Wesentliche wird herausgeschält.
c)	Erklärung des Begriffs "Norm"	Der Lehrer erklärt den Begriff "Norm" etwa so: Das, woran man sich hält, wenn man handelt.
2 a)	Planung einer Kontaktexkursion	Der Lehrer versucht, die Schüler für einen Besuch im Altersheim zu motivieren. Es geht um den Kontakt und um die Kommunikation mit einer sozialen Randgruppe. Es geht um eine Begegnung, ohne Verletzung, ohne Diskriminierung. Die Schüler erarbeiten selber einen Normkatalog für diesen Besuch, während der Lehrer die organisatorischen Probleme zu lösen versucht.

b) Durchführung der Kontaktexkursion	Die Schüler achten ganz besonders darauf, ob sie die aufgestellten Normen selber beachten können bei ihrem Handeln, oder ob sie sie missachten.
c) Gespräch und Verarbeitung	Die Schüler berichten über die Exkursion im Altersheim. Nach dem Gespräch über die Begegnungsvorgänge stellen sie eine Tabelle auf:

Norm	Schwierigkeitsgrad des Einhaltens (leicht-mittel-schwer)	Eingehalten ja-nein-teilweise

3 a) Darstellung eines Gruppenfalles	Der Lehrer schildert eine "Rock-Gruppe" von durchschnittlich 15-jährigen Jugendlichen. Sie haben feste Sitten (Normen), z.B. muss jeder, der in die Gruppe eintreten will, drei Bedingungen erfüllen: - Er muss eine Woche lang jedes Moped, das er irgendwo stehen sieht, wegnehmen, damit herumfahren und es an einem andern Ort wieder abstellen. - Er muss eine bestimmte Anzahl von Mercedes-Sternen vorweisen. - Er muss einige Ladendiebstähle nachweisen. Wer das nicht erfüllt, darf nicht in die Gruppe eintreten. Nun findet einer in dieser Rocker-Gruppe diese drei Bedingungen schlecht. Er glaubt, dass es viel ehrlichere "Kostproben" des Mutes gäbe, aber er kann keine Beispiele anführen. Er möchte die "Bande" überzeugen, er weiss aber nicht wie. Er weiss bloss, dass ihn ein solches Vorgehen die Mitgliedschaft in der Gruppe kosten kann.
b) Vorbereitung des Planspiels	Verschiedene Zweier- oder Dreiergruppen bereiten Argumente gegen die "Normvorstellung" der je andern Partei. Die einen vertreten den Führer der"Rocker-Gruppe", die andern denjenigen, der die Aufnahmebedingungen schlecht findet.
c) Durchführung des Planspiels	Es dürfen sich je verschiedene Mitlgieder der Gruppe am Gespräch beteiligen, damit das Ganze spontan bleibt.
d) Partnerarbeit	Das Normgefüge der beiden Gruppen (der beiden Personen) soll je in einer Verhaltensskizze dargestellt werden. (Einige der besten Verhaltensskizzen sollen von den Schülern an die Wandtafel und später ins Arbeitsheft gezeichnet werden.) Die Skizze kann etwa so aussehen:

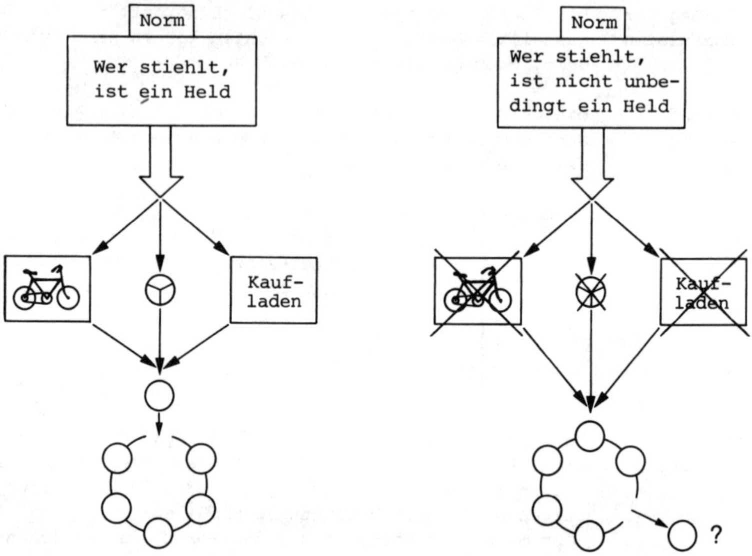

e) Begriffserklärung

Der Lehrer erklärt die Begriffe "Norm setzen", "nach fixen Normen handeln", "sich nach verschiedenen Normen verhalten".

Die Schüler schreiben zu jedem Begriff einen Merksatz ins Heft.

4a) Gruppenarbeit mit Bildern

5 Gruppen erhalten je ein anderes Bild mit der Aufgabe
- die Handlung der Personen zu formulieren,
- die dahinter stehende Norm zu identifizieren.

Bild 1 — Ein vietnamesischer Soldat rettet ein Kind aus den Flammen

Bild 2 — Ein Autofahrer zeigt mit dem Finger an den Kopf. (Der andere ist ein Idiot)

Bild 3 — Sportler in vollem Wettkampf oder Modeschau

Bild 4 — Bettlerin

Bild 5 — Gerichtsverhandlung

b) Darbietung der Gruppenergebnisse

Jeder Schüler schreibt die Norm und das Verhalten zu jedem Bild auf. Er stellt, während die jeweilige Gruppe ihr Resultat darbietet, diese je in einer Tabelle dar.

Verhalten

Normvorstellung	1	2	3	4	5
1					
2					
3					
4					

5 a) Lehrerdarbietung

Es gibt verschiedene Arten von Normen
- Gesetze
- Sitten/Bräuche
- Abmachungen/Konventionen
- Einstellungen

Wer nach einer solchen Norm handelt, handelt entweder bewusst oder aber unbewusst.
Nur wer bewusst handelt, kann die Norm selber in Frage stellen. Oft sind Normen sehr alt. Manchmal aber sind sie ganz modern. (Der Lehrer gibt je ein Beispiel dazu.)

b) Arbeit mit Texten

Die Schüler identifizieren in Partnerarbeit alle Verhaltensweisen der beiden unten angeführten Texte. Sie bestimmen die jeweilige Art der Norm, die die entsprechenden Verhaltensweisen determinieren. (Berichterstattung der Schüler)
Text a): Der andorranische Jude (Max Frisch)
Text b):
"Vor einigen Jahren waren vor einem französischen Gerichtshof drei ehemalige Fremdenlegionäre angeklagt, den Polizeipräfekten der Stadt Algier ermordet zu haben. Im Verlaufe des Prozesses fragte der Gerichtsvorsitzende den Anführer der Mörder, welche Empfindung er bei der Ausführung der Tat gehabt habe. Der Fremdenlegionär antwortete: 'Das gute Gewissen, das man hat, wenn man einen Befehl richtig ausführt".
(R. Wohlgenannt)

B Grobziel: Der Schüler soll erfahren und verbalisieren, dass Normen relativ sind (stabil, verfestigt, movibel, spontan etc.)

1 a) Gruppendynamische Uebung (nach K. Antons S.183)

"Erleben und Diagnostizieren eigener Vorurteile und Bereitschaft zur Stereotypisierung bei der Fremdwahrnehmung; Fragwürdigkeit des 'ersten Eindrucks' feststellen."

Zehn Bilder von jungen Männern werden vorne aufgestellt. Die Schüler dürfen an diesen Bildern vorbeidefilieren. Sie sollen nun vom ersten Eindruck her und möglichst rasch den Mann auswählen, der ihrer Meinung nach ein Mörder ist.

1	2	3	4	5	6	7	8	9	10

Nachdem die Schüler diese Entscheidung getroffen haben, schauen sie die Bilder nochmals an. Sie sollen nochmals entscheiden: Welcher dieser Männer käme ev. ausserdem noch in Frage, ein Mörder zu sein.

1	2	3	4	5	6	7	8	9	10

Die Schüler stufen nun die 10 Bilder nach den folgenden Kriterien ein, wobei ein Minus für die Ausprägung der linken, ein Plus für die Ausprägung der rechten Eigenschaft steht. Null darf nur dann gewählt werden, wenn sie sich gar nicht entscheiden können.

	-	0	+	1	2	3	4	5	6	7	8	9	10
A	arm		reich										
B	sympathisch		unsympathisch										
C	dumm		intelligent										
D	gepflegt		verwildert										

b) Gespräch in Gruppen

Die Schüler versuchen in Gruppen folgende Fragen zu beantworten:
- Nach welchen Normen haben die einzelnen gewählt? (Tabellenvergleich) (z.B. wer arm ist, stiehlt eher)
- Sie versuchen, folgende Sätze zu Ende zu formulieren:

  Ich wähle nach einer verfestigten Norm, wenn ...
  Ich wähle spontan, wenn ...
  Ich wähle nach einer beweglichen Norm, wenn ...
  (Gespräch und gemeinsame Klassenkontrolle).

c) Arbeit mit einer Verhaltensskizze

Die Schüler versuchen, zu jeder Skizze einen Satz zu schreiben:

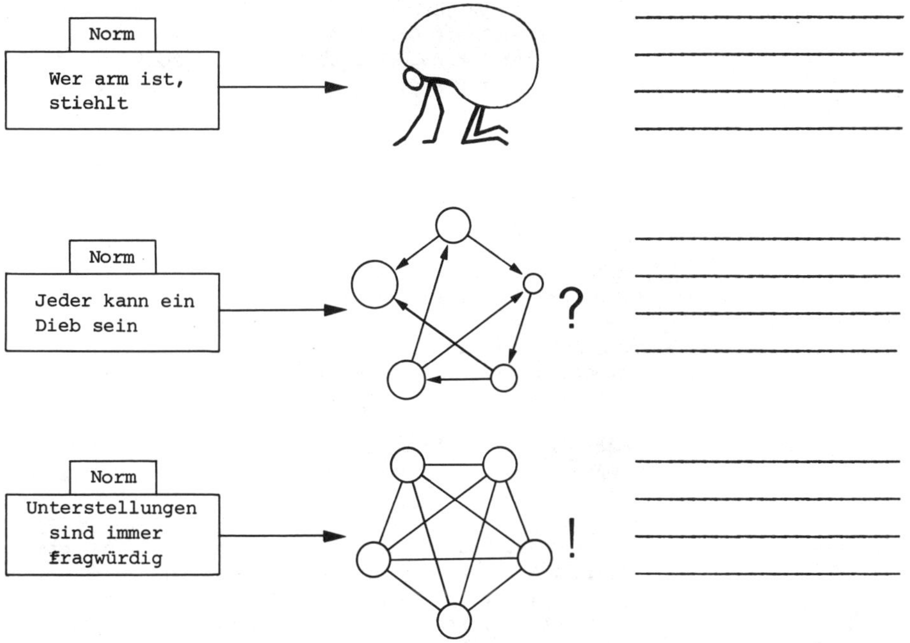

2 a) Filmvisionierung	Die Schüler betrachten den Film "Elegie". "Ein kleines Fenster in einer grossen Gefängnismauer. Dahinter ein Häftling. Vor dem Fenster eine Blume. Der Häftling pflegt sie, so gut er kann, beschützt sie, sehnt sich nach ihr und trauert, weil der Winter sie ihm genommen hat. Im Frühling ist sie wieder da. Das gleiche Spiel beginnt. Dann wird der Häftling entlassen. Draussen erfreut er sich der wiedergewonnenen Freiheit und zertritt dabei die Blume." (Aus: Film, Bild, Ton. Augsburg 1971)
b) Gruppenarbeit	Verhaltensweisen im ersten Teil und entsprechende Norm herausarbeiten. Verhaltensweisen im Schlussteil und entsprechende Norm erarbeiten. Normveränderung in einem Merksatz formulieren: z.B. Je nach Situation kann der Mensch seine Normen verändern. Das kann zum Schaden wie zum Nutzen sein.
c) Wiederholung der Filmvisionierung	Die von den Gruppen erarbeiteten Resultate werden anhand verschiedener Visionierungsunterbrüche gemeinsam überprüft.
3 a) Rollenspiel	Verschiedene Spielgruppen spielen dieselbe Situation mit verschiedenen Normvorstellungen durch: 5 Personen haben ihr Leben nach verschiedenen Normvorstellungen (Grundsätzen) geprägt: Der erste: Was mir nützt, ist mir recht.

Der zweite: Das Gesetz hat immer recht.
Der dritte: Liebe deinen Nächsten und deine Feinde.
Der vierte: Ich habe keinen Grundsatz. Jede Situation ist anders.
Der fünfte: Ich will immer ein Held sein (Märtyrer).

Alle fünf Personen kommen in die gleiche Situation: Fünf Personen sitzen in einem Nichtraucherabteil erster Klasse (Schnellzug). Bei einer grösseren Ortschaft steigt eine junge Dame ein. Sie setzt sich an den sechsten Platz, ein Fensterplatz. Sie zieht ihre Zigaretten aus der Tasche und zündet eine an. Ein Mann erhebt sofort Einspruch. Ein anderer unterstützt ihn, er zeigt auf das Nichtraucher-Plakat. Eine Dame beginnt zu schimpfen. Zwei Herren unterstützen die junge Raucherin. Es entsteht ein wildes Gespräch. Wie verhält sich die Raucherin?

b) Gespräch — Nach der Vorstellung der Gruppenspiele versucht der Lehrer ein Gespräch mit dem Thema "Normen sind relativ" anzuregen.

c) Merksatz — Die Schüler versuchen, selber einen Merksatz zu formulieren. Ein sehr gutes Beispiel eines solchen Merksatzes wird ausgewählt und ins Heft eingetragen. (Etwa: Die meisten Normen sind sehr relativ, d.h. sie gelten nicht für jeden in gleicher Weise. Es gibt aber Normen, die für alle in gleicher Weise gelten sollten, so etwa die Menschenrechtskonvention.)

C Grobziel: Der Schüler soll abweichendes und konformes Verhalten identifizieren, analysieren und begründen lernen.

---

1 a) Gruppendynamische Uebung II — Die Schulklasse teilt sich in Beobachtungs- und Experimentiergruppen auf. Je 5 Schüler bilden eine Experimentiergruppe. 4 der Schüler erhalten den Auftrag, gemeinsam für einen bestimmten Ausflug zu plädieren, d.h. diesen Ausflug zu organisieren. Der fünfte in der Gruppe ist grundsätzlich anderer Meinung. Er legt einen eigenen Vorschlag vor und versucht, für diesen zu plädieren bzw. ihn zu organisieren. (Laufzeit 10 Minuten)

b) Gespräch — Einerseits sollen der Verlaufsplan und die Gefühle der Teilnehmenden kurz dargelegt werden. Anderseits soll das Kernanliegen, die Grundstruktur des Experiments, durch das Gespräch zum Vorschein kommen.

c) Ikonische Repräsentation desselben Faktums (Verhaltensskizze) — Die Schüler versuchen, den Sachverhalt in einer Verhaltensskizze darzulegen. Der Lehrer gibt die Elemente der Verhaltensskizze an:
- Innerhalb der Gruppe
- die nach bestimmten Normen handelt

- wendet sich ein Einzelner
- gegen diese Norm
- stellt eine Gegennorm auf
- verhält sich nicht "normkonform"

d) Darbietung des Lehrers

Die Begriffe "Verhaltensabweichung" und "Verhaltenskonformität" werden vom Lehrer mit Hilfe der untenstehnden Skizze erklärt.

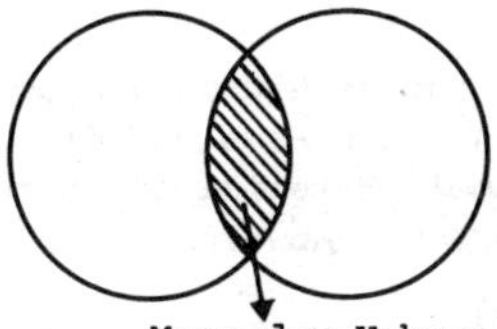

Mass der Uebereinstimmung

Je kleiner die Uebereinstimmung, umso ausgeprägter ist die Verhaltensabweichung. Je grösser die Uebereinstimmung, umso grösser ist die Verhaltenskonformität.

e) Merksätze

Die Schüler formulieren Merksätze zum Begriff der Verhaltensabweichung.

f) Gruppenarbeit

Die Schüler analysieren in Gruppen verschiedene Texte, wo abweichendes Verhalten manifestiert ist.
Sie haben die Aufgabe
- gegensätzliche Verhaltensweisen aufzuzeigen,
- abweichendes und konformes Verhalten zu bezeichnen,
- die jeweiligen Normen hinter jedem Verhalten zu bezeichnen.

Vorschlag für Texte:
- Gefangene 1946. In: Das Menschenhaus. Zürich 1972, S.172.
- Die Bürgschaft. Ballade von F. Schiller. In: Lesebuch Klett. Stuttgart 1969, S.184.
- Das Märchen "Die drei Bären". In: Ich sammle Wörter. Köln 1969, S.248ff.
- "Das Ungeheuer". In: "Geh und spiel mit dem Riesen". Weinheim 1971, S.115ff.

D Grobziel: Der Schüler soll abweichendes und konformes Verhalten bewerten lernen (wagen, aushalten, die Stirne bieten, sich wehren, etc.)

---

1 a) Film-Visionierung, Erarbeitung von Bewertungskriterien

Anhand des Filmes "Die Parabel" (ev. "Das Gesicht von der Stange") wird abweichendes Verhalten (der Hauptperson) identifiziert und bewertet.
Die Schüler erarbeiten anschliessend Bewertungskriterien, z.B.
- handeln statt zuschauen,

	- sich mit der Rolle des Schwachen identifizieren, - kein Fremd- und Selbstlob suchen, - Sanktionen entgegennehmen etc.
b) Schülergespräch	Auf Grund dieses selbsterarbeiteten Bewertungsrasters Wiederholung der einzelnen Szenen des Filmes und jeweiliges Gespräch.
c) Ergänzung des Rasters	Als Resultat des Gespräches soll der oben erstellte Raster vervollständigt und im Heft tabellarisch dargestellt werden.
2 a) Situationsanalyse in der Klasse	Je eine andere Gruppe von Schülern beobachtet einen Tag lang die Klasse und die Gruppen in der Klasse. Sie sammelt Material für Situationen, wo - konformes / abweichendes Verhalten zum Vorschein kommt, - bestimmte moralische oder ethische Normen manifestiert werden ...
b) Informationsvermittlung durch die Schüler	Die Gruppe legt je das entsprechende Material - schriftlich / mündlich - in Tonbandform - mit Videoaufzeichnungen etc. vor.
c) Erstellung eines Beurteilungsrasters	Dieser Raster wird entweder vom Lehrer gegeben oder aber im Brainstorming entwickelt. Kriterien: - investierte Widerstandskraft / Bequemlichkeit - Wagemut / Nachgeben - sich zur Wehr setzen / dulden - Sanktionen entgegennehmen / vor Sanktionen ausweichen etc. (ev. wird dieser Raster ergänzt vom obigen, vom Film gewonnenen Raster.
d) Gruppenarbeit	Anhand des erstellten Rasters werden die obengenannten Situationen <u>bewertet</u>. Die einzelnen Gruppen legen ihre <u>Meinungen</u> zu einem bestimmten Verhalten schriftlich vor.
e) Merksätze	Aus den einzelnen Situationen werden in Partnerarbeit je Merksätze erarbeitet.

E Grobziel: Der Schüler soll den Stellenwert des Gewissens (internalisiertes Wertsystem, Ueber-Ich, Stimme Gottes etc.) den Punkten GZ 1-4 je zuordnend in verschiedener Weise darstellen lernen.

---

1 a) Darbietung des Lehrers über das Gewissen	Der Lehrer erklärt <u>umschreibend</u>, was man unter Gewissen versteht: - "in mir drin sagt es" - unangenehmes Gefühl - Schuldgefühl, etwas falsch zu machen oder falsch gemacht zu haben

- innere Stimme vor und nach einer Handlung
- etc.

b) Lesen von Beispielen

In den folgenden Beispielen sollen die Schüler die Art des Gewissens heraussuchen. Dies soll durch die Zuordnung zu den untenstehenden Definitionen geschehen:

Text 1:
Ein zweijähriges Mädchen will immer die Crèmetube der Mutter ergreifen. Wenn es sie erwischt, verschmiert es damit die Wände. Nun steht es wieder vor der Crèmetube. Es will danach greifen, aber es tut es nicht. Es macht seine Hände auf und zu. Dann sagt es: "Verschmier die Wand nicht! Lass es liegen!"

Text 2:
Eine Gruppe von Sekundarschülern macht eine Bergtour. Ein Schüler bekommt einen Kollaps. Er verträgt die Höhenluft nicht. Wie er wieder zu sich kommt, klagt er sich selber an. Er sagt: "Ich bin schuld, dass diese Bergtour nicht gelingt. Ich falle euch zur Last. Ich bin ein asozialer Typ."

Text 3:
Ein 20-jähriger junger Mann weigert sich, in den Militärdienst zu gehen. Er sagt: Ich kann es mit den Grundsätzen Jesu nicht vereinbaren. Ich kann es vor Gott nicht verantworten.

Text 4:
Ein Vorarbeiter sagt zum Maurer: "Was Sie da machen, ist eine unverantwortliche Materialverschleuderung. Sie müssen die Kelle anders in die Hand nehmen. Ich kann es nicht sehen, wenn Sie das Geld einfach so zum Fenster hinauswerfen."

<u>Gewissensdefinitionen</u>, die den obigen Texten zugeordnet werden müssen:

Definition 1:
Das Gewissen ist wie eine Sprache in mir, diese Sprache stammt von Gott und von der Bibel.

Definition 2:
Das Gewissen ist die Stimme der Erwachsenen, die jetzt in mir drin wie eine eigene Stimme spricht.

Definition 3:
Das Gewissen ist ein Mass, das mir sagt, ob ich richtig oder falsch handle. Das Mass habe ich gelernt im Umgang mit den Dingen.

Definition 4:
Das Gewissen ist wie eine Angst. Es macht, dass ich z.B. von andern nicht ausgeschlossen werde. Es sagt mir, dass ich Rücksicht auf andere nehmen muss, etc.

c) Schülergespräch

Die Zuordnungen werden problematisiert und kontrolliert.

d) Merksatz	Der Lehrer diktiert den Merksatz: Das Gewissen ist eine Kraft im Menschen, die mir vor der Handlung sagt, ob ich etwas richtig oder falsch mache, die mir nach der Handlung sagt, ob ich etwas richtig oder falsch gemacht habe. Ein gutes Gewissen gibt das Gefühl: Das hast du gut gemacht. Es ist wie ein Lob. Ein schlechtes Gewissen gibt das Gefühl: Das hast du schlecht gemacht. Es ist wie ein Tadel. Das Gewissen kontrolliert, ob ich eine Norm, die ich für richtig halte, auch beachte. Es gibt feinfühlige aber auch sehr grobe Gewissen.
2 a) Gruppenarbeit	4 Gruppen werden gebildet. Jede Gruppe untersucht in einem Teil, wo unsere bisherige Arbeit etwas mit dem Gewissen zu tun hat. 1. Gruppe: - Verteilungsexperiment - Besuch im Altersheim - Planspiel - Bilder - Texte unter A 2. Gruppe: - Gruppendynamische Uebung - Elegie (Film) - Rollenspiel nach Grundsätzen unter B 3. Gruppe: - Gruppendynamische Uebung II - Verhaltensabweichung - Verhaltenskonformität - Texte unter C 4. Gruppe: - Film "Die Parabel" - Situationsanalysen der Beobachtungsgruppen - Texte unter D Die Schüler sollen Indikatoren herausfinden, an denen man das Gewissen des Menschen in den verschiedenen Situationen erkennen kann. Sie sollen herausfinden, ob es sich um ein - Sachgewissen - Moralisches Gewissen - Gläubiges Gewissen - Soziales Gewissen handelt.
b) Darbietung der Gruppenresultate	Die Gruppenresultate werden vom Sprecher dargelegt. Die Resultate werden auf eine Hellraumfolie je als Sätze und als Skizze dargestellt. Wichtige Aussagen sind: - Ueberall, wo der Mensch nach einer Norm handelt, ist das Gewissen mit im Spiel. - Das Gewissen achtet darauf, dass der Mensch nach der Norm handelt, die er gelernt hat, die er für

richtig oder wichtig hält.
- Das Gewissen kann sich durch alle Widerstände hindurch durchsetzen. (Verhaltensabweichung)
- Es gibt Menschen, die haben ein ganz feines, es gibt andere, die haben ein grobes Gewissen.
- Jeder muss lernen, auf die Stimme seines Gewissens zu hören. Er achtet darauf, dass sein Gewissen feiner und feiner wird. Immer, wenn das Gewissen sich meldet, muss man die Frage stellen, ob es recht hat, ob man tatsächlich nicht nach der Norm gehandelt hat, oder ob die Norm selber falsch ist.

3 a) Gewissenstraining

An dieser Stelle müsste der Aufbau eines Gewissenstrainings dargelegt werden.

E. Zur «theoretischen Evaluation» des ersten Strategieentwurfes

1. Einleitung

Die dritte Phase der Arbeit betrifft die sog. "theoretische Evaluation". Was ist mit diesem Begriff gemeint? Wir wollen zuerst formulieren, was nicht damit gemeint ist, nämlich keine Kontrolle eines konkreten Verhaltens mit Rückschluss auf das Vorhandensein möglicher Qualifikationen.[1)] Dies wäre ein Grundmuster einer praktischen Evaluation. Vielmehr geht es darum, angeleitet durch eine zuvor festgelegte Anzahl theoretischer Positionen, eine Reihe Interpretationskategorien zu entwickeln, mit deren Hilfe geplante Strategien, bevor sie in den Unterricht kommen, überprüft werden sollen. Die Erfolge und Mängel eines bestimmten Erziehungsprogramms werden also nach diesem Modell, das in seiner Grundanlage ohne weiteres eine gewisse Generalisation zulässt[2)], antizipatorisch überprüft. Das kann in Form einer Expertenbefragung geschehen; es ist aber auch möglich, dass sich die Mitglieder einer Gruppe je in eine bestimmte Position hineinarbeiten und von hier aus Fragen an das Lernkonzept stellen. Es ist also ein Argumentationsprozess nötig, um die Legitimation in Gang zu setzen. Dieser hängt sehr eng mit der Entwicklung der Lernstrategie selbst zusammen.
Folgende charakteristische Merkmale sind zu beachten:

1. Die Evaluation ist nicht nur kriterienbezogen und greift auf Vergleiche mit Theorien zurück.
"2. Die Evaluationsaktivitäten werden mit den Konstruktionsaktivitäten koordiniert, aber zwischen beiden bestehen teilweise organisatorische Abgrenzungen."[3)]
3. Die Evaluation wird in bedeutungs-hierarchischen Stufungen vollzogen.
4. Die Evaluation dient dem Zweck der sofortigen Verbesserung und Transparentmachung der Strategie.
5. Die Methoden sind vielfältig: Strukturanalyse, hermeneutische Analyse, qualitative Textanalyse etc.

---

1) Vgl. K. Kreppner: Ueberlegungen zur Evaluation von Vorschulcurricula. In: Chr. Wulf(Hrg.): Evaluation. München 1972.
2) Vgl. A. Lewy: Evaluationsmodelle: Theorie und Praxis. In: W. Edelstein/ D. Hopf (Hrg.): Bedingungen des Bildungsprozesses. Stuttgart 1973, S.300,303ff.
3) ebd. S.307.

Auf dem Wege der Konsensbildung wurden in der Gruppe folgende Kriterienfelder ausgesondert und von je einem Gruppenmitglied eingenommen:

- Strukturanalytische Position
- Ideologiekritische Position
- Motivationale Position (Lernpsychologie)
- Didaktische Position (Handlungskriterien)
- Gewissenstheoretische bzw. ethische (inhaltliche) Position.

Die Auswahl dieser Kriterienfelder für eine "theoretische Evaluation" ist zwar ungenügend, aber dafür durch kräftige Präferenzen der Gruppenmitglieder geprägt. Sie hat sich als fruchtbar erwiesen in dem Sinne, dass von diesen Positionen sehr viele Vorschläge bzw. Daten zur Verbesserung geliefert wurden. Alle diese Daten in dieser Arbeit anzufügen und schriftlich auszuformulieren, würde zuviel Raum beanspruchen. Ich gehe deshalb so vor, dass die Positionen auf kürzestem Raum dargestellt und jeweil Beispiele von Verbesserungsvorschlägen exemplarisch angefügt werden sollen.

2. Strukturanalytische Aspekte[1)]

Es fällt auf, dass die Strategie mit dem von mir entwickelten Grobkonzept[2)] struktural nicht übereinstimmt. Der dort vorgezeichnete Kontextraster, der als Merkmal der Strukturerweiterung genommen ist (Umfeld des Schülers, oberstes soziales Bezugssystem, literarische Bezugssysteme), wird hier eigentlich in jedem Grobziel verwendet. Zudem bewirkt die additive Komposition der Elemente, dass die inhaltlichen Beziehungsteile von Grobziel zu Grobziel erweitert werden, was etwa folgendem Aufriss entspricht:

1) Die theoretischen Grundlagen zu dieser Position sind auf S.   zur Genüge dargelegt worden.
2) Vgl. S. 453/454.

Grobziel A

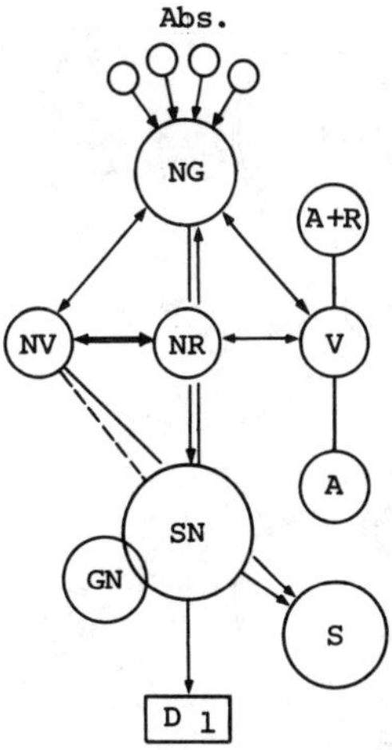

Grobziele A+B

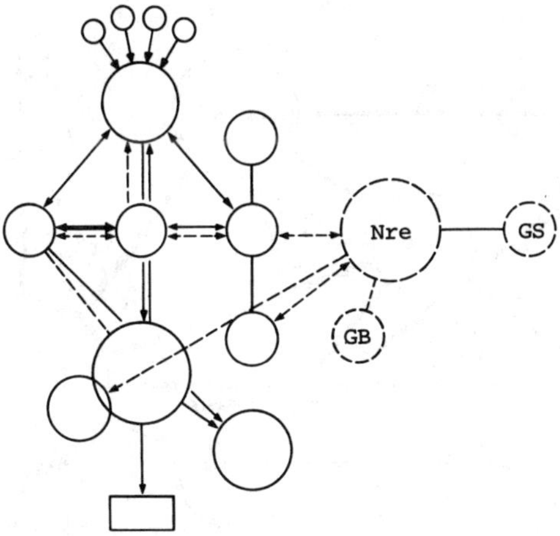

Grobziele A+B+C

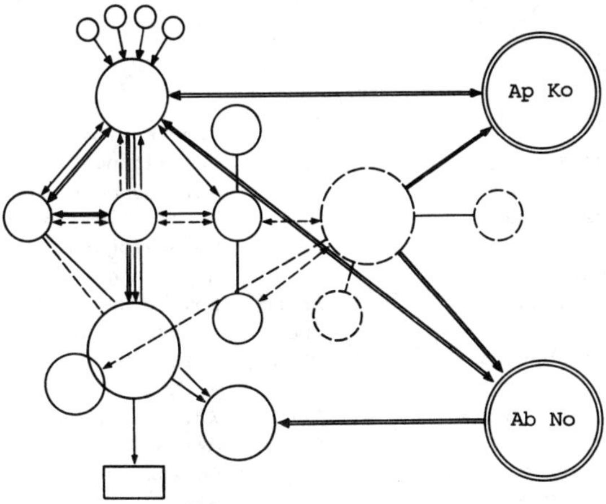

Grobziele
A+B+C+D

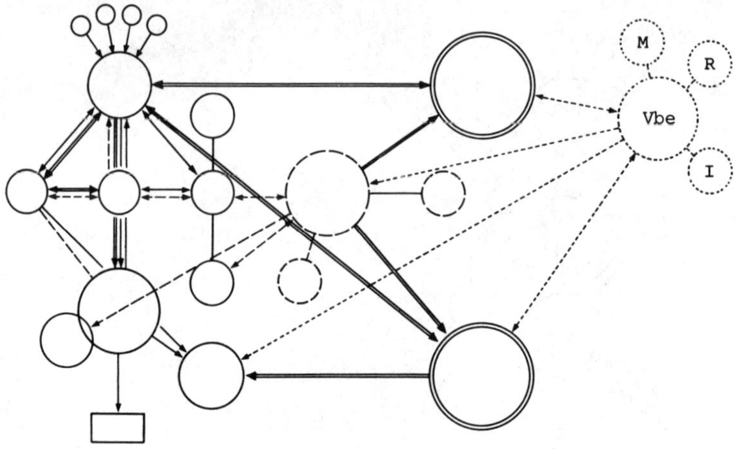

Abs.

Grobziele
A+B+C+D+E
= Gesamt-
struktur
der ganzen
Strategie

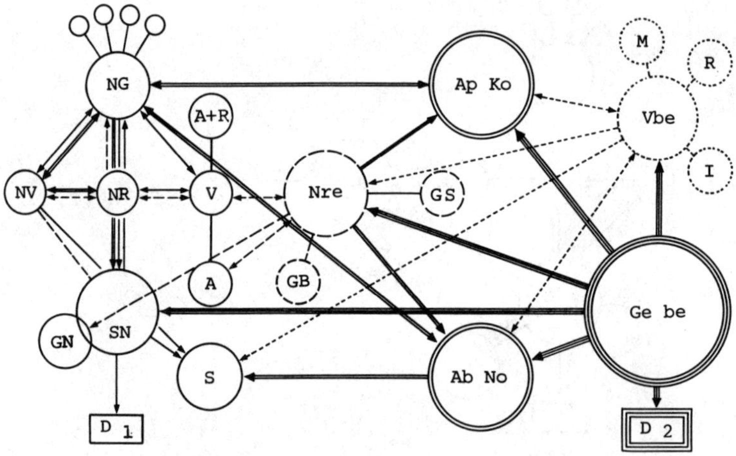

Legende

Abs.	Absender	Nre	Normen sind relativ +/-
NG	Normen werden gesetzt	GB	Gestaltungsbereich
NR	sich nach Normen richten	GS	Geltungsbereich: Grundsätze, Vorurteile, Tabus, Ueberzeugung, Glaube, Interesse
NV	Normen beeinflussen das Verhalten	Ap Ko	Anpassung = Konformismus
SN	jegliches Verhalten in Situationen geschieht nach Normen	Ab No	Abweichung = Nonkonformismus
GN	jede Gemeinschaft besitzt Normen	Vbe	Verhalten wird bewertet
A+R	es gibt absolute/relative Normen	M	Massstäbe
V	es gibt verschiedene Normen	R	Richtlinien
A	Arten von Normen	I	Identifizierung
S	Abweichungen führen zu Sanktionen	Ge be	das Gewissen bewertet +/-
D 1	Definition: Was ist eine Norm?	D 2	Definition: Was ist das Gewissen?

Die Strukturanalyse wird von einem Mitglied der Gruppe wie folgt beschrieben:

"A Im Mittelpunkt des ersten Grobzieles steht: Jegliches Verhalten in Situationen geschieht nach Normen.

Beim Verteilen der Geschenke erfährt der Schüler, dass auch er sich nach ganz bestimmten Grundsätzen = Normen verhält. Die von ihm angewandten Grundsätze beeinflussen sein Verhalten, ihm selber und der Gemeinschaft gegenüber.

Der Besuch im Altersheim macht noch einmal ersichtlich, dass Normen das Verhalten beeinflussen: Wie gebe ich mich? Passe ich mich an? Wie behandeln mich die anderen?
Zugleich merkt er, dass es verschiedene Normen gibt, deren Beachtung, Einhaltung etc. oft sehr schwer ist.

Durch das Rocker-Beispiel wird dem Schüler gezeigt, dass Normen gesetzt werden, dass sie immer einen Absender haben, dass selbst gesetzte Normen nicht von allen anerkannt werden.

Durch die Bildreihe wird dem Schüler aufgezeigt, dass jede Gemeinschaft Normen besitzt und, dass man nie ohne Normen leben kann. Zugleich erkennt er aber auch die Vielfalt (absolute und relative) und die Arten von Normen.

Dem Schüler fehlt ein konkretes Erlebnis, dass Abweichung von Normen zu Sanktionen führen kann.

B Aus der Erfahrung, dass Normen das Verhalten ändern, folgt im zweiten Grobziel die Erkenntnis, dass Normen relativ sind.
Beim Einstufen von verschiedenen Menschentypen erlebt der Schüler, dass seine Normen relativ sein können: sein Entscheid kann zu einem Vorurteil werden, seine Grundsätze können falsch sein, sein Geltungsbereich kann überspannt sein etc.
Durch Identifikation mit der Hauptperson im Film 'Elegie' ergibt sich für den Schüler, dass Normen je nach Situation verändert werden, dass damit auch das Verhalten ändert. Das Planspiel bewirkt die Erfahrung, dass jeder Mensch eigene Normen aufstellt und diese in eigenen Gestaltungsbereichen zum Ausdruck bringt.

C Der Schüler kann im dritten Grobziel an der Relativität der Normen ableiten, dass Normen nicht immer gleich eingehalten werden.

In gruppendynamischen Uebungen erfährt er, dass von Normen abgewichen werden kann = Nonkonformismus, aber auch, dass Normen bewusst eingehalten werden = Konformismus.

Abweichendes Verhalten führt zu Sanktionen. Abweichendes oder anpassendes Verhalten beeinflussen wiederum das Setzen von Normen.

D Im vierten Grobziel wird dem Schüler bewusst, dass jegliches Verhalten (wagen, die Stirne bieten etc.) bewertet wird. Zur Bewertung benützt er Massstäbe, Richtlinien etc. Die Massstäbe wiederum bewerten auch die Normen selber und die Stärke der Sanktionen.

E Im fünften Grobziel wird dargestellt, wie das Gewissen alle vom Schüler biher vollzogene Prozesse überwacht."

Die Skizze S.473/474 zeigt einerseits, wie die Elemente zueinander in Beziehung gesetzt werden, andererseits wie unscharf und auch komplex die zu vermittelnde Gesamtstruktur ist. Hier nun setzt die Reflexion auf den Begriff der Moral wieder ein. Denn wenn Gewissen sachgerecht als Motiv festgestellt wird, so muss als inhaltliche Bedingung dafür Moral als Verhalten genannt bzw. spezifiziert werden. Dazu ein Gruppenmitglied:

> "W. Frankenas[1)] Spezifikation der Moral (in Abgrenzung gegenüber der Klugheit, der Konvention und dem Recht) ist geeignet, eine Lösung in der Auseinandersetzung um den Normbegriff zu finden. Diese Bestimmung von Moral öffnet die Möglichkeit einer übersichtlichen Einteilung von normativem Verhalten auf einer Skala abnehmender Relativität resp. zunehmender Absolutheit.

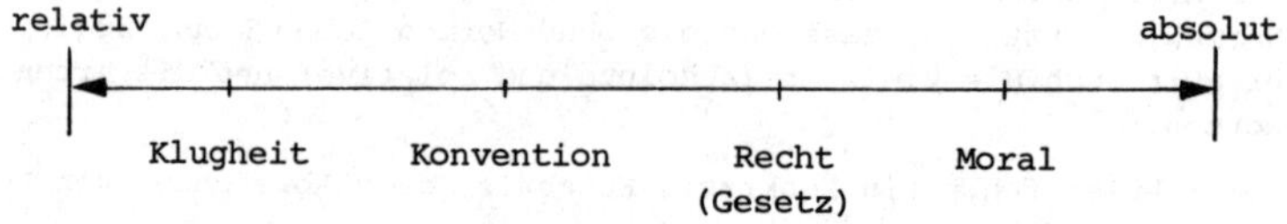

> Ob man nun in allen Bereichen von 'Normen' reden will, oder erst von einem gewissen Absolutheitsgrad an (z.B. nur Recht und Moral = Normen) ist sachlich nicht von Belang.
> Vor allem dürfte Frankenas Bestimmung der Moral geeignet sein, die Forderung nach Einfachheit, Anschaulichkeit, Klarheit und Uebersichtlichkeit des strategischen Konzeptes zu verwirklichen."

Aufgrund dieser Aussage wurde eine Modifikation der Gesamtstruktur vorgeschlagen, die ausserordentlich transparent ist (siehe untenstehende Skizze), die wir, um es vorweg zu gestehen, auch in der zweiten Fassung der Lernstrategie nicht mehr erreichen konnten. Vielleicht liegt es daran, dass dieser neue Vorschlag keinen Prozess des Aufbaus und damit keine Prioritäten des Vorgehens angibt. Hingegen hat er bewirkt, dass nun in der zweiten Fassung der Strategie, gerade durch die zentrale "Orientierung am Gewissen", der Begriff des Gewissens jedem Grobziel zugeordnet wird.

1) Vgl. in dieser Arbeit S. 85 ff.

Der verbesserte Vorschlag sieht so aus:

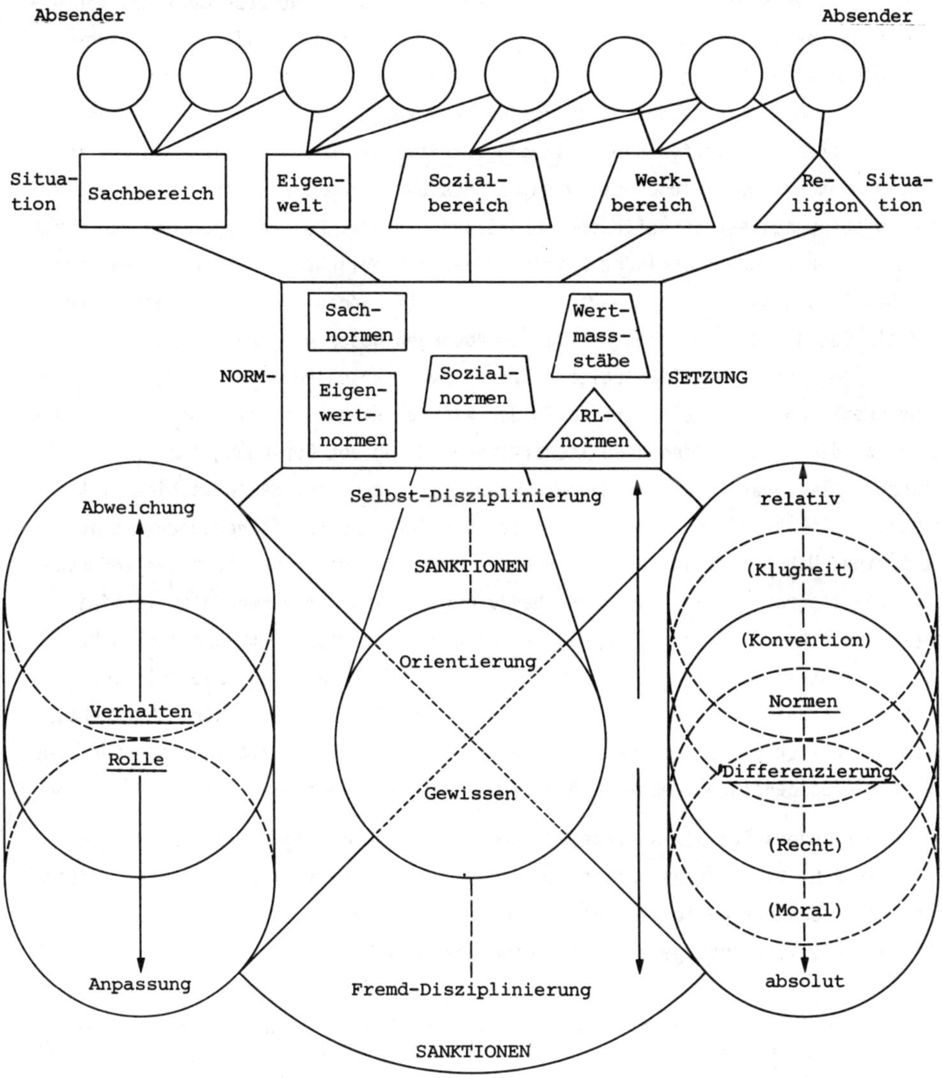

3. Die ideologiekritische Ueberprüfung

Der Absicht, die in der Unterrichtsstrategie enthaltene Ideologie zu untersuchen, geht das Vorverständnis von Ideologie voran. Sie ist "eine besondere Art von Anschauungsmodellen und Normen moralischen und kognitiven Urteils, die gleichzeitig von einer Mehrheit von Personen in der Gesellschaft geteilt werden."[1] Sie ist in unserem Fall das konstitutive Gedankengebäude derer, die die Unterrichtsstrategie entworfen haben. Ideologiekritik ist die Nachzeichnung und kritische Hinterfragung dieses Gedankengebäudes auf seine innere Konsistenz und zugleich auf unbewusst eingeflossene Grundannahmen bzw. Normen. Ursprünglich immer Marx'sche bzw. neomarxistische Kritik an der bürgerlichen politischen Oekonomie und Gesellschaftslehre[2], eine zeitlang als Waffe gegen einen geistigen Gegner und als Gegensatz zu wissenschaftlichen Aussagen gesehen[3], könnte man seit dem Positivismusstreit den Ideologiebegriff in zwei verschiedene Richtungen hin interpretieren: Einerseits ist damit der Wahrheitsanspruch aller Gedankensysteme gemeint, die sich auf den gesellschaftlichen Bezug von Forschungsarbeiten beziehen. "Als negative Kritik haben hierbei zu gelten, der Nachweis eines faktischen Falschheitsgehaltes, inkorrekter Schlüsse und faktischer Unentscheidbarkeit eines Wahrheitsanspruches, durch das Aufspüren einer Leerheit des Informationsgehalts der Aussagen oder des Bedeutungsgehalts der verwendeten Termini einer Theorie."[4] Es geht also hierbei um eine Leistung der theoretischen Vernunft, nicht um eine inhaltliche Gesellschaftstheorie an sich. Die Unterscheidung von technisch verwertbarem und ideologiekritischem Wissen wird abgelehnt. Einziges Kriterium ist die Wahrheit und der Informationsgehalt von Theorien, in der Korrespondenztheorie die Uebereinstimmung einer Aussage mit ihrer Bedeutung.

Dem steht anderseits die Auffassung entgegen, dass Ideologiekritik an das vom Sprecher d.h. vom Wissenschaftler zu gebende Sinnkriterium zu binden sei. Statt der Korrespondenztheorie geht es dann um Konsenstheorie. Damit kann dieselbe wissenschaftliche Aussage je nach "Kompetenz" des Sprechers einen anderen "Wahr-

---

1) E. Sihls in: W. Berndorf: Wörterbuch der Soziologie. Frankfurt 1972, S.354.
2) Vgl. R. Münch: Gesellschaftstheorie und Ideologiekritik, Hamburg 1973, S.151ff.
3) So sagt etwa A. Riedl, dass Ideologie keineswegs die Enthüllung der Wahrheit sei, "denn Ideologie ist alles andere als Wissenschaft bzw. Formulierung theoretischer Aussagen mit dem Ziel, die Wahrheit dem theoretischen Nachdenken transparent zu machen. Ideologien sind mit ihren Klischees, Schlagworten und Ueberredungstechniken scharfe Waffen im politischen Kampf, Instrumente der Selbstbehauptung und des Angriffs."
(A. Riedl: Ideologie und Bildung. In: Päd. Rundschau 25/1971/2, S.72)
4) R. Münch: a.a.O., S.320.

heitsanspruch" erhalten. Das führt auch zur Anerkennung der Unterscheidung zwischen technisch verwendbarem Wissen und ideologiekritischem Wissen, die beide in einen Sinnzusammenhang gebracht werden sollen. Durch die Konsensbildung erwartet man Veränderung von Deutungen, Behauptungen und Erklärungen im Diskurs und zugleich aber auch die Anerkennung der normativen Elemente im Prozess wissenschaftlicher Argumentation. Es wird angenommen, dass die Eliminierung oder Unterordnung irrationaler Werte unter technologische Werte eine Willkür in der gesellschaftlichen Verwertung wissenschaftlicher Ergebnisse hervorrufen.

"Ideologiekritik im Bereich der pädagogischen Ziel- und Normforschung verfolgt zwei Frageaspekte:

1. Pädagogische Zielsetzungen werden daraufhin untersucht, ob sich in ihnen unreflektierte gesellschaftliche Interessen ausdrücken. Ideologie - als 'falsches Bewusstsein' verstanden - liegt vor, wenn sich die Vertreter bestimmter Zielsetzungen dieses Bedingtseins ihrer Erziehungsziele durch eigene Interessen gar nicht bewusst sind.
2. Die ideologiekritische Untersuchung von Erziehungszielen muss sich aber auch auf die Frage richten, ob bestimmte Menschengruppen ihre Interessen möglicherweise <u>bewusst</u> hinter bestimmten Zielformulierungen verbergen, um bei anderen Menschen, u.a. auch bei den zu Erziehenden, <u>falsches Bewusstsein</u> zu erzeugen."[1)]

Die von einem Gruppenmitglied durchgeführte ideologiekritische Analyse bezog sich auf drei Hauptaspekte:

a) Analyse des Titels der Unterrichtsstrategie
b) Analyse des Dispositionszieles und der fünf Grobziele A - E
c) Analyse der Merksätze zu jedem Grobziel.

<u>Zu a) Analyse des Titels</u>

Es wird gesagt, dass die zwei Begriffe einen je andern theoretischen Hintergrund haben: "Gewissen" wird als Begriff aus Moral und Ethik angesehen, während "Verhaltensabweichung" aus der Soziologie bzw. Psychologie stammt. Wenn "Verhaltensabweichung" auf die inhaltliche Ausfächerung verweist, bedeutet "Gewissen" das theoretische Konstrukt, das seine Indikatoren aus eben den genannten inhaltlichen Feldern bezieht. Zugleich wisse sich die Strategie mehr oder weniger einer

---

1) W. Klafki: Normen und Ziele in der Erziehung. In: Erziehungswissenschaft 2, Weinheim 1970, S.29.

Sozialisationstheorie verpflichtet, die aus der terminologischen Enge eines "Moralunterrichts" heraustreten wolle.

Zu b) Analyse der Ziele

Hier wird die Kritik laut, dass von Normen gesprochen werde (erkennen, relativieren, verbalisieren etc.), ohne dass die hinter den Normen stehenden Werte erfasst würden. Durch mangelnde Reflexion der Werte gehe die Einsicht in die Abhängigkeit dessen, was als "Gewissen" bezeichnet und vom Menschen erfahren werde, verloren. Das Gewissen werde um seine politisch-gesellschaftliche Dimension gebracht.

Zu c) Analyse der Merksätze

Das Gruppenmitglied, das sich vor allem mit dem Aspekt der Ideologiekritik auseinandergesetzt hat, schreibt folgendes:

"Die im Unterricht als Arbeitsergebnis anfallenden Merksätze werden oft von den Schülern 'erwartet'. Die Unterrichtsstrategie bleibt so flexibel, auf den jeweiligen Schüler ausgerichtet, legt allerdings den ideologiekritischen Bemühungen zusätzliche Hinternisse in den Weg.
An folgenden Stellen der Unterrichtsstrategie finden sich Merksätze (vorgesehen oder beispielhaft formuliert):

Grobziel	Merksätze	
	des Lehrers	des Schülers
A	S. 458, 1c	
	S. 460, 3e	S. 460, 3e
	S. 461, 5a	
B	S. 462, 1b	S. 462, 1b
		S. 463, 2b
	S. 464, 3c	S. 464, 3c
C	S. 465, 1d	
		S. 465, 1e
D		S. 466, 2e
E	S. 466, 1a	
	S. 468, 1d	
	S. 468/469, 2b	S. 468/469, 2b

Die Merksätze zum Grobziel A
S. 458 1c

Der Begriff Norm wird vom Lehrer als 'das, woran man sich hält, wenn man handelt' erklärt. In dieser Definition, deren Kürze methodisch-didaktisch begründet sein mag, wird offenbar, dass die Norm nur in einer Dimension erfasst wird: Als individuelle Vorschrift für den Handelnden, die er sich aus eigener Entscheidungsfreiheit gibt, eine Bestätigung des bereits Ausgeführten. Der weitere Fortgang der Strategie wird denn auch problematisch: Der Schüler erfährt den Zwang gesellschaftlicher Normen kaum, wenn er aufgefordert wird, selbst Normen zu postulieren. Dass das Zwangshafte in der Norm entscheidende Bedeutung hat, betont W. Rüegg: 'Vor allen rechtlichen Vereinbarungen stehen aber allgemein anerkannte Verhaltensregeln, Normen, auf die der Wille des Einzelnen keinen Einfluss hat.'[1]

S. 460, 3e
Die Definitionen fehlen.

S. 461, 5a
Die Lehrerdarbietung ordnet die verschiedenen Normen. Was sie darüber hinaus bietet, scheint mir fragwürdig.

- Kann man noch anders als bewusst oder unbewusst handeln?
- Gilt der erste Satz nicht ganz allgemein für alles Handeln?
- Wird nicht erneut suggeriert, der Normenwandel lasse sich mühelos bewerkstelligen?

Die Merksätze zum Grobziel B
S. 462, 1b
Die in 1b und 1c gesetzten Normen erfüllen den Anspruch der Definition Norm nicht. Der 'Norm' 'Wer arm ist, stiehlt' kann leicht die entgegengesetzte Stereotypie 'Nur der Arme lebt rechtschaffen' entgegengestellt werden. Vorurteile sind von Normen zu unterscheiden. Vorurteile sind oft individuell, sie brauchen nicht gesellschaftlich anerkannt zu sein. Zudem erfüllen sie eine andere Funktion: 'Der Mensch erkennt nur ungern die Existenz tief verwurzelter Minderwertigkeitsgefühle, von Impulsen zu Gewalttätigkeit und Aggression sowie von extremen sexuellen Trieben an. Indem er diese bewusst unakzeptierbaren Motive auf eine passende soziale Gruppe projiziert, gelingt es ihm, die Anerkennung der Tatsache zu umgehen, dass sie Teil seines Selbst sind. Demzufolge beinhalten Vorurteilseinstellungen die Zuschreibung unerwünschter Charaktereigenschaften auf verschiedene Minderheitsgruppen.'[2]

S. 463, 2b
Der beispielhaft notierte Merksatz muss nach dem Vorausgegangenen bezweifelt werden.

S. 464, 3c
Es wird unterschieden zwischen relativen und absoluten Normen. Woher Normen einen Anspruch auf absolute Gültigkeit erheben können, wird weiter nicht reflektiert."

Im übrigen bemängelt der Verfasser, dass fast alle Normen der Strategie aus dem ethisch-moralischen Bereich stammten, dass diejenigen aus dem kulturellen,

---

1) W. Rüegg: Soziologie. Funkkolleg 6, Frankfurt 1973, S.37.
2) L. Mann: Sozialpsychologie. Weinheim 1972, S.175.

sozialen und rechtlich-politischen Bereich spärlich vorkämen. Er macht auch darauf aufmerksam, dass die Entdeckung der Normen und die Einsicht in das personale Normgefüge zu einseitig an sozialen Randgruppen gewonnen werde.

4. Die lernpsychologische Ueberprüfung (motivationale Position)

Unter Motivation ist das Gesamt jener Prozesse zu verstehen, die ein Verhalten anregen und steuern. Da der Begriff "Motivation" selber ein hypothetisches Konstrukt ist, scheint es wichtig, dass in der vorliegenden Lernstrategie alle jene Funktionen kritisch betrachtet werden, welche als Indikatoren für die Verursachungszusammenhänge von intentionalem Verhalten angenommen werden.
Die Motive für Lernprozesse sind vielfältig. Sie werden in intrinsische und extrinsische eingeteilt. Die intrinsischen oder primären Motivationen sind angeborene Antriebe oder aber betreffen die Bezogenheit der Person auf die Sache selbst. Die sekundären oder extrinsischen Motivationen beziehen sich auf das Streben nach sozialer Stimulation.
Es gibt verschiedene Motivationsbereiche: die Leistungsmotivation, die überdauernde Motivation, die potentielle Fähigkeitskapazität etc. Nach H.Heckhausen[1] ist Lernmotivation ein Sammelbegriff, der alle Motivierungen umfasst, die in einer gegebenen Lernsituation wirksam ist. Das Zusammenwirken der Bedingungsvariablen der Lernmotivierung stellt er durch folgenden Formelausdruck dar:

$$\mathrm{Motl} = (\mathrm{LM} \times \mathrm{E} \times \mathrm{As}) + \mathrm{As} + \mathrm{N} + \mathrm{bId} + \mathrm{bZust} + \mathrm{bAbh} + \mathrm{bGelt} + \mathrm{bStrafv}$$

Motl:	Lernmotivierung
LM:	Leistungsmotivation
E:	Erreichbarkeitsgrad des in der Lernsituation gestellten Leistunsziels für den individuellen Schüler
Ae:	Anreiz der Aufgabe
As:	Sachbezogener Anreiz
N:	Neuigkeitsgehalt des Lernstoffs
bId:	Identifikationsbedürfnis mit dem Erwachsenenvorbild
bZust:	Bedürfnis nach Zustimmung
bAbh:	Bedürfnis nach Abhängigkeit von Erwachsenen
bGelt:	Bedürfnis nach Geltung und Anerkennung in den Augen des Lehrers und/oder der Mitschüler
bStrafv:	Bedürfnis nach Strafvermeidung

1) Vgl. H. Heckhausen: Förderung der Lernmotivierung und der intellektuellen Tüchtigkeit. In: H.Roth (Hrg.): Begabung und Lernen. Stuttgart 1968.

Die Lernmotivierung wird also als Wechselwirkungsprodukt betrachtet von relativ überdauernden Zügen der Persönlichkeit und von momentanen Eigenschaften der Situation.

Ein wichtiger Faktor dürfte der Erreichbarkeitsgrad bzw. das Selbst- und Fremdstrukturniveau für den einzelnen Schüler sein. Damit ist der Gütemassstab, den er sich selbst zumutet, bzw. den andere von ihm erwarten, gemeint. Dieser wiederum hängt zusammen mit dem Prinzip der "Passung", d.h. dem Setzen des individuellen Gütemassstabs ein wenig über der oberen Marke der optimalen Leistung. Verbunden damit ist die Förderung der Tendenz zur Erfolgsorientiertheit (Erfolgsantizipation) einerseits, anderseits aber den Abbau der Nichterfolgsorientiertheit (z.B. durch zu hohes Setzen des Anspruchsniveaus).
Wenn wir nun den Fragekatalog, den ein Gruppenmitglied aufgrund der theoretischen Ueberlegungen zur Motivation erstellt hat, hier anfügen, so dürfen wir nicht vergessen, dass es sowohl langfristige wie kurzfristige Motive gibt, aber auch, dass die didaktischen Regeln noch lange nicht alles zur situativen sozialen Motivation auszusagen vermögen.

Der Frageraster sieht folgendermassen aus:

Gesichtspunkte zur Beurteilung der Unterrichtsgestaltung in bezug auf die Lernmotivation:

1. Leistungsmotivation
1.1. Ist die Situation überschaubar?[1)]
1.2. Ist das Lernziel/Unterrichtsziel bekannt?[2)]
1.3. Wird feedback und sachbezogene Bestätigung gegeben?[1)]
2. Erreichbarkeit (Anspruchsniveau)
2.1. Sind die Lernschritte adäquat? Ist eine Berücksichtigung der individuellen Unterschiede möglich?[3)]
2.2. Wurde ein Bezug zum Erfahrungsbereich des Schülers hergestellt?[4)]
2.3. Ist die Darbietung klar?
2.4. Ist genügend Arbeitszeit eingeplant?
3. Anregung
3.1. Sind die zu lösenden Probleme von mittlerem Schwierigkeitsgrad?
3.2. Wo gibt der Lehrer Kognitions- und Integrationshilfen?
4. Neuigkeitsgehalt
4.1. Ist die Darbietung vielfältig?
4.2. Wird der Wissensdrang und die Neugierde des Schülers angeregt?[5)]
5. Feldabhängigkeit des Schülers
5.1. Wie ist der soziale Kontext in bezug auf die Erleichterung des Lernaktes?

1) Vgl. M. Wasna: Motivation, Intelligenz und Lernerfolg. München 1972.
2) Vgl. R.F. Mager: Motivation und Lernerfolg. In: b:e, 2-5/1970.
3) Vgl. H. Heckhausen: a.a.O.
4) Vgl. G. Dietrich: Unterrichtspsychologie der Sekundarstufe. Donauwörth 1972.
5) Vgl. B. Berelson/G.A. Steiner: Menschliches Verhalten. Band I, Basel 1969.

Aufgrund dieses Rasters wurden alle Handlungseinheiten der Lernstrategie in der Gruppe mündlich in bezug auf die betreffenden Fragestellungen kritisch begutachtet. Dies ergab eine Menge von Daten bzw. Vorschlägen zur Verbesserung, die grösstenteils in die zweite Fassung eingeflossen sind. An dieser Stelle sei nur eine einzige Handlungseinheit nach dem Fragekatalog abgesteckt.
Wir wählen die Einheit: Grobziel A; 3a,b,c,d,e.

Zu Frage 1.1

Die Situation ist überschaubar. Einzig bei 3d dürfte die Inhärenz des Prozesses auseinanderfallen, weil die meisten Schüler die Technik der Verhaltensskizze, welche den Skopus eines Textes als Gesamtdiagramm betrifft, nicht kennen.

Zu Frage 1.2

Es ist vom didaktischen Gesichtspunkt her gesehen legitim, dass das Ziel der Handlungseinheit erst bei 3b klar wird. Obwohl es nicht expressis verbis ausgesprochen wird, dürfte es als Transfer der unter A1 und A2 aufgebauten kognitiven Struktur bezeichnet werden.

Zu Frage 1.3

Feedbacks sind nicht genügend eingebaut. Wie wird das Planspiel verstärkt? Wie erhält der Schüler Kausalattribuierung nach Erstellung der Verhaltensskizze? Wie werden seine selbst formulierten Merksätze verstärkt bzw. evaluiert? Dieser Bereich wird ganz allgemein in der Strategie zu sehr der Spontanietät des Lehrers überlassen.

Zu Frage 2.1

Individuelle Unterschiede sind bezüglich 3b,c,d und e möglich:

3b,c → eigene Vorbereitung und Gestaltung des Planspiels, wobei eigene Interessen, Bedürfnisse und Gestaltungsformen zum Zuge kommen,

3d → eigene ikonische Kodifikationsform,

3e → eigene symbolische Repräsentationsform.

Vielleicht wäre sogar zu sagen, dass zu viele individuelle Gestaltungsmöglichkeiten in dieser Handlungseinheit angeboten werden, sodass der Schüler Gefahr läuft, die kognitive Gesamtstruktur durch zu viele technische Schwierigkeiten individueller Repräsentation zu verlieren.

Zu Frage 2.2

Der Erfahrungsbereich des Schülers spiegelt sich nur indirekt über die Erfahrung Gleichaltriger, welche in der Darbietung (also über Identifikationsprozesse) zum Zuge kommt. Die Frage 2.2 ist deshalb nicht auf jede einzelne Handlungssequenz, sondern vor allem auf ein ganzes Grobziel zu beziehen. Und hier wird meistens mit einer sozialen Erfahrungssituation begonnen. (Vgl. Ala)[1])

Zu Frage 2.3

Klarheit der Darbietung kann nur im unterrichtlichen Vollzug selbst eingeschätzt werden. In der Strategie geht es lediglich um die Beschreibung der Inhalte, die in der Darbietung operational aufscheinen. Diese Beschreibung kann allerdings mehr oder weniger zweckmässig sein. Zu 3a ist zu sagen, dass die Inhalte durch umgangssprachliche Formulierungen relativ verständlich sind.

Zu Frage 2.4

Die Zeitangaben werden in der Strategie bewusst weggelassen, damit der Lehrer dem Anspruchsniveau der Schüler in Bezug auf den Zeitfaktor gerecht werden kann. Nicht bloss die individuelle Arbeitszeit differiert, sondern auch die Gesamtarbeitszeit des Klassendurchschnitts. Dies ist bedingt durch die Habits, welche sich in kommunikativer Interaktion der Lehrerpersönlichkeit mit der Persönlichkeitsstruktur der Klassenmitglieder ergeben haben.

Zu Frage 3.1

Der mittlere Schwierigkeitsgrad kann a) durch eine Stichprobe von Unterrichtenden einer bestimmten Stufe konsensuell eingeschätzt werden. Er kann b) durch Beobachtung des Lernprozesses empirisch ermittelt werden. In unserem Fall herrschte keine Einigkeit der Gruppenmitglieder über den Schwierigkeitsgrad. (Dies kam besonders bei den später durchgeführten Testaufgaben zum Vorschein. Testaufgaben, die von der Mehrzahl der Gruppenmitglieder als zu schwierig eingeschätzt worden waren, wurden von den Schülern als zu leicht gefunden und umgekehrt.) 3b,d und e wurden von einigen Mitgliedern als zu schwer begutachtet. Im Unterricht selber aber lösten die Schüler weit komplexere Aufgaben.

Zu Frage 3.2

Kognitions- und Integrationshilfen des Lehrers können a) in der Strategie eingeplant sein, b) bei geschicktem methodischen Unterricht in jedem Zeitpunkt und bei jedem Lehrverfahren in jeder Sozialform vorausgesetzt werden. Bei 3d müssen Integrationshilfen durch Variierung der Aufgabenstellung angeführt werden, z.B.: "Der Lehrer kann die Verhaltensskizze auch

---

1) Vgl. auch die Ausführungen über den Erfahrungsbegriff S.441ff.

polykopiert austeilen. Der Schüler beschriftet sie."

Zu Frage 4.1

Vielfältigkeit der Darbietung als Motivationskriterium kann sich nur auf ein ganzes Grobziel beziehen. Hier allerdings kann hypothetisch ein relativ hoher Neuigkeits- und Aktualitätsgrad angenommen werden, weil jede Handlungseinheit mit anderen Inhalten belegt ist.

Zu Frage 4.2

Wiederum eine Frage, welche ein ganzes Grobziel betrifft. Anregung des Wissensdrangs und der Neugierde kann didaktisch durch Handlungsbezogenheit, durch das Prinzip der Passung, durch das Prinzip der Ueberlappung, durch Discovery-Ansätze, durch Problemlöse-Strategien, durch Verstärkungsprozeduren etc. garantiert werden. Dies aber in der Strategie zu lokalisieren ist sehr schwer, weil die Variable Lehrerpersönlichkeit ausgeklammert ist. In unserer Handlungseinheit dürfte dies durch das Planspiel "garantiert" werden.

Zu Frage 4.3

Ob der soziale Kontext den Lernakt erleichtert, hängt auch da von der Unterrichtssituation als ganzheitlicher Prozess ab. Nur der Wechsel der Sozialformen kann eigentlich als Kriterium dafür genommen werden. Diese allerdings sind äusserst variabel:

- 3a Frontalunterricht
- 3b Kleingruppenunterricht
- 3c Spiel- und Beobachtungsgruppe
- 3d Partnerarbeit
- 3e Einzelarbeit.

Abschliessend ist zu bemerken, dass bei jeglicher wissenschaftlichen Analyse der Strategie immer wieder Faktoren als konstant bzw. als optimal vorhanden angenommen werden müssen. Wenn es heisst "Lehrerdarbietung", so muss in der "antizipatorischen Vorwegnahme" der Unterrichtsstruktur angenommen werden, dass der Lehrer optimal anschaulich, deutlich, klar, einfach etc. darbietet. Dies ist die Crux jeglicher theoretischen Evaluation. Die Vorannahmen sind oft vielfältiger als die ausformulierten Inhalts-Handlungseinheiten. Allerdings ist zu sagen, dass bei einer strafferen Vordimensionierung der Strategie viele Missverständnisse vermieden werden könnten. Dies aber wiederum ginge auf Kosten des intuitiven Entwurfs, der durch nachherige analytische Dimensionierung besser korrigiert werden kann.

5. Die didaktische Ueberprüfung (didaktische Analyse)

Die sog. "Didaktische Analyse" ist ein von W. Klafki[1)] in den frühen 60er Jahren entwickeltes Verfahren, dem Lehrer bei der Auswahl und Begründung von Lerninhalten durch einen Frageraster behilflich zu sein. Didaktische Analyse bezieht sich also nicht auf die Auseinandersetzung mit schon vorgegebenen Lernstrategien und ihren Bedingungen, sondern auf die zweckmässige und sinnvolle Reflexion im ersten Stadium der Planung. Dennoch meinen wir, dass solche Analyse sich auch nach Festlegung der Lernziele und Ausführung der Strategie lohnt. Allerdings muss sie mit dem Schulz-Heimann'schen Didaktik-Konzept gekoppelt werden.

Die grundlegenden Fragen im Sinne der Klafki'schen Analyse werden von einem Gruppenmitglied wie folgt zusammengefasst übernommen:[2)]

"1. Welche Bedeutung kann die an diesem Gegenstand zu gewinnende Erfahrung (Erkenntnis, Einsicht, Fähigkeit, Fertigkeit) für die Zukunft dieser meiner Schüler haben?

2. Welche Bedeutung hat dieser Gegenstand im gegenwärtigen Leben der Erwachsenen? Ist sein bildender Gehalt für das allgemeine Bewusstsein fraglos verbindlich und in der gesellschaftlichen Wirklichkeit als prägendes Moment überzeugend spürbar? Kann ich selbst ihn glaubwürdig vertreten?

3. Welchen grösseren Sinn- oder Sachzusammenhang vertritt und erschliesst dieser Gegenstand? Welches Urphänomen, welches Grundprinzip (Gesetz, Kriterium, Problem, Methode, Technik, Haltung usw.) lässt sich in der Auseinandersetzung mit diesem exemplarisch erfassen?

4. Ist dieser Gegenstand den Schülern meiner Klasse nach ihrem Entwicklungs- und Bildungsstand überhaupt zugänglich? Lässt er sich in der gegebenen pädagogischen Situation anschaulich, lebendig, 'fragwürdig' machen? Steht der für seine Aneignung erforderliche Aufwand an Kraft und Zeit in einem sinnvollen Verhältnis zu den erhofften Bildungswirkungen?"

Sie müssen - wie gesagt - erweitert werden durch die Fragen nach den sechs kategorial-analytischen Grundbestimmungen Heimanns[3)], welche bei inhaltlich variablen

---

1) Vgl. W. Klafki: Didaktische Analyse. Hannover 1969[10].
2) Entnommen aus: U.P. Lattmann: Unterrichtsvorbereitung. Hitzkirch 1973[2], S.61.
3) Vgl. P. Heimann: Didaktik als Theorie und Lehre. In: Die Deutsche Schule 9/1962, S.407ff. Vgl. auch die Abbildung des didaktischen Strukturgitters S.369 dieser Arbeit.

Elementarstrukturen formal konstant bleiben, nämlich die Frage intentionaler, methodischer, medien-bedingter, anthropologisch-psychologischer und situativ-sozial-kultureller Art.

Mit einem solcherart erweiterten Fragenkatalog können Unterrichtsinhalte der Strategie und deren Bedeutung für den Schüler und sein gesellschaftliches Umfeld festgestellt und legitimiert werden. Er bezieht sich aber auch auf die Handlungszusammenhänge, auf die methodische Dimension, auf die Medien etc. welche detailliert durch den ganzen situativen Komplex des Unterrichts in den vielen von der Lernstrategie gesteuerten Einzelhandlungen immer je ein Ganzes, eine Unterrichtsstruktur bilden.

Wir geben hier wiederum exemplarisch zum Grobziel A die Fragen und Bemerkungen desjenigen Gruppenmitglieds an, das sich simulativ in die Position des "Didaktikers" versetzt hat. Seine Angaben sind zwar nur Schlüsselreize zur Fortsetzung der Reflexion.

Zu Frage 1 des Klafki'schen Rasters

a) Allgemein fehlt noch die Begründung zu: Ist die in dieser Strategie zu gewinnende Erfahrung (Erkenntnis usw.) eine notwendige Voraussetzung für den weiteren Bildungsweg oder Lebensweg aller Schüler?
b) Ist unsere Strategie nicht eher mittelschichtorientiert und in ihren exemplarischen Beispielen den Extremsituationen verfallen? (z.B. Rocker-Gruppe, Besuch im Altersheim etc.)

Zu Frage 2

a) Wird die Strategie (und ihr bildender Gehalt) innerhalb und ausserhalb der Schule wirklich ernst genommen? Wird sie ev. ideologisch wertgeschätzt und im praktischen Leben ignoriert?
b) Kann jeder Lehrer den Gehalt selbst glaubwürdig repräsentieren, ihn im Unterricht wirksam werden lassen und auch gegen allgemeine gesellschaftliche Trends und lokale Konventionen vertreten?
c) In welchen Fächerkanon und Stundenplan wird die Lernstrategie eingefügt? Kann der zeitliche Aufwand, der zweifellos gross ist, bei den Schülern, Eltern und Aufsichtsbehörden der Schule gerechtfertigt werden (vgl. Stundenplan der Oberstufe im Kt. Zürich).

Zu Frage 3

a) In welchem grösseren Sinn- oder Sachzusammenhang steht unsere Strategie. Welche Erfahrungen (Einsichten, Kenntnisse, Fertigkeiten, z.B. Fremdenlegion, Altersheim) müssen bei Lehrern und Schülern zum Verständnis notwendig vorher erworben worden sein?
b) Für welchen allgemeinen Sachverhalt soll unsere Strategie exemplarisch (repräsentativ, typisch) sein?
c) Nach welchem Strukturschema ist unsere Strategie aufgebaut? Unser "strukturales Prinzip" in der Strategie muss mindestens dem Lehrer logisch und didaktisch einsichtsvoll (möglichst kurz in einer Grafik) veranschaulicht werden.

Zu Frage 4

a) Wird dem Oberstufenschüler unsere Thematik richtig anschaulich gemacht? Ist sie ihm gegenwärtig?
b) Haben wir wirklich unsern Unterrichtsgegenstand für die Schüler interessant genug gemacht (Anschaulichkeit, Kompliziertheitsgrad, soziale Ferne, unzulängliche Vorstellungen, mangelnde Sachkenntnisse, etc.)? (Vgl. die Ausführungen über Motivation S. 482ff.)
c) Welches ist der anzustrebende Ertrag an gesichertem Wissen und Können?

In der Erweiterung durch die Dimensionen des Strukturgitters werden die obigen Fragen nun allerdings nicht genügend klar tabellarisch verwertet. Wir geben hier trotz dieses eindeutigen Mangels einen Ausschnitt wieder:

INTENTIONEN	METHODEN	MEDIEN	PRUEFUNG
A. 1a)	Klassenkasse: Prinzip der Nähe, Alltagsnähe, Lebensnähe ?		
1b) Herausschälen des Wesentlichen.	Möglichkeiten der sanften Manipulation durch den Lehrer.		Was soll das Wesentliche sein? Operationalisieren!
1c) Falsche Zuordnung des Begriffes Norm. Abstraktion? Theorie?		Begriff Norm veranschaulichen! ev. didaktisches od. logisches Modell	
2a) Warum gerade diese inhaltliche Auswahl? Haben die Schüler genügend Vorkenntnisse? Werden völlig unrelevante Normen aufgestellt? Wer beurteilt die Einhaltungsmöglichkeiten?			
2b) Lehrer muss vorerst einige Begegnungssituationen im Altersheim schildern, dann kann erst ein relevanter Normenkatalog entstehen! Ungewohnte Neuigkeit: Wieviele Normen kann der Schüler gleichzeitig im Kopf behalten und einzuhalten versuchen? (Ich meine: 2!) Konsequenzen in der Strategie.			
2c) Interdependenz zwischen Normträgern.	Das Einhalten von Normen ist abhängig von beiden Seiten: Alten Leuten und Schülern.		Wer urteilt über Schwierigkeitsgrad?
3c) Selbsttätigkeit des Schülers. Wirklichkeit schildern oder besser: schildern lassen! Rocker-Gruppe: Beispiele sollen tatsächlich von einer bestimmten Gruppe stammen. (Nicht Beispiele irgendwoher zusammenwürfeln).			

3d) Abstrahieren.	Die Schüler können weder logisch didaktisch gute Modelle <u>selbst</u> entwickeln (Oberstufe).
3e) Abstrahieren Zusammenfassen.	Der Lehrer entwirft ein logisches oder eher didaktisches Modell anhand der Begriffe: Norm, Rolle, Sanktion ... Modell ist statisch: Ein Merksatz, der ins Schülerheft geschrieben wird, müsste sich auf die gegenseitige Beeinflussung von Rolle, Norm und Sanktion beziehen!

6. Didaktischer Exkurs: Kodifikationsformen des Unterrichtsablaufs

Es stellt sich an dieser Stelle die Frage nach der Kodifikationsform der Strategie. Beeinflusst vom Schulz-Heimann'schen Strukturgitter werden heute Unterrichtsentwürfe oft nach folgendem Schema gegliedert:[1]

Tätigkeit des Lehrers	Tätigkeit des Schülers	Sozialform	Medien	Zeit
↓	↓	↓	↓	↓

Da diese Form sich für relativ kurzfristige Planung zu eignen scheint, wollen wir noch andere eher mittelfristige und langfristige Kodifikationsformen anfügen. J. Niggmeier[2] verwendet für die Gestaltung von Schulendtagen folgendes Schema:

Zeit in Minuten	Geschehen (inhaltlich)	Arbeitsform	Medien	Erläuterungen
↓	↓	↓	↓	↓

Unter Geschehen (inhaltlich) figurieren: Arbeit an Thesen, Motivationsanalyse etc.; unter Arbeitsform: Aussprache, Meinungsaustausch, Arbeit im Plenum, spontane Schüleräusserungen etc.; unter Medien: Arbeitsblatt, Textblatt, Schallplatte

---

1) Vgl. Uebungsschul-Unterrichtspräparationen des OS in Zürich. Unveröffentlicht.
2) Vgl. J. Niggmeier: Jugend-Glaube-Kirche. In: Kat.Blätter 8/1973. Anhang S.1ff.

etc.; und unter Erläuterungen fallen alle Erfahrungsberichte zu den einzelnen Sequenzen.

Wiederum eine andere Form verwendet H. Greschner[1] in seinem Lehrerheft zu verschiedenen thematischen Unterrichtsentwürfen. Bei Vorgabe von Situationsanalyse, Sachinformation, didaktisch-methodische Ueberlegungen mit Lernzielen verwendet er folgende Kodifikationsform:

Zeit	Didaktischer Kommentar	Geplantes Lehrerverhalten	Erwartetes Schülerverhalten
↓	↓	↓	↓

In die Spalte "Didaktischer Kommentar" werden methodisches Handeln, lernpsychologische Hinweise, Schüleraktivitäten, Lernstufen etc. eingefügt.

Dieser Ansatz will vermutlich dem Anlass-Folge-Schema[2] entsprechen und damit auch emanzipatorische Akzente setzen. Das Schülerverhalten wird nur erwartet, nicht bewusst intendiert.

Erwähnenswert ist aber auch das lernzielorientierte Unterrichtsvorbereitungsschema (LUV-Schema) von U.P. Lattmann[3], welches auf einer ersten Seite eines A4-Blattes folgende Informationen verlangt:

1. Intention:
   ↓
2. Lernziel (und/oder Teilziel):
   ↓
3. Bedeutung und Begründung des Lernzielinhaltes:
   ↓
4. Hilfsmittel a) für den Lehrer: b) für den Schüler:
   ↓ ↓
5. Hausaufgaben: Zeitaufwand:
   ↓ ↓
6. Hinweise und Anknüpfungen für die nächste Lektion:
   ↓

Auf der Rückseite des Blattes wird dann jeweils der Unterrichtsablauf folgender-

1) Vgl. H. Greschner. In: Materialdienst für den Religionsunterricht an beruflichen Schulen. Heft 7, Freiburg Feb. 1973, S.1ff.
2) Vgl. S.425ff dieser Arbeit.
3) Vgl. U.P. Lattmann: Unterrichtsvorbereitung. Hitzkirch 1973^2, S.59 und 63.

massen skizziert:

Tätigkeiten des Lehrers (L)	Tätigkeiten des Schülers (S)	Zeit
↓	↓	↓

Dieser Ansatz bezieht die curriculum-theoretischen Erkenntnisse insofern mit ein, als der Zusammenhang von Intention-Lernziel-Inhalt-Handlung erschlossen wird. Ich möchte - um die curricularen Bewegungen weiterhin zu berücksichtigen - drei weitere Kodifikationsschemata erwähnen.

Das erste, ein mehr kurzfristig gedachtes, vermerkt zuerst das Thema, dann das Lehrziel und schliesslich ein ganzes Bündel von Lernzielen.[1] Hierauf wird ein Unterrichtsverlauf von drei Stunden nach folgendem Raster aufgeteilt:

Lernschritt	Inhalt	Methode	Medien
1 2 ↓	↓	↓	↓

Unter Inhalt versteht die Autorin allerdings eher das, was W. Klafki unter "Gehalt" versteht, nämlich die Sinndimension (Skopus) eines Inhaltes.

Das zweite betrifft die langfristigen curricularen Planungen unter dem Namen "Handreichung für das Unterrichtsfach Ethik" in Bayern[2]. Es unterscheidet folgende Felder:

Lernziel	Lerninhalt	Unterrichts- verfahren	Lernzielkontrolle
↓	↓	↓	↓

Das Lernziel liegt meistens auf Dispositionsziel- oder Leitidee-Ebene. Der Lerninhalt ist formal gehalten. z.B. heisst es S.56: "Glücksbegriff in verschiedenen

---

1) Vgl. G. Bliem: Wir feiern Auferstehung. Katechese für die 4. Schulstufe. In: Christl. päd. Blätter 2/1974, S.89.

2) Vgl. Handreichungen für das Unterrichtsfach Ethik mit Abdruck des curricularen Lehrplanes. Donauwörth 1973. (Hrg. Staatsinstitut für Schulpädagogik. München.)
   Vgl. unsere Ausführungen dazu am Schluss dieser Arbeit S.547ff.

ethischen Systemen: Hedonismus, Utilitarismus, Utopien, Jenseitserwartungen." Er muss meistens durch vom Unterrichtenden selbst gewählte Beispiele inhaltlich gefüllt werden. In der Spalte Unterrichtsverfahren werden allgemein funktionale Prozesse eingefügt, wie Textanalyse, Textinterpretation, Referate etc. Ebenfalls ist die Lernzielkontrolle relativ allgemein gehalten (Bsp.: "Formulierung eines Argumentationszusammenhangs.")
Für ein Curriculum scheint diese Form geeignet zu sein. Aufgrund solcher Rohkonzepte liessen sich - wie wir noch zeigen werden - viele Lernstrategien erstellen, die in Auswahl und Konkretisierung dem Lehrer bzw. seiner freien Entscheidung (ev. zusammen mit den Schülern) überlassen bleibt.
Das dritte Beispiel eignet sich durch seine Aufteilung eher für langfristige unterrichtliche Planung. Es handelt sich um den Zielfelderplan für den katholischen Religionsunterricht[1]. Ein Zielfeld beinhaltet ein Thema oder eine Leitidee. Diese werden eingeteilt in Lerneinheiten und diese wiederum in Lernziele. Jedem Lernziel wird folgende Kodifikationsform unterstellt:

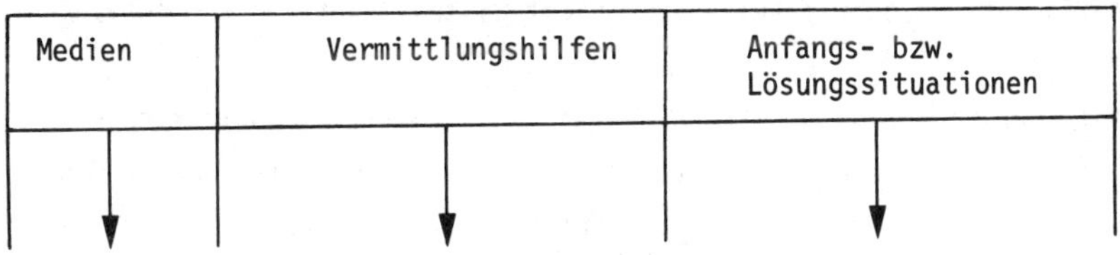

Vermittlungshilfen beziehen sich meistens auf die Lehreraktivitäten, während Anfangs- bzw. Lösungssituationen sich auf die Schüleraktivitäten beziehen. Beiden werden (mit Abkürzungen) jeweilige Sozialformen zugeordnet.
Was vorher in lernzielorientierten Ansätzen so scharf voneinander getrennt war, wird hier eher wieder prozessual ganzheitlich gesehen, denn Vermittlungshilfen und Anfangs- bzw. Lösungssituationen lassen sich nicht immer scharf voneinander unterscheiden.
Obwohl die Auswahl der hier dargestellten Formen unvollständig ist und nur aufgrund der Häufigkeiten von Unterscheidungskriterien getroffen wurde, zeigt ein Vergleich dieser Modelle dreierlei:

- Es ist nicht möglich, einheitlich zu kodifizieren, weil je andere theoretische Intentionen im Hintergrund stehen.
- Es ist nicht möglich, einheitlich zu kodifizieren, weil dieselben Begriffe je anders verwendet werden. So geben einige den Inhalt bei den

---

1) Vgl. G. Siener: Zielfelderplan IV 3/9. München 1974, S.25ff.

Medien bekannt, andere sprechen von inhaltlichem Geschehen und meinen Inhalts-Handlungseinheiten, wieder andere sprechen von Inhalt und meinen Gehalt etc.

- Je grösser die Auftrennung des Geschehens in die Schulz'schen Strukturgitterfaktoren ist, je unübersichtlicher wird das vorwegnehmende Sich-Vorstellen des Unterrichtsprozesses.

Die Frage lautet nun, wie sollen wir die zweite Fassung unserer Lernstrategie kodifizieren, sodass sie leicht lesbar ist. Während sich alle kurzfristigen Kodifikationsformen eher zur Planung der einzelnen Stunde eignen, sind die grobmaschigeren, langfristigen zu unscharf für unsere Strategie. Im LUV-Modell wird so getan, als ob der Lehrer der alleinige Entscheidungsbevollmächtigte über die Auswahl von Inhalten sei; bei anderen wiederum steht die Kodifikationsform im Zusammenhang mit dem Unterrichtsstil, d.h. bei Betonung von mäeutischen Unterrichtsverfahren wie bei Greschner wird die entsprechende Kodifikationsform die Schwäche dieses Vorgehens sehr gut verschleiern. (Wie kann das anders sein, wenn ein Arbeitsblatt im schulpraktischen, nicht wissenschaftlichen Feld als Medium aufgeführt wird.)
Einerseits soll der Lehrer dazu erzogen werden, möglichst viele Unterrichtsfaktoren zu diskriminieren und damit auch zu beachten, anderseits soll er das Prozessuale und damit auch die Dynamik des Unterrichts gestalten. Oft wird bei den oben angeführten Kodifikationsformen auch etwas nebeneinandergestellt, was zeitlich nacheinander kommt (vgl. etwa Lehreraktivitäten - Schüleraktivitäten, oder Lerninhalt - Unterrichtsverfahren - Lernzielkontrolle). Oft werden die Felder miteinander verwechselt. Auch ist nicht einsichtig, welche Wertung bzw. Gewichtung etwa eine Lehrerinformation gegenüber der Gruppenarbeit der Schüler hat. Ebenfalls scheint die Spontaneität durch zu einseitige Festlegung der Lehrer- und Schüleraktivitäten beeinträchtigt. So sehr mir das Strukturgitter für die Unterrichtsanalyse geeignet scheint, so problematisch halte ich es für die prospektive Planung von Unterricht.[1)]
Deshalb habe ich micht entschlossen, auch die zweite Fassung der Strategie so aufzugliedern, dass in der ersten Spalte allgemeine Handlungen und Prozesse des Unterrichts angegeben sind, in der zweiten - deskriptiv - das Was, Wer, Wie und Womit der Handlung berücksichtigt wird. (Nur grosse Texteinheiten sind in den Anhang verwiesen.) Es wäre ein leichtes, die Strategie in irgend eine der oben angeführten

1) Vgl. unsere Ausführungen zum Strukturgitter S. 368ff.

Kodifikationsformen umzumodeln. Aber ich meine, dass auf die vorliegende Weise der Prozess des Unterrichts vorstellungsmässig und mnemisch besser vorweggenommen werden kann. Vieles wird als Formulierung überflüssig. Wenn die Schüler beispielsweise ein Planspiel durchführen, ist es nicht nötig zu schreiben: Der Lehrer informiert über den Verlauf des Planspiels. Denn wenn kein Schüler darüber informiert ist, muss der Lehrer dies sicher tun, oder aber das Planspiel funktioniert nicht. Damit ist auch gesagt, dass viele unterrichtsorganisatorische Qualifikationen vorausgesetzt werden.
Wir behalten also die Kodifikationsform der ersten Fassung bei. Sie hat den Vorteil, dass der Lehrer auf den ersten Blick (in der ersten Spalte) sieht, was allgemein (prozessual) vor sich geht. Er findet aber auch die Inhalte und die damit verknüpften Organisations- und Sozialformen. Die jeweilige Nummerierung gibt die Lernschritte an. Die vielen eingebauten Kontrollen sind dem Lernprozess inhärent, entsprechen also dem jeweiligen Unterrichtsverfahren, unterscheiden sich nicht von anderen Prozessen, wie dies beim Ethik-Lehrplan von Bayern geschieht. Sie entsprechen dem sog. Funktionsrhythmus. Das bedeutet: Bei Taylorisierung des Unterrichtsverlaufs in kleinste Schritte findet der Lehrer Angaben, wie jede Information verarbeitet und wiederum transferal verwendet werden kann.
Wenn wir einen schülerorientierten Unterricht bejahen, so müssen wir auch das Prozessuale des Unterrichts betonen, dies wiederum hat Einfluss auf die Kodifikationsform.

7. Die Ueberprüfung dessen, was die Lernstrategie an Theorien über das Gewissen beinhaltet

Ein Gruppenmitglied überprüfte die Lernstrategie vom Standpunkt einer Theorie über das Gewissen. Einiges Kopfzerbrechen bereitete dabei die Auswahl eines geeigneten Ansatzes. Sollen wir bspw. I.Kants Intentionen berücksichtigen, wo ethische Funktionen formal gelernt werden?[1] Sollten wir Freuds ontogenetisches Entstehungsmodell des psychischen Apparates als Raster über die Strategie legen? Sollten wir soviele Ansätze als möglich zusammen (eklektizistisch) berücksichtigen? Schliesslich wurde im Konsens festgelegt, die klar gegliederte Schrift von

---

1) Vgl. I. Kant: Grundlegung zur Metaphysik der Sitten. Stuttgart 1970.

J.H. Huijts, "Gewissensbildung"[1], heranzuziehen. Ihre anthropologisch-pädagogische Ausrichtung schien für die Ueberprüfung der Strategie deshalb geeignet, weil das Gewissen als Prozess im Leben des Menschen gesehen wird.
In einem ersten Schritt ging es wiederum darum, die Gewissenstheorien von Huijts zusammenfassend darzustellen, um dann in einem zweiten Schritt zu überprüfen, wieweit die vorliegende Lernstrategie auf diesen Gewissenstheorien basiert.
Die Studie von Huijts umfasst drei Teile und hat einen kritisch orientierenden Charakter.
Im ersten Teil versucht Huijts, die Gesamtheit der psychologischen Fragen zur moralischen Selbstverwirklichung in einer eigenen Theorie aufzufangen. Er verfolgt beschreibend, auf welche Weise das Gewissen in der menschlichen Selbstverwirklichung offenkundig wird und mitschwingt. Das Gewissen wird nacheinander analysiert als intersubjektive Beziehung, Selbstwertung, Persönlichkeitsentfaltung und Selbstverwirklichung.
Im zweiten Teil analysiert er verschiedene experimentalpsychologische Untersuchungen.
Im dritten Teil entfaltet er eine Perspektive, unter der das weitere Studium der Psychologie der moralischen Selbstverwirklichung gesehen werden kann, nämlich als "Geteilte Verantwortlichkeit". Der Mensch erfährt sein Gewissen als einen Aufruf zur gemeinsamen Verantwortlichkeit. Gleichzeitig begreift er, wie sehr seine Verantwortung an die Lebensphase gebunden ist, in der er sich befindet. Seine tatsächliche Verantwortlichkeit ist nur eine geteilte, eine teilweise Verantwortlichkeit.
Wichtig ist nun die Aufteilung in die vier anthropologischen Kategorien, die wir kurz referieren.

a) Gewissen als intersubjektive Beziehung

Huijts stellt hier dar, wie sehr die Entfaltung des Gewissens mitbestimmt wird durch die menschlichen Verhaltensweisen. Sie seien der ausgedehnte Untergrund, auf dem das Gewissen geweckt werde. Umgekehrt wirke die Gewissensentfaltung auf die intersubjektiven Beziehungen ein. Gewissen sei immer ein Verhalten der Menschen zueinander, eine Kommunikation von Personen.[2] In dieser Auffassung verliert das Gewissen seine individuelle Belastung und erkennt sich vor allem als eine soziale Beziehung. Das ethisch Gute sei das Zusammen-Verantwortlich-Sein.

---

1) J.H. Huijts: Gewissensbildung, Köln 1969.
2) Vgl. dazu den Begriff der "kommunikativen Ethik", S.438ff.

b) Gewissen als Selbstwertung

Eine gesunde Selbstwertung ist für die Lebensentfaltung notwendig. Die Voraussetzung für Selbstwertung ist die Selbsterfahrung. Diese wird in Wechselwirkung mit der Umgebung aufgebaut und zwar "perspektiv-kognitiv und affektiv-motivational". Sie wird hauptsächlich durch das soziale Milieu und die Erziehung im Kindesalter bestimmt. Da die richtige Selbstwertung für die Beziehung zum Nächsten wichtig ist, ist ihr bei der Gewissensbildung besondere Beachtung zu schenken. Selbsterkenntnis ist eines der Hauptziele des Menschen. Sie ist niemals vollendet und macht verschiedene Stufen der Entwicklung durch, denen verschiedene Stufen der Selbstwertung und der Gewissensform entsprechen.

1) "Phase des physischen Ich": Beim kleinen Kind stellt sich Selbsterkenntnis noch nicht als Problem. Seine egoistischen Bedürfnisse und seine Selbstwertung decken sich. Im Laufe der Entwicklung lernt es durch die Beurteilung durch den Erwachsenen, was "gut" und "böse" ist.
2) "Phase des sozialen Ich": Das Kind erkennt, dass es dem anderen nützlich sein kann. Das "Gute tun" ist wichtiger als das "Gut sein". Die Selbstwertung findet am äusseren Verhalten, der Leistung, der Beachtung von Regeln statt.
3) "Phase des moralischen Ich": Die Gerichtetheit auf das Gute wird als Lebensbestimmung erfahren. Die "Einzigartigkeit" des einzelnen Menschen wird bewusst.

c) Gewissen als Persönlichkeitsentfaltung

J.H. Huijts legt in diesem Teil seiner Schrift die Bedingungen der Entwicklung zur Persönlichkeit von der Geburt bis zum Erwachsenenalter dar. "Grundstimmungen" der "umhüllenden Situationen", Geschmack-, Geruch- und Tastsinn, die ganze Skala der Gefühle, die Stillung der vitalen Bedürfnisse als an den Leib gebundenes Erleben von Gut und Nicht-Gut, die Entwicklung des Denkens - alle diese Faktoren beeinflussen den Gewissensentscheid.
Huijts lehnt es ab, das Gewissen wie folgende Autoren zu betrachten:
Gewissen aus Furcht vor sozialer Isolation. (Zulliger)
Gewissen als Folge des von aussen auferlegten Triebverzichts, der dann wieder weiteren Triebverzicht verlangt. (Freud)
Er wirft diesen Autoren vor,nur eine Form des Gewissens zu betrachten,

nämlich die "heteronome" (Piaget) des kleinen Kindes, die jedoch durch andere Formen abgelöst wird. Allerdings kann diese heteronome Form auch noch beim Erwachsenen vorkommen neben autonomen Gewissenserfahrungen; die moralische Entwicklung verläuft nicht in allen Erlebnisbereichen gleichzeitig, sodass der Mensch zum gleichen Zeitpunkt auf einem Gebiet noch heteronom, auf einem andern bereits autonom entscheidet.
Die Triebe betrachtet Huijts nicht als Kräfte, die der sittlichen Entfaltung entgegenstehen und bekämpft werden müssen, sondern als "Teilfaktor der Gesamtentfaltung, in der sie aus ihrer eigenen Struktur heraus Sittlichkeit verlangen und bewirken."[1)]
Der zwischenmenschliche Konflikt ist im menschlichen Zusammenleben unvermeidbar und spielt auch in der Gewissensbildung eine Rolle. Er wird bei Huijts als Versuch einer schöpferischen Anpassung betrachtet, die die gemeinsame Aufgabe des Erziehers und des Kindes ist, ein gemeinsames Ringen um moralische Klarheit. Konfliktlösung darf keine Sache der Machtanwendung sein und soll auf der Basis der gegenseitigen Achtung gelöst werden.
Strafe und Belohnung (Sanktionen) können im Gegensatz zu Furcht und Zwang in der Erziehung sinnvoll wirken. Die Strafe soll nicht den Willen des Kindes brechen, sondern ihm seine eigenen Grenzen deutlich machen. Der Erzieher muss sich über seine Motive für das Strafen ganz im Klaren sein; die Strafe soll als "Aufforderung zur Lebenserneuerung" dienen.
Dem in der Literatur viel häufiger erwähnten "schlechten Gewissen" stellt Huijts das "gute Gewissen" als ebenso wichtig gegenüber, da Lust- und Glückserfahrung auch die Aufforderung zur Weiterentwicklung beinhalten.
Der Prozess der Identifikation beeinflusst die moralische Entwicklung während des ganzen Lebens. Als erste Identifikationsfiguren wirken Mutter, Vater und andere Familienmitglieder; später sucht sich das Kind viele andere Identifikationsfiguren, in denen es Verstehen und Anregung zur weiteren Selbstverwirklichung sucht. Seine jeweilige Bedürfnislage bestimmt die Art der Identifikationsfigur.

d) Gewissen als Selbstverwirklichung

"Auf dem Wege zur Selbstverwirklichung erfährt der Mensch sich als auf den anderen und sich selbst bezogen, als spannungsvolles Wachsen. Diese

---

1) J.H. Huijts: a.a.O., S.82.

Selbsterfahrung vollzieht sich aber in einer Welt, die voll konkreter Geschichte ist."[1)] Hier kommt der Norm einige Bedeutung zu.[2)] Die Norm hat bei der sittlichen Entwicklung einen hinweisenden Charakter auf das moralische Können innerhalb eines bestimmten Lebenshorizontes. "Die Norm übersetzt die Lebenswerte in unsere Alltagswelt."[3)] Sie kann in verschiedenen Gruppen unterschiedlich sein, die fundamentalen ethischen Grundlinien sind aber dieselben. Die Norm akzentuiert das ohne die bereits vorhandene Gefühl für das Gute.
Das Normmodell kann je nach Lebensalter, Milieu und Anlagen modifiziert sein, wirkt aber immer als Stütze zur Selbstverwirklichung. Die Norm wirkt sowohl im Verhalten als auch in der moralischen Gesinnung als richtungsweisend.
Unter dem Begriff der "Geteilten Verantwortlichkeit" versteht Huijts die Flexibilität und selektive Offenheit beim Aufspüren neuer der Zeit und Situation angepasster Verhaltensmodelle.

8. Die Ueberprüfung der Strategie aufgrund des Modells von J.H. Huijts

Wenn Huijts ein so weit gefasstes anthropologisches Gewissensmodell entwirft, finden darin sicher auch die inhaltlichen Annahmen unserer Lernstrategie Platz. Ich habe oben absichtlich seine Thesen auf relativ breitem Raum dargestellt, obwohl das meiste, was er sagt in präziserer Weise in dieser Arbeit schon aufgetaucht ist. Wenn nun unsere Lernstrategie von diesem Standpunkt relativ gut dasteht, so ist grösste Vorsicht am Platze, denn wir werden noch aufzeigen,[4)] dass unserer zweiten Fassung der Lernstrategie eine klare Dimensionierung abgeht. Jenes Gruppenmitglied, das sich auf den Standpunkt von Huijts gestellt hat, kommt zu folgender Analyse:

> "Bei J.H. Huijts handelt es sich um einen funktionalen Gewissensbegriff. Das allein weist schon darauf hin, dass Gewissen nicht in erster Linie intrapsychisch sondern als interpersonale Beziehung verstanden wird. Gewissenhaftes Handeln verlangt auch Reflexion. Es setzt immer ein persönliches Engagement, eine persönliche Stellungnahme voraus. Der Prozess der Gewissensbildung, d.h. also moralische Selbstverwirklichung, verlangt Dynamik und ist nie abgeschlossen.
> Diese Faktoren scheinen mir in der Lernstrategie alle berücksichtigt

---

1) J.H. Huijts: a.a.O., S. 111.
2) Vgl. unsere Ausführungen über Normen S.42.
3) J.H. Huijts: a.a.O., S. 111.
4) Vgl. S.495 und S.541ff.

worden zu sein.

Analyse der Grobziele A bis E

Grobziel A: Der Schüler soll erfahren und verarbeitend darstellen, dass er sich in bestimmten Situationen nach bestimmten Normen verhält bzw. verhalten kann.

In diesem Grobziel scheint zum Ausdruck zu kommen, dass Normen indikativisch zu verstehen sind, als Richtlinien, nach denen man sich halten kann. Moralische Massstäbe können nicht ohne weiteres zu allgemeinen und immer gültigen verabsolutiert, aber auch nicht völlig zu Zufälligkeitsfaktoren relativiert werden. Sie werden immer wieder im Hinblick auf die Bedeutung, die sie im Ganzen der Selbstverwirklichung haben, betrachtet werden müssen. (Huijts S.118)

Grobziel B: Der Schüler soll erfahren und verbalisieren, dass Normen relativ sind (stabil, verfestigt, movibel, spontan).

Die sittlichen Normen verlangen ein kritisches Studium. Sie vermitteln ja nichts automatisch und per se. Sie können die Stelle der Moralität einnehmen, ein selbständiges Leben führen, geheiligt und unantastbar werden. Dann helfen sie dem Menschen nicht mehr, er selbst zu werden, sondern sie hemmen sein Leben und lassen es erstarren. (Huijts S.119)
Dieses Grobziel soll den Schüler vor einer falschen Anpassungsmoral behüten, ihn aber doch erfahren lassen, dass es auch Normen gibt, die für alle in gleicher Weise gelten sollen.

Grobziel C: Der Schüler soll abweichendes und konformes Verhalten identifizieren, analysieren und begründen lernen.
Dieses Ziel verlangt in vermehrtem Masse Reflexion. Diese Reflexion fügt jedoch keine neuen Werte hinzu, die irreflexiv nicht schon gegeben waren. Sie eignet sich diese nur auf besondere Weise an und verleiht dadurch grössere moralische Kraft. Das intellektuelle Moment verleiht der ersten, präintentionalen Wertorientierung mehr Deutlichkeit und Stabilität.

Grobziel D: Der Schüler soll abweichendes und konformes Verhalten bewerten lernen (wagen, aushalten, die Stirne bieten, sich wehren). Dieses Grobziel setzt Einsicht in Zusammenhänge voraus und verlangt von jedem eine eigene Stellungnahme, einen persönlichen Entscheid.

Grobziel E: Der Schüler soll den Stellenwert des Gewissens (internalisiertes Wertsystem, Ueber-Ich, Stimme Gottes) den Punkten GZ 1-4 zuordnend in verschiedener Weise darstellen lernen.

Mit diesem Grobziel scheint mir das strukturale Prinzip plötzlich durchbrochen zu sein. Es werden hier Gewissensdefinitionen genannt, die vorher nie zur Sprache kamen. Teil E fügt sich meines Erachtens nicht harmonisch ins Ganze und könnte weggelassen werden. Da von einem funktionellen Gewissensbegriff ausgegangen wurde, stellt sich nämlich wirk-

lich die Frage, ob es sinnvoll sei, das Gewissen jetzt noch phänomenologisch zu thematisieren. Mir scheint, dass die Grundtendenz, wie sie F.O. formuliert, nämlich, den Schüler dazu zu motivieren, selber Stellung zu beziehen, sich durch den Unterrichtsprozess zu einer "Einstellungsänderung" bewegen zu lassen, teilnehmend die andern zu verändern und schliesslich im Sinne des schülerzentrierten Unterrichts eigene Initiative zu ergreifen, schon mit den GZ A-D erreicht wird."
usw.

9. Zusammenfassung

Alle Fakten des Unbehagens, welche aufgrund der theoretischen Evaluation von den verschiedenen Positionen geäussert wurden, stellte die Gruppe gegliedert nach den Nummern der Strategie in einer Checkliste zusammen. Es wurde durch Konsens ermittelt, welche davon in einer neuen Fassung zur Anwendung gelangen sollten.
Als wichtigste Entscheidung ist zu vermerken, dass der Begriff des Gewissens gekoppelt mit den schulischen Erfahrungsgrundlagen in jedem Grobziel der Lernstrategie je neu und von mal zu mal differenzierter eingebracht werden sollte.
Eine zweite wichtige Entscheidung war, dass das Thema der Verhaltensabweichung bzw. -konformität die inhaltliche Gliederung auch der zweiten Fassung grundlegend bestimmt, dass also nicht bspw. das Thema der Schuldbewältigung im Zentrum stehen soll. Dafür wäre eine neue Strategie vorgesehen. Die dritte wichtige Entscheidung bestand darin, das sog. transzendente Gewissen oder nach Heidegger der eigentliche Ruf des Daseins zu sich selbst oder nach C.G. Jung das ethische bzw. religiöse Gewissen auf dieser Altersstufe noch nicht expressis verbis zu thematisieren.
Obwohl strategische und prozessuale Entscheidungen für den Wissenschaftler interessanter sind als deren Produkt, muss in dieser Arbeit auf die weiträumige Darlegung all dieser Vorgänge verzichtet werden.

F. Zur Erstellung der 2. Fassung der Lernstrategie «Gewissen und Verhaltensabweichung»

1. Einleitung

Die vierte Phase bestand in der Neufassung der Lernstrategie. Wir geben die aus den Entscheidungsprozessen gewonnenen veränderten Grobziele und deren Begründung in den auf S. 84 dargestellten Bereichen an: nämlich inhaltlicher Bereich, funktionaler Bereich und erzieherischer Bereich.

2. Analyse der Strategie

Grobziel A : Der Schüler soll erfahren und verarbeitend darstellen, dass er sich in bestimmten Situationen nach bestimmten Normen verhält bzw. verhalten kann. Er soll die Begriffe Norm, Normarten, Sanktion, Gewissen richtig verwenden lernen.

Inhaltlicher Bereich:

- Verteilung knapper Güter.
- Begegnung mit Randgruppen (Altersheim, Rockergruppe etc.).
- Bildanalyse: Kriegssituation, Verkehrssituation, Folgen extremer sozialer Schichtung, Gerichtssituation.
- Textanalyse: Randgruppensituation, Gerichtssituation, Schichtunterschiede, Erwachsenen-, Jugendkonflikte, etc.

Funktionaler Bereich:

- Normen hinter jedem Handeln formulieren.
- Normarten auswendig kennenlernen.
- Die Funktion des Gewissens in den obigen Situationen analysieren.
- Die Intensität des Gewissens in den obigen Situationen feststellen und begründen.
- Koppelung des Begriffes Sanktion mit dem Begriff der Normart.

Erzieherischer bzw. Handlungsbereich:
- In Gruppen Verteilungssituationen vornehmen.
- Den Besuch im Altersheim planen, durchführen und auswerten.
- Die aufgebaute kognitive Struktur: Handeln - Norm - Gewissen in Bild- und Textsituationen transferieren.
- Argumentationen für oder gegen eine Norm im Planspiel durchstehen.

Grobziel B: Der Schüler soll erfahren und verbalisieren können, dass Normen einerseits sehr stabil und anderseits mobil, dass sie absolut verpflichtend und je nachdem situationsgebunden sein können (spontan). Er soll aufzeigen können, wie die Normvorstellung verändert wird, wenn das Gewissen zum Zuge kommen kann, wie anderseits das Gewissen von sozialen Normvorstellungen abhängig ist.

Inhaltlicher Bereich:
- Bestimmung von Verbrecherschuld aus Körpermerkmalen (Vorurteil).
- Filmanalyse: Eroberung des "Platz an der Sonne" mit sozialem Konflikt.
- Zerstörung eines Normsystems einer Gruppe durch gesetzeswidrige Verhaltensabweichung (Situation Nichtraucherabteil im Zug).

Funktionaler Bereich:
- Analyse der Normen, welche mit Vorurteilen verknüpft sind.
- Innerhalb einer Taxonomie möglicher Normen für ein bestimmtes Handeln, die richtige begründend wählen.
- Pro- und retroaktive Funktionen des Gewissens bei Entscheidungssituationen lokalisieren.
- Anteil des Denkens und Fühlens bei Gewissensregungen festlegen.
- Unterschiede in der Gewissenssensibilität begründen und den Anteil der Sanktion eruieren.
- Die selbe Situation mit verschiedenen Grundnormen, bzw. Lebensanschauungen "durchstehen" und dadurch die

Relativität der Normen (im Sinne der Moral) akzeptieren.

Erzieherischer Bereich:
- Aus Bildern einen Verbrecher auswählen.
- Durch Filmvisionierung die Struktur: Handeln (Vorurteil) - Gewissensintensität (Verdrängung) - Sanktion anwenden lernen.
- Im Planspiel die selbe Situation mit verschiedenen normativen Intensionen ausfechten lernen (Situation im Nichtraucherabteil).
- Analyse dieser Situation in Gruppen.

Grobziel C: Der Schüler soll abweichendes und konformes Verhalten identifizieren, analysieren und begründen lernen. Er soll das Bezugssystem Gewissen - Norm - Verhaltensabweichung - Sanktion in Beispielen und Erzählungen nachweisen können.

Inhaltlicher Bereich:
- Entscheidungssituation "Planung einer Schulreise".
- Widerspruch der Schüler gegen den Lehrer aus verschiedenen Motiven.
- Vier Situationen, wo je andere Vorstellungen von Gewissen zum Zuge kommen. (Kind greift nach etwas Verbotenem, "zur Last fallen" bei gemeinsamer Wanderung, Militärdienstverweigerer, Verschwendung von Arbeitsmaterial).
- Textanalyse: Motive des Austauschs von Gefangenen, absolutes Vertrauen in der Freundschaft, etc. (vgl. S.531 der Strategie).

Funktionaler Bereich:
- Verhaltensabweichung und Konformität simulieren, lokalisieren und definieren.
- Bezugssystem Gewissen - Verhaltensabweichung bzw. Konformität erarbeiten.
- Bezugssystem Handeln - Gewissen - Norm - Verhaltensabweichung/Konformität - Sanktion an Beispielen lokalisieren.

- Verschiedene Gewissensauffassungen verschiedenen Situationen zuordnen.
- Verhältnis Intensität des Gewissens - Lernakt/Wertsystem/Angst vor Sanktion darstellen.

Erzieherischer Bereich:
- Gruppendynamische Uebung: Verteidigung eines Ausflugziels.
- Ikonische Repräsentation von Verhaltensabweichung und Verhaltenskonformität. (Verhaltensskizze)
- Zuordnung von Gewissensdefinitionen zu Entscheidungssituationen mit normativer Begründung.
- Erstellung eines Beurteilungsrasters aufgrund von Wertmassstäben.
- Auswendiglernen von Satzkombinationen: je - desto.
- Gruppenweises Analysieren von Textbeispielen.

Grobziel D: Der Schüler soll abweichendes und konformes Verhalten bewerten lernen (wagen, aushalten, die Stirne bieten, sich wehren etc.). Kriterien dieser Bewertung sind
- Herkunft und Verpflichtungsstärke der Norm (Sanktion)
- Art der Abweichung
- Feinheit und Art des Gewissens.

Inhaltlicher Bereich:
- Normherkunft: Tabu, Religion, philosophische und politische Ideen, Konsensus, Tradition etc.
- Situationsbeispiele: Selbstverteidigung, Fremdverteidigung, Beschämung, Uebertretung einer Verkehrsregel, konventionelle Höflichkeit, soziale Isolation, gemeinsame Güterbeschaffung.
- Filmsituation: "Das Gleichnis": Ein Mime verhält sich in fast allen ihn begegnenden Situationen verhaltensabweichend aufgrund "christlicher" Normen.
- Erzählung von A. Solschenizyn: Ein Tag des Iwan Dessinowitsch. Verhaltensketten eines Gefangenen mit allen Entscheidungs- und Handlungsabläufen.

- Beobachtung des Tagesablaufs einzelner Schüler, bzw. Schülergruppen (Situations- bzw. Entscheidungsketten im Schulalltag).

Funktionaler Bereich:
- Herkunft von Normen untersuchen.
- Analyse von Situationen und Zuordnungsübungen durchführen nach folgenden Kriterien: Handlung - Verhaltensabweichung - gegensätzliche Norm - Normart - Herkunft - Verpflichtungsstärke - Intensität und Art des Gewissens.

Erzieherischer Bereich:
- Zuordnungsübungen.
- Tabellen ausfüllen.
- Filmvisionierung und Filmanalyse.
- Textanalyse in Gruppen.
- Situationsanalyse (Schulalltag) in Gruppen.
- Ikonische Repräsentation der Gesamtstruktur (vgl.S. 539).

Die Neufassung sei hier in der Form abgedruckt, wie sie später in verschiedenen Schulklassen evaluiert worden ist.

3. Lernstrategie (2. Fassung)

Wenn wir von den meisten Phänomenen des Wachsens und der Entwicklung absehen, dann ist der häufigste Anlass für eine Veränderung das Eintreten einer Abweichung von einer bestimmten Norm.

P. Watzlawick

G E W I S S E N

und

V E R H A L T E N S A B W E I C H U N G

I PRAEAMBEL

Die vorliegende Lernstrategie ist für 15-jährige Schüler (Realschule) konzipiert. Sie will dem Lehrer helfen, den Unterricht im Bereich ethischer Erziehung (Gesellschaftslehre) besser zu gestalten. Sie enthält vier aufeinander bezogene Grobziele. Damit soll einerseits eine Sensibilisierung des Gewissens des Schülers und anderseits die Reflexion der Bindung des Gewissens an Normen und Werte geschehen. Das Problem der Verhaltensabweichung - Verhaltenssteuerung verweist auf die mögliche Interessenlage und den Erfahrungshorizont des Schülers.

Für die Verwendung der Strategie im Unterricht sind einige Bemerkungen 1) zum konzeptionellen Aufbau und 2) zur Handhabung notwendig.

1. Zum Aufbau

a) Das übergreifende Dispositionsziel lässt sich etwa so formulieren:

Abweichendes Verhalten identifizieren, auf bestehende Normen hin befragen und die Funktion des Gewissens in der jeweiligen Situation lokalisieren (erfahren) und begründen können.

b) Die einzelnen Lernkomplexe sind konstruktiv angeordnet, d.h. die je vorausgehenden Schritte sind notwendig, um die nachfolgenden zu verstehen, nach dem Schema:

A
A B
A B C
A B C D

c) Die Strategie ist so angefertigt, dass zu jedem Inhalt eine Handlung angegeben ist (Inhalts-Handlungs-Einheit). Meistens wird auch eine Kontrollmassnahme zugefügt (Inhalts-Handlungs-Kontroll-Einheit). Alle Texte können unter Beibehaltung dieses Schemas ausgewechselt werden. (Die Auswechselbarkeit ist gegeben, weil dieselben kognitiven Schemata anhand verschiedener sozialer Situationen aufgebaut werden können. Wenn also der Lehrer aktuellere Zeitungsberichte, Skizzen, Bilder, Erzähltexte etc. einsetzt, so kann dadurch die Strategie regelkreisartig stets verändert werden.

d) Die Verhaltensanweisungen für Lehrer und Schüler werden meistens vor den inhaltlichen Angaben gemacht (vorwegnehmende Schemata).

e) Es gibt Begriffe, die in diesem Lernkonzept bewusst weggelassen sind, so etwa Schuld, Umkehr, Versöhnung, auch Gewissen im archetypischen bzw. transzendenten Sinne. Sie werden weggelassen, nicht weil sie für den sozialen Kontext nicht wichtig wären, sondern weil wir meinen, dass hierzu ein weiteres eigens aufgebautes Lernkonzept notwendig wäre.

f) Vielleicht ist es auch auf den ersten Blick nicht leicht zu verstehen, warum die Begriffe Moral, Gesetz, Konvention und Klugheit verwendet werden. Sie stammen aus der analytischen Ethik (vgl. etwa W.K. Frankena: Analytische Ethik, München 1972), und wir haben sie von dort in vereinfachter Weise in die Strategie eingefügt.

g) Der Begriff Gewissen wird bewusst sehr offen gehalten und in möglichst vielen Schattierungen eingefügt.

2. Zur Handhabung

a) Der Lehrer soll sich nicht sklavisch an die Strategie halten. Aenderungen sind erwünscht. Wenn sie aber ganz neue, in eine andere Richtung weisende Fragen aufwerfen, muss der Lehrer die Strategie verlassen.

b) Es wäre gut, wenn der Lehrer schwerpunktartig je 2-3 Stunden hintereinander mit der Strategie arbeiten könnte. Er käme damit dem Anliegen der Ueberschaubarkeit entgegen.

c) Die am Rand angezeichneten Bereiche sollten unbedingt zur Anwendung kommen. Die nicht bezeichneten können weggelassen werden bzw. sind fakultativ (Kurzfassung).

d) Die Lernstrategie kann bei verschiedenartigen Unterrichts- und Erziehungsstilen zur Anwendung kommen, wenn der Lehrer bereit ist,
- immer auf optimale Kommunikation der Schüler untereinander zu achten,
- so oft als möglich die Sozialformen des Unterrichts den gegebenen Unterrichtssituationen anzupassen.

Bei extrem einseitig gesteuertem Unterrichtsstil, bspw. lehrerzentriertem Frontalunterricht oder nur erarbeitendem Unterricht, kann das Lernkonzept nicht zur Anwendung kommen.

e) Die Bedürfnisse der Schüler sollen durch eingefügte Gesprächssituationen immer wieder eingebracht werden. Da es unabdingbare Voraussetzung ist, dass die Schüler das Ziel der Reihe im grossen und ganzen kennen, dass sie auch die zeitliche Beanspruchung für das Thema abschätzen lernen, wird das Einfügen ihrer kritischen Bemerkungen, ihrer Vorschläge und Entscheidungen niemals als Störfaktor empfunden. Da die Gesamtstruktur eigentliche Sachstruktur ist, kann kritische Auseinandersetzung eine besonders geeignete Form des Aufbaus und der Transformation solcher Struktur sein.

f) Wichtig ist, dass der Lehrer auch Begriffe und Definitionen dem Anspruchsniveau der Schüler anpasst. Wenn z.B. die Definitionen S.514 im Wortlaut zu schwer sind, sollen die Schüler selber versuchen, eine eigene Definition zu erstellen, wobei erst die beste Schülerdefinition ins Heft eingetragen wird. Besonders wichtig ist, dass die Elemente einer Definition gut vorbereitet werden.

g) Die Notizen der Schüler, ihre Zeichnungen, Tabellen und Tests sind sorgfältig zu sammeln. Sie dienen zur Kontrolle des Lehrerfolgs einerseits, sie geben anderseits auch Aufschluss über den Lernprozess.

h) Und nun viel Freude bei der Arbeit!

II GEWISSEN UND VERHALTENSABWEICHUNG

Dispositionsziel:
Abweichendes Verhalten identifizieren, auf bestehende Normen hin befragen und die Funktion des Gewissens in der jeweiligen Situation erfahren und begründen können.

Grobziel A: Der Schüler soll erfahren und verarbeitend darstellen, dass er sich in bestimmten Situationen nach bestimmten Normen verhält bzw. verhalten kann. Er soll die Begriffe Norm, Normarten, Sanktion, Gewissen richtig verwenden lernen.

---

1 a) Erfahrungsbasis für die Problemstellung	Die Schüler der Klasse werden durch Lose in Gruppen à 4-5 Mitglieder eingeteilt (ev. nach Interessensgebieten einteilen, z.B. Geschenk für Mädchen - Mädchengruppe, Geschenk für Knaben - Knabengruppe.). Der Lehrer informiert die Gruppen (ev. schriftlich), dass sie ein Geschenk zu verteilen hätten. Die Sache habe nur einen Haken: Es sei wahrscheinlich nicht möglich, das Geschenk gerecht zu verteilen, aber die Gruppe werde schon einen Weg finden. Arbeitszeit: 5-7 Minuten. Mögliche Geschenke aa) Eintrittskarten für ein Fussballspiel bb) Platzkarten für ein Kino cc) begehrte Grammoplatten 45T dd) begehrte Posters usw. (Es ist selbstverständlich auch möglich, einer Gruppe zwei Geschenke zu geben. Eine stärkere Auseinandersetzung ist gewährleistet. Der Lehrer fordert die Schüler auf, wenn immer möglich, die Aufgabe in der oben angegebenen Zeit zu lösen. Er kann diese Zeit bei intensiven Schülergesprächen selbstverständlich verlängern.)

b) Die Schüler füllen <u>einzeln</u> einen Fragebogen aus

1. Wir haben eine Lösung gefunden — ja ☐ nein ☐

Wenn ja

2. Name des Schülers, der das Geschenk bekommen hat ______________________

3. Wir haben nach folgenden Grundsätzen gehandelt:
   - niemand darf benachteiligt werden ☐
   - der Stärkste soll das Geschenk erhalten ☐
   - wir haben es alle einander zugeschoben, weil keiner den "schlechten Mann" spielen wollte ☐
   - wir haben nach einem andern Grundsatz gehandelt: Schreibe ihn auf!

   ____

   ____

   ____

4. - Ich bin im Besitz des Geschenkes
     a) bin zufrieden ☐
     b) bin unzufrieden ☐
   - Ich bin nicht im Besitz des Geschenkes
     a) bin zufrieden ☐
     b) bin unzufrieden ☐
   - Ich bin unzufrieden, weil nicht der rechte in der Gruppe das Geschenk hat. ☐

     Ich bin zufrieden, weil der richtige in der Gruppe das Geschenk hat. ☐

Wenn nein

2. Wir sind zu keinem Entschluss gekommen.

   a) Die Aufgabe ist nicht lösbar,
      - weil jeder Entscheid ungerecht ist. ☐
      - weil wir kein schlechtes Gefühl haben wollten. ☐

   b) Die Aufgabe ist schwer lösbar,
      - wir hatten zu wenig Zeit ☐
      - andere Gründe: ☐

      ____

      ____

      ____

(Bevor die Auswertung besprochen wird, soll der Lehrer einige Begriffe erklären. Er soll die Auswertung still für sich durchführen, in der Zeit, in welcher die Schüler den Merksatz eintragen. Vgl. 1d)

c) Lehrerdarbietung und Erarbeitung (ev. mit Stichworten an der Tafel)

Der Lehrer erklärt der Klasse nun zwei wichtige Schlüsselbegriffe ungefähr auf folgende Weise:

aa) Norm:
Jeder von euch hat bei der Verteilung der Geschenke eine Meinung gehabt, z.B. haben vielleicht die Mitglieder einer Gruppe gesagt:
- das kann man nicht, das ist ungerecht
- wer von uns kann verzichten, ohne dass er nachher beleidigt ist!
- wir wollen lieber das Geschenk zurückgeben, sonst ist doch einer beleidigt.

Die Schüler einer solchen Gruppe haben nach einer "Norm" (Tafelanschrift) gehandelt. Sie heisst: Man sollte womöglich immer gerecht sein.
Es gibt viele solche Normen. Die Norm ist wie ein Plan, nachdem eine Gruppe oder ein Einzelner handelt.

bb) Gewissen:
Vielleicht hat der eine oder andere von euch gefühlt, dass dieses Verteilungsspiel nicht "gerecht" ausgehen kann. Es war ihm innerlich nicht wohl, weil er die Norm "man sollte möglichst gerecht sein" nicht erfüllen konnte. Deswegen hiess es ja im Fragebogen: "Ich bin unzufrieden" oder "ich hatte ein schlechtes Gefühl". Dieses "Gefühl" ist wie eine "innere Stimme". Es ist das Gewissen.

d) Abschrift zweier Merksätze von der Tafel (ev. durch den Lehrer vereinfachen oder durch die Schüler formulieren lassen)	Normen sind in Richtlinien (Weisungen) umgewandelte "Pläne" (Werte), nach denen wir unser Handeln bestimmen. Das Gewissen ist eine Kraft (innere Stimme), die mir hilft, Entscheidungen nach (gerechten) Normen zu fällen, und die mich auch spüren lässt, ob ich in einer bestimmten Situation richtig oder falsch gehandelt habe.

(In dieser Zeit macht der Lehrer die Auswertung des Fragebogens.)

e) Bekanntgabe der Resultate des Fragebogens. Gespräch: Problematisierung der Resultate	Der Lehrer überträgt den Fragebogen, wie er den Schülern vorgelegt worden ist, mit dem Hellraumprojektor an die Wand. Er trägt die Zahl der jeweils angezeichneten Rohdaten ein (er macht das Klassenergebnis direkt transparent). Im Gespräch sollen diese Ergebnisse reflektiert und problematisiert werden. Auch der Lehrer kann Hinweise geben, Fragen stellen, zusammenfassen usw. (ev. Auswendiglernen der Merksätze unter d), Vorwärts- und Rückwärtskettenbildung)
2a) Planung einer Kontaktexkursion	Der Lehrer versucht, die Schüler für einen Besuch im Altersheim zu motivieren. (Es kann selbstverständlich auch eine andere soziale "Randgruppe" sein.) Es geht um den Kontakt und um die Kommunikation mit einer sozialen Randgruppe. Es geht um eine Begegnung, ohne Verletzung, ohne Diskriminierung. Die Schüler planen diesen Besuch. Es werden Geschenke vorbereitet, Fragen besprochen, Verhaltensformen abgemacht usw. (Wichtig ist, dass eine Kommunikation mit dem älteren Menschen in Gang kommt. Selbstverständlich kann die Schulklasse auch ältere Menschen in den Klassenraum zum Kaffee einladen usw.)
b) Aufstellen des Normenkatalogs (es werden Normen gesucht), welche hinter gewünschten Verhaltensformen stehen	Die Schüler erarbeiten partnerweise einen Normkatalog für diesen Besuch, während der Lehrer das Organisatorische übernimmt. Er führt die Schüler etwa folgendermassen in diese Arbeit ein: Bei unserem Besuch müssen wir uns doch eigentlich an die Normen des Altersheims halten. Aber welches sind diese Normen usw., welches sind die Grundsätze, die wir beim Besuch einhalten wollen! (Die Schüler sollen zuerst selber versuchen, in Gruppen einige solcher Normen zu formulieren. Sie notieren ihre Resultate an die Tafel oder auf eine Hellraumprojektorfolie, damit nach der Darbietung des Lehrers bei c) die Klassifikation vorgenommen werden kann.)

c) Darbietung des Klassifikationsschemas von W.K. Frankena

Mit dem Hellraumprojektor (ev. Tafel) stellt der Lehrer folgende vier Verhaltensweisen und Grundsätze mit den dahinterstehenden Normen vor:

- Die Betagten erzählen gerne von früheren Zeiten. Sie leben von dem, was sie erlebt haben. Wir nehmen uns Zeit, zuzuhören. Wir gehen auf sie ein.

→ Rücksicht auf andere Werthaltungen

Moral

- Es gibt in diesem Heim Besuchszeiten, d.h. bestimmte Regeln der Hausordnung. Wir halten uns an diese Regeln, denn wir sind Gäste.

→ Einhalten der Regeln der Hausordnung

Gesetz

- Wir wissen, dass die alten Leute es sehr schätzen, wenn man sie zuvorkommend behandelt. Wir nehmen uns deshalb vor, jeden, dem wir begegnen, freundlich zu grüssen. (Hand geben, lächeln, leichten "Knicks" machen)

→ Einhalten von Höflichkeitsformeln

Konvention

- Wir wissen, dass die Meinungen der alten Leute häufig festgefahren sind, z.B. sprechen viele von der "guten alten Zeit". Um sie nicht unnötig aufzuregen, verzichten wir gegebenenfalls darauf, ihnen zu widersprechen, sie herauszufordern.

→ Vermeiden von Konfliktsituationen

Klugheit

Der Lehrer erklärt die Begriffe Moral, Gesetz, Konvention, Klugheit anhand der oben aufgeführten Beispiele. Er versucht, die Begriffe gegeneinander abzugrenzen, wobei er immer betont, dass dies vier "Arten" von Normen seien. Abgrenzungskriterien: Wichtigkeit, Herkunft, Reaktion des Gewissens.

d) Gemeinsames Einordnen der Vorschläge der Schüler

Die Schüler versuchen, mit dem Lehrer ihre eigenen Vorschläge in den Raster: Norm = Moral, Gesetz, Konvention, Klugheit einzuordnen. (Oft gibt es Ueberschneidungen. Auf dem Weg der Konsensbildung wird aber auch hier eine Entscheidung möglich sein.)

e) Repetition

Die Schüler lernen auswendig
- den Normraster
- zu jeder Normart eine Norm (die zugleich für den Besuch im Altersheim "gebraucht" werden kann).

(Partnerweise auswendiglernen, Rückwärts- und Vorwärtskettenbildung usw.)

f) Durchführung der Kontaktexkursion

Die Schüler führen mit dem Lehrer die Kontaktexkursion durch. Sie achten zwar wenn möglich auf die von ihnen gelernten Normen; aber im Mittelpunkt steht die Begegnung und nicht die Lernabsicht. Der Lehrer betont also ganz besonders bei der letzten Instruktion, dass es wichtig sei, dass die alten Leute Freude verspüren, dass sie eine positive Erfahrung machen können. (Die Geschenke, Bilder usw. helfen, die ersten Hemmbarrieren zu durchbrechen, das Gespräch anzuregen.)

g) Gespräch und Verarbeitung

Die Schüler erzählen über die Exkursion im Altersheim. Sie spielen einzelne Szenen im Soziodrama oder Planspiel (ev. zeichnerische oder musikalische Verarbeitung).
Nach dem Gespräch über die Begegnungsvorgänge stellen sie eine Tabelle auf (Lehrerhilfe, ev. gemeinsames Erarbeiten).

Situation	Norm	Schwierigkeitsgrad des Einhaltens (leicht, mittel, schwer)	Art der Norm	bei Nichteinhalten Stärke der Gewissensstimme (leicht, schwach, mittel, schwer)

(ev. eine Spalte mehr: nach Situation - Reaktion)

3a) Gruppenarbeit mit Bildern

5 Gruppen erhalten je 4 Bilder mit der Aufgabe,
- die Handlung (Verhaltensweisen) der Personen zu formulieren,
- die dahinterstehende Norm zu identifizieren,
- mögliche Intensität der Gewissensregung festzustellen (bei Nichteinhaltung).

(Die vier Bilder entsprechen den Klassifikationskriterien Moral, Gesetz, Konvention, Klugheit.)

Mögliche Bildauswahl:

Gruppe 1: Bild 1 — Ein vietnamesischer Soldat rettet ein Kind aus den Flammen

Bild 2 — Ein Autofahrer zeigt mit dem Finger an den Kopf. (Der andere ist ein Idiot.)

Bild 3 | Bettlerin (s. Mappe Fischer)

Bild 4 | Gerichtsverhandlung

Gruppe 2: Bei der Bildauswahl sind auch Witze aus Nebelspalter, Asterixszenen usw. sehr gut verwendbar.

Gruppe 3:

Gruppe 4:

b) Darbietung der Gruppen
Ausfüllen der Tabelle

Die einzelnen Gruppen tragen ihre Resultate vor. Jeder Schüler erhält einen polykopierten Tabellenraster. Nachdem die einzelnen Gruppen je ihre Resultate vorgetragen haben, wird diese Tabelle ausgefüllt. Die Lehrerhilfe ist nach der ersten Gruppendarbietung notwendigerweise recht intensiv, sie wird von Gruppendarbietung zu Gruppendarbietung überflüssiger.

	Situation (Bildbeschreibung)	Wirkliches mögliches Verhalten	Norm	Schwierigkeitsgrad des Einhaltens (leicht, mittel, schwer)	Art der Norm	Ev. Stärke der Gewissensstimme bei Nichteinhaltung (leicht, schwach mittel, stark)
1. Gr. Bild 1						
Bild 2						
Bild 3						
↓						

Achtung: Besondere Hilfe ist erforderlich bei der Normeinteilung (Spalte: Art der Norm)

4a) Darstellung eines Gruppenfalles

Der Lehrer schildert eine "Rock-Gruppe" von durchschnittlich 15-jährigen Jugendlichen. Sie haben feste Sitten (Normen) für ihre Gruppe entwickelt. z.B. muss jeder, der in die Gruppe eintreten will, drei Bedingungen erfüllen:

- Er muss eine Woche lang jedes Moped, das er irgendwo stehen sieht, wegnehmen, damit herumfahren und es an einem andern Ort wieder aufstellen.
- Er muss eine bestimmte Anzahl von Mercedes-Sternen vorweisen können.

- Er muss einige Ladendiebstähle nachweisen.

Wer diese Bedingungen nicht erfüllt, darf nicht in die Gruppe eintreten.

Nun findet einer in dieser Rocker-Gruppe diese drei Bedingungen schlecht. Er glaubt, dass es viel ehrlichere "Kostproben" des Mutes gäbe, aber er kann keine Beispiele anführen. Er möchte die "Bande" überzeugen, er weiss aber nicht wie.
Er weiss bloss, dass ihn ein solches Vorgehen die Mitgliedschaft in der Gruppe kosten kann.

b) Vorbereitung des Planspiels

Verschiedene Zweier- oder Dreiergruppen bereiten Argumente gegen die "Normvorstellung" der je andern Partei vor. Die einen vertreten den Führer der "Rocker-Gruppe", die andern denjenigen, der die Aufnahmebedingungen schlecht findet.

c) Durchführung des Planspiels

Es dürfen sich je verschiedene Mitglieder der Gruppe am Gespräch beteiligen, damit das Ganze spontan bleibt.

d) Einführung des Begriffs "Sanktion"

Der Lehrer erklärt, dass in diesem Planspiel sehr schön zum Vorschein komme, dass zu jeder Norm auch die Angst vor der Strafe gehöre, man sagt auch die Angst vor der "Sanktion". Sanktion in unserem Beispiel wäre:
- Wer die Norm nicht erfüllt, wird nicht aufgenommen.
- Wer sich gegen die Norm stellt, der wird ausgeschlossen.

e) Beschriftung der Verhaltensskizze (als Repetition, d.h. Darstellung in anderer Repräsentationsform)

Das Normgefüge der beiden Spielgruppen und die entsprechende Sanktion wird in einer Skizze dargestellt den Schülern polykopiert ausgeteilt. Die Schüler haben die Aufgabe, die Skizze zu beschreiben.
(ev. selber erstellen und besprechen)

Die Skizze kann etwa so aussehen:

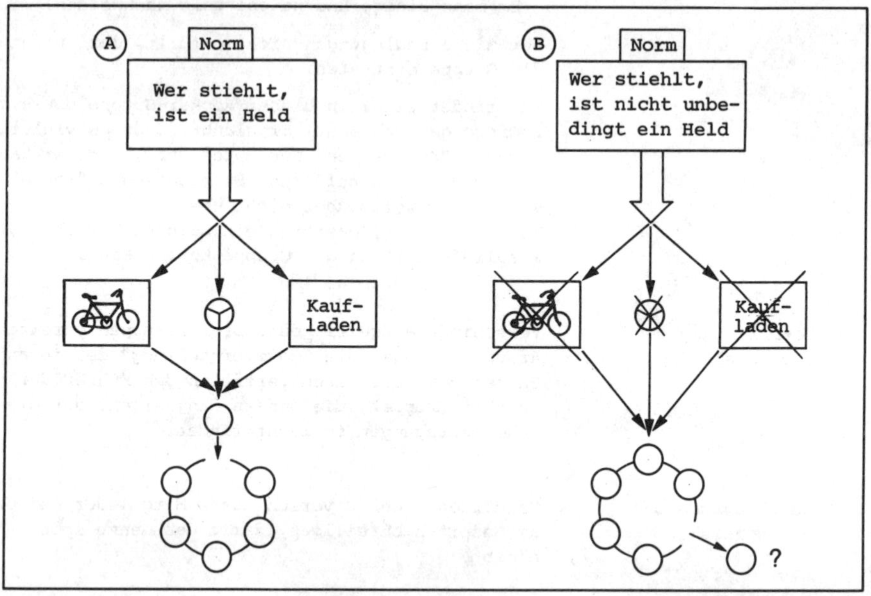

f) Koppelung des Begriffs "Sanktion" mit der Normart (Lehrerdarbietung)

In manchen Fällen wird unser Verhalten eher bestimmt durch mögliche Sanktionen von aussen (z.B. jemand wird ausgeschlossen); manchmal sind es mehr innere Sanktionen, die uns so oder anders handeln lassen (Selbstvorwürfe, Angst vor dem Ausgeschlossensein usw.). Je differenzierter ein Gewissen ist, umso stärker treten innere Sanktionen in Kraft. Beim Kleinkind wird das Verhalten weitgehend durch äussere Sanktionen bestimmt (z.B. Reaktion der Mutter auf ungewünschtes Verhalten, wenn etwa das Kleinkind mit den Händen ins Konfitürenglas greift, nimmt die Mutter erschreckt seine Hand wieder hinaus usw.).

Ausfüllen einer Tabelle

Schreibe mögliche Sanktionen von aussen, von innen zu je einer Normart aus den vorangegangenen Beispielen auf:

Norm	Normart	Sanktionen von aussen	Sanktionen von innen

5) Arbeit mit Texten

Die Schüler identifizieren in Partnerarbeit alle Verhaltensweisen der Personen in den unten angeführten Texten. Sie formulieren die hinter den Verhaltensweisen liegenden Normen und ordnen sie den Normarten zu. Sie suchen die angeführten Sanktionen heraus und zählen auf, wo und in welcher Stärke die Gewissensregung zum Zuge kommt.

Mögliche Texte:
- Der andorranische Jude. In: M. Frisch: Ausgewählte Prosa. Edition Suhrkamp Nr. 36. Frankfurt 1967, S.60.
- Gerichtsverhandlung mit Fremdenlegionär.

- Ein Junge aus Indien erzählt aus seinem Leben. In: Das Menschenhaus. Benziger 1973, S.214.
- Zwei Männer sprachen miteinander. In: W. Borchert: Lesebuchgeschichten. Das Gesamtwerk. Hamburg 1949.
- Die drei Diebe. In: J.P. Hebel: Lesebuch B7. Stuttgart 1969, S.122ff. etc.

Grobziel B: Der Schüler soll erfahren und verbalisieren können, dass Normen einerseits sehr stabil und anderseits mobil, dass sie absolut verpflichtend und je nachdem situationsgebunden sein können (spontan). Er soll aufzeigen können, wie die Normvorstellung verändert wird, wenn das Gewissen zum Zuge kommen kann, wie anderseits das Gewissen von sozialen Normvorstellungen abhängig ist.

---

1 a) Gruppendynamische Uebung

Zehn Bilder von jungen Männern werden vorne aufgestellt. Die Schüler dürfen an diesen Bildern vorbeidefilieren. Sie sollen nun vom ersten Eindruck her und möglichst rasch den Mann auswählen, der ein Mörder ist.

(Die Schüler sollen einander nicht beeinflussen können. Sie sollen aber auch nicht dazu gezwungen werden, zu wählen, wenn dies ihnen nicht möglich scheint.)

1	2	3	4	5	6	7	8	9	10

Nachdem die Schüler diese Entscheidung getroffen haben, schauen sie die Bilder nochmals an. Sie sollen nochmals entscheiden: Welcher dieser Männer käme ev. ausserdem noch in Frage, ein Mörder zu sein.

1	2	3	4	5	6	7	8	9	10

Die Schüler stufen nun die 10 Bilder nach den folgenden Kriterien ein, wobei ein Minus für die Ausprägung der links notierten, ein Plus für die Ausprägung der rechts notierten Eigenschaft steht. Null darf nur dann gewählt werden, wenn sie sich gar nicht entscheiden können.

Bild-Nr.:

	-	0	+	1	2	3	4	5	6	7	8	9	10
A	arm		reich										
B	sympathisch		unsympath.										
C	dumm		intelligent										
D	gepflegt		verwildert										

(Es ist selbstverständlich erlaubt, hier verschiedene andere Beispiele positiver, bzw. negativer Art einzusetzen, z.B. welcher ist Polizist, welcher der Männer ist ein Vater, der schlägt,welches ist eine Dirne etc.)

b) Schülergespräch

Die Schüler äussern sich, warum sie so gewählt hätten, warum sie nicht gewählt haben usw. Begründungen werden unstrukturiert stehengelassen. Vielleicht wird ein Schüler sagen, dass er nach einer bestimmten Norm(-art) (Konvention) entschieden habe.

c) Darlegung möglicher Normen, nach denen in diesem Fall gehandelt werden kann. (Lehrerdarbietung)

Der Lehrer zeigt auf, dass bei dieser Auswahlübung eigentlich nur nach drei Normen entschieden und geurteilt werden kann.

aa) Wer arm, unsympathisch, dumm und verwahrlost scheint (also ein bestimmtes Aussenkriterium aufweist), ist eher ein Mörder als wer reich, sympathisch, intelligent und gepflegt scheint oder umgekehrt. Hinter dieser Norm steht ein soziales Vorurteil.

bb) Grundsätzlich kann jedem dieser Männer zugemutet werden, er sei ein Mörder. Jeder hat die gleiche Chance, ob arm oder reich, sympathisch oder unsympathisch usw.

cc) Keinem dieser Männer wird zugemutet, er sei ein Mörder, weil Unterstellungen immer diffamierend sind.

d) Meditation	Die Schüler überlegen, welches die Folgen (Sanktionen) für den Betroffenen sein könnten, wenn Menschen nach der Norm aa), bb) oder cc) entscheiden. Dazu werden ev. mit dem Diaprojektor entsprechende Bilder gezeigt.
e) Arbeit mit einer Verhaltensskizze	Die Schüler versuchen, zu jeder Skizze einen Satz zu formulieren! Der Satz beurteilt die Norm und hält ev. mögliche Sanktionen fest. (ev. Skizze durch Schüler erstellen lassen)

Norm aa)

Der Mörder wird auf Grund von Vorurteilen bestimmt.

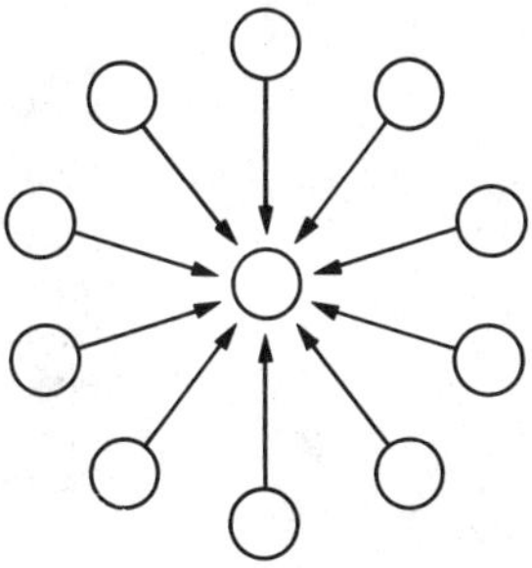

Norm bb)

Es wird jedem zugemutet, er könne ein Mörder sein (Vorsicht ist die Mutter der Porzellankiste).

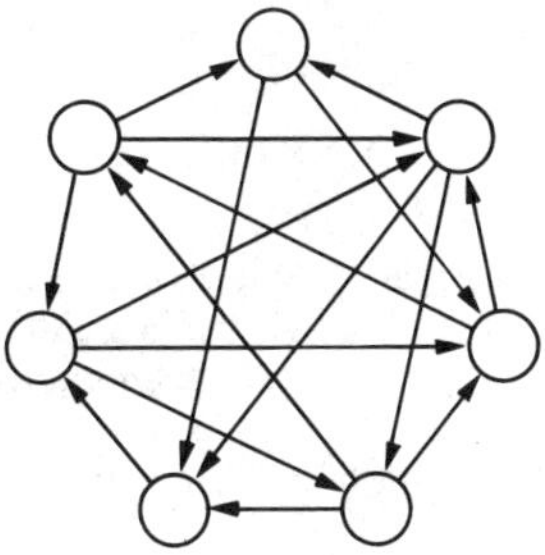

Norm cc)

Es werden keine Unterstellungen gemacht. Ich mute jedem Menschen zu, dass er grundsätzlich anständig ist.

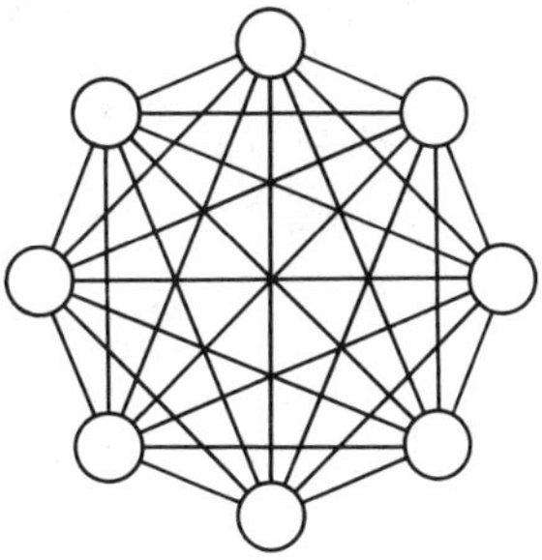

f) Genaue Festlegung des Wirkfeldes des Gewissens (Lehrerdarbietung)	Der Lehrer erklärt, dass wir bis jetzt zwar vom Gewissen gesprochen haben, aber noch nie die genauen Stellen angeben konnten, warum das Gewissen zum Zuge gekommen sei. Er gibt dies für das obige Beispiel diesmal genau an: Das Gewissen ist zur Wirkung gekommen: 1. bei der Entscheidung, wer ein Mörder sei (also vor der Entscheidung). 2. bei der nachherigen Meditation über die angewandten Normen. Der Lehrer erklärt fernerhin, dass aa) bei einem Gewissensentscheid nicht bloss das Gefühl mithilft (vgl. S.514 Definition), sondern auch das Denken, der Verstand, das Abwägen. bb) nicht alle Menschen das gleiche Gewissen haben, weil Gefühl und Verstand nicht bei allen gleich sind, weil aber auch nicht alle die gleichen Normen gelernt haben, besser gesagt, weil nicht allen die gleiche Norm gleich viel wert ist. (Normarten)
g) Merksätze formulieren	Die Schüler formulieren nach dieser Lehrerdarbietung einen Merksatz, worin aa) und bb) enthalten sind. (Selbstkontrolle)
2a) Filmvisionierung	Ein Platz an der Sonne. Die Schüler betrachten diesen Film unter folgendem Frageraster: (Tafelanschrift) aa) Welches sind die Verhaltensweisen und die entsprechenden Normen im ersten und zweiten Teil des Films. bb) Welche Rolle spielt das (schlechte) Gewissen bei der Veränderung der Normen, und wo kommt dies zum Ausdruck. cc) Wo wird das Gewissen verdrängt, um sich mit allen Mitteln und einer bestimmten Norm durchsetzen zu können. Inhalt: "Eine weisse Linie zieht beschwingt über eine blaue Fläche und zeichnet eine Sonne, Wolken und zwei Männchen. Zwischen den Männchen liegt ein sonniges Plätzchen. Das eine Männchen zieht seine Kleider aus, macht einige Freiübungen und legt sich dann auf das sonnige Plätzchen. Das andere Männchen tut darauf dasselbe. Mit freundlicher Geste weisen sie sich gegenseitig den Platz zu. Doch es ist nur eine gespielte Freundlichkeit. Jeder möchte das Plätzchen für sich allein beanspruchen. Das eine Männchen streckt seinen Ellen-

bogen über die Mittellinie, der andere seine Füsse. Ein Streit bahnt sich an. Sie reissen einander das sonnige Plätzchen unter den Füssen weg. Das eine Männchen droht dem andern mit einem Stock. Dieser fürchtet sich und gibt den Platz frei. Doch erneut versucht er, den Platz zurückzuerobern. Er streckt seine Füsse aufs sonnige Plätzchen. Doch der andere schlägt mit seinem Stock zu. Der Benachteiligte versucht ein Ablenkungsmanöver: Er macht eine Wolke zu einem See und badet sich vergnügt darin. Dadurch reizt er die Eifersucht des andern. Während dieser sich anschickt, ebenfalls ins Wasser zu springen, zieht sein Gegenspieler den See weg, so dass jener auf den harten Boden aufprallt. Das Kräftespiel wird mit List weitergeführt und endet mit der totalen Sonnenfinsternis.

Die Männchen sitzen in der Dunkelheit und beginnen zu frieren. Um etwas Wärme zu bekommen, rücken sie nahe zueinander und reiben sich gegenseitig die durchfrorenen Glieder. Sie beginnen zu weinen. Von Zeit zu Zeit stehen sie auf und gucken nach der Sonne. Plötzlich gibt es einen Riss im dunklen Hintergrund. Mit vereinten Kräften wird nun der dunkle Schleier wieder beiseite geschoben. Nun scheint die Sonne wieder. Beide schliessen wieder Frieden und setzen sich zufrieden, Rücken an Rücken, auf das warme, sonnige Plätzchen."

(aus: F. Zöchbauer/F. Fischer: cine 16-2, München 1970, S.21/22)

b) Ueberprüfung des Fragerasters	Die Schüler überprüfen partnerweise den Frageraster (1. und 2. Teil des Films). Das anschliessende Gespräch hat Kontrollfunktion. Die Resultate der einzelnen Paare werden zueinander in Beziehung gesetzt.
c) 1. Wiederholung des Films	Visionierungsunterbrüche nach den einzelnen Sequenzen ermöglichen die nochmalige Reflektierung und Kontrolle des Fragerasters.
d) Gruppenarbeit	Die Schüler suchen in Gruppen Beispiele aus vergangener oder heutiger Zeit, wo dieselbe Film- bzw. Normstruktur und ihre Veränderung zum Zuge kommt.
e) 2. Wiederholung der Filmvisionierung	Die von den Gruppen erarbeiteten Resultate werden anhand verschiedener Visionierungsunterbrüche gemeinsam überprüft.

f) Schülergespräch	Es wird versucht, im Gespräch zu ermitteln, welcher Art in diesem Film die Sanktion ist und warum sie der Regisseur in dieser Weise dargestellt hat.
3a) Rollenspiel (Planspiel)	Verschiedene Spielgruppen spielen dieselbe Situation mit verschiedenen Normvorstellungen durch. 5 Personen haben ihr Leben nach verschiedenen Normvorstellungen (Grundsätzen) geprägt: Der erste: Was mir nützt, ist mir recht. Der zweite: Das Gesetz hat immer recht. Der dritte: Liebe deinen Nächsten und deine Feinde. Der vierte: Ich habe keinen Grundsatz. Jede Situation ist anders. Der fünfte: Ich will immer ein Held oder ein Märtyrer sein. Alle fünf Personen kommen in die gleiche Situation: Fünf Personen sitzen in einem Nichtraucherabteil erster Klasse (Schnellzug). Bei einer grösseren Ortschaft steigt eine junge Dame ein. Sie setzt sich an den sechsten Platz, einen Fensterplatz. Sie zieht ihre Zigaretten aus der Tasche und zündet eine an. Ein Mann erhebt sofort Einspruch. Ein anderer unterstützt ihn, er zeigt auf das Nichtraucher-Plakat. Eine Dame beginnt zu schimpfen. Zwei Herren unterstützen die junge Raucherin. Es entsteht ein wildes Gespräch. Wie verhält sich die Raucherin?
b) Formulierung der Normen und Zuordnung zu den Normarten	Die Schüler versuchen, partnerweise, die Norm zu finden, die hinter den Grundsätzen der fünf Personen steht. z.B. der erste: Beurteilung allen menschlichen Handelns nach einem möglichen Nutzen. Bloss das wird anerkannt, was nützt. Sie ordnen die gefundenen Normen unseren Normarten zu und bestimmen mögliche Sanktionserwägungen, die hinter den Normen versteckt sind. Gespräch und Lehrerkontrolle.
c) Gruppenarbeit: Stellenwert des Gewissens bei den einzelnen Normansätzen	Die Gruppen lösen folgende Fragen: aa) Welche Personen entsprechen mir am ehesten (Identifizierung)? bb) Wie ist wohl das Gewissen der einzelnen Personen (Versuch einer Charakterisierung). z.B. Gewissen wird verdrängt, Gewissen ist fixiert durch Norm usw. Die Resultate werden von den einzelnen Gruppen auf Hellraumfolien geschrieben und vor dem Plenum dargelegt.

Vergleiche der einzelnen Resultate im Gespräch. (Begutachtung der einzelnen Gruppenarbeiten durch das Plenum.)

d) Merksatz (fakultativ)	Die Schüler versuchen, selber einen Merksatz zu formulieren. Ein sehr gutes Beispiel eines solchen Merksatzes wird ausgewählt und ins Heft eingetragen. (Etwa: Die meisten Normen sind sehr relativ, d.h. sie gelten nicht für jeden in gleicher Weise. Es gibt aber Normen, die für alle in gleicher Weise gelten sollten, so etwa die Menschenrechtskonventionen.) Die Normen, die für alle Menschen gelten sollten, bestimmen unser Gewissen am stärksten.

Grobziel C: Der Schüler soll abweichendes und konformes Verhalten identifizieren analysieren und begründen lernen.
Er soll das Bezugssystem Gewissen - Norm - Verhaltensabweichung - Sanktion in Beispielen und Erzählungen nachweisen können.

1a) Gruppendynamische Uebung II (Planspiel)	Die Schulklasse bildet Spielgruppen à 5 Spieler, denen je ein oder mehrere Beobachter zugeteilt werden Auftrag an die Spielgruppen: 4 Spieler sollen gemeinsam für einen möglichst weiten Ausflug (z.B. Genf), der ausschliesslich mit Transportmitteln (Bahn, Schiff, Bus) durchgeführt wird, plädieren. Mögliche Argumente: - Ausflug an einen Ort, wo man noch nie gewesen ist, - eine Reise, die etwas Besonderes ist, - man will etwas davon haben. Der fünfte in der Gruppe soll anderer Meinung sein. Er will einen Ausflug auf einen Berg machen, wo man viel wandern muss. Mögliche Argumente: - Geld sparen, - etwas für die Gesundheit tun, - einmal aus der Stadt gehen, - landschaftliche Reize geniessen. Auftrag an die Beobachter: - Reaktionen innerhalb der Spielgruppe beschreiben, - den Gesprächsverlauf festhalten, - Argumentationen der Spieler begründen, - das Ergebnis aufzeigen.

Statt diesem Beispiel soll der Lehrer wenn möglich ein ähnliches aus dem aktuellen Erfahrungsbereich der Klasse wählen.
(Verlaufszeit 10 Minuten)

b) Gespräch

Aussprache zwischen Spielern und Beobachtern

c) Ikonische Repräsentation desselben Faktums (Verhaltensskizze)

Die Schüler versuchen, den Sachverhalt in einer Verhaltensskizze darzulegen. Der Lehrer gibt die Elemente der Verhaltensskizze an:
- Innerhalb der Gruppe
- die nach bestimmten Normen handelt
- wendet sich ein Einzelner
- gegen diese Norm
- stellt eine Gegennorm auf
- verhält sich nicht "normkonform"

d) Darbietung des Lehrers

Die Begriffe
"Verhaltensabweichung" und
"Verhaltenskonformität"
werden vom Lehrer mit Hilfe der untenstehenden Skizze erklärt.

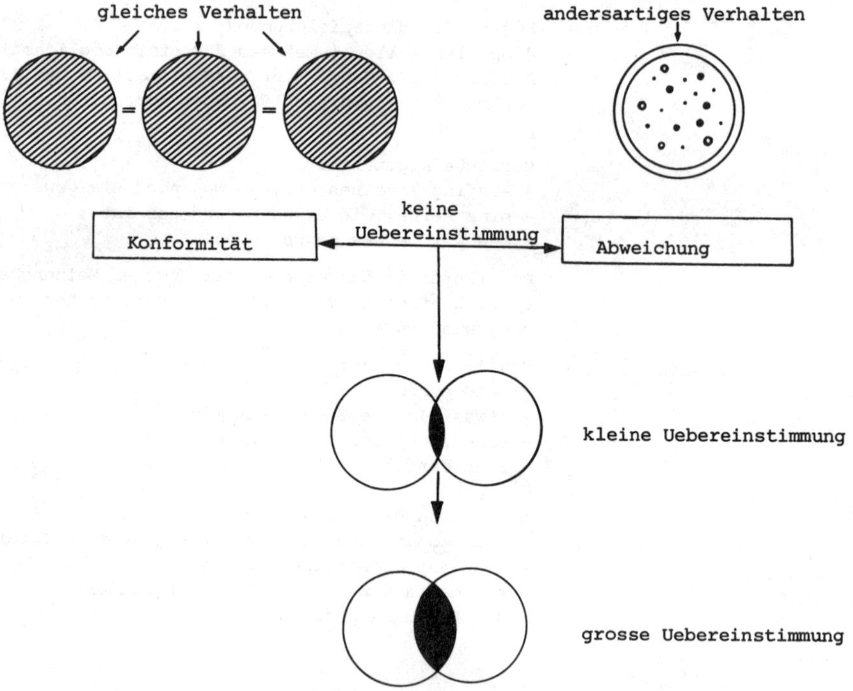

e) Merksätze	Die Schüler formulieren Merksätze zum Begriff der Verhaltensabweichung. Je kleiner die Uebereinstimmung, umso ausgeprägter ist die Verhaltensabweichung. Je grösser die Uebereinstimmung, umso grösser ist die Verhaltenskonformität.
2a) Bezugssystem Gewissen - Verhaltensabweichung	Der Lehrer erklärt anhand zweier Beispiele das Bezugssystem Verhaltensabweichung - Gewissen. Beispiel aa) Ein Schüler widerspricht dem Lehrer heftig, weil dieser seinem Kameraden ungerechterweise Abschreiben vorwirft. Dieser Kamerad war von einer Gruppe der Klasse verklagt worden. Beispiel bb) Ein Schüler widerspricht dem Lehrer heftig, er habe nicht abgeschrieben, obwohl alle Schüler der Klasse und auch der Lehrer zugeschaut haben, wie er die Resultate von einem kleinen Spickzettel eingetragen hatte. Das sind kleine Szenen, wie sie im Schulalltag vorkommen. Beidemal Verhaltensabweichung: Beim Beispiel aa) regt der Schüler das schlechte Gewissen des Lehrers an. Beim Beispiel bb) führt das eigene abweichende Verhalten zu einem schlechten Gewissen.
b) Bezugssystem: Gewissen - Norm - Verhaltensabweichung - Sanktion (Lehrerdarbietung und Zuordnungsaufgabe)	Besonders stark reagiert das Gewissen, wenn die Verhaltensabweichung gegen eine Norm gerichtet ist, die man selber akzeptiert, die man gelernt hat, die einem "hoch und heilig" ist. In den folgenden Beispielen sollen die Schüler aa) die Art des Gewissens heraussuchen. Dies geschieht durch die Zuordnung der unten stehenden Definitionen zu den Texten 1-4. Sie sollen bb) aber auch erklären, wann und warum Gewissen im jeweiligen Beispiel stark reagieren könnte (Polykopierte Texte). Text 1: Ein zweijähriges Mädchen will immer die Crèmetube der Mutter ergreifen. Wenn es sie erwischt, verschmiert es damit Kleider und Wände. Nun steht es wieder vor der Crèmetube. Es will danach greifen, aber es tut es nicht. Es macht seine Hände auf und zu. Dann sagt es zu sich: "Verschmier die Wand nicht! Lass es liegen!"

Text 2:
Eine Gruppe von Sekundarschülern macht eine Bergtour. Ein Schüler bekommt einen Kollaps. Er verträgt die Höhenluft nicht. Wie er wieder zu sich kommt, klagt er sich selber an. Er sagt: "Ich bin schuld, dass diese Bergtour nicht gelingt. Ich falle euch zur Last. Ich hätte an dieser Bergtour nicht teilnehmen dürfen, da ich mein Beschwerden kenne. Ich bin ein asozialer Typ."

Text 3:
Ein 20-jähriger junger Mann weigert sich, in den Militärdienst zu gehen. Er sagt: Ich kann es mit den Grundsätzen Jesu nicht vereinbaren. Ich kann es vor Gott nicht verantworten.

Text 4:
Ein Vorarbeiter sagt zum Maurer:
"Was Sie da machen, ist eine unverantwortliche Materialverschleuderung. Sie müssen die Kelle anders in die Hand nehmen. Ich kann es nicht sehen, wenn Sie das Geld einfach so zum Fenster hinauswerfen."

<u>Gewissensdefinitionen</u>, die den obigen Texten zugeordnet werden müssen:

Def. 1:
Das Gewissen ist wie eine Sprache in mir, diese Sprache stammt von Gott und von der Bibel.

Def. 2:
Das Gewissen ist die Stimme der Erwachsenen, die jetzt in mir drin wie eine eigene Stimme spricht.

Def. 3:
Das Gewissen ist ein Mass, das mir sagt, ob ich richtig oder falsch handle. Das Mass habe ich gelernt im Umgang mit den Dingen.

Def. 4:
Das Gewissen ist wie eine Angst. Es macht, dass ich z.B. von andern nicht ausgeschlossen werde. Es sagt mir, dass ich Rücksicht auf andere nehmen muss etc.

c) Schülergespräch

Die Zuordnungen werden problematisiert und kontrolliert. Wichtige Elemente für bb) sind der Grad der Angst vor Sanktionen, der Grad der Normabhängigkeit und die "Art" des Gewissens.
(ev. Skizze mit Elementen der Beeinflussung)

d) Zusammenfassung (Darbietung des Lehrers etwa mit folgendem Wortlaut)	Bis jetzt haben wir gesehen, dass das Gewissen ganz eng mit der Norm zusammenhängt. Es sagt uns, wenn wir die Norm übertreten, und je wertvoller uns die Norm ist, desto schärfer reagiert es vor und nach einer Handlung, die von der Norm abweicht. Wir können sagen: - je besser die Norm gelernt ist desto stärker das Gewissen - je wichtiger die Norm scheint (Wert) desto stärker das Gewissen - je grösser die Angst vor der Sanktion desto stärker das Gewissen
e) Repetition der Schüler	Die Schüler versuchen, die obigen Satzkombinationen auswendig zu lernen und auswendig ins Arbeitsheft zu schreiben.
f) Gruppenarbeit	Die Schüler analysieren in Gruppen verschiedene Texte, wo abweichendes Verhalten manifestiert ist. Sie haben die Aufgabe - gegensätzliche Verhaltensweisen aufzuzeigen - abweichendes und konformes Verhalten zu bezeichnen - die jeweiligen Normen hinter jedem Verhalten zu bezeichnen - den Ansatz oder den Ausdruck des Gewissens, ausgelöst bei oder durch Verhaltensabweichung bzw. -konformität, festzulegen (vielleicht auch die "Gewissensart" zu bestimmen).

<u>Texte:</u> siehe Beilage am Schluss der Reihe

- Gefangene 1946. In: Das Menschenhaus. Düsseldorf 1974[3], S.172.
- Die Bürgschaft. Ballade von F. Schiller. In: Klett 0121, S.184.
- Das Märchen "Die drei Bären". In: Ich sammle Wörter. Köln 1969, S.248ff.
- "Das Ungeheuer". In: Geh und spiel mit den Riesen. Weinheim 1971, S.115ff.
- Zwei Männer. In: Kompass 2. G. Weisendorn (leicht gekürzt) auch in "basis" N 20981 E 6/1963.

Grobziel D: Der Schüler soll abweichendes und konformes Verhalten bewerten lernen (wagen, aushalten, die Stirne bieten, sich wehren etc.). Kriterien dieser Bewertung sind
- Herkunft und Verpflichtungsstärke der Norm (Sanktion)
- Art der Abweichung
- Feinheit und Art des Gewissens

1a) Mögliche Erklärungsmodelle für die Normherkunft (Lehrerdarbietung)	Die Lehrerdarbietung, ev. mit Anschauungshilfen, entspricht etwa folgendem Gehalt:

Wer das Handeln eines Menschen bewertet, muss nicht nur wissen, welche Normarten es gibt, er muss auch die Herkunft und den versteckten Wert der Normen kennen.

Mögliche Herkunftsformen sind:
- Die Normen stammen von einem Tabu.
- Die Normen stammen aus der Religion.
- Die Normen stammen aus einer philosophischen oder politischen Idee.
- Die Normen entstanden durch "Konsens" (Uebereinstimmung).
- Die Normen entstanden irgendwann in der Vergangenheit (Tradition). Man hat sich an sie gewöhnt.
- Die Normen ...

  ____

  ____

  ____

- Tabu heisst das "Unberührbare", das, wovon keiner sprechen darf, und doch jedermann sich daran hält. (Beispiele: Frauen verdienen für die gleiche Arbeit weniger als Männer. Oder bei der Maffia: Mueta = Schweigen; wer das Schweigen bricht, wird umgebracht. Oder Völker, bei denen die obere, reiche Schicht nicht in Berührung kommen darf mit den Armen etc.)

- Bei den Religionen glauben die Menschen, dass Gott die Normen (Gebote) den Propheten oder Führern übergeben bzw. "eingesagt" habe (Beispiel: 10 Gebote Moses auf dem Sinai). Oft sind diese Normen sehr starr, weil man viel Ehrfurcht davor hat.

- Eine philosophische oder politische Menschheitsidee kann für lange Zeit eine wichtige Norm für eine Gruppe von Menschen sein. (Beispiel: Alle Menschen sind gleich; Französische Revolution oder kummunistisches Manifest von Marx etc.)

- Konsens heisst: Man macht miteinander aus, welche Normen eingehalten werden sollen. (Beispiel: Jemand gründet einen Verein für Umweltschutz. Die Mitglieder sprechen miteinander ab, welche Regeln und Normen für sie gelten sollen, oder Klassenordnung, von Schülern und Lehrer gemeinschaftlich erstellt.

- Die Gewohnheit macht, dass einem die Normen nicht mehr zur Last fallen. Das, was getan werden muss, wird automatisch getan. Kaum jemand hinterfragt die dahinterstehende Norm (Funktionsentlastung).

Diese fünf Herkunftsformen überschneiden sich teilweise. Auch eine religiöse Norm kann zur Gewohnheit (Tradition) werden. Auch eine philosophische Idee kann Tabu sein etc.

b) Zuordnungsübung

Die Schüler ordnen verschiedene Normen den mehr oder weniger klaren Herkunftsfeldern zu. Zugleich bewerten sie diese Normen für den Fall der Uebertretung (Verhaltensabweichung).

Verhaltensweisen (abweichend)	gegensätzliche Norm	Normart	Herkunft	Verpflichtungsstärke	Feinheit und Art des Gewissens
Jemanden erschiessen, der dein Kind entführen will.	Das Menschenleben ist unter allen Umständen zu schützen. (Du sollst nicht töten)				
Kameraden lachen dich aus, weil du in ein Mädchen verliebt bist. Du lässt es über dich ergehen, ohne etwas zu sagen.	Angriff ist die beste Verteidigung.				
Eine Stopptafel überfahren, weil ich zu spät bin.	Pünktlichkeit geht über alles.				

Im Bus einen Sitzplatz erobern, weil es einem schlecht ist. Nicht aufstehen, wenn ältere Leute einsteigen.	Dem Alter gebührt die Ehre.				
Herr Müller wurde tot in seiner Wohnung aufgefunden. Schon 14 Tage lang hatte man ihn nicht mehr gesehen. Niemand spricht darüber. Ein junger Mann aber redet allen Hausbewohnern ins Gewissen. Er macht sie unruhig. Er ist lästig.	Das Leben ist stärker als der Tod. Vom Tod spricht man nicht.				
Zwei machen ab, dass sie gemeinsam ein Moped kaufen. Jetzt kommt aus, dass der eine kein Geld hat.	Brüderlich teilen.				
etc.					

(Diese Tabelle muss vom Lehrer so verändert werden, dass sowohl aktuelle Themen seines Deutsch- oder Geschichtsunterrichtes eingebaut als auch Bedürfnisse der Schüler berücksichtigt werden.)

Die Spalte "Feinheit und Art des Gewissens" wird immer wieder den ähnlichen Wortlaut haben (Vgl. C 2a-d).
Beim ersten Beispiel etwa kann es heissen:
- hängt davon ab, wie stark die Norm integriert ist (Wert)
- hängt davon ab, wie religiös ich bin (Gewissen = Gottes Stimme)
- hängt davon ab, wie sensibel das Gewissen ist
- hängt davon ab, wieviel Mut ich habe zur Verhaltensabweichung

- hängt davon ab, wieviel ich kritisch über die Norm nachdenke
- hängt davon ab, welche Sanktionen ich befürchte.

2a) Film-Visionierung und Erarbeitung von Bewertungskriterien	Anhand des Filmes "Die Parabel" (ev. "Das Gesicht von der Stange") wird abweichendes Verhalten (der Hauptperson) identifiziert und bewertet.

- Die Schüler erarbeiten Bewertungskriterien, z.B.
  . handeln statt zuschauen
  . sich mit der Rolle des Schwachen identifizieren
  . kein Fremd- und Selbstlob suchen
  . Sanktionen entgegennehmen etc.

- Die Schüler suchen alle Stellen, wo das Gewissen aufscheint. Sie legen den Stärkegrad und die Gewissensart fest (ev. Verhalten, Verhaltensabweichung, Norm, Sanktion, Stärkegrad des Gewissens etc.).

- Sie versuchen zu erklären, warum die "Normen" der Hauptpersonen im Film aus der Bibel stammen. (Erarbeitung)

Inhalt:
"Einleitung:
Während eine grüne Fläche auf der Leinwand erscheint, spricht eine Stimme Einführungsworte in englischer Sprache, die in der deutschen Uebersetzung etwa so ausgedrückt werden können: In den Evangelien lehrt uns Jesus durch Gleichnisse. Darin tritt uns die Botschaft Gottes in Form einfacher Geschichten entgegen. Heute könnte ein Gleichnis etwa so aussehen: Es gab einmal einen grossen Zirkus. Die Zirkusparade glich dem Vorbeimarsch der Nationen. Die einen Menschen waren Schauspieler, die andern Zuschauer. In der Parade kannten die Menschen einander kaum. Doch gab es in diesem grossen Zirkus des Lebens einen Menschen, der anders zu sein wagte ...

Der Rahmen:
Wir sehen die barocken Wagen eines kleinen Zirkus auf der Strasse, dann die Tiere, geführt von ihren Wärtern in glitzernden Gewändern, zuletzt, auf einem weissen Esel, einen Clown in weissem Gewand. Die letzte Gestalt überrascht und ist schon bedeutungsgeladen. Vier filmische Sequenzen folgen sich nun, in deren Verlauf sich das 'Spiel' zum verhängnisvollen Höhepunkt steigert (Tod des Mimen); dann sehen wir den Zirkus in der gleichen Formation wie am Anfang weiterziehen. Ein anderer Mime folgt am Schluss des Zuges, im Gewande des ersten. Er tritt an dessen Stelle. Das Spiel ist aus. Der Kreis ist geschlossen. Doch etwas läuft weiter, unaufhörlich, etwas, das aus dem Spiel herausspringt: der Ruf zur Nachfolge.

1. Sequenz: Der Elefantenwärter
Der Betreuer der Elefanten holt am Fluss Wasser für seine Tiere. Er ist erschöpft, vermag die beiden Kessel kaum mehr zu schleppen. Seine Last hinstellend, ruht er sich aus. Da erscheint der Mime, hebt die Kessel auf und trägt sie voraus zu den Tieren, während der Tierwärter, überrascht durch den Eingriff, hintendreinläuft, bis er die gutartige Absicht des Mimen erkennt. Während die Elefanten das Wasser schlürfen, verschwindet der Mime, gefolgt vom Tierwärter, der ihm, mit einer Geste des Dankes, ein Stück weit folgt.

2. Sequenz: Zielscheibe
Eine im amerikanischen Budenbetrieb früher sehr verbreitete Zirkusnummer. Hoch über einem mit Wasser gefüllten Blechbottich sitzt ein Mann hinter einem Gitter. Sein Sitz ist durch einen Mechanismus mit einer Zielscheibe verbunden. Der Zirkusbesucher kann sich als Schütze betätigen, dem eine feste Anzahl Tennisbälle zur Verfügung stehen. Trifft er die Scheibe, dann löst sein Wurf einen Mechanismus aus, der den Mann auf dem Sitz ins Wasser stürzen lässt. Das Pikante an dieser Szene ist nun, dass der im Käfig Sitzende ein Schwarzer ist, der Schütze dagegen ein hasserfüllter Weisser. Der weisse Mann wirft nun seine Bälle gegen die Scheibe. Wie nun der im Hintergrund stehende Mime die Situation erkennt, löst er den Schwarzen auf dem Sitz ab. Nun erkennt man klar, dass des weissen Mannes Zielscheibe letztlich nicht die runde Platte, sondern der Neger gewesen ist, denn diesem wirft er jetzt die Bälle nach. Der Schwarze ist überrascht, fängt - jetzt frei - die Bälle auf und wirft sie lachend zurück. Ein Spiel entsteht, in dessen Verlauf der Weisse immer wütender wird und durch Zufall die Zielscheibe trifft, so dass der Mime, anstelle des Negers, ins Wasser stürzt. Der Schwarze und der zuschauende Elefantenwärter helfen ihm heraus. Der weisse Mann 'bewaffnet' sich mit weiteren Bällen.

3. Sequenz: Der Säbelstecher
In lauten marktschreierischen Tönen (nur durch den Rhythmus der Musik ausgedrückt) lädt ein Billettverkäufer zum Besuche der Bude eines Säbelstechers ein, wird aber vom Mimen übergangen. Eine dunkle Schöne steigt in den Kasten, durch den mehrmals ein Säbel hindurchgestossen wird. Als Zuschauer stehen der Mime, der Elefantenwärter und der inzwischen hinzutretende Billettverkäufer da. Während der Zuschauer dem Publikum den Säbel zeigt, steigt der Mime in den Kasten, den er unversehrt wieder verlässt und dadurch den Zauber aufdeckt. Die dunkle Dame folgt beeindruckt dem Mimen, während der Säbelstecher sie vergeblich festzuhalten versucht ...

4. Sequenz: Die lebenden Marionetten
Die lebenden Marionetten des Direktors 'Magnus des Grossen' führen vor Kindern in der Kuppe eines Zirkuszeltes einen Schwank um eine Kindstötung auf. Da tritt der Mime ins Zirkuszelt, betrachtet die Szene und beginnt, zum Vergnügen der Kinder, mit dem Tierwärter und der "dunklen Dame" diesen die Schuhe zu putzen. Die ganze Aufmerksamkeit der Kinder wird abgelenkt und auf die schuhputzende Gruppe konzentriert. Der ver ‸rgerte Marionettendirektor sucht die Kinder mit wildem Zerren an den Strängen der Marionetten wieder in seinen Bann zu ziehen (beachte den Motivwechsel der Musik). Der Mime löst nun aber das Zugseil, und die am Gitter schwebenden drei Figuren (Mann, Frau, Henker) gleiten zur Erde. Die Frau ergreift das tote Kind (Puppe), wirft es zu Boden und bricht aus. Der Mime stellt sich an den Platz der Frau, betrachtet die Halterung, an der die Frau gehangen hatte und legt sich diese um. Während die Kinder das Zelt tumultartig verlassen, lässt jetzt 'Magnus der Grosse' das Zugseil anziehen, so dass der Mime allein ein kurzes Stück in die Höhe schwebt. Nun stürzen sich seine herbeigeeilten Gegenspieler wutentbrannt auf ihn: der Weisse wirft seine Bälle, der Billettverkäufer schlägt mit seinem Stock, der Zauberkünstler sticht mit seinem Säbel auf den wehrlos Dahängenden ein. Der Marionettendirektor lässt den Verwundeten schliesslich hochziehen, und oben unter den Gitterkreuzen (Symbolik!) stirbt der Mime mit einem entsetzlichen Schrei. Magnus, von Gewissensbissen und Reue geplagt, rüttelt an den Seilen, aber der Mime gibt kein Lebenszeichen mehr. Ein erschütterndes, filmisches 'Crucifixus' und 'Ecce homo' in einem.

Schluss:
Die drei aus dem Zirkusleben 'Herausgeholten' (Erlösten) helfen sich gegenseitig bei einem alltäglichen Dienst (Rasieren), während der Zirkus weiterzieht. Im stehenden Wagen betrachtet sich der Marionettendirektor nachdenklich im Spiegel, und langsam, aber entschlossen, beginnt er eine dicke, weisse Paste auf sein Gesicht zu streichen. Er schlüpft sozusagen in Gewand und Gestalt des toten Mimen hinein und reitet auf dem Esel am Strassenrande dem Zuge nach."
(Aus dem Begleitheft zum Film: D. Rindlisbacher, Bern.)

b) Wiederholung der Filmvisionierung in Sequenzen Schülergespräch	Auf Grund des selbsterarbeiteten Bewertungsrasters, der bei jeder Schulklasse anders ist, Wiederholung der einzelnen Szenen des Filmes und jeweiliges Gespräch.

c) Ergänzung des Rasters	Auf Grund des Gespräches wird der oben erstellte Raster vervollständigt und im Heft tabellarisch dargestellt.

Variante zu 2a)	Selbstverständlich kann die Arbeit mit dem Film auch anders vor sich gehen. Was hier vorliegt, ist ja nur ein Modell. Wir geben eine zweite empirische Variante an:
Problemstellung	Der Lehrer gibt den Schülern die Personen des Films bekannt. Er gibt die Aufgabe, das Verhalten des Clowns nach der zweiten Sequenz zu erraten.
Filmvisionierung 1. Teil und anschliessendes Gespräch	Unterbruch beim ersten Auftauchen des Clowns. Fragestellung: Wie wird der Clown handeln? Wird er das Wasser ausleeren und lachen?
Gespräch und Ausfüllen einer Tabelle	Die Schüler beurteilen das Handeln der Personen im Film. Kriterien der Beurteilung: - Norm, Normart - Konformität, Abweichung - mögliche Gewissensstärke - Sanktionen
Wiederholung der Filmvisionierung mit Unterbruch und Kontrolle der Schülerresultate. (Erarbeitendes Gespräch)	

---

d) Erarbeitung eines Lernbildes	Der Lehrer (oder die Schüler) versucht, den komplexen inneren Zusammenhang des Filmes in einem Lernbild aufzuzeigen. Die Schüler wiederholen die Aussagen des Lehrers anhand der Skizze. Sie üben partnerweise das Lernbild. Sie tragen es auswendig ins Arbeitsheft ein (ev. polykopiertes Lernbild mit Leerfeldern). Das Lernbild könnte etwa so aussehen:

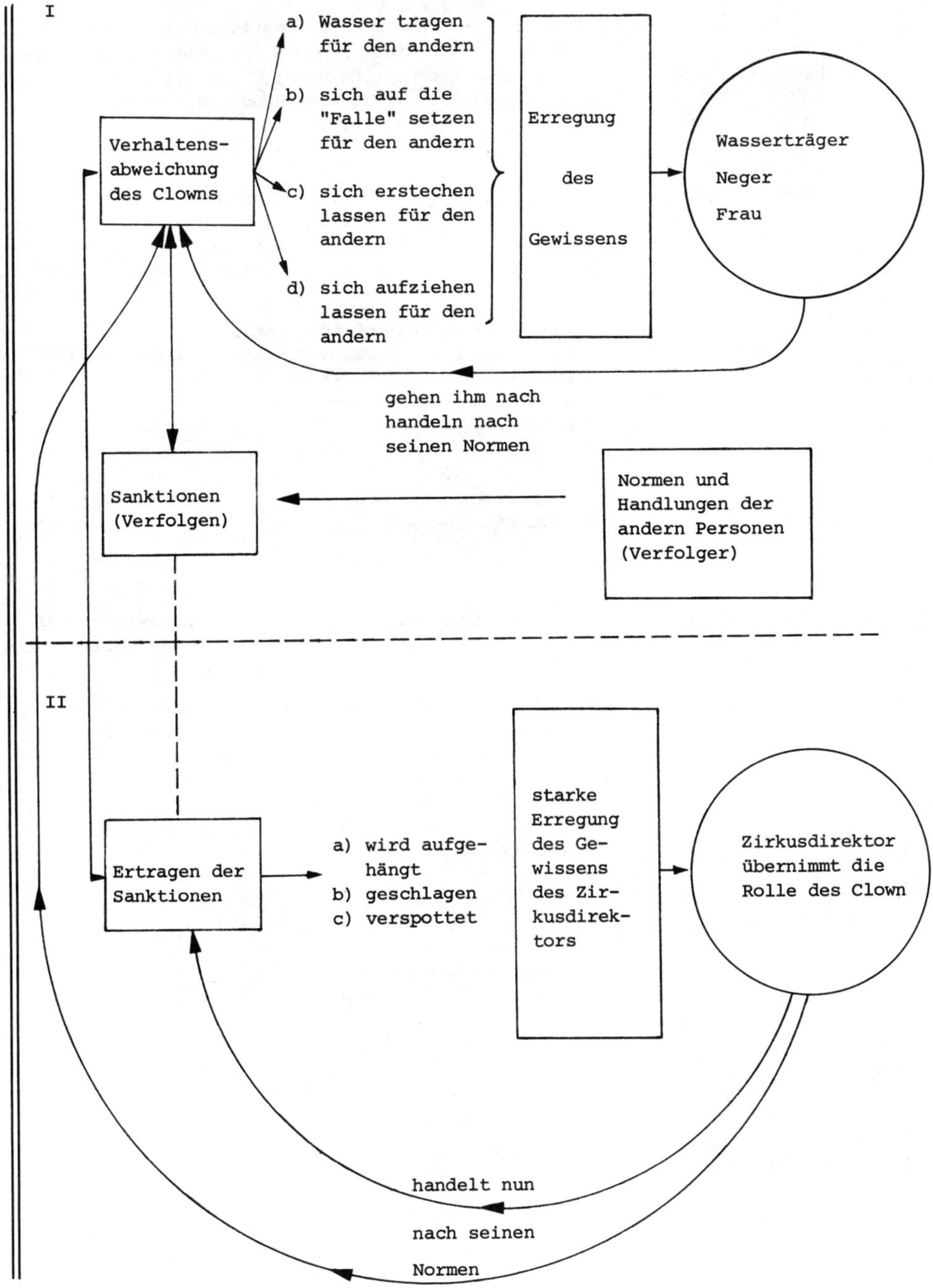
I
a) Wasser tragen für den andern
b) sich auf die "Falle" setzen für den andern
c) sich erstechen lassen für den andern
d) sich aufziehen lassen für den andern
Verhaltens-abweichung des Clowns
Erregung des Gewissens
Wasserträger
Neger
Frau
gehen ihm nach
handeln nach
seinen Normen
Sanktionen (Verfolgen)
Normen und Handlungen der andern Personen (Verfolger)
II
Ertragen der Sanktionen
a) wird aufgehängt
b) geschlagen
c) verspottet
starke Erregung des Gewissens des Zirkusdirektors
Zirkusdirektor übernimmt die Rolle des Clown
handelt nun
nach seinen
Normen

3a) Arbeit mit Textbeispielen Lehrerdarbietung	Im Buche "Ein Tag im Leben des Iwan Denissowitsch" von A. Solschenizyn gibt es viele Situationen bzw. Szenen, wo die komplexe Durchdringung der Begriffe Norm, Verhaltensabweichung, Verhaltensänderung, Gewissen, Sanktion etc. gut sichtbar wird.
b) Gruppenarbeit	Die einzelnen Gruppen bearbeiten je den ihnen zugewiesenen Ausschnitt aus dem obgenannten Buch. Sie haben den Auftrag, die Situation nach folgenden Kriterien zu beurteilen und ev. eine entsprechende Tabelle zu erstellen: - Angabe der Situation in Stichworten - Feststellen der Normen, Normarten, Normherkunft - Verhaltensabweichung/-konformität/-veränderung - Stärke und Art des Gewissens - Sanktionen
c) Darbietung im Plenum	Die Ergebnisse der Gruppen werden im Plenum dargelegt, diskutiert und beurteilt.
4a) Situationsanalyse in der Klasse (Gewissenstraining)	Je eine andere Gruppe von Schülern beobachtet einen Tag lang die Klasse und die Gruppen in der Klasse. Sie sammelt Material für Situationen, wo - konformes/abweichendes Verhalten zum Vorschein kommt - bestimmte moralische oder ethische Normen manifest werden ... (Normarten, Normherkunft) - Gewissen (gutes/schlechtes) aufscheint (Gewissensstärke) - Sanktionen und Angst vor Sanktionen das Gewissen beeinflussen.
b) Informationsvermittlung durch die Schüler	Die Gruppe legt je das entsprechende Material - schriftlich/mündlich - in Tonbandform - mit Videoaufzeichnungen etc. vor.
c) Erstellung eines Beurteilungsrasters bzw. Wertmassstabes zur Bewältigung der einzelnen Situationen	Dieser Raster wird entweder vom Lehrer gegeben oder aber im Brainstorming entwickelt. Mögliche Kriterien: - investierte Widerstandskraft/Bequemlichkeit - Wagemut/Angst - Resistenz/Nachgeben - sich zur Wehr setzen/dulden - Sanktionen entgegennehmen/vor Sanktionen ausweichen etc. (ev. wird dieser Raster ergänzt vom obigen, vom Film gewonnenen Raster).

G. Die Evaluation der 2. Fassung der Lernstrategie «Gewissen und Verhaltensabweichung»

1. Der Begriff der praktischen Evaluation

Die vorliegende Strategie wurde ein erstesmal in der Klasse eines Mitarbeiters der Seminargruppe durchgeführt und mit Videorecorder aufgezeichnet. Es wurden Vor- und Nachtests durchgeführt im Bereich des Wissens und der Einstellung. Ebenfalls wurden solche Tests nach jedem Grobziel eingefügt. Aufgrund dieser ersten Ergebnisse soll eine multivariate Evaluation durchgeführt werden, mit dem Ziel, aufgrund der eingegangenen Daten die Strategie ein zweitesmal zu verbessern. Planung, Durchführung und Auswertung dieser Evaluation soll in einer eigenen Arbeit dargestellt und veröffentlicht werden. Wir möchten hier bloss das Grobkonzept darlegen.
Unter Evaluation ist ein systematisches Sammeln, Verarbeiten und Auswerten von Daten zu verstehen. Die Ergebnisse der Evaluation sind Grundlagen für optimale Entscheidungen. Die Evaluationsformen in unserem Grobkonzept lassen sich nicht eindeutig den von Ch. Wulf[1)] dargestellten Evaluationsformen zuordnen. So können wir beispielsweise von "formativer" Evaluation sprechen, weil das Projekt nicht abgeschlossen ist, sondern verbessert werden muss. Anderseits aber müssen wir doch von "summativer" Evaluation sprechen, weil die Strategie, so wie sie vorliegt, ein fertiges Produkt ist.
Wir stellen uns vor, dass "Gewissen und Verhaltensabweichung" in einem ersten Anlauf mit über hundert Schülern in vier 3.-Realklassen des Kantons Zürich (15-jährige Schüler) mit je drei Beobachtern in je verschiedenen Ortschaften durchgeführt wird. Zwei Hinweise zur Begründung dieser Auswahl:

- Es ist nicht möglich, im Rahmen der vorliegenden finanziellen Mitteln und des möglichen Arbeitsaufwandes, Tests für verschiedene Schultypen z.B. Gymnasien, Sekundar- und Oberstufenklassen zu erstellen.
- Die bisher von uns entwickelten lernstrategischen Entwürfe haben sich alle auf diesen Schultypus bezogen, so dass die erste Evaluation auch diesen Schultypus betreffen soll.

---

1) Vgl. Ch. Wulf: Einführung in die Problematik der Evaluation, dargestellt am Beispiel der Curr.-evaluation. In: Ch. Wulf (Hrg.): Evaluation. München 1972, S. 19.

2. Ziele der praktischen Evaluation

Wir wollen durch unsere Evaluation wissen

- ob kognitiv entscheidende Veränderungen aufgrund der von uns erstellten Lernstrategie beim Schüler eintreten. Das Verhältnis Wissen - kognitive Schemata muss dabei berücksichtigt werden,
- ob eine Einstellungsveränderung aufgrund der von uns erstellten Lernstrategie beim Schüler eintritt. Das Verhältnis Gewissen - Einstellungsänderung muss an anderer Stelle reflektiert werden,
- ob die Strategie überhaupt einen positiven unterrichtlichen Verlauf ermöglicht und ob Fehlverläufe (falsche Informationen, falsche Handlungsanweisungen, falsche Beurteilungen) oder auf das Lehrerverhalten (Strukturniveau, inhaltliche Missverständnisse, methodische Probleme, Zuwendungsfragen) zurückzuführen sind,
- ob die Schülerresultate in den einzelnen Sequenzen des Unterrichts auf Fehlplanungen im strukturalen Verlauf der Strategie hinweisen,
- ob der Lehrer sich
    - aa) nach dem ersten Lesen
    - bb) nach der Durchführung der Strategie

  positiv zur Uebernahme und Anwendung äussert, ob er Bedenken hat, ob er sie ablehnt,
- ob eine ausgewählte Expertengruppe intentionsmässige, inhaltliche, methodische, interaktionale, organisatorische und implementativ-entscheidungsmässige Veränderungen zur Verbesserung der Strategie vorschlagen kann. Hier geht es um Einschätzung aufgrund vorgelegter globaler Kriterien.

Das Gesamtkonzept der Evaluation für die vorliegende selbsterstellte Lernstrategie sieht in einer Skizze dargestellt folgendermassen aus:

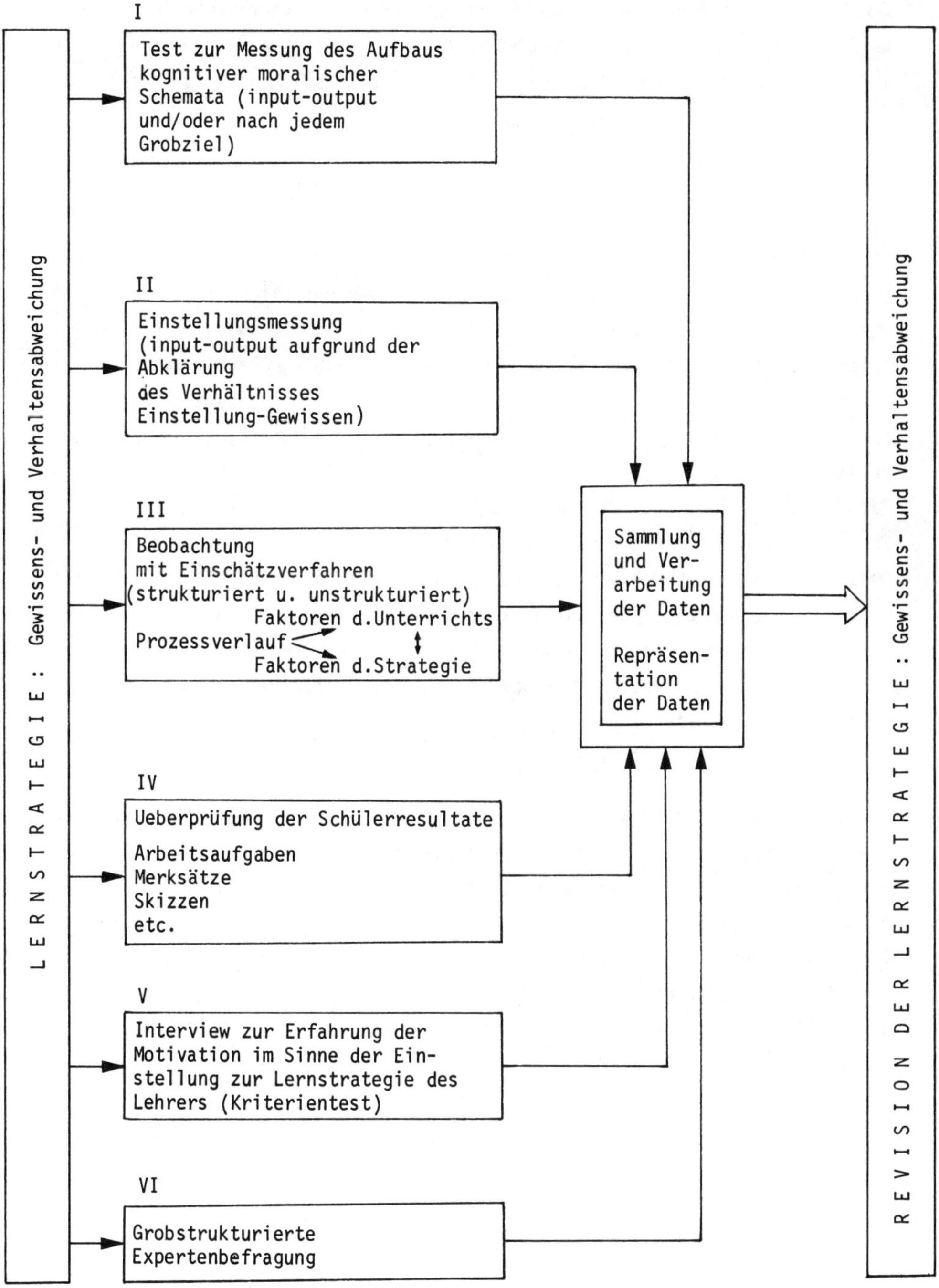
LERNSTRATEGIE: Gewissens- und Verhaltensabweichung
I
Test zur Messung des Aufbaus kognitiver moralischer Schemata (input-output und/oder nach jedem Grobziel)
II
Einstellungsmessung (input-output aufgrund der Abklärung des Verhältnisses Einstellung-Gewissen)
III
Beobachtung mit Einschätzverfahren (strukturiert u. unstrukturiert)
Prozessverlauf
Faktoren d.Unterrichts
Faktoren d.Strategie
IV
Ueberprüfung der Schülerresultate
Arbeitsaufgaben
Merksätze
Skizzen
etc.
V
Interview zur Erfahrung der Motivation im Sinne der Einstellung zur Lernstrategie des Lehrers (Kriterientest)
VI
Grobstrukturierte Expertenbefragung
Sammlung und Verarbeitung der Daten
Repräsentation der Daten
REVISION DER LERNSTRATEGIE: Gewissens- und Verhaltensabweichung

Ein Grossteil unserer Evaluation beruht auf der Fragebogentechnik (keine parametrischen Daten). Die Fragen beziehen sich meistens auf die Lernstrategie; - also keine Messung durch ein Aussenkriterium. Ein Teil beruht auf einschätzenden Beobachtungsverfahren.

3. Beschreibung der einzelnen Messbereiche der Gesamtevaluation

Zu I: Messung kognitiver Fähigkeiten

Es handelt sich hier nicht so sehr um eine Wissenskontrolle als vielmehr um die Frage, was für kognitive Schemata kann der Schüler in bestimmten "moralisch-kommunikativen" Situationen aufbauen? Oder anders gefragt: Welche Qualifikationen stehen ihm vor und nach der Strategie zur Lösung persönlicher und sozialer Konflikte im Bereich der von K. Widmer[1] aufgestellten Gewissensfelder zur Verfügung?
Das Ziel bzw. die Fragestellung lautet also:
Wenn sich eine Aenderung durch die Lernstrategie ergeben hat, dann sollten inhaltsspezifische Fragen vor der Durchführung des Lernprozesses schlechter (zum Teil auch anders) beantwortet werden als in der Endbefragung.
Um zu kontrollieren, ob sich die Antworten ohne die Lernstruktur ändern, wird der gleiche Fragebogen in einer Kontrollklasse zweimal mit dem gleichen Zeitabstand durchgeführt.

Zu II: Messung der Einstellungsänderung

Voraussetzung ist, dass Handeln und Einstellung und Einstellung und Gewissen einander entsprechen. Auf dieser Voraussetzung werden polare Einstellungsdimensionen in Bezug auf Verhaltensabweichung bzw. Verhaltenskonformität angenommen (flexibel - rigide, richtig - falsch, reflektiert - unreflektiert).
Der Versuch des sauberen Definierens von Skalen entsprechend den genannten Dimensionen wird gefolgt von der Formulierung operationalisierter Items, deren wichtigstes Auswahlkriterium Veränderlichkeit sein soll.
Der Zusammenhang zwischen dem Aufbau kognitiver Schemata und der Einstellung muss erarbeitet werden. Ueber die Einstellungsmessung soll zugleich miteinfliessen, wie sehr Probleme der Betroffenen im Unterricht selber zur Sprache gebracht worden sind.

---

1) Vgl. S. 257 und S.390/391 unserer Ausführungen.

Zu III: Prozessanalyse des Unterrichts

Hier soll für jedes Grobziel der Lernstrategie ein Beobachtungsbogen erstellt werden. Die Beobachter des Unterrichtsprozesses schätzen einerseits ein, ob und wie sehr sich der Lehrer an die Strategie hält, andererseits ob der Unterricht in jeder Phase "gelingt", d.h. es soll festgestellt werden, ob Unterrichtsblockierungen irgendwelcher Art eher auf die Strategie oder auf Unterrichtsfaktoren zurückzuführen sind, die nicht von der Strategie abhängig sind. Oder allgemein als Hypothese:
Wenn (genau zu definierende) Störfaktoren nicht allein auf allgemeine Unterrichtsfaktoren zurückzuführen sind, dann müssten sie in der Strategie selber lokalisierbar sein.

Zu IV: Ueberprüfung der Schülerarbeiten

Ueberprüfung der Schülerarbeiten meint hier Ueberprüfung der in der Strategie eingebauten Kontrollen. Gütestandards werden vom Lehrer der betreffenden Klasse selber festgelegt.
Ziel oder Hypothese: Wenn Schüleraufgaben nicht bzw. falsch gelöst sind, so müssen die Ursachen des Versagens entweder in der Strategie oder im Unterricht lokalisierbar sein. Die Eigenart von Schüleraufsätzen, Schülerskizzen etc. lässt (durch qualitative Inhaltsanalyse) auf vollzogene Lernprozesse schliessen. Es kann aber auch ausgemacht werden, ob der Schüler genug alternative Rollenmuster durchgespielt hat, um eigene Urteile (Vorurteile) relativieren zu können.[1]

Zu V: Interview zur Erfassung der Lehrermotivation

Sowohl Form als auch Inhalt der Strategie sollen die motivatorischen, an die Lehrer gerichteten Fragebündel strukturieren. Fragen zur Durchführbarkeit, Verständlichkeit, zeitlichen Beanspruchung, zur Struktur des Aufbaus, zur Legitimation des Aufwandes, zur Entsprechung mit dem eigenen Lehrstil betreffen mehr die Form der Strategie. Fragen zum allgemeinen Erfolg, zur Gewissensbildung, zur ethischen Erziehung schlechthin etc. betreffen eher die inhaltliche Komponente.

---

1) Vgl. K. Heipke: Lehrziele und Handlungsziele im Unterricht. Unterrichtsplanung und Schülerinteresse. In: b:e, 8/1974, S. 17.

Aussagen zur Lehrermotivation sind entscheidend a) für Veränderungen der Kodifikationsform, b) für eine mögliche Dissemination der Strategie.

Zu VI: Expertenbefragung

Die Experten sollen mündlich und schriftlich zur Strategie Stellung beziehen. Dabei werden wir einzelen Dimensionen (wie Fragen der Konstruktion) nur als Grobraster angeben. Die Auswahl der Experten soll begründet werden. (Die Häufigkeit der kritischen Einwände in einer Dimension entspricht der Häufigkeit der falschen bzw. unklaren Aussagen in der Strategie.)

Zu diesem praktischen Evaluationskonzept sollen weitere inhaltliche und strukturale Verbesserungsvorschläge derjenigen, die das Evaluationskonzept erstellen, miteinfliessen. Denn gerade im Erstellen bspw. konstruktionspsychologischer Tests lassen sich Schwächen der Strategie ermitteln. Weil sich die Tests auf die Strategie beziehen, helfen sie verdeckte Intensionen transparent zu machen.
Wir erhoffen von dieser Evaluation zusätzlich:

- Verbesserung der Planungsverfahren bei der Dimensionierung und Erstellung solcher Strategien.
- Verbesserung methodisch-didaktischer Implikationen
- Verbesserung der Vorgehen bei der Dissemination von Lernkonzepten im Bereich ethischer Erziehung.

H. Die Eingliederung der Lernstrategie in den grösseren Unterrichtszusammenhang

1. Einleitung

Es ist nicht möglich, auf diesem Raum eine relevante Stichprobe von Lehrplänen und Curricula auf das Phänomen der Gewissensbildung hin zu befragen. Besonders auf den Vergleich religionsunterrichtlicher Rahmenpläne mit Grobkonzepten zum Thema "Gesellschaftslehre" (z.B. Hessische Rahmenpläne) muss hier verzichtet werden.
Wir wählen für unsere Betrachtung den Lehrplan zum Fache "Ethik" des Landes Bayern und - unter anderer Fragestellung - den allgemeinen Lehrplan für Realklassen des Kantons Zürich. Kriterien der Präferenz sind in diesem Fall lediglich Richtung und Selbstverständnis der Erkenntnisgewinnung.

2. Das Fach Ethikunterricht

Die Länder Rheinland-Pfalz und Bayern haben zum selben Zeitpunkt einen Lehrplan für das Unterrichtsfach "Ethik" vorgelegt. "Der Besuch des Ethik-Unterrichts ist für alle Schüler verpflichtend, die nicht am Religionsunterricht ihres Bekenntnisses teilnehmen, bzw. keiner Konfession angehören."[1] Da dieser Unterricht (gem. Art. 137, Abs. 2 BV) kein weltanschaulich gebundenes Fach ist, müssen übergreifende ethische Richtlinien auf der Konsensusbasis etwa im Sinne einer analythischen Ethik erstellt werden.
Die Hauptintensionen dieses Faches sehen folgendermassen aus:

"I Leitziel:

Die Hinführung des Schülers zu moralischer Mündigkeit durch das Erlernen werteinsichtigen Urteilens und Handelns.

In seinen inhaltlichen Zielvorstellungen orientiert sich der Unterricht in Ethik an den sittlichen Grundsätzen, wie sie in der Verfassung des Landes Bayern und im Grundgesetz der Bundesrepublik Deutschland niedergelegt sind. Im übrigen geht er von einer Pluralität der Bekenntnisse und Weltanschauungen aus.

1) Staatsinstitut für Schulpädagogik, München: Handreichungen für das Unterrichtsfach Ethik mit Abdruck des curricularen Lehrplans. Donauwörth, 1973, S. 11.

II Richtziele:

Fähigkeit zur Selbstbestimmung

Fähigkeit zur sozialen Verantwortung

Zur Erreichung dieser Ziele hat der Unterricht in Ethik die Aufgabe, den Schüler zu informieren

über die verschiedenen im Individualbereich und in der Gesellschaft geltenden Werte und Normen,

über ihre Bedeutung für die praktische Lebens- und Weltgestaltung sowie über den Prozess ihrer Uebernahme bzw. Ablehnung.

Er soll den Schüler befähigen, über eigene und fremde Wertentwürfe zu reflektieren, zwischen subjektiv bedingten und allgemein verbindlichen Werten zu unterscheiden,

sich im Bereich ethischer Verantwortlichkeit sachgemäss zu orientieren und hieraus die Bereitschaft zu entwickeln, eigenverantwortlich zu entscheiden und zu handeln."1)

Wir stellen die Behauptung auf, dass unsere Lernstrategie nur unter bestimmten Bedingungen als ein ausgebautes Curriculumelement[2] in diesen Plan integrierbar wäre. Um dies zu belegen, wählen wir jene Stellen aus, wo die Begriffe Gewissen und Norm aufscheinen:

5./6. Jahrgangsstufe: Kein direkter thematischer Bezug
7. Jahrgangsstufe: Kein direkter thematischer Bezug
8./9. Jahrgangsstufe: Kein direkter thematischer Bezug
10. Jahrgangsstufe: Hier finden wir S. 39/40 folgende Intionen:

Lernziel	Lerninhalt	Unterrichtsverfahren	Lernzielkontrolle
3. Normen und ihre Berechtigung			
3.1. Kenntnis verschiedener Arten von Normen	DIN-Normen, Arbeitsnormen, Regeln, Konventionen, Gesetze ethische Normen	Aufsuchen von Beispielen im Unterrichtsgespräch	Fragen zum Stoff

1) Handreichungen für das Unterrichtsfach Ethik, a.a.O., S. 17.
2) Vgl. unsere Ausführungen, S. 428-438.

Lernziel	Lerninhalt	Unterrichtsverfahren	Lernzielkontrolle
3.2. Einsicht in die Entlastungsfunktion von Gewohnheiten als eine Ursache für Normierungen	Leistungen der unter 3.1 genannten Normen für die Regelung und Vereinfachung des menschlichen Zusammenlebens	Unterrichtsgespräch, Analyse von Eigenerfahrungen	Erörterung, Formulierung eines Argumentationszusammenhangs
3.3. Einsicht in die Schwierigkeit der Normenveränderung aufgrund der Beharrungstendenzen der Gesellschaft	Beispiele für menschliche Reaktion auf Gewohntes bzw. Ungewohntes (Modeneuheiten, technische Erungenschaften, Sexualverhalten)	Unterrichtsgespräch: Filmanalyse "Gesicht von der Stange", Untersuchung unterschiedlichen Generationsverhaltens, Sprachbeispiele für Gefühlsreaktionen, z.B. "Das Neue ist unheimlich, ungewohnt", (vgl. "heim", "wohnen")	Referate, Kritische Stellungnahmen
3.4. Einsicht in die Bedingtheit von Normen	Wirtschaftliche und gesellschaftliche Bedingungen für Normwandel, z.B. Nomadenverhältnis-Sesshaftigkeit, Stadtgründung: Stadtkultur, Veränderung durch technische Erfindungen (z.B. Buchdruck, Dampfmaschine, Computer)	Schülerreferat, Lehrervortrag Diskussion	Referat, Protokoll, Fragen zum Stoff
3.5. Einsicht in die Gefahr der "Normierung"	Beispiele für den Verlust eigener Meinung und Initiative durch normierte Meinungen und normiertes Verhalten; Problem des Kreativitätsverlusts	Sammeln und Analysieren von Beispielen der eigenen Erfahrung, der allgemeinen Zeiterscheinung, der Literatur; Diskussion.	Vorbereitung, Durchführung und Auswertung einer Podiumsdiskussion zum gegebenen Thema

Lernziel	Lerninhalt	Unterrichts-verfahren	Lernziel-kontrolle
4. <u>Gewissen</u>			
4.1 Einsicht, dass Gewissen eine Grundfähigkeit des Menschen ist	Beispiele für bestimmte Entscheidungssituationen, die Gewissenscharakter haben	Unterrichtsgespräch	
4.2 Kenntnis verschiedener Interpretationsweisen von Gewissen	Gewissen als "Stimme Gottes" Gewissen als "innere Stimme" Gewissen als "Dressurergebnis"	Textanalyse Schülerreferat	Textanalyse, Fragen zum Stoff
4.3 Fähigkeit, Gewissensirrtümer zu erkennen	Religiös, weltanschaulich, politisch bedingte Gewissensirrtümer (Ritualopfer, politisch missbrauchter Idealismus)	wie 4.2	wie 4.2
4.4 Kenntnis des sozialen Gewissens	Wissen um den anderen - Betroffenheit vom anderen - Anruf, ihm zu helfen - Verantwortung für ihn fühlen als Wesen des sozialen Gewissens	Unterrichtsgespräch	—
4.5 Fähigkeit, Gewissen als Wissen um den anderen und Verantwortung für ihn zu aktivieren und durchzuhalten	Umsetzen dieses Wissens ins eigene Handeln: Motivation des Handelns nicht nur vom eigenen Ich sondern vom "fremden" Interesse her durch Identifikation	Unterrichtsgespräch	—

11. Jahrgangsstufe: Hier finden wir (S. 47):

Lernziel	Lerninhalt	Unterrichtsverfahren	Lernzielkontrolle
3. Fähigkeit, aus der Kenntnis möglicher Wertpositionen zu einem eigenen verantwortlichen Urteil zu kommen			
3.1 Fähigkeit, Probleme unserer Zeit von verschiedenen ethischen Standpunkten aus zu beurteilen	1 Krieg-Frieden 2 Kriegsdienstleistung; 3 Kriegsdienstverweigerung 4 Gewalt-Gewaltlosigkeit 5 Bevölkerungsexplosion: 6 Geburtenkontrolle 7 Hunger 8 Eigentum- Eigentumsordnung 9 Bedrohung des Menschen durch Wissenschaft, Technik und Wohlstand	Interpretation literarischen Texten, Zeitungsberichten, Diskussionen über Rundfunk- und Fernsehsendungen, Aeusserungen und Stellungnahmen von Politikern, Parteiprogramme	Diskussionen, Debatten, die protokolliert werden; Erörterung an Hand von Texten

12./13. Jahrgangsstufe: Hier finden wir (S. 48 - 54):

Lernziel	Lerninhalt	Unterrichtsverfahren	Lernzielkontrolle
1.3 Fähigkeit, über den Begriff "Wert" zu reflektieren	Verschiedene Arten von Werten 1. Grundwerte (Leben, Freiheit, Macht, Erkenntnis) 2. Erfüllungswerte (Sinnliche W., Leistungswerte, Soziale Werte, Religiöse Werte, Sittliche Werte) Werthöhe (Wertdringlichkeit) 1. Relative Geltung von Werten (Sophisten, Machiavelli) 2. Absolute Geltung von Werten (Sokrates, Platon, Augustinus, Kant, Hegel,Scheler)	Gemeinsame Erarbeitung von Wertvorstellungen und -kategorien, Textinterpretation	Begriffsdefinition, Erörterung

Lernziel	Lerninhalt	Unterrichtsverfahren	Lernzielkontrolle
1.4 Fähigkeit, das Begriffsfeld Gewissen abzustecken	a) Gewissenserfahrung b) Gewissensinterpretation: religiös/transzendent als Stimme Gottes, psychologisch als Ueber-Ich (Freud), philosophisch als Urteil der praktischen Vernunft, die goldene Regel des Augustinus, das soziale Gewissen als Wissen um den andern und Verantwortung für ihn	Analyse von Eigenerfahrungen, Texte aus Geschichte und Literatur (Lektüre und Interpretation), Sachtexte	Vergleichende Darstellung, Fragen zum Stoff
1.5 Einsicht in den Prozess der Gewissensentfaltung	Psychologie des Gewissens, Gewissenskompetenz (Mündigkeit) durch Verantwortungsethik	Information aufgrund von Sachliteratur	Fragen zum Stoff
ferner:			
2.3 Einsicht in die Konsequenzen einer freiheitlichen oder deterministischen Auffassung	Schuld, Gewissen, Verantwortung (Strafrechtstheorien, Konfliktsituationen von Aerzten, Forschern u.a.); Möglichkeiten persönlicher Initiativen	Analyse aktueller Rechtsfälle; Diskussionen um die Berechtigung der Todesstrafe; Sachverständigenbefragung (z.B. Staatsanwalt); Besuch einer Gerichtsverhandlung, Analyse von Beispielen aus der Erfahrung und der Literatur (Einstein, Oppenheimer), Durchspielen von Situationen aus dem eigenen Lebensbereich: Familie, Schule (SMV), Gruppe, Beruf, Politik	Fallanalyse, Diskussion, Debatte (schriftliche Vorbereitung, Ergebnisprotokoll), Schülerreferate

Lernziel	Lerninhalt	Unterrichtsverfahren	Lernzielkontrolle
3. Norm und Entscheidung			
3.1 Einsicht in den Zusammenhang zwischen Wertvorstellung und Norm	Aussagen über das Selbstverständnis des Menschen in verschiedenen Gesellschaften: Mittelalter-Renaissance, totalitäres-demokratisches Menschenbild, bürgerliches-marxistisches Menschenbild	Konfrontation verschiedener Menschenbilder, auch unter dem Aspekt der geographisch-historischen u.ökonomischen Bedingtheit, Lektüre kulturanthropologischer Texte, kulturgeschichtliche Vergleiche anhand von literarischen, philosophischen und künstlerischen Dokumenten	Vergleichende Analyse von Texten, Textinterpretation im vorgegebenen Bezugsrahmen
3.2 Einsicht in die Wandelbarkeit ethischer Normen	Historische Abläufe von Normwandel: Evolutionäre Prozesse (z.B. Industrialisierung, Emanzipation der Frau, Sexualstrafrecht); Revolutionen	Schülerreferat, Diskussion, Vergleich von Schulordnungen oder Gesetzen (in Gruppenarbeit), Vergleich kulturgeschichtlicher Texte aus Zeiten vor und nach einer Revolution (z.B. Frankrich 1789, Russland 1917)	Vergleichende Darstellung, Textanalyse mit Leitfragen, Formulierung eines Argumentationszusammenhanges
3.3 Einsicht in die Notwendigkeit ethischer Normen und Bereitschaft, dieselben anzuerkennen	Frage nach der ethischen Relevanz und Berechtigung von Konventionen, Sitten, Regeln (Spiel, Verkehr), Satzungen, Gesetzen, Verfassungen	Sammeln von Erfahrungsbeispielen, Begriffsabgrenzung, Debatte unter Leitung eines Schülers z.B. Sitten des täglichen Umgangs	Erörterung, kritische Stellungnahme
3.4 Fähigkeit, Normen verantwortungsbewusst anzuwenden und sich in Konflikten zu entscheiden	Konfliktsituationen aus persönlicher Erfahrung, Literatur u. Geschichte, z.B. 20. Juli; Beisp.f.die Anwendung von eth.Normen (z.B. Verpflichtung zur Wahrheit-Aerztliche Schweigepflicht, Beichtgeheimnis, Gehorsamsverweigerung aus Gewissensgründen)	Analyse, Interpretation, Diskussion	Fallanalyse, Konstruktion möglicher Handlungsvariationen, Erörterung.

etc.

Dass dieselbe Problematik in diesem "curricularen Lehrplan" zwei- bis dreimal aufscheint, verweist auf die von J.S. Brunner dargestellte Curriculumspirale.[1] Grundthemen wie "Der Mensch in der Gemeinschaft" oder "Der Mensch und sein persönliches Leben" lassen sich praktisch in jeder Jahrgangsstufe je anders inhaltlich aktualisieren. Vieles wäre daher herauszukristallisieren, was sich an anderer Stelle mit unserer Strategie überschneidet. Was uns aber interessiert, ist der Vergleich mit den in der 10. Jahrgangsstufe dargelegten Lernzielen, Lerninhalten und Unterrichtsverfahren. Zwar entspricht die 10. Jahrgangsstufe dem 16-jährigen Schüler. Zudem scheint der Lehrplan "Ethik" vor allem die gymnasialen Klassen oder doch mindestens zur Hochschule führende Schultypen zu betreffen. Dennoch lohnt sich der Vergleich:
Was auf den ersten Blick auffällt, ist eine fast vollständig kognitive Ausrichtung des gesamten Unterrichts. Wir finden im Lernzielbereich nur die Worte "Einsicht", "Kenntnis" und "Fähigkeit zu erkennen". Hier wäre eine der grundlegenden Bedingungen, die im Plan verändert werden müssten, um unsere Strategie integrieren zu können. Durch Einsicht allein - dies hat die Lernpsychologie zur Genüge aufgezeigt[2] - können wenig wirklich verändernde Werthaltungen z.B. im Bereich "Gesellschaftliche Aussenseiter" aufgebaut werden.

Als weiteres Merkmal fällt auf, dass die inhaltliche Bestimmung des Gewissens etwa durch Schuld, Norm oder durch Verhaltensabweichung oder andere mögliche Felder fehlt. In diesem Zusammenhang ist die Trennung von Norm und Gewissen in zwei verschiedene aufeinanderfolgende Lernbereiche bezeichnend.[3]

Als drittes kritisches Moment erwähne ich, dass die einzelnen Lernziele nicht zwingend struktural aufeinander bezogen sind, sondern eher im Sinne des Baukastenprinzips eine kumulative Anhäufung von Einzelfakten darstellen.

Eine weitere Kritik richtet sich an die Magerkeit der Phantasie in der Spalte Unterrichtsverfahren und Lernzielkontrolle. Hier glauben wir, dass die Lernstrategie mehr Anregungen bietet.
Beachtenswert als Ganzes an diesem Curriculumplan für das Fach "Ethik" ist hingegen der Raum, der den Themen Gewissen und Norm, aber auch den Themen

---

1) Vgl. unsere Ausführungen S.366.
   Vgl. J.S. Bruner: Der Prozess der Erziehung, Berlin 1970, S. 61.
2) Vgl. unsere Ausführungen in Kap. 3, S.137-219.
3) Vgl. unser erster Entwurf der Lernstrategie, S.457ff.

Friedenserziehung - Autorität, Sexualität etc. überhaupt eingeräumt wird. Innerhalb dieses weitgefassten thematischen Rasters lassen sich - so meine ich - Veränderungen im Sinne der hier angefügten Kritik ohne weiteres verwirklichen. In den Hinweisen zum "Umgang mit dem curricularen Lehrplan"[1] wird denn auch von drei Filterfunktionen, nämlich "Lehrer", "Schüler" und "äussere Bedingungen" gesprochen, welche als unterrichtsfaktorielle Komponenten durch ihre "Ansprüche" den Plan am meisten verändern bzw. ergänzen oder in der Operationalisierung anders gestalten sollen. In diesem Sinne wäre unsere Lernstrategie wie gesagt tatsächlich ein ausgebautes Curriculum-Element eines in dauerndem Regelkreis zu verändernden Grobzielrasters, wie ihn der Ethikplan des Landes Bayern darstellt.
Die Offenheit im Sinne möglicher Veränderung und zugleich die Forderung nach einem obligatorischen Ethikunterricht hat eine Reihe schärfster Kritiker auf den Plan gerufen. K. Gawlitta[2] wirft dem Staat vor, er identifiziere sich durch diesen Plan mit kirchlichen Zielen, oder er wolle dadurch die Abmeldung vom Religionsunterricht stoppen. Seine Unterstellung begründet er so: "Da offenbar der Unterricht insbesondere in den Fächern Deutsch, Geschichte und Sozialkunde nicht hinreicht, um den Jugendlichen in der Auseinandersetzung mit ethischen Fragen zu schulen, bedarf es eines Ersatzunterrichtes, wenn der Schüler am Religionsunterricht nicht teilnimmt. Eine Lektüre der Präambeln der Lehrpläne zeigt allerdings, wie sehr dort moralische Probleme und Wertungen im Mittelpunkt stehen. Dies soll nun alles nicht mehr wahr sein. Die Lehrer dieser Fächer werden über diese Würdigung ihrer bisherigen Arbeit verwundert sein."[3] Damit dieser Ethikunterricht wieder verschwinde, müssten - so der einzige Vorschlag Gawlittas - die gesetzeswidrigen Verfassungsartikel aufgehoben werden. Gawlittas Vorwürfe und Vorschläge sind zwar nicht stichhaltig, aber wir müssen darauf eingehen.

3. Bemerkungen zum Fach Sittenlehre (Gesellschaftslehre, Lebenskunde, Sozialkunde)

Aufgrund des obigen Vorwurfs stellt sich als letzte Frage: Mit welcher fächermässigen Legitimation kann die Lernstrategie "Gewissen und Verhaltensabwei-

---

1) Handreichungen für das Unterrichtsfach Ethik, a.a.O., S. 59 f.
2) K. Gawlitta: Ethikunterricht - verfassungswidrig. In: b:e 8/1973, S.18.
3) ebd. S. 16.

chungen" z.B. in den zürcherischen Realschulen überhaupt evaluiert bzw. eingeführt werden? Die Verteilung der Unterrichtsstunden im Lehrplan der Realschule ist aus der folgenden Tabelle ersichtlich:[1)]

Fächer	1.Klasse		2.Klasse		3.Klasse	
	K	M	K	M	K	M
Biblische Geschichte und Sittenlehre (fak.)	2	2	2	2	1-2	1-2
Deutsch	5-6	5-6	5-6	5-6	5-6	5-6
Französisch	3-4	3-4	3-4	3-4	3-4	3-4
Rechnen	4-5	4-5	4-5	4-5	4-5	4-5
Geometrie	2	1	2	1	2	1
Geometr. Zeichnen	2	-	2	-	1-2	-
Naturkunde, Geographie, Geschichte	5-6	5-6	5-6	5-6	5-6	4-5
Zeichnen/Schreiben	2-3	2	2-3	2	2	2
Singen	1	1	1	1	1	1
Turnen	3	2	3	2	2-3	2
Handfertigkeit/ Handarbeit	2-4	5-6	2-4	4	4-5	4
Haushaltungsunterricht	-	2	-	4	-	4
Ergänzungsstunde	0-1	0-1	0-1	0-1	0-1	0-1
Wöchentliche Gesamtstundenzahl einschliesslich Biblische Geschichte und Sittenlehre	32-34	32-34	32-34	33-34	31-33	31-33
Zulässige Höchststundenzahl inklusive fakultative Fächer	35	35	36	36	36	36

Am ehesten würde die Strategie innerhalb des Faches "Sittenlehre" zur Anwendung kommen; aber mit einer Stunde pro Woche würde natürlich die Konsistenz der strukturalen Konzeption total zerbrechen. Es gibt nun zwei Möglichkeiten, eine praktikable Lösung zu finden:

a) Wir dringen darauf, dass ein neues Fach etwa unter dem Stichwort "Gesellschaftslehre" eingeführt wird. Dann arbeiten wir mit der Argumentation, dass Gewissensbildung, Politische Bildung, Medienerziehung, Wirtschaftskunde und Berufswahlvorbereitung, Gesundheits- und Sexualerziehung in unserem Fächerkanon zu wenig berücksichtigt seien. Diese Argumentation wird gestützt durch die Aussage, dass heute in erster Linie die Zusammenhänge zwischen individuellen Bedürfnissen und ihren gesellschaftlichen Ursachen unterrichtlich in den Mittelpunkt zu stellen seien. Zulange hätte der Fächerbereich Sittenlehre bloss individuelle Tugenden als etwas von politisch-gesellschaftlichen Verflechtungen Losgelöstes gepflegt.
Wir schaffen also ein Politikum, dessen Ziele äusserst schwer zu erreichen sind, weil sich mit dem Begriff des Faches "Gesellschaftslehre" die Angst ver-

---

1) Kanton Zürich: Gesetze und Verordnungen über die Volksschule und die hauswirtschaftliche Fortbildungsschule. Zürich 1971, S. 434.

knüpft, der einzelne Lehrer werde auf diesem Wege in indirekter Propaganda für seine Partei werben, mindestens aber seine ideologischen Interessen unterrichtlich ins Spiel bringen.

b) Es gibt deshalb die zweite pragmatische Möglichkeit zur Legitimation des Einsatzes unserer Strategie. Sie besteht darin, dass wir aufzeigen, wie die Verknüpfung der inhaltlichen Intension mit andern Fächern tatsächliche Querverbindungen sichtbar macht. Denn schliesslich geschehen Prozesse der Gewissensentscheidung auch dort, wo handwerkliche Techniken gelernt werden, wo physikalische und chemische Experimente die Macht der Mittel offenbart, wo anatomische Funktionen auf ihre Krankheiten hin befragt werden etc. Ganz besonders aber beinhaltet der Umgang mit Texten im Unterrichtsfach Deutsch das Auslegen auf die ethischen Dimensionen hin.
So scheint es gegeben, dem Lehrer die Freiheit einzuräumen, die Lernstrategie innerhalb des zeitlichen Rasters der gegebenen Fächer zu integrieren, zumal es laut Gesetz zulässig ist "nach den Verhältnissen der Klasse oder den sich nach der Jahreszeit bietenden unterrichtlichen Möglichkeiten und Bedürfnissen, jedoch unter Einhaltung der Jahresstundenzahl, vorübergehend einzelne Fächer stärker zu berücksichtigen..."[1] Die folgende Skizze veranschaulicht diesen Vorgang:[2]

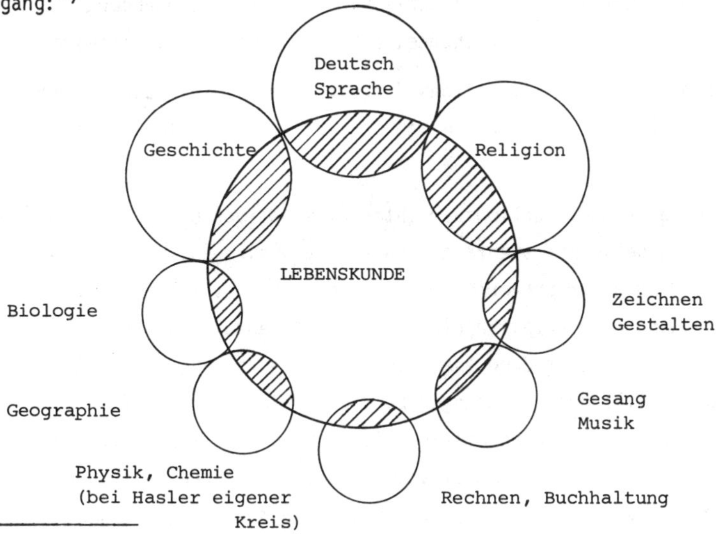

1) a.a.O. S. 460.
2) P. Hasler; Was ist Lebenskunde? In: Schweiz. Lehrerzeitung Nr. 25/1974 S. 1048. Wir entnehmen von Hasler dieses Diagramm, ohne dass wir mit seinen übrigen Ausführungen voll übereinstimmen.

Die anschliessenden Schlussüberlegungen bestärken den vorgeschlagenen Legitimationsprozess:

- Pragmatik: Wir haben viele Lehrer gefragt, ob es ihnen möglich wäre, die Strategie in zeitlichen Schwerpunkten (Blöcken) durchzuführen. Sie waren alle dazu bereit. Sie sahen keine Schwierigkeiten der fächerübergreifenden Verschiebung.
- Lernpsychologie: Dass Lernprozesse intensiver mitvollzogen, die re- und proaktive Hemmung wegfällt, die Behaltensquote höher ist, sich Transfers leichter abspielen, die Motivation länger erhalten bleibt, der Funktionsrhythmus leichter zu gestalten ist, wenn der stündliche Fächerwechsel ausbleibt und Lernkonzepte in zeitlichen Blöcken von 2-3 Stunden durchgeführt werden, ist erwiesen.
- Persönliche Unterrichtsgestaltung: Durch vorliegende Lernstrategien kann der Lehrer einerseits die Unterrichtszeit besser abschätzen, die Lernziele für die Schüler transparenter machen, aber auch seine persönliche Unterrichtsgestaltung ausbauen. Die Forderung "Der Lehrer mache sein Curriculum selber"[1] wird zwar reduziert auf die Auswahl und persönliche Ueberarbeitung von Lernstrategien, aber sie ermöglicht notwendige Transparenz für Eltern und Behörden. Auch andere Lernkonzepte mit ähnlichen Grobzielen von anderen Gruppen entwickelt, haben dann die Chance, eine Dissemination zu erfahren.

  Das obige Anliegen der Notwendigkeit des Aufzeigens der gesellschaftlichen Verflechtung individueller Bedürfnisse kann auf diese Weise neu eingebracht werden.

Erst wenn ganze Serien von Evaluationsberichten alternativer Curriculumelemente zum Fach Ethik oder Gesellschaftslehre als Vorschlag vorliegen, kann die Behörde neue Entscheidungen zur Schwergewichtung dieses Faches fällen. Erst dann sind auch genügend Argumente für die zeitliche Akzentuierung im Kontext der andern Fächer gegeben. Erst dann aber sind auch die Ziele genügend transparent, die inhaltlichen Zuordnungen zu diesen Zielen überprüfbar, die Aktualität im Sinne der zu lösenden Hier-und-jetzt-Probleme im sozialen Kontext als Ausgangslage erhoben, die schulische Interaktion, Organisation und die schulischen Mittel optimal antizipierend geplant und damit das Fach als

---

1) Vgl. unsere Ausführungen S. 431.
2) Vgl. bspw. H. Greschner: Gewissen zwischen Freiheit und Gesetz. Freiburg 1973 (Zit. S. 414).

ganzes genügend im Sinne fächerübergreifender Durchdrängung legitimiert.
Die Erstellung von Lernstrategien auf weitragendem theoretischen Hintergrund, in Referenz zu obiger Ueberlegung, kann ein kleiner positiver Beitrag zur Verbesserung des Unterrichts auf der Breite eines allgemeinen Kommunikationsverständnisses sein.
Dies aber ist auch der Ort, wo die Verbindung der Gesellschaftslehre (Lebenskunde, Sittenlehre, Sozialkunde) mit dem Religionsunterricht im fächerübergreifenden Sinne aufscheint. In folgenden Wenn-Dann-Relationen kann dies ausgedrückt werden:

- Wenn im Unterricht Entscheidungssituationen, welche vom Gewissen beeinflusst sind, durchgespielt werden, so kann der Religionsunterricht die Forderung Christi bzw. die Weisung des Evangeliums an diese Situation anlegen.
- Wenn im Unterricht das Phänomen des Gewissens zur Sprache kommt, dann kann der Religionsunterricht die spezifisch religiöse Dimension desselben wahrnehmen. (Was heisst z.B. Gewissen = Stimme Gottes)
- Wenn im Unterricht Aufarbeitung von Gewissenskonflikten durch Analysen von Fallstudien geschieht, so kann der Religionsunterricht die erschliessende Sinndimension Gott für den Glaubenden durch die Botschaft des Alten und Neuen Testamentes in dieser Situation zum Zuge kommen lassen.

Das fächerübergreifende Moment besteht darin, dass dieselben Inhalte zuerst vom Standpunkt des Selbstwertes und des Selbstzwecks, dann durch die von Gott erhaltene "Gutheit und Würde" des Menschen interpretiert werden. Dies hätte für den Religionsunterricht motivatorische Folgen, denn die in der Gesellschaftslehre geforderten Normen würden von den Schülern fragend und kritisch fragend an den Religionsunterricht herangetragen.

Literaturverzeichnis

Adler, A.: Grausamkeit - Gewissen - Perversion und Neurose. In: Ueber den nervösen Charakter. Wiesbaden 1919.

Adorno, T.W. u.a.: Der Positivismusstreit in der deutschen Soziologie. Neuwied 1969.

Aebli, H.: Psychologische Didaktik. Stuttgart 1963.

Aebli, H.: Grundformen des Lehrens. Stuttgart 1968[5].

Aebli, H.: Ueber den Aufbau kognitiver Strukturen. In: M. Irle: Bericht über den 26. Kongress der Deutschen Gesellschaft für Psychologie. Tübingen 1968.

Aebli, H.: Ueber die geistige Entwicklung des Kindes. Stuttgart 1969.

Aebli, H.: Die geistige Entwicklung als Funktion von Anlage, Reifung, Umwelt- und Erziehungsbedingungen. In: H. Roth (Hrsg.): Begabung und Lernen. Stuttgart 1969[2].

Aebli, H.: Die missverstandene Begabung. In: H. Aebli u.a.: Attacken auf die pädagogische Provinz. Stuttgart 1970.

Aeppli, H.: Der Traum und seine Deutung. Zürich 1943.

Albert, H.: Theorie und Prognose in den Sozialwissenschaften. In: E. Topitsch (Hrsg.): Logik der Sozialwissenschaften. Köln 1970[6].

Albert, H.: Wertfreiheit als methodisches Prinzip. Zur Frage der Notwendigkeit einer normativen Sozialwissenschaft. In: E. Topitsch (Hrsg.): Logik der Sozialwissenschaften. Köln 1970[6].

Albert, H.: Ethik und Meta-Ethik. In: Konstruktion und Kritik. Hamburg 1972.

Allport, G.W.: Gestalt und Wachstum in der Persönlichkeit. Meisenheim 1970.

Anger, H.: Entstehung und Wandel sozialer Einstellungen. In: O.W. Haseloff (Hrsg.): Struktur und Dynamik des menschlichen Verhaltens.Stuttgart 1970.

Angermeier, W.F.: Kontrolle des Verhaltens. Das Lernen am Erfolg. Berlin 1972.

Antons, K.: Praxis der Gruppendynamik. Göttingen 1973.

Apel, K.-O./Bormann,C. von/Bubner, R./Gadamer, H.-G./Giegel, H.J./Habermas, J.: Hermeneutik und Ideologiekritik. Frankfurt 1971.

Apel, K.-O.: Transformation der Philosophie. Bd.I, Sprachanalytik, Semiotik, Hermeneutik. Frankfurt 1973.

Aregger, K./Isenegger, U. (Hrsg.): Ein Zielebenenmodell zur Curriculumkonstruktion. Universität Freiburg, März 1972.

Aristoteles: Die Nikomachische Ethik. Jena 1924.

Aristoteles: Magna Moralia. F. Dirlmeier (Hrsg.). Darmstadt 1958.

Arnold, W.: Das Gewissen in der seelisch-geistigen Entwicklung des Menschen. In: Das Gewissen als freiheitliches Ordnungsprinzip. Würzburg 1962.

Aster, E.von: Geschichte der Philosophie. Stuttgart 1960.

Atkinson, J.W.: Motivational determinants of risk-taking behavior. Psych. Rev. 64/1957, S.359-372.

Ausubel, D.P.: Educational Psychologie: A cognitive view. New York 1963.

Ausubel, D.P.: Das Jugendalter. München 1968.

Ausubel, D.P./Sullivan, E.V.: Das Kindesalter. München 1974.

Avonfreed, F.: Conduct and conscience. New York 1968.

Backman, C.W./Secord, P.F.:Sozialpsychologie der Schule. Weinheim 1972.

Baier, K.: Der Standpunkt der Moral. Düsseldorf 1974.

Baldwin, A.L.: Theorien primärer Sozialisationsprozesse. Weinheim 1974.

Balint, M.: Die Struktur der "Training-cum-Research"-Gruppen und deren Auswirkungen auf die Medizin. In: Jahrbuch der Psychoanalyse. Bd.V, Suttgart 1968.

Brezinka, W.: Ueber Absicht und Erfolg der Erziehung. (Konstanzer Universitätsreden) Universitätsverlag 1969.
Brezinka, W.: Von der Pädagogik zur Erziehungswissenschaft. Weinheim 1972².
Brezinka, W.: Was sind Erziehungsziele? In: Zs.f.Pädagogik 4/1972,S.550.
Brocher, T. antwortet Linz, M.: Schuld und Trauer. Zur Psychoanalyse der Beichte. In: Kat. Blätter 5/1974.
Broudy, H.S.: Die Leistungen schulischen Lernens als Schlüssel zur Curriculumbegründung. In: S.B. Robinsohn (Hrsg.): Curriculumentwicklung in der Diskussion. Stuttgart 1972.
Bruder, K.-J.: Die Atomisierung des Lernens. Oder: Taylorisierung des. Unterrichts - zur Kritik der Instruktionspsychologie. In: b:e 6, Weinheim 1971.
Brügelmann, H.: Lernziele im offenen Curriculum. In: Thema Curriculum 1/1972/2, S.16ff.
Brügelmann, H.u.K.: Offene Curricula - ein leeres Versprechen? In: Die Grundschule 3/1973, S.165ff.
Bruner, J.S.: Toward a theory of instruction, Cambridge 1966.
Bruner, J.S.: Der Prozess der Erziehung. Düsseldorf 1970².
Bruner, J.S.: Studien zur kognitiven Entwicklung. Stuttgart 1971.
Bruner, J.S.: Relevanz der Erziehung. Ravensburg 1973.
Bruner, J.S.: Ueber die "Unreife" in unserer Zeit (Immaturity - its uses, nature and management). In: Zs.f.Pädagogik 6/1972.
Bruner, J.S.: Entdeckendes Lernen. In: Das sozialwissenschaftliche Curriculum in der Schule. Opladen 1972.
Brunner, E.: Das Grundproblem der Ethik, Zürich 1931.
Brunnhuber, P.: Prinzipien effektiver Unterrichtsgestaltung. Donauwörth 1971.
Buber, M.: Ich und Du. Heidelberg 1954.
Bülow, E.: Kommunikative Ethik. Düsseldorf 1972.

Caesar, B.: Autorität in der Familie. Reinbek 1972.
Chomsky, N.: Sprache und Geist. Frankfurt 1973.
Claessens, D.: Familie und Wertsystem. Berlin 1972.
Cloer E.: Gewissen und Gewissensbildung. In: Kat. Blätter 11/1969, S.657.
Coburn-Steage, U.: Der Rollenbegriff. Ein Versuch der Vermittlung zwischen Gesellschaft und Individuum. Heidelberg 1973.
Comenius, J.H.: Grosse Unterrichtslehre. Ausgabe G.A. Lindner, Wien 1907.
Correll, W.: Lernpsychologie. Donauwörth 1961.
Correll, W.: Pädagogische Verhaltenspsychologie. München 1969.
Correll, W.: Unterrichtsdifferenzierung und Schulorganisation. Hannover 1971².
Cronbach, L.J.: Die Entwicklung des Charakters. In: Einführung in die pädagogische Psychologie. Weinheim 1971.

Dahm, K.-W./Luhmann, N./Stoodt, D.: Religion - System und Sozialisation. Darmstadt 1972.
Deutsche Ausgabe des Holländischen Katechismus. Nijwegen - Utrecht 1966-68.
Deutscher Bildungsrat: Strukturplan für das Bildungswesen. Stuttgart 1970,S.84.
Deutscher Bildungsrat: Zur Förderung praxisnaher Curriculum-Entwicklung. Stuttgart 1974, S.A 36.
Derbolav, J.: Vom Wesen geschichtlicher Begegnung. In: W. Faber (Hrsg.): Das Problem der Begegnung. München 1969.
Deusinger, J.M.: Untersuchungen zum Problem der Normvorstellungen. In: M. Irle (Hrsg.): Bericht über den 26. Kongress der Deutschen Gesellschaft für Psychologie. Tübingen 1968.
Diedrich, G./Walter, H.: Grundbegriffe der psychologischen Fachsprache. München 1970.

Bally, G.: Einführung in die Psychoanalyse Sigmund Freuds. Reinbek 1966[4].
Balthasar, H.U. von: Herrlichkeit, Bd.II, Einsiedeln 1962.
Bandura, A./Roll, O./Ross, S.A.: Stellvertretende Bekräftigung und Imitationslernen. In: M. Hofer/F.E. Weinert: Pädagogische Psychologie 2. Lernen und Konstruktion. Frankfurt 1973.
Bang, R.: Psychologische und methodische Grundlagen der Einzelfallhilfe (Casework), München 1968, S.50-75.
Baumhauer, O.: Das Vor-Urteil des Gewissens, Limburg 1970.
Baumgarten-Tramer, F.: Ueber eine Methode der moralischen Erziehung der Kinder. In: Schweizer Erziehungsrundschau 10/1951.
Beauchamp, G.A.: Theoretische Dimensionen der Curriculumkonstruktion. In: S.B. Robinsohn (Hrsg.): Curriculumentwicklung in der Diskussion. Stuttgart 1973.
Beeli, A.: Anlage und Entwicklung des Gewissens im Kindesalter. In: F. Oser (Hrsg.): Das Gewissen im pädagogischen Feld, Olten 1973.
Behrscke, B.: Psychoanalyse in der Erziehung. München 1972.
Benda, E.C.: Gewissen und Schuld, Stuttgart 1970.
Berelson, B./Steiner, G.A.: Menschliches Verhalten. Bd.I: Forschungsmethoden/ Indevbriduelle Aspekte. Weinheim 1969.
Bernet, W.: Gebet. Stuttgart 1970.
Bernstein, B.(Hrsg.): Lernen und soziale Struktur. Amsterstam 1970.
Berset, A.: L'orientation morale pendant l'adolescence juvénile. Fribourg 1972.
Bergius, R.: Psychologie des Lernens. Stuttgart 1971.
Bitter, G./Rehm, W. (Hrsg.): Psychoanalyse und Erziehung. München 1966.
Bitter, G.: Psychoanalyse und das Handeln des Erziehers. In: Zs.f.Pädagogik 1/1973, S.77-89.
Bitter, G.: Zur pädagogischen Theorie des Spielzeugs. In: G. Bitter/E. Schmid-Cords (Hrsg.): Erziehung in früher Kindheit. München 1968.
Bittner, G.: Psychoanalyse und das Handeln des Erziehers. In: Zs.f.Päd.1/1973.
Bittner, G.: Die Bedeutung der Psychoanalyse für die Pädagogik. In: b:e 8/1971.
Blankertz, A.: Theorien und Modelle der Didaktik. München 1969[2].
Blankertz, A. u.a.: Curriculumforschung - Strategien, Strukturierung, Konstruktion. Essen 1971.
Bliem, G.: Wir feiern Auferstehung. In: Christl. päd. Blätter 2/1974, S.89.
Bloom, B.S.: Stabilität und Veränderung menschlicher Merkmale. Weinheim 1971.
Blum, E.: Freud und das Gewissen. In: Das Gewissen. Zürich 1958.
Blumenberg, H.: Die Legitimität der Neuzeit. Frankfurt 1966.
Bokelmann, H.: Massstäbe pädagogischen Handelns. Würzburg 1965.
Bokelmann, H.: Curriculumwissenschaft - Euphorie oder Innovation. In: Zs.f.Päd. 3/1973, S.463.
Bollnow, O.F.: Begegnung und Bildung. In: W. Faber (Hrsg.): Das Problem der Begegnung. München 1969.
Bommer, J.: Von der Beichte und vom Beichten. Luzern 1962.
Born, H. und M.: Der Luxus des Gewissens. München 1969.
Böhler, E.: Das Gewissen im Wirtschaftsleben. In: Das Gewissen. Zürich 1958.
Boos-Nünning, U.: Dimensionen der Religiosität. Zur Operationalisierung und Messung religiöser Einstellungen. München 1972.
Bottenberg, E.H.: Emotionspsychologie. München 1972.
Braun, H.: Jesus. Stuttgart 1969.
Braested, J.H.: Die Geburt des Gewissens. Zürich 1950.
Brem, K.: Das Gewissen. Freiburg 1967.
Brenner, Ch.: Grundzüge der Psychoanalyse. Frankfurt 1967.
Brezinka, W.: Die Pädagogik und die erziehende Wirklichkeit. In: H. Röhrs (Hrsg.): Erziehungswissenschaft und Erziehungswirklichkeit. Frankfurt 1966[2].
Brügelmann, H. und K.: Offene Curricula - ein leeres Versprechen? In: Die Grundschule 3/1973, S.165ff.

Dietrich, G.: Unterrichtspsychologie der Sekundarstufe. Donauwörth 1972.
Dohmen, G./Maurer, F./Popp, W.: Unterrichtsforschung und didaktische Theorie. München 1970.
Dreissen, J.: Bussandacht oder Beichte. Leutersdorf 1971.
Dorsch, F.: Psychologisches Wörterbuch. Berlin 1963.

Ebeling, G.: Theologische Erwägungen über das Gewissen. In: Wort und Glaube. Tübingen 1960.
Edelstein, W./Hopf, D. (Hrsg.): Bedingungen des Bildungsprozesses. Stuttgart 1973.
Egenter, R.: Gewissen, Autorität und Freiheit. In: Kat. Blätter 11/1969, S.646.
Eger, J.: Durch Gewissensbildung zur Gewissensreife. Freiburg 1969
Eger, J.: Rechte Gewissensbildung. Augsburg 1969[4].
Eicke, P.: Vom Einüben der Aggression. München 1972.
Eicke, P.: Das Gewissen und das Ueber-Ich. In: Das Gewissen. Darmstadt 1966.
Eisermann, W.: Wissen ohne Verantwortung. Zur Dimension des Gewissens im Unterricht. In: J. Flügge (Hrsg.): Zur Pathologie des Unterrichts. Bad Heilbronn 1931.
Eigenmann, J.A./Strittmatter, A.: Ein Zielebenenmodell zur Curriculumkonstruktion (ZEM). In: Aregger, K./Isenegger, U. (Hrsg.): Curriculumprozess: Beiträge zur Curriculumkonstruktion und -implementation. Ebac-Projekt, Bericht 8/9, Fribourg 1972.
Eigenmann, J./Strittmatter, A.: ZEM Arbeitspaiere und Forschungsberichte 18/19. Päd. Institut der Universität Fribourg. März 1972.
Eigenmann, J.: Ein kognitionstheoretischer Ansatz zur Sequenzbildung. In: K. Frey/M. Langi (Hrsg.): Kognitionspsychologie und Naturwissenschaftlicher Unterricht. Bern 1973.
Engelmeier, O.: Die Frage des Gewissens in psychologischer Sicht. In: O. Engelmeier u.a.: Gewissen und Gewissensbildung. Donauwörth 1968.
Erikson, E.H.: Identität und Lebenszyklus. Frankfurt 1971.
Erikson, E.H.: Kindheit und Gesellschaft. Stuttgart 1971.
Etzioni, A.: Soziologie und Organisation. München 1971[3].
Evans, R.I.: Gespräche mit C.G. Jung. Zürich 1967.

Feifel, E.: Die Bedeutung der Erfahrung für religiöse Bildung und Erziehung. In: Handbuch der Religionspädagogik. Bd. 1, Zürich 1973, S.89/90.
Feldmann-Duda, S./Feldmann, K.: Emotionale Erziehung in der Schule. In: Westermanns pädagogische Beiträge. Heft 1/Jan. 1972.
Fend, H.: Sozialisierung und Erziehung. Weinheim 1969.
Fend, H.: Schulorganisation als Mikroorganismus von Lernprozessen. In: H. Fend u.a.: Didaktische Impulse. Wien 1971.
Fend, H.: Konformität und Selbstbestimmung. Weinheim 1971.
Festinger, L.: A theory of cognitive dissonance. Standford 1963[6].
Fischer-Lexikon der Psychologie, Hrsg. P.R. Hofstätter 1969[14].
Fischer, A.: Deskriptive Pädagogik. In: Denkformen und Forschungsmethoden der Erziehungswissenschaft und kommunikative Didaktik. Heidelberg 1971.
Flechsig, K.-H.: Didaktik als Beruf. In: H. Fend u.a.: Didaktische Impulse. Wien 1971.
Flechsig, K.-H.: Die Technologische Wendung in der Didaktik. Konstanz 1969.
Foppa, K.: Lernen, Gedächtnis, Verhalten. Ergebnisse und Probleme der Lernpsychologie. Köln 1965[8].
Frankena, W.K.: Analytische Ethik. München 1972.
Frankl, V.E.: Der unbewusst Gott. In: Das Gewissen als Problem. Darmstadt 1949.
Freire, P.: Pädagogik der Unterdrückten. Stuttgart 1972[2].
Freud, A.: Das Ich und die Abwehrmechanismen. München 1964.

Freud, S.: Das Unbewusste und die Motivation. In: H. Thomae: Die Motivation des menschlichen Handelns, Köln 1971[7].
Freud, S.: Bemerkungen über einen Fall von Zwangsneurose. Ges.W.,Bd.7, 1909.
Freud, S.: Zur Einleitung der Selbstmord-Diskussion. Ges.W.,Bd.7, 1910.
Freud, S.: Totem und Tabu. Ges.W.,Bd.9,1913.
Freud, S.: Formulierungen über die zwei Prinzipien des psychischen Geschehens. Ges.W., Bd.8, 1912.
Freud, S.: Zeitgemässes über Krieg und Tod. Ges.W., Bd.10, 1914.
Freud, S.: Das Unbewusste. Ges.W., Bd.10, 1914.
Freud, S.: Jenseits des Lustprinzips. Ges.W., Bd.13, 1920.
Freud, S.: Das Ich und das Es. Ges.W., Bd.13. Frankfurt 1972[7].
Freud, S.: Das Unbehagen in der Kultur. Ges.W., Bd.14, 1930.
Freud, S.: Die Ichspaltung im Abwehrvorgang. Ges.W., Bd.17, 1938.
Freud, S.: Abriss der Psychoanalyse. Ges.W., Bd.17, 1940.
Freud, S.: 31. Vorlesung: Die Zerlegung der psychischen Persönlichkeit. In: Ges.W. der Vorlesungen zur Einführung in die Psychoanalyse. Frankfurt 1965[5].
Frey, K.: Kriteriensysteme der Curriculumkonstruktion: begriffliche Grundlagen. In: K. Frey (Hrsg.): Kriterien der Curriculumkonstruktion. Weinheim 1970.
Frey, K.: Theorien des Curriculums. Weinheim 1971.
Frey, K.: Drei Referenzpunkte bei der Entwicklung von integrierten naturwissenschaftlichen Curricula. Arbeitspaier 2. Symposium über Curriculumforschung. Freiburg 1973.
Freyn, W.: Einstellungsstruktur und Einstellungsänderung. In: E. Weber (Hrsg.): Zur moralischen Erziehung in Unterricht und Schule. Donauwörth 1973.
Friemelt, A./Oser, F.: Den Frieden lernen. (Ein Lernprogramm) Olten 1973.
Fries, H.: (Hrsg.): Gott, die Frage unserer Zeit. München 1973.
Funkkolleg Päd. Psychologie 1: C.F. Graumann/H. Heckhausen (Hrsg.): Entwicklung und Sozialisation. Frankfurt 1973.
Funkkolleg Päd. Psychologie 2: M. Hofer/F.E. Weinert (Hrsg.): Lernen und Instruktion. Frankfurt 1973.
Funkkolleg Päd. Psychologie 6: L.F. Graumann/K. Kruse: Soziale Interaktion. Weinheim 1972.
Furger, F.: Gewissen und Klugheit. Luzern 1965.

Gagné, R.M.: Die Bedingungen des menschlichen Lernens. Hannover 1969.
Gawlitta, K.: Ethikunterricht - verfassungswidrig. In: b:e 8/1973, S.18.
Gehlen, A.: Anthropologische Forschung. Reinbek 1961.
Gerbaulet, S. u.a.: Schulnahe Curriculumentwicklung. Stuttgart 1972.
Giel, K./Hiller, G.G.: Verfahren zur Konstruktion von Unterrichtsmodellen als Teilaspekt einer konkreten Curriculum-Reform. In: Zs.f.Pädagogik 6/1970, S.739ff.
Gilen, L.: Das Gewissen bei Jugendlichen. Göttingen 1956.
Gilen, L.: Das Gewissen bei Fünfzehnjährigen. Münster 1965.
Götz, B.: Erfahrung und Erziehung. Freiburg 1973.
Gottschalch, W.: Sozialisation und Sozialerziehung. Berlin 1970.
Gottschalch, W. u.a.: Sozialisation und Erziehung. Berlin 1970.
Gottschalch, W. u.a.: Sozialisationsforschung. Frankfurt 1971.
Graumann, L.F./Kruse, L.: Soziale Interaktion. In: Funkkolleg päd. Psych. 6, Weinheim 1972.
Greschner, H.: In: Materialdienst für den Religionsunterricht an beruflichen Schulen. Heft 7, Freiburg Feb.1973, S.1ff.
Greschner, H.: Gewissen zwischen Freiheit und Gesetz. Freiburg 1973.
Griesl, G.: Gewissen. Ursprung - Entfaltung - Bildung. Augsburg 1970.
Gröschel, H. (Hrsg.): Die erzieherische Wirksamkeit kooperativen Arbeitens. München 1973.

Gründel, J.: Das Gewissen in moraltheologischer Sicht. In: A. Hertz (Hrsg.): Moral. Mainz 1972.
Gründel, J./Oyen A. van: Ethik ohne Normen. Freiburg 1970.
Gründel, J.: Entfaltung des kindlichen Gewissens. München 1973.
Grünfeld, W.: Der Begegnungscharakter der Wirklichkeit in Philosophie und Pädagogik Martin Bubers. Rutingen 1965.
Guilford, J.P.: Persönlichkeit. Weinheim 1971[5].
Guyer, W.: Wie wir lernen. Erlenbach-Zürich 1967[5].

Haag, F./Krüger, H./Schwärzel, W./Wildt, J. (Hrsg.): Aktionsforschung: Forschungsstrategien, Forschungsfelder und Forschungspläne. München 1972.
Habermas, J.: Dogmatismus, Vernunft und Entscheidung - Zu Theorie und Praxis in der vorwissenschaftlichen Zivilisation. Frankfurt 1971.
Habermas, J.: Theorie und Praxis. Frankfurt 1971.
Habermas, J.: Technik und Wissenschaft als "Ideologie". Frankfurt 1971[5].
Habermas, J./Luhmann, N.: Theorie der Gesellschaft oder Sozialtechnologie. Frankfurt 1972.
Haeberlin, H.: Umrisse einer kommunikativen Pädagogik. In: Die Deutsche Schule 66/1974/4, S.251.
Halbfas, H.: Fundamentalkatechetik, Sprache und Erfahrung im Religionsunterricht. Düsseldorf 1968.
Halbfas, H.: Aufklärung und Widerstand. Stuttgart 1971.
Handbuch der Religionspädagogik.Bd.1, Hrsg. E. Feifel u.a., Zürich 1974.
Handreichungen für das Unterrichtsfach Ethik mit Abdruck des curricularen Lehrplanes. Donauwörth 1973. (Hrsg. Staatsinstitut für Schulpädagogik München).
Hanke, B./Mandl, H./Prell, S.: Soziale Interaktion im Unterricht. München 1973.
Hare, R.M.: Die Sprach der Moral. Frankfurt 1972.
Hapke, E.: Ueber die Natur des Gewissens. In: Zs. "Praxis der Kinderpsychologie und Kinderpsychiatrie". Heft 4, Göttingen 1962.
Häring, B.: Das Gesetz Christi. Moraltheologie. Freiburg 1954[3].
Hartmann, A.: Psychoanalyse und moralische Werte. Stuttgart 1973.
Hartshone/May: Die Entwicklung des "moralischen Bewusstseins". In: b:e 9/1969.
Haseloff, O.W./Jorswieck, E.: Psychologie des Lernens. Methoden, Ergebnisse, Anwendungen. Berlin 1970.
Hasler, P.: Was ist Lebenskunde? In: Schweiz. Lehrerzeitung 25/1974, S.1048.
Heckhausen, H.: Allgemeine Psychologie in Experimenten. Göttingen 1969.
Heckhausen, H.: Förderung der Lernmotivierung und der intellektuellen Tüchtigkeiten. In: H. Roth (Hrsg.): Begabung und Lernen. Gutachten und Studien der Bildungskommission. Stuttgart 1969[2].
Heckhausen, H.: Motivation und Anspruchsniveau - Setzung. In: H. Thomae: Die Motivation des menschlichen Handelns. Köln 1971[7].
Heidegger, M.: Was ist Metaphysik. Frankfurt 1955[7].
Heidegger, M.: Vom Wesen der Wahrheit. Frankfurt 1961[4].
Heidegger, M.: Sein und Zeit. Tübingen 1960[9].
Heidegger, M.: Die Frage nach dem Ding. Tübingen 1962.
Heider, F.: The psychologie of interpersonel relations. New York 1958.
Heimann, P./Gunter, O./Schulz, W.: Unterricht, Analyse und Planung.Hannover 1972[6].
Heimann, P.: Didaktik als Theorie und Lehre. In: Die Deutsche Schule 54/1962, S.407ff.
Heinelt, G.: Kind und Gewissen. In: W. Behler: Das Kind. Freiburg 1970.
Heinen, W.: Das Gewissen, sein Werden und Wirken in Freiheit. Würzburg 1971.
Heiniger, K.: Curriculumentwicklung an der Basis? In: Schweizer Schule 1/1974, S.13ff.

Heipke, K./Messner, R.: Curriculumentwicklung unter dem Anspruch praktischer Theorie. In: Zs.f.Pädagogik 3/1973, S.350-375.

Heipke, K.: Lehrziele und Handlungsziele im Unterricht. Unterrichtsplanung und Schülerinteresse. In: b:e 8/1974, S.17.

Hentig, H. von: Cuernavaca oder Alternativen zur Schule. Stuttgart 1971.

Hentig, H. von: Strukturen, die zugleich abbilden und deuten. In: Magier oder Magister? Stuttgart 1972.

Hentig, H. von: Schule als Erfahrungsraum? Stuttgart 1973.

Hemmerle, K.: Haben die Haltetaue ausgedient? Die Frage nach dem Gewissen. In: Zs. Neue Stadt 12/1972.

Hempel, C.G.: Fundamentals of Concept Formation in Empirical Science. Chicago 1964[2].

Henz, H.: Lehrbuch der systematischen Pädagogik. Freiburg 1964.

Hermann, Th.: Psychologie der Erziehungsstile. Göttingen 1966.

Hertle, V.: Normen noch aktuell? Donauwörth 1970.

Hertz, A. (Hrsg.): Moral. Mainz 1972.

Herz, O.: Social Science Laboratory Units. In: Theme Curriculum 3/1973, S.62.

Hesse, A.H./Munz, W.: Einführung in die Curriculumforschung. Hannover 1972.

Hilgard, E.R./Bower, G.H.: Theorien des Lernens I. Stuttgart 1971[2].

Hillebrand, M.J.: Psychologie des Lernens und Lehrens. Stuttgart 1958.

Historisches Wörterbuch der Philosophie. Basel 1972.

Höfer,A.: Die sittliche Unterweisung bei Jugendlichen. In: Lebensfragen - Glaubensfragen. Bd.1, Salzburg 1971.

Höfer, A./Höfler, A.: Das Glauben lernen. Donauwörth 1974.

Hollenbach, I.M.: Gewissensbildung des Kindes. In: Stimmen der Zeit 2/1954/55, S.118-127.

Hollenbach, I.M.: Gemüt und Gewissen, In: Stimme der Zeit 84/1958/59,S.50-60.

Holzkamp, K.: Kritische Psychologie. Frankfurt 1972.

Hoppe, E.: Operation und Kompetenz. Das Problem der Lernzielbeschreibung im Fach Deutsch. In: Linguistik und Didaktik (Zs.) München 1972.

Horkheimer, M.: Materialismus und Moral. In: Kritische Theorie. Frankfurt 1968.

Huijts, J.H.: Gewissensbildung. Köln 1969.

Hurlock, E.B.: Die Entwicklung des Kindes. Weinheim 1971[2].

Illich, I.: Entschulung der Gesellschaft. München 1972[2].

Irle, M. (Hrsg.): Texte aus der experimentellen Sozialpsychologie. Neuwied 1967.

Jacobi, J.: Der Weg zur Individuation. Olten 1971.

Jacobi, J.: Die Psychologie von C.G. Jung. Olten 1972[6].

Janzarik, W.: Die zyklothyme Schuldthematik. In: Das Gewissen als Problem. Darmstadt 1966.

Jaspers, K.: Philosophie II. Berlin 1956.

Jaspers, K.: Philosophie III, Metaphysik. Berlin 1956.

Jaspers, K.: Aus dem Ursprung denkende Metaphysiker. Anaximander, Heraklit, Parmenides, Plotin, Anselm, Spinoza, Laotse, Nagarjuna. München 1957.

Jaspers, K./Bultmann, R.: Die Frage der Entmythologisierung. München 1954.

Jaspers, K.: Der philosophische Glaube angesichts der Offenbarung. München 1962.

Jaspers, K.: Die massgebenden Menschen. Sokrates, Buddha, Konfuzius, Jesus. München 1964.

Jaspers, K.: Schicksal und Wille. München 1967.

Jodl, F.: Geschichte der Ethik als philosophische Wissenschaft, Wien 1912.

Jung, C.G.: Wandlungen und Symbole der Libido. Zürich 1938[3].

Jung, C.G.: Symbole der Wandlung. Zürich 1952.

Jung, C.G.: Symbolik des Geistes. Zürich 1953.
Jung, C.G.: Psychologie und Alchemie. Zürich 1953.
Jung, C.G.: Das Gewissen in psychologischer Sicht. In: Das Gewissen. Zürich 1958.
Jung, C.G.: Ueber die psychische Energetik. Zit. in: J. Jacobi: Die Psychologie C.G. Jungs. Zürich 1959.
Jung, C.G.: Praxis der Psychotherapie. Zürich 1958.
Jung, C.G.: Erinnerungen, Träume, Gedanken, aufgezeichnet und herausgegeben von A. Jaffé. Zürich 1962.
Jung, C.G.: Einleitung zu V. White: Gott und das Unbewusste. Ges. Werke Bd.11, Zürich 1963.
Jung, C.G.: Die Beziehung der Psychotherapie zur Seelsorge. Ges.W., Bd.11. Zürich 1963.
Jung, C.G.: Psychologie und Religion. Zürich 1963.
Jung, C.G.: Zur Psychologie westlicher und östlicher Religion. Zürich 1963.
Jung, C.G.: Zwei Schriften über Analytische Psychologie. Zürich 1964.
Jung, C.G.: Von den Wurzeln des Bewusstseins. In: E. Spengler: Das Gewissen bei Freud und Jung. Zürich 1964.
Jung, C.G.: Ueber die Psychologie des Unbewussten. Zürich 1964.
Jung, C.G.: Psychologische Typen. Zürich 1960.
Jung, C.G.: Psychologie und Erziehung. Zürich 1970[4].
Jung, C.G.: Ueber psychische Energetik und das Wesen der Träume. Zürich 1971[4].

Kaminsky, G.: Verhaltenstheorie und Verhaltensmodifikation. Stuttgart 1970.
Kant, I.: Kritik der reinen Vernunft. Stuttgart 1970.
Kant, I.: Kritik der praktischen Vernunft. Stuttgart 1970.
Kant, I.: Grundlegung zur Metaphysik der Sitten. Stuttgart 1970.
Kanton Zürich: Gesetze und Verordnungen über die Volksschule und die hauswirtschaftliche Fortbildungsschule. Zürich 1971, S.434.
Katz, D.: Gestaltpsychologie. Basel 1969[4].
Kemper, W.: Der Traum und seine Be-Deutung. Reinbek 1962[5].
Kerschensteiner, G.: Charakterbegriff und Charaktererziehung. Leipzig 1923[3].
Kirchhofer, K.: Genügen Lernziele im Bussunterricht? In: F. Oser (Hrsg.): Das Gewissen im pädagogischen Feld. Olten 1973.
Kirsten, R.E.: Lehrerverhalten. Stuttgart 1973.
Klafki, W.: Kategorische Bildung. Zur bildungstheoretischen Deutung der modernen Didaktik. In: Zs.f.Pädagogik 4/1959.
Klafki, W.: Das pädagogische Problem des Elementaren und die Theorie der kategorialen Bildung. Weinheim 1964[4].
Klafki, W.: Das Problem der Didaktik. In: W. Klafki: Studien zur Bildungstheorie und Didaktik. Weinheim 1965[7].
Klafki, W. u.a.: Didaktische Analyse. Auswahl Reihe A. Hannover 1969[10].
Klafki, W.: Normen und Ziele in der Erziehung. In: Erziehungswissenschaft 2, Weinheim 1970.
Klafki, W.: Handlungsforschung im Schulfeld. In: Zs.f.Pädagogik 4/1973,S.487-516.
Klauer, K.J.: Das Experiment in der pädagogischen Forschung
Klein, M.: Die Psychoanalyse des Kindes. München 1971.
Klein, H.: Politechnische Bildung und Erziehung in der DDR.
Kleine, E.: Primat des Gewissens. München 1969.
Klotz, G.R.: Beiträge zu einer analytischen Didaktik. In: Zef. Mainz 1972.
Knab, D.: Curriculumreform auf dem Weg zur Schule. In: Zs.f.Päd. 2/1974,S.182.
Knaak, L.: Trotz - Protest - Rebellion. Urform und Bedeutung des Nestzerstörungstriebes. Zürich 1970.
Köck, P.: Moderne Unterrichtsführung durch Impuls und Appell. Donauwörth 1972.

Kofler, L.: Aggression und Gewissen. München 1973.
Kohlberg, L.: Development of moral character and moral ideology. In: M.L. Hoffmann/L.W. Hoffmann (Eds.): Review of Child Development Research, Vol. I, New York 1964, S.382-432.
Kohlberg, L.: Moral Development and Identification. In: H.W. Stevenson (Eds.): Child Psychology, Chicago 1963, S.277ff.
Korff, W.: Norm und Sittlichkeit. Mainz 1973.
Kossakowski, A./Otto, K.H.: Psychologische Untersuchungen zur Entwicklung Sozialistischer Persönlichkeiten. Berlin 1971.
Kossakowski, A./Ettrich, K.U.: Psychologische Untersuchungen zur Entwicklung der eigenständigen Handlungsregulation. Berlin 1973.
Koskenniemi, M.: Elemente der Unterrichtstheorie. München 1971.
Kraft, V.: Die Grundlagen der Erkenntnis und der Moral. Berlin 1968.
Krappmann, L.: Neuere Rollenkonzepte als Erklärungsmöglichkeiten für Sozialisationsprozesse. In: Familienerziehung, Sozialschicht und Schulerfolg. In: b:e tabu. Weinheim 1972[2].
Krathwohl, D.R./Bloom, B.S./Masia, B.B.: Taxonomy of Educational Objectives. The Classification of Educational Goals. Handbook II: Affektiv Domain 1964.
Kraus, K.: Sittlichkeit und Kriminalität. München 1970.
Krech, D./Crutchfield, R.S./Ballachey, E.L.: Individual in Society. New York 1962.
Kreppner, K.: Ueberlegungen zur Evaluation von Vorschulcurricula. In: Chr. Wulff:
Kühne, J.: Das Gewissensmodell in der Psychologie C.G. Jungs und das Problem der intentionalen Gewissensbildung. Unveröffentlicher Aufsatz, Päd.Inst. der Universität Zürich.
Krueger, F.: Seelische Strukturen. In: Das Gewissen als Problem. Bern 1948.
Kuss, O.: Der Römerbrief. Regensburg 1963[3].

Langeveld, M.J.: Der Ansatzpunkt der systematischen Pädagogik. In: Denkformen und Forschungsmethoden der Erziehungswissenschaft. (Hrsg. S.Oppolzer) München 1966.
Lattmann, U.P.: Unterrichtsvorbereitung. Hitzkirch 1973[2].
Lautmann, R.: Wert und Norm. Opladen 1971[2].
Leinfellner, W.: Einführung in die Erkenntnis- und Wissenschaftstheorie. Mannheim 1967.
Leist, F. und M.: Sie entschieden nach ihrem Gewissen. München 1969.
Lenzen, D.: Didaktik und Kommunikation. Frankfurt 1973.
Lehrplan der Volksschule des Kantons Zürich. Erziehungsratsbeschluss vom 12. Juli 1966.
Lersch, P.: Aufbau der Person. München 1956[7].
Levitt, E.E.: Die Psychologie der Angst. Stuttgart 1973[2].
Lévi-Strauss, C.L.: Les structures élémentaire de la paranté. Paris 1947.
Lévy-Bruhl, L.: Die Bedeutung des Unbewussten für die individuelle Erziehung. In: C.G. Jung: Ueber die Entwicklung der Persönlichkeit. Olten 1972.
Lewis, G.I.: An analysis of knowledge in valuation. La salle, Open Court 1946. In: G.A. Miller u.a. Strategien des Handelns. Stuttgart 1973.
Lewy, A.: Evaluationsmodelle: Theorie und Praxis. In: W. Edelstein/D. Hopf (Hrsg.): Bedingungen des Bildungsprozesses. Stuttgart 1973.
Lexikon der Pädagogik. Freiburg 1970.
Liegle, L.: Kommunikation und Kooperation im Sozialisationsprozess. In: Zs.f. Pädagogik, Weinheim 6/1972, S.871ff.

Limbeck, M.: Die Struktur christlicher Sittlichkeit. In: A. Hertz (Hrsg.): Moral. Mainz 1972.

Lohff, W.: Glaubenslehre und Erziehung. Göttingen 1974.

Löwenfeld, H. und Y.: Die permissive Gesellschaft und das Ueberich. In: Psyche 9/1970, Zs.f.Psychoanalyse. Stuttgart, S.706-720.

Lück, U.: Die Funktion des Gewissens. In: Schlösser F.: Moral braucht Normen. Limburg 1970.

Lüdtke, H.: Soziale Schichtung, Familienstruktur und Sozialisation. In: Familienerziehung, Sozialschicht und Schulerfolg. In: b:e, tabu, Weinheim 1972, S.132.

Luhmann, N.: Die Gewissensfreiheit und das Gewissen. In: O. Bachof u.a.: Archiv des öffentlichen Rechts. 90.Bd. 1965, S.257-286.

Luhmann, N.: Gesellschaftliche Organisation. In: Erziehungswissenschaftliches Handbuch Bd.I. Berlin 1969.

Luhmann, N.: Legitimation durch Verfahren. Neuwied 1969.

Luhmann, N.: Moderne Systemtheorien als Form gesellschaftlicher Analyse. In: J. Habermas/N. Luhmann: Theorie der Gesellschaft oder Sozialtechnologie. Frankfurt 1971.

Luyten, N.M./Portmann, A./Jaspers, K./ Barth, K.: Unsterblichkeit. Basel 1957.

Mager, R.F.: Motivation und Lernerfolg. Weinheim 1970.

Mager, R.F.: Lernziele und programmierter Unterricht. Weinheim 1970$^{10-14}$.

Mager, R.F./Pipe, P.: Verhalten, Lernen, Umwelt. Weinheim 1972.

Mainberger, G.: Die Freude des Ja in der Trauer des Endlichen. In: Orientierung Nr. 17/1972.

Mann, L.: Sozialpsychologie. Weinheim 1972.

Marcuse, H.: Ueber Revolte, Anarchismus und Einsamkeit. Zürich 1969.

Martinet, A.: Grundzüge der allgemeinen Sprachwissenschaften. Stuttgart 1963.

März, F.: Erzieherische Existenz. Zwei Essays über das Sein und die Liebe des Erziehers. München 1963.

Maurer, C.: σύνοιδα, συνείδησις In: Theologisches Wörterbuch zum N.T. (Hrsg.): G. Friedrich. Stuttgart 1966, Bd.7, S.906.

McPhail, P./Chapman, H./Ungoed-Thomas, J.R.: Moral Education. London 1972.

Meier, A.M.: Das peccatum mortale ex toto genere suo. Entstehung und Interpretation des Begriffes. Eine moralgeschichtliche Studie unter besonderer Berücksichtigung der Lehre des heiligen Thomas von Aquin. Regensburg 1966.

Meier, C.A.: Die Empirie des Unbewussten. Zürich 1968.

Meile, B.: Voraussetzungen der empirischen Pädagogik. In: Zs.f.Pädagogik 5/1972.

Mendel, G.: Plädoyer für die Entkolonisierung des Kindes. Olten 1973.

Menck, P./Thoma, G. (Hrsg.): Unterrichtsmethode. Intuition, Reflexion, Organisation. München 1972.

Messner, R./Posch, P.: Perspektiven für einen neuen Lehrplan. In: Didaktische Impulse. Wien 1971.

Messner, R.: Funktionen der Taxonomien für die Planung von Unterricht. In: Zs.f.Pädagogik 6/1971, S.771.

Messner, R.: Didaktische Thesen. In: H. Fend u.a.: Didaktische Impulse. Wien 1971

Metzger, W.: Stimmung und Leistung. Frankfurt 1963^{2}.

Meyer, H.L.: Einführung in die Curriculum-Methodologie. München1972.

Meyer, G.: Anthropologische Ueberlegungen zum Normenproblem. In: F. Schlösser: Moral braucht Normen. Limburg 1970.

Meyer, H.L.: Das ungelöste Deduktionsproblem in der Curriculumforschung. In: F. Achtenhagen/H.L. Meyer: Curriculumrevision, Möglichkeiten und Grenzen. München 1971.

Mikula, G.: Die Entwicklung des Gewinnaufteilungsverhaltens bei Kindern und Jugendlichen. Eine Untersuchung an 5-, 7-, 9- und 11-jährigen. In: Zs.f.Entwicklungspsychologie und Pädagogische Psychologie 3/1972, S.155-164.
Miller, G.A./Galanter, E./Pribram, K.H.: Pläne und Strukturen des Verhaltens. Stuttgart 1973.
Molinski, W.: Modelle christlicher Ethik heute - Ehe und Familie. In: A. Hertz: Moral. Mainz 1972.
Mollenhauer, K.: Theorien zum Erziehungsprozess. München 1972.
Mollenhauer, K.: Sozialisation und Schulerfolg. In: H. Roth (Hrsg.): Begabung und Lernen. Gutachten und Studien der Bildungskommission. Stuttgart 1969[2].
Möller, C.: Technik der Lernplanung. Weinheim 1969.
Monakow, C. von: Gehirn und Gewissen. Zürich 1950.
Monakow, C. von: Die Syneidesis, das biologische Gewissen. In: N. Petrinlowitsch (Hrsg.): Das Gewissen als Problem. Darmstadt 1966. (Abdruck aus Gehirn und Gewissen)
Montada, L.: Ueber die Funktion der Mobilität in der geistigen Entwicklung. Stuttgart 1968.
Montada, L.: Die Lernpsychologie Jean Piagets. Stuttgart 1970.
Morris, J.F.: Probleme des sozialen Lernens. In: E.A. Lunzer/S.F. Morris: Das menschliche Lernen und seine Entwicklung. Stuttgart 1971.
Moser, H.: Programmatik einer kritischen Erziehungswissenschaft. In: Zs.f.Pädagogik 5/1972, S.650/51.
Moser, H.: Curriculumtheorie als Theorie des Unterrichtsspiels. In: H. Walter (Hrsg.): Sozialisationsforschung. 1974.
Moser, H.: Handlungsorientierte Curriculumforschung. Weinheim 1974.
Münch, R.: Gesellschaftstheorie und Ideologiekritik. Hamburg 1973.

Neber, H. (Hrsg.): Entdeckendes Lernen. Weinheim 1973.
Nelson, C.: System der philosophischen Ethik und Pädagogik. Göttingen 1949.
Neuhäusler, A.: Phänomenologie des Gewissens. In: Gewissen und Gewissensbildung. Donauwörth 1968.
Neumann, E.: Die Psyche und die Wandlungen der Wirklichkeitsebenen. In: J. Jacobi: Der Weg zur Individuation. Olten 1971.
Niepold, W.: Sprache und soziale Schicht. Berlin 1971.
Niggmeier, J.: Jugend - Glaube - Kirche. In: Kat. Blätter 8/1973, Anhang S.1ff.
Nipkow, K.E.: Schule und Religionsunterricht im Wandel. Düsseldorf 1971.
Noble, H.-D.: Le discernement de la conscience. La vie morale d'après S.Thomas d'Aquin. Paris 1934.
Noelle, E.: Umfragen in der Massengesellschaft. Reinbek 1963.
Nunberg, H.: Allgemeine Neurosenlehre. Bern 1913.
Nussbaumer, H.: Das Individuum in der Gruppe. Zürich 1974.

Oerter, R.: Struktur und Wandlung von Werthaltungen. München 1970.
Oerter, R.: Moderne Entwicklungspsychologie. Donauwörth 1970[8].
Oerter, R.: Psychologie des Denkens. Donauwörth 1971.
Oevermann, U.: Einige Thesen über den Zusammenhang zwischen Identifikationsprozessen und Sprachentwicklung. In: B. Bernstein,u.a.: Lernen und soziale Struktur. Amsterdam 1970.
Oevermann, U.: Schichtungsspezifische Formen des Sprachverhaltens und ihr Einfluss auf die kognitiven Prozesse. In B. Bernstein, u.a.: Lernen und soziale Struktur. Amsterdam 1970.
Opp, K.-D.: Kybernetik und Soziologie. Neuwied 1970.

Opp, K.-D.: Methodologie der Sozialwissenschaften, Reinbek 1970.
Oppolzer, S.: Denkformen und Forschungsmethoden der Erziehungswissenschaft.
Bd. I: Hermeneutik u.a.
Bd.II: Empirische Forschungsmethoden. München 1966/1969.
Oraison, M.: Eine Moral für unsere Zeit. Olten 1968.
Oser, F.: Kreatives Sprach- und Gebetsverhalten in Schule und Religionsunterricht. Olten 1972.
Oser, F./Merz, R.: Ich hatte einen Traum. Olten 1972.
Oser, F./Keel, W./Merz, R.: O Herr, wir rufen alle zu dir. Olten 1973.
Oser, F.: Die Jesus-Beziehung. Olten 1973.
Oser, F. (Hrsg.): Das Gewissen im pädagogischen Feld. Olten 1973.
Ossowska, M.: Gesellschaft und Moral. Düsseldorf 1972.

Parey, E.: Die Entwicklung des "moralischen Bewusstseins". In: b:e 5/1969, S.21.
Parreren, C.F.van: Lernen in der Schule. Weinheim 1969.
Parreren, C.F.van: Lernprozess und Lernerfolg. Eine Darstellung der Lernpsychologie auf experimenteller Basis. Berlin 1972[2].
Pastoralschreiben der Schweizer Bischofskonferenz über Busse und Beichte. Olten 1970.
Peck, R.F.: Family Patterns Correlated with Adolescent Personality Structure. In: Journal of Abnormal and Social Psychology. Vol.57/1958, S.347-350.
Pestalozzi, H.: Schwanengesang. Schriften aus den Jahren 1805-1826.
Peterssen, W.H.: Didaktik als Strukturtheorie des Lehrens. Ratingen 1973.
Petrilowitsch, N.: Der Strukturbegriff in der Psychologie und Psychopathologie. In: Das Gewissen als Problem. Darmstadt 1966.
Petter, G.: Die geistige Entwicklung des Kindes im Werk von Jean Piaget. Bern 1966.
Pfürtner, St.H.: Macht, Recht, Gewissen. Zürich 1972.
Piaget, J.: Psychologie der Intelligenz. Zürich 1947.
Piaget, J.: Das moralische Urteil beim Kinde. Zürich 1954.
Piaget, J.: Das Erwachen der Intelligenz. Stuttgart 1969.
Piaget, J.: Le Structuralisme. Paris 1970 (dt. Ausgabe Olten 1973).
Piaget, J.: Theorien und Methoden der modernen Erziehung. Wien 1972.
Piaget, J./Inhelder, B.: Die Entwicklung der elementaren logischen Strukturen. Teil I, Düsseldorf 1973.
Piaget, J.: Erkenntnistheorie der Wissenschaften vom Menschen. Frankfurt 1973.
Piaget, J.: Die Entwicklung des Erkennens. Bd. III. Das biologische Denken. Das psychologische Denken. Das soziologische Denken. Stuttgart 1973.
Piaget, J.: Die Entwicklung des Erkennens. Bd. II. Das physikalische Denken. Stuttgart 1973.
Piaget, J.: Einführung in die genetische Erkenntnistheorie. Frankfurt 1973.
Plack, A.: Die Gesellschaft und das Böse. Eine Kritik der herrschenden Moral. München 1971[10].
Platon: Apologie. Hamburg 1957.
Plessner, H.: Die Stufen des Organischen und der Mensch. Berlin 1965[2].
Pöggeler, P.: Das Gewissen in der Sicht der Pädagogik. In: Gewissen und Gewissensbildung. Donauwörth 1968.
Popper, K.R.: Prognose und Prophetie in den Sozialwissenschaften. Köln 1970[6].
Popper, K.R.: Was ist Dialektik. In: E. Topitsch (Hrsg.): Logik der Sozialwissenschaften. Köln 1970[6].
Prange, K.: Können - Ueben - Wissen. Zur Problematik des Lernens in der Sprachphilosophie L. Wittgensteins. In: Päd. Rundschau 10/1972.

Räber, L. (Hrsg.): Kriterien in der Curriculumkonstruktion. Weinheim 197o.
Rademacker, H.: Es gibt auch innere Verstärker. In: b:e, 3/1972.
Rambert, M.L.: La vie affective et morale de l'enfant. Neuchâtel/Paris 1949.
Rathmayr, B.: Lifeline: Schools Council Project in Moral Education. London 1972. In: Zs.f.Pädagogik 3/1973, S.475-478.
Rauh, F.: Das sittliche Leben des Menschen im Licht der vergleichenden Verhaltensforschung. Kevelaer 1969.
Realistische Erziehungswissenschaft. Festschrift für Heinrich Roth. Hannover 1972.
Reykowski, J.: Die Introspektion in der zeitgenössischen Psychologie. In: Schule und Psychologie 19/1972/3.
Ritsert, J.: Inhaltsanalyse und Ideologiekritik. Ein Versuch über kritische Sozialforschung. Frankfurt 1972.
Richter, E.-H.: Die Gruppe. Reinbek 1972.
Ricoeur, P.: Die Fehlbarkeit des Menschen. Bd. I. Freiburg 1971.
Ricoeur, P.: Symbolik des Bösen. Bd.II. Feiburg 1971.
Riedl, A.: Ideologie und Bildung. In: Päd. Rundschau 25/1971/2, S.72.
Roback, A.A.: Weltgeschichte der Psychologie und Psychiatrie. Olten 1970.
Robertson, J.: Mütterliche Verhaltensstile in ihrem Einfluss auf die frühkindliche Entwicklung. In: G. Bitter/E. Schmid-Cords (Hrsg.): Erziehung in früher Kindheit. München 1968.
Robinsohn, S.B.: Bildungsreform als Revision des Curriculum. Neuwied 1969.
Robinsohn, S.B. (Hrsg.): Curriculumentwicklung in der Diskussion. Stuttgart 1973.
Robinson, W.P./Rackstraw, S.J.: Soziolinguistische Untersuchungen über Antworten. Düsseldorf 1973.
Rogers, C.R.: Entwicklung der Persönlichkeit. Stuttgart 1973.
Rogers, C.R.: Encountergruppen. Das Erlebnis der menschlichen Begegnung. München 1974.
Rombach, H.: Substanz, System, Struktur. Die Ontologie des Funktionalismus und der philosophische Hintergrund der modernen Wissenschaft. Freiburg 1966[2].
Rosenkötter, L.: Die Verwendung des Strukturmodells und des Symbolbegriffs in der Psychoanalyse. In: Psyche. Zs.f.Psychoanalyse 9/1970.
Rössner, L.: Erziehungswissenschaft und kritische Pädagogik. Stuttgart 1974.
Roth, H.: Pädagogische Psychologie des Lehrens und Lernens. Hannover 1969.
Roth, H.: Die wichtigsten Ergebnisse der Gutachten aus dem Buche: "Begabung und Lernen". In: B. Bernstein, u.a.: Lernen und soziale Struktur. Amsterdam 1970.
Rothbucher, H.: Modellbegriff und Modellkritik. In: Handbuch der Religionspädagogik. Bd.II. Zürich 1974, S.271-286.
Rubinstein, S.: Die Interessen. In: H. Thomae: Die Motivation des menschlichen Handelns. Köln 1971[7].
Rudin, J.: Das Gewissen in katholischer Sicht. In: Das Gewissen. Zürich 1958.
Rudin, J.: Vom psychisch zum moralisch Bösen. In: Orientierung 13/14/1973, S.153-157.
Rüegg, W.: Soziologie. Funkkolleg 6. Frankfurt 1973.
Rumpf, H.: Sachneutrale Lehrverfahren. In: Zs.f.Pädagogik 6/1970, S.801-819.
Ruprecht, H./Beckmann, H.-K./Cube, F.von/Schulz, W.: Modelle grundlegender Theorien. Beiträge zu einer neuen Didaktik. Hannover 1972.
Ruthe, R.: Gewissensbildung von der Wiege bis zur Pubertät. Wuppertal 1970.

Sacramentum Mundi. Theologisches Lexikon für die Praxis. Bd.II, Freiburg 1968.
Sarason/Davidson/Lighthall/Waite/Ruebusch: Angst bei Schulkindern. Stuttgart 1971.

Sartre, J.-P.: Ist der Existentialismus ein Humanismus. In: Drei Essays. Zürich 1972.

Schäfer, S.K.-H.: Didaktik zwischen Autorität und Emanzipation. In: Kritische Erziehungswissenschaft und kommunikative Didaktik. Heidelberg 1971.

Schaffer, H.R.: Soziales Lernen und Identifikation. In: E.A. Lunzer/J.F.Morris: Das menschliche Lernen und seine Entwicklung. Stuttgart 1971.

Schär, H.: Das Gewissen in protestantischer Sicht. In: Das Gewissen. Zürich 1958.

Scheid, W.: Der Zeiger der Schuld in seiner Bedeutung für die Prognose involutiver Psychosen. In: Das Gewissen als Problem. Darmstadt 1966.

Scheidt, F.J.: Ein Beitrag zur Auseinandersetzung mit M. Heideggers Gewissensanalyse und J.-P. Sartres Freiheitslehre. In: Gewissen und Gewissensbildung. Donauwörth 1968.

Scheidt, F.J.: Gewissen und Wert. In: Gewissen und Gewissensbildung. Donauwörth 1968.

Scheler, M.: Reue und Wiedergeburt. In: Das Gewissen als Problem. Darmstadt 1966.

Schelkle, K.H.: Theologie des Neuen Testaments. Düsseldorf 1970.

Schindler, S.: Aggressionshandlungen Jugendlicher. Wien 1969.

Schiwy, G.: Sittliche Normierungen im Strukturalismus. In: A. Hertz (Hrsg.): Moral. Mainz 1972.

Schiwy, G.: Neue Aspekte des Strukturalismus. München 1971.

Schleiermacher, F.: Pädagogische Schriften. Die Vorlesungen aus dem Jahr 1926. (Hrsg. E. Weniger) Düsseldorf und München 1966[2].

Schlier, H.: Zur Freiheit gerufen. Das paulinische Freiheitsverständnis. In: Geist und Leben. Würzburg 1970[6].

Schlösser, F. (Hrsg.): Moral braucht Normen. Limburg 1970.

Schmitt, R.: Das Gewicht der Information bei der Verwirklichung "affektiver" Erziehungsziele. In: Realistische Erziehungswissenschaft. Festschrift für H. Roth. Hannover 1972.

Schmitt, R.: Religiöse Erziehung - ohne Erfolg? Weinheim 1972.

Schmitz, Ph.: Aschenbrödels Moral. Die Märchenwelt als Quelle sittlicher Erkenntnis. In: Kat. Blätter 5/1973, S.275-280.

Schneider, K.: Motivation unter Erfolgsrisiko. Göttingen 1973.

Scholl, N.: Das Gewissen des Kindes. Stuttgart 1956.

Schreibmeier, F.: Wovon der Glaube lebt. Frankfurt 1973.

Schrey, H.-H.: Einführung in die Ethik. Darmstadt 1972.

Schrödter, H.: Zum Problem der Gewissensbildung in der Katechetik. In: Gewissen und Gewissensbildung. Donauwörth 1968.

Schüller, B.: Gewissen und sittliche Bildung. In: Christl. päd. Blätter 4/1970, S.187-195.

Schüller, B.: Die Begründung sittlicher Urteile. Typen ethischer Argumentation in der katholischen Moraltheologie. Düsseldorf 1973.

Schullwind, K.A./Bogasch, V.: Zur Aehnlichkeitstheorie der Identifikation in der Personwahrnehmung. Zs.f. Experimentelle und Angewandte Psychologie Nr. 16/1969, S.479-487.

Schultz, J. (Hrsg.): Wer ist eigentlich Gott? München 1969.

Schulz, W.: Unterricht zwischen Funktionalisierung und Emanzipationshilfe. In: Ruprecht, H. u.a.: Modelle grundlegender didaktischer Theorien. Hannover 1972, S.156.

Schultze, H.: Religion im Unterricht. Weinheim 1970.

Schulz, W.: Unterricht, Analyse und Planung. In: Heimann, P./Otto, G./Schulz, W.: Unterricht, Analyse und Planung. Hannover 1972[6].

Schumacher, W.: Gestaltdynamik und Ich-Psychologie. In: Psyche. Zs.f.Psychoanalyse 3/1971, S.161-191.

Schwäbisch, L./Siems, M.: Anleitung zum sozialen Lernen. Reinbek 1974.
Searle, J.R.: Sprechakte. Ein sprachphilosophisches Essay. Frankfurt 1973.
Sears, R.R.: The Prowth of Conscience. In: Iscoe und Stevenson. 1960.
Secord, P.F./Backmann, C.W.: Social Psychology. New York 1964.
Selg, H. (Hrsg.): Einführung in die experimentelle Psychologie. Stuttgart 1971[3].
Selg, H.: Zur Aggression verdammt? Stuttgart 1971[2].
Shellens, M.S.: Das sittliche Verhalten zum Mitmenschen im Anschluss an Aristoteles. Hamburg 1958.
Siener, G.: Zielfelderplan IV 3/9. München 1974.
Siewerth, G.: Erziehende und bildende Liebe. In: B. Gerner (Hrsg.): Personale Erziehung. Darmstadt 1965.
Siewerth, G.: Das Gewissen und seine Bildung. In: B. Gerner (Hrsg.): Personale Erziehung. Darmstadt 1965, S.355ff.
Sihls, S.: Wörterbuch der Soziologie. (Hrsg.: W. Berndorf) Frankfurt 1972,S.354.
Silberman, Ch.E.: Die Krise der Erziehung. Weinheim 1973.
Siller, P.: Emanzipation als Globalziel schulischer Erziehung und die didaktischen Möglichkeiten des Religionsunterrichts. In: Kat. Blätter 11/1971, S.641-652.
Skinner, B.F.: Eine Fallstudie zur wissenschaftlichen Methode in der Psychologie. In: W. Correll (Hrsg.): Programmiertes Lernen und Lehrmaschinen. Braunschweig 1968[3].
Skinner, B.F.: Eine funktionale Analyse sprachlichen Verhaltens. In: W. Correll (Hrsg.): Programmiertes Lernen und Lehrmaschinen. Braunschweig 1968[3].
Skinner, B.F./Correll, W.: Denken und Lernen. Braunschweig 1969.
Skinner, B.F.: Kritik psychoanalytischer Begriffe und Theorien. In: E. Topitsch (Hrsg.): Logik der Sozialwissenschaften. Köln 1970[6].
Skinner, B.F.: Jenseits von Freiheit und Würde. Reinbek 1973.
Smith, L.M./Hudgins, B.B.: Pädagogische Psychologie I Stuttgart 1971.
Pädagogische Psychologie II Stuttgart 1972.
Solomon, Ph. u.a.: Sensory deprivation. A symposium held at Harward Medical School. Cambridge (Mass.) 1965.
Soltis, J.F.: Einführung ind die Analyse pädagogischer Begriffe. Düsseldorf 1971.
Spengler, E.: Das Gewissen bei Freud und Jung. Zürich 1964.
Spieth, R.: Der Mensch als Typus. Stuttgart 1949.
Spijker, H.van de: Befragte Gemeinde. Rapperswil 1970.
Spittler, G.: Norm und Sanktion. Untersuchungen zum Sanktionsmechanismus. Olten 1967.
Spitz, R.: Vom Säugling zum Kleinkind. Stuttgart 1967.
Spitz, R.: z.B. Hospitalismus I. In: G. Bittner/E. Schmid-Lords (Hrsg.): Erziehung in früher Kindheit. München 1968.
Stachel, G.: Thesen zur Gewissensbildung - die Möglichkeit des Lehrers. In: Kat. Blätter 11/1969, S.662ff.
Stachel, G.: Unterricht über Lebensfragen. Zürich 1969.
Stachel, G./Essner, W.G. (Hrsg.): Was ist Religionspädagogik. Zürich 1971.
Stachel, G.: Operation - operationale Ziele - Praxisbezug. Bemerkungen zu einem religionspädagogischen und theologischen Problem. Dokumentationspapier 1973.
Stachel, G.: Lifeline - ein englisches Programm zum Unterricht über Lebensfragen. In: Kat. Blätter 9/1974, S.571-587.
Stachel, G.: Unterrichtsvorbereitung. In: Handbuch für Religionspädagogik. Zürich 1974, Bd. II, S.131-144.
Stachel, G.: Theorie und Praxis des Curriculums. In: Handbuch der Religionspädagogik, Bd. II, S.34-72.
Stadter, E.: Psychoanalyse und Gewissen. Stuttgart 1970.

Staehelin, B.: Sein und Haben. Zürich 1969.
Stallmann, M.: Was ist Säkularisierung. Tübingen 1960.
Stapf, K.H. u.a.: Psychologie des elterlichen Erziehungsstils. Bern 1972.
Stegmüller, W.: Hauptströmungen der Gegenwartsphilosophie. Stuttgart 1969.
Steiner, G.: Mathematik als Denkerziehung. Stuttgart 1973.
Steiner, G.: Kognitive Struktur und ihre psychische Realität. In: Zs.f.Pädagogik 1/1974.
Stieger, K.: Unterricht auf werktätiger Grundlage. Olten 1951.
Stieger, K.: Elementare Bildung. Hannover 1957.
Stieger, K.: Die Schule als Brücke zur modernen Arbeitswelt. Stuttgart 1962.
Stieger, K.: Die Schule von morgen beginnt heute. Olten 1973.
Stieger, K./Frei, O./Oser, F./Meier, A./Kirchhofer, K.: Freue dich! Arbeitsbuch für die Mittelstufe 4. Klasse. Luzern 1970.
Stieger, K./Frei, O./Oser, F./Meier, A./Kirchhofer, K.:
Folge mir nach (1969);
Ich bin das Leben (1970);
Freunde nenne ich euch (1973), Arbeitsbücher für den Religionsunterricht. Luzern.
Stierlin, H.: Die Funktion innerer Objekte. In: Psyche 2. Stuttgart 1971,S.81-99.
Stones, E.: Psychologie des Lernens und Lehrens. Weinheim 1972.
Strohal, R.: Bemerkungen zu dem Begriff der psychischen Disposition und seiner Bedeutung für die Pädagogik. In: W. Brezinka (Hrsg.): Weltweite Erziehung. Freiburg 1961.
Suchmann, J.R.: Learning Theough Inquiry. In: Childhood Education 41/1965.
Suchmann, J.R.: Ein Modell für die Analyse des Fragens. In: H. Neber: Entdeckendes Lernen. Weinheim 1973, S.78-88.
Szczesny, E.: Das sogenannte Gute. Hamburg 1972.

Taba, H.: Curriculum Development. Theory and Practice. New York 1962.
Tausch, R./Tausch, A.-M.: Erziehungspsychologie. Göttingen 1971^{6}.
Thoma, G.: Methodenproblem und Steuerungsprogramme von Unterricht. In: P. Menck/G. Thoma (Hrsg.): Unterrichtsmethode. München 1972.
Thomae, H./Feger, H.: Einführung in die Psychologie. Bern 1969.
Thomas von Aquin: Questiones disputatae de veritate 16,1. Uebersetzt von J. Pieper. In: Thomas von Aquin: Ordnung und Geheimnis. München 1949.
Titze, H.: Die Politisierung der Erziehung. Frankfurt 1973.
Travers, R.: Einführung in die erziehungswissenschaftliche Forschung. München 1972.
Tyler, R.W.: Curriculum und Unterricht. Düsseldorf 1973.

Ulich, D.: Zur Logik der Sozialisationsforschung. In: Zs.f.Päd. 3/1974, S.447.
Ulshöfer, R.: Kooperativer Unterricht. Bd.II/1, Stuttgart 1972.

Vaskovics, L.A.: Familie und religiöse Sozialisation. Wien 1970.
Vetter, A.: Die Person in strukturpsychologischer Sicht. In: Das Gewissen als Problem. Darmstadt 1966.
Volz, L.: Sittliche Erziehung in der Lebenswirklichkeit. In: Kat. Blätter 12/1970, S.724-739.

Waelderen, E.van: Säkularisierung und Glaubenserfahrung. 3/1971, S.129/144.
Wagenschein, M.: Ueber die Aufmerksamkeit. In: Zs.f.Pädagogik 1/1959, S.35ff.

Wagenschein, M.: Zur Didaktik des naturwissenschaftlichen Unterrichts. In: Zs.f.Pädagogik 10/1959, S.70ff.
Wagenschein, M.: Zum Problem des genetischen Lernens. In: Zs.f.Pädagogik 4/1966, S.305ff.
Waitz, T.: Allgemeine Pädagogik und kleinere pädagogische Schriften. Braunschweig 1875.
Walter, H.: Lehrstrategie und Lehreffektivität. Ein kritischer Vergleich von programmierter Unterweisung und herkömmlichen Unterricht. München 1973.
Wasna, M.: Motivation, Intelligenz und Lernerfolg. München 1972.
Watzlawick, P./Beavin, J.H./ Jackson, D.O.: Menschliche Kommunikation. Formen, Störungen, Paradoxien. Bern 1969.
Watzlawick, P./Weakland, J.H./Fisch, R.: Lösungen. Zur Theorie und Praxis menschlichen Wandels. Bern 1974.
Weber, E.: Grundfragen und Grundbegriffe der moralischen Erziehung in Unterricht und Schule. In: E. Weber (Hrsgl): Zur moralischen Erziehung in Unterricht und Schule. Donauwörth 1973.
Weinfellner, W.: Einführung in die Erkenntnis- und Wissenschaftstheorie. Mannheim 1956[2].
Wellek, A.: Polaritäten der Kernschicht. In: Das Gewissen als Problem. Darmstadt 1966.

Weniger, E.: Didaktik als Bildungslehre. Teil I. Die Theorie des Bildungsinhaltes und des Lehrplans. Weinheim 1956[2].
Wenisch, F.: Bemerkungen zu Rudolf Wohlgenannts Beitrag 'Ueber den Begriff des Gewissens'. In: Conceptus, Zs.f. Philosophie III/1969/1, S.26.
Werblowsky, R.I.Z.: Das Gewissen in jüdischer Sicht. In: E. Blum: Das Gewissen. Zürich 1958.
Westermanns Pädagogische Beiträge. Heft 1, Jan.72, S.19-27.
Whorf, B.L.: Sprache, Denken, Wirklichkeit. Reinbek 1972[9].
Wick, E.: Zur Psychologie der Reue. Bern 1971.
Widmer, K.: Die junge Genereation und wir. Zürich 1969.
Widmer, K.: Pubertät und Gewissen. In: F. Oser (Hrsg.): Das Gewissen im pädagogischen Feld. Olten 1973.
Wienecke, G.: Unterrichtsplanung mit Schülern. In: Päd. Rundschau 12/1972, S.887ff.
Wilson, J.: Practical Methods of Moral Education. London 1972.
Wittgenstein, L.: Tractatus logico-philosophicus. Frankfurt 1971.
Wittgenstein, L.: Philosophische Untersuchungen. Frankfurt 1971.
Wittrock, R.C.: Die Hypothese vom Lernen durch Entdeckung. In: H. Neber (Hrsg.): Entdeckendes Lernen. S.70/71.
Wohlgenannt, R.: Ueber den Begriff des Gewissens. In: Conceptus, Zs.f.Philosophie 2/1968/4, S.149.
Wörterbuch der Psychologie. München 1968.
Wulf , Chr.: Einführung in die Problematik der Evaluation, dargestellt am Beispiel der Curriculum-Evaluation. In: Chr. Wulf (Hrsg.): Evaluation. München 1972.
Wyder, T.: Der Dienstverweigerer und die Verletzung der Gewissensfreiheit. In: Allgem. Schweizerische Militärzeitschrift 2/1971.

Xonophon: Memorabilien.

Zbinden, H.: Das Gewissen in unserer Zeit. In: Das Gewissen. Zürich 1958.
Ziegler, J.G.: Vom Gesetz zum Gewissen. Freiburg 1968.

Zirker, H.: Moral als Sprachproblem. Zur Ethik in der Sekundarstufe II. In: Kat. Blätter 11/1971, S.659-667.

Zs.f.Pädagogik 3/1973 mit Beiträgen von K. Heipcke/R. Messner, W.Sachs/Ch.Th. Scheilke, H. Rumpf, H. Moser u.a.

Zulliger, H.: Jugendliche und Halbstarke. Zürich 1958.

Zulliger, H.: Die Angst des Kindes. In: Die Angst. Studien aus dem C.G.Jung-Institut. Zürich 1959.

Zulliger, H.: Umgang mit dem kindlichen Gewissen. Stuttgart 1960[3].

Zulliger, H.: Kinderfehler im Frühalter. Zürich 1961.